Guy de Maupassant

Ein Leben

Stark wie der Tod

Romane

Guy de Maupassant

Gesamtausgabe der Novellen und Romane in zehn Taschenbüchern

Herausgegeben von Ernst Sander

Band I	Das Haus Tellier und andere Novellen (8560)
Band II	Madame Baptiste und andere Novellen (8561)
Band III	Miss Harriet und andere Novellen (8562)
Band IV	Die Erbschaft und andere Novellen (8563)
Band V	Yvette und andere Novellen (8564)
Band VI	Die kleine Roque und andere Novellen (8565)
Band VII	Die nutzlose Schönheit und andere Novellen (8566)
Band VIII	Ein Leben / Stark wie der Tod. Romane (8567)
Band IX	Bel Ami / Pierre und Jean. Romane (8568)
Band X	Mont-Oriol / Unser Herz. Romane (8569)

Guy de MAUPASSANT

GESAMTAUSGABE DER NOVELLEN UND ROMANE

Ein Leben
Stark wie der Tod
Romane

Goldmann Verlag

Nachdruck der Ausgabe München 1964

Aus dem Französischen von Ernst Sander

Made in Germany · 1. Auflage · 8/87

Umschlagentwurf: Design Team München, unter Verwendung eines Fotos der Zeichnung »Beim Rennen« von Henri de Toulouse-Lautrec (1899)
Foto: Josef S. Martin / Artothek, Planegg
Satz: IBV Satz- und Datentechnik GmbH, Berlin
Druck: Presse-Druck Augsburg
Verlagsnummer: 8567
MV · Herstellung: Martin Strohkendl
ISBN 3-442-08567-5

Inhalt

Ein Leben

Roman

Französischer Titel: Une Vie
Erstdruck: Le Gil-Blas, 27. Februar – 6. April 1883
Erste Buchausgabe: Verlag Victor Havard, Paris 1883

Die schlichte Wahrheit

I

Die Koffer waren gepackt. Jeanne trat ans Fenster, aber es wollte nicht aufhören zu regnen.

Die ganze Nacht hatte das Niederströmen gegen die Scheiben und auf die Dächer getrommelt. Es war, als ob der niedrige, mit Wasser angefüllte Himmel geplatzt sei, sich über die Erde ergossen, sie zu einem Brei aufgerührt, sie geschmolzen habe wie Zukker. Windstöße brausten vorüber, sie führten drückende Wärme mit sich. Die Rinnsteine flossen über, und ihr Gurgeln erfüllte die verlassenen Straßen; wie Schwämme tranken die Häuser die Feuchtigkeit, die ins Innere drang und aus den Mauern schwitzte, vom Keller bis zum Speicher.

Jeanne war tags zuvor aus der Klosterschule entlassen worden. Nun war sie endlich für immer frei und willens, alles Glück des Lebens zu ergreifen, von dem sie schon so lange träumte. Aber sie hatte Angst, ihr Vater könne die Abreise hinausschieben, wenn das Wetter sich nicht bessere. Und zum hundertsten Mal an diesem Morgen erforschte sie fragend den Horizont.

Dann merkte sie, daß sie vergessen hatte, ihren Kalender in die Reisetasche zu legen. Sie nahm das kleine, in Monate eingeteilte Kartonblatt von der Wand, in dessen Mitte, von einer Zeichnung umgeben, in goldenen Lettern 1819 stand, die Zahl des laufenden Jahres. Dann durchstrich sie mit einem Bleistift die vier ersten

Abteilungen mit allen Namen der Heiligen bis zum 2. Mai, dem Tag, an dem sie das Kloster verlassen hatte.

Eine Stimme hinter der Tür rief: »Jeannette!«

Jeanne antwortete: »Komm doch herein, Papa.«

Und ihr Vater erschien.

Der Baron Simon-Jacques le Perthuis des Vauds war der Typ eines Edelmanns aus dem vergangenen Jahrhundert, ein bißchen verdreht und gütig. Als begeisterter Jünger J. J. Rousseaus hegte er eine Art verliebter Zärtlichkeit für die Natur, die Felder, die Wälder, die Tiere.

Als Aristokrat von Geburt verabscheute er instinktiv die Ereignisse des Jahres 1793; da er aber seinem Wesen nach Philosoph und freiheitlich erzogen war, verfolgte er alle Tyrannei mit einem harmlosen Haß, der sich nur in Worten äußerte.

Seine große Stärke und seine große Schwäche war seine Güte, eine Güte, die sich nicht genug daran tun konnte, zärtlich zu umfangen, zu schenken, zu umarmen, eine Güte, die sich auf alles erstreckte, wie die eines Schöpfers, die widerstandslos war und beinahe wie ein Laster, als sei ein Willensnerv eingeschlafen, als bestünde eine Lücke in der Energie.

Als Mann der Theorien hatte er lange den Plan hin und her überlegt, nach dem er seine Tochter erziehen wollte; sie sollte glücklich, gut, aufrichtig und liebevoll werden.

Bis zu ihrem zwölften Lebensjahr war sie daheim gewesen. Dann wurde sie, trotz der Tränen ihrer Mutter, in eine Klosterschule der Nonnen vom Sacré-Cœur gebracht.

Er hatte dafür gesorgt, daß sie dort in strenger Abgeschiedenheit lebte, hinter Klostermauern, von niemandem gekannt und ohne Wissen vom Leben der Menschen. Er wollte sie mit siebzehn Jahren keusch zurückerhalten, um sie dann selber in ein Bad sinnvoller Poesie einzutauchen, unter dem Einfluß der Felder, inmitten der fruchtbaren Erde, um ihre Seele aufzutun, sie beim Anblick der unbefangenen Liebe, der einfachen Zärtlichkeiten der Tiere, der heiteren Gesetze des Lebens aus ihrer Ahnungslosigkeit zu erwecken.

Jetzt also war sie aus dem Kloster herausgekommen: strahlend, strotzend von Lebenskraft und Verlangen nach Glück, aufnahmebereit für jede Freude, jeden reizenden Zufall, den sie während der müßigen Tage, der langen Nächte, in der Einsamkeit ihrer Hoffnungen bereits in Gedanken durchlebt hatte.

Sie sah aus wie ein Porträt des Veronese mit ihrem leuchtenden Haar, dessen Blond auf ihre Haut abgefärbt zu haben schien; es war die Haut einer Aristokratin, mit einem schwachen Hauch von Rosa, beschattet von einem leichten, blaßsamtenen Flaum, den man nur eben gewahrte, wenn die Sonne ihn liebkoste. Ihre Augen waren blau, von dem undurchsichtigen Blau holländischer Fayencefiguren.

Auf dem linken Nasenflügel hatte sie ein kleines Schönheitsfleckchen; ein zweites rechts, am Kinn, wo sich einige Härchen lockten, die man kaum von der Haut zu unterscheiden vermochte, so ähnlich waren sie ihr in der Farbe. Sie war groß, hatte eine volle Brust und sehr bewegliche Hüften. Ihre klare Stimme klang manchmal etwas scharf; aber mit ihrem freimütigen Lachen verbreitete sie Freude um sich her. Sie hatte die Gewohnheit, häufig beide Hände an die Schläfen zu heben, als wolle sie ihr Haar glätten.

Sie lief auf den Vater zu und küßte ihn, wobei sie ihn fest umschlang. »Reisen wir?« fragte sie.

Er lächelte, schüttelte den Kopf mit dem schon weißen Haar, das er ziemlich lang trug, und wies mit der Hand zum Fenster: »Du kannst doch bei solchem Wetter nicht reisen wollen?«

Aber sie bat und schmeichelte zärtlich: »O Papa, ich bitte dich so sehr, wir wollen reisen. Heut nachmittag ist schönes Wetter.«

»Aber deine Mutter wird es niemals zugeben.«

»Doch, ich verspreche es dir, laß das meine Sorge sein!«

»Wenn es dir gelingt, deine Mutter dazu zu bestimmen, dann habe ich nichts dagegen.«

Darauf eilte sie in das Zimmer der Baronin. Denn auf diesen Tag der Abreise hatte sie mit wachsender Ungeduld gewartet.

Seit sie ins Kloster gekommen war, hatte sie Rouen nicht verlassen. Denn der Vater hatte ihr keinerlei Zerstreuung vor dem von ihm bestimmten Alter erlaubt. Nur zweimal war sie für vierzehn Tage mit nach Paris genommen worden, aber das war ja wieder eine Stadt, und sie träumte nur vom Land.

Und nun sollte sie den Sommer in Les Peuples verbringen, einem alten, auf der Steilküste bei Yport gelegenen Schloß, das schon lange im Besitz der Familie war; und sie versprach sich Freuden ohne Ende von dem freien Leben am Ufer des Meeres. Zudem war ausgemacht, daß ihr das Herrenhaus später geschenkt und sie immer dort wohnen würde, wenn sie verheiratet wäre.

Und jener Regen, der seit dem gestrigen Abend ohne Unterlaß herabströmte, war der erste große Kummer ihres Lebens.

Doch schon nach drei Minuten kam sie wieder aus dem Zimmer ihrer Mutter herausgestürzt und rief durchs ganze Haus: »Papa, Papa! Es ist Mama recht; laß anspannen.«

Die Sintflut ließ nicht nach; sie schien sogar noch ärger zu werden, als die Kalesche an der Tür vorfuhr.

Jeanne stand fertig angezogen am Wagen, als die Baronin die Treppe herunterkam. Sie stützte sich auf der einen Seite auf ihren Mann, auf der anderen Seite auf ein Zimmermädchen, das groß, kräftig und schlank war wie ein Bursche. Sie war eine Normannin aus der Gegend von Caux und sah aus, als ob sie mindestens zwanzig Jahre alt sei; dabei war sie erst achtzehn. Sie wurde von der Familie beinahe wie eine zweite Tochter behandelt, da sie Jeannes Milchschwester war. Sie hieß Rosalie.

Ihre Hauptaufgabe bestand übrigens darin, ihre Herrin zu stützen und zu begleiten, die seit einigen Jahren ungeheuer dick geworden war; sie litt an einer Herzerweiterung, über die sie in einem fort klagte.

Schwer atmend erreichte die Baronin die Freitreppe vor dem alten Stadtpalais, und mit einem Blick auf den Hof, über den der Regen hinfegte, murmelte sie: »Es ist wirklich recht unvernünftig.«

Ihr Mann antwortete mit seinem immer bereiten Lächeln: »Du hast es so gewollt, Madame Adélaïde.«

Da sie den prunkvollen Namen Adélaïde trug, setzte er immer »Madame« davor, in einer etwas ironisch respektvollen Weise.

Doch schon raffte sie sich auf und stieg mühsam in den Wagen, dessen sämtliche Federn sich bogen. Der Baron setzte sich neben sie, Jeanne und Rosalie nahmen auf den Rücksitzen Platz.

Ludivine, die Köchin, brachte massenweise Mäntel, die über die Knie gebreitet wurden, und zwei Körbe, die unter den Sitzen verschwanden. Dann kletterte sie auf den Bock neben den alten Simon und wickelte sich in eine große Decke; sie bedeckte ihr auch den ganzen Kopf. Der Pförtner und seine Frau kamen, um sich zu verabschieden und die Wagentür zu schließen; sie erhielten noch letzte Anweisungen der Koffer wegen, die in einem Leiterwagen nachkommen sollten; dann wurde abgefahren.

Der Kutscher, der alte Simon, saß mit gebeugtem Kopf und rundem Rücken im Regen da und verschwand fast in seinem Mantel mit dem dreifachen Schulterkragen. Stöhnend schlugen die Windstöße gegen die Scheiben und überschwemmten den Fahrdamm mit Wasserfluten.

Beim raschen Trab der beiden Pferde gelangte der Wagen in flotter Fahrt auf den Seinekai und fuhr an einer Reihe großer Schiffe vorüber, deren Masten, Rahen und Taue traurig, wie entblätterte Bäume, in den regendurchströmten Himmel hineinragten. Dann bog er in den langen Boulevard ein, der den Mont Riboudet hinaufführt.

Bald ging es an Wiesen vorüber; und von Zeit zu Zeit zeichnete sich eine halb ertrunkene Weide undeutlich von dem feuchten Nebel ab; mit hängenden Zweigen stand sie da, als habe sie sich selbst aufgegeben, wie ein Leichnam. Die Hufe der Pferde klapperten, und die Räder drehten sich wie Feuerwerkskörper aus Schlamm.

Alle schwiegen; es war, als habe der Regen ihnen das Gehirn durchnäßt wie die Erde. Die Baronin lehnte sich zurück, stützte den Kopf auf und schloß die Augen. Der Baron betrachtete das einförmige, triefendnasse Land mit trüben Blicken. Rosalie hielt ein Paket auf den Knien und döste, versunken in das animalische Vorsichhindämmern des Volkes. Jeanne jedoch fühlte, wie sie unter diesem lauen Geriesel auflebte wie eine eingeschlossene Pflanze, die an die Luft gebracht worden ist; und ihre Freude schützte wie ein dichtes Laubwerk ihr Herz vor Traurigkeit. Obwohl sie nichts sagte, hatte sie Lust, zu singen, die Hand hinauszustrecken, sie mit Wasser füllen zu lassen und es dann zu trinken; und sie genoß es, von den kräftig trabenden Pferden dahingetragen zu werden, die trostlose Landschaft zu sehen und sich inmitten dieser Überschwemmung geborgen zu wissen.

Und unter dem heftigen Regen stieg von der Kruppe der beiden Tiere ein Schwaden verdampfenden Wassers auf.

Die Baronin schlief nach und nach ein. Ihr von sechs regelmäßig gewickelten hin und her pendelnden Locken umrahmtes Gesicht sank immer weiter zurück, weich gestützt von den drei großen Wogen ihres Halses, dessen letzte Wellenbewegungen sich im offenen Meer ihrer Brust verloren. Bei jedem Atemzug hob sich ihr Kopf und sank dann sofort wieder zurück; die Backen blähten sich, und aus den halbgeöffneten Lippen drang lautes Schnarchen hervor. Ihr Mann beugte sich zu ihr hinüber und legte ihr vorsichtig eine kleine lederne Brieftasche in die über der Fülle des Leibes gefalteten Hände.

Sie erwachte durch die Berührung und betrachtete den Gegenstand mit einem schwimmenden Blick, mit dem stumpfsinnigen Ausdruck eines aus dem Schlaf gerissenen Menschen. Die Brieftasche fiel hin und ging auf. Goldstücke und Banknoten verteilten sich in der Kalesche. Sie wurde völlig wach. Und die Fröhlichkeit ihrer Tochter machte sich in einer Rakete von Gelächter Luft.

Der Baron hob das Geld auf, legte es ihr auf den Schoß und sagte: »Das, meine Liebe, ist alles, was uns übrigbleibt von meinem Bauernhof in Eletot. Ich habe ihn verkauft, um Les Peuples neu herrichten zu lassen; wir werden von jetzt an häufig dort wohnen.«

Sie zählte das Geld – sechstausendvierhundert Francs – und steckte es ruhig in die Tasche.

Das war nun der neunte von einunddreißig Bauernhöfen, die ihre Eltern ihnen hinterlassen hatten und die alle auf diese Weise verkauft worden waren. Immerhin hatten sie noch ein Einkommen von etwa zwanzigtausend Francs aus Ländereien, die, wenn sie gut verwaltet worden wären, leicht dreißigtausend im Jahr hätten einbringen können.

Da sie einfach lebten, hätte dieses Einkommen genügt, wenn es nicht ein immer offenes Loch in ihrem Haus gegeben hätte: die Güte. Sie ließ ihnen das Geld in den Händen versiegen, wie die Sonne das Wasser in Sumpfgebieten versiegen läßt. Es rollte, floh, verschwand. Wie? Das wußte keiner. Alle Augenblicke sagte wieder einer von ihnen: »Ich weiß nicht, wie es kommt, aber ich habe heute hundert Francs ausgegeben, ohne irgend etwas Besonderes zu kaufen.«

Diese Leichtigkeit im Ausgeben war übrigens eine der größten Freuden ihres Lebens; und es war rührend, wie wunderbar sie einander in diesem Punkt verstanden.

»Und ist mein Schloß jetzt schön?« fragte Jeanne.

Der Baron antwortete heiter: »Du wirst es schon sehen, Töchterchen.«

Aber allmählich ließ die Heftigkeit des Regens nach; dann blieb nur noch eine Art Nebel zurück, ein sehr feiner Staub von dahintreibendem Regen. Es war, als ob das Gewölbe der Wolken sich hebe, weiß werde; und plötzlich fiel durch eine nicht wahrnehmbare Lücke ein langer, schräger Sonnenstrahl auf die Wiesen.

Und nun hatte die Wolkendecke sich gespalten, und das blaue Firmament wurde sichtbar; dann vergrößerte sich der Riß wie ein zerreißender Schleier; und ein schöner, reiner Himmel von klarem und tiefem Azur entfaltete sich über der Welt.

Ein kühler, zarter Windhauch zog vorüber, wie ein beglücktes Aufseufzen der Erde. Und beim Vorbeifahren an Gärten oder Wäldern hörten sie zuweilen den munteren Ruf eines Vogels, der sich die Federn trocknen ließ.

Der Abend kam. Jetzt schliefen alle im Wagen außer Jeanne. Zweimal wurde an einem Wirtshaus gehalten, um die Pferde sich verschnaufen zu lassen und ihnen etwas Hafer und Wasser zu geben.

Die Sonne war untergegangen; in der Ferne läuteten Glocken. In einem kleinen Dorf wurden die Laternen angezündet, und auch der Himmel erglänzte von einer Fülle von Sternen. Hier und dort tauchten erleuchtete Häuser auf und durchglitten das Dunkel wie Feuerfunken; und plötzlich erschien hinter einem Hügel, durch Tannenzweige hindurch, ein roter, riesengroßer, schläfrig aussehender Mond.

Es war so milde, daß die Fenster offen bleiben konnten. Auch Jeanne ruhte nun aus, ermüdet vom vielen Träumen, gesättigt von beglückenden Vorstellungen. Zuweilen öffnete sie die Augen wieder, wenn sie von der langen Bewegungslosigkeit steif geworden war, dann schaute sie hinaus, sah in der lichten Nacht die Bäume eines Bauernhofs vorüberziehen oder ein paar Kühe hie und da in einem Feld liegen und den Kopf heben. Dann setzte sie sich bequemer zurecht und versuchte einen Traum, der sich nur angedeutet hatte, wieder einzufangen; aber das ununterbrochene Rollen der Räder erfüllte ihr die Ohren mit seinem Geräusch, und sie schloß abermals die Augen in dem Gefühl, daß ihr Geist so zerschlagen sei wie ihre Glieder.

Endlich wurde gehalten. Männer und Frauen mit Laternen in den Händen drängten sich um die Wagentüren. Sie waren angekommen. Die sogleich erwachte Jeanne sprang aus dem Wagen. Ein Pächter leuchtete ihrem Vater und Rosalie, die die völlig erschöpfte Baronin beinahe tragen mußte. Sie stöhnte vor Verzweiflung und sagte unablässig mit schwacher, verebbender Stimme: »O mein Gott! Meine guten Kinder!« Sie wollte nichts essen, nichts trinken, ließ sich zu Bett bringen und schlief sofort ein.

Jeanne und der Baron aßen gemeinsam zu Abend.

Sie lächelten, wenn sie einander ansahen, drückten sich über den Tisch hinweg die Hand; und beide überkam eine kindliche Fröhlichkeit; sie beschlossen, das neu hergerichtete Schloß zu besichtigen.

Es war eine jener hohen, weitläufigen normannischen Behausungen, die etwas vom Bauernhof haben und etwas vom Schloß, die aus weißem, grau gewordenem Stein erbaut und so geräumig sind, daß man ein ganzes Geschlecht darin unterbringen könnte.

Eine riesige Halle mit großen Türen an beiden Fronten durchschnitt das Haus in seiner ganzen Breite und teilte es in zwei Hälften. Die Doppeltreppe wirkte, als überspringe sie die Halle mit einem Schritt; sie ließ die Mitte frei, und im ersten Stock vereinigten sich die beiden Aufgänge wie eine Brücke.

Im Erdgeschoß trat man rechts in den übergroßen Salon ein; er war mit gestickten Wandteppichen behängt, auf denen Vögel im Laubwerk sich tummelten. Alle Möbel waren mit Petit-Point-Stickerei bezogen, bildlichen Darstellungen zu La Fontaines Fabeln; und ein Zittern der Freude durchrann Jeanne, als sie einen Stuhl wiederentdeckte, den sie als Kind geliebt hatte und auf dem die Geschichte vom Fuchs und vom Storch abgebildet war.

Vom Salon aus gelangte man zur Bibliothek, die voll war von alten Büchern, und zu zwei andern, unbenutzten Räumen; links lagen das neu getäfelte Eßzimmer, das Schrankzimmer, die Anrichte, die Küche und ein kleiner Raum, in dem eine Badewanne stand.

Ein Flur durchlief den ersten Stock in seiner ganzen Länge. An diesem Zugang reihten sich die zehn Türen der zehn Schlafzimmer. Ganz am Ende rechts war Jeannes Zimmer. Sie gingen hinein. Der Baron hatte es unlängst neu herrichten lassen; die Wände waren bespannt worden, und es war mit Möbeln ausgestattet, die bisher unbenutzt auf dem Speicher gestanden hatten. Die sehr alten flämischen Gobelins an den Wänden bevölkerten diesen Raum mit absonderlichen Gestalten.

Doch als sie das Bett sah, brach das junge Mädchen in Freudenrufe aus. An den vier Ecken trugen das Lager vier große, aus Eichenholz geschnitzte Vögel, die ganz schwarz waren, von Wachs glänzten und aussahen, als ob sie seine Wächter seien. An den Seitenteilen waren zwei lange Girlanden aus geschnitzten Blumen und Früchten zu sehen; und vier fein kannelierte Säulen mit korinthischen Kapitellen trugen einen Fries von rosenumwundenen Putten.

Monumental und zugleich anmutig stand das Bett da, trotz der Strenge des vom Alter geschwärzten Holzes. Die Decke und die Bespannung des Betthimmels schimmerten wie zwei Himmelsgewölbe. Sie waren aus dunkelblauer antiker Seide und hier und dort mit großen goldbestickten Lilien besternt.

Als sie alles recht bewundert hatte, hob Jeanne den Leuchter, um die Gobelins an den Wänden genauer zu betrachten und sich darüber klar zu werden, was darauf dargestellt sei.

Ein junger Edelmann und eine junge Dame, die auf die seltsamste Weise in Grün, Rot und Gelb gekleidet waren, plauderten unter einem blauen Baum, an dem weiße Früchte reiften. Ein großes Kaninchen von der gleichen Farbe knabberte ein wenig graues Gras.

Unmittelbar oberhalb der Figuren waren auf einem Hintergrund im Geschmack der Zeit fünf kleine runde Häuser mit spitzen Dächern zu sehen und hoch oben, fast im Himmel, eine ganz rote Windmühle. Große Blütenranken wanden sich durch dies alles hindurch.

Die beiden anderen Felder waren dem ersten sehr ähnlich; nur kamen dort vier Männchen aus den Häusern. Sie trugen flämische Tracht und hoben die Arme gen Himmel, zum Zeichen, daß sie äußerst erstaunt und zornig waren.

Auf der letzten Wandfläche jedoch war ein Drama geschildert. Neben dem Kaninchen, das immer noch knabberte, lag der junge Mann ausgestreckt und schien tot zu sein. Die junge Dame sah ihn an und stieß sich einen Degen in die Brust, und die Früchte am Baum waren schwarz geworden.

Jeanne gab es auf zu verstehen, um was es sich handele, als sie in einer Ecke ein winzig kleines Tier entdeckte, das das Kaninchen, wenn es lebendig gewesen wäre, wie ein Grashälmchen hätte fressen können und das trotzdem ein Löwe war.

Da erkannte sie, daß es die traurige Geschichte von Pyramus und Thisbe war; und obwohl sie über die Naivität der Zeichnung lächelte, fühlte sie sich glücklich, von dieser Liebesgeschichte umschlossen zu sein, die ihrem Geist unablässig von geliebten Hoffnungen sprechen und allmählich die Zärtlichkeit dieser alten Legende über ihrem Schlaf schweben lassen würde.

Bei dem übrigen Mobiliar waren die verschiedensten Stile vertreten. Es waren Möbel, wie jede Generation sie der Familie hinterläßt und die aus alten Häusern schlechthin alles enthaltende Museen machen. Zu beiden Seiten einer herrlichen Louis-XIV-Kommode mit schimmernden Bronzebeschlägen prunkten zwei mit geblümter Seide bezogene Louis-XV-Sessel. Ein Sekretär aus Rosenholz stand dem Kamin gegenüber, auf dem sich, unter einem runden Glassturz, eine Standuhr aus der Empirezeit den Blicken darbot.

Sie war aus Bronze und stellte einen Bienenkorb dar, der sich, von vier Marmorsäulen getragen, über einem Garten von vergoldeten Blumen erhob. Aus einer länglichen Spalte im Bienenkorb ragte ein zierliches Pendel hervor, das unaufhörlich eine kleine

Biene mit emaillierten Flügeln über diesem Blumenbeet hin und her schweben ließ. Das Zifferblatt aus handgemalter Fayence war in die eine Seite des Bienenkorbs eingelassen.

Die Uhr schlug elf. Der Baron küßte die Tochter und zog sich in sein Zimmer zurück.

Jeanne tat es leid, daß sie zu Bett gehen mußte.

Noch einen letzten Blick ließ sie durch ihr Zimmer schweifen, dann löschte sie das Licht. Aber zur Linken des Bettes, das nur mit dem Kopfende an der Wand stand, war ein Fenster, durch das das Mondlicht eindrang und eine Stelle am Boden hell beleuchtete.

Lichtreflexe trafen die Wände, bleiche Reflexe, die die Liebesgeschichte von Pyramus und Thisbe mit einem matten Schimmer liebkosten.

Durch das andere, dem Fußende des Bettes gegenüberliegende Fenster gewahrte Jeanne einen großen, ganz in weiches Licht getauchten Baum. Sie legte sich auf die Seite, schloß die Augen; und dann, nach einer Weile, öffnete sie sie wieder.

Es schien ihr, als werde sie noch immer vom Rattern des Wagens geschüttelt; sein Rollen dauerte in ihrem Kopf an. Sie blieb zunächst still liegen, in der Hoffnung, daß sie schließlich einschlafen werde, wenn sie sich ganz ruhig hielt; aber bald bemächtigte ihre innere Ungeduld sich des ganzen Körpers.

Es zuckte ihr in den Beinen, sie fühlte sich immer fiebriger erregt. Da stand sie auf, und barfüßig, mit nackten Armen, in ihrem langen Hemd, in dem sie aussah wie ein Geist, ging sie durch die Lache von Licht auf dem Fußboden, machte das Fenster auf und schaute hinaus.

Die Nacht war so licht, daß man sehen konnte wie am hellen Tag; und das junge Mädchen erkannte das ganze einst so sehr geliebte Land ihrer Kindheit wieder.

Vor ihr erstreckte sich zunächst ein großer Rasen, der im nächtlichen Licht buttergelb aussah. An seinen beiden Ausläufern vor dem Schloß reckten sich zwei riesengroße Bäume auf, eine Platane im Norden, eine Linde im Süden.

Am äußersten Ende der weiten Rasenfläche schloß ein kleines Boskett die Anlage ab. Sie war vor den Stürmen der Weite geschützt durch fünf Reihen alter Ulmen, die sich unter dem ewig wehenden Seewind wanden, der an ihnen hinfuhr, an ihnen nagte, ihre Kronen beschnitt wie ein schräges Dach.

Rechts und links begrenzten diese Art Park zwei lange Alleen von übergroßen Pappeln. Sie trennten den Wohnsitz der Herrschaft von den beiden angrenzenden Pachthöfen, deren einer von der Familie Couillard bewohnt wurde, der andere von der Familie Martin.

Jene Pappeln hatten dem Schloß den Namen gegeben. Jenseits dieses eingefriedeten Raums dehnte sich weites, unbestelltes, ginsterbewachsenes Land, über das der Wind Tag und Nacht pfeifend dahingaloppierte. Dann fiel das Gelände plötzlich in einer hundert Meter hohen weißen Steilwand ab, deren Fuß die Wellen umspülten.

Jeanne schaute hinaus in die Ferne, auf die weite, schimmernde Fläche des Meeres; es schien unter den Sternen zu schlafen.

In der beruhigten Stille der Sonnenferne stiegen alle Düfte der Erde auf. Ein Kletterjasmin an den unteren Fenstern strömte unablässig seinen durchdringenden Atem aus, der sich mit dem zarteren Duft der jungen Blätter vermischte. Sachte Windstöße zogen vorüber und brachten den starken Geruch der Salzluft und die klebrigen Ausdünstungen des Tangs mit.

Zunächst überließ sich das junge Mädchen dem Glück des Atmens, und die Stille der Landschaft beruhigte sie wie ein kühles Bad.

Alle Tiere, die aufwachen, wenn der Abend kommt, und ihr verschwiegenes Dasein in der Ruhe der Nächte verbergen, erfüllten das Halbdunkel mit einer Art stummer Erregung. Große lautlose Vögel flohen in der Luft einher wie dunkle Flecken, wie Schatten. Das Summen unsichtbarer Insekten traf das Ohr; geräuschlos huschte es über das betaute Gras oder den Sand der verlassenen Wege.

Nur ein paar melancholische Kröten sandten ihren kurzen, eintönigen Ruf zum Mond empor.

Es war Jeanne, als werde ihr Herz weit wie dieser lichte, flüsternde Abend, als werde es plötzlich erfüllt von tausend schweifenden Wünschen wie die der Nachttiere, deren bebendes Leben sie umgab. Eine tiefe Verbundenheit einte sie mit dieser lebendigen Poesie. In der weichen Helle der Nacht fühlte sie ein übermenschliches Erschauern; unbegreifbare Hoffnungen wogten in ihr auf, etwas wie ein Hauch von Glück.

Und sie fing an von der Liebe zu träumen.

Die Liebe! Seit zwei Jahren erfüllte sie sie mit der wachsenden Bangigkeit ihres Sichnäherns. Jetzt besaß sie die Freiheit zu lieben; sie brauchte nur noch ihm zu begegnen, ihm!

Wie würde er sein? Sie wußte es nicht so recht und fragte es sich nicht einmal. Er würde »er« sein, das war genug.

Sie wußte nur, daß sie ihn von ganzer Seele anbeten und daß er sie mit aller Kraft lieben würde. An Abenden wie diesem würden sie einherwandeln unter dem schimmernden Staub, der von den Sternen herabrieselte. Sie würden Hand in Hand gehen, aneinander geschmiegt; sie würden ihre Herzen schlagen hören, die Wärme ihrer Schultern fühlen, ihre Liebe würde eingehen in die sanfte Klarheit der Sommernächte, sie würden so eins sein, daß sie mühelos, einzig durch die Macht ihrer Zärtlichkeit, vordringen würden zu den geheimsten Gedanken des anderen.

Und so würde es ewig weitergehen, in der heiteren Ruhe einer unzerstörbaren Neigung.

Plötzlich war ihr, als spüre sie ihn, dicht neben sich; und jäh durchrieselte sie ein unbestimmtes sinnliches Erschauern von den Füßen bis zum Kopf. Mit einer unbewußten Bewegung drückte sie die Arme gegen die Brust, wie um ihren Traum zu umarmen. Und über ihre Lippen, die sich dem Unbekannten entgegenhoben, glitt etwas dahin, das sie überkam wie eine plötzliche Ohnmacht, als habe der Frühlingsatem ihr einen Liebeskuß gegeben.

Da hörte sie drüben, hinter dem Schloß, Schritte, auf der Straße, im Dunkel. Und in einem Aufwallen ihrer erregten Seele, in einem Überschwang des Glaubens an das Unmögliche, an Fügungen der Vorsehung, an göttliche Vorgefühle, an romantische Schicksalsverflechtungen dachte sie: Wenn er es wäre? Angstvoll lauschte sie auf den Takt der Schritte des Wanderers, überzeugt, daß er am Gittertor haltmachen und um Obdach bitten werde.

Als er vorübergegangen war, war ihr traurig zu Mute, wie nach einer Enttäuschung. Aber sie begriff, wie übersteigert ihre Hoffnung gewesen war, und lächelte über ihre Unvernunft.

Als sie sich dann etwas beruhigt hatte, überließ sie sich dem Lauf einer vernünftigeren Träumerei und versuchte, in das Geheimnis der Zukunft einzudringen, sich ihr Leben vorzustellen.

Mit ihm würde sie hier leben, in diesem stillen, hoch über dem Meer gelegenen Schloß. Sie würde wohl zwei Kinder haben, einen Sohn für ihn, eine Tochter für sich. Und sie sah sie auf dem Gras umhertollen, zwischen der Platane und der Linde, während Vater und Mutter ihnen entzückt mit den Augen folgten und über ihre Köpfe hinweg Blicke voller Leidenschaft tauschten.

Lange, lange blieb sie so am Fenster und träumte. Der Mond hatte seine Reise über den Himmel fast vollendet; bald würde er im Meer verschwinden. Die Luft wurde kühler. Gegen Osten zu erblaßte der Horizont. Ein Hahn krähte im Bauernhof rechts, andere antworteten aus den Höfen zur Linken. Ihre verrosteten Stimmen klangen, als kämen sie von sehr weit her durch die Trennwände der Hühnerhöfe hindurch. Und am ungeheuren, unmerklich weiß gewordenen Himmelsgewölbc verschwanden die Sterne.

Irgendwo erwachte ein kleiner Vogelruf. Ein anfangs schüchternes Zwitschern erscholl aus den Blättern; dann wurde es kühner, freudiger, sprang über von einem Zweig, von einem Baum zum anderen.

Unvermittelt spürte Jeanne, daß sie von Helligkeit überströmt war. Sie hob das Gesicht, bedeckte es mit den Händen und schloß die Augen, geblendet vom Aufstrahlen der Morgenröte.

Ein purpurfarbenes, halb hinter der großen Pappelallee verborgenes Wolkengebirge warf einen blutroten Schein auf die erwachte Erde.

Und langsam, die leuchtenden Wolken durchbrechend, die Bäume, die Ebene, den Ozean, den ganzen Horizont mit seinem Feuer durchsiebend, erschien der ungeheure, lodernde Sonnenball.

Jeanne war es, als werde sie irr vor Seligkeit. Eine tolle Freude, eine unendliche Zärtlichkeit für die Herrlichkeit aller Dinge durchwogte ihr Herz; ihr wurde schwach vor Glück. Es war ihre Sonne! Ihr Morgenrot! Der Beginn ihres Lebens! Der Aufgang ihrer Hoffnungen! Sie streckte der strahlenden Weite die Arme entgegen, voller Verlangen, die Sonne zu umarmen; sie wollte sprechen, irgend etwas rufen, das göttlich wäre wie der Anbruch des Tages; aber sie war wie gelähmt von einer Begeisterung, die ihr alle Kraft nahm. Sie bettete die Stirn in die Hände, sie fühlte, wie sich ihre Augen mit Tränen füllten, und sie weinte ein köstliches Weinen.

Als sie den Kopf wieder hob, war die großartige Pracht des Tagesanbruchs hingeschwunden. Sie fühlte sich beruhigt, ein wenig müde, wie abgekühlt. Ohne das Fenster zu schließen, legte sie sich in ihr Bett, träumte noch einige Minuten und schlief dann so tief ein, daß sie um acht Uhr das Rufen ihres Vaters nicht hörte und erst aufwachte, als er in ihr Zimmer trat.

Er wollte ihr die Verschönerungen am Schloß, an ihrem Schloß, zeigen.

Die Front, die auf die Innenseite des Besitzes hinausging, war durch einen weiten, mit Apfelbäumen bepflanzten Hof vom Feldweg geschieden. Dieser sogenannte Gemeindeweg zog sich zwischen den eingefriedeten Bauernstellen hin und mündete nach einer halben Meile in die große Landstraße von Le Havre nach Fécamp.

Eine gerade Allee führte vom hölzernen Tor bis zur Freitreppe. An beiden Seiten des Hofes und den Gräben an den beiden Bauernhöfen entlang zogen sich die Nebengebäude hin, niedrige, strohgedeckte Häuser aus runden Strandsteinen.

Alles war neu gedeckt; die Schreinerei war hergerichtet worden, die Mauern repariert, die Zimmer frisch tapeziert, der Innenanstrich erneuert. Und an dem alten, nachgedunkelten Herrenhaus wirkten die silberweiß gestrichenen Läden und die Stellen, wo auf der großen grauen Front der Bewurf erneuert worden war, wie Flecken.

Die andere Front, an der das eine von Jeannes Fenstern lag, sah in die Ferne, über das Boskett und die Wand von windzernagten Ulmen hin, aufs Meer hinaus.

Arm in Arm besichtigten Jeanne und der Baron dies alles, ohne auch nur ein Eckchen auszulassen. Dann gingen sie langsam in den langen Pappelalleen auf und ab, die das umschlossen, was als der Park bezeichnet wurde. Unter den Bäumen war Gras gewachsen und hatte seinen grünen Teppich ausgebreitet. Reizend war am äußersten Ende das Boskett mit seinen kleinen, gewundenen, von Blätterwänden eingeschlossenen Pfaden. Unversehens sprang ein Hase auf, zum Schrecken des jungen Mädchens; dann hüpfte er die Böschung hinunter und verschwand im Strandhafer nach dem Klippenhang zu.

Als die noch immer sehr erschöpfte Madame Adélaïde nach dem Mittagessen erklärte, sie wolle ruhen, schlug der Baron vor, sie sollten nach Yport hinuntergehen.

Sie gingen, durchquerten zuerst das Dörfchen Étouvent, zu dem Les Peuples gehörte; drei Bauern grüßten sie, als hätten sie sie schon immer gekannt. Dann kamen sie in die Wälder, die, den Windungen eines Tales folgend, sich den Abhang hinunterziehen bis zum Meer.

Bald erblickten sie das Dorf Yport. Frauen, die, auf der Schwelle ihrer Wohnung sitzend, alte Kleider flickten, schauten zu, wie sie vorübergingen. Von der abschüssigen Straße mit der Abflußrinne in der Mitte und den vor den Türen liegenden Unrathaufen stieg ein starker Geruch nach Salzlake auf. Braune Netze, an denen noch hier und da wie Silberstückchen schimmernde Schuppen hafteten, trockneten über den Türen der elenden Hütten, in denen vielköpfige Familien in einem einzigen Raum lebten und aus denen ein Gestank nach Menschengewimmel hervorquoll.

Ein paar Tauben stolzierten am Bachrand entlang und suchten sich ihr bißchen Futter zusammen.

Jeanne betrachtete das alles; es erschien ihr merkwürdig und neuartig wie eine Theaterdekoration.

Aber plötzlich, als sie um eine Mauerecke bogen, sah sie das Meer, das sich mit seinem undurchsichtigen, glatten Blau dehnte, so weit das Auge reichte.

Sie blieben am Strand stehen und schauten. In der Ferne zogen Segel vorüber, weiß wie Vogelschwingen. Rechts und links erhob sich riesenhoch der Steilhang. Eine Art Landzunge begrenzte den Blick auf der einen Seite, während sich auf der anderen die Küstenlinie unabsehbar hinzog, bis sie nur noch wie ein unfaßbarer Strich aussah.

An einem der nächsten Einschnitte in der Küste waren ein Hafen und einige Häuser zu sehen; und ganz kleine Wellen, die einen Schaumkranz bildeten, rollten mit leisem Geräusch auf den Uferkieseln heran.

Die zum Ort gehörenden Fischerboote waren eingeholt und ruhten mit der Flanke auf den runden Steinen des abschüssigen Strandes. Ihre runden, geteerten Backen streckten sie der Sonne entgegen. Einige Schiffer richteten sie für die Flut am Abend her.

Ein Seemann kam auf sie zu und bot ihnen Fische an. Jeanne kaufte eine Barbe, die sie eigenhändig nach Les Peuples hinauftragen wollte.

Dann bot ihnen der Mann seine Dienste für Fahrten auf dem Meer an, wobei er immer wieder seinen Namen nannte: »Lastique, Joséphin Lastique«, damit sie ihn ja im Gedächtnis behielten.

Der Baron versprach, ihn nicht zu vergessen.

Sie machten sich wieder auf den Weg zum Schloß.

Da der schwere Fisch Jeanne ermüdete, zog sie ihm den Spazierstock ihres Vaters durch die Kiemen, und jeder faßte an einem Ende an. Und so wanderten sie fröhlich wieder den Abhang hinauf, plaudernd wie zwei Kinder, die Stirn dem Wind preisgegeben und mit leuchtenden Augen; die Barbe, deren Gewicht allmählich ihre Arme ermüdete, fegte mit ihrem fetten Schwanz durchs Gras.

II

Für Jeanne begann ein freies, beglückendes Leben. Sie las, träumte und trieb sich allein in der Gegend umher. Langsamen Schrittes schlenderte sie, in ihre Träume verloren, die Landstraße entlang. Oder sie lief in fröhlichen Sprüngen die kleinen gewundenen Täler hinab, deren Hänge ein Vlies von blühendem Stechginster trugen wie einen goldenen Mantel. Sein starker und süßer, in der Hitze aufs höchste gesteigerter Geruch berauschte sie wie duftender Wein. Als werde sie von einer Woge getragen, wiegte das aus der Ferne herdringende Geräusch der über den Strand rollenden Wellen ihr Gemüt ein.

Zuweilen überfiel sie eine wohlige Schlaffheit, und sie streckte sich an einem Hang im struppigen Gras aus; zuweilen aber, wenn sie bei einer Biegung des Tals plötzlich einen dreieckigen, von Rasenhängen eingefaßten Ausschnitt des blauen Meeres mit einem Segel am Horizont in der Sonne aufblitzen sah, konnte es geschehen, daß eine maßlose Seligkeit sie überfiel, als wolle sich auf geheimnisvolle Weise ein Glück auf sie herniedersenken.

Eine große Liebe zur Einsamkeit überkam sie in der süßen Unberührtheit dieser Landschaft und dem ruhevollen Rhythmus ihrer sanft gerundeten Horizonte; und manchmal blieb sie so lange oben auf einem Hügel sitzen, bis kleine wilde Kaninchen dicht an ihren Füßen umherhüpften.

Oft lief sie, vom leichten Strandwind umweht, auf dem steilen Felsabsturz dahin, und dann schwang in ihr das köstliche Glücksgefühl, sich mühelos zu bewegen, wie die Fische im Wasser oder die Schwalben in der Luft.

Überall streute sie Erinnerungen aus, wie man Samenkörner in die Erde wirft, jene Art von Erinnerungen, deren Wurzeln bis zum Tod haften. Ihr war zumute, als senke sie in alle Falten dieser kleinen Täler ein Stückchen ihres Herzens ein.

Dann fing sie an, voller Leidenschaft im Meer zu baden. Sie schwamm weit hinaus, bis sie nicht mehr zu sehen war, denn sie war stark und kühn und der Gefahr unkundig. Ihr war wohl in diesem kalten, klaren blauen Wasser, das sie trug und wiegte. Hatte sie das Ufer weit hinter sich gelassen, so legte sie sich auf den Rücken, kreuzte die Arme über der Brust, und ihr Blick verlor sich im tiefen Blau des Himmels, über den eine Schwalbe in raschem Flug hinglitt oder die weiße Silhouette eines Seevogels. Es war nichts mehr zu hören als das ferne Gemurmel der Fluten, die gegen die Kiesel schlugen, und ein unbestimmtes Geräusch, verworren und kaum vernehmbar, das vom Land her über das Wogen der Wellen scholl. Dann richtete Jeanne sich empor, trunken von Glück, schrie hell auf und schlug mit beiden Händen aufs

Wasser. Zuweilen, wenn sie sich zu weit hinausgewagt hatte, kam ein Boot und holte sie zurück.

Blaß vor Hunger kehrte sie heim ins Schloß, aber leichtfüßig, fröhlich, mit einem Lächeln auf den Lippen und mit glückerfüllten Augen.

Der Baron seinerseits plante große landwirtschaftliche Unternehmungen; er wollte allerlei Versuche anstellen, den Fortschritt organisieren, neue Geräte ausprobieren, ausländische Viehsorten in der Gegend heimisch machen. Er verbrachte einen Teil seiner Tage in Gesprächen mit den Bauern, die die Köpfe schüttelten und kein Zutrauen zu diesen Experimenten hatten.

Oft fuhr er auch mit den Matrosen von Yport aufs Meer hinaus. Wenn er die Grotten, die wassersprudelnden Vertiefungen, die Felsnadeln des Küstenstrichs besichtigt hatte, wollte er fischen wie die einfachen Fischer.

An windigen Tagen, an denen das geschwellte Segel den runden Rumpf des Bootes auf dem Rücken der Wogen dahinjagte und an beiden Bordwänden die lang ausgespannte, von Makrelenschwärmen verfolgte Angelschnur bis zum Grund des Meeres nachschleppte, hielt er in seinen vor Erregung bebenden Händen die kleine Leine, deren Zucken anzeigte, daß ein gefangener Fisch sich zu befreien suchte.

Bei Mondschein fuhr er zum Einholen der Netze hinaus, die am Abend vorher ausgelegt worden waren. Er liebte es, das Ächzen des Mastes zu vernehmen, die sausenden, kühlen nächtlichen Böen einzuatmen. Wenn er auf der Suche nach den Korkschwimmern der Netze lange gekreuzt hatte, wobei er sich nach einem Felsgrat, dem Dach eines Kirchturms oder dem Leuchtturm von Fécamp richtete, genoß er regungslos die ersten feurigen Strahlen der aufgehenden Sonne, unter deren Leuchten die klebrigen Rükken der fächerförmig auf dem Schiffsdeck ausgebreiteten Rochen und die dicken Bäuche der Steinbutte aufglänzten.

Bei jeder Mahlzeit erzählte er dann mit Begeisterung von seinen Fahrten, und Mama teilte ihm ihrerseits mit, wie oft sie die große Pappelallee auf und ab gegangen sei, die auf der rechten Seite, bei dem Gehöft der Couillards, denn die andere sei nicht sonnig genug.

Da ihr empfohlen worden war, sich Bewegung zu machen, war sie sehr darauf aus, viel zu gehen. Sowie die nächtliche Kühle verflogen war, kam sie, auf Rosalies Arm gestützt, herunter, in ein Cape und zwei Schals gehüllt und auf den Kopf einen schwarzen Kapotthut gedrückt, der außerdem noch mit einem roten, gestrickten Tuch umwickelt war.

Immer wieder begann sie ihre endlose Wanderung von der Ecke des Schlosses bis zu den ersten Büschen des Bosketts von neuem; dabei hatte sie mit dem linken Fuß, der ein wenig schwerer war als der andere und den sie etwas nachzog, schon die ganze Allee entlang dort, wo das Gras zertreten war, zwei staubige Wegspuren hinterlassen, die eine auf dem Hinweg, die andere auf dem Rückweg. An beiden Enden dieser Fußspur hatte sie eine Bank aufstellen lassen. Alle fünf Minuten blieb sie stehen und sagte zu dem armen, geduldigen Mädchen, das sie stützte: »Wir wollen uns hinsetzen, Kind, ich bin ein bißchen müde.«

Und bei jedem derartigen Aufenthalt ließ sie auf einer der Bänke bald das Tuch liegen, das ihren Kopf bedeckte, bald den einen Schal, dann den anderen, einmal den Kapotthut, ein andermal den Umhang; und alle diese Gegenstände bildeten dann an beiden Enden der Allee zwei große Kleiderpakete, die Rosalie, wenn man zum Mittagessen wieder ins Schloß zurückkehrte, auf ihrem freien Arm heimtrug.

Und nachmittags wiederholte sich der gleiche Vorgang, nur auf eine lässigere Weise und mit längeren Ruhepausen, wobei die Baronin zuweilen sogar eine ganze Stunde lang auf einer Chaiselongue schlummerte, die für sie ins Freie gerollt wurde.

Sie nannte das »ihre Gymnastik« machen, so wie sie von »ihrer Hypertrophie« sprach. Ein Arzt, den sie vor zehn Jahren konsultiert hatte, weil sie an Beklemmungen litt, hatte das Wort Hypertrophie gebraucht. Seitdem hatte sich dieser Ausdruck, dessen Sinn sie nicht verstand, in ihrem Kopf festgesetzt. Hartnäckig veranlaßte sie den Baron, Jeanne und Rosalie, nach ihrem Herzen zu tasten, das kein Mensch mehr fühlen konnte, so völlig war es unter dem Fettpolster auf ihrer Brust begraben; aber sie weigerte sich energisch, sich von einem neuen Arzt untersuchen zu lassen, weil sie Angst hatte, man könne noch andere Krankheiten bei ihr entdecken. Sie sprach bei jeder Gelegenheit und so oft von »ihrer« Hypertrophie, daß es klang, als sei dieses Leiden ihre Spezialität und gehöre ihr wie etwas Einzigartiges, auf das die anderen keinerlei Anrecht hätten.

Der Baron sagte »die Hypertrophie meiner Frau« und Jeanne »Mamas Hypertrophie«, als sprächen sie von ihrem Kleid, ihrem Hut oder ihrem Regenschirm.

In ihrer Jugend war sie sehr hübsch und schilfrohrschlank gewesen. Nachdem sie sich in den Armen aller Uniformen des Kaiserreichs im Walzer gewiegt hatte, hatte sie »Corinne« gelesen und darüber geweint, und seither war sie sozusagen von diesem Roman gezeichnet geblieben.

In dem Maße, wie ihr Umfang zunahm, hatten auch die poetischen Aufschwünge ihrer Seele zugenommen, und als die Fettsucht sie auf ihrem Lehnstuhl festgenagelt hatte, durchlebte sie im Geist zärtliche Abenteuer, für deren Heldin sie sich hielt und unter denen einige ihr besonders lieb waren; die ließ sie dann in ihren Träumen immer wieder aufleben, wie eine Spieldose dieselbe Melodie endlos wiederholt, wenn man sie aufs neue aufzieht. Alle schmachtenden Romanzen, in denen von gefangenen Mädchen und Schwalben die Rede ist, machten ihre Lider tränenfeucht; und sie liebte sogar gewisse schlüpfrige Strophen von Béranger um der darin ausgedrückten Sehnsüchte willen.

Oft verharrte sie lange Stunden hindurch regungslos, in ihre Träumereien versunken; und ihr Wohnsitz Les Peuples gefiel ihr über alles, weil er einen Hintergrund für die Romane abgab, die sich in ihrer Seele abspielten, und weil die Wälder, die ihn umgaben, das einsame Heideland und die Nähe des Meeres sie an die Bücher Walter Scotts erinnerten, die sie seit einigen Monaten las.

An Regentagen verließ sie ihr Zimmer nicht und beschäftigte sich damit, das durchzusehen, was sie ihre »Reliquien« nannte. Es waren lauter alte Briefe, Briefe ihres Vaters und ihrer Mutter, Briefe des Barons aus ihrer Brautzeit und andere.

Sie bewahrte sie in einem Mahagoniesekretär auf, dessen Ecken mit Sphinxen aus Bronze verziert waren; und sie pflegte in einem ganz besonderen Tonfall zu sagen: »Rosalie, mein Kind, bring mir die Schublade mit den Erinnerungen.«

Dann machte das junge Dienstmädchen den Sekretär auf, nahm die Schublade heraus, stellte sie auf einen Stuhl neben seine Herrin, und diese machte sich daran, die Briefe langsam, Stück für Stück, zu lesen, und von Zeit zu Zeit fiel eine Träne darauf.

Manchmal vertrat Jeanne Rosalie und ging mit Mama spazieren, die ihr dann Erinnerungen aus ihrer Kinderzeit erzählte. Das junge Mädchen erkannte sich selbst in diesen alten Geschichten wieder und wunderte sich, wie ähnlich sie einander in ihrem Denken waren, wie verwandt in ihren Wünschen. Denn jedes Menschenherz bildet sich ein, es sei als erstes von einer Fülle von Empfindungen erschüttert worden, die doch schon die Herzen der ersten Geschöpfe höher schlagen ließen und noch die der letzten Männer und Frauen erbeben lassen werden.

Ihr langsamer Gang entsprach dem langsamen Gang der Erzählung, der manchmal für ein paar Sekunden durch Atemnot unterbrochen wurde; dann eilte Jeannes Phantasie der angefangenen Geschichte voraus in eine freudenerfüllte Zukunft hinein, und sie wand sich in Hoffnungen.

Als sie sich eines Nachmittags auf der Bank am Ende der Allee ausruhten, sahen sie plötzlich einen beleibten Priester auf sich zukommen.

Er grüßte schon von weitem mit lächelnder Miene, grüßte auf drei Schritt Entfernung abermals und rief: »Nun, Frau Baronin, wie geht es uns?« Es war der Pfarrer der Gemeinde.

Mama, die im Jahrhundert der Philosophen geboren und während der Revolutionszeit von einem wenig gläubigen Vater erzogen worden war, ging selten in die Kirche, obwohl sie, aus fraulichem Instinkt heraus, die Priester liebte.

Sie hatte ihren Seelsorger, den Abbé Picot, völlig vergessen und errötete, als sie ihn vor sich sah. Sie entschuldigte sich, daß sie seinem Besuch nicht zuvorgekommen sei. Aber der wackere Mann schien darüber keineswegs gekränkt; er sah Jeanne an, beglückwünschte sie zu ihrem blühenden Aussehen, setzte sich, legte seinen Dreispitz auf die Knie und wischte sich den Schweiß von der Stirn. Sehr dick, sehr rot, wie er war, schwitzte er in Strömen. Alle Augenblicke zog er ein riesiges, kariertes, verschwitztes

Taschentuch hervor und fuhr sich damit über Gesicht und Hals. Aber kaum war das feuchte Tuch wieder in den schwarzen Tiefen seines Priesterrockes verschwunden, so bildeten sich neue Tropfen auf seiner Haut und fielen auf die über dem Bauch sich wölbende Soutane, wo sie den vom Weg aufwirbelnden Staub in kleinen runden Flecken festklebten.

Er war der richtige Landpfarrer, fröhlich, tolerant, gesprächig und ein guter Kerl. Er erzählte Geschichten, sprach von den Dorfleuten und schien nicht bemerkt zu haben, daß seine beiden Pfarrkinder noch nicht zur Messe gekommen waren. Die Baronin nämlich wußte ihre Gleichgültigkeit mit ihrer vagen Gläubigkeit in Einklang zu bringen, und Jeanne war nur zu glücklich, dem Kloster entronnen zu sein, wo sie mit religiösen Übungen überfüttert worden war.

Dann erschien der Baron. Sein Pantheismus machte ihn gleichgültig gegen alle Dogmen. Er war liebenswürdig zu dem Abbé, den er flüchtig kannte, und behielt ihn zum Essen da.

Der Pfarrer wußte ihnen zu gefallen, dank jener unbewußten Schlauheit, die die Seelsorge sogar nur ganz durchschnittlich begabten Männern verleiht, wenn der Zufall sie dazu beruft, Macht über ihresgleichen auszuüben.

Die Baronin verwöhnte ihn. Vielleicht fühlte sie sich zu ihm als zu einer verwandten Natur hingezogen. Ihre keuchende Unförmigkeit fand wohl Gefallen an dem vollblütigen Gesicht und dem kurzen Atem des dicken Mannes.

Beim Nachtisch geriet der Pfarrer in Schwung und erzählte lustige Geschichten, es überkam ihn das vertrauliche Sichgehenlassen, das zum Ende einer fröhlichen Mahlzeit gehört. Und als ob ihm ein guter Gedanke gekommen wäre, rief er aus: »Aber ich habe ja ein neues Pfarrkind, das ich Ihnen vorstellen muß, den Vicomte de Lamare!«

Die Baronin, die die Genealogie aller adligen Familien der Provinz auswendig wußte, fragte: »Gehört er zur Familie der Lamares aus der Eure?«

Der Priester verbeugte sich: »Ja, er ist der Sohn des Vicomte Jean de Lamare, der voriges Jahr gestorben ist.« Daraufhin stellte Madame Adélaïde, die den Adel über alles liebte, eine

Fülle von Fragen, und der Priester erzählte ihr, der junge Mann habe die Schulden seines Vaters bezahlt, das Stammschloß verkauft und sich nun in einem seiner drei Bauernhöfe in der Gemeinde Étouvent eingerichtet. Aus diesem Besitz beziehe er ein Einkommen von alles in allem etwa fünftausend bis sechstausend Francs; aber der Vicomte sei eine sparsame und vorsichtige Natur und beabsichtige, zwei oder drei Jahre lang in jenem bescheidenen Landhaus ein einfaches Leben zu führen, um damit so viel zu sparen, daß er dann in der großen Welt auftreten und sich vorteilhaft verheiraten könne, ohne Schulden zu machen oder Hypotheken auf seine Bauernhöfe aufzunehmen.

Der Pfarrer fügte hinzu: »Er ist ein reizender junger Herr und so vernünftig, so ruhig; aber er langweilt sich hier auf dem Land ein bißchen.«

Der Baron sagte: »Bringen Sie ihn nur zu uns, Herr Abbé; vielleicht hilft ihm das gelegentlich, sich die Zeit zu vertreiben.«

Dann wurde von anderen Dingen gesprochen.

Als man nach dem Kaffee in den Salon hinüberging, bat der Priester, sich im Garten ergehen zu dürfen, da er die Gewohnheit habe, sich nach Tisch etwas Bewegung zu machen. Der Baron begleitete ihn. Langsam wanderten sie die weiße Fassade des Schlosses entlang, immer hin und her. Ihre Schatten, der eine mager, der andere rund und wie von einem Pilzhut überwölbt, kamen und gingen, bald vor ihnen, bald hinter ihnen, je nachdem, ob sie auf den Mond zugingen oder ihm den Rücken wandten.

Der Pfarrer kaute an einer Art Zigarette herum, die er aus der Tasche gezogen hatte. Er erklärte mit der Unbefangenheit, die Landleuten eigen ist, wie nützlich das sei: »Um das Aufstoßen zu erleichtern, denn meine Verdauung funktioniert etwas mühsam.« Und dann sagte er plötzlich, mit einem Blick auf den Himmel, an dem das lichte Gestirn dahinzog: »Diesen Anblick zu genießen, wird man nie müde.« Darauf ging er hinein, um sich von den Damen zu verabschieden.

III

Am folgenden Sonntag gingen die Baronin und Jeanne aus einem zartsinnigen Gefühl der Ehrerbietung für ihren Pfarrer zur Messe.

Nach dem Gottesdienst warteten sie auf ihn, um ihn für den Donnerstag zum Mittagessen einzuladen. Er kam aus der Sakristei, zusammen mit einem großen, eleganten jungen Mann, der ihn freundschaftlich untergefaßt hatte. Als er die beiden Frauen sah, machte er eine freudige überraschte Handbewegung und rief: »Wie gut sich das trifft! Baronin und Mademoiselle Jeanne, erlauben Sie mir, Ihnen Ihren Nachbarn, den Vicomte de Lamare, vorzustellen.«

Der Vicomte verbeugte sich, sagte, daß er sich schon lange wünsche, die Damen kennenzulernen, und fing an, sich gewandt mit ihnen zu unterhalten, als Mann von Welt, der das Leben kennt. Er hatte jenes einnehmende Äußere, von dem die Frauen träumen und das allen Männern unsympathisch ist. Schwarze gewellte Haare beschatteten eine glatte gebräunte Stirn; starke Brauen, die so regelmäßig waren, als seien sie künstlich gezogen, verliehen seinen dunklen Augen mit dem bläulich schimmernden Weiß Tiefe und Weichheit.

Lange, dichte Wimpern liehen seinem Blick jene leidenschaftliche Beredsamkeit, die schöne hochmütige Salondamen in Verwirrung bringt und Mädchen, die im Häubchen und mit dem Korb am Arm durch die Straßen gehen, einem Mann nachschauen läßt. Seine Augen hatten einen sanften Schmelz, der an die Tiefe der sich dahinter verbergenden Gedanken glauben ließ und auch dem geringsten seiner Worte Bedeutung verlieh.

Ein dichter, glänzender, seidiger Bart verbarg den etwas zu schweren Unterkiefer.

Man trennte sich nach mancherlei liebenswürdigen Worten.

Zwei Tage später machte der Vicomte seinen ersten Besuch.

Als er ankam, wurde gerade eine ländlich einfache Bank ausprobiert, die am selben Vormittag den Fenstern des Schlosses gegenüber unter der Platane aufgestellt worden war. Der Baron wünschte, daß eine ebensolche als Gegenstück unter der Linde aufgestellt werde; die aller Symmetrie abholde Mama war dagegen. Der Vicomte wurde um seine Meinung gefragt und teilte die Ansicht der Baronin.

Dann sprach er von der Landschaft, die er malerisch fand, da er auf seinen einsamen Spaziergängen viele entzückende »Punkte« entdeckt habe. Von Zeit zu Zeit begegneten seine Augen wie zufällig denen Jeannes; und diese unvermuteten, sich rasch wieder abwendenden Blicke, in denen sich zärtliche Bewunderung und erwachende Zuneigung aussprachen, erweckten ein eigentümliches Gefühl in ihr.

Es stellte sich heraus, daß der im Vorjahr verstorbene Vater des Vicomte de Lamare einen nahen Freund des Herrn des Cultaux, Mamas Vater, gekannt hatte; aus dieser Feststellung ergab sich ein endloses Gespräch über Heiraten, Daten und verwandtschaftliche Beziehungen.

Das Gedächtnis der Baronin leistete Erstaunliches; sie ging die Stammbäume anderer Familien in aufsteigender und absteigender Linie durch und bewegte sich in dem komplizierten Labyrinth der Genealogie, ohne sich je zu verirren. »Sagen Sie mir doch, Vicomte, wissen Sie etwas von den Saunoys de Varfleur? Gontran, der älteste Sohn, hatte ein Fräulein de Coursil geheiratet, eine Coursil-Courville, und der jüngste eine Base von mir, Fräulein de la Roche-Aubert, die mit den Crisanges verwandt war. Und Herr Crisange war nah befreundet mit meinem Vater und muß auch Ihren Vater gekannt haben.«

»Ja, Baronin. War das nicht der Herr Crisange, der ausgewandert ist und dessen Sohn sein Vermögen durchgebracht hat?«

»Eben dieser. Er hatte nach dem Tode ihres Mannes, des Grafen d'Éretry, um meine Tante angehalten; aber sie wollte nichts von ihm wissen, weil er schnupfte. Wissen Sie übrigens, was aus den Viloises geworden ist? Sie haben die Touraine etwa 1813 verlassen, weil sie Vermögensverluste gehabt hatten, und wohnten dann in der Auvergne; seither habe ich nichts mehr von ihnen gehört.«

»Ich glaube, Baronin, daß der alte Marquis an einem Sturz vom Pferd gestorben ist. Er hinterließ eine Tochter, die einen Engländer geheiratet hat, und eine andere, deren Mann ein gewisser Bassolle ist, ein Geschäftsmann, von dem es heißt, daß er reich sei; er hatte sie verführt.«

Namen, die sie seit der Kinderzeit aus den Gesprächen ihrer alten Eltern kannten und behalten hatten, tauchten wieder auf. Die Ehen, die in diesen adligen Familien geschlossen worden waren, hatten für ihr Gefühl die gleiche Bedeutung wie große Ereignisse des öffentlichen Lebens. Sie sprachen von Menschen, die sie nie gesehen hatten, als hätten sie sie genau gekannt; und in anderen Gegenden sprachen jene Menschen ebenso von ihnen. Und so war ihnen, als ob sie sich aus der Ferne kennten, als ob sie beinahe miteinander befreundet oder verwandt wären; und alles nur, weil sie derselben Klasse, derselben Kaste angehörten, einander ebenbürtig waren.

Der Baron, der von Natur ungesellig und im Gegensatz zu den Glaubenssätzen und Vorurteilen seiner Standesgenossen erzogen worden war, kannte die in der Nachbarschaft wohnenden Familien kaum und fragte den Vicomte nach ihnen.

Lamare erwiderte: »Ach, es gibt nicht viele Leute von Adel in unserem Bezirk«, und zwar im gleichen Tonfall, wie er hätte sagen können, es gebe wenig Kaninchen an der Küste; dann wartete er mit Einzelheiten auf. In der näheren Umgebung wohnten nur drei Familien: der Marquis de Coutelier, eine Art Häuptling des normannischen Adels, der Vicomte de Briseville und seine Frau, Leute von sehr guter Abkunft, die aber ziemlich zurückgezogen lebten, und schließlich der Graf de Fourville, ein grober Mensch, dem man nachsagte, daß seine Frau sich seinetwegen zu Tode gräme, und der in seinem an einem Teich erbauten Schloß La Vrillette ausschließlich der Jagd lebte.

Einige Parvenüs, die hier und dort Güter erworben hatten, verkehrten nur untereinander. Der Vicomte kannte sie nicht.

Er verabschiedete sich, und sein letzter Blick galt Jeanne, als wolle er ihr auf besondere, herzliche und zarte Weise Adieu sagen. Die Baronin fand ihn reizend und rühmte besonders sein gutes Benehmen. Papa antwortete: »Ja gewiß, er ist ein sehr wohlerzogener junger Herr.«

Er wurde für die kommende Woche zum Abendessen eingeladen und kam von da an regelmäßig.

Meist fand er sich nachmittags gegen vier Uhr ein, suchte Mama in »ihrer Allee« auf und bot ihr den Arm, wenn sie »ihre Übungen« machte. Wenn Jeanne nicht unterwegs war, stützte sie die Baronin auf der anderen Seite, und so gingen sie langsam zu dritt den breiten geraden Weg entlang, immer hin und her. Er wandte sich kaum an das junge Mädchen. Aber seine schwarzen samtenen Augen begegneten oft denen Jeannes, die wie aus blauem Achat waren.

Mehrere Male begleiteten sie beide den Baron nach Yport hinunter.

Eines Abends am Strand redete der alte Lastique sie an, und ohne die Pfeife aus dem Mund zu nehmen, deren Fehlen vielleicht noch mehr überrascht hätte, als wenn seine Nase verschwunden wäre, sagte er: »Bei diesem Wind, Herr Baron, könnte man morgen bis Étretat fahren und wieder zurück, ohne sich anzustrengen.«

Jeanne bat mit gefalteten Händen: »O Papa, wenn du das tätest!«

Der Baron wandte sich an den Vicomte: »Machen Sie mit, Vicomte? Wir könnten dort zu Mittag essen.«

Und so war der Ausflug beschlossene Sache.

Jeanne war schon beim Morgengrauen aufgestanden. Sie mußte noch auf ihren Vater warten, der länger brauchte, um sich anzuziehen; dann machten sie sich auf den Weg durch den Morgentau, wanderten zuerst durch ebenes Land und dann durch den Wald, der von Vogelgezwitscher erfüllt war. Den Vicomte und den alten Lastique fanden sie auf einer Schiffswinde sitzend.

Zwei andere Matrosen halfen ihnen bei der Abfahrt. Die Männer stemmten die Schulter gegen die Bordwände und stießen das Boot mit aller Kraft vorwärts. Es war schwer, auf dem flachen Kieselstrand von der Stelle zu kommen. Lastique schob Rollen aus eingefettetem Holz unter den Kiel, nahm dann wieder seinen Platz ein und übernahm mit einem langgezogenen, sich immer wiederholenden »Hau ruck!« das Kommando über die gemeinsame Plackerei.

Als sie aber die Stelle erreicht hatten, wo der Strand steil abfiel, setzte sich das Boot plötzlich in Bewegung, und mit einem lauten

Geräusch, das wie das Zerreißen eines Segels klang, sauste es über die runden Kiesel davon. Beim Schaumrand der Wellen stoppte es, und alle setzten sich auf die Bänke; dann stießen die beiden Matrosen, die an Land geblieben waren, das Boot ab.

Ein leichter, stetiger, vom offenen Meer her wehender Wind streifte und kräuselte die Wasserfläche. Das Segel wurde gesetzt, blähte sich ein wenig, und das Schiff glitt, kaum vom Meer gewiegt, davon.

Zunächst entfernten sie sich von der Küste. Am Horizont neigte sich der Himmel und verschwamm mit dem Ozean. Ein breiter Schatten fiel auf den Strand zu Füßen der hohen, steilen Klippe, in die sich hier und dort besonnte Rasenhänge in weichen Bogen hineinschmiegten. In weiter Ferne strichen braune Segel am weißen Hafendamm von Fécamp vorbei; vor sich in der Ferne sahen sie einen seltsam geformten, gerundeten Felsen mit einer Lücke, durch die das Licht hindurchschien; er sah aus wie ein riesiger Elefant, der den Rüssel in die Fluten taucht. Es war das kleine Tor von Étretat.

Jeanne stützte die Hand auf den Rand des Schiffes und blickte, vom Schaukeln der Wellen leicht benommen, in die Ferne; sie hatte das Gefühl, als gebe es nur drei wirklich schöne Dinge auf der Welt: das Licht, den Raum und das Wasser.

Niemand sprach. Der alte Lastique, der das Steuer führte und die Großschot hielt, nahm zuweilen einen Schluck aus einer Flasche, die er unter seiner Bank versteckt hatte; dazu sog er ohne Unterlaß an seinem Pfeifenstummel, der nie auszugehen schien. Immer stieg ein dünnes blaues Rauchwölkchen daraus empor, während ein zweites, ganz gleiches aus seinem Mundwinkel quoll. Und nie sah man den Seemann seinen Pfeifenkopf, der aus Ton, aber schwarz wie Ebenholz war, wieder anstecken oder mit Tabak füllen. Manchmal nahm er ihn in die Hand, zog ihn zwischen den Lippen hervor und schleuderte aus demselben Mundwinkel, aus dem der Rauch kam, einen langen Strahl von braunem Speichel ins Meer.

Der Baron saß im Bug, bediente die Fock und ersetzte auf diese Weise einen Matrosen. Jeanne und der Vicomte saßen, beide etwas verwirrt durch ihre Nähe, Seite an Seite. Eine unbekannte

Macht brachte es zuwege, daß ihre Augen einander im Aufschauen begegneten, als dränge sie eine geheime Verbundenheit dazu; denn schon wob zwischen ihnen jene zarte, unbestimmte Neigung, die so rasch zwischen jungen Leuten aufkeimt, wenn der Jüngling nicht häßlich und das Mädchen hübsch ist. Sie waren glücklich, so nah beieinander zu sitzen, wahrscheinlich, weil sie aneinander dachten.

Die Sonne stieg, als wolle sie aus größerer Höhe das weite Meer betrachten, das sich unter ihr ausbreitete; aber wie aus Koketterie bedeckte es sich mit einem leichten Dunst und verschleierte sich so vor den Sonnenstrahlen. Es war ein durchsichtiger, sehr tief liegender, goldener Nebel, der nichts verbarg, sondern lediglich die Ferne sanfter erscheinen ließ. Das Gestirn sandte seine Strahlen aus, unter denen diese schimmernde Wolke dahinschmolz, und als es seine volle Kraft entfaltete, verteilte sich der Brodem und verschwand; und nun erglänzte das spiegelglatte Meer im vollen Licht.

Tief bewegt murmelte Jeanne: »Wie schön das ist!« Der Vicomte antwortete: »Ja, es ist schön.« Die heitere Klarheit dieses Morgens weckte ein Echo in ihren Herzen.

Plötzlich entdeckten sie die großen Arkaden von Étretat, die aussehen, als stehe die Felswand mit zwei Beinen im Meer, die hoch genug sind, um einen Bogen zu bilden, unter dem Schiffe hindurchfahren können; und vor dem ersten dieser Bogen erhob sich eine spitzige weiße Felsennadel.

Es wurde gelandet, und während der Baron, der als erster ausgestiegen war, das Boot mit Hilfe einer Leine, an der er zog, am Ufer festhielt, nahm der Vicomte Jeanne in die Arme, um sie, ohne daß sie sich die Füße naß machte, an Land zu bringen; dann stiegen sie Seite an Seite den steilen, mit Kieseln besäten Strand hinauf, beide bewegt von dieser raschen Umarmung, und hörten unvermittelt, wie der alte Lastique zum Baron sagte: »Meiner Meinung nach gäbe das ein schönes Paar.«

Das Mittagessen in einem kleinen Wirtshaus am Strand war reizend. Der Ozean, der die Stimme und das Denken lähmt, hatte sie schweigsam gemacht; bei Tisch wurden sie gesprächig, und zwar gesprächig wie Kinder an einem Ferientag.

Die einfachsten Dinge erregten bei ihnen eine nicht enden wollende Heiterkeit.

Der alte Lastique wickelte, als er sich zu Tisch setzte, seine noch rauchende Pfeife sorgsam in seine Mütze; darüber mußten sie lachen. Eine Fliege fühlte sich offenbar von seiner roten Nase angezogen und ließ sich mehrere Male darauf nieder; und als er sie mit einem Schlag vertrieben hatte, der aber zu langsam ausfiel, um sie zu erreichen, setzte sie sich auf einen Musselinvorhang, den schon viele ihrer Schwestern beschmutzt hatten; von dort aus schien sie die stark gerötete Nase des Matrosen gierig zu beobachten, denn sie flog sofort wieder auf und ließ sich abermals darauf nieder.

Bei jedem Flug des Insekts brach ein stürmisches Gelächter aus. Als der Alte, den das Kitzeln ärgerte, murmelte: »Sie ist verteufelt eigensinnig«, kamen Jeanne und dem Vicomte die Tränen; sie bogen sich und erstickten fast vor Lachen, ja sie hielten sich die Serviette vor den Mund, um nicht laut herauszuplatzen.

Als der Kaffee getrunken worden war, sagte Jeanne. »Wollen wir nicht ein bißchen spazieren gehen?« Der Vicomte stand auf; aber der Baron wollte sich lieber am Strand in der Sonne ausstrecken: »Geht nur, Kinder, in einer Stunde findet ihr mich hier wieder.«

Sie gingen geradewegs an den wenigen Bauernhütten vorüber. Nachdem sie ein kleines Schloß, das wie ein großes Gehöft aussah, hinter sich gelassen hatten, tat sich vor ihnen ein breites Tal auf.

Das Schaukeln auf dem Meer hatte sie müde gemacht und ein wenig aus dem Gleichgewicht gebracht. Von der starken Salzluft waren sie hungrig, vom Essen übermütig geworden, und ihre Fröhlichkeit hatte sie erregt. Jetzt überkam sie eine tolle Lust, wie wild durch die Felder zu laufen. Jeanne sauste es in den Ohren, ganz neue Gefühle wogten heftig in ihr.

Die Sonne brannte mit verzehrender Glut auf sie herab. Zu beiden Seiten der Straße neigten sich die reifen Ähren unter der Hitze. Heuschrecken, von denen es so viele zu geben schien wie Grashalme, schrien sich heiser; überall, im Korn, im Strandhafer, erklang ihr dünnes, durchdringendes Gezirp.

Keine andere Stimme stieg von der Erde zum glühenden Himmel auf, dessen spiegelndes Blau ins Gelbliche schimmerte, als wolle es plötzlich rot werden, wie ein Metall, das zu nah an glühende Kohlen gerät.

Als sie etwas weiter vorn rechts ein kleines Gehölz erblickten, wandten sie sich dorthin.

Ein schmaler gerader Weg erstreckte sich zwischen zwei Böschungen unter hohen Bäumen, die kein Sonnenlicht durchließen. Als sie ihn betraten, überfiel sie eine Art modriger Kühle, eine Feuchtigkeit, unter der die Haut erschauert und die in die Lungen eindringt. Aus Mangel an Licht und Luft war das Gras verschwunden, aber Moos bedeckte den Boden.

Sie gingen weiter. »Da vorn könnten wir uns ein wenig hinsetzen«, sagte sie. Es waren dort zwei alte Bäume abgestorben, und das Licht nahm die Lücke im Blätterdach wahr und ergoß sich in Strömen auf diese Stelle, erwärmte die Erde, hatte neuen Graswuchs hervorgelockt, auch Löwenzahn und Waldrebe, kleine, weiße Blüten, zart wie ein Nebelschleier, hatten sich erschlossen, und dazwischen war Fingerhut raketenhaft emporgeschossen. Schmetterlinge, Bienen, behäbige Hummeln, riesige Schnaken, die wie Skelette von Fliegen aussahen, tausend schwärmende Insekten, rote getüpfelte Herrgottskäferchen, grünlich und schwärzlich schillernde Käfer bevölkerten diese warme, lichterfüllte, rings vom eisigen Schatten des dichten Laubwerks umschlossene Mulde. Sie setzten sich so, daß ihre Köpfe im Schatten, ihre Füße in der Sonne waren, und betrachteten dies ganze kleine, wimmelnde Leben, das ein Sonnenstrahl hervorzulocken vermag. Jeanne war bewegt und sagte immer wieder: »Wie wohl ist einem hier! Wie schön ist es auf dem Land! Es gibt Augenblicke, wo ich eine Fliege oder ein Schmetterling sein möchte, um mich in den Blumen verstecken zu können.«

Sie sprachen von sich, ihren Gewohnheiten und ihren Neigungen, und zwar in dem leiseren, vertraulichen Ton, in dem man einander Geheimnisse erzählt. Er sagte, er habe jetzt genug vom Leben in der großen Welt und sei dessen Sinnlosigkeit müde; es sei immer dasselbe; alles, was einem dort begegne, sei unwahr und unaufrichtig.

Das Leben in der großen Welt! Sie hätte es wohl kennenlernen mögen; aber sie war schon im voraus überzeugt, daß es nicht so schön sei wie auf dem Land.

Und je näher sich ihre Herzen kamen, desto förmlicher nannten sie sich »Baronesse« und »Vicomte«, aber desto häufiger trafen sich auch ihre lächelnden Blicke; und es war ihnen, als ob eine neue Güte in sie einzöge, eine allumfassende Zärtlichkeit, eine neue Teilnahme an tausend Dingen, um die sie sich bisher nie gekümmert hatten.

Sie kehrten zurück; aber der Baron war nach der »Jungfrauenkammer« gegangen, einer Grotte, die den Kamm der Steilklippe unterbrach. Im Wirtshaus warteten sie auf ihn.

Erst um fünf Uhr nachmittags, nach einem langen Spaziergang am Strand, erschien er wieder.

Sie stiegen wieder in das Boot, das sich langsam in Bewegung setzte. Es glitt bei Wind von achtern so weich dahin, daß man kaum das Gefühl hatte, vorwärts zu kommen. Die Brise kam in langsamen, lauen Stößen, die das Segel einen Augenblick lang füllten und es dann wieder schlaff am Mast herunterhängen ließen. Die undurchsichtige Wasserfläche wirkte wie tot; und ganz sacht näherte sich ihr die Sonne, deren Strahlenglut sich auf ihrer im Bogen herabsinkenden Bahn erschöpft hatte.

Und wieder ließ die einschläfernde Stille des Meeres alle verstummen.

Endlich sagte Jeanne: »Wie gern möchte ich reisen!«

Der Vicomte antwortete: »Ja, aber es ist traurig, allein auf Reisen zu gehen, man muß mindestens zu zweit sein, damit man einander seine Eindrücke mitteilen kann.«

Sie dachte nach: »Das stimmt... Aber spazieren gehe ich trotzdem gern allein... Es ist mir wohl, wenn ich träume, so ganz allein...«

Er sah sie lange an: »Man kann auch zu zweit träumen.«

Sie senkte die Augen. Sollte das eine Anspielung sein? Vielleicht. Sie blickte zum Horizont hin, wie um noch größere Fernen zu entdecken; dann sagte sie langsam: »Ich möchte gern nach Italien reisen... und nach Griechenland... Ach ja, nach Griechenland... Und nach Korsika! Das muß ein so wildes und schönes Land sein!«

Er zog die Schweiz vor, der Sennhütten und Seen wegen.

Sie sagte: »Nein, mir sind ganz neue Länder lieber, wie Korsika, oder sehr alte, die erfüllt sind von Erinnerungen, wie Griechenland. Es muß beglückend sein, die Spuren der Völker wieder aufzufinden, deren Geschichte wir seit unserer Kindheit kennen, die Orte zu sehen, an denen so Großes geschehen ist.«

Der Vicomte, der weniger enthusiastisch veranlagt war, erklärte: »Für mich persönlich hat England etwas sehr Anziehendes; es ist ein überaus lehrreiches Land.«

So durchstreiften sie die ganze Welt vom einen Pol bis zum anderen und wieder zum Äquator; sie beredeten die Vorzüge jedes Landes und begeisterten sich für Phantasielandschaften und die unwahrscheinlichen Sitten bestimmter Völker, wie der Chinesen oder Lappen; aber schließlich gelangten sie zu dem Ergebnis, Frankreich mit seinem gemäßigten Klima, kühl im Sommer und milde im Winter, seinen reichen Feldern, seinen grünen Wäldern, seinen großen, ruhigen Strömen und seiner Pflege der schönen Künste, die es seit der großen Zeit Athens nirgendwo anders mehr gegeben habe, sei das schönste Land der Welt.

Dann schwiegen sie wieder.

Es sah aus, als ob die nun tiefer stehende Sonne blute; und ein breiter Lichtstreifen, eine flimmernde Straße zog sich auf dem Wasser dahin, vom Ende des Ozeans bis zum Kielwasser des Boots.

Die letzten Windstöße schwanden hin, jede Unebenheit glättete sich, und das jetzt bewegungslos herabhängende Segel wurde rot. Eine grenzenlose Flaute schien den weiten Raum erstarren zu lassen, eine große Stille um diese Begegnung der beiden Elemente zu schaffen, während das Meer, die ungeheure Braut, seinen schimmernden, flüssigen Leib unter dem Himmel emporhob in Erwartung des feurigen Liebhabers, der sich zu ihm niedersenkte. Eiliger stürzte er sich hinab, wie in Purpur erglühend vor Sehnsucht nach der Umarmung. Er verband sich mit dem Meer, und langsam verschlang es ihn.

Dann wehte ein kühler Luftzug vom Horizont heran; der wogende Schoß des Meeres erschauerte, als habe das hineingeschlungene Gestirn einen Seufzer des Gestilltseins in die Welt hinausgesandt.

Die Dämmerung war nur kurz; dann entfaltete sich eine sternenübersäte Nacht. Der alte Lastique griff zu den Riemen, und sie sahen, daß das Meer leuchtete. Nebeneinander sitzend blickten Jeanne und der Vicomte auf den leicht bewegten, phosphoreszierenden Streifen, den das Boot hinter sich zurückließ. Versunken in dies unbestimmte Schauen und in wonnigem Wohlsein dachten sie jetzt beinahe gar nichts mehr, atmeten nur die Nacht ein. Jeanne hatte die Hand auf die Bank gestützt; wie zufällig streifte ein Finger ihres Nachbarn ihre Haut; überrascht, glücklich und verwirrt von dieser so leisen Berührung, verharrte sie regungslos.

Nach der Rückkehr, abends in ihrem Zimmer, fühlte sie sich seltsam verstört und immer den Tränen nahe vor innerer Bewegung. Sie sah ihre Stutzuhr an und fand, daß das Hinundherschwingen der kleinen Biene wie der Schlag eines Herzens, eines befreundeten Herzens sei, daß sie Zeugin ihres ganzen Lebens sein, ihre Freuden und Leiden mit ihrem lebhaften, regelmäßigen Ticktack begleiten werde; und sie hielt das vergoldete Tierchen an, um einen Kuß auf seine Flügel zu drücken. Alles hätte sie küssen mögen. Es fiel ihr ein, daß sie eine alte Puppe, die sie noch von früher her besaß, unten in einer Schublade versteckt habe. Sie suchte sie hervor, und die Wiedersehensfreude war so, als habe sie eine geliebte Freundin wiedergefunden. Sie drückte sie an die Brust und bedeckte die gemalten Wangen und die gelockten Flachshaare des Spielzeugs mit glühenden Küssen.

Die Puppe noch immer in den Armen haltend, versank sie in Nachdenken.

Sollte »er« es wirklich sein, der Gatte, den tausend heimliche Stimmen ihr versprochen hatten, dem eine unendlich gütige Vorsehung sie hatte begegnen lassen? War er wirklich das für sie geschaffene Wesen, dem sie ihr ganzes Leben weihen würde? Waren sie einander wirklich vorbestimmt, würden sie sich in Zärtlichkeit verbinden, würden sie eins werden, würde die Liebe daraus erwachsen?

Noch verspürte sie nichts von dem, was sie sich unter der Leidenschaft vorstellte, dem stürmischen Aufwallen ihres ganzen Seins, dem rasenden Entzücken, dem tiefen Aufgewühltsein.

Dennoch schien ihr, daß sie anfange, ihn zu lieben. Denn manchmal überkam sie eine große Schwäche, wenn sie nur an ihn dachte. Und sie dachte ohne Unterlaß an ihn. In seiner Gegenwart erbebte ihr Herz. Sie errötete und erbleichte, wenn sein Blick sie traf, und erzitterte beim Klang seiner Stimme.

Diese Nacht schlief sie kaum.

Und von Tag zu Tag ergriff die unruhvolle Sehnsucht zu lieben immer mehr Besitz von ihr. Unablässig befragte sie sich selbst, befragte auch Margeriten, Wolken, in die Luft geworfene Geldstücke.

Dann kam der Abend, an dem ihr Vater zu ihr sagte: »Mach dich schön morgen früh!«

Sie fragte: »Warum, Papa?«

Er antwortete: »Das ist ein Geheimnis.«

Und als sie am nächsten Morgen nach unten kam, ganz frisch in ihrem hellen Kleid, war der Tisch im Salon von Schachteln mit Süßigkeiten bedeckt, und daneben auf einem Stuhl lag ein riesiger Blumenstrauß.

Ein Wagen fuhr auf den Hof. Darauf stand: »Konditorei Lerat, Fécamp. Hochzeitsessen.« Mit Hilfe eines Küchenjungen zog Ludivine hinten aus dem Wagen, den man mit einer Klapptür öffnen konnte, viele große flache Körbe hervor, die sehr gut rochen.

Der Vicomte de Lamare erschien. Seine Hosen spannten sich über zierlichen Lackstiefeln, die erraten ließen, wie klein seine Füße waren. Aus dem Ausschnitt seines langen, eng in der Taille anliegenden Gehrocks quoll auf der Brust ein Spitzenjabot hervor. Und ein mehrfach um den Hals geschlungenes elegantes Halstuch zwang ihn, den schönen braunen Kopf, der vornehmen Ernst ausdrückte, hoch zu tragen. Er sah anders aus als sonst, wie denn eine gewählte Kleidung auch die bekanntesten Gesichter plötzlich in einem neuen Licht erscheinen läßt.

Jeanne war bestürzt und schaute ihn an, als habe sie ihn noch nie gesehen. Sie fand, er sehe aus wie der Inbegriff des Aristokraten, ein großer Herr vom Scheitel bis zur Sohle.

Er verbeugte sich lächelnd: »Nun, Gevatterin, sind Sie bereit?«

»Wieso?« stammelte sie. »Was ist denn?«

»Du wirst es gleich erfahren«, sagte der Baron.

Die Kalesche fuhr vor, Madame Adélaïde kam in großer Toilette aus ihrem Zimmer herunter, an Rosalies Arm; sie schien von der Eleganz des Vicomte so erschüttert zu sein, daß Papa flüsterte: »Hören Sie, Vicomte, es scheint mir, daß unser Mädchen Gefallen an Ihnen findet.« Er errötete bis an beide Ohren, tat, als ob er nichts gehört habe, ergriff den großen Blumenstrauß und überreichte ihn Jeanne. Immer verwunderter nahm sie ihn entgegen. Sie stiegen alle vier in den Wagen, und Ludivine, die Köchin, die der Baronin eine Tasse kalte Bouillon zur Stärkung brachte, erklärte: »Wahrhaftig, es sieht aus wie eine Hochzeit.«

In Yport angelangt, stiegen sie aus. Und als sie ins Dorf gelangten, kamen die Matrosen, in ihre besten Sachen gekleidet, an denen man noch die Falten sah, in denen sie gelegen hatten, aus ihren Häusern heraus, grüßten, drückten dem Baron die Hand und schlossen sich an wie bei einer Prozession.

Der Vicomte hatte Jeanne den Arm geboten und ging mit ihr an der Spitze des Zuges. Vor der Kirche blieben sie stehen, und nun erschien das große silberne, von einem Chorknaben aufrecht getragene Kreuz. Dahinter folgte ein anderer Knabe in Rot und Weiß mit dem Weihwasserkessel, in dem der Wedel lag.

Dann kamen drei alte Kirchensänger, von denen einer hinkte, der Serpentbläser und schließlich der Pfarrer, über dessen Spitzbauch sich die gekreuzte, goldverbrämte Stola wölbte. Er grüßte lächelnd mit einem Neigen des Kopfes; dann wandte er sich mit halbgeschlossenen Augen, die Lippen im Gebet bewegend, das Barett fast bis zur Nase herabgezogen, hinter seiner Gefolgschaft in den weißen Chorhemden, dem Meer zu.

Am Strand wurden sie von einer um ein neues, bekränztes Boot versammelten Menschenmenge erwartet. Mast, Segel und Takelwerk waren mit langen, im Wind flatternden Bändern geschmückt, und hinten am Schiff stand in goldenen Buchstaben der Name »Jeanne«.

Der alte Lastique, dem der Baron dieses auf seine Kosten erbaute Schiff anvertraut hatte, ging dem Zug entgegen. Alle Männer nahmen im gleichen Augenblick die Mützen ab. Und eine Reihe von Frauen in weiten schwarzen Kapuzenmänteln, die ihnen in schweren Falten von den Schultern herabfielen, sanken beim Anblick des Kreuzes rings im Kreis andächtig auf die Knie.

Der Pfarrer begab sich, von den beiden Chorknaben begleitet, ans eine Ende des Schiffes, während am anderen Ende die drei alten Sänger in ihren weißen Gewändern, schmuddelig, mit unrasiertem Kinn und ernster Miene, die Augen auf das Choralbuch geheftet, aus vollem Hals und sehr falsch in den hellen Morgen hinaussangen.

Jedesmal, wenn sie Atem holten, fuhr der Serpentbläser allein mit seinem dröhnenden Lärm fort, und seine kleinen grauen Augen verschwanden in den aufgeblähten Wangen. Selbst an der Stirn und am Hals schien sich seine Haut vom Fleisch gelöst zu haben, so sehr blies er sich auf beim Luftholen.

Das Meer schien der Taufzeremonie in stiller Sammlung beizuwohnen. Es bewegte sich kaum, und die kleinen, kaum fingerhohen Wellen vollführten nur ein ganz leises Geräusch, wie wenn ein Rechen über die Kiesel dahinfahre. Weiße Möwen schwebten mit entfalteten Flügeln in großen Kurven am blauen Himmel, entfernten sich, kamen wieder, flogen im Bogen über der knienden Menge hin, als wollten auch sie sehen, was hier vor sich ging.

Nach einem fünf Minuten lang herausgebrüllten Amen schwieg der Gesang. Der Priester plärrte mit belegter Stimme einige lateinische Worte, von denen man nur die volltönenden Endungen verstehen konnte.

Dann umschritt er das ganze Boot, das er mit Weihwasser besprengte, und begann darauf, an einer Planke der Verkleidung haltmachend, Gebete zu murmeln. Der Pate und die Patin standen Hand in Hand regungslos ihm gegenüber.

Der junge Mann behielt den ernsten Ausdruck bei, wie ein schöner Mensch ihn gern zur Schau trägt. Aber das junge Mädchen, dem eine plötzliche Erregung die Kehle zuschnürte, war halb ohnmächtig und zitterte so, daß ihre Zähne aufeinanderschlugen. Der Traum, der sie seit einiger Zeit beherrschte, schien plötzlich wie in einer Halluzination Wirklichkeit geworden zu sein. Das Wort Hochzeit war gefallen, hier war ein Priester, der den Segen gab, Männer in Chorhemden sangen Gebete – war es nicht, als ob sie getraut werde?

Spürte sie nicht in den Fingern ein Erzittern der Nerven, als ob das, was ihr das Herz bedrängend erfüllte, durch ihre Adern überströmte bis in das Herz ihres Nachbarn hinein? Verstand er, erriet er, war er wie sie von einem Liebesrausch überwältigt? Oder wußte er bloß aus Erfahrung, daß keine Frau ihm widerstehen könne? Plötzlich fühlte sie, daß er ihre Hand drückte, sanft zuerst, dann stärker, stärker, als ob er sie zerbrechen wollte. Und ohne daß seine Züge sich bewegten, ohne daß irgend jemand es bemerkte, sagte er, ja wirklich, er sagte sehr deutlich: »O Jeanne, wenn Sie wollten, könnte dies unsere Verlobung sein.«

Ganz langsam senkte sie den Kopf in einer Bewegung, die vielleicht »ja« heißen sollte. Und der Priester, der wieder Weihwasser austeilte, ließ einige Tropfen auf beider Finger fallen.

Es war zu Ende. Die Frauen standen auf. Bei der Rückkehr ging alles drunter und drüber. Das von dem Chorknaben getragene Kreuz hatte seine Würde eingebüßt; eilig fortgeschleppt schwankte es von rechts nach links oder neigte sich nach vorn, als werde es gleich hinfallen. Der Pfarrer, der nun nicht mehr betete, trabte hinterher. Die Sänger und der Serpentbläser waren durch ein Seitengäßchen verschwunden, um sich rascher umziehen zu können, und auch die in Gruppen heimkehrenden Matrosen hatten es eilig. Alle waren vom selben Gedanken getrieben, der wie ein lockender Küchenduft ihre Beine in schnellere Bewegung setzte, der ihnen den Speichel im Mund zusammenlaufen und sie die freudige Erwartung bis in den Bauch hinunter spüren ließ.

Ein gutes Essen wartete ihrer auf Les Peuples.

Unter den Apfelbäumen im Hof war ein langer Tisch gedeckt. Sechzig Personen, Seeleute und Bauern, nahmen daran Platz. Die Baronin saß in der Mitte, neben ihr die beiden Pfarrer, der von Yport und der von Les Peuples. Der Baron saß ihr gegenüber zwischen dem Bürgermeister und dessen Frau, einer mageren Alten von bäurischer Abkunft, die nach allen Seiten hin mit einem immer wiederholten kleinen Nicken grüßte. Mit ihrem spitzen, von der großen normannischen Haube gerahmten Gesicht sah sie aus wie eine Henne mit einem weißen Schopf und runden erstaunten Augen. Und sie aß mit kleinen raschen Bewegungen, als picke sie mit der Nase das Essen vom Teller auf.

Jeanne, an der Seite des Paten, schwamm in Glück. Sie sah nichts mehr, wußte nichts mehr, ihr war ganz wirr im Kopf vor Glück, sie schwieg.

»Wie ist Ihr Vorname?« fragte sie ihn.

»Julien«, sagte er. »Wußten Sie das nicht?«

Aber sie antwortete nicht und dachte: Wie oft werde ich ihn aussprechen, diesen Namen!

Nach der Mahlzeit überließ man den Hof den Matrosen und ging auf die andere Seite des Schlosses hinüber. Auf den Baron gestützt und von ihren beiden Priestern begleitet, begann die Baronin »ihre Übungen«. Jeanne und Julien gingen bis zum Boskett und wagten sich dann auf den kleinen Pfaden zwischen dem dichten Laubwerk tiefer hinein, und plötzlich ergriff er ihre beiden Hände: »Wollen Sie meine Frau werden?«

Wieder senkte sie den Kopf. Und als er stammelte: »Ich flehe Sie an, antworten Sie mir!«, erhob sie die Augen zu ihm, und er las die Antwort in ihrem Blick.

IV

Eines Morgens trat der Baron in Jeannes Zimmer, als sie noch nicht aufgestanden war, setzte sich an das Fußende des Bettes und sagte: »Der Vicomte de Lamare hat um dich angehalten.«

Sie hätte am liebsten das Gesicht unter der Decke versteckt.

Der Vater fuhr fort: »Wir haben die Antwort etwas hinausgeschoben.«

Sie atmete schwer, die Erregung drückte ihr die Kehle zu.

Nach einem Augenblick fuhr der Baron lächelnd fort: »Wir haben nichts unternehmen wollen, ohne mit dir gesprochen zu haben. Wir haben nichts gegen diese Heirat, deine Mutter und ich, aber wir wollen dich auch nicht dazu drängen. Du bist viel reicher als er, aber wenn es sich um das Glück eines ganzen Lebens handelt, soll man nicht ans Geld denken. Er hat keine Verwandten mehr; wenn du ihn heiratest, gewännen wir also einen Sohn, während du, unsere Tochter, mit einem anderen zu Fremden gehen würdest. Der junge Mann gefällt uns. Und du… gefällt er denn dir?«

Rot bis unter die Haare stammelte sie: »Ich möchte ihn gern heiraten, Papa.«

Und Papa sah ihr tief in die Augen, lachte immer noch und sagte leise: »Ich habe so etwas geahnt.«

Bis zum Abend lebte sie wie in einem Rausch, wußte nicht, was sie tat, verwechselte die Gegenstände, die sie in die Hand nahm, und fühlte sich schwach und müde in den Beinen, obwohl sie nicht unterwegs gewesen war.

Als sie gegen sechs Uhr mit Mama unter der Platane saß, erschien der Vicomte.

Jeannes Herz fing wild zu klopfen an. Der junge Herr kam näher und wirkte ganz ruhig. Als er vor ihr stand, küßte er der Baronin die Fingerspitzen, dann nahm er die bebende Hand des jungen Mädchens, und seine Lippen drückten einen langen, zärtlichen und dankbaren Kuß darauf.

Und so begann denn die strahlende Brautzeit. Sie sprachen zusammen in einer Ecke des Salons oder auf der Böschung am Ende des Bosketts sitzend, angesichts der einsamen Heide. Bisweilen gingen sie in Mamas Allee spazieren, er sprach von der Zukunft, sie blickte mit gesenkten Augen auf die staubige Spur, die der Fuß der Baronin hinterlassen hatte.

Nun die Heirat beschlossene Sache war, sollte sie nicht weiter hinausgezögert werden; man kam also überein, daß die Trauung in sechs Wochen, am 15. August, stattfinden und daß das junge Paar dann sofort auf die Hochzeitsreise gehen sollte. Jeanne wurde gefragt, welches Land sie sehen wolle, und sie entschied sich für Korsika, da man dort mehr für sich sein werde als in den italienischen Städten.

Sie erwarteten den für die Hochzeit bestimmten Tag ohne allzu lebhafte Ungeduld, aber völlig eingehüllt in eine holde Zärtlichkeit. Sie genossen den Zauber jeder geringsten Liebkosung, eines Händedrucks, der langen leidenschaftlichen Blicke, in denen die Seelen ineinanderfließen, und empfanden dabei dennoch eine unbestimmte, bange Sehnsucht nach der endgültigen, innigen Umarmung.

Es wurde beschlossen, niemanden zur Hochzeit einzuladen außer Tante Lison, der Schwester der Baronin, die in einem Kloster in Versailles lebte.

Die Baronin hatte nach dem Tod ihres Vaters ihre Schwester bei sich behalten wollen; aber das alte Fräulein wurde verfolgt von der Vorstellung, daß sie überall störe, daß sie niemandem nützlich und allen lästig sei, und so zog sie sich denn in eines jener frommen Häuser zurück, in denen Nonnen an traurige und vereinsamte Menschen Zimmer vermieten. Von Zeit zu Zeit verbrachte sie einen oder zwei Monate bei ihrer Familie.

Tante Lison war eine kleine Dame, die wenig sprach, immer zurücktrat, nur zu den Mahlzeiten erschien und dann wieder auf ihr Zimmer ging, in dem sie ein abgeschlossenes Dasein führte.

Sie sah freundlich und schon ältlich aus, obwohl sie erst zweiundvierzig Jahre alt war. Ihr Blick war sanft und traurig, in ihrer Familie hatte sie nie etwas gegolten. Schon als sie noch ganz klein war, wurde sie kaum liebkost, weil sie weder hübsch noch temperamentvoll war; und so blieb sie denn still, sanft und immer unbeachtet in ihrem Winkelchen. Auch als sie zum jungen Mädchen herangewachsen war, kümmerte sich niemand um sie.

Sie war wie ein Schatten oder ein altvertrauter Gegenstand, ein lebendes Möbelstück, das man täglich zu sehen gewohnt ist, aber das man nicht weiter beachtet.

Ihre Schwester sah in ihr, wie es in ihrem Elternhaus üblich gewesen war, ein gänzlich unbedeutendes Wesen, eine verfehlte Existenz. Man behandelte sie mit einer unbekümmerten Vertraulichkeit, unter der sich eine Art gutmütiger Geringschätzung verbarg. Sie hieß Lise und schien unter diesem Namen zu leiden, der zu jung und niedlich für sie war. Als sich herausstellte, daß sie schwerlich heiraten würde, hatte man aus Lise Lison gemacht. Mit Jeannes Geburt war sie »Tante Lison« geworden, eine bescheidene Verwandte, immer sehr sauber gekleidet, schrecklich schüchtern, selbst ihrer Schwester und ihrem Schwager gegenüber, die sie doch sehr gern hatten, wenn auch ihrem Gefühl für sie etwas Unbestimmtes anhaftete und sich darin mit unbewußtem Mitleid und angeborener Gutmütigkeit etwas wie Gleichgültigkeit verband. Zuweilen, wenn die Baronin von Begebenheiten aus ihrer Jugendzeit sprach, konnte sie, um ein weit zurückliegendes Datum zu bestimmen, erklären: »Das war zu der Zeit von Lisons dummer Geschichte.«

Mehr wurde niemals gesagt; und diese »dumme Geschichte« blieb ewig wie in Nebel gehüllt.

Eines Abends hatte sich die damals zwanzigjährige Lise ins Wasser gestürzt, niemand wußte, warum. Nichts in ihrem Leben, ihrer Art hatte auf eine solche Wahnsinnstat hingedeutet. Halbtot war sie wieder herausgefischt worden. Ihre Eltern, die, anstatt die geheime Ursache dieser Tat zu ergründen, nur ihrer Empörung Luft machten, hatten sich hernach damit abgefunden, von der »dummen Geschichte« zu sprechen, so wie man von dem Unfall des Pferdes Coco sprach, das in einer Wagenrinne gestürzt war, sich das Bein gebrochen hatte und das man daraufhin hatte töten müssen.

Seither galt Lise, aus der dann bald Lison wurde, als ein minderbegabtes Geschöpf. Die leise Geringschätzung, mit der ihre nächsten Verwandten sie betrachteten, setzte sich allmählich in den Herzen aller Menschen ihrer Umgebung fest. Selbst die kleine Jeanne ahnte dies mit der Kindern eigenen Einfühlungsgabe und kümmerte sich nicht um sie, ging nie zu ihr hinauf, wenn sie zu Bett lag, ja sie betrat überhaupt nie ihr Zimmer. Es war, als sei Rosalie, die dieses Zimmer instand zu halten hatte, die einzige, die wußte, wo es lag.

Wenn Tante Lison zum Frühstück ins Eßzimmer kam, ging die Kleine, wie sie es gelehrt worden war, auf sie zu und bot ihr die Stirn zum Kuß. Das war alles.

Wollte jemand sie sprechen, so schickte man einen Dienstboten, um sie holen zu lassen, und war sie nicht da, so beschäftigte sich niemand mit ihr, niemals dachte jemand an sie, nie wäre man auf den Gedanken gekommen, sich um sie zu sorgen, sich zu fragen: »Ach, ich habe ja Lison heute noch gar nicht gesehen!«

Sie füllte keinen Platz aus; sie war eines jener Wesen, die auch ihren Nächsten ewig unbekannt, gleichsam unerforscht, bleiben und deren Tod keine Lücke und keine Leere im Haus zurückläßt, eines jener Wesen, die weder in das Dasein noch in die Gewohnheiten noch in die Liebe derer einzudringen vermögen, deren Leben sie teilen.

Es gab niemanden, in dessen Herzen beim Nennen des Namens »Tante Lison« irgendein warmes Gefühl erweckt worden wäre. Diese beiden Wore wirkten nicht anders, als wenn man »die Kaffeekanne« oder »die Zuckerschale« gesagt hätte.

Sie eilte stets mit kleinen, raschen, lautlosen Schritten einher, vollführte nie irgendein Geräusch, stieß nie irgendwo an, schien den sie umgebenden Gegenständen die Gabe mitzuteilen, lautlos zu sein. Ihre Hände waren wie aus Watte, so leicht und behutsam handhabte sie alles, was sie berührte.

Gegen Mitte Juli langte sie an, ganz erschüttert im Gedanken an die bevorstehende Heirat. Sie brachte eine Menge von Geschenken mit, die, da sie von ihr kamen, so gut wie keine Beachtung fanden.

Schon am Tag nach ihrer Ankunft merkte man nichts mehr von ihrem Vorhandensein.

Aber in ihr gärte eine merkwürdige Erregung, und sie sah unverwandt zu dem Bräutigam hin. Mit einer ganz eigentümlichen Energie beschäftigte sie sich mit der Aussteuer; wie eine einfache Näherin arbeitete sie fieberhaft daran in ihrem Zimmer, wo niemand sie je besuchte.

Alle Augenblicke zeigte sie der Baronin Taschentücher, die sie gesäumt, oder Servietten, in die sie das Monogramm gestickt hatte, und fragte: »Ist es so richtig, Adélaïde?« Und Mama betrachtete diese Dinge flüchtig und antwortete: »Streng dich doch nicht so an, meine gute Lison!«

Eines Abends gegen Ende des Monats, nach einem schwülen Tag, ging der Mond in einer jener klaren, lauen Nächte auf, in denen die aufgewühlte Seele wehmütig gestimmt und tief erregt ist und wo all die in ihr verborgene Poesie erwacht. Der sanfte Atem der Felder wehte in den stillen Salon hinein. Die Baronin und ihr Mann spielten ohne großen Eifer Karten in dem Lichtkreis, den der Lampenschirm auf dem Tisch abzeichnete; Tante Lison saß zwischen ihnen und strickte; und die jungen Leute lehnten am offenen Fenster und blickten in den lichterfüllten Garten hinaus.

Die Linde und die Platane warfen ihre Schatten auf die große Rasenfläche, die sich bleich und schimmernd bis zum dunklen Boskett erstreckte.

Unwiderstehlich von dem holden Zauber dieser Nacht, der duftigen Beleuchtung der Bäume und Gebüsche angezogen, sagte Jeanne zu ihren Eltern: »Papa, wir möchten noch ein paar Schritte gehen, draußen auf dem Rasen vor dem Schloß.« Der Baron sagte, ohne aufzublicken: »Geht nur, Kinder«, und fuhr in seinem Spiel fort.

Sie gingen hinaus und schlenderten langsam über die große weißschimmernde Grasfläche, bis hinüber zum Boskett.

Es wurde spät, aber sie dachten noch nicht daran zurückzukehren.

Die Baronin war müde und wollte zu Bett gehen. »Das Liebespaar muß hereingerufen werden«, sagte sie.

Der Baron warf einen Blick auf den weiten hellen Garten, in dem die beiden schattenhaften Gestalten langsam hin und her wandelten.

»Laß sie doch«, sagte er, »es ist so schön draußen. Lison wird aufbleiben, bis sie kommen; nicht wahr, Lison?«

Das alte Fräulein blickte mit seinen ängstlichen Augen zu ihm auf und sagte mit schüchterner Stimme: »Ja, gewiß, ich warte auf sie.«

Papa half der Baronin beim Aufstehen, und da auch er von dem heißen Tag ermüdet war, sagte er: »Ich will ebenfalls zu Bett gehen« und verließ mit seiner Frau das Zimmer.

Nun erhob sich Tante Lison, ließ ihre Handarbeit auf der Armlehne ihres Lehnstuhls liegen, ging zum Fenster und schaute in die zauberhafte Nacht hinaus.

Noch immer schlenderten die Brautleute über den Rasen, vom Boskett bis zum Schloß und wieder zurück. Sie hatten die Finger ineinander geschlungen und sprachen nicht mehr, als seien sie entrückt und eins geworden mit der Wirklichkeit gewordenen Poesie, die der Erde entströmte.

Auf einmal bemerkte Jeanne im Fensterrahmen die Silhouette des alten Fräuleins, die sich im Lampenlicht abzeichnete.

»Sieh doch«, sagte sie, »Tante Lison sieht uns zu.«

Der Vicomte hob den Kopf und sagte mit dem gleichgültigen Ton eines Menschen, der gar nicht an das denkt, was er sagt: »Ja, Tante Lison sieht uns zu.«

Und wieder träumten sie, gingen langsam hin und her, ihrer Liebe anheimgegeben.

Aber dann bedeckte sich das Gras mit Tau, und sie erschauerten leise in der Kühle der Nacht.

»Jetzt wollen wir hineingehen«, sagte sie. Und sie kehrten zurück.

Als sie in den Salon kamen, hatte Tante Lison wieder angefangen zu stricken; sie beugte den Kopf über ihre Arbeit, und ihre mageren Hände zitterten ein wenig, als seien sie sehr müde.

Jeanne trat zu ihr hin. »Tante, jetzt wollen wir schlafen gehen.«

Das alte Fräulein hob die Augen, sie waren rot, als habe sie geweint.

Die Liebenden achteten nicht darauf, aber der junge Mann sah jetzt, daß die dünnen Schuhe des jungen Mädchens ganz durchnäßt waren. Eine plötzliche Sorge überkam ihn, und er fragte zärtlich: »Friert dich nicht an deinen lieben kleinen Füßen?«

Da überfiel die Hände der Tante ein so starkes Zittern, daß die Handarbeit ihnen entglitt; das Wollknäuel rollte weit über das Parkett hin, sie verbarg das Gesicht in den Händen und brach plötzlich in heftiges Schluchzen aus.

Regungslos vor Erstaunen sahen die Verlobten sie an. Mit einer raschen Bewegung ließ Jeanne sich vor ihr auf die Knie nieder, löste ihr die Arme vom Gesicht und sagte erschüttert wieder und wieder: »Aber was hast du nur, Tante Lison, was hast du nur?«

Da antwortete die Arme stammelnd, mit tränenerstickter Stimme, vor Aufregung und Kummer am ganzen Körper bebend: »Wie er dich gefragt hat... Frierst du nicht... an... an... an deinen lieben kleinen Füßen? Nie hat man zu mir so etwas gesagt, nie, nie.«

Jeanne war überrascht, sie empfand Mitleid, und gleichzeitig war sie versucht zu lachen bei dem Gedanken an einen Liebhaber, der Lison mit Zärtlichkeiten überschüttete; und der Vicomte hatte sich umgedreht, um seine Heiterkeit zu verbergen.

Aber plötzlich erhob sich die Tante, ließ ihre Wolle am Boden und ihr Strickzeug auf dem Lehnstuhl liegen, hastete fluchtartig in das dunkle Treppenhaus und tastete sich nach ihrem Schlafzimmer.

Als sie allein waren, sahen die beiden jungen Leute einander belustigt und gerührt an.

Jeanne flüsterte: »Die arme Tante!«

Julien erwiderte: »Sie ist heute abend wohl nicht ganz bei Trost.«

Noch hielten sie sich bei den Händen und konnten sich nicht voneinander trennen. Sacht, ganz sacht tauschten sie ihren ersten Kuß vor dem Stuhl der Tante Lison.

Am nächsten Tag dachten sie kaum mehr an die Tränen des alten Fräuleins.

In den beiden Wochen, die der Hochzeit vorausgingen, wurde Jeanne ruhiger und stiller, als habe das Wogen zärtlicher Empfindungen sie ermüdet.

Auch am Morgen des entscheidenden Tages hatte sie keine Zeit zum Nachdenken. Sie verspürte lediglich in ihrem ganzen Körper eine große Leere, als seien ihr Fleisch, ihr Blut und ihre Knochen unter der Haut geschmolzen; und wenn sie irgend etwas anfaßte, merkte sie, daß ihre Finger heftig zitterten.

Erst im Chor der Kirche, während des Gottesdienstes, kam sie wieder zur Besinnung. Verheiratet! Nun war sie also verheiratet! Die Aufeinanderfolge der Dinge, das Hinundher der Ereignisse, die sich seit dem frühen Morgen abgespielt hatten, erschienen ihr wie ein Traum, wie ein richtiger Traum. Es gibt Augenblicke, da alles um uns verwandelt scheint, sogar die Gebärden haben eine neue Bedeutung, ja, auch die Stunden scheinen ihren Platz vertauscht zu haben.

Sie fühlte sich wie geblendet, vor allem aber war sie tief erstaunt. Noch bis zum vorhergehenden Abend hatte sich nichts in ihrer Lebensweise verändert. Nur die Hoffnung, die sie durch ihr Leben begleitet hatte, war näher gerückt, fast greifbar geworden.

So hatte sie denn jene Grenze überschritten, hinter der sich die Zukunft mit allen ihren Freuden, mit all ihrem erträumten Glück zu verbergen scheint. Ihr war, als habe sich eine Tür vor ihr aufgetan; jetzt würde sie in das Land der Erwartung eintreten.

Der Gottesdienst ging zu Ende. Es wurde in die Sakristei hinübergegangen, die fast leer war, da man niemand eingeladen hatte, und dann ins Freie.

Als sie vor der Kirchentür erschienen, erdröhnte ein furchtbarer Lärm, so daß die Neuvermählte zusammenfuhr und die Baronin laut aufschrie: Die Bauern hatten eine Gewehrsalve abgefeuert; und auf dem ganzen Weg nach Les Peuples hörte das Schießen nicht auf.

Es wurden Erfrischungen gereicht für die Familie, den Schloßpfarrer, den von Yport, den Bürgermeister und die unter den Großbauern der Umgebung ausgewählten Trauzeugen.

Dann ging man in den Garten, um dort die Essensstunde abzuwarten. Der Baron, die Baronin, Tante Lison, der Bürgermeister und der Abbé Picot gingen in Mamas Allee spazieren, während der andere Priester, sein Brevier lesend, mit langen Schritten in der Allee gegenüber auf und ab wandelte.

Von der anderen Seite des Schlosses her war die laute Fröhlichkeit der Bauern vernehmlich, die unter den Apfelbäumen Most tranken. Der Hof hatte sich gefüllt: Alle Leute der Umgegend waren in ihrem Sonntagsstaat erschienen, und fröhlich tummelten sich die Burschen und Mädchen.

Jeanne und Julien gingen durch das Boskett, stiegen auf die Böschung und blickten von dort schweigend aufs Meer hinaus. Obwohl es Mitte August war, war es ein wenig kühl. Der Nordwind wehte, und die Sonne glänzte an einem Himmel von hartem, klarem Blau.

Um eine geschützte Stelle aufzusuchen, wandten sich die jungen Leute nach rechts und überquerten die Heide. Sie wollten in das bewaldete Tal gehen, das sich von dort nach Yport hinunterschlängelt. Sobald sie das dichte Gebüsch erreicht hatten, traf sie kein Lufthauch mehr. Sie verließen den Weg und schlugen einen schmalen Pfad ein, der sich unter dichtem Laubwerk hinzog. Er war so schmal, daß sie kaum nebeneinander gehen konnten. Da fühlte sie, wie sich sein Arm behutsam um ihre Taille legte.

Sie sagte nichts, aber ihr Atem kam in schweren Stößen, und ihr Herz klopfte schneller. Tiefhängende Zweige strichen ihnen sanft übers Haar; oft mußten sie sich bücken, um durchzukommen. Sie pflückte ein Blatt; zwei Herrgottskäferchen, die aussahen wie zarte rote Muscheln, hockten darunter.

Da sagte sie unschuldig und wieder beruhigt: »Sieh, ein Ehepaar.«

Julien flüsterte ihr ins Ohr: »Heute abend wirst du meine Frau.«

Obwohl sie durch ihr Leben in der Natur manches erfahren, hatte sich doch ihre Phantasie bisher nur mit poetischen Träumen von der Liebe beschäftigt, und so war sie überrascht. Seine Frau? War sie denn das nicht schon?

Nun bedeckte er ihre Schläfen, ihren Hals und den Haaransatz im Nacken mit kleinen raschen Küssen. Erschüttert von diesen Männerküssen, die sie noch nie erlebt hatte, neigte sie den Kopf jedesmal unwillkürlich auf die andere Seite, wie um einer Liebkosung zu entgehen, die sie dennoch entzückte.

Doch plötzlich hatten sie den Saum des Waldes erreicht. Sie blieb stehen, bestürzt, daß sie so weit gegangen waren. Was würden die Leute denken? »Wir wollen umkehren«, sagte sie.

Er löste den Arm von ihrer Taille, sie wandten sich um und standen einander so unvermittelt gegenüber, so nah, daß einer des anderen Atem auf dem Gesicht spürte. Sie sahen sich an. Sie sahen sich an mit einem jener starren, schmerzhaft durchdringenden Blicke, in denen die Seelen ineinandertauchen. Sie suchten einander in ihren Augen, jenseits ihrer Augen, im unergründlichen Geheimnis, das auf dem Grund jedes Wesens liegt. Wie in einem stummen und hartnäckigen Fragen wollten sie einander ergründen. Was würden sie füreinander bedeuten? Wie würde das Leben sein, das sie nun miteinander begannen? Was für Freuden, Glücksstunden oder Enttäuschungen würden sie einander in dem langen, unauflöslichen Zuzweit der Ehe bereiten? Und nun war ihnen beiden, als hätten sie sich noch nie gesehen.

Da legte Julien seiner Frau beide Hände auf die Schultern und drückte einen inbrünstigen Kuß auf ihre Lippen. So war sie noch nie geküßt worden. Dieser Kuß sank tiefer, er drang ihr in die Adern und bis ins Mark hinein, sie fühlte eine geheimnisvolle Erschütterung; wie außer sich stieß sie Julien mit beiden Armen von sich, und der Stoß war so heftig, daß sie beinahe rückwärts hingefallen wäre. »Wir wollen gehen«, stammelte sie.

Ohne zu antworten, ergriff er ihre Hände und behielt sie in den seinen. Auf dem Heimweg sprach keiner ein Wort. Der Rest des Nachmittags verging ihnen sehr langsam.

Als die Dämmerung einfiel, wurde zu Tisch gegangen.

Anders als sonst in der Normandie üblich, war das Essen einfach und nur von kurzer Dauer. Eine gewisse Verlegenheit lag lähmend auf der Gesellschaft. Nur die beiden Priester, der Bürgermeister und die vier geladenen Bauern bezeigten etwas von jener rauhen Fröhlichkeit, die eigentlich zu einer Hochzeit gehört.

Es war, als sei alles Lachen erstorben. Der Bürgermeister machte eine Bemerkung, die es wieder aufleben ließ; dann kam der Kaffee. Draußen, unter den Apfelbäumen im vorderen Hof, begann der ländliche Tanz. Durch die offenen Fenster konnte man das Fest mit ansehen. Im Schein der an den Zweigen aufgehängten Lampions färbten sich die Blätter wie Grünspan. Männer und Frauen schwangen sich im Kreis und sangen ein stürmisches Tanzlied; dazu erklang eine schwache Begleitung von zwei Geigen und einer Klarinette. Die Musikanten hatten sich auf einem großen Küchentisch aufgebaut, der als Podium diente. Und es war, als ob die dünne, von den ausgelassenen Stimmen zerrissene Musik in Fetzen vom Himmel falle; die Noten verwehten in kleinen Bruchstücken.

Aus zwei großen, von lodernden Fackeln umgebenen Fässern wurde der Menge eingeschenkt. Zwei Mägde waren ohne Unterlaß damit beschäftigt, in einem Kübel Gläser und Tassen zu spülen, um sie dann, noch tropfend von Wasser, unter die Hähne zu halten, aus denen der dünne rote Strahl von Wein oder der goldene von reinem Zider hervorquoll. Und die durstigen Tänzer, die ruhigen Alten, die schweißgebadeten Mädchen drängten sich herzu, streckten den Arm aus, um irgendein Gefäß zu ergreifen und sich das Getränk, das ihnen am meisten zusagte, in Strömen durch die Kehle zu jagen, wobei sie den Kopf nach hinten neigten.

Auf einem Tisch waren Brot, Butter, Käse und Wurst bereitgestellt. Alle nahmen von Zeit zu Zeit einen Mundvoll davon; und dieses frohe, ausgelassene Fest unter dem erleuchteten Blätterdach erweckte in der gelangweilten Gesellschaft im großen Saal das Verlangen, ebenfalls zu tanzen, am Bauch der dicken Fässer zu trinken und dazu ein Butterbrot mit einer rohen Zwiebel zu essen.

Man stand auf, durchschritt den Salon und mischte sich unter das festlich erregte Volk. Darauf zogen sich die Gäste zurück.

Der Baron und die Baronin fochten flüsternd einen kleinen Streit aus. Madame Adélaïde, die kurzatmiger denn je war, schien sich zu weigern, eine Bitte ihres Mannes zu erfüllen; schließlich sagte sie beinahe laut: »Nein, mein Lieber, ich kann es nicht tun; ich wüßte nicht, wie ich das anstellen sollte.«

Da wandte sich Papa plötzlich von ihr ab und trat auf Jeanne zu: »Willst du ein paar Schritte mit mir gehen, Töchterchen?«

Sehr bewegt antwortete sie: »Wie du wünschest, Papa.«

Sie gingen hinaus.

Als sie auf der dem Meer zugewandten Seite des Schlosses aus der Tür traten, schlug ihnen ein leichter, trockener Wind entgegen, einer jener kalten Winde, die schon im Sommer etwas vom Herbst verspüren lassen.

Wolken jagten am Himmel einher; bald bedeckten sie die Sterne, bald ließen sie sie wieder sichtbar werden.

Zärtlich drückte der Baron den Arm der Tochter an sich und nahm ihre Hand. So gingen sie einige Minuten. Er war sichtlich unsicher und befangen. Endlich entschloß er sich: »Mein Liebling, ich habe eine schwierige Aufgabe zu erfüllen, die eigentlich deiner Mutter zukäme; aber da sie es nicht tun will, muß ich es übernehmen. Ich ahne nicht, was du von den Tatsachen des Lebens weißt. Es gibt Geheimnisse, die man sorgfältig vor Kindern geheimhält, besonders vor Mädchen, deren Herzen rein bleiben sollen, schlackenlos rein, bis zu der Stunde, da wir sie den Armen des Mannes anvertrauen, dessen Sorge nun ihr Glück sein wird. Sein Vorrecht ist es, den Schleier zu heben, der über dem süßen Geheimnis des Lebens liegt. Wenn aber noch keine Ahnung davon sie berührt hat, so empört sich oft etwas in ihnen gegen die harte, brutale Wirklichkeit, die hinter ihren Träumen verborgen ist. Sie fühlen sich an Leib und Seele verwundet und verweigern dann dem Gatten, was das menschliche und das natürliche Gesetz ihm als unumstößliches Recht zuerkennen. Mehr kann ich dir nicht sagen, mein Herz; aber vergiß nur dies eine nicht, daß du deinem Mann ganz und gar gehörst.«

Was wußte sie eigentlich? Was erriet sie? Eine bedrückende

Melancholie überfiel sie wie ein schmerzliches Vorgefühl, und sie fing an heftig zu zittern.

Sie gingen wieder hinein, blieben jedoch vor Überraschung unter der Tür des Salons stehen: Madame Adélaïde lag schluchzend in Juliens Armen. Es war, als ob ihr Weinen, ein lautes, wie vom Blasebalg einer Schmiede hervorgestoßenes Weinen, ihr gleichzeitig aus Nase, Mund und Ohren dringe. Verblüfft und verlegen stützte der junge Mann die dicke Frau, die sich ihm in die Arme gestürzt hatte, um ihm das Wohl ihres lieben, süßen, angebeteten Töchterchens anzuempfehlen.

Der Baron eilte auf sie zu: »Nur keine Szene, keine Rührung, ich flehe dich an« und ließ seine Frau auf einem Lehnstuhl niedersitzen, damit sie ihre Tränen trockne. Dann wandte er sich zu Jeanne: »So, Kind, gib deiner Mutter schnell einen Kuß und geh zu Bett.«

Sie war gleichfalls den Tränen nah, umarmte rasch ihre Eltern und entfloh.

Tante Lison hatte sich zurückgezogen, und der Baron und seine Frau blieben mit Julien allein. Sie waren alle drei so befangen, daß keiner etwas zu sagen wußte. Die beiden Männer standen in ihren Fräcken da, Madame Adélaïde war auf ihrem Sessel zusammengesunken und kämpfte noch immer mit den letzten Schluchzern. Als ihre Verlegenheit ganz unerträglich geworden war, fing der Baron ein Gespräch über die Reise an, die die jungen Leute in einigen Tagen antreten wollten.

In ihrem Zimmer ließ Jeanne sich von Rosalie ausziehen, die in Tränen zerfloß. Ihre Hände tasteten unsicher herum, konnten die Bänder und Nadeln nicht finden; es war, als sei sie noch bewegter als ihre Herrin. Jeanne merkte kaum etwas von den Tränen ihres Mädchens. Sie hatte das Gefühl, in eine andere Welt eingetreten, in ein neues Land versetzt und abgeschnitten zu sein von allem, was sie bisher gekannt und geliebt hatte. Alles in ihrem Leben und Denken schien in Verwirrung geraten. Es kam ihr sogar der sonderbare Gedanke, ob sie ihren Mann überhaupt liebe? Jetzt kam er ihr plötzlich wie ein Fremder vor, den sie kaum kannte. Noch vor drei Monaten hatte sie nichts von ihm gewußt, und jetzt war sie seine Frau. Warum nur? Warum war sie so rasch in die Ehe hineingestürzt, wie in ein Loch, das sich unter ihren Füßen aufgetan hatte?

Nun war sie im Nachthemd und ließ sich ins Bett gleiten; unter der Berührung mit dem kühlen Leinen erschauerte ihre Haut, und dies Kältegefühl vermehrte den Druck der Einsamkeit und Traurigkeit, der ihr seit zwei Stunden auf der Seele lag.

Noch immer schluchzend, zog Rosalie sich zurück, und Jeanne wartete. Angstvoll, mit vor Erregung klopfendem Herzen erwartete sie jenes halb erratene Unbekannte, dessen Kommen ihr Vater in unverständlichen Andeutungen vorausgesagt hatte, jene geheimnisvolle Offenbarung, die das große Mysterium der Liebe ist.

Ohne daß sie jemanden die Treppe hatte heraufkommen hören, wurde nun dreimal leicht an ihre Tür geklopft. Entsetzt fuhr sie zusammen und gab keine Antwort. Das Klopfen wiederholte sich; dann bewegte sich die Tür. Sie verbarg den Kopf unter der Decke, als ob ein Dieb bei ihr eingedrungen sei. Stiefel knarrten leise über das Parkett. Plötzlich berührte jemand ihr Bett.

Sie fuhr nervös zusammen und stieß einen kleinen Schrei aus. Dann hob sie den Kopf aus den Decken und sah Julien, der lächelnd vor ihr stand und sie ansah. »Oh, du hast mir so Angst gemacht«, sagte sie.

»Hast du mich denn nicht erwartet?« erwiderte er.

Sie antwortete nicht. Er war noch immer im Abendanzug, sie sah sein schönes, ernstes Gesicht und schämte sich entsetzlich, in Gegenwart dieses korrekten Mannes im Bett zu liegen.

Sie wußten nicht, was sie sagen, was sie tun sollten; sie wagten nicht einmal sich anzusehen in dieser ernsten, entscheidenden Stunde, von der das verborgene Glück eines ganzen Lebens abhängt.

Er hatte vielleicht eine unbestimmte Ahnung von den Gefahren dieser Schlacht, und welcher Gewandtheit und Selbstbeherrschung, welch kluger Zärtlichkeit es bedarf, damit das empfindliche Schamgefühl, die unendliche Zartheit einer jungfräulichen und nur von Träumen lebenden Seele nicht verletzt wird.

Sanft nahm er ihre Hand und küßte sie. Dann ließ er sich an ihrem Bett auf die Knie nieder wie vor einem Altar, und leise wie ein Hauch flüsterte seine Stimme: »Möchtest du mich jetzt lieben?«

Plötzlich beruhigt, hob sie den in duftige Spitzen gebetteten Kopf und lächelte: »Ich liebe dich doch schon.«

Er nahm die kleinen, zarten Finger seiner Frau in den Mund, und seine Stimme klang verändert, als er fragte: »Willst du mir beweisen, daß du mich liebst?«

Aufs neue verwirrt und ohne recht zu wissen, was sie sagte, antwortete sie in Erinnerung an die Worte ihres Vaters: »Ich gehöre dir ja.«

Er bedeckte ihr Handgelenk mit feuchten Küssen, hob dann langsam den Kopf und wollte sein Gesicht dem ihren nähern, aber sie verbarg es wieder.

Da griff er plötzlich mit dem Arm über das Bett hinüber und umfing seine Frau mitsamt den Leintüchern; sein anderer Arm glitt unter das Kopfkissen, und so hob er ihren Kopf zusammen mit dem Kissen etwas höher und fragte ganz leise: »Willst du mir dann ein Plätzchen neben dir einräumen?«

Sie hatte Angst, eine instinktive Angst, und stammelte: »Oh, bitte noch nicht.«

Er schien enttäuscht, vielleicht etwas gekränkt und fuhr in einem immer noch bittenden, aber etwas ungestümeren Ton fort: »Warum später, da es ja ohnehin darauf hinausläuft?«

Dies Wort verletzte sie. Aber sie unterwarf sich und sagte etwas resigniert zum zweiten Mal: »Ich gehöre dir ja.«

Da verschwand er rasch im Ankleidezimmer; sie hörte deutlich seine Bewegungen, das Rascheln der Kleidungsstücke, die er ablegte, das Klimpern der Geldstücke in seinen Taschen und wie die Stiefel nacheinander ausgezogen wurden.

Und plötzlich durchquerte er in Unterhosen und Socken rasch das Zimmer, um seine Uhr auf den Kamin zu legen. Dann lief er eilig wieder in den kleinen Nebenraum zurück und bewegte sich dort noch einige Zeit hin und her; als Jeanne fühlte, daß er kam, legte sie sich schnell auf die andere Seite und schloß die Augen.

Sie fuhr auf, als wolle sie sich zu Boden werfen, als an ihrem Bein ein anderes, kaltes, behaartes Bein entlangglitt. Außer sich, nahe daran, vor Angst und Schrecken zu schreien, kauerte sie sich, das Gesicht in den Händen verbergend, am Fußende des Bettes zusammen.

Obwohl sie ihm den Rücken zuwandte, nahm er sie sofort in die Arme und küßte gierig ihren Hals, die Spitzen und den gestickten Kragen ihres Hemdes.

Sie war vor grauenvoller Angst erstarrt, rührte sich nicht und fühlte nur, wie eine kräftige Hand zwischen ihren Ellenbogen hindurch nach ihrer Brust tastete. Tief erregt durch diese brutale Berührung, keuchte sie und hatte nur den einen Wunsch, zu entfliehen, durch das ganze Haus zu laufen, sich irgendwo – weit fort von diesem Mann – einzuschließen.

Er bewegte sich nicht mehr, sie fühlte nur die Wärme seines Körpers im Rücken; da wurde sie wieder ruhig und dachte plötzlich, daß sie sich nur umzudrehen brauchte, um ihn zu küssen.

Schließlich schien er ungeduldig zu werden und fragte traurig: »Willst du also nicht meine kleine Frau sein?«

Durch die Finger hindurch flüsterte sie: »Bin ich das denn nicht?«

Und er antwortete ein wenig gereizt: »Aber ich bitte dich, meine Liebe, mach dich nicht lustig über mich.«

Sie war ganz bestürzt über den unzufriedenen Klang seiner Stimme und drehte sich rasch um, um ihn um Verzeihung zu bitten.

Da umschlang er sie wütend mit beiden Armen. Wie ausgehungert bedeckte er ihr ganzes Gesicht und den oberen Teil ihrer Brust mit raschen, wilden Küssen, die ihr weh taten. Sie hatte die Hände geöffnet und lag, betäubt von seinen Liebkosungen, reglos unter seiner andrängenden Leidenschaft. Sie wußte nichts mehr von dem, was sie tat, was er tat; ihr Denken war so verwirrt, daß sie nichts mehr begriff. Aber plötzlich fühlte sie einen scharfen zerreißenden Schmerz und fing an zu stöhnen, sich in seinen Armen zu winden, während er von ihr Besitz ergriff.

Was geschah dann? Sie konnte sich kaum daran erinnern; sie war wie außer sich und glaubte nur auf den Lippen einen Schauer dankbarer kleiner Küsse zu fühlen.

Dann mußte er wohl zu ihr gesprochen und sie mußte ihm geantwortet haben. Er versuchte, sich ihr von neuem zu nähern, sie aber wies ihn voller Schrecken von sich, und als sie ihn so abwehrte, begegnete sie auf seiner Brust wieder der dichten Behaarung, die sie schon an seinem Bein gespürt hatte, und fuhr entsetzt zurück.

Endlich war er der erfolglosen Versuche, sie zu gewinnen, müde und lag still auf dem Rücken.

Und nun fing sie an nachzudenken, bis in den Grund ihrer Seele hinein verzweifelt, in der Enttäuschung über eine Hingabe, die sie sich so anders erträumt hatte, über eine liebend gehegte Erwartung, die zerstört, über ein Glück, das zerbrochen war, und sie sagte sich: »Das also nennt er seine Frau sein. Das seine Frau! Das!«

Lange blieb sie so liegen. Traurig irrten ihre Augen über die Gobelins an den Wänden hin, über die alte Liebesgeschichte, die ihr Zimmer rings umgab.

Aber da Julien nichts mehr sagte und sich nicht rührte, wandte sie ihm langsam den Blick wieder zu und sah, daß er schlief. Er schlief mit halboffenem Mund und ruhigem Gesicht. Er schlief!

Das war ihr unfaßbar; sie war empört und fühlte sich durch diesen Schlaf noch mehr geschändet und als die erstbeste behandelt als durch seine Brutalität. Konnte er in einer solchen Nacht schlafen? Was sich zwischen ihnen begeben, hatte das für ihn nichts Überraschendes? Ach, lieber wäre es ihr gewesen, er hätte sie geschlagen, noch einmal vergewaltigt und mit grauenvollen Liebkosungen bis zur Bewußtlosigkeit gepeinigt.

Auf den Ellbogen gestützt und über ihn gebeugt lag sie regungslos neben ihm; und sie hörte zu, wie sein Atem in leisen Zügen, die sich manchmal beinahe bis zu einem Schnarchen steigerten, zwischen seinen Lippen hervordrang.

Der Morgen kam; trübe zuerst, dann hell, dann rosig, strahlend endlich. Julien öffnete die Augen, gähnte, reckte die Arme, sah seine Frau an, lächelte und fragte: »Hast du gut geschlafen, mein Herz?«

»Ja«, antwortete sie, »und du?«

Er sagte: »Ich? Ausgezeichnet.« Er wandte sich ihr zu, küßte sie und fing an, ruhig zu plaudern. Er entwickelte ihr seine Pläne für die Zukunft, wie sie ihr Leben einrichten und sparen wollten.

Und dieses Wort, das mehrfach wiederkehrte, erstaunte Jeanne. Sie hörte ihm zu, ohne den Sinn seiner Worte recht zu erfassen, sah ihn an und dachte an tausend Dinge, die rasch wieder verflogen, ihr Gemüt kaum berührten.

Es schlug acht.

»Wir müssen aufstehen«, sagte er. »Wir würden uns lächerlich machen, wenn wir zu lang im Bett blieben.« Als erster stieg er hinaus, und als er fertig angezogen war, half er seiner Frau freundlich bei ihrer Toilette, bis ins kleinste; daß Rosalie gerufen werde, erlaubte er nicht.

Beim Hinausgehen hielt er sie zurück. »Weißt du, wenn wir allein sind, können wir uns ruhig duzen; aber in Gegenwart deiner Eltern wollen wir damit lieber noch warten. Wenn wir von der Hochzeitsreise zurück sind, macht es nichts aus.«

Sie erschien erst zum Mittagessen. Und der Tag verlief wie gewöhnlich, als sei nichts Besonderes geschehen. Nur, daß es einen Mann mehr im Haus gab.

V

Vier Tage später kam der Reisewagen an, der sie nach Marseille bringen sollte.

Nach der furchtbaren Angst der ersten Nacht hatte Jeanne sich inzwischen an das Eheleben mit Julien gewöhnt, an seine Küsse und zärtlichen Liebkosungen, obwohl ihr Widerwille gegen alle intimeren Beziehungen nicht nachgelassen hatte.

Sie fand ihn schön, sie liebte ihn; und so war sie wieder froh und glücklich. Der Abschied war kurz und tat niemandem weh. Nur der Baronin merkte man die Rührung an, und in dem Augenblick, da der Wagen sich in Bewegung setzte, gab sie ihrer Tochter eine dicke, sehr schwere Börse in die Hand. »Das ist für deine kleinen persönlichen Ausgaben«, sagte sie.

Jeanne ließ die Börse in die Tasche gleiten, und die Pferde zogen an.

Gegen Abend sagte Julien zu ihr: »Wieviel war in der Börse, die deine Mutter dir gegeben hat?« Sie hatte gar nicht mehr daran gedacht und leerte die Börse auf ihren Schoß. Ein Strom von Gold ergoß sich über ihr Kleid; es waren zweitausend Francs. Sie klatschte in die Hände: »Jetzt kann ich ganz tolle Ausgaben machen« und schüttete das Geld wieder in die Börse.

Nach achttägiger Reise bei furchtbarer Hitze kamen sie in Marseille an.

Am nächsten Tag gingen sie an Bord der »Roi Louis«, eines kleinen Passagierdampfers, der über Ajaccio nach Neapel fahren und sie unterwegs in Korsika absetzen sollte.

Korsika! Der Buschwald! Die Banditen! Die Berge! Die Heimat Napoleons! Jeanne war zumute, als lasse sie die Wirklichkeit hinter sich zurück und trete wachen Auges in ein Traumland ein.

Seite an Seite standen sie an Deck des Schiffes und sahen die Felsenklippen der Provence an sich vorübereilen. Unbeweglich lag das strahlend blaue Meer unter dem grenzenlosen, fast übertrieben blauen Himmel ausgebreitet, wie erstarrt und hart geworden im glühenden Licht, das die Sonne heruntersandte.

»Erinnerst du dich an unsere Fahrt mit dem Boot des alten Lastique?« sagte sie.

Statt zu antworten, drückte er ihr rasch einen Kuß aufs Ohr.

Die Räder des Dampfschiffes rührten das Wasser auf und störten es in seinem tiefen Schlaf, und hinter ihm zog sich eine lange Schaumspur hin. So weit das Auge reichte, dehnte sich die große, blasse Schleppe aus, die das Schiff hinter sich ließ; das aufgewühlte Wasser perlte wie Champagner.

Plötzlich sprang am Bug des Schiffes, nur wenige Faden von ihm entfernt, ein riesiger Fisch, ein Delphin, aus dem Wasser hoch, tauchte dann kopfüber wieder unter und verschwand. Von Angst gepackt, stieß Jeanne einen Schrei aus und warf sich Julien an die Brust. Dann mußte sie über ihren Schrecken lachen und schaute, immer noch ängstlich, nach dem Fisch aus, ob er sich nicht wieder zeigen würde. Nach ein paar Sekunden schoß er wieder hervor wie ein großes Spielzeug. Wieder ließ er sich niederfallen, tauchte noch einmal auf; und dann waren es zwei, drei, schließlich sechs, die sich rings um das schwere Schiff tummelten, als wollten sie ihren riesigen Bruder begleiten, den Fisch aus Holz mit Flossen aus Eisen. An der linken Seite des Schiffs zogen sie vorüber, kamen rechts wieder zum Vorschein; bald alle zusammen, bald einzeln, sich fröhlich jagend wie bei einem Spiel, schossen sie in einem großen Sprung in die Luft, beschrieben einen Bogen und tauchten wieder einer hinter dem anderen unter, wie im Gänsemarsch.

Hingerissen klatschte Jeanne in die Hände, zitternd vor Freude bei jedem neuen Erscheinen der riesigen, geschmeidigen Schwimmer. Ihr Herz hüpfte so fröhlich wie sie, in ausgelassener kindlicher Freude.

Unversehens verschwanden sie. Noch einmal tauchten sie weit in der Ferne, gegen das offene Meer zu, auf; dann konnte man sie nicht mehr sehen, und Jeanne war ein paar Sekunden lang ganz traurig, daß sie nicht mehr da waren.

Der Abend kam, ein stiller, sanfter, strahlender Abend, voll Helligkeit und glücklichen Friedens. Kein Hauch regte sich in der Luft oder auf dem Wasser, und diese grenzenlose Ruhe des Meeres und des Himmels griff über auf die eingeschläferten Seelen der Menschen; auch sie überglitt kein Schauer.

Groß und ruhig ging die Sonne dort unter, wo das unsichtbare Afrika lag, Afrika, das heiße Land, dessen Gluten man schon zu spüren glaubte; aber als das Gestirn verschwunden war, berührte etwas ihre Wangen; es war kein Wind, nur eine kühlende Liebkosung.

Sie wollten nicht in ihre Kabine hinuntergehen, wo sich alle unangenehmen Gerüche, die es auf einem Schiff gibt, bemerkbar machten. Sie rollten sich in ihre Mäntel und streckten sich, aneinandergeschmiegt, auf Deck aus. Julien schlief sofort ein; aber Jeanne, die erregt war durch alles Neue, was die Reise brachte, lag mit offenen Augen da. Das gleichmäßige Schlagen der Räder wiegte sie ein, und sie sah über sich die Legionen von hellen Sternen, deren grelles, feucht anmutendes Licht am südlichen Himmel funkelte.

Gegen Morgen war sie endlich eingeschlafen; da ertönten Stimmen und Geräusche, und sie wurde wieder wach. Singend scheuerten die Matrosen das Schiff. Sie weckte ihren Mann, der noch immer still dalag und schlief, und sie standen auf.

Voller Entzücken trank sie den Duft des salzigen Nebels in sich hinein, der sie bis in die Fingerspitzen durchdrang. Überall Meer. Aber im ungewissen Licht der Morgendämmerung sah man vorn etwas Graues wie ein aufgetürmtes Gebirge aus sonderbaren, spitzigen, zerfetzten Wolken auf den Wogen schwimmen.

Dann wurde es deutlicher. Die Formen zeichneten sich am heller werdenden Himmel klarer ab. Eine große Bergkette mit bizarren Felszacken erhob sich aus einem leichten Nebelschleier: Korsika.

Und nun ging dahinter die Sonne auf. Wie schwarze Schatten zeichneten sich die Felsspitzen vor ihr ab. Dann leuchteten alle Gipfel auf, aber die Insel blieb vom Nebeldunst verhüllt.

Der Kapitän, ein alter, sonnengegerbter, kleiner Mann, der unter dem Einfluß der scharfen Seewinde wie ausgetrocknet, zusammengeschrumpft und verknöchert wirkte, kam an Deck. Seine Stimme, die dreißig Jahre lang Kommandos gegeben und Stürme übertönt hatte, klang heiser und verbraucht, als er zu Jeanne sagte: »Riechen Sie sie, das Hurenstück da?«

Und wirklich verspürte sie einen starken, eigentümlichen Duft von Pflanzen und wilden Kräutern.

Der Kapitän fuhr fort: »So riecht das blühende Korsika; es hat seinen eigenen Duft, wie eine hübsche Frau. Und wenn ich zwanzig Jahre fort gewesen wäre, würde ich es fünf Meilen weit auf dem Meer riechen. Ich stamme da her. Es heißt, daß der auf St. Helena immer vom Duft seiner Heimat spricht. Wir gehören zur gleichen Familie.« Und der Kapitän nahm die Mütze ab und grüßte Korsika, grüßte über den Ozean hinüber den großen gefangenen Kaiser, der zu seiner Familie gehörte.

Jeanne war vor Bewegung den Tränen nahe.

Dann hob der Seemann den Arm und deutete auf den Horizont. »Die Blutfelsen!« sagte er.

Julien stand neben seiner Frau und hatte den Arm um sie gelegt; so schauten sie beide in die Weite, um die bezeichnete Stelle zu finden.

Endlich sahen sie einige pyramidenförmige Felsen, die das Schiff bald darauf umrundete, um dann in einen sehr großen ruhigen Meerbusen einzulaufen. Rings umher erhoben sich hohe

Gipfel, deren untere Abhänge mit Moos bedeckt zu sein schienen.

Der Kapitän deutete auf jenes Grün: »Der Maquis.«

Je tiefer man in den Golf hineinfuhr, desto enger schloß sich der Kranz der Berge hinter dem Schiff, das langsam dahinglitt, wie in einem See von lichtem Blau, das so klar war, daß man manchmal bis auf den Grund hinuntersehen konnte.

Und plötzlich erschien die weiße Stadt am Ende des Golfs, am Rand des Wassers, am Fuß der Berge.

Einige kleine italienische Schiffe lagen im Hafen vor Anker. Vier oder fünf Boote näherten sich der »Roi Louis«, um die Passagiere abzuholen.

Julien suchte das Gepäck zusammen und fragte leise seine Frau: »Nicht wahr, es ist genug, wenn ich dem Aufwärter einen Franc gebe?«

Seit acht Tagen stellte er alle Augenblicke dieselbe Frage, und jedesmal litt sie darunter. Sie antwortete etwas ungeduldig: »Wenn man nicht sicher ist, genug zu geben, gibt man lieber zu viel.«

Unaufhörlich verhandelte er mit Hotelbesitzern und Kellnern, Kutschern und allerhand Händlern, und wenn er durch zähes und kleinliches Handeln irgendeine Ermäßigung durchgesetzt hatte, rieb er sich erfreut die Hände und sagte zu Jeanne: »Ich lasse mich nicht gern übers Ohr hauen.«

Sie zitterte, wenn eine Rechnung kam, denn sie wußte im voraus, welche Bemerkungen er über jeden einzelnen Posten machen würde; sie fühlte sich gedemütigt durch sein Feilschen und errötete bis in die Haarwurzeln, wenn die Angestellten, ein ungenügendes Trinkgeld in der Hand, ihrem Mann mit verächtlichen Blicken nachsahen.

Mit dem Schiffer, der sie an Land brachte, gab es abermals eine Auseinandersetzung.

Der erste Baum, den sie sah, war eine Palme!

Sie stiegen in einem großen, leeren, an der Ecke eines weiten Platzes gelegenen Hotel ab und ließen sich etwas zu essen bringen.

Als der Nachtisch vorüber und Jeanne aufgestanden war, um

sich die Stadt anzusehen, nahm Julien sie in die Arme und flüsterte ihr zärtlich ins Ohr: »Wollen wir uns nicht ein wenig hinlegen, mein Kätzchen?«

Erstaunt fragte sie: »Uns hinlegen? Aber ich bin doch gar nicht müde.«

Er umschlang sie. »Ich sehne mich nach dir. Verstehst du nicht? Seit zwei Tagen...«

Sie wurde purpurrot vor Scham und stammelte: »Oh! Jetzt! Was würden die Leute dazu sagen? Was würden sie denken? Du kannst dir doch nicht am hellen lichten Tag ein Zimmer geben lassen? O Julien, ich bitte dich!«

Aber er unterbrach sie: »Es ist mir völlig gleichgültig, was die Hotelangestellten sagen oder denken. Du sollst sehen, daß ich mich nicht geniere.« Und er klingelte.

Sie hielt die Augen gesenkt und sagte nichts mehr. Aber in ihrer Seele und ihrem Körper wallte eine tiefe Empörung gegen dies unaufhörliche Begehren ihres Mannes auf. Sie gehorchte, aber mit Abscheu; sie war resigniert, aber sie fühlte sich gedemütigt und sah darin etwas Tierisches, Herabwürdigendes, kurzum: etwas Schmutziges.

Ihre Sinne schliefen noch. Und ihr Mann behandelte sie jetzt, als teile sie sein Verlangen.

Als der Kellner kam, sagte Julien zu ihm, er solle ihnen ihr Zimmer zeigen. Der Mann, ein richtiger Korse, dem die Haare fast bis in die Augen wuchsen, verstand ihn nicht und sagte, bis zum Abend werde das Zimmer gerichtet sein.

Julien war ungeduldig und erklärte sich deutlicher: »Nein, sofort. Wir sind müde von der Reise und wollen uns ausruhen.«

Da glitt ein Lächeln über das bärtige Gesicht des Kellners, und Jeanne wäre am liebsten davongelaufen.

Als sie nach einer Stunde wieder herunterkamen, genierte sich Jeanne, an den Leuten vorüberzugehen, denen sie begegnete; sie war sicher, daß sie hinter ihrem Rücken lachten und tuschelten. In ihrem Herzen verargte sie es Julien, daß er das nicht verstand, daß ihm das Feingefühl, die angeborene Zartheit mangelte. Es war ihr, als sei ein Schleier, etwas Trennendes zwischen ihnen. Zum erstenmal begriff sie, daß zwei Menschen einander nie bis auf den Grund der Seele und des Denkens durchdringen, nie eins werden können und daß jeder von uns in seinem tiefsten Sein sein Leben lang allein bleibt.

Drei Tage lang blieben sie in dieser kleinen, im Inneren ihres blauen Golfes verborgenen Stadt. Es war dort heiß wie in einem Schmelzofen. Denn die Berge bildeten einen Vorhang, der den Wind nicht bis zu ihr hindringen ließ.

Dann wurde die Reiseroute festgelegt. Damit schlechte Wege kein Hindernis für sie bilden könnten, beschlossen sie, Pferde zu mieten. Sie wählten zwei kleine magere, unermüdliche korsische Hengste mit wildblickenden Augen und machten sich eines Morgens bei Tagesanbruch auf den Weg. Ein Führer, der einen Maulesel ritt, begleitete sie und beförderte die Vorräte, da Wirtshäuser in diesem wilden Land unbekannt sind.

Die Straße zog sich zunächst am Ufer des Meerbusens entlang und bog dann in ein flaches Tal ein, das zu den hohen Bergen hinaufführte. Oft mußten sie fast gänzlich ausgetrocknete Bachbetten überqueren. Nur unter den Steinen floß noch ein kleiner Rest von Wasser, das schüchtern gluckste, wie ein Tier, das sich versteckt.

Das Land um sie her war unbebaut und lag wie nackt da. Die Abhänge waren mit hohem, in der Hitze schon gelb gewordenem Gras bedeckt. Die Bergbewohner, denen sie zuweilen begegneten, gingen zu Fuß, oder sie ritten auf einem kleinen Pferd oder hockten auf einem Esel, der kaum größer war als ein Hund. Und alle trugen ein geladenes Gewehr auf dem Rücken, alte, verrostete, aber in ihren Händen gefährliche Waffen.

Die Luft war schwer vom scharfen Duft der wilden Kräuter, die die Insel bedecken. Langsam wand sich die Straße zwischen den hohen Bergwänden empor.

Die weite Landschaft mit ihren Gipfeln aus rosigem oder blauem Granit sah wie verzaubert aus. Und die endlosen Kastanienwälder an den unteren Abhängen wirkten wie Gebüsche auf den riesigen Erdwellen, aus denen sich dieses Land emportürmt.

Zuweilen hob der Führer die Hand, deutete auf die steilen Höhen und nannte einen Namen. Jeanne und Julien konnten zunächst nichts sehen, bis sie endlich etwas Graues entdeckten, das wie ein Haufen von Gipfeln heruntergestürzter Steine aussah. Und das waren dann ein paar Hütten aus Granit, ein Dorf, das sich dort anklammerte und wie ein riesiges Vogelnest fast unsichtbar an der hohen Bergwand hing.

Jeanne wurde es müde, immer im Schritt zu reiten. »Wir wollen ein bißchen galoppieren«, sagte sie. Und sie trieb ihr Pferd an. Da sie ihren Mann nicht neben sich hörte, drehte sie sich um und bekam einen Lachanfall, als sie ihn herankommen sah: Er war blaß, hielt sich an der Mähne seines Tiers fest und vollführte das sonderbarste Gehopse. Und seine Schönheit, und daß er sonst so sehr als Kavalier wirkte, ließen sein Ungeschick und seine Angst noch komischer erscheinen.

Von nun an trabten sie ruhig dahin. Die Straße zog sich jetzt mitten durch ein endloses Dickicht, in das der ganze Abhang wie in einen Mantel eingehüllt war.

Es war die Macchia, der Maquis, der undurchdringliche Buschwald Korsikas. Er bestand aus Steineichen, Wacholderbüschen, Erdbeerbäumen, Mastix, Wegedorn, Heidekraut, Steinlorbeer, Myrten und Buchs – und das alles war durchwachsen von Waldreben, riesigen Farnen, Geißblatt, Zytisus, Rosmarin, Lavendel und Brombeeren, so daß der Bergrücken von einem unentwirrbaren Vlies bedeckt schien.

Sie wurden hungrig. Der Führer war nachgekommen und führte sie zu einer jener reizenden Quellen, wie man sie in Gebirgsgegenden so häufig findet: Ein dünner runder Strahl eisigen Wassers tritt aus einem kleinen Felsloch hervor und fließt über ein Maronenblatt, das ein Wanderer angebracht hat, um das Rinnsal an seinen Mund zu leiten.

Jeanne fühlte sich so glücklich, daß es sie Mühe kostete, keine Freudenrufe auszustoßen.

Sie brachen auf und begannen den Abstieg. Der Weg führte um den Meerbusen von Sagona herum.

Gegen Abend kamen sie durch Gargèse – ein griechisches Dorf, das eine Schar aus ihrem Vaterland verjagter Flüchtlinge hier einst gegründet hatte. Hochgewachsene schöne Mädchen mit eleganten Lenden, schmalen Händen und schlanker Taille, voll eigenartiger Anmut, standen an einem Brunnen beieinander.

Julien rief ihnen »Guten Abend!« zu, und sie antworteten mit singendem Ton in der klangschönen Sprache der verlassenen Heimat.

Als sie nach Piana kamen, mußten sie um Gastfreundschaft bitten, wie in der Vorzeit oder in menschenleeren Gegenden. Jeanne bebte vor freudiger Erwartung, ob die Tür sich öffnen werde, an die Julien geklopft hatte. Ja! Das war wirklich eine Reise! Und sie bot alle Überraschungen unerforschter Landstriche.

Sie hatten sich zufällig an ein junges Ehepaar gewandt. Man nahm sie auf, wie sicherlich die Erzväter den gottgesandten Fremdling empfangen hatten. Sie schliefen auf Maisstroh in einem alten wurmstichigen Haus, dessen ganzes Balkenwerk von Holzwürmern durchbohrt, von den langen Balkenzernagern durchwimmelt war, so daß es knisterte und zu leben und zu ächzen schien.

Bei Sonnenaufgang brachen sie auf, aber bald machten sie abermals halt. Vor ihnen lag ein Wald, ein wahrer Wald von purpurnem Granit: Da waren Spitzen, Säulen, Türmchen, merkwürdige Gestalten, die die Zeit, der nagende Wind und der Seenebel geformt hatten.

Bis zu einer Höhe von dreihundert Metern erhoben sich diese erstaunlichen, unvorstellbaren Gebilde; es waren dünne darunter und runde, gewundene, krumme, mißgestaltete; manche sahen aus wie Bäume, andere wie Pflanzen, Tiere, Bauwerke, Männer, Mönche in Kutten, Teufel mit Hörnern, übergroße Vögel. Es war ein Volk von Ungeheuern, eine Menagerie von Nachtelben, die der Wille eines närrisch gewordenen Gottes hatte zu Stein erstarren lassen.

Jeanne war verstummt. Ihr Herz krampfte sich zusammen, fest drückte sie Juliens Hand; ein tiefes Verlangen zu lieben überflutete sie angesichts dieser Schönheit.

Dann ließen sie das Felsengewirr hinter sich und entdeckten einen neuen Meerbusen. Er war rings umschlossen von einer Mauer aus blutrotem Granit. Und die scharlachfarbenen Felsen spiegelten sich im blauen Meer.

Jeanne stammelte: »O Julien!« Andere Worte fand sie nicht,

ihre Kehle war vor Bewunderung und Ergriffenheit wie zugeschnürt. Zwei Tränen entquollen ihren Augen.

Er sah sie überrascht an und fragte: »Was hast du denn, Kätzchen?«

Sie trocknete sich die Wangen, lächelte und sagte mit leise bebender Stimme: »Nichts... Es sind die Nerven... Ich weiß nicht... Es überkam mich so. Ich bin so glücklich, daß mich jede Kleinigkeit rührt.«

Er besaß keinerlei Verständnis für diese weibliche Schwäche, für die in diesen Wesen nachzitternde Erschütterung, diesen Wesen, die vor einem Nichts erschrecken, vor Begeisterung und in gleicher Weise vor einer Katastrophe erbeben, die eine flüchtige Empfindung in Erregung versetzt, vor Freude betört oder verzweifeln läßt.

Er fand ihre Tränen lächerlich, und da der schlechte Weg ihn völlig beanspruchte, sagte er: »Paß lieber auf dein Pferd auf.«

Auf einem fast ungangbaren Pfad ritten sie zum Ende des Golfs hinunter; dann wandten sie sich nach rechts und klommen das düstere Otatal hinauf.

Aber der Weg erwies sich als so schlecht, daß Julien vorschlug: »Wollen wir nicht lieber zu Fuß hinaufsteigen?« Nichts war ihr erwünschter; nach der Erregung, die sie eben durchgemacht hatte, fand sie es herrlich, zu gehen, mit ihm allein zu sein. Der Führer ritt mit dem Maulesel und den beiden Pferden voran, und sie folgten ihm langsam.

Im Gebirge öffnet sich ein Spalt, in dem der Pfad verschwindet. Zwischen zwei gewaltigen Felsmauern zieht er sich auf dem Grund der Schlucht hin, neben einem reißenden Bergbach. Die Luft ist eiskalt, der Granit sieht fast schwarz aus, und man ist erstaunt und verwirrt, hoch über sich ein Stück blauen Himmels zu sehen.

Ein plötzliches Geräusch ließ Jeanne zusammenfahren. Sie schaute empor. Ein riesiger Vogel flog aus einem Felsenloch; es war ein Adler. Seine weitgeöffneten Flügel schienen beide Wände des Schachtes zu berühren. So stieg er in die Himmelsbläue empor und verschwand darin.

Später spaltete sich der Berg noch einmal. In jähen Zickzackwindungen klomm der Pfad zwischen den beiden Schluchten empor. Jeanne ging in übermütiger Stimmung leichtfüßig voran. Sie ließ die Steine unter ihren Füßen hinabrollen und beugte sich unerschrocken über die Abgründe. Leidlich außer Atem folgte ihr Julien und hielt dabei aus Furcht vor Schwindel die Augen auf den Weg gerichtet.

Dann wurden sie von Sonnenlicht überflutet; es war, als seien sie der Hölle entronnen. Sie waren durstig geworden. Eine feuchte Spur führte sie durch Geröll bis zu einer ganz kleinen Quelle, die für den Bedarf der Ziegenhirten in einen hohlen Stab geleitet worden war. Den Boden ringsumher bedeckte ein Moosteppich. Jeanne kniete nieder, um zu trinken, und Julien tat wie sie.

Als sie sich an dem kühlen Wasser labte, faßte er sie um die Taille und wollte ihr ihren Platz am Ende der hölzernen Leitung entwinden. Sie sträubte sich, und so kämpften ihre Lippen miteinander, trafen sich und stießen sich zurück. Im Hin und Her des Ringens griffen sie abwechselnd nach dem dünnen Ende der Röhre und bissen hinein, um sie nicht fahren lassen zu müssen. Der dünne Strahl kalten Wassers, den sie immer wieder auffingen und verloren, riß ab, floß wieder zusammen, benetzte ihnen Gesicht, Hals, Kleider und Hände. Perlende Tropfen schimmerten in ihrem Haar, und ihre Küsse flossen in das Rinnsal.

Ihre Liebe gab Jeanne einen Einfall ein. Sie füllte ihren Mund mit dem klaren Naß, blies die Backen wie Schläuche auf und gab Julien zu verstehen, daß sie seinen Durst Lippe an Lippe löschen wolle.

Lächelnd, mit zurückgebeugtem Kopf und geöffneten Armen, neigte er sich zu ihr hin und trank in einem tiefen Zug aus diesem Quell von lebendigem Fleisch, der ein leidenschaftliches Verlangen in seinem Inneren entflammte.

Mit einer ganz neuen Zärtlichkeit beugte sich Jeanne über ihn; ihr Herz klopfte; ihre Brust hob sich; ihre Augen wurden weich und feucht. Ganz leise flüsterte sie: »Julien, ich liebe dich.« Dann zog sie ihn an sich, ließ sich hinfallen und bedeckte voller Scham ihr heiß errötetes Gesicht mit den Händen.

Er warf sich über sie und umschlang sie in leidenschaftlichem

Begehren. Sie keuchte, schwach vor zitternder Erwartung. Jäh stieß sie einen Schrei aus; das, was sie herbeigesehnt, hatte sie wie ein Blitzstrahl getroffen.

Sie brauchten lange, um den Gipfel zu erklimmen; sie fühlte sich noch wie gelähmt und zitterte heftig. Erst am Abend kamen sie bei Paolo Palabretti, einem Verwandten ihres Führers, in Evisa an.

Der hochgewachsene, etwas gebeugte Mann hatte das leidende Aussehen eines Schwindsüchtigen. Er führte sie in ihr Schlafgemach, ein düsteres Zimmer aus nacktem Stein, aber für dieses Land, in dem man nichts von Eleganz weiß, war es schön; und er drückte ihnen in seiner korsischen Mundart, einem Gemisch aus Französisch und Italienisch, seine Freude darüber aus, sie zu beherbergen, als eine helle Stimme ihn unterbrach: Eine kleine braune Frau mit großen schwarzen Augen, sonnenheißer Haut, schmaler Taille, einem steten Lächeln, das immerfort die Zähne sehen ließ, stürzte ihnen entgegen, küßte Jeanne auf die Backen, schüttelte Julien die Hand und sagte immer wieder: »Guten Tag, guten Tag, das ist recht so.«

Sie nahm ihnen die Hüte, die Halstücher ab, legte die Sachen ordentlich zusammen – mit einem Arm, denn den anderen trug sie in einer Schlinge –, schob dann alle hinaus und sagte zu ihrem Mann: »Führe sie bis zum Essen draußen herum.«

Palabretti gehorchte sofort; zwischen den beiden jungen Leuten gehend, zeigte er ihnen das Dorf. Er ging mit schleppenden Schritten und sprach mühsam, häufig von Husten unterbrochen. Bei jedem neuen Anfall sagte er: »Es kommt von der kalten Luft aus dem Tal, die legt sich mir auf die Brust.«

Über einen einsamen Pfad, der sich unter riesigen Maronenbäumen hinzog, gelangten sie zu einer Stelle, wo er stehen blieb und mit seiner eintönigen Stimme sagte:

»Hier hat Mathieu Lori meinen Vetter Jean Rinaldi umgebracht. Sehen Sie, hier stand ich, ganz dicht bei Jean, da sahen wir plötzlich Mathieu, zehn Schritte von uns entfernt.

›Jean‹, schrie er, ›geh nicht nach Albertacce... Geh nicht hin, oder ich bringe dich um, ich sage es dir.‹

Ich nahm Jean beim Arm: ›Geh nicht hin, Jean, er tut es sonst wirklich!‹

Es war eines Mädchens wegen, hinter dem sie beide her waren, Paolina Sinacoupi.

Aber Jean schrie zurück: ›Ich gehe hin, Mathieu, und du wirst mich nicht daran hindern.‹

Da nahm Mathieu sein Gewehr, und noch bevor ich auf ihn anlegen konnte, schoß er.

Jean sprang mit beiden Beinen in die Luft, wie ein Kind beim Seilspringen. Ja, so war es; dann fiel er zurück und auf mich, so daß ich mein Gewehr fallen ließ. Und bis zu dem dicken Maronenbaum da unten ist er gerollt.

Jeans Mund stand weit offen, aber er hat kein Wort mehr gesagt. Er war tot.«

Verdutzt musterten die jungen Leute den unbewegten Zeugen dieses Verbrechens.

»Und der Mörder?« fragte Jeanne.

Paolo Palabretti hatte wieder einen langen Hustenanfall, ehe er fortfahren konnte: »Er ist in die Berge geflohen. Mein Bruder hat ihn das Jahr darauf getötet. Sie wissen wohl: mein Bruder Philippe Palabretti, der Bandit?«

Jeanne erschauerte: »Ihr Bruder? Ein Bandit?«

Stolz blitzte aus den Augen des stillen Korsen: »Ja. Er war sehr berühmt. Er hat sechs Gendarmen umgelegt. Er ist mit Nicolas Morali zusammen gefallen; sie waren bei Niolo umzingelt worden; sechs Tage lang haben sie gekämpft, sie waren nahe am Verhungern.« Dann fügte er in resigniertem Ton hinzu: »Das Land will es so«, genauso, wie er gesagt hatte: »Es kommt von der kalten Luft aus dem Tal.«

Als sie zum Essen wieder ins Haus gingen, wurden sie von der kleinen Korsin empfangen, als seien sie seit zwanzig Jahren mit ihr bekannt.

Aber in Jeanne regte sich immer wieder die unruhige Frage: Würde sie in Juliens Armen nochmals das einzigartige, heftige Erbeben aller Sinne erleben, das sie auf dem Moos bei der Quelle empfunden hatte?

Als sie in ihrem Zimmer allein waren, zitterte sie, sie könne wieder unter seinen Küssen fühllos bleiben. Aber bald war sie getröstet, und sie erlebte ihre erste Liebesnacht.

Am nächsten Morgen, als die Abschiedsstunde kam, konnte sie sich kaum entschließen, dies bescheidene Haus zu verlassen, in dem ein neues Glück für sie begonnen hatte.

Sie zog die kleine Frau ihres Gastfreundes in ihr Zimmer und sagte, sie wolle ihr gewiß kein Geschenk machen, aber sie müsse ihr erlauben, und sie wurde dabei sogar böse, ihr aus Paris, gleich nach der Rückkehr, ein Andenken zu schicken. In der Heftigkeit, mit der sie darauf bestand, war beinahe etwas von Aberglauben.

Lange widerstand die junge Korsin; sie wollte nichts annehmen. Endlich war sie einverstanden. »Gut«, sagte sie, »schicken Sie mir eine kleine Pistole, eine ganz kleine.«

Jeanne machte große Augen.

Und die andere flüsterte ihr ganz leise ins Ohr, so wie man jemand ein süßes, ganz intimes Geheimnis anvertraut: »Ich möchte sie haben, weil ich meinen Schwager umbringen will.« Und lächelnd entrollte sie mit raschen Bewegungen die Binden, die um ihren einen Arm geschlungen waren, und zeigte Jeanne das runde weiße Fleisch, das von einem schon fast verheilten Dolchstoß durchbohrt war. »Wenn ich nicht genauso stark wie er gewesen wäre, hätte er mich umgebracht«, sagte sie. »Mein Mann ist nicht eifersüchtig, er kennt mich. Er ist ja auch krank, wissen Sie, deshalb hat er kein so heißes Blut. Außerdem bin ich eine anständige Frau. Aber mein Schwager glaubt alles, was man ihm sagt. Er ist eifersüchtig für meinen Mann, und er fängt sicher wieder an. Wenn ich aber eine kleine Pistole habe, bin ich unbesorgt und sicher, daß ich mich rächen kann.«

Jeanne versprach, die Waffe zu senden, umarmte ihre neue Freundin zärtlich und machte sich auf den Weg.

Der Rest der Reise war ein einziger Traum, eine endlose Umschlingung, ein Rausch von Liebesbezeigungen. Sie sah nichts mehr – weder die Landschaft noch die Menschen noch die Orte, wo sie rastete. Sie sah nur noch Julien.

Es begann nun zwischen ihnen die entzückende, kindliche Intimität der verliebten Torheiten, der dummen, reizenden Ausdrücke, der Kosenamen; sie erfanden welche für alle Rundungen und heimlich in Falten verborgenen Plätzchen an ihren Körpern, die ihre Lippen immer wieder liebend suchten.

Da Jeanne auf der rechten Seite schlief, war ihre linke Brust beim Erwachen oft entblößt. Julien, der das beobachtet hatte, nannte sie »Fräulein von Aushäusig«, die andere aber »Fräulein Liebestoll«, weil die rosige Blume ihrer Wölbung empfänglicher für Küsse war.

Die tiefe Straße zwischen den beiden Brüsten wurde »Mamas Allee«, weil sie sein Lieblingsspaziergang war; und eine andere, geheimere Straße wurde »der Weg nach Damaskus«, als Erinnerung an das Otatal.

Bei der Ankunft in Bastia mußte der Führer entlohnt werden. Julien durchsuchte seine Taschen. Als er das Gesuchte nicht fand, sagte er zu Jeanne: »Da du die zweitausend Francs deiner Mutter noch nicht angreifst, kannst du sie mir zu tragen geben. In meinem Gürtel sind sie sicherer verwahrt; und ich brauche dann kein Geld zu wechseln.« Sie gab ihm ihre Börse.

Sie fuhren nach Livorno, sahen Florenz, Genua, die ganze Riviera.

An einem Mistralmorgen langten sie wieder in Marseille an.

Seit der Abreise von Les Peuples waren zwei Monate verflossen. Man schrieb den 15. Oktober.

Der scharfe kalte Wind, der von dort oben, von der fernen Normandie, herzukommen schien, durchschauerte Jeanne und machte sie traurig. Julien kam ihr seit einiger Zeit verändert vor, ermüdet, gleichgültig. Sie fürchtete sich und wußte nicht, wovor.

Sie zögerte die Heimkehr noch um vier Tage hinaus; sie konnte sich nicht entschließen, das schöne Sonnenland zu verlassen. Ihr war, als liege die Reise ins Glück hinter ihr.

Endlich reisten sie ab.

Es war abgemacht, daß sie in Paris alle ihre Einkäufe für die endgültige Einrichtung von Les Peuples machen sollten, und Jeanne freute sich schon darauf, Mamas Geldgeschenk für wunderhübsche Dinge zu verwenden. Aber das erste, woran sie dachte, war die Pistole, die sie der jungen Korsin aus Evisa versprochen hatte.

Am Tag nach ihrer Ankunft sagte sie zu Julien: »Lieber, würdest du mir wohl das Geld von Mama wiedergeben? Ich möchte jetzt meine Einkäufe machen.«

Er wandte sich mit mißzufriedenem Gesicht zu ihr um. »Wieviel brauchst du?«

Überrascht stotterte sie: »Nun, so viel, wie du meinst.«

Er antwortete: »Ich gebe dir hundert Francs, gib sie aber nicht für unnötige Dinge aus.«

Sie schwieg bestürzt und beschämt. Endlich sagte sie zögernd: »Aber ich habe dir dies Geld doch gegeben, damit...«

Er ließ sie nicht ausreden. »Selbstverständlich! Aber ob es nun in meiner oder deiner Tasche ist, macht keinen Unterschied mehr, nun wir aus einer und derselben Tasche leben. Ich schlage dir doch nichts ab – ich gebe dir ja hundert Francs.«

Wortlos nahm sie die fünf Goldstücke, wagte indessen nicht, mehr zu verlangen, und kaufte nichts als die Pistole.

Acht Tage später brachen sie nach Les Peuples auf.

VI

Vor dem weißen Parktor mit den Backsteinpfosten warteten die Familie und die Dienerschaft. Der Postwagen hielt, lange lagen sie einander in den Armen. Mama weinte. Jeanne war gerührt und wischte sich zwei Tränen ab. Nervös lief der Vater hin und her.

Während das Gepäck abgeladen wurde, saßen sie vor dem Kaminfeuer im Salon, und Jeanne erzählte von der Reise. Die Worte flossen ihr nur so von den Lippen, und so war in einer halben Stunde alles gesagt, bis vielleicht auf ein paar Einzelheiten, die sie bei dem schnellen Bericht vergessen hatte.

Dann begann die junge Frau auszupacken. Rosalie half ihr, auch sie sehr gerührt. Als sie fertig waren, als Wäsche, Kleider, Toilettengegenstände ihren Platz gefunden hatten, ließ das kleine Dienstmädchen seine Herrin allein. Jeanne setzte sich. Sie war etwas müde.

Sie überlegte, was sie jetzt tun sollte. Sie suchte eine Beschäftigung für ihren Geist, eine Tätigkeit für ihre Hände. Wieder zu ihrer Mutter hinunterzugehen, die im Salon schlummerte, hatte sie keine Lust. Sie erwog, einen Spaziergang zu machen. Aber die

Landschaft sah so trübselig aus, daß sie ihr Herz in Schwermut versinken fühlte, wenn sie nur aus dem Fenster schaute.

Da wurde ihr klar, daß sie nichts mehr zu tun hatte, nie mehr etwas zu tun haben würde. Ihre ganze Jugend im Kloster hindurch war sie ausgefüllt von Zukunftsgedanken gewesen, beschäftigt mit Träumereien. Damals waren ihr die Stunden vergangen, ohne daß sie es gemerkt hatte, im steten Wechselspiel ihrer Erwartungen. Aber kaum war sie den strengen Mauern entronnen, in denen alle ihre Hoffnungen erblüht waren, da hatte sie sogleich die Erfüllung ihrer Sehnsucht nach der Liebe erlebt. Im Verlauf weniger Wochen hatte sie ihren Mann erhofft, kennengelernt, geliebt, geheiratet – so wie man bei dergleichen plötzlichen Entschlüssen heiratet –, und er hatte sie in seinen Armen davongetragen, ohne ihr Zeit zur Besinnung zu lassen.

Doch nun würde die holde Wirklichkeit der ersten Tage zur Alltagswirklichkeit werden. Das unbegrenzte Hoffen, das süße Bangen um das Unbekannte war zu Ende. Ja, es war zu Ende mit dem Warten.

Also gab es nichts mehr zu tun für sie – weder heute noch morgen noch jemals mehr. All das wurde ihr dumpf bewußt, sie fühlte etwas wie Enttäuschung und ein Zusammensinken ihrer Träume. Sie stand auf und drückte die Stirn an die kalten Fensterscheiben. Eine Zeitlang schaute sie in den Himmel, an dem düstere Wolken trieben. Dann entschloß sie sich, ins Freie zu gehen.

Waren Landschaft, Gras, Bäume noch dieselben wie im Mai? Was war aus dem sonnigen Frohsinn der Blätter geworden? Aus der grünen Poesie des Rasens, in dem der Löwenzahn aufflammte, der Mohn blutete, die Margeriten strahlten und gelbe Schmetterlinge so seltsam hin und her schwirrten, als seien sie an unsichtbaren Fäden befestigt? Und wo war die berauschende, von Leben, Düften und fruchtbaren Keimen gesättigte Luft geblieben? Vom dauernden Herbstregen aufgeweicht und bedeckt von einem dicken Teppich von toten Blättern, zogen sich die Parkwege unter der schlotternden Magerkeit der fast nackten Pappeln hin. Die dünnen Zweige zitterten im Wind und schwenkten noch ein wenig Laub, das nahe daran war, in die

Weite zu flattern. Wie ein endloser trauriger Regen lösten sich unaufhörlich, den ganzen Tag hindurch, diese letzten, nun ganz gelb gewordenen, wie große, goldene Soustücke aussehenden Blätter ab, kreisten, schwebten und fielen zur Erde.

So ging Jeanne bis zum Boskett. Auch dort war es herzzerreißend traurig, wie in einem Sterbezimmer. Das grüne Laubwerk der Wände, die die hübsch gewundenen Pfade trennten und ihre Heimlichkeit behüteten, war zerstoben. Die wie ein Spitzenwerk aus dünnem Holz verstrickten Büsche scheuerten ihre mageren Zweige aneinander. Der Wind trieb das trockene Laub vor sich her, wirbelte es auf, fegte es zu Haufen zusammen, und das leise Rascheln der dürren Blätter klang wie die bangen Todesseufzer eines Sterbenden.

Winzige Vögelchen hüpften dazwischen umher und suchten mit leisen, fröstelnden Rufen einen geschützten Platz.

Aber hinter dem Wall der Buchen, die sich dem Seewind entgegenstemmten, prangten die Linde und die Platane noch im Schmuck ihres sommerlichen Laubgewandes; nur war es bei jener zu rotem Samt, bei dieser zu orangefarbener Seide geworden. Der erste Frost hatte sie, ihren Säften entsprechend, umgefärbt.

Jeanne schritt langsam in Mamas Allee auf und ab, am Couillardschen Grundstück entlang. Ein Vorgefühl, daß nun ein langes, eintöniges, trübes Leben für sie beginne, lastete auf ihr.

Dann setzte sie sich auf die Böschung, wo Julien ihr zum erstenmal von Liebe gesprochen hatte; und dort blieb sie lange, vor sich hinträumend, fast ohne zu denken, matt bis ins Herz hinein. Am liebsten hätte sie sich hingelegt, um zu schlafen und der Traurigkeit dieses Tages zu entrinnen.

Plötzlich gewahrte sie eine Möwe, die, von einem Windstoß dahingetragen, quer über den Himmel flog. Da mußte sie an den Adler denken, den sie auf Korsika im düsteren Otatal gesehen hatte. Sie spürte einen jähen, heftigen Druck am Herzen, wie die Erinnerung an ein entschwundenes Glück ihn hervorruft. Unvermittelt sah sie die strahlende Insel wieder vor sich, mit ihrem wilden Duft, ihrer Sonne, in der Zitronen und Orangen reifen, den rosigen Gipfeln ihrer Berge, dem lichten Blau ihrer Buchten und mit ihren von Gießbächen durchtosten Schluchten.

Da überkam sie angesichts der feuchten, kargen Landschaft, die sie umgab, des melancholischen Blätterfalls und der grauen, sturmgepeitschten Wolken eine so tiefe Hoffnungslosigkeit, daß sie wieder hineinging, um nicht in Schluchzen auszubrechen.

Mama war am Kamin eingedämmert; sie war an die Schwermut solcher Tage gewöhnt und spürte sie nicht mehr. Vater und Julien waren spazieren gegangen, um geschäftliche Dinge zu besprechen. Und es dunkelte. Trübe Schatten senkten sich auf den Salon nieder, den nur der Widerschein des Feuers erhellte.

Durch die Fenster war beim letzten Tagesschein gerade noch die Landschaft im schmutzigen Grau des scheidenden Jahres zu erkennen. Es sah aus, als sei sogar der Himmel mit Straßendreck eingerieben.

Bald erschien der Baron mit Julien. Kaum hatte er den dunkel gewordenen Raum betreten, so läutete er und rief: »Schnell, Licht machen! Es ist ja ganz trübselig hier.«

Und er setzte sich vor den Kamin. Seine nassen Füße dampften am Feuer, und der Schmutz an seinen Sohlen trocknete bei der Hitze und fiel zu Boden. Vergnügt rieb er sich die Hände. »Ich glaube«, sagte er, »wir bekommen Frost, der Himmel hellt sich im Norden auf, heute abend ist Vollmond; diese Nacht wird es hübsch kalt werden.« Dann wandte er sich seiner Tochter zu. »Nun, liebes Kind, bist du froh, daß du jetzt wieder in der Heimat bist, in deinem Haus, bei deinen Eltern?«

Diese schlichte Frage bewegte Jeanne aufs tiefste. Mit Tränen in den Augen umarmte sie ihren Vater und küßte ihn nervös, als bitte sie ihn um Verzeihung; denn obwohl sie sich bemühte, heiter zu sein, fühlte sie sich sterbenstraurig. Und dabei hatte sie sich so sehr auf die Eltern gefreut. Und sie konnte nicht verstehen, warum jetzt eine innere Kühle ihre Zärtlichkeit lähmte. Es war, als habe sie in der Ferne viel an diese geliebten Menschen gedacht; und da sie der Gewohnheit verlustig gegangen war, sie jederzeit zu sehen, hatte sie die Empfindung, als bleibe ihre Zuneigung zu ihnen so lange gehemmt, bis das gemeinsame Leben wieder in Gang gekommen wäre.

Das Essen dauerte lange; gesprochen wurde kaum. Julien schien seine Frau vergessen zu haben.

Später saß sie im Salon vor dem Kamin und überließ sich der einschläfernden Wirkung des Feuers, während Mama ihr gegenüber schon fest schlief. Einen Augenblick schreckten die Stimmen der beiden miteinander redenden Männer sie auf. Sie versuchte, sich wachzurütteln, und fragte sich, ob auch sie der stumpfen Lethargie eines Lebens erliegen werde, in dem nichts mehr die täglichen Gewohnheiten unterbricht.

Das Feuer im Kamin, das den ganzen Tag über nur mäßig mit rötlichem Schein gebrannt hatte, wurde nun lebhafter und knisterte und krachte lauter. Die Flammen warfen plötzlich einen hellen Schein auf die verblaßten Gobelinbezüge der Sessel, den Fuchs und den Storch, den melancholischen Reiher, die Grille und die Ameise.

Lächelnd trat der Baron herzu und streckte die geöffneten Hände über die glühenden Holzscheite: »Das brennt gut heute abend. Es friert, Kinder, es friert.« Dann legte er Jeanne die Hand auf die Schulter und sagte, auf das Feuer deutend: »Siehst du, Töchterchen, das ist das Beste, was es auf der Welt gibt: der heimische Herd und die um ihn versammelten Seinen; dem kommt nichts gleich. Aber wie wäre es, wenn wir jetzt zu Bett gingen? Ihr seid doch sicher todmüde, Kinder?«

Als sie wieder in ihrem Zimmer war, fragte sich die junge Frau, wie es möglich sei, daß die eine Rückkehr an denselben Ort, den sie doch liebte, so verschieden war von der anderen. Warum fühlte sie sich so elend, warum fand sie dieses Haus, diese geliebte Heimat, alles, woran ihr Herz gehangen hatte, nun so entsetzlich traurig?

Da fiel ihr Blick auf die Stutzuhr. Noch immer flatterte die kleine Biene mit derselben raschen, gleichmäßigen Bewegung über den vergoldeten Blumen, von rechts nach links und von links nach rechts. Eine Woge von Zärtlichkeit schwoll plötzlich in Jeanne auf und rührte sie bis zu Tränen, als sie vor diesem kleinen Uhrwerk stand, das zu leben schien, das ihr die Zeit zurief und zuckte wie eine Brust.

Bei der Begrüßung der Eltern war sie weniger gerührt gewesen als jetzt. Das Herz birgt Geheimnisse, in die der Verstand nicht eindringen kann.

Zum erstenmal seit ihrer Heirat blieb sie in ihrem Bett allein. Julien hatte vorgeschützt, er sei müde, und sich ein anderes Zimmer geben lassen. Es war übrigens vereinbart worden, daß jeder von ihnen sein eigenes Zimmer haben solle.

Es dauerte lange, bis sie einschlief. Es wunderte sie, daß sie den anderen Körper nicht neben sich fühlte; sie war es nicht mehr gewohnt, allein zu schlafen, und der grollende Nordwind, der verbissen am Dach rüttelte, störte sie.

Am nächsten Morgen erwachte sie von einem hellen Leuchten, in dem ihr Bett blutrot aufflammte, und auch die mit Frost bedeckten Fensterscheiben waren so rot, als lodere der ganze Horizont. Rasch warf sie einen Morgenrock über, lief ans Fenster und öffnete es.

Ein eiskalter, scharfer, gesunder Wind strömte ins Zimmer und peitschte ihr die Haut, und seine stechende Kälte trieb ihr die Tränen in die Augen. Und rings umgeben von einem purpurn erglühenden Himmel, tauchte hinter den Bäumen die Sonne empor, rötlich gelb und gedunsen wie das Gesicht eines Trinkers. Der jetzt weißbereifte, hartgefrorene Boden erdröhnte unter den Schritten der Knechte im Hof. Diese eine Nacht hatte genügt, um die Zweige der Pappeln ihrer letzten Blätter zu berauben. Und jenseits der Heide erschien die lange, grünliche, von weißen Schleppenstreifen durchzogene Zeile der Wogen.

Windstöße entblätterten die Platane und die Linde. Wie Vogelschwärme schwirrten die von eisigen Böen abgelösten Blätter durch die Luft. Jeanne zog sich an, ging hinaus und suchte, um irgend etwas zu unternehmen, die Bauersleute auf.

Die Familie Martin war freudig überrascht, und die Frau küßte Jeanne auf beide Wangen; dann mußte sie ein Gläschen Nußlikör trinken. Als sie zu Couillards hinüberging, war die Freude ebenso groß, die Frau küßte sie auf die Ohren, und sie mußte ein Gläschen Johannisbeerschnaps trinken.

Dann erst kehrte sie zum Mittagessen zurück.

Und der Tag verlief wie der vorangegangene, nur daß es nicht mehr feucht, sondern kalt war. Und die folgenden Tage der Woche glichen den beiden ersten, und den ganzen Monat hindurch verging eine Woche wie die andere.

Aber allmählich beschwichtigte sich ihre Sehnsucht nach den fernen Ländern. So wie das Wasser manchmal eine Kalkablagerung auf den Dingen absetzt, über die es hinfließt, breitete die Gewohnheit eine Schicht der Resignation über ihr Leben. In ihrem Herzen erwachte wieder einiges Interesse für die tausend unbedeutenden Kleinigkeiten des täglichen Lebens, und sie kümmerte sich von neuem um die regelmäßig wiederkehrenden Arbeiten im Haus. Eine Art nachdenklicher Melancholie, eine gewisse Ernüchterung entwickelte sich in ihr. Woran fehlte es ihr? Wonach sehnte sie sich? Sie wußte es nicht. Sie hatte keinerlei Verlangen nach geselligem Leben, es dürstete sie nicht nach Zerstreuung, sie wünschte sich keine Vergnügungen irgendwelcher Art – und welche hätte es auch geben sollen? Wie die alten Sessel im Salon mit der Zeit verblaßt waren, so verlor in ihren Augen allmählich alles an Farbe, verwischte sich und nahm eine bleiche, trübe Tönung an.

Ihre Beziehungen zu Julien hatten sich völlig verändert. Seit der Rückkehr von der Hochzeitsreise war er ein anderer geworden, wie ein Schauspieler, dessen Rolle zu Ende gespielt ist und der wieder seine gewöhnliche Gestalt annimmt. Er kümmerte sich kaum noch um sie, sprach kaum noch mit ihr; jede Spur von Liebe war plötzlich erloschen, und nur selten suchte er Einlaß in ihr Schlafzimmer.

Er hatte die Verwaltung des Vermögens und die Leitung des ganzen Hausstandes in die Hand genommen, prüfte die Pachtverträge nach, plagte die Bauern, schränkte die Ausgaben ein. Er hatte das Gehaben eines Landjunkers angenommen, und mit der gepflegten Eleganz des Bräutigams war es aus.

Immer trug er denselben alten, mit Metallknöpfen besetzten Jagdrock aus Samt; er hatte ihn unter den alten Sachen aus seiner Junggesellenzeit gefunden, und daß er von Flecken übersät war, störte ihn nicht; mit der Schlampigkeit von Leuten, die nicht mehr zu gefallen brauchen, hatte er es aufgegeben, sich zu rasieren, und sein langer, schlechtgeschnittener Bart verunstaltete ihn unbeschreiblich. Auch seine Hände waren nicht mehr gepflegt, und nach jeder Mahlzeit trank er vier oder fünf Gläschen Kognak.

Jeanne hatte es ihm in zarter Weise vorzuhalten versucht, aber er hatte ihr so grob geantwortet: »Laß mich gefälligst in Ruhe«, daß sie es nicht mehr wagte, ihm einen Rat zu geben.

Sie war erstaunt darüber, wie rasch sie sich mit diesen Veränderungen abgefunden hatte. Er war für sie ein Fremder geworden, ein Fremder, dessen Herz und Seele ihr verschlossen blieben. Oft sann sie darüber nach, fragte sich, wie es kommen konnte, daß sie einander, nachdem sie sich so nahe gewesen waren, sich in einem Aufwallen gegenseitiger Neigung geliebt und geheiratet hatten, plötzlich so fremd waren, als ob sie nie Seite an Seite geschlafen hätten. Und warum litt sie nicht stärker darunter, daß sie so verlassen war? War das das Leben? Hatte sie sich geirrt? Barg die Zukunft nichts mehr für sie?

Hätte sie vielleicht heftiger gelitten, wenn Julien so schön, gepflegt, elegant und verführerisch gewesen wäre wie ehedem?

Es war vereinbart worden, daß das junge Paar von Neujahr an allein bleiben sollte und daß Vater und Mutter für einige Monate in ihr Haus in Rouen zurückkehren würden. Die jungen Leute sollten diesen Winter ganz auf Les Peuples bleiben, um sich fertig einzurichten, sich einzugewöhnen und den Ort liebzugewinnen, wo sie ihr ganzes Leben verbringen mußten. Auch hatten sie einige Nachbarn – die Brisevilles, die Couteliers und die Fourvilles –, denen Julien seine Frau vorstellen wollte.

Aber noch konnten die jungen Leute keine Besuche machen, denn bisher war der Maler nicht zum Kommen zu bewegen gewesen, der die Wappen auf den Wagentüren ändern sollte.

Der Baron hatte nämlich die alte Familienkalesche seinem Schwiegersohn überlassen; und niemals hätte Julien eingewilligt, sich in den umliegenden Schlössern zu zeigen, wenn nicht das Lamare-Wappen neben dem der Perthuis des Vauds in vier Felder geteilt auf dem Wagenschlag angebracht gewesen wäre.

Nun aber gab es nur einen einzigen Mann im Land, der noch die Kunst des Wappenmalens beherrschte. Es war ein Maler aus Bolbec namens Bataille, und er wurde der Reihe nach in alle Schlösser der Normandie gerufen, um die Wagentüren mit dem kostbaren Schmuck zu verzieren.

Als sie an einem Dezembermorgen beim Frühstück saßen, sahen sie endlich einen Mann das Gartentor öffnen und sich auf dem geraden Weg dem Schloß nähern. Er trug einen Kasten auf dem Rücken. Es war Bataille.

Er wurde in den Saal geführt und wie ein Herr gebeten, sich zu ihnen an den Tisch zu setzen. Denn seine besondere Kunstfertigkeit, sein dauernder Umgang mit dem ganzen Adel des Départements, seine Kenntnis der einzelnen Familienwappen mit ihren heilig gehaltenen Ausdrücken und Symbolen hatten ihn zu einer Art Heraldiker gemacht, dem die adligen Herren die Hand gaben.

Sofort wurden Bleistift und Papier gebracht, und während er aß, zeichneten der Baron und Julien ihre Wappen auf. Die Baronin, die immer ganz munter wurde, wenn von solcherlei Dingen die Rede war, gab ihren Rat dazu; und sogar Jeanne nahm am Gespräch teil, als sei auch in ihr ein geheimnisvolles Interesse an diesen Fragen erwacht.

Bataille fuhr fort zu frühstücken und äußerte gleichzeitig seine Meinung, nahm zuweilen den Bleistift zur Hand, skizzierte einen Entwurf, nannte Beispiele, beschrieb alle herrschaftlichen Wagen der Umgegend, und es war, als habe er etwas wie adlige Atmosphäre mitgebracht, die seinen Geist beschäftigte und sogar seine Stimme beeinflußte.

Er war ein Männchen mit kurzgeschorenem grauen Haar; seine Hände trugen Farbspuren, und er roch nach Firnis. Es hieß, er sei früher einmal in einen schändlichen Sittlichkeitsprozeß verwickelt gewesen. Aber da er die Achtung sämtlicher adliger Familien genoß, war dieser Flecken längst getilgt.

Als er seinen Kaffee getrunken hatte, wurde er in die Remise geführt; das Wachstuch, das den Wagen bedeckte, wurde abgenommen. Bataille sah ihn sich genau an, sprach ernsthaft darüber, wie groß die Zeichnung sein müsse, und nachdem man noch eine Weile hin und her geredet hatte, machte er sich ans Werk.

Trotz der Kälte ließ sich die Baronin einen Stuhl bringen, um ihm bei der Arbeit zuzuschauen; dann bat sie noch um eine Wärmflasche, weil sie kalte Füße bekam. Darauf fing sie behaglich mit dem Maler zu plaudern an, fragte ihn nach den ihr noch unbekannten Eheschließungen, Todesfällen und Geburten aus. Und mit Hilfe der Auskünfte, die er ihr gab, ergänzte sie die Stammbäume der adligen Familien, die sie samt und sonders auswendig wußte.

Julien war bei seiner Schwiegermutter geblieben. Rittlings auf einem Stuhl sitzend, rauchte er seine Pfeife, spuckte auf den Boden, hörte zu und sah sich an, wie sein Adel in Farben abgebildet wurde.

Bald kam auch der alte Simon mit geschulterter Hacke auf dem Weg zum Gemüsegarten vorbei und blieb stehen, um sich die Arbeit zu betrachten. Inzwischen war es in den Bauernhöfen bekannt geworden, daß Bataille gekommen sei, und so ließen denn auch die beiden Bäuerinnen nicht lange auf sich warten. Sie standen neben der Baronin und waren begeistert: »Da muß doch einer sehr geschickt sein, um solch ein Dingsda so sorgfältig hinzumalen.«

Erst am nächsten Morgen gegen elf Uhr waren die Wappen auf beiden Türen fertig. Alles war zur Stelle, und der Wagen wurde aus der Remise herausgebracht, damit man das Werk besser beurteilen könne.

Es war trefflich gelungen. Bataille bekam viel Schmeichelhaftes zu hören, ehe er mit seiner Schachtel auf dem Rücken wieder fortging. Der Baron, seine Frau, Jeanne und Julien waren sich einig darüber, daß der Maler ein sehr begabter Bursche sei und sicher, wenn die Umstände es erlaubt hätten, ein Künstler geworden wäre.

Julien hatte, um die Ausgaben einzuschränken, allerlei Neuregelungen getroffen, die weitere Veränderungen nach sich zogen.

Der alte Kutscher war jetzt Gärtner. Denn Julien selber wollte es übernehmen, den Wagen zu kutschieren. Die Wagenpferde hatte er verkauft, damit er nicht länger ihr Futter zu bezahlen brauchte.

Da man aber jemanden haben mußte, der die Pferde hielt, wenn die Herrschaft ausgestiegen war, hatte er aus einem jungen Kuhhirten namens Marius einen kleinen Diener gemacht.

Schließlich hatte er noch, um sich Pferde zu verschaffen, in die Pachtverträge mit Couillard und Martin eine besondere Klausel aufgenommen, nach der die beiden Bauern verpflichtet waren, ihm jeden Monat, an einem von ihm zu bestimmenden Tag, je ein Pferd zur Verfügung zu stellen. Dafür waren sie von der Verpflichtung entbunden, Geflügel abzuliefern.

Couillard brachte also einen großen Braunen herbei und Martin einen kleinen langhaarigen Schimmel. Dann wurden die beiden Pferde nebeneinandergespannt, und Marius, der in der ehemaligen Livree des alten Simon fast versank, führte dieses Gespann vor die Freitreppe des Schlosses.

Julien hatte sich sauber zurechtgemacht und eine schneidige Haltung angenommen, so daß etwas von seiner früheren Eleganz wieder aufzuleben schien; aber seines langen Bartes wegen sah er trotzdem recht gewöhnlich aus.

Er betrachtete die Pferde, den Wagen und den kleinen Diener und erklärte sich befriedigt. Denn ihm war nur das neugemalte Wappen wichtig.

Die Baronin war am Arm ihres Mannes aus ihrem Zimmer heruntergekommen, stieg mühsam in den Wagen und setzte sich. Kissen stützten ihren Rücken. Nun erschien auch Jeanne. Zuerst lachte sie über das seltsame Gespann und behauptete, der Braune sei ein Enkel des Schimmels. Dann bemerkte sie Marius. Sein Gesicht war wie eingesargt in einen Hut mit Kokarde, der ihm bis auf die Nase heruntergerutscht war; seine Hände verschwanden in viel zu langen Ärmeln, und die Beine verwickelten sich in die Schöße der Livree, aus der unten seine in riesigen Schuhen steckenden Füße befremdlich hervorschauten. Und als sie sah, wie er den Kopf nach hinten beugen mußte, um etwas zu sehen, und die Knie heben, als gelte es, breitbeinig über einen Bach hinwegzusteigen, wenn er einen Schritt tun wollte, als er wie ein Blinder umhertappte, um die Befehle auszuführen, ganz verloren, ja verschwunden in der viel zu weiten Livree, da packte sie ein unüberwindliches, nicht enden wollendes Lachen.

Der Baron drehte sich um, betrachtete den eingeschüchterten kleinen Kerl, wurde sofort angesteckt und brach ebenfalls in Gelächter aus. Obwohl er kaum noch sprechen konnte, rief er seiner Frau zu: »Sieh doch nur den Marius an, er ist ja zu komisch! Mein Gott, ist er komisch!«

Nun wurde auch die Baronin, die sich aus der Wagentür herauslehnte und Marius anschaute, von einem solchen Lachkrampf erschüttert, daß die ganze Kalesche in ihren Federn erbebte, als gehe es über Stock und Stein.

Julien war ganz blaß geworden und fragte: »Was habt ihr denn da zu lachen? Ihr seid wohl verrückt geworden?«

Jeanne wand sich in Lachkrämpfen und konnte sich nicht beruhigen. Sie setzte sich auf eine Stufe der Freitreppe. Dasselbe tat der Baron; aus dem Wagen ertönte ein krampfhaftes Niesen, eine Art ununterbrochenen Glucksens; es besagte, daß die Baronin am Ersticken war. Und plötzlich fing der lange Rock des Marius an zu zittern. Auch ihm war offenbar die Komik aufgegangen; denn aus seiner Kopfbedeckung heraus lachte auch er, so laut er konnte.

Empört sprang Julien auf. Mit einer Ohrfeige befreite er den Kopf des Burschen von dem Riesenhut, der auf den Rasen flog. Dann wandte er sich zu seinem Schwiegervater und blubberte mit zornbebender Stimme: »Ich finde, daß du am wenigsten Grund zum Lachen hast. Es wäre nicht so weit mit uns gekommen, wenn du nicht dein Vermögen vergeudet und deine ganze Habe verzehrt hättest. Wer ist schuld daran, daß du ruiniert bist?«

Alle Heiterkeit gefror und brach jäh ab. Keiner sagte noch ein Wort. Jeanne war dem Weinen nahe und stieg lautlos zu ihrer Mutter in den Wagen. Der Baron setzte sich in stummer Bestürzung den beiden Frauen gegenüber, und Julien nahm auf dem Bock Platz; den heulenden Jungen, dessen Backe anschwoll, zog er zu sich hinauf.

Die Fahrt war traurig und kam ihnen sehr lang vor. Im Wagen herrschte Schweigen. Alle drei waren trübe gestimmt und verlegen; sie wollten einander nicht gestehen, was ihr Herz bedrängte. Sie spürten wohl, daß sie von nichts anderem hätten sprechen können; zu schwer lasteten schmerzliche Gedanken auf ihnen. Und sie wollten lieber traurig schweigen als das peinliche Thema berühren.

Im ungleichen Trab der beiden Pferde fuhr der Wagen an den Bauernhöfen vorüber. Er scheuchte große schwarze Hühner auf, die davonstoben und in Hecken verschwanden. Manchmal folgte ihm mit lautem Gebell ein Spitz, der dann mit gesträubten Haaren in seine Hütte zurückkehrte, sich aber noch einmal umdrehte und dem Wagen nachbellte. Ein Bauernbursche in kotigen Holzschuhen und mit langen Beinen schlenderte nachlässig auf der Straße dahin. Er hatte die Hände in den Taschen vergraben, und der Wind blies seinen blauen Kittel auf, so daß er sich im Rücken bauschte; dann trat er beiseite, um das herrschaftliche Gefährt vorbeizulassen, und nahm linkisch die Mütze ab, so daß man sein platt am Schädel klebendes Haar sehen konnte.

Und nach jedem Bauernhof kamen flache Ackerflächen, dann wieder andere, hier und da in der Landschaft verstreute Bauernhöfe.

Endlich gelangten sie zu einer großen Tannenallee, die auf die Landstraße mündete. Im Schlamm der tiefen Fahrrinnen schwankte der Wagen hin und her, so daß Mama mehrmals erschrocken aufschrie. Das weiße Gartentor am Ende der Allee war zu. Marius lief voran, um es zu öffnen, und der Wagen umfuhr einen riesigen Rasenplatz und hielt vor einem hohen, weitläufigen, düsteren Gebäude mit geschlossenen Fensterläden.

Die Mitteltür tat sich unversehens auf. Ein alter, halblahmer Diener in einer rot und schwarz gestreiften Weste über der Schürze kam mit kleinen, schiefen Schritten die Stufen der Freitreppe herunter. Er bat um die Namen der Besucher und führte sie in einen geräumigen Salon, dessen geschlossene Rolladen er mühsam hochzog. Die Möbel waren mit Überzügen bedeckt, die Stutzuhr und die Leuchter in weiße Tücher gehüllt, und die eisige, feuchte, modrige Luft, eine Luft aus längst vergangenen Zeiten, schien Lungen, Herz und Haut mit Traurigkeit zu durchtränken.

Alle setzten sich und warteten. Oben im Gang wurden Schritte vernehmlich, die erraten ließen, daß man sich dort in ungewohnter Weise beeilte. Die Schloßherrschaft kleidete sich so schnell wie möglich an, aber es dauerte lange. Mehrmals ertönte eine Klingel. Auf der Treppe tappten Schritte herab und dann wieder hinauf.

Die Baronin fror es in der durchdringenden Kälte so sehr, daß sie immer wieder niesen mußte. Julien ging im Zimmer auf und ab. Betrübt saß Jeanne neben ihrer Mutter. Und der Baron lehnte mit gesenkter Stirn am Marmorkamin.

Endlich öffnete sich eine der hohen Türen, und Vicomte und Vicomtesse de Briseville kamen herein. Beide waren klein und mager, von schwer bestimmbarem Alter, mit einem seltsam hüpfenden Gang, förmlich und verlegen in ihrem Gehaben. Die Frau trug ein Kleid aus geblümter Seide, dazu ein Häubchen mit Bändern und sprach rasch und mit etwas scharfer Stimme.

Ihr Mann begrüßte die Besucher in einem feierlichen, enganliegenden Gehrock, wobei er in den Knien einknickte. Seine Nase, seine Augen, seine langen Zähne, sein Haar, das aussah, als sei es gewachst, sein schönes Festgewand, das alles blinkte und blitzte, wie es nur Dinge tun, die mit großer Sorgfalt gepflegt werden.

Nach den ersten Begrüßungsworten und höflichen Redewendungen, wie sie unter Nachbarn üblich sind, wußte niemand mehr etwas zu sagen. Man bedachte einander mit sinnlosen Artigkeiten, hoffte beiderseits, daß die gegenseitigen freundschaftlichen Beziehungen weiter gepflegt würden, und versicherte, es sei doch eine große Annehmlichkeit, da man das ganze Jahr auf dem Land lebe, einander besuchen zu können.

Inzwischen drang die eisige Kälte im Salon bis in die Knochen und machte die Stimmen heiser. Die Baronin hatte noch nicht aufgehört zu niesen; jetzt fing sie auch noch an zu husten. Da gab der Baron das Zeichen zum Aufbruch. Die Brisevilles wollten sie zurückhalten: »Aber warum denn? Warum so schnell? Bleiben Sie doch noch ein Weilchen.« Aber Jeanne war schon aufgestanden, ohne Juliens Wink zu beachten; er fand, der Besuch sei zu kurz gewesen.

Es sollte nach dem Diener geschellt werden, damit er den Wagen vorfahren lasse. Aber die Klingel ging nicht mehr. Der Schloßherr eilte hinaus und kam dann mit der Nachricht zurück, die Pferde seien in den Stall gebracht worden.

Also galt es zu warten. Alle suchten krampfhaft nach einem Satz, einem Wort, nur um etwas zu sagen. Man sprach von der regnerischen Winterzeit. Jeanne, die bei dem Gedanken daran vor Grauen unwillkürlich erschauerte, fragte, was denn die beiden das ganze Jahr hindurch so ganz allein täten. Aber die Frage überraschte die Brisevilles; sie waren unaufhörlich beschäftigt, schrieben viele Briefe an ihre über ganz Frankreich verstreuten adligen Verwandten, verbrachten ihre Tage mit tausend mikroskopisch kleinen Betätigungen, begegneten einander mit derselben Förmlichkeit, die sie Fremden gegenüber bezeigten, und sprachen mit feierlicher Wichtigkeit über die unbedeutendsten Angelegenheiten.

Und unter der hohen, nachgedunkelten Decke des großen, nie bewohnten, ganz in Tücher eingehüllten Salons wirkten die beiden kleinen, sauberen, korrekten alten Leute auf Jeanne wie konservierte Exemplare der Aristokratie.

Endlich sah man durch die Fenster den Wagen mit seinen ungleichen Kleppern vorfahren. Aber Marius war verschwunden. Wahrscheinlich hatte er geglaubt, daß er bis zum Abend frei sei, und war weggelaufen, um sich in der Gegend umzutun.

Julien war wütend und bat, man möge ihn zu Fuß zurückschikken. Und nach umständlichem Abschiednehmen von beiden Seiten wurde die Heimfahrt nach Les Peuples angetreten.

Obwohl der Gedanke an Juliens ungezogenes Benehmen noch schwer auf ihnen lastete, fingen Jeanne und ihr Vater, sobald sie wieder in der Kalesche saßen, an zu lachen und die Bewegungen und die Sprechweise der Brisevilles nachzuahmen. Der Baron machte den Gatten nach, Jeanne die Frau; aber die Baronin fühlte sich etwas verletzt in dem, was ihr über alles ging, und sagte: »Es ist nicht recht, daß ihr so spottet; es sind Menschen von sehr guten Formen, und sie gehören zu den besten Familien.« Da schwiegen sie, um Mama nicht zu ärgern. Aber von Zeit zu Zeit wechselten Vater und Tochter dennoch wieder einen Blick und fingen von neuem an.

Er grüßte sie förmlich und sagte: »Ihr Schloß Les Peuples muß sehr kalt sein, wo es doch der starke Seewind täglich aufsucht?«

Sie kniff die Lippen zusammen und sagte affektiert und mit den ruckweisen Kopfbewegungen einer badenden Ente: »O Vicomte, es fehlt mir hier das ganze Jahr hindurch nie an Beschäftigung. Und wir haben ja so viele Verwandte, denen wir schreiben müssen. Und mein Mann überläßt das alles mir. Er selber betreibt mit dem Abbé Pelle zusammen wissenschaftliche Studien. Sie arbeiten über die Religionsgeschichte der Normandie.«

Nun mußte auch die Baronin zugleich verärgert und gutmütig lächeln, und nochmals sagte sie: »Es ist nicht recht, so über unsere Standesgenossen zu spotten.«

Da hielt plötzlich der Wagen an; sie hörten Julien, nach rückwärts gewandt, jemanden rufen. Jeanne und der Baron beugten sich aus den Wagenfenstern und erblickten ein merkwürdiges Geschöpf, das ihnen entgegenzurollen schien. Es war Marius. Seine Beine verwickelten sich beständig in die ihn umschlotternden Schöße der Livree. Sein Hut rutschte ihm immer wieder über das Gesicht, so daß er nichts sehen konnte. Die Arme bewegte er wie Mühlenflügel; er stapfte wie wild durch die großen Pfützen, stolperte über alle Steine auf der Straße und rannte aufgeregt und kotbespritzt, so schnell er konnte, dem Wagen nach.

Als er herangekommen war, beugte sich Julien hinunter, packte ihn am Kragen und zog ihn zu sich herauf; dann ließ er die Zügel los und hieb mit aller Gewalt mit den Fäusten auf den Hut, so daß er bis zu den Schultern des Jungen hinunterglitt und es klang, als werde auf eine Trommel geschlagen. Dazu ertönte aus dem Hut heraus das Gebrüll des Burschen, der zu entwischen, vom Bock hinunterzuspringen versuchte. Aber sein Herr hielt ihn mit der einen Hand fest und fuhr fort, ihn mit der anderen zu prügeln.

Außer sich stammelte Jeanne: »Vater... o Vater!«

Auch die Baronin war empört; sie faßte ihren Mann beim Arm. »Sorge doch dafür, daß das aufhört, Jacques.«

Da stieß der Baron die vordere Fensterscheibe herunter, ergriff seinen Schwiegersohn am Ärmel und rief ihm mit zornbebender Stimme zu: »Willst du jetzt endlich aufhören, den Jungen zu schlagen?«

Überrascht fuhr Julien herum: »Siehst du denn nicht, wie der Lümmel seine Livree zugerichtet hat?«

Der Baron stand mit zwischen die beiden geschobenem Kopf da und sagte: »Das ist mir ganz gleichgültig! So brutal darf man nicht sein.«

Julien brauste abermals auf: »Bitte laß mich in Ruhe, das geht dich nichts an!« Und wieder hob er die Hand.

Aber sein Schwiegervater packte sie rasch und zog sie mit solcher Kraft herunter, daß sie gegen das Holz des Kutschbocks schlug; dazu rief er heftig: »Wenn du nicht sofort aufhörst, steige ich aus und werde dann dafür sorgen, daß du das unterläßt.«

Da wurde der Vicomte plötzlich ruhig, zuckte, ohne zu antworten, mit den Schultern und peitschte auf die Pferde ein, so daß sie in scharfen Trab fielen. Bleich saßen die beiden Frauen da. Deutlich hörte man, wie der Baronin das Herz klopfte.

Beim Abendessen war Julien netter als sonst und tat, als sei nichts geschehen. Jeanne, ihr Vater und Madame Adélaïde waren von Natur so heiter und gutmütig, daß sie nichts nachtragen konnten. Gerührt, daß er so liebenswürdig war, wollten sie fröhlich sein wie Genesende im Gefühl neuen Wohlseins. Und als Jeanne wieder anfing, von den Brisevilles zu sprechen, stimmte auch ihr Mann in den Scherz ein, fügte dann allerdings sofort hinzu: »Es ist gleich, sie haben sehr viel Haltung.«

Weitere Besuche wurden nicht gemacht, da jeder sich vor der Wiederholung eines solchen Zwischenfalls fürchtete. Sie beschlossen jedoch, daß zum Neujahrstag den Nachbarn Karten geschickt und dann die ersten Frühlingstage abgewartet werden sollten, um sie aufzusuchen.

Weihnachten kam heran; der Pfarrer, der Bürgermeister und seine Frau waren zum Abendessen da und wurden zu Neujahr nochmals eingeladen. Das waren die einzigen Unterbrechungen im eintönigen Dahingleiten der Tage.

Am 9. Januar sollten die Eltern Les Peuples verlassen. Jeanne hätte sie gern zurückgehalten, aber Julien fand sich dazu nicht bereit. Angesichts der zunehmenden Kühle des Schwiegersohns ließ der Baron eine Postkutsche aus Rouen kommen.

Am Tag vor der Abreise, als sämtliche Koffer gepackt waren, entschlossen sich Jeanne und ihr Vater, da es ein klarer Frosttag war, nach Yport hinunterzugehen, wo sie seit der Rückkehr aus Korsika nie mehr gewesen waren.

Sie gingen durch den Wald, den sie an ihrem Hochzeitstag in inniger Verbundenheit mit dem, dessen Lebensgefährtin sie werden sollte, durchschlendert hatte. Hier war sie unter der ersten Liebkosung erschauert. Damals war ihr eine Vorahnung jener sinnlichen Liebe aufgegangen, die sie endlich in dem wilden Felstal von Ota voll erlebte, bei der Quelle, an der sie getrunken und sich immer wieder geküßt hatten.

Verschwunden waren nun Blätter und Schlingpflanzen; nur noch das dürre Knacken der Zweige im Dickicht des winterlichen Waldes war zu hören.

Sie kamen in das kleine Dorf. In den leeren, schweigenden Gassen roch es nach Meer, Tang und Fisch. Nach wie vor trockneten die großen Netze vor den Türen oder auf dem steinigen Strand. Das graue, kalte Meer mit seinem ewig brausenden Gischt begann zurückzufluten, und in der Richtung auf Fécamp wurden die grünlichen Klippen am Fuß der Steilküste sichtbar. Längs des Ufers reihten sich die großen, auf der Seite liegenden Boote aneinander wie riesige tote Fische. Der Abend senkte sich herab, und die Fischer kamen in Gruppen an den Strand. Ein wollenes Tuch um den Hals, schlingerten sie schwerfällig in ihren großen Seestiefeln heran, in der einen Hand einen Liter Schnaps, in der anderen die Bordlaterne. Lange machten sie sich an den liegenden Booten zu schaffen; mit echt normannischer Langsamkeit verstauten sie ihre Netze, ihre Schwimmer, einen Laib Brot, einen Napf mit Butter, ein Glas und die Schnapsflasche. Dann richteten sie das Boot auf und schoben es über die laut knirschenden Kiesel ins Wasser. Es zerteilte den Schaum, wurde von einer Welle hochgehoben, wiegte sich einige Augenblicke, öffnete seine braunen Schwingen und verschwand im Dunkel. Nur die Laterne am Mast sah man noch eine Weile blinken.

Die großen Frauen der Fischer, deren dünne Kleider ihren schweren Körperbau erraten ließen, blieben am Strand, bis das letzte Fischerboot ausgelaufen war. Dann kehrten sie zurück in das schon schlafende Dorf, und ihre schrillen Stimmen störten die dunklen Straßen aus dem tiefen Schlaf auf.

Regungslos sahen der Baron und Jeanne zu, wie jene Männer ins Dunkel der Nacht verschwanden, die dort draußen täglich ihr Leben wagten, um nicht Hungers zu sterben, und die dabei so arm blieben, daß sie nie ein Stück Fleisch zu essen bekamen.

Tief bewegt vom Anblick des Meeres sagte der Baron leise: »Es ist schrecklich und schön. Wie herrlich ist dieses Meer, auf das die Dunkelheit herabsinkt, auf dem so viele Menschen in Lebensgefahr schweben! Nicht wahr, Jeannette?«

Sie antwortete mit einem starren Lächeln: »So schön wie das Mittelmeer ist es nicht.«

Doch dagegen empörte sich der Baron: »Das Mittelmeer? Öl, Zuckerwasser, eine blaue Brühe wie in einem Waschzuber. Sieh doch dieses Meer an – wie furchtbar ist es mit seinen Schaumkämmen! Und denke an all die Menschen, die da hinausgefahren sind; man sieht sie schon nicht mehr.«

Jeanne seufzte und gab nach. »Ja, du magst recht haben.« Aber das Wort Mittelmeer, das ihr über die Lippen gekommen war, hatte ihr einen Stich ins Herz versetzt und ihre Gedanken zurück in die fernen Länder gelenkt, wo alle ihre Träume begraben lagen.

Anstatt wieder durch den Wald heimzugehen, wandten sich Vater und Tochter der Landstraße zu und gingen langsamen Schrittes die Steigung hinauf. Sie sprachen wenig; die nahe Trennung bedrückte sie.

Wenn sie an den Bauernhöfen vorüberkamen, wehte ihnen zuweilen über die Gräben herüber der Geruch von ausgepreßten Äpfeln ins Gesicht, jener Duft von frischem Zider, der in dieser Jahreszeit über der ganzen normannischen Landschaft zu liegen scheint; manchmal schwoll auch ein kräftiger Stallgeruch heran, der gute, warme Gestank, den die Misthaufen ausströmen. Ganz hinten am Ende des Hofes deutete ein erhelltes kleines Fenster an, wo das Wohnhaus lag.

Jeanne hatte das Gefühl, als werde ihre Seele weit und verstehe unsichtbare Dinge; und beim Anblick all dieser kleinen, über die Felder verstreuten Lichtfleckchen empfand sie plötzlich sehr deutlich, wie einsam alle Menschen sind, wie alles sie trennt, voneinander löst, hinwegreißt von dem, was sie lieben möchten. Da sagte sie resigniert: »Es ist nicht immer leicht, das Leben.«

Der Baron seufzte: »Hilft nichts, Töchterchen, daran können wir nichts ändern.« Am nächsten Tag reisten Vater und Mama ab, und so waren Jeanne und Julien allein.

VII

Nun begannen die Karten im Leben der jungen Leute eine Rolle zu spielen. Jeden Tag nach dem Mittagessen spielte Julien mehrere Partien Bésigue mit seiner Frau. Dabei rauchte er seine Pfeife und spülte seinen Kognak hinunter; er trank jetzt regelmäßig sechs bis acht Gläser. Dann ging sie in ihr Zimmer hinauf, setzte sich ans Fenster und arbeitete verbissen an einer Stickerei für einen Unterrock, während der Regen gegen die Fensterscheiben schlug oder der Wind an ihnen rüttelte. Wenn sie müde wurde, hob sie den Blick und schaute hinaus, dorthin, wo in der Ferne das dunkle Meer wogte, und wenn sie so einige Minuten ziellos hinausgeblickt hatte, nahm sie ihre Arbeit wieder auf.

Sie konnte übrigens nichts anderes tun. Julien hatte die Führung des Haushalts in die Hand genommen. So konnte er seine Herrschsucht und seinen Drang zur Sparsamkeit ungehemmt entfalten. Seine Knausrigkeit nahm immer schroffere Formen an; nie gab er ein Trinkgeld, und er schränkte den Speisezettel bis aufs Äußerste ein. Seit Jeanne auf Les Peuples war, hatte sie sich jeden Morgen vom Bäcker einen kleinen normannischen Fladen machen lassen. Auch diese Ausgabe wurde jetzt verboten, und Jeanne mußte sich mit Röstbrot begnügen.

Sie wollte Auseinandersetzungen, unliebsame Gespräche und Streitigkeiten vermeiden und sagte deshalb nie etwas. Aber jeder neue Beweis des Geizes ihres Mannes traf sie wie ein Nadelstich. Sie war in einer Familie aufgewachsen, in der das Geld als etwas Nebensächliches galt, und so empfand sie das als niedrig und erbärmlich. Wie oft hatte sie Mama sagen hören: »Das Geld ist dazu da, ausgegeben zu werden.« Und nun sagte Julien zu ihr immer wieder: »Wirst du denn nie lernen, daß das Geld nicht aus dem Fenster geworfen werden darf?« Und jedes Mal, wenn er bei einer Lohnzahlung oder einer Rechnung ein paar Sous herausgeschunden hatte, sagte er: »Aus kleinen Bächen wird ein großer Strom« und ließ dabei lächelnd das Geld in seine Tasche gleiten.

Es gab aber auch Tage, an denen Jeanne wieder zu träumen begann. Sie ließ die Arbeit mit schlaffen Händen ruhen; ihr Blick erlosch, und sie ließ vor sich einen Roman erstehen, den sie als kleines Mädchen gelesen und der zauberhafte Abenteuer enthalten hatte. Aber dann riß sie die Stimme Juliens, der dem alten Simon einen Befehl gab, jäh aus der Stimmung, in die ihre Träume sie eingewiegt hatten; sie nahm geduldig ihre Arbeit wieder auf. »Das alles ist vorüber«, sagte sie sich, und eine Träne fiel auf ihre die Nadel führenden Finger.

Auch Rosalie, die früher immer so fröhlich vor sich hingesungen hatte, war verändert. Ihre runden Backen hatten die gesunde rote Farbe eingebüßt, waren hohl geworden und so fahl, als seien sie mit Erde eingerieben.

Oft fragte Jeanne das Mädchen: »Bist du krank, mein Kind?«

Aber sie antwortete immer: »Nein.« Das Blut stieg ihr in die Wangen, und sie lief hastig weg.

Anstatt sich wie früher behend zu tummeln, schleppte sie sich nur noch mühsam hin, kümmerte sich auch nicht mehr um ihr Aussehen. Vergeblich zeigten ihr die durchziehenden Hausierer ihre Seidenbänder, Mieder und verschiedenen Parfüms – sie kaufte ihnen nichts mehr ab.

Und es war, als klinge das große Haus hohl; düster blickte sein Antlitz, auf dem der Regen lange graue Streifen hinterlassen hatte.

Ende Januar fing es an zu schneien. Man sah die schweren Wolken weit von Norden her über das dunkle Meer herankommen; dann begannen die weißen Flocken herabzuschweben. Innerhalb einer Nacht war die ganze Ebene in Schnee begraben, und die Bäume sahen am Morgen aus, als seien sie mit Eisschaum drapiert.

Julien verbrachte die Tage hinter dem Boskett. In hohen Jagdstiefeln und borstig aussehend, lag er im Graben auf der Lauer, den Blick auf die Heide gerichtet, und wartete auf nach Süden ziehende Vögel. Zuweilen platzte ein Gewehrschuß in das Schweigen der vereisten Felder, und schwarze Krähenschwärme flogen erschreckt von den hohen Bäumen auf und umkreisten sie.

Manchmal ging Jeanne, um der Schwermut nicht gänzlich zu erliegen, hinunter auf die Freitreppe. Von weit her zeugten vereinzelte Geräusche vom Leben der anderen Menschen. Ihr Widerhall scholl über der bleichen und trüben Schneefläche, die in ruhigem Schlaf lag. Dann hörte sie nur noch das dumpfe Grollen der fernen Wogen und das matte, unaufhörliche Niederrieseln des vereisten Winterstaubs.

Und unter dem endlosen Herabgleiten des dichten, leichten, flockigen Schaumes wurde die Schneedecke immer höher.

An einem solchen bleichen Morgen saß Jeanne still in ihrem Zimmer und wärmte sich die Füße am Feuer. Rosalie, die von Tag zu Tag elender aussah, machte langsam das Bett. Plötzlich hörte Jeanne einen Schmerzenslaut hinter sich. Ohne den Kopf umzuwenden, fragte sie: »Aber was hast du denn?«

Wie immer antwortete das Mädchen: »Nichts, Madame.« Aber ihre Stimme klang gebrochen, fast erloschen.

Jeannes Gedanken waren schon wieder anderswo, als sie sich plötzlich bewußt wurde, daß sie die Bewegungen des jungen Mädchens hinter sich nicht mehr hörte. Sie rief: »Rosalie!« Aber nichts regte sich. Sie glaubte, Rosalie sei leise hinausgegangen, rief lauter: »Rosalie!« und streckte den Arm nach der Klingel aus. Da hörte sie ganz nahe ein tiefes Stöhnen und richtete sich in plötzlichem Schrecken auf.

Das kleine Dienstmädchen saß bleifahl mit verstörten Augen am Boden; sie hatte die Beine lang ausgestreckt und lehnte mit dem Rücken am Bett.

Jeanne stürzte zu ihr hin: »Was hast du? Was hast du denn?«

Stumm und regungslos sah Rosalie ihre Herrin mit einem irren Blick an und keuchte schwer, von einem furchtbaren Schmerz zerrissen. Dann spannte sich ihr ganzer Leib, sie ließ sich auf den Rücken gleiten und biß die Zähne zusammen, um einen Schrei der Verzweiflung zu ersticken.

Ihr Rock spannte sich über den gespreizten Schenkeln. Und darunter bewegte sich etwas, man hörte ein merkwürdiges Geräusch, ein Plätschern, erstickte Kehllaute und dann ein langanhaltendes Miauen, ein dünnes Wehklagen, den ersten Schmerzensruf des ins Leben tretenden Kindes.

Jäh begriff Jeanne; außer sich lief sie zur Treppe und rief: »Julien, Julien!«

Seine Stimme antwortete von unten: »Was ist los?«

Sie konnte kaum sprechen: »Rosalie... Rosalie... Sie...«

Zwei Stufen auf einmal nehmend, stürmte Julien die Treppe hinauf, trat rasch ins Zimmer und hob mit einem Ruck die Röcke des Mädchens hoch; ein abscheuliches kleines Stück Fleisch kam zum Vorschein; faltig, klebrig und kläglich winselnd zappelte es zwischen zwei nackten Beinen. Mit bösem Ausdruck richtete er sich wieder auf und schob seine verzweifelte Frau aus dem Zimmer: »Dich geht das nichts an. Geh weg. Schicke mir Ludivine und den alten Simon.«

Zitternd ging Jeanne in die Küche hinunter und dann, da sie sich nicht mehr nach oben wagte, in den Salon, der seit der Abreise der Eltern nicht mehr geheizt wurde. Dort wartete sie angstvoll.

Bald sah sie den Diener das Haus im Laufschritt verlassen. Nach fünf Minuten kam er mit der Witwe Dentu, der Dorfhebamme, zurück.

Dann hörte sie laute Geräusche im Treppenhaus, als werde ein Verwundeter weggetragen, und Julien kam herein und sagte, sie könne wieder hinaufgehen.

Noch immer zitternd, als sei sie Zeugin eines furchtbaren Unglücksfalls geworden, setzte sie sich wie zuvor ans Feuer und fragte: »Wie geht es ihr?«

Nervös, mit seinen Gedanken woanders und wie von Zorn geschüttelt, ging Julien im Zimmer auf und ab. Zunächst antwortete er nicht, blieb dann nach einigen Sekunden stehen und fragte: »Was willst du jetzt mit dem Mädchen machen?«

Verständnislos sah sie ihren Mann an: »Wieso? Was meinst du damit? Ich weiß es nicht.«

Da schrie er auf einmal zornig: »Wir können doch keinen Bastard im Haus behalten.«

Jeanne schwieg bestürzt, dann sagte sie: »Aber, mein Lieber, man könnte ihn doch vielleicht in Pflege geben?«

Er ließ sie nicht ausreden: »Und wer soll das bezahlen? Du vielleicht?«

Wieder dachte sie eine Weile nach, suchte nach einer Lösung und sagte schließlich: »Der Vater des Kindes wird dafür sorgen; und wenn er Rosalie heiratet, ist doch alles in Ordnung.«

Da riß Julien die Geduld, und wütend antwortete er: »Der Vater... der Vater... Weißt du denn, wer es ist... der Vater? Nein, nicht wahr? Also, was dann?«

In ihrer Aufregung sagte Jeanne lebhafter: »Er wird das Mädchen bestimmt nicht im Stich lassen. Ein solcher Feigling wird er nicht sein! Wir werden uns seinen Namen sagen lassen und zu ihm gehen, und dann muß er uns Bescheid geben.«

Julien hatte sich beruhigt und fing wieder an, im Zimmer hin und her zu gehen: »Liebes Kind, sie will mit dem Namen des Mannes nicht herausrücken. Sie wird ihn dir ebenso wenig sagen wie mir... Und wenn er nichts von ihr wissen will, was dann?... Wir können doch nicht eine Frau mit einem unehelichen Kind im Haus behalten. Verstehst du das nicht?«

Aber Jeanne blieb hartnäckig und sagte: »Dann ist der Mann ein Schuft. Aber wir müssen herausbekommen, wer es ist, und dann werden wir schon mit ihm fertig werden.«

Julien war rot geworden und wurde immer ärgerlicher: »Aber was soll inzwischen geschehen?«

Sie wußte nicht, was sie darauf antworten sollte, und fragte ihn: »Was schlägst du denn vor?«

Da rückte er mit seiner Meinung heraus: »Ich? Höchst einfach. Ich würde ihr etwas Geld geben und sie mit ihrem Balg zum Teufel schicken.«

Aber die junge Frau war empört und widersetzte sich: »Nein, das lasse ich nicht zu. Das Mädchen ist meine Milchschwester, wir sind zusammen aufgewachsen. Sie hat einen Fehltritt begangen; daran läßt sich nichts ändern. Aber deshalb werfe ich sie nicht hinaus, und wenn es sein muß, ziehe ich selber das Kind auf.«

Wütend brach Julien los: »Dann kämen wir in einen schönen Ruf, mit unserem Namen und unseren Verbindungen! Überall wird dann von uns gesagt, wir beschützten das Laster, wir gewährten Lumpengesindel Obdach; und dann betritt kein anständiger Mensch je wieder unser Haus. Was denkst du dir denn eigentlich? Du bist verrückt!«

Sie blieb ganz ruhig: »Ich lasse es niemals zu, daß Rosalie hinausgeworfen wird. Wenn du sie nicht behalten willst, nimmt meine Mutter sie wieder zu sich, und schließlich werden wir ja wohl den Namen des Vaters des Kindes erfahren.«

Da lief er aufgebracht aus dem Zimmer und schrie, als er die Tür hinter sich zuschlug: »Diese blödsinnigen Frauen mit ihren Ideen!«

Am Nachmittag ging Jeanne zu der Wöchnerin hinauf. Das kleine Dienstmädchen lag still mit offenen Augen im Bett, und die Witwe Dentu, die es pflegte, wiegte das Neugeborene auf den Armen.

Als sie ihre Herrin erblickte, fing Rosalie an zu schluchzen. Von Verzweiflung geschüttelt, verbarg sie ihr Gesicht unter der Decke. Jeanne wollte sie küssen, aber sie ließ es nicht zu und hüllte sich noch fester ein. Da griff die Pflegerin zu und deckte ihr Gesicht wieder auf. Nun ließ sie es geschehen, weinte aber immer noch, wenngleich leise, weiter.

Ein kümmerliches Feuer brannte im Kamin, es war kalt, das Kind plärrte. Jeanne wagte nicht, von dem Kleinen zu sprechen, weil sie fürchtete, sie könnte damit einen neuen Weinkrampf auslösen. Sie hielt Rosalies Hand in der ihren und sagte mechanisch: »Bald geht es dir wieder gut, bald.« Das arme Mädchen warf scheue Blicke auf die Pflegerin, erzitterte bei dem kläglichen Geschrei des Kindes, und manchmal brach der Kummer, an dem sie fast erstickte, in einem krampfhaften Schluchzen aus ihr hervor, und es war zu hören, wie sie die Tränen hinunterschluckte.

Jeanne küßte sie noch einmal und flüsterte ihr ganz leise ins Ohr: »Wir werden schon für ihn sorgen, sei nur ganz ruhig, liebes Kind.« Da fing das kleine Dienstmädchen wieder heftig zu schluchzen an, und Jeanne ging schnell weg.

Täglich kam sie wieder, und täglich brach Rosalie in Tränen aus, wenn sie ihre Herrin sah.

Das Kind wurde bei einer Nachbarin in Pflege gegeben.

Julien sprach kaum mehr mit seiner Frau, es war, als hege er noch immer einen tiefen Groll gegen sie, weil sie sich geweigert hatte, das Mädchen fortzuschicken. Einmal kam er noch auf die Frage zurück; doch da holte Jeanne einen Brief ihrer Mutter aus der Tasche, in dem die Baronin schrieb, sie sollten ihr das Mädchen sofort schicken, wenn sie es nicht auf Les Peuples behalten wollten. Wütend rief Julien: »Deine Mutter ist genauso verrückt wie du.« Aber er gab seinen Widerstand auf.

Vierzehn Tage danach konnte die Wöchnerin aufstehen und ihren Dienst wieder antreten.

Da sagte ihr Jeanne eines Morgens, sie solle sich zu ihr setzen, nahm ihre Hände, sah sie mit einem durchdringenden Blick an und sagte: »Komm jetzt, Kind, sag mir alles.«

Rosalie fing an zu zittern und stammelte: »Was denn, Madame?«

»Von wem ist das Kind?«

Wieder überfiel das kleine Dienstmädchen die schrecklichste Verzweiflung. Außer sich versuchte sie ihre Hände zu befreien, um das Gesicht darin verbergen zu können.

Aber Jeanne küßte sie trotz ihres Sträubens und tröstete sie: »Siehst du, Kind, es ist ein Unglück. Du bist schwach gewesen, aber wie vielen passiert das! Wenn der Vater dich heiratet, denkt niemand mehr daran. Und dann könntet ihr beide bei uns dienen.«

Rosalie stöhnte, als werde sie gefoltert, und immer wieder versuchte sie sich loszureißen und davonzulaufen.

Jeanne fuhr fort: »Ich verstehe nur zu gut, daß du dich schämst. Aber du siehst doch, daß ich dir nicht böse bin, daß ich ganz ruhig mit dir spreche. Wenn ich dich nach dem Namen des Mannes frage, so geschieht es deinetwegen, weil ich aus deinem Kummer ersehe, daß er dich im Stich läßt, und weil ich das verhindern will. Siehst du, Julien geht dann zu ihm, und wir werden ihn zwingen, dich zu heiraten. Und da wir euch beide dann hier behalten wollen, werden wir ihn auch zwingen können, dich glücklich zu machen.«

Da gab sich Rosalie einen so heftigen Ruck, daß sie die Hände aus denen ihrer Herrin riß, und stürzte wie eine Wahnsinnige aus dem Zimmer.

Abends beim Essen sagte Jeanne zu Julien: »Ich habe Rosalie dazu bringen wollen, mir den Namen ihres Verführers zu gestehen. Aber es ist mir nicht gelungen. Versuch du es doch einmal, damit wir den Schuft zur Heirat mit ihr zwingen können.«

Aber Julien wurde sofort wieder böse: »Nein, ich sage dir, ich will nichts mehr von dieser Geschichte hören. Du hast das Mädchen behalten wollen, also behalte es meinetwegen, aber laß mich in Ruhe damit.«

Seit der Geburt des Kindes war seine Stimmung noch gereizter geworden, und er hatte es sich angewöhnt, nur noch mit erhobener Stimme mit seiner Frau zu sprechen, als sei er immer zornig. Sie dagegen sprach stets leise, war sanft und nachgiebig, um allen Auseinandersetzungen aus dem Weg zu gehen, und oft weinte sie nachts in ihrem Bett.

Trotz dieser ständigen Gereiztheit hatte ihr Mann die ehelichen Beziehungen, die er seit ihrer Rückkehr aufgegeben hatte, wieder aufgenommen. Es kam selten vor, daß drei Nächte hintereinander vergingen, ohne daß er in ihr Zimmer gekommen wäre.

Rosalie war bald wieder ganz gesund und auch weniger traurig, obwohl sie noch immer etwas Verstörtes an sich hatte und es schien, als verfolge sie eine heimliche Angst.

Es geschah auch noch zweimal, daß sie davonlief, weil Jeanne wieder mit Fragen in sie drang.

Auch Julien wurde jetzt freundlicher, und die junge Frau klammerte sich wieder an vage Hoffnungen. Etwas von ihrer Fröhlichkeit kehrte zurück, obwohl sie sich manchmal merkwürdig elend fühlte, wovon sie aber nie sprach. Es herrschte immer noch Frost. Seit bald fünf Wochen spannte sich ein klarer, kristallblauer Himmel über der glatten, hartgefrorenen, schimmernden Schneefläche. Nachts war er mit Sternen übersät. Man hätte meinen können, er sei bereift, so bitter kalt erschien die hohe Wölbung.

Die Bauernhäuser lagen abgeschieden und wie schlafend in ihren viereckigen Höfen hinter aus großen, mit Rauhreif bepuderten Bäumen bestehenden Vorhängen. Weder Menschen noch Tiere zeigten sich im Freien. Nur die dünnen Rauchfäden, die senkrecht aus den Kaminen in die eisige Luft aufstiegen, zeugten noch von dem verborgenen Leben.

Die Ebene, die Hecken, die Ulmen der Einfriedigungen – alles wirkte tot, als sei es vor Kälte gestorben. Zuweilen war ein Knakken in den Bäumen vernehmlich, als seien ihre hölzernen Arme unter der Rinde geborsten. Manchmal löste sich ein dicker Ast und fiel zu Boden, wenn der Saft bei dem mörderischen Frost erstarrt war und die Fasern zerrissen.

Angstvoll wartete Jeanne auf die Wiederkehr milderer Lüfte;

sie glaubte, die furchtbare Kälte sei schuld an ihrem leidenden Zustand.

Oft konnte sie nicht mehr essen, weil jedes Gericht sie anekelte, oder ihr Puls pochte wie wahnsinnig, oder sogar die wenige Nahrung, die sie zu sich nahm, belastete sie, daß ihr übel wurde. Ihre gespannten, zitternden Nerven hielten sie in dauernder, unerträglicher Erregung.

Eines Abends nach Tisch, als das Thermometer noch weiter gesunken war, fröstelte Julien (denn der Saal war nie genügend geheizt, so sehr sparte er am Holz), rieb sich die Hände und sagte: »Heute wäre es schön, zu zweit zu schlafen, nicht wahr, Kätzchen?«

Er hatte wieder sein gutes Jungenlachen von früher, und Jeanne flog ihm an den Hals; aber gerade an diesem Tag fühlte sie sich so elend, so leidend, so merkwürdig nervös, daß sie ihn mit einem Kuß auf die Lippen ganz leise bat, sie allein schlafen zu lassen. In wenigen Worten sagte sie zu ihm, wie schlecht ihr sei: »Ich bitte dich, Lieber, glaube mir, mir ist nicht wohl. Morgen geht es mir sicher wieder besser.«

Er bestand nicht darauf: »Wie du willst, mein Liebes. Wenn du krank bist, mußt du dich schonen.«

Und sie sprachen von etwas anderem.

Sie ging früh zu Bett. Julien ließ, was fast nie geschah, sein Zimmer heizen. Und als ihm gemeldet wurde, daß das Feuer gut brenne, küßte er seine Frau auf die Stirn und ging.

Das ganze Haus schien von der Kälte durchwalkt zu werden. Sie drang durch die Mauern, sie gaben leise Geräusche von sich, wie wenn sie erschauerten. Und Jeanne in ihrem Bett schlotterte vor Kälte.

Zweimal stand sie auf, um frisches Holz aufs Feuer zu legen und allerlei alte Kleidungsstücke, Röcke und Kleider, herauszusuchen und auf ihr Bett zu häufen. Aber sie konnte nicht warm werden. Ihre Füße erstarrten mehr und mehr, es zuckte ihr in den Beinen bis zu den Schenkeln hinauf; und immer wieder drehte sie sich um, fand keine Ruhe, ihre nervöse Spannung stieg aufs höchste.

Die Zähne schlugen ihr aufeinander; ihre Hände bebten. Die

Brust zog sich ihr zusammen. Ihr Herz schlug in langsamen, dumpfen Stößen und schien manchmal stillzustehen, und sie keuchte, als ob ihre Kehle die Luft nicht mehr durchlasse.

Die furchtbare Kälte drang ihr durch Mark und Bein, und gleichzeitig bemächtigte sich ihrer Seele eine entsetzliche Angst. Nie hatte sie etwas Derartiges empfunden, nie hatte sie dies Gefühl gehabt, als weiche das Leben aus ihr und sie sei nahe daran, den letzten Seufzer auszuhauchen.

Ich muß sterben... Ich sterbe..., dachte sie.

Die Todesangst trieb sie aus dem Bett, sie klingelte nach Rosalie, wartete, klingelte noch einmal, wartete wieder, zitternd vor Kälte.

Aber das Mädchen kam nicht. Wahrscheinlich schlief sie den tiefen, undurchdringlichen Schlaf der ersten Stunden; außer sich stürzte Jeanne barfuß ins Treppenhaus.

Lautlos lief sie hinauf, tastete sich nach der Tür, öffnete sie, rief: »Rosalie!«, ging weiter ins Zimmer hinein, stieß ans Bett, fuhr mit den Händen darüber und merkte, daß es leer war. Es war leer und kalt – niemand hatte darin geschlafen.

Jeanne war überrascht. »Ist das möglich?« sagte sie sich. »Treibt sie sich bei diesem Wetter wieder draußen herum?«

Plötzlich fing ihr Herz an zu rasen, es war ihr, als müsse sie ersticken, ihre Beine wollten sie nicht mehr tragen; da lief sie hinunter, um Julien zu wecken.

Heftig riß sie die Tür auf, gepeitscht von der Angst, daß sie sterben müsse, und von dem Verlangen getrieben, ihn noch einmal zu sehen, ehe sie das Bewußtsein verlöre.

Beim Schein des ersterbenden Feuers sah sie auf dem Kissen den Kopf ihres Mannes und daneben den Rosalies.

Sie stieß einen Schrei aus, und beide fuhren hoch. Einen Augenblick blieb sie stehen, starr vor Entsetzen über diese Entdekkung; dann floh sie zurück in ihr Zimmer. Julien hatte in seinem Schrecken »Jeanne!« gerufen. Nun bemächtigte sich ihrer eine grauenvolle Angst, ihn zu sehen, seine Stimme zu hören, seine Entschuldigungen und Lügen anhören zu müssen, ihm Auge in Auge gegenüberzustehen. Sie rannte wieder hinaus und die Treppe hinunter.

Sie lief im Dunkeln hinab, jeden Augenblick in Gefahr, über die Stufen zu fallen und sich auf dem Steinboden Arme und Beine zu brechen. Ganz beherrscht von dem Drang, zu fliehen, nichts mehr zu erfahren, niemanden zu sehen, hetzte sie weiter.

Unten angekommen, setzte sie sich auf eine Stufe und blieb dort sitzen, noch immer im Nachthemd und barfuß, völlig außer sich.

Julien war aus dem Bett gesprungen und hatte sich in aller Hast angezogen. Sie hörte, wie er sich bewegte, hin und her ging, und stand auf, um vor ihm wegzulaufen. Da kam er schon die Treppe herunter und rief: »Hör, Jeanne!«

Nein, sie wollte ihn nicht anhören, sie wollte nicht, daß er sie auch nur mit den Fingerspitzen berührte. Und so stürzte sie ins Eßzimmer, als fliehe sie vor einem Mörder. Sie suchte nach einem Ausweg, einem Versteck, irgendeinem dunklen Winkel, einer Möglichkeit, ihm zu entkommen. Sie kroch unter den Tisch. Aber schon öffnete er die Tür. Er hatte einen Leuchter in der Hand und rief immer wieder: »Jeanne!« Da schoß sie wieder davon wie ein Hase und rannte in die Küche, in der sie, wie ein gestelltes Wild, zweimal herumlief. Und da er ihr abermals nachkam, riß sie die Tür zum Garten auf und rannte hinaus ins Freie.

Als sie den eisigen Schnee spürte, in dem ihre nackten Beine bis an die Knie einsanken, erwachte plötzlich die Energie der Verzweiflung in ihr. Es fror sie nicht, obwohl sie fast unbekleidet war; sie spürte nichts mehr, so sehr hatte der Aufruhr in ihrer Seele alles Körpergefühl betäubt. Und sie lief, weiß wie die beschneite Erde. Durch die große Allee eilte sie, dann durch das Boskett, über den Graben und in die Heide hinaus.

Kein Mond; nur die Sterne funkelten wie eine Feuersaat in der Himmelsschwärze; aber dennoch lag ein bleiches, stumpfes Licht über der hellen, in Frost erstarrten, in unendliches Schweigen versunkenen Ebene.

Jeanne ging rasch weiter, fast ohne zu atmen, wie bewußtlos, ohne zu denken, bis sie plötzlich an den Rand der Steilküste kam. Da hielt sie instinktiv inne und kauerte sich nieder. In ihr war kein Gedanke mehr, kein Wollen.

Vor ihr in der dunklen Tiefe lag unsichtbar und stumm das

Meer; und der salzige Duft, den der Tang zur Zeit der Ebbe ausströmt, stieg auf.

Dort blieb sie lange, ihr Geist und Körper waren wie gelähmt. Dann überkam sie plötzlich ein irrsinniges Zittern; sie bebte wie ein Segel, in das der Wind fährt. Eine unwiderstehliche Gewalt erschütterte ihre Arme, Hände und Füße in unaufhörlichen Zukkungen. Und plötzlich kehrte ihr mit dolchstoßhafter Entschiedenheit das Bewußtsein zurück.

Dann glitten alte Erinnerungen an ihr vorüber: die Fahrt mit ihm im Boot des alten Lastique, ihre Gespräche, ihre aufkeimende Liebe, die Schiffstaufe; weiter zurück wanderten ihre Gedanken bis zu jener durchträumten Nacht nach ihrer Ankunft auf Les Peuples. Und jetzt! Jetzt! Ach – ihr Leben war zerbrochen, alles Glück zu Ende, alle Hoffnung unmöglich; und vor sich sah sie eine grauenvolle Zukunft voll von Qual, Verrat und Verzweiflung. Lieber sterben – dann war alles zu Ende.

Aber in der Ferne rief eine Stimme: »Hier, hier ist ihre Spur; schnell, schnell, hierher!« Es war der sie suchende Julien.

Ach, sie wollte ihn nicht wiedersehen. Dort vor sich im Abgrund hörte sie jetzt ein leises Geräusch, das verschwommene Brausen des Meeres auf den Felsen.

Sie stand auf, sprungbereit; sie rief dem Leben das Abschiedswort der Verzweifelten zu, sie seufzte das letzte Wort der Sterbenden, das letzte Wort der jungen, in der Schlacht zu Tode getroffenen Soldaten: »Mama!«

Plötzlich durchdrang sie der Gedanke an ihre Mutter; sie sah sie vor sich, wie sie schluchzte. Sie sah ihren Vater vor sich, wie er vor ihrer zerschmetterten Leiche kniete; in einem Sekundenbruchteil durchlebte sie das ganze Leiden, die ganze Verzweiflung ihrer Eltern.

Da ließ sie sich widerstandslos in den Schnee zurücksinken und lief nicht mehr davon, als Julien und der alte Simon und hinter ihnen Marius mit der Laterne herankamen und sie an den Armen ergriffen, um sie zurückzureißen – so nah war sie dem Abgrund.

Willenlos überließ sie sich ihnen; sie konnte sich nicht mehr regen. Sie fühlte nur, daß sie weggetragen wurde, zu Bett gebracht, mit heißen Tüchern frottiert; dann entschwand ihr alles, sie verlor das Bewußtsein.

Und nun lastete ein Alpdruck auf ihr. War es wirklich ein Alpdruck? Sie lag in ihrem Zimmer. Es war hell, aber sie konnte nicht aufstehen. Warum? Sie wußte es nicht. Sie hörte ein leises Geräusch auf dem Fußboden, eine Art Kratzen, ein Scheuern, und plötzlich sah sie eine Maus, eine kleine graue Maus, über das Leintuch laufen; eine zweite folgte ihr, dann eine dritte, die mit hastigen, winzigen Schritten auf ihre Brust zuhuschte. Jeanne fürchtete sich nicht, sie wollte das Tier fangen, versuchte es mit der Hand zu greifen, aber es gelang ihr nicht.

Nun tauchten von allen Seiten andere Mäuse auf, zehn, zwanzig, Hunderte, Tausende. Sie kletterten an den Bettsäulen hoch, liefen über die Gobelins, überwimmelten ihr ganzes Lager. Und dann schlüpften sie unter die Decke. Jeanne fühlte, wie sie ihr über die Haut glitten, sie an den Beinen kitzelten, auf ihrem ganzen Körper hin und her liefen. Sie sah sie am Fußende ihres Bettes auftauchen, darin verschwinden und auf ihre Brust zulaufen. Sie schlug um sich, griff wild nach vorn, um eine zu packen, aber immer blieben ihre Hände leer.

Ihre Aufregung wuchs, sie wollte fliehen, sie schrie, und ihr war, als werde sie festgehalten, kräftige Arme umschlangen sie und lähmten sie, aber sie sah niemanden.

Jeder Sinn für Zeit war ihr verloren gegangen. Es mußte lange, lange so weitergegangen sein.

Dann kam ein Erwachen. Ein müdes, wehes und dennoch süßes Erwachen. Sie fühlte sich sehr, sehr schwach. Sie öffnete die Augen, und es wunderte sie nicht im mindesten, Mama in ihrem Zimmer sitzen zu sehen, zusammen mit einem dicken Mann, den sie nicht kannte.

Wie alt war sie eigentlich? Sie wußte es nicht und dachte, sie sei noch ein kleines Mädchen. Sie konnte sich auch an nichts mehr erinnern.

Der Dicke sagte: »Sehen Sie, das Bewußtsein ist zurückgekehrt.« Und Mama fing an zu weinen. Da sagte der Dicke: »Beruhigen Sie sich, Frau Baronin. Ich sage Ihnen ja, ich bürge für sie. Aber sprechen Sie über nichts mit ihr, über gar nichts. Sie soll schlafen.«

Und Jeanne hatte die Empfindung, als dämmere sie noch sehr lange dahin. Sobald sie versuchte nachzudenken, übermannte sie ein schwerer Schlaf. Und sie bemühte sich auch gar nicht, sich an irgend etwas zu erinnern, wie wenn sie eine dumpfe Angst davor empfinde, daß die Wirklichkeit wieder in ihrem Geist auftauchen könne.

Aber einmal, als sie aufwachte, sah sie Julien; er war allein bei ihr. Da kam ihr plötzlich alles zurück, als hebe sich ein Vorhang, der ihr bisheriges Leben verborgen hatte.

Ein entsetzlicher Schmerz zerriß ihr das Herz, und abermals wollte sie fliehen. Sie warf die Decken zurück, sprang auf den Boden und fiel hin; ihre Beine trugen sie nicht mehr.

Julien stürzte zu ihr. Sie schrie laut auf vor Angst, er könne sie berühren. Sie wand sich am Boden, wälzte sich hin und her. Die Tür ging auf; Tante Lison mit der Witwe Dentu hasteten herein, dann der Baron, schließlich kam auch Mama an, keuchend und außer sich vor Schreck.

Sie wurde wieder zu Bett gebracht. Und sie schloß die Augen, um nicht sprechen zu müssen, um heimlich und in Ruhe nachdenken zu können.

Ihre Mutter und ihre Tante umsorgten sie, waren um sie bemüht und fragten immer wieder: »Hörst du uns jetzt, Jeanne, kleine Jeanne?«

Sie stellte sich taub; sie antwortete nicht. Aber sie merkte nur zu gut, daß der Tag zu Ende ging. Es dunkelte. Die Pflegerin setzte sich zu ihr ans Bett und gab ihr von Zeit zu Zeit zu trinken.

Sie trank, ohne etwas zu sagen; aber sie konnte nicht mehr schlafen. Mühsam versuchte sie, Klarheit zu gewinnen; sie suchte nach Dingen, die ihr immer wieder entschwanden, als habe sie Lücken im Gedächtnis, große, weiße, leere Stellen, auf denen die Geschehnisse keine Spur hinterlassen hatten.

Erst allmählich und nach großen Anstrengungen konnte sie sich alles Vorgefallene wieder vergegenwärtigen.

Und unablässig und ohne sich davon abbringen zu lassen, sann sie darüber nach.

Mama, Tante Lison und der Baron waren gekommen, also war sie sehr krank gewesen. Aber Julien? Was hatte er gesagt? Wußten ihre Eltern, was geschehen war? Und wo war Rosalie? Und was tun? Was tun? Da kam ihr ein Gedanke – nach Rouen zurückkehren, wie früher, mit Vater und Mama. Sie würde leben wie eine Witwe, das war das Beste.

Dann wartete sie, horchte auf das, was um sie her gesagt wurde, verstand ganz genau, ohne es sich merken zu lassen, freute sich, daß ihr Verstand zurückgekehrt war, war geduldig und schlau.

Am Abend war sie endlich allein mit der Baronin und rief ganz leise: »Mama!« Sie wunderte sich über ihre eigene Stimme; sie kam ihr verändert vor.

Die Baronin nahm ihre Hände: »Mein Kind, liebste Jeanne! Erkennst du mich, mein Kind?«

»Ja, Mama, aber du darfst nicht weinen, wir müssen lange zusammen sprechen. Hat Julien dir gesagt, warum ich in den Schnee hinausgelaufen bin?«

»Ja, mein Herz, du hast ein sehr schweres und gefährliches Fieber gehabt.«

»Das war nicht der Grund, Mama. Erst hinterher habe ich Fieber gehabt. Aber hat er dir gesagt, wovon das Fieber gekommen ist und warum ich fortgelaufen bin?«

»Nein, mein Herz.«

»Weil ich Rosalie in seinem Bett gefunden habe.«

Die Baronin glaubte, daß sie wieder phantasiere, und streichelte sie. »Schlaf, mein Liebling, beruhige dich, versuche zu schlafen.«

Aber Jeanne blieb fest und fuhr fort: »Ich bin jetzt ganz bei Verstand, Mama, ich rede keinen Unsinn mehr, wie wohl in den letzten Tagen. Eines Nachts fühlte ich mich sehr elend und wollte Julien holen. Rosalie lag bei ihm im Bett. Da habe ich vor Kummer den Kopf verloren und bin in den Schnee hinausgelaufen, um mich den Steilhang hinunterzustürzen.«

Aber die Baronin antwortete nur: »Ja, mein Liebling, du bist sehr krank gewesen, sehr, sehr krank.«

»Nein, so war es nicht. Ich habe Rosalie in Juliens Bett gefunden, und ich will nicht mehr bei ihm bleiben. Du sollst mich mit nach Rouen nehmen, wie früher.«

Der Arzt hatte der Baronin ans Herz gelegt, Jeanne in nichts zu widersprechen, und so antwortete sie: »Ja, mein Liebling.«

Aber die Kranke wurde ungeduldig: »Ich merke, daß du mir nicht glaubst. Geh Papa holen, er wird mich schon verstehen.«

Mühsam erhob sich die Baronin, nahm ihre beiden Stöcke und ging mit schleppenden Schritten hinaus. Nach einigen Minuten kam sie mit dem Baron zurück, der sie stützte.

Sie setzten sich zu Jeanne ans Bett, und sie fing sofort zu sprechen an. Leise und mit schwacher Stimme, aber ganz klar erzählte sie ihnen alles: Sie berichtete über Juliens sonderbaren Charakter, seine Härte, seinen Geiz und endlich seine Untreue.

Als sie alles gesagt hatte, war dem Baron nur zu klar, daß sie nicht phantasiert hatte; aber er wußte nicht, was er denken, beschließen, antworten sollte.

Zärtlich nahm er ihre Hand, ganz wie früher, wenn er ihr zum Einschlafen Geschichten erzählte. »Hör zu, mein Liebes, wir müssen sehr vorsichtig sein. Wir dürfen nichts übereilen. Versuche, deinen Mann zu ertragen, bis wir zu einem Entschluß gelangt sind... Versprichst du mir das?«

Sie flüsterte: »Ja, das will ich tun; aber wenn ich gesund bin, bleibe ich nicht länger hier.« Dann fügte sie sehr leise hinzu: »Wo ist Rosalie jetzt?«

»Du wirst sie nicht mehr sehen«, antwortete der Baron.

Aber sie war eigensinnig. »Wo ist sie? Ich will es wissen.«

Da gestand er, sie sei noch im Haus, versicherte aber, sie werde verschwinden.

Zornheiß und tief verwundet in seinem Vaterherzen, ging der Baron vom Krankenzimmer aus zu Julien und sagte in schroffem Ton: »Monsieur, ich komme, um Sie wegen ihres Benehmens gegen meine Tochter zur Rede zu stellen. Sie haben sie mit Ihrer Magd betrogen; das ist doppelt unwürdig.«

Aber Julien spielte den Unschuldigen, leugnete alles leidenschaftlich, verschwor sich, rief Gott zum Zeugen an. Welche Beweise habe man denn? Sei Jeanne zurechnungsfähig? Sei sie nicht am Anfang ihrer Krankheit eines Nachts in einem Anfall von Delirium in den Schnee hinausgelaufen? Und gerade damals, während dieses Anfalls, als sie halbnackt durch das Haus gelaufen sei, habe sie behauptet, das Mädchen im Bett ihres Mannes gesehen zu haben! Und er geriet in Wut, drohte mit einem Prozeß, trumpfte auf, wurde sehr heftig.

Der verwirrte Baron brachte Entschuldigungen hervor, bat um Verzeihung und streckte Julien seine biedere Rechte entgegen; Julien weigerte sich, sie zu ergreifen.

Als Jeanne erfuhr, was ihr Mann geantwortet hatte, regte sie sich nicht weiter darüber auf und sagte nur: »Er lügt, Papa, aber schließlich wird er es zugeben müssen.« Die nächsten beiden Tage schwieg sie verschlossen, sammelte sich und dachte nach. Dann, am dritten Morgen, verlangte sie, Rosalie zu sehen.

Der Baron weigerte sich, das Mädchen heraufkommen zu lassen, und erklärte, sie habe das Haus verlassen.

Aber Jeanne gab nicht nach und sagte immer wieder: »Dann laß sie aus ihrem Elternhaus holen.«

Sie regte sich auf; da kam der Arzt. Es wurde ihm alles gesagt, damit er den Fall beurteilen könne.

Außer sich vor Schwäche und Aufregung fing Jeanne plötzlich zu weinen und fast zu schreien an: »Ich will Rosalie sehen; ich will sie sehen!«

Da nahm der Arzt sie bei der Hand und sagte leise: »Beruhigen Sie sich; jede Aufregung kann ernste Folgen haben; Sie sind in andern Umständen.«

Sie war wie vom Blitz getroffen, und schon glaubte sie zu fühlen, daß sich etwas in ihr regte. Dann verstummte sie, hörte nicht auf das, was ihr gesagt wurde, und versank in Grübelei. Nachts fand sie keinen Schlaf; die für sie neue und seltsame Vorstellung, daß in ihrem Leib ein Kind lebte, hielt sie wach. Sie war traurig und bekümmert, daß es Juliens Sohn sei, voller Angst und Sorge, daß er seinem Vater gleichen könne. Als endlich der Tag anbrach, ließ sie den Baron rufen. »Papa, ich bin fest entschlossen, ich will alles wissen, besonders jetzt. Hörst du, ich will es, und du weißt, daß man mir in meiner Lage zu Willen sein muß. Hör gut zu. Bring den Pfarrer zu mir. Ich brauche ihn, damit Rosalie nicht lügt. Sobald er da ist, läßt du sie heraufkommen und bleibst hier, und Mama auch. Gib aber acht, daß Julien keinen Verdacht schöpft.«

Eine Stunde später kam der Priester. Er war noch dicker geworden und keuchte genauso wie Mama. Er setzte sich zu ihr in einen Sessel; der Bauch hing ihm zwischen den gespreizten Beinen nieder; erschöpft fuhr er sich gewohnheitsmäßig mit einem karierten Taschentuch über die Stirn. Dann fing er mit einem Scherz an: »Na, Frau Baronin, mir scheint, wir werden alle beide nicht magerer.« Dann wandte er sich zum Krankenbett: »So, so! Was ist mir erzählt worden, junge Dame? Daß wir bald wieder eine Taufe haben werden? Ha, ha, ha! Aber kein Boot diesmal.« Und ernst fuhr er fort: »Es wird ein Vaterlandsverteidiger werden!« Und nach kurzem Nachdenken: »Oder vielleicht eine gute Mutter; wie Sie, Frau Baronin«, fügte er hinzu und verbeugte sich vor ihr.

Da öffnete sich hinten die Tür. Rosalie, verstört, ganz aufgelöst in Tränen, weigerte sich hereinzukommen und klammerte sich am Türrahmen fest. Der Baron wollte sie vorwärts schieben, verlor schließlich die Geduld und schubste sie ins Zimmer. Da bedeckte sie das Gesicht mit den Händen und stand schluchzend da.

Bei ihrem Anblick war Jeanne mit einem Ruck hochgefahren und hatte sich aufrecht gesetzt. Sie war weiß wie ihre Laken, ihr Herz schlug wild und hob mit seinem Pochen das dünne Hemd, das ihr an der Haut klebte. Sie konnte nicht sprechen, kaum atmen, war nahe am Ersticken. Endlich sagte sie mit vor Erregung stockender Stimme: »Ich... ich... brauche dich... gar nicht zu fragen. Es... es genügt mir, dich so zu sehen... deine... deine Schande... vor mir zu sehen.« Sie machte eine Pause, weil ihr der Atem ausging, und sagte dann: »Aber ich will alles wissen, alles... alles. Ich habe den Herrn Pfarrer kommen lassen, damit es wie in der Beichte ist, hörst du?«

Rosalie regte sich nicht. Zwischen ihren verkrampften Fingern stieß sie etwas hervor, das wie Schreie war.

Der Baron, den der Zorn übermannte, packte sie an den Armen, riß sie heftig auseinander und zwang das Mädchen vor dem Bett auf die Knie: »Rede jetzt... Antworte.«

Sie lag am Boden, in der Haltung einer Maria Magdalena. Ihre Haube war verrutscht, die Schürze herabgeglitten, und das

Gesicht hielt sie abermals in den wieder frei gewordenen Händen verborgen.

Jetzt richtete der Pfarrer das Wort an sie: »Vorwärts, Tochter, höre auf das, was du gefragt wirst, und antworte. Wir wollen dir nichts Böses tun; wir wollen bloß wissen, was geschehen ist.«

Jeanne beugte sich über den Bettrand und sah sie an: »Es ist doch wahr, daß du in Juliens Bett warst, als ich euch überrascht habe, nicht wahr?«

Durch ihre Hände hindurch stöhnte Rosalie: »Ja.«

Da fing auch die Baronin plötzlich so heftig zu weinen an, daß es klang, als ersticke sie. Ihr krampfhaftes Schluchzen begleitete das Rosalies.

Jeanne sah dem Mädchen gerade ins Gesicht und fragte: »Wie lange geht das schon?«

Rosalie stammelte: »Seit er gekommen ist.«

Jeanne verstand nicht. »Seit er gekommen ist... Also... seit... seit dem Frühling?«

»Ja.«

»Seit er dieses Haus betreten hat?«

»Ja.«

Es war, als drängten sich die Fragen in Jeanne; überstürzt fuhr sie fort: »Aber wie ist denn das gekommen? Wie hat er dich darum gebeten? Wie hat er dich genommen? Was hat er dir gesagt? Wann, wie hast du ihm nachgegeben? Wie konntest du dich ihm hingeben?«

Diesmal löste Rosalie die Hände vom Gesicht. Auch sie war jetzt vom Fieber gepackt zu sprechen, vom Verlangen zu antworten: »Wie soll ich denn das wissen? Es war an dem Tag, wie er zum erstenmal zum Essen hier war. Er ist in mein Zimmer gekommen. Er hat sich im Speicher versteckt. Ich habe nicht gewagt zu schreien, es sollte keine Geschichten geben. Er hat sich zu mir ins Bett gelegt. Ich wußte nicht mehr, was ich tat in dem Augenblick. Er hat gemacht, was er wollte. Ich habe nichts gesagt, weil ich ihn so nett fand...«

Da schrie Jeanne auf: »Aber... dein... dein Kind... Ist es von ihm?«

Rosalie schluchzte. »Ja.«

Dann schwiegen beide.

Man hörte nur noch das Weinen Rosalies und der Baronin.

Der Schmerz überwältigte Jeanne, sie spürte, wie nun auch aus ihren Augen die Tränen rannen. Lautlos und in großen Tropfen flossen sie ihr über die Wangen.

Das Kind ihres Dienstmädchens hatte denselben Vater wie das ihre! Ihr Zorn war hingeschwunden. Jetzt fühlte sie nur noch, wie eine düstere, tiefe, grenzenlose Verzweiflung sie langsam immer mehr durchdrang.

Endlich fing sie wieder an zu sprechen, mit völlig veränderter, feuchter Stimme, der Stimme einer weinenden Frau: »Als wir zurückkamen von... dort unten... von der Reise... wann hat es da wieder angefangen?«

Ganz am Boden zusammengesunken, stammelte das kleine Dienstmädchen: »Am... am ersten Abend ist er gekommen.«

Jedes Wort zerriß Jeanne das Herz. Am ersten Abend also, am Abend ihrer Heimkehr nach Les Peuples, war er um dieses Mädchens willen nicht zu ihr gekommen. Darum hatte er sie allein schlafen lassen!

Jetzt wußte sie genug; mehr wollte sie nicht hören. Sie schrie: »Geh, geh!« Und da Rosalie sich nicht regte, rief Jeanne in ihrer Verzweiflung ihrem Vater zu: »Bring sie weg, schlepp sie fort!«

Aber der Pfarrer, der bisher geschwiegen hatte, hielt den Augenblick für eine kleine Predigt gekommen: »Was du da getan hast, meine Tochter, ist unrecht, sehr unrecht. Der liebe Gott wird es dir nicht so bald verzeihen. Denke an die Hölle, die deiner wartet, wenn du dich von jetzt an nicht gut führst. Jetzt, wo du ein Kind hast, mußt du anfangen, ein anständiges Leben zu führen. Die Frau Baronin wird sicher etwas für dich tun, und wir werden schon einen Mann für dich finden...«

Wahrscheinlich hätte er noch länger geredet. Aber der Baron hatte Rosalie wiederum bei den Schultern gepackt, hob sie hoch, schleppte sie bis zur Tür und warf sie wie ein Paket in den Flur hinaus. Als er zurückkam, war er noch blasser als seine Tochter.

Der Pfarrer ergriff nochmals das Wort: »Nichts zu machen. So sind die Mädchen hier im Dorf alle. Es ist zum Verzweifeln, aber es hilft eben nichts, und man muß auch etwas Nachsicht haben mit der Schwäche der menschlichen Natur. Sie heiraten nie, ohne schwanger zu sein, nie, Frau Baronin.« Und lächelnd fügte er hinzu: »Man könnte meinen, es sei ein örtlicher Brauch.« Dann fuhr er unwillig fort: »Sogar die Kinder treiben es. Letztes Jahr habe ich auf dem Friedhof zwei Kinder dabei getroffen, die zu mir in die Katechismusstunde kommen, einen Buben und ein Mädchen! Ich habe es den Eltern gesagt! Wissen Sie, was sie mir geantwortet haben? ›Was wollen Sie, Herr Pfarrer, wir haben ihnen diese Schmutzereien nicht beigebracht, wir können nichts dafür.‹ Also, Herr Baron, Ihr Dienstmädchen hat nur getan wie die anderen auch...«

Aber der vor Aufregung zitternde Baron unterbrach ihn: »Das Mädchen? Das ist mir ganz gleichgültig. Über Julien bin ich empört. Was er da getan hat, ist schändlich; ich nehme meine Tochter mit nach Hause.« Entrüstet und in wachsender Aufregung ging er im Zimmer auf und ab. »Es ist schändlich, meine Tochter so zu hintergehen, schändlich ist es! Er ist ein Schuft, dieser Mensch, eine Kanaille, ein verächtlicher Bursche. Ich werde ihn ohrfeigen, ich werde ihn mit meinem Stock totschlagen!«

Der Priester hatte sich neben die tränenüberströmte Baronin gesetzt und nahm langsam eine Prise. Er bemühte sich, seine Aufgabe zu erfüllen, beschwichtigend zu wirken: »Nun, Herr Baron, unter uns gesagt: Auch er hat es nicht anders gemacht als alle anderen. Kennen Sie viele Männer, die wirklich treu sind?« Dann fuhr er mit durchtriebener Gutmütigkeit fort: »Hören Sie, ich wette, daß auch Sie gelegentlich mal einen Seitensprung gemacht haben. Hand aufs Herz – habe ich nicht recht?« Betroffen war der Baron dem Priester gegenüber stehen geblieben, der fortfuhr: »Sehen Sie, auch Sie haben es gemacht wie die anderen. Wer kann wissen, ob Sie nicht auch einmal ein kleines Dienstmädchen wie dieses betätschelt haben? Ich sage Ihnen ja, alle tun es. Deshalb ist Ihre Frau nicht weniger glücklich gewesen und auch nicht weniger geliebt worden, nicht wahr?«

Der Baron rührte sich nicht; er war erschüttert. Es stimmte ja, zum Donnerwetter, er hatte es ebenfalls getan, oft sogar, sooft er gekonnt hatte, und auch er hatte das eheliche Heim respektiert. Wenn sie hübsch gewesen waren, hatte auch er bei den Dienstmädchen seiner Frau nicht gezögert zuzugreifen! War er deshalb ein Lump? Warum urteilte er so streng über Juliens Benehmen, obwohl ihm sein eigenes Benehmen nie als schändlich erschienen war?

Auf den Lippen der Baronin, die noch immer vor Schluchzen außer Atem war, erschien bei der Erinnerung an die Jugendstreiche ihres Mannes ein kaum merkliches Lächeln. Sie gehörte zu den sentimentalen, leicht gerührten und wohlwollenden Menschen, für die Liebesabenteuer ein selbstverständlicher Teil des Lebens sind.

Jeanne hatte sich zurücksinken lassen. Mit offenen, vor sich hinstarrenden Augen und kraftlosen Armen lag sie auf dem Rükken da, in schmerzliches Grübeln versunken. Ein Wort Rosalies klang in ihr nach, verwundete ihre Seele, bohrte sich ihr ins Herz: »Ich hab' nichts gesagt, weil ich ihn so nett fand.«

Auch ihr selber hatte er gefallen. Und einzig deswegen hatte sie sich ihm gegeben, hatte sich fürs Leben gebunden, hatte auf jede andere Hoffnung verzichtet, auf alle flüchtig erwogenen Pläne, auf das ganze unbekannte Morgen. Sie war in diese Heirat hineingetaumelt, in diesen Abgrund, in dieses Elend, diese Traurigkeit, diese Verzweiflung, weil sie ihn – wie Rosalie – nett gefunden hatte!

Die Tür wurde heftig aufgerissen, und Julien erschien mit wütender Miene. Er hatte im Treppenhaus die jammernde Rosalie gesehen und kam nun, um zu erfahren, was vor sich ging. Er hatte begriffen, daß irgend etwas im Gang sei, daß das Mädchen wohl gestanden habe. Beim Anblick des Priesters blieb er wie festgenagelt stehen. Mit bebender Stimme, aber in ruhigem Ton fragte er: »Na? Was ist hier los?«

Der Baron, der eben noch so heftig gewesen war, wagte nichts zu sagen; er fürchtete die Argumente des Priesters, und daß sein Schwiegersohn sich auf ihn als Beispiel berufen könnte. Mama jammerte lauter.

Aber Jeanne saß aufgerichtet und auf die Arme gestützt im Bett und sah schwer atmend den Mann an, der ihr ein so grausames Leid angetan. Sie stammelte: »Was los ist? Daß wir alle deine Schandtaten wissen seit... seit dem Tag, da du dieses Haus zum erstenmal betreten hast... daß das Kind des Dienstmädchens auch von dir ist, wie... wie... meins... Brüder werden sie sein...« Bei diesem Gedanken überfiel sie ein solches Übermaß von Schmerz, daß sie in wildes Schluchzen ausbrach und in die Kissen zurücksank.

Er blieb mit offenem Mund stehen, ohne zu wissen, was er sagen oder tun sollte.

Wieder griff der Pfarrer ein: »Ruhig, nur ruhig, so grämen wollen wir uns nicht, junge Dame, seien Sie doch vernünftig.« Er stand auf, trat zum Bett und legte der Verzweifelten seine warme Hand auf die Stirn.

Unter dieser einfachen Berührung wurde ihr seltsam weich zumute. Sie fühlte sich wie ermattet, als habe sie nur diese starke bäurische Hand, die gewohnt war, die Absolution zu erteilen und tröstlich zu streicheln, zu spüren brauchen, um auf geheimnisvolle Weise beruhigt zu werden.

Noch immer an ihrem Bett stehend, fuhr der wackere Mann fort: »Madame, man muß vergeben können. Was Ihnen geschehen ist, ist ein großes Unglück. Aber Gott hat es in seiner Barmherzigkeit wieder ausgeglichen durch ein großes Glück, da Sie Mutter werden sollen. Ihr Kind wird Ihr Trost sein. In seinem Namen flehe ich Sie an, beschwöre ich Sie, den Fehltritt, den Monsieur Julien begangen hat, zu verzeihen. Das wird ein neues Band zwischen Ihnen knüpfen, ein Band für seine künftige Treue. Könnten Sie sich ernstlich trennen von dem Mann, dessen Kind Sie im Schoß tragen?«

Sie antwortete nicht. Sie war völlig verzweifelt, sie hatte Schmerzen und war sehr erschöpft; sie brachte nicht mehr die Kraft auf, zu zürnen und zu grollen. Ihr war, als seien ihre Nerven schlaff geworden, ihr, ohne daß sie es merkte, durchschnitten worden; ihr war, als lebe sie kaum noch.

Die Baronin, die niemals etwas nachtragen konnte und deren Seele einer längeren Anspannung nicht gewachsen war, murmelte: »Nun, Jeanne?«

Da nahm der Pfarrer die Hand des jungen Mannes, zog ihn zu sich ans Bett und legte sie in die Hand der jungen Frau. Dann schlug er leicht darauf, wie um beide endgültig zu verbinden, ließ den beruflichen Predigerton beiseite und sagte zufrieden: »So, jetzt ist alles wieder gut. Glauben Sie mir, es ist besser so.«

Da lösten sich die beiden kurze Zeit vereinten Hände wieder voneinander.

Julien wagte nicht, Jeanne zu küssen; also küßte er seine Schwiegermutter auf die Stirn, drehte sich auf dem Absatz um und nahm den Baron beim Arm. Dieser ließ es geschehen; im Grunde war er nur zu froh, daß die Sache auf diese Weise geregelt worden war, und sie gingen zusammen hinaus, um eine Zigarre zu rauchen.

Die Kranke war vor Erschöpfung eingeschlummert. Mit leisen Stimmen unterhielten sich der Pfarrer und Mama.

Der Abbé sprach, erklärte, erläuterte seine Ansicht. Die Baronin stimmte ihm immer mit einem Kopfnicken zu. Endlich sagte er abschließend: »Also abgemacht. Sie geben dem Mädchen den Bauernhof Barville, und ich übernehme es, einen Mann für sie zu finden, einen braven, ordentlichen Burschen. Bei einem Vermögen von zwanzigtausend Francs wird es nicht an Bewerbern fehlen. Wir haben nur die Qual der Wahl.«

Jetzt lächelte die Baronin glücklich. Dabei hafteten noch zwei Tränen auf ihren Wangen, aber ihre feuchte Spur war schon getrocknet.

Sie betonte noch einmal: »Ja, in Ordnung. Barville ist gering gerechnet zwanzigtausend Francs wert, aber der Besitz soll auf den Namen des Kindes überschrieben werden; die Eltern haben die Nutznießung auf Lebenszeit.«

Der Pfarrer stand auf und drückte Mama die Hand: »Bemühen Sie sich nicht, Frau Baronin, bemühen Sie sich nicht; ich weiß, was es heißt, auch nur einen Schritt zu tun.«

Beim Hinausgehen begegnete er Tante Lison, die nach ihrer Kranken sehen wollte. Sie hatte nichts gemerkt; es wurde ihr nichts gesagt, und sie erfuhr nichts – wie immer.

VIII

Rosalie hatte das Haus verlassen, und Jeanne durchlebte die restliche Zeit ihrer Schwangerschaft. Sie konnte sich nicht darüber freuen, daß sie Mutter werde sollte, so schwer lastete das Leid auf ihr. Sie erwartete ihr Kind ohne Anteilnahme. Die Angst vor weiterem, noch nicht erkennbarem Unglück beugte sie nieder.

Ganz leise war der Frühling gekommen. Die kahlen Bäume erschauerten im noch kühlen Wind, aber im feuchten Gras der Gräben, wo die Herbstblätter vermoderten, zeigten sich schon die ersten gelben Himmelsschlüsselchen. Von der weiten Ebene, von den Höfen der Bauernhäuser, von den aufgeweichten Feldern stieg feuchter Duft empor; es roch, als sei alles in Gärung begriffen. Und zahllose kleine grüne Spitzen sprossen aus der braunen Erde hervor und glänzten im Sonnenschein.

Eine dicke Person, ein Burgturm von Frau, versah den Dienst Rosalies und stützte die Baronin bei ihren ewig gleichen Gängen die Allee entlang, wo die Spur, die ihr einer schleppender Fuß gezogen hatte, jetzt immer feucht und schlammig war.

Papa lieh Jeanne den Arm; auch sie war jetzt schwerfällig und immer leidend. Auf ihrer anderen Seite ging die stets ängstliche und geschäftige Tante Lison und hielt ihre Hand. Das bevorstehende Ereignis regte sie auf, dies Geheimnis, das sie selbst nie erfahren sollte. So gingen sie alle stundenlang, fast ohne zu sprechen, auf und ab. Julien durchstreifte indessen das Land zu Pferde, denn das war neuerdings seine Liebhaberei.

Nichts unterbrach dies trübselige Dasein. Der Baron, seine Frau und der Vicomte statteten den Fourvilles einen Besuch ab, wobei sich herausstellte, daß Julien sie bereits gut zu kennen schien, was die anderen sich nicht recht erklären konnten. Auch mit den Brisevilles, die noch immer in ihrem verschlafenen Herrenhaus in der Verborgenheit lebten, wurden Höflichkeitsbesuche ausgetauscht.

Eines Nachmittags gegen vier Uhr trabten zwei Reiter in den Hof vor dem Schloß, ein Herr und eine Dame.

Julien trat angeregt in Jeannes Zimmer: »Komm rasch herunter. Die Fourvilles sind gekommen. Einfach als Nachbarn, ohne jede Förmlichkeit, sie wissen um deinen Zustand. Sag ihnen, ich sei ausgegangen, würde aber bald zurückkommen. Ich muß mich noch ein bißchen zurechtmachen.«

Erstaunt ging Jeanne hinunter. Eine junge, blasse, hübsche Frau mit leidendem Gesicht, erregt blickenden Augen und Haar von einem so matten Blond, daß man glauben konnte, es sei nie von einem Sonnenstrahl geliebkost worden, stellte ihr gelassen ihren Mann vor, einen riesigen Menschen mit langem roten Schnurrbart, der etwas Erschreckendes hatte. Dann setzte sie hinzu: »Wir haben mehrmals Gelegenheit gehabt, mit Ihrem Mann zusammenzukommen, und wissen durch ihn, wie leidend Sie sind. Und wir wollten es nicht länger hinausschieben, Sie zu besuchen, ohne alle Förmlichkeit, als Nachbarn. Sie sehen, wir sind zu Pferde gekommen. Übrigens haben mich zu meiner Freude neulich auch Ihre Eltern besucht.« Sie sprach mit unendlicher Leichtigkeit, war natürlich und vornehm.

Jeanne war entzückt, liebte sie vom ersten Augenblick an und dachte bei sich: Das wäre eine Freundin für mich.

Der Graf de Fourville dagegen wirkte in dem Salon wie ein Bär. Er setzte sich, legte seinen Hut auf den neben ihm stehenden Stuhl, überlegte einige Zeit, was er mit seinen Händen anfangen solle, stützte sie auf die Knie, auf die Armlehnen an seinem Sessel und faltete sie dann schließlich, als wolle er beten.

Dann kam Julien herein. Jeanne war höchst erstaunt; sie erkannte ihn kaum wieder; er hatte sich rasiert, er war schön, elegant und verführerisch wie in der Verlobungszeit. Er drückte die behaarte Tatze des Grafen, der bei seinem Kommen wieder aufgewacht zu sein schien, und küßte der Gräfin die Hand. Ein rosiger Schimmer zeigte sich auf ihren elfenbeinblassen Wangen, und ein Zucken huschte über ihre Augenlider.

Er unterhielt sich; er war liebenswürdig wie früher. Seine großen Augen waren wieder wie zärtliche Spiegel der Liebe, und sein noch eben glanzloses und hartes Haar war durch die Bürste und parfümiertes Haarwasser wieder wellig geworden und hatte seinen alten Schimmer zurückerhalten.

Beim Abschied wandte sich die Gräfin an ihn und fragte: »Wollen Sie am Donnerstag mit uns reiten, lieber Vicomte?«

Er verbeugte sich und murmelte: »Ja gewiß, sehr gern, Madame.«

Dann nahm sie Jeannes Hand und sagte mit ihrer zarten, klaren Stimme und einem liebevollen Lächeln: »Und wenn Sie wiederhergestellt sind, wollen wir alle drei zusammen über Land reiten; das wird wunderschön. Sind Sie einverstanden?« Mit einer anmutigen Bewegung hob sie die Schleppe ihres Reitkleides und schwang sich mit der Behendigkeit eines Vogels in den Sattel.

Ihr Mann machte eine ungeschickte Verbeugung und bestieg dann sein großes normannisches Pferd, auf dem er so aufgereckt saß, daß er wirkte, als sei er ein Kentaur.

Als sie bei der Wegbiegung hinter dem Tor verschwunden waren, rief Julien ganz entzückt: »Was für reizende Menschen sind das! Die Bekanntschaft mit ihnen wird uns sehr nützlich sein.«

Auch Jeanne war froh, ohne recht zu wissen, warum, und antwortete: »Die kleine Gräfin ist entzückend; ich fühle, daß ich sie sehr liebgewinnen werde. Aber ihr Mann sieht wie ein roher Stumpfbold aus. Woher kennst du sie eigentlich?«

Er rieb sich zufrieden die Hände: »Ich habe sie zufällig bei den Brisevilles getroffen. Der Mann macht einen etwas grobschlächtigen Eindruck. Er ist ein leidenschaftlicher Jäger, aber ein echter Edelmann.«

Das Abendessen verlief nahezu fröhlich, als sei ein heimliches Glück im Haus eingekehrt.

Bis in die letzten Julitage geschah nichts Besonderes.

Eines Dienstagabends saßen sie unter der Platane an einem Holztisch, auf dem zwei Gläschen und eine Karaffe mit Schnaps standen. Plötzlich stieß Jeanne etwas wie einen Schrei aus, wurde sehr blaß und preßte beide Hände auf den Leib. Ein jäher, scharfer Schmerz hatte sie durchzuckt und war dann gleich wieder erloschen.

Aber nach zehn Minuten durchbohrte sie abermals ein Schmerz; er dauerte länger, wenn er auch weniger heftig war. Nur mit Mühe schleppte sie sich ins Haus, ihr Vater und ihr Mann mußten sie beinahe tragen. Der kurze Weg von der Platane bis zu ihrem Zimmer dünkte sie endlos lang. Unwillkürlich stöhnte sie auf, wollte sich hinsetzen, stehen bleiben, so schwach fühlte sie sich; und dabei hatte sie die Empfindung einer unerträglichen Schwere im Bauch.

Ihre Stunde war eigentlich noch nicht gekommen; das Kind wurde erst im September erwartet. Aber da ein Zwischenfall zu befürchten war, wurde ein Wagen angespannt, und der alte Simon fuhr im Galopp davon, um den Arzt zu holen.

Gegen Mitternacht langte er an und stellte sofort die Symptome einer Frühgeburt fest.

Seit sie im Bett lag, hatten Jeannes Schmerzen sich etwas beruhigt, aber es drosselte sie eine entsetzliche Angst; eine tödliche, verzweifelte Schwäche erfüllte ihr ganzes Sein. Es war wie eine Vorahnung, wie die geheimnisvolle Berührung des Todes. Es gibt Augenblicke im Leben, da er so nahe an uns vorüberstreift, daß wir seinen eisigen Atem bis ins Herz hinein spüren.

Es waren viele Menschen im Zimmer. Mama saß zusammengesunken im Sessel und rang nach Atem. Der Baron lief hin und her, brachte mit zitternden Händen dies und das, bedrängte den Arzt mit Fragen, hatte völlig den Kopf verloren. Julien ging mit besorgter Miene, aber im Grunde ruhig, im Zimmer auf und ab. Am Fußende des Bettes stand die Dentu. Ihr Gesicht trug den den Umständen entsprechenden Ausdruck einer erfahrenen Frau, die sich von nichts überraschen läßt: Sie war Pflegerin und Hebamme, sie wachte an Totenbetten. Sie empfing die Menschen, wenn sie geboren wurden, hörte ihren ersten Schrei und wusch das junge Fleisch mit dem ersten Wasser, wickelte es in die ersten Windeln. Mit derselben Ruhe hörte sie das letzte Wort, das letzte Röcheln derer, die dahingehen; zum letztenmal befeuchtete sie den verbrauchten Leib mit Essig, hüllte ihn in das letzte Leintuch. Daraus war ihr ein unerschütterlicher Gleichmut gegenüber den Wechselfällen von Geburt und Tod erwachsen.

Die Köchin Ludivine und Tante Lison hielten sich bescheiden im Hintergrund in der Nähe der Tür zum Flur.

Von Zeit zu Zeit entrang sich der Kranken ein leiser Schmerzenslaut.

Zwei Stunden lang sah es so aus, als werde das Ereignis noch lange auf sich warten lassen. Aber bei Tagesanbruch nahmen die Schmerzen plötzlich zu und wurden bald entsetzlich.

Schreie, die sie nicht zu unterdrücken vermochte, gellten zwischen Jeannes zusammengepreßten Zähnen hervor, und dabei mußte sie immerfort an Rosalie denken, die gar nicht gelitten, die kaum gestöhnt hatte, deren Kind, der Bastard, mühelos und ohne jede Qual zur Welt gekommen war.

Ihre gequälte, unglückliche Seele mußte unablässig diesen Vergleich ziehen. Und sie verfluchte Gott, den sie früher für gerecht gehalten hatte. Sie empörte sich gegen die sträflichen Bevorzugungen durch das Schicksal und gegen die frevlerischen Lügen derer, die die Ehrenhaftigkeit und die Tugend predigen.

Manchmal wurden die Schmerzen so stark, daß ihr alles bewußte Denken verging. Ihre ganze Kraft, ihr Leben, ihr Bewußtsein waren nur noch ein einziges Leiden.

In den Minuten, da die Schmerzen nachließen, konnte sie den Blick nicht von Julien wenden. Dann überwältigte sie ein anderes, ein seelisches Leiden, und sie mußte an den Tag denken, an dem das Dienstmädchen am Fuß dieses selben Bettes hingesunken war, mit ihrem Kind zwischen den Beinen, dem Bruder des kleinen Wesens, das ihr so grausam den Leib zerriß. In größter Deutlichkeit sah sie ihren Mann vor sich, seine Gesten, Blicke und Worte angesichts des am Boden ausgestreckten Mädchens. Als drückten sie alle seine Gedanken aus, las sie jetzt von seinen Bewegungen dasselbe Unbehagen ab, dieselbe Gleichgültigkeit gegen sie wie gegen die andere, dieselbe Unberührtheit eines egoistischen Mannes, für den die Vaterschaft nur etwas Ärgerliches hat.

Da schüttelte sie ein so furchtbarer grausamer Krampf, daß sie sich sagte: »Ich muß sterben. Ich sterbe!« Und eine wilde Empörung erfüllte sie, ein Verlangen, diesen Mann zu verfluchen, ein bitterer Haß gegen ihn, der sie zugrunde gerichtet hatte, und gegen das unbekannte Kind, das sie das Leben kostete.

In einer letzten, äußersten Anspannung spannte sie alle Kräfte an, um diese Last von sich zu schleudern. Da hatte sie plötzlich das Gefühl, daß ihr Leib sich ausleere, und die Schmerzen hörten auf.

Die Pflegerin und der Arzt beugten sich über sie und hantierten an ihr herum. Sie nahmen etwas fort, und dann erschauerte sie bei den erstickten Lauten, die sie schon einmal gehört hatte, und nun drang der leise Schmerzensruf, das dünne Winseln des neugeborenen Kindes durch ihre Seele, ihr Herz und ihren ganzen armen, erschöpften Körper. Mit einer unbewußten Bewegung versuchte sie, die Arme auszustrecken.

Freude durchschwoll sie; sie überließ sich einem neuen Glück, das eben in ihr aufgebrochen war. Innerhalb einer Sekunde war sie befreit, beruhigt, glücklich, glücklich, wie sie es noch nie gewesen war. Neues Leben erwachte in ihrem Herzen und ihrem Fleisch – sie war Mutter geworden!

Sie wollte ihr Kind sehen! Es hatte weder Haar noch Nägel, weil es zu früh gekommen war; aber als sie sah, wie dies Würmchen sich bewegte, den Mund öffnete, sein Gequarr ausstieß, als sie die faltige kleine Frühgeburt berührte, die aber lebte und das Gesichtchen verzog, durchströmte sie eine unwiderstehliche Freude. Sie fühlte, daß sie davongekommen war, daß sie etwas besaß, das sie vor aller Verzweiflung schützen würde, etwas hielt, das sie so lieben wollte, daß sie gar nichts anderes mehr tun könnte.

Von nun an hatte sie nur noch einen Gedanken: ihr Kind. Mit einem Schlag wurde sie eine fanatische Mutter, deren Gefühle um so höher gespannt waren, als sie in der Liebe enttäuscht, in ihren Hoffnungen betrogen worden war. Immer mußte sie die Wiege dicht neben ihrem Bett haben. Und als sie aufstehen konnte, saß sie den ganzen Tag am Fenster und schaukelte die leichte Lagerstatt.

Sie war eifersüchtig auf die Amme, und wenn das kleine Wesen die Arme durstig nach der dicken, blaugeäderten Brust ausstreckte und mit gierigen Lippen an der braunen, runzligen Warze sog, sah sie die kräftige, ruhige Bäuerin erbleichend und zitternd an und verspürte das Verlangen, ihr den Sohn zu entreißen und jene Brust zu schlagen, mit den Nägeln zu zerfleischen, an der er so eifrig trank.

Dann wollte sie mit eigener Hand schöne, elegante Kleidchen für ihn nähen, die sie mit den kompliziertesten Stickereien schmückte. Sie hüllte ihn in duftige Spitzen, setzte ihm prächtige Häubchen auf. Sie sprach von nichts anderem mehr, unterbrach jedes Gespräch, weil irgendeine Windel oder ein besonders schön gearbeitetes Lätzchen, ein Band bewundert werden sollten. Sie hörte nicht mehr auf das, was um sie her gesprochen wurde, begeisterte sich nur noch für das Stückchen Wäsche, drehte es lange hin und her, hielt es hoch, um es besser zu sehen, und fragte unvermittelt: »Glaubt ihr, daß er darin schön aussehen wird?«

Der Baron und Mama lächelten über diese an Irrsinn grenzende Zärtlichkeit. Aber Julien fühlte sich in seinen Gewohnheiten und seinem Bedürfnis zu herrschen gestört, seit dieser tyrannische Schreihals angekommen war. Er wurde nicht mehr so wichtig genommen, war, ohne sich dessen bewußt zu sein, eifersüchtig auf dieses Menschlein, das ihm seine Stellung im Haus streitig machte, und voller Ungeduld und Zorn sagte er immer wieder: »Sie ist unerträglich mit dem ewigen Gerede über ihr Kind.«

Schließlich war sie so besessen von ihrer Liebe zu dem Kind, daß sie auch die Nächte an seiner Wiege sitzend verbrachte, um ihn schlafen zu sehen. Dies leidenschaftliche, krankhafte Bedürfnis, ihn zu betrachten, zehrte an ihren Kräften; sie gönnte sich keine Ruhe mehr, wurde immer schwächer, nahm zusehends ab und hustete viel. Da ordnete der Arzt an, sie müsse von ihrem Sohn getrennt werden.

Sie empörte sich, weinte, flehte. Aber ihre Bitten stießen auf taube Ohren. Jeden Abend wurde er zur Amme gebracht, und jede Nacht stand die Mutter auf, ging barfuß hinaus und horchte mit dem Ohr am Schlüsselloch, ob er auch ruhig schlafe, ob er nicht aufgewacht sei, ob er nichts brauche.

Dort fand Julien sie eines Nachts, als er den Abend bei den Fourvilles zugebracht hatte und spät heimkam. Von da an wurde sie abends in ihrem Zimmer eingeschlossen, damit sie gezwungen war, zu Bett zu gehen.

Ende August fand die Taufe statt. Der Baron war Pate, Tante Lison Patin. Das Kind erhielt den Namen Pierre-Simon-Paul; Paul sollte der Rufname sein.

In den ersten Septembertagen reiste Tante Lison lautlos wieder ab; und ihr Fernsein blieb genauso unbemerkt, wie ihre Anwesenheit es gewesen war.

Eines Abends nach dem Essen erschien der Pfarrer. Er war sichtlich verlegen, als trage er ein Geheimnis mit sich herum. Nach einigen belanglosen Worten bat er die Baronin und ihren Mann, sie einen Augenblick allein sprechen zu dürfen.

Langsam und lebhaft sprechend gingen sie alle drei bis ans Ende der Allee. Julien blieb mit Jeanne allein zurück, wunderte sich, sorgte und ärgerte sich über diese Geheimnistuerei.

Als der Priester sich verabschiedete, sagte er, er wolle ihn begleiten, und sie verschwanden in der Richtung auf die Kirche, von wo das Abendläuten herüberklang.

Es war kühl, beinahe kalt; sie kehrten bald in den Salon zurück. Sie waren alle etwas eingedämmert, als Julien plötzlich rot vor Empörung zurückkam.

Ohne zu bedenken, daß Jeanne im Zimmer sei, rief er schon in der Tür seinen Schwiegereltern zu: »Seid ihr denn, zum Donnerwetter, vollkommen wahnsinnig geworden, daß ihr diesem Mädchen zwanzigtausend Francs nachwerft?«

Sie waren so überrascht, daß keiner antwortete.

Da brüllte er voll Zorn: »Kann man die Dummheit so weit treiben? Wollt ihr uns denn keinen Sou übriglassen?«

Inzwischen hatte der Baron sich gefaßt und versuchte ihn zum Schweigen zu bringen: »Halt den Mund! Bedenke doch, daß deine Frau hört, was du sagst!«

Aber er stampfte mit den Füßen auf den Boden, so sehr war er außer sich: »Das ist mir schnuppe. Außerdem weiß sie ja Bescheid. Dies ist ein Diebstahl, der auf ihre Kosten geht.«

Jeanne erschrak, sah ihn verständnislos an und stammelte: »Was ist denn?«

Da wandte Julien sich ihr zu, rief sie zur Zeugin auf, wie eine Geschäftsteilhaberin, die wie er um einen erhofften Gewinn gekommen sei. Er erzählte ihr kurz die Verschwörung: daß Rosalie verheiratet und ihr der Bauernhof Barville geschenkt werden solle, der mindestens zwanzigtausend Francs wert sei. Und nochmals sagte er: »Deine Eltern sind verrückt, meine Liebe, so verrückt, daß sie eingesperrt werden müßten! Zwanzigtausend Francs! Zwanzigtausend Francs! Sie haben völlig den Verstand verloren! Zwanzigtausend Francs für den Bastard!«

Ohne Erregung und ohne Zorn hörte Jeanne ihn an. Sie wunderte sich über ihre Ruhe. Alles, was nicht ihr Kind betraf, ließ sie jetzt gleichgültig.

Den Baron würgte es in der Kehle, er konnte keine Antwort herausbringen. Endlich brach er los, stampfte heftig auf und schrie: »Überlege dir, was du sagst, das fängt ja an, widerlich zu werden. Wer ist denn schuld, daß wir dieser unehelichen Mutter eine Mitgift geben müssen? Wessen Kind ist es denn? Wenn es nach dir ginge, allerdings – du hättest sie jetzt im Stich gelassen!«

Julien hatte nicht erwartet, daß der Baron so heftig werden könne, und sah ihn starr an. Dann fuhr er maßvoller fort: »Fünfzehnhundert Francs wären genug. Sie haben ja alle ein Kind, ehe sie heiraten. Ob es nun von diesem oder jenem ist, das ändert nichts an der Sache, zum Donnerwetter. Wenn ihr ihr aber einen eurer Pachthöfe im Wert von zwanzigtausend Francs gebt, so geschieht das nicht nur zu unserem Schaden, sondern ihr sagt damit auch aller Welt, was passiert ist. Ihr hättet wenigstens an unseren Namen und an unsere Stellung denken sollen.« Das alles sagte er im strengen Ton eines Mannes, der sich im Recht fühlt und der Logik seiner Beweisführung sicher ist.

Der Baron geriet so durcheinander über diese unerwarteten Einwendungen, daß er mit offenem Mund dastand.

Da fühlte Julien sich im Vorteil und zog seine Schlußfolgerungen: »Zum Glück ist noch nichts endgültig vereinbart. Ich kenne den Burschen, der sie heiraten will; er ist ein braver Kerl, und man wird sich schon mit ihm einigen können. Ich nehme die Sache in die Hand.« Damit ging er hinaus; er fürchtete wohl eine Weiterführung des Gesprächs und war froh über das allgemeine Schweigen, das er als Zustimmung auslegte.

Sobald er verschwunden war, rief der Baron aufs äußerste überrascht und zitternd: »Das geht nun aber wirklich zu weit, das geht zu weit!«

Doch Jeanne blickte zu dem verstörten Gesicht ihres Vaters auf und fing unvermittelt an zu lachen, so klar und fröhlich wie in früheren Zeiten, wenn sie irgendeinen Scherz mitangehört hatte. »Vater, Vater«, sagte sie, »hast du gehört, wie er das aussprach: zwanzigtausend Francs?«

Und beim Gedanken an die wütende Miene ihres Schwiegersohnes, seine Ausrufe der Empörung, seinen heftigen Widerstand gegen den Plan, dem von ihm verführten Mädchen Geld zukommen zu lassen, das ihm nicht gehörte, und aus Freude über Jeannes gute Laune brach Mama, die ebenso leicht zur Fröhlichkeit neigte wie zu Tränen, in ihr stoßweises Gelächter aus, so daß ihr die Tränen in die Augen traten. Nun wurde auch der Baron angesteckt. Wie in den guten alten Zeiten mußten alle drei so schrecklich lachen, daß ihnen ganz elend wurde.

Als sie sich etwas beruhigt hatten, sagte Jeanne erstaunt: »Wie merkwürdig, es macht mir nichts mehr aus. Ich betrachte ihn jetzt als einen Fremden. Ich kann nicht glauben, daß ich seine Frau bin. Ihr seht es ja, ich amüsiere mich über... über... über seine Taktlosigkeiten.«

Und immer noch lächelnd und gerührt, umarmten sie einander, ohne recht zu wissen, warum.

Zwei Tage später nach dem Mittagessen war Julien gerade weggeritten; die anderen saßen noch unter der Platane. Da kletterte ein großer Bauernbursche von zweiundzwanzig bis fünfundzwanzig Jahren, in einem ganz neuen Kittel mit steifen Falten und aufgeblähten Ärmeln, die am Handgelenk zugeknöpft waren, heimlich über den Zaun, als habe er dort seit dem Morgen auf der Lauer gelegen. Er schlich den Graben am Couillardschen Grundstück entlang, bog um die Ecke des Schlosses und näherte sich behutsamen Schrittes dem Baron und den beiden Frauen. Als er sie vor sich sah, nahm er die Mütze ab und kam sich verbeugend und mit verlegener Miene heran. Sobald er nahe genug war, um verstanden zu werden, blubberte er: »Ihr Diener, Herr Baron, Frau Baronin und die ganze Gesellschaft.« Da niemand ihm antwortete, verkündete er: »Ich bin nämlich Désiré Lecoq.«

Der Name sagte ihnen nichts, und der Baron fragte: »Was wünschen Sie?«

Nun wurde der Bursche, da er sich gezwungen sah, seinen Fall darzulegen, gänzlich verwirrt. Bald schaute er seine Mütze an, die er in den Händen hielt, bald hob er die Augen wieder, blickte zum Dach des Schlosses hinauf und stammelte: »Der Herr Pfarrer hat mir nämlich etwas gesagt, wegen dieser Geschichte...«;

dann verstummte er wieder, aus Scheu, zu viel zu sagen und gegen sein Interesse zu verstoßen.

Verständnislos fragte der Baron: »Was für eine Geschichte? Ich weiß von nichts.«

Da raffte der andere sich zusammen und sagte leise: »Diese Geschichte mit Ihrem Mädchen... mit der Rosalie...«

Jeanne hatte erraten, um was es sich handelte; sie ging mit ihrem Kind in den Armen davon.

Der Baron stieß hervor: »Kommen Sie mal her« und deutete auf den Stuhl, von dem seine Tochter eben aufgestanden war.

Der Bauer setzte sich und murmelte: »Sehr liebenswürdig.« Dann wartete er, als habe er nichts weiter zu sagen. Nach einer ziemlich langen Pause nahm er endlich einen Anlauf, hob den Blick zum blauen Himmel und sagte: »Schönes Wetter für diese Jahreszeit. Gut für den Boden, für das, was schon gesät ist.« Darauf verstummte er abermals.

Der Baron wurde ungeduldig und ging nun gerade aufs Ziel los. »Also, Sie wollen Rosalie heiraten?« fragte er trocken.

Der Mann wurde sofort wieder ängstlich, denn diese Art vertrug sich nicht mit den Gewohnheiten der normannischen Bauern. Und so antwortete er lebhafter und mißtrauisch: »Das kommt drauf an, vielleicht ja, vielleicht nein, es kommt drauf an.«

Der Baron ärgerte sich über diese Ausflüchte: »Den Teufel auch! Antworten Sie mir gefälligst offen: Sind Sie deswegen hierhergekommen – ja oder nein? Nehmen Sie das Mädchen – ja oder nein?«

Der Mann sah verlegen auf seine Füße nieder: »Wenn es so ist, wie der Herr Pfarrer sagt, nehme ich sie. Aber wenn es so ist, wie Monsieur Julien sagt, dann nehme ich sie nicht.«

»Was hat Monsieur Julien Ihnen gesagt?«

»Monsieur Julien hat mir gesagt, daß ich fünfzehnhundert Francs bekomme, und der Herr Pfarrer hat gesagt, daß ich zwanzigtausend bekomme. Für zwanzigtausend will ich es tun, aber für fünfzehnhundert tue ich es nicht.«

Angesichts der ängstlichen Verlegenheit des Burschen fing die Baronin, die in ihrem Sessel sitzen geblieben war, in kleinen

Schüttelstößen zu lachen an. Der Bauer sah sie mit einem mißzufriedenen Blick von der Seite an; er verstand nicht, was es zu lachen gab, und wartete.

Dem Baron war dieses Feilschen widerwärtig, und er brach es kurz ab: »Ich habe dem Herrn Pfarrer gesagt, daß Sie Barville auf Lebenszeit bekommen sollen; nachher soll der Hof an das Kind fallen. Er ist zwanzigtausend Francs wert. Ich nehme mein Wort nicht zurück. Sind Sie einverstanden oder nicht?«

Der Mann lächelte unterwürfig und zufrieden und wurde plötzlich gesprächig: »Ja, dann sage ich nicht nein. Das war das einzige, was im Weg stand. Wie der Herr Pfarrer mit mir davon gesprochen hat, habe ich gleich gewollt, wahrhaftig. Und dann wollte ich auch gern dem Herrn Baron gefällig sein, der es mir vergelten wird, das hab' ich mir gleich gesagt. Es ist doch immer so: Wenn einer dem anderen gefällig ist, dann findet sich immer eine Gelegenheit, wo man sich's wieder vergilt. Aber dann ist Monsieur Julien zu mir gekommen, und auf einmal waren es nur noch fünfzehnhundert. Da habe ich mir gesagt: ›Ich muß Bescheid wissen‹, und da bin ich hergekommen. Ich will nichts gesagt haben, ich habe Ihnen ja getraut, aber ich wollte es doch sicher wissen. Bei einem Geschäft muß alles klar sein, sonst geht die Freundschaft in die Brüche; so ist es doch, Herr Baron...«

Er mußte zum Schweigen gebracht werden; der Baron unterbrach ihn: »Wann soll geheiratet werden?«

Da wurde der Mann wieder schüchtern und ganz verlegen. Schließlich brachte er zögernd hervor: »Sollte man nicht lieber vorher was schriftlich abmachen?«

Diesmal wurde der Baron böse: »Aber, bei diesem und jenem, Sie haben ja dann den Ehekontrakt. Etwas Besseres können Sie doch gar nicht verlangen.«

Der Bauer ließ nicht locker: »Vorher könnte man trotzdem was Schriftliches abmachen; das kann nichts schaden.«

Der Baron wollte zum Schluß kommen und stand auf: »Antworten Sie, ja oder nein, und zwar sofort. Wenn Sie nicht wollen, so sagen Sie es. Ich habe einen anderen Bewerber.«

Da packte den durchtriebenen Normannen die Angst. Er gab sich einen Ruck und streckte die Hand aus, als handele es sich um den Kauf einer Kuh: »Abgemacht, Herr Baron. Ich will ein Schuft sein, wenn ich mich nicht daran halte.«

Der Baron schlug ein und rief dann: »Ludivine!« Die Köchin streckte den Kopf zum Fenster heraus. »Bringen Sie eine Flasche Wein.« Dann wurde angestoßen, um den Abschluß des Geschäfts zu begießen. Und der Bursche ging sehr viel munterer seines Weges.

Julien wurde nichts von dem Besuch gesagt. Die Aufsetzung des Kontrakts geschah in größter Heimlichkeit; dann wurde das Paar aufgeboten, und an einem Montagmorgen fand die Trauung statt.

Eine Nachbarin folgte den beiden in die Kirche. Auf den Armen trug sie das Bübchen, das sichere Unterpfand künftigen Wohlergehens. Die Leute aus dem Dorf fanden das alles ganz natürlich; nur daß Désiré Lecoq viel beneidet wurde. Mit einem etwas boshaften, aber keineswegs entrüsteten Lächeln hieß es, er sei mit einem Glückshäutchen geboren worden.

Julien machte eine so furchtbare Szene, daß seine Schwiegereltern ihren Aufenthalt in Les Peuples abbrachen. Jeanne sah sie ohne allzu großen Schmerz abreisen; denn Paul war für sie zu einer unerschöpflichen Quelle des Glücks geworden.

IX

Als Jeanne sich völlig von ihrer Niederkunft erholt hatte, wurde beschlossen, den Besuch der Fourvilles zu erwidern und sich auch dem Marquis de Coutelier vorzustellen.

Julien hatte unlängst bei einer öffentlichen Versteigerung einen neuen Wagen gekauft, einen offenen Viersitzer, der nur von einem Pferd gezogen zu werden brauchte, und also konnte jetzt zweimal im Monat ausgefahren werden.

An einem klaren Dezembertag wurde angespannt. Zwei Stunden lang fuhren sie durch die normannische Ebene. Dann zog sich die Straße ein Tälchen hinunter, dessen Hänge bewaldet waren und auf dessen Grund bebaute Felder lagen.

Bald traten an die Stelle der Äcker Wiesen, und die Wiesen

wieder wichen einem Sumpfgebiet mit hohem, in dieser Jahreszeit trockenem Schilf, dessen lange Blätter wie gelbe Bänder im Wind raschelten.

Dann wurde bei einer plötzlichen Biegung des Tals Schloß La Vrillette sichtbar. Auf der einen Seite lehnte es am Waldhang, auf der anderen Seite reichten die Mauern bis zu einem großen Teich, an dessen gegenüberliegendem Ende ein hoher Tannenwald sich an der anderen Talseite hinaufzog.

Man mußte über eine alte Zugbrücke und durch ein großes Portal im Louis-Treize-Stil fahren, um in den weiten Ehrenhof zu gelangen. Hinter ihm erhob sich ein elegantes Herrenhaus aus derselben Zeit; die Fenster waren in Backsteinrahmen gefaßt, und an beiden Enden ragten schiefergedeckte Türmchen auf.

Julien erklärte Jeanne das Gebäude in all seinen Einzelheiten, als ein damit völlig vertrauter Kenner. Er machte sie auf alles aufmerksam und begeisterte sich für die architektonischen Schönheiten: »Sieh nur das Portal an! Ist das Ganze nicht ein großartiger Bau? Die andere Front grenzt an den Teich; eine königliche Freitreppe führt bis zum Wasser hinunter; und unten an den Stufen liegen vier Boote, zwei für den Grafen und zwei für die Gräfin. Dort rechts, wo du die Pappelwand siehst, ist das Ende des Teichs; da fängt der Bach an, der bei Fécamp mündet. Die Gegend wimmelt von Wasservögeln, und der Graf ist ganz versessen darauf, hier auf die Jagd zu gehen. Es ist ein wirklicher Herrensitz!«

Die Eingangstür hatte sich geöffnet, und die blasse Gräfin erschien. Lächelnd kam sie ihren Gästen entgegen. Sie trug ein Schleppenkleid wie eine Schloßherrin aus alten Zeiten und sah aus wie eine eigens für dieses Märchenschloß geborene »Lady of the Lake«.

Von den acht Fenstern des Salons gingen vier auf die Wasserfläche und den dunklen Tannenwald hinaus, der an dem gegenüberliegenden Hügel bergan stieg.

Das Schwarzgrün der Tannen ließ den Teich tief, ernst und düster erscheinen; und wenn der Wind wehte, klang das Ächzen der Bäume, als sei es die Stimme des Sumpfes.

Die Gräfin nahm Jeanne bei beiden Händen, wie wenn sie

Freundinnen seit der Kinderzeit seien. Sie bat sie, Platz zu nehmen, und setzte sich zu ihr auf einen niedrigen Stuhl. Julien, in dem seit fünf Monaten alle vergessene Eleganz wieder aufgelebt war, gab sich liebenswürdig und vertraut, plauderte und lächelte.

Die Gräfin und er sprachen von ihren Ritten. Sie machte sich ein wenig lustig über seine Art, aufs Pferd zu steigen, und nannte ihn »Ritter Holterdiepolter«; und auch er lachte, da er ihr den Spitznamen »Amazonenkönigin« gegeben hatte. Ein Büchsenschuß ertönte unter den Fenstern, und Jeanne schrie leise auf. Es war der Graf, der eine Wildente geschossen hatte.

Seine Frau rief nach ihm. Das Geplätscher von Rudern wurde hörbar, das Anstoßen eines Bootes gegen die Steine, und dann erschien er, riesengroß und gestiefelt, gefolgt von zwei triefnassen Hunden, die rothaarig waren wie er und sich auf den Teppich vor der Tür legten.

Im eigenen Haus machte er keinen so verlegenen Eindruck und schien sich über den Besuch zu freuen. Er ließ Holz aufs Feuer legen, ließ Madeira und Biskuits kommen, und dann rief er: »Aber Sie müssen selbstverständlich zum Essen bleiben.«

Jeanne, die unablässig an ihr Kind dachte, lehnte ab. Er bestand darauf, und als sie hartnäckig blieb, vollführte Julien eine rasche, ungeduldige Handbewegung. Da fürchtete sie, er könne wieder böse und gereizt werden, und so nahm sie die Einladung an, obwohl ihr der Gedanke, Paul erst am nächsten Tag wiederzusehen, eine Qual war.

Es wurde ein reizender Nachmittag. Zunächst suchten sie die Quellen auf. Sie sprudelten am Fuß eines bemoosten Felsens hervor und ergossen sich in ein klares Becken, in dem das Wasser in ständiger Bewegung war, als ob es koche. Dann fuhren sie im Boot durch einen Wald von trockenem Schilf, in das regelrechte Wege geschnitten worden waren. Der Graf saß zwischen seinen beiden Hunden, die beständig in der Windrichtung witterten, und ruderte. Bei jedem Ruderstoß hob sich das große Boot und schoß vorwärts. Jeanne tauchte zuweilen die Hand in das kalte Wasser und genoß die eisige Kühle, die ihr von den Fingerspitzen bis ins Herz drang. Ganz hinten im Boot saßen Julien und die in Schals gehüllte Gräfin. Sie lächelten das stete Lächeln froher Menschen, die das Glück verstummen läßt.

Der Abend nahte mit eisigem Hauch, Windstößen von Norden, die durch das welke Schilf strichen. Die Sonne war hinter den Tannen untergetaucht, und allein schon der Anblick des roten, mit scharlachfarbenen, sonderbar geformten Wölkchen gesprenkelten Himmels genügte, um einen vor Kälte erschauern zu lassen.

Sie gingen wieder in den großen Salon, in dem ein riesiges Feuer flammte. Ein angenehmes Gefühl von Wärme und Behagen umfing einen schon an der Tür. Da überkam den Grafen eine solche Fröhlichkeit, daß der wackere Mann in der Zufriedenheit seine Frau in seine Athletenarme nahm, sie wie ein Kind bis zu seinem Mund hochhob und ihr zwei dicke Küsse auf die Wangen drückte.

Jeanne sah lächelnd diesen gutmütigen Riesen an, der nur seines roten Schnurrbarts wegen als Menschenfresser galt, und dachte: Wie falsch urteilt man doch täglich über alle Menschen! Darauf fiel ihr Blick unwillkürlich auf Julien, und sie sah, daß er grauenhaft blaß am Fenster stand und mit starren Blicken den Grafen ansah. Besorgt trat sie auf ihren Mann zu und fragte ihn leise: »Was ist dir? Ist dir nicht wohl?«

Zornig antwortete er: »Mir fehlt nichts. Laß mich in Ruhe. Mich hat gefroren.«

Als sie ins Eßzimmer hinübergingen, bat der Graf, die Hunde hereinlassen zu dürfen. Sie setzten sich rechts und links von ihrem Herrn hin. Alle paar Augenblicke gab er ihnen einen Brokken und streichelte ihre langen, seidigen Ohren. Und die Tiere bewegten die Köpfe, wedelten, zitterten vor Behagen.

Nach dem Essen schickten Jeanne und Julien sich zum Aufbruch an. Aber der Graf hielt sie zurück, um ihnen noch zu zeigen, wie man bei Fackelschein Fische fängt.

Sie mußten sich mit der Gräfin auf der Freitreppe aufstellen, die zum Teich hinabführte. Dann stieg er mit einem Diener, der einen Sperber und eine brennende Fackel trug, in sein Boot. Über ihnen wölbte sich ein klarer, goldbesternter Himmel; die Nachtluft wehte scharf.

Die Fackel ließ seltsame, hin- und hergleitende Feuerstreifen auf dem Wasser aufleuchten; ihr Schein tanzte über das Schilf hin und erhellte die hohe Tannenwand. Da drehte sich das Boot plötzlich, und auf dem beleuchteten Waldsaum erschien ein riesenhafter, phantastischer Schatten, der Schatten eines Mannes, dessen Kopf über die Bäume hinausragte und sich im Himmel verlor und dessen Füße in den Teich tauchten. Dann hob das Ungeheuer die Arme, als wolle es die Sterne greifen. Rasch reckten sich die riesigen Arme und sanken sofort wieder herab, und man hörte ein leises Aufklatschen auf dem Wasser.

Als das Boot dann in einem sanften Bogen weiterfuhr, sah es aus, als laufe das Fabelwesen den Wald entlang, dorthin, wo das Licht bei der neuen Wendung hinfiel. Nun verschwand es am unsichtbaren Horizont, um plötzlich, weniger groß, aber deutlicher, mit seinen seltsamen Bewegungen auf der Fassade des Schlosses zu erscheinen.

Der Graf rief mit seiner tiefen Stimme: »Gilberte, ich habe acht gefangen!«

Die Ruder schlugen ins Wasser. Der Riesenschatten war regungslos auf der Mauer zu sehen; er bewegte sich nicht mehr, wurde nur allmählich kleiner und schmaler, sein Kopf schien herabzusinken, sein Leib magerer zu werden. Als der Graf, immer von seinem Diener mit der Fackel gefolgt, wieder die Treppe heraufstieg, hatte der Schatten die Größe seiner Gestalt angenommen und bewegte sich wie er.

In einem Netz trug er acht dicke, zappelnde Fische.

Bei der Heimfahrt waren Jeanne und Julien ganz eingehüllt in Mäntel und Decken, die ihnen geliehen worden waren. Jeanne sagte unwillkürlich: »Was für ein guter Kerl ist dieser Riese!« Und Julien, der kutschierte, antwortete: »Ja, aber in Gesellschaft bewahrt er nicht immer die nötige Haltung.«

Acht Tage später besuchten sie die Couteliers, die als die vornehmste Familie des Landes galten. Ihr Gut Reminil grenzte an das Städtchen Cany. Das neue, zur Zeit Ludwigs XIV. erbaute Schloß lag in einem herrlichen, von Mauern umschlossenen Park versteckt. Auf einer Anhöhe war noch die Ruine des alten Schlosses zu sehen. Livrierte Diener führten die Besucher in einen großen, imposanten Raum. In der Mitte stand eine riesige Sèvres-Vase auf einer Säule, in die, hinter einer geschliffenen Glasscheibe, ein handgeschriebener Brief des Königs eingelassen war. Darin wurde der Marquis Léopold-Harvé-Joseph-Germer de Varneville de Rollebosc de Coutelier aufgefordert, diese Gabe seines Herrschers entgegenzunehmen.

Jeanne und Julien waren in die Betrachtung dieses königlichen Geschenks vertieft, als der Marquis und die Marquise hereinkamen. Die stark gepuderte Frau war liebenswürdig aus Gewohnheit und affektiert, weil sie herablassend wirken wollte. Der Mann, eine stattliche Erscheinung mit weißem, hochgebürstetem Haar, legte in Bewegung, Stimme und seiner ganzen Haltung einen Hochmut an den Tag, der seinen Rang betonen sollte.

Es waren äußerst konventionelle Menschen, die in all ihren Gefühlen und Worten auf Stelzen gingen.

Sie sprachen immer allein, warteten nie eine Antwort ab, trugen ein ewig gleichgültiges Lächeln zur Schau, schienen nur die Funktion zu erfüllen, die ihr Rang ihnen auferlegte und die darin bestand, die kleinen Edelleute der Umgegend höflich zu empfangen.

Jeanne und Julien waren wie gelähmt, bemühten sich aber zu gefallen. Es war ihnen unbehaglich, länger da zu bleiben, und doch fanden sie nicht das richtige Wort, um sich zu verabschieden. Aber die Marquise machte von sich aus dem Besuch ein Ende, indem sie einfach das Gespräch abbrach, wie eine höfliche Königin ihre Untertanen entläßt.

Bei der Heimfahrt sagte Julien: »Wenn es dir recht ist, lassen wir es bei diesen Besuchen bewenden. Mir genügen die Fourvilles vollauf.« Und Jeanne war ganz seiner Meinung.

Langsam verfloß der Dezember, der dunkelste aller Monate, ein finsteres Loch am Grund des Jahres. Wieder, wie im vergangenen Jahr, spielte sich das ganze Leben innerhalb des Hauses ab. Aber Jeanne langweilte sich nie; immer war sie mit Paul beschäftigt, den Julien nur mit unzufriedenen, scheuen Seitenblikken betrachtete.

Wenn die Mutter ihn in den Armen hielt und ihn mit der kopflosen Leidenschaft liebkoste, die Frauen für ihre Kinder haben, hielt sie ihn oft dem Vater hin und sagte: »Küß ihn doch, man könnte meinen, du habest ihn gar nicht lieb.«

Dann berührte er die kahle Stirn des Bübchens leicht und wie widerwillig mit den Lippen. Dabei beugte er sich weit vor, als wolle er es vermeiden, die zappelnden, unruhigen Händchen zu berühren, und ging dann rasch und wie angeekelt hinaus.

Zuweilen kamen der Bürgermeister, der Arzt und der Pfarrer zum Essen; zuweilen kamen auch die Fourvilles, mit denen sie sich immer enger befreundeten.

Der Graf schien Paul sehr lieb zu haben. Während des ganzen Besuchs hielt er ihn auf den Knien, manchmal ganze Nachmittage lang. Behutsam betätschelte er ihn mit seinen Riesentatzen, kitzelte ihn mit den langen Schnurrbartenden an der Nasenspitze und küßte ihn hingerissen wie eine Mutter. Es war ihm ein steter Kummer, daß seine Ehe kinderlos blieb.

Der März war klar, trocken und beinahe mild. Gräfin Gilberte sprach wieder davon, daß sie alle vier zusammen ausreiten wollten. Jeanne, die der langen Abende, der ewig gleichen, eintönigen Nächte und Tage einigermaßen müde war, stimmte freudig diesen Plänen zu. Und eine ganze Woche lang vertrieb sie sich die Zeit damit, ihr Reitkleid zu schneidern.

Dann begannen die Ausflüge. Sie ritten immer zu zweit, die Gräfin und Julien voran, der Graf und Jeanne hundert Schritt hinterher. Das eine Paar plauderte ruhig miteinander, als gute Freunde, denn sie waren Freunde geworden. In der Gradheit ihrer Gesinnung, in der Einfachheit ihrer Herzen hatten sie sich gefunden. Das andere Paar sprach oft leise miteinander, oder sie brachen in lautes Lachen aus, oder sie sahen sich plötzlich an, als ob ihre Augen sich Dinge zu sagen hätten, die der Mund nicht aussprach. Dann setzten sie rasch die Pferde in Galopp, getrieben von dem Verlangen, zu entfliehen, weit, weit weg zu reiten.

Bisweilen schien Gilberte ärgerlich zu werden. Ein Windhauch trug den Klang ihrer lebhaften Stimme zu den langsameren Reitern hinüber. Dann lächelte der Graf und sagte zu Jeanne: »Manchmal steht meine Frau mit dem linken Fuß zuerst auf.«

Eines Abends auf dem Rückweg trieb die Gräfin ihr Pferd an, gab ihm die Sporen, riß es dann wieder zurück, und man hörte

Julien wiederholt sagen: »Geben Sie acht, geben Sie doch acht, das Pferd geht Ihnen durch.«

»Um so besser, Ihnen kann das gleich sein«, antwortete sie mit so heller, harter Stimme, daß die Worte deutlich über die Felder hallten, als hingen sie in der Luft.

Das Pferd stieg, keilte aus, der Schaum flockte ihm vom Maul. Nun wurde dem Grafen angst, und er schrie ihr aus vollem Hals zu: »Gib doch acht, Gilberte!«

Aber wie aus Trotz und in einem jener Ausbrüche weiblicher Nervosität, die nicht zu bändigen sind, versetzte sie dem Pferd mit der Reitpeitsche einen so rohen Schlag zwischen die Ohren, daß das Tier sich wütend aufbäumte, mit den Vorderfüßen in die Luft schlug, sich dann wieder fallen ließ, einen riesigen Satz tat und, so rasch es seine Beine trugen, durch die Ebene davonjagte.

Es raste durch eine Wiese, dann über einen frisch gepflügten Acker, so daß die feuchte, fette Erde hinter ihm aufstob, und schoß so rasch dahin, daß man bald weder Pferd noch Reiterin mehr erkennen konnte. Julien hatte bestürzt angehalten und rief verzweifelt: »Madame! Madame!«

Aber der Graf knurrte nur in sich hinein, beugte sich über den Nacken seines schweren Pferdes und verlagerte sein Gewicht nach vorn. Er trieb es heftig vorwärts, feuerte es an, riß es mit sich fort, erschreckte es durch seine laute Stimme, seine Bewegungen und den Einsatz der Sporen; es war, wie wenn der riesige Reiter das schwere Tier zwischen seinen Schenkeln mit sich forttrage und es hinwegreiße, als wolle er fliegen. Mit unbegreiflicher Schnelligkeit rasten sie dahin, hetzten sie vorwärts. Jeanne sah in der Ferne die beiden Gestalten der Frau und ihres Gatten, sah sie fliehen, dahinfliehen, immer kleiner werden, verschwimmen, verschwinden, so wie man zuweilen zwei Vögel einander verfolgen und sich am Horizont verlieren sieht.

Dann kam Julien im Schritt auf sie zugeritten und brummte mit wütendem Gesicht: »Ich glaube, sie ist vollkommen durchgedreht heute.«

Darauf ritten beide hinter ihren Freunden her, die jetzt in einer Mulde untergetaucht waren. Nach einer Viertelstunde sahen sie sie zurückkommen, und bald hatten sie sich wieder zusammengefunden.

Ganz rot und schweißtriefend, aber lachend, froh und triumphierend hielt der Graf das zitternde Pferd seiner Frau mit seiner mächtigen Faust. Sie war blaß; ein Ausdruck von schmerzlicher, nervöser Erregtheit lag auf ihrem Gesicht. Sie stützte sich mit der Hand auf die Schulter ihres Mannes, als fühle sie sich einer Ohnmacht nahe.

Während des nun folgenden Monats war die Gräfin fröhlich wie nie zuvor. Sie kam häufiger nach Les Peuples, lachte in einem fort, küßte Jeanne in aufwallender Zärtlichkeit. Es war, als sei sie hingerissen von einem geheimnisvoll immer neu in ihr emporquellenden Entzücken.

Ihr Mann war ebenso glücklich, ließ sie nicht aus den Augen, und in verdoppelter Liebe suchte er jeden Augenblick ihre Hand oder berührte ihr Kleid. Eines Abends sagte er zu Jeanne: »Wir leben jetzt im tiefsten Glück. Noch nie ist Gilberte so gut zu mir gewesen. Nie mehr ist sie schlechter Laune oder zornig. Ich fühle, daß sie mich liebt. Bis jetzt war ich mir dessen nie gewiß.«

Auch Julien schien verändert, fröhlicher, nicht mehr so ungeduldig. Es war, als habe die Freundschaft der beiden Familien für jede von ihnen Freude und Friede gebracht.

Der Frühling kam ungewöhnlich früh und war sehr warm.

Von den milden Morgenstunden an bis zu den stillen, lauen Abenden ließ die Sonne das Grün aus der Erde aufsprießen. Ungestüm erschlossen sich alle Keime gleichzeitig; unwiderstehlich schoß der Saft empor, und in der ganzen Natur herrschte ein glühendes Wiedergeborenwerden, wie es nur in bevorzugten Jahren vorkommt, die an eine Verjüngung der Welt glauben lassen.

Jeanne fühlte sich von diesem gärenden Leben unbestimmt erregt. Sie konnte beim Anblick eines Blümchens im Gras plötzlich weich werden; sie erlebte Stunden berückender Schwermut, gelöster Träumerei.

Dann überkamen sie rührende Erinnerungen an die ersten Zeiten ihrer Liebe. Nicht, daß sich ihr Herz einer neuen Zärtlichkeit für Julien aufgetan hätte. Damit war es aus, völlig und für immer zu Ende. Aber ihr von den Winden geliebkoster, vom Frühlingshauch umspielter Körper war in Erregung, als fühle er sich von einem unsichtbaren zärtlichen Flehen angerufen.

Sie war immer glücklich, wenn sie allein sein und sich unter der heißen Sonne ganz ihren Gefühlen hingeben konnte, einem unbestimmten, heiteren, gedankenlosen Genießen.

Als sie eines Morgens so vor sich hindämmerte, sah sie plötzlich, wie in einer Vision, die besonnte Mulde inmitten der dunklen Laubbäume des Wäldchens bei Étretat vor sich. Dort hatte sie es zum erstenmal erlebt, daß ihr Körper in dem Gefühl der Nähe des jungen Mannes erschauerte, der sie damals liebte. Dort hatte er ihr zum erstenmal zaghaft die scheue Sehnsucht seines Herzens gestanden. Dort hatte sie zum erstenmal die Empfindung gehabt, die erträumte strahlende Zukunft mit Händen zu greifen.

Sie wollte jenen Wald wiedersehen, wollte eine Art sentimentaler, abergläubischer Pilgerfahrt dorthin unternehmen, als könne eine Rückkehr an diesen Ort etwas am Gang ihres Lebens verändern.

Julien war schon seit Tagesanbruch unterwegs; sie wußte nicht, wohin. Also ließ sie sich den kleinen Schimmel der Martins satteln, den sie jetzt zuweilen ritt, und machte sich auf den Weg.

Es war einer jener ganz stillen Tage, an denen sich nirgendwo etwas bewegt, kein Gras, kein Blatt. Alles ist regungslos, als solle es so bleiben bis ans Ende der Zeit, als sei der Wind erstorben. Sogar die Insekten schienen verschwunden zu sein.

Von der Sonne senkte sich unmerklich, wie in einem goldenen Dunst, eine glühende, herrscherliche Ruhe herab. Glücklich ließ sich Jeanne von ihrem im Schritt gehenden Pferdchen wiegen. Zuweilen blickte sie auf, um ein weißes Wölkchen anzusehen, das hoch oben ganz einsam und wie vergessen im blauen Himmel hing, wie ein Stückchen Watte, ein Dunstflöckchen.

Sie ritt das Tal hinein, das zwischen den großen Felsenbogen in der Steilküste, die man die Tore von Étretat nennt, ins Meer mündet, und langsam weiter in den Wald. Das Licht tropfte durch das noch spärliche Laub. Sie ritt auf den kleinen Pfaden umher und suchte die Stelle, ohne sie wiederfinden zu können.

Am Ende eines langen, geraden Weges sah sie unvermutet zwei an einem Baum festgebundene Reitpferde und erkannte sie sofort: Es waren die Gilbertes und Juliens. Die Einsamkeit hatte angefangen, sie zu bedrücken; sie freute sich über diese unerwartete Begegnung und setzte ihr Pferd in Trab. Als sie bei den beiden geduldigen Tieren angekommen war, die an langes Warten gewöhnt zu sein schienen, rief sie. Niemand antwortete.

Auf dem zertretenen Gras lagen zwei Reitpeitschen und ein Frauenhandschuh. Also hatten sie dort gesessen, waren dann weitergegangen und hatten nur die Pferde hier zurückgelassen.

Überrascht und ohne sich denken zu können, was die beiden täten, wartete sie eine Viertelstunde, zwanzig Minuten. Da sie abgestiegen war und ohne sich zu regen an einem Baum lehnte, ließen sich zwei Vögelchen ganz nah bei ihr im Gras nieder, ohne sie zu bemerken. Eines von ihnen hüpfte aufgeregt, mit erhobenen zitternden Flügeln um das andere herum, nickte mit dem Köpfchen, zwitscherte, und plötzlich paarten sie sich.

Jeanne war so betroffen, als habe sie nichts von dergleichen Dingen gewußt. Dann sagte sie sich: »Freilich, es ist ja Frühling«, und dann kam ihr ein anderer Gedanke, ein Verdacht. Sie sah wieder den Handschuh an, die Reitpeitschen, die zurückgelassenen Pferde. Und jäh überkam sie das Verlangen zu fliehen, und sie saß rasch wieder auf.

Im Galopp ritt sie nach Les Peuples zurück. Ihr Gehirn arbeitete, überlegte, reihte Tatsachen aneinander, bedachte die verschiedenen Umstände. Wie war es möglich, daß sie es nicht früher erraten, daß sie nichts bemerkt hatte? Daß sie nicht verstanden hatte, warum Julien so häufig von Hause fort war, seine frühere Eleganz wieder angenommen und seine Stimmung sich so gebessert hatte? Jetzt erinnerte sie sich auch an Gilbertes nervöse Ausbrüche, ihre übertriebenen Zärtlichkeiten und die Glückseligkeit, in der sie in letzter Zeit dahinlebte und über die der Graf so froh war.

Sie ließ das Pferd wieder im Schritt gehen, denn sie mußte nun ernsthaft überlegen, und die rasche Gangart störte sie im Nachdenken.

Die erste Erregung war vorüber, und ihr Herz war wieder beinahe ruhig geworden. Sie empfand weder Eifersucht noch Haß, nur Verachtung regte sich in ihr. An Julien dachte sie kaum; von ihm konnte sie nichts mehr überraschen. Aber der doppelte Verrat der Gräfin, ihrer Freundin, empörte sie. Alle Menschen logen also, waren treulos und falsch. Tränen traten ihr in die Augen. Verlorene Illusionen werden manchmal so bitterlich beweint wie Tote.

Aber sie beschloß, zu tun, als wisse sie von nichts, ihr Gemüt gegen jede Neigung zu verschließen, nur noch Paul und ihre Eltern liebzuhaben und die anderen mit ruhiger Miene zu ertragen.

Sobald sie wieder daheim war, stürzte sie sich auf ihren Sohn, trug ihn in ihr Zimmer hinauf und küßte ihn eine Stunde lang, ohne innezuhalten, wie außer sich.

Heiter, lächelnd und sichtlich bestrebt, liebenswürdig zu sein, kam Julien zum Abendessen heim. Er fragte: »Wollen denn Vater und Mama dieses Jahr nicht kommen?«

Sie war ihm für diese Freundlichkeit so dankbar, daß sie ihm beinahe verzieh, was sie im Wald entdeckt hatte. Und der Wunsch, die beiden Menschen, die sie nach Paul am meisten liebte, recht bald wiederzusehen, überkam sie mit solcher Gewalt, daß sie den ganzen Abend damit zubrachte, ihnen zu schreiben, um ihr Kommen zu beschleunigen.

Die Antwort lautete, sie würden am 20. Mai eintreffen. Jetzt war der 7.

Sie erwartete sie mit steigender Ungeduld. Unabhängig von ihrer Kindesliebe verspürte sie ein Verlangen nach dem Umgang mit ehrlichen Herzen. Sie empfand das Bedürfnis, in voller Offenheit mit sauberen, aller Niedertracht unfähigen Menschen sprechen zu können, deren Leben, deren Tun und Denken, deren Wünsche immer anständig gewesen waren.

Was sie jetzt am stärksten fühlte, war eine Art Vereinsamung, da sie von Seelen umgeben war, die schwach geworden waren. Obwohl sie mit einem Schlag gelernt hatte, sich zu verstellen, obwohl sie die Gräfin stets mit ausgestreckter Hand und lächelnder Miene begrüßte, empfand sie, wie ein Gefühl der Leere, der Menschenverachtung in ihr wuchs und sie ganz einzuhüllen drohte. Der tägliche Klatsch aus der Umgegend erfüllte sie mit immer größerem Ekel und tieferer Geringschätzung der Leute.

Die Tochter der Couillards hatte unlängst ein Kind bekommen; bald sollte die Hochzeit sein. Die Magd der Martins, eine

Waise, war schwanger. Ein fünfzehnjähriges Kind aus der Nachbarschaft war schwanger. Eine Witwe, ein armes, hinkendes, dreckiges Weibsbild, die »das Kotklümpchen« genannt wurde, weil sie in einem so grauenhaften Schmutz lebte, war schwanger.

In einem fort hörte sie von einer neuen Schwangerschaft oder von dem losen Streich irgendeines Mädchens, einer verheirateten Frau mit Kindern oder eines reichen, angesehenen Bauern.

Es war, als gerieten in diesem heißen Frühling bei Menschen wie Pflanzen die Säfte in Wallung.

Und Jeanne, deren erstorbene Sinne sich nicht mehr regten, deren verwundetes Herz, deren romantisches Gemüt nur noch von den lauen, fruchtbaren Lüften gerührt wurden, die vor sich hin sann, die erregt war ohne Begierde, deren Leidenschaft Träumereien waren und die kein fleischliches Verlangen mehr kannte, konnte das alles nicht begreifen und war erfüllt von einem fast gehässigen Widerwillen gegen diese groben Ausbrüche tierischer Instinkte.

Etwas in ihr empörte sich jetzt wie gegen Widernatürliches bei dem Gedanken, daß Menschen sich paarten. Sie nahm es Gilberte weniger übel, daß sie ihr ihren Mann genommen hatte, als daß auch sie in diesem allgemeinen Schlamm versunken war.

Sie gehörte doch nicht zu dem rohen Geschlecht derer, bei denen die niederen Instinkte vorherrschten. Wie hatte es dahin kommen können, daß sie sich so gehen ließ wie jene groben Geschöpfe?

Am Tag, an dem ihre Eltern ankommen sollten, verstärkte Julien dies Ekelgefühl in ihr: Er erzählte ihr, als sei das eine ganz natürliche und komische Geschichte, daß der Bäcker am Tag zuvor, da kein Backtag war, ein Geräusch im Backofen gehört habe. Er habe gedacht, es sei eine streunende Katze, und habe seine Frau darin gefunden, die allerdings »nicht Brot in den Ofen schob«. Und er fuhr fort: »Der Bäcker hat die Öffnung zugestopft. Die beiden darin sind fast erstickt. Der kleine Sohn der Bäckersfrau hat die Nachbarin gerufen; er hatte nämlich gesehen, wie seine Mutter mit dem Schmied in den Ofen gekrochen war.« Und lachend fügte er hinzu: »Sie geben uns Liebesbrot zu essen, diese Schelme. Es ist wie eine Erzählung von La Fontaine.«

Jeanne konnte kein Brot mehr anrühren.

Als die Postkutsche vor der Freitreppe hielt und sie das fröhliche Gesicht des Barons am Wagenfenster sah, quoll in der Seele und der Brust der jungen Frau tiefe Rührung auf, eine stürmisch aufwallende Zärtlichkeit, wie sie sie nie zuvor empfunden hatte.

Aber als sie Mama erblickte, war sie so betroffen, daß ihr fast schwach wurde. Innerhalb der sechs Wintermonate war die Baronin um zehn Jahre gealtert. Ihre dicken, schlaff herunterhängenden Wangen waren dunkelrot, als staue das Blut sich darin. Ihre Augen wirkten wie erloschen. Sie konnte sich nur noch bewegen, wenn sie an beiden Armen gestützt wurde. Pfeifend und schwer ging ihr Atem, so mühsam, daß man sich in ihrer Nähe schmerzlich bedrängt fühlte.

Dem Baron war dieser Verfall nicht aufgefallen, weil er sie täglich vor Augen gehabt hatte, und bei ihren Klagen über ihre ständige Atemnot und ihre zunehmende Schwerfälligkeit hatte er ihr geantwortet: »Ach was, meine Liebe, das ist bei dir schon von je so gewesen.«

Als Jeanne die beiden auf ihr Zimmer gebracht hatte, zog sie sich in ihr eigenes zurück und weinte fassungslos und verzweifelt. Dann suchte sie ihren Vater auf, warf sich ihm an die Brust und sagte mit tränennassen Augen: »Oh! Mutter ist so verändert! Was hat sie nur, sag mir doch, was hat sie nur?« Sehr überrascht erwiderte er ihr: »Meinst du wirklich? Ach Unsinn, was bildest du dir ein? Ich bin immer bei ihr gewesen, und ich versichere dir, ich finde nicht, daß es ihr schlecht geht; sie ist ganz wie immer.«

Am Abend sagte Julien zu seiner Frau: »Mit deiner Mutter steht es schlecht. Ich glaube, sie wird es nicht mehr lange machen.« Als Jeanne in Schluchzen ausbrach, wurde er ungeduldig: »Nun, ich sage ja nicht, daß ihr Zustand hoffnungslos ist. Du übertreibst immer so wahnsinnig. Sie sieht verändert aus, weiter nichts; kein Wunder in ihrem Alter.«

Nach acht Tagen machte sie sich keine Gedanken mehr darüber. Sie hatte sich an das veränderte Aussehen der Mutter gewöhnt und verdrängte wohl auch ihre Angst, wie man, aus einer Art Selbsterhaltungstrieb, aus einem natürlichen Verlangen nach Gemütsruhe, Ängste und drohende Sorgen verscheucht.

Da die Baronin fast außerstande war, sich zu bewegen, ging sie nur noch eine halbe Stunde täglich ins Freie. Wenn sie bis ans Ende »ihrer« Allee gelangt war, konnte sie nicht mehr weiter und wollte auf »ihrer« Bank sitzen. Und wenn sie spürte, daß sie nicht einmal diesen Weg mehr bewältigen konnte, sagte sie: »Lassen wir's sein; meine Hypertrophie lähmt mir heute die Beine.«

Sie lachte fast nie mehr; sie belächelte nur noch Dinge, über die sie sich im Jahr vorher vor Lachen geschüttelt hätte. Aber da ihre Augen sehr gut waren, brachte sie ganze Tage damit zu, »Corinne« oder die »Méditations« von Lamartine wieder zu lesen. Dann bat sie, man möge ihr ihre Schublade »mit den Andenken« bringen. Sie legte die alten Briefe, die ihrem Herzen teuer waren, auf ihren Schoß, ließ die Schublade neben sich auf einen Stuhl stellen und legte ihre »Reliquien« eine nach der anderen wieder hinein, nachdem sie sie langsam durchgesehen hatte. Und wenn sie allein war, ganz allein, dann küßte sie manche von ihnen, so wie man heimlich die Haarsträhne eines geliebten Toten küßt.

Trat Jeanne unerwartet ins Zimmer, fand sie sie manchmal in Tränen, bitteren Tränen. Dann rief sie: »Was ist dir, Mama?« Und die Baronin seufzte tief und lange und antwortete: »Das kommt von meinen Reliquien. Man rührt etwas auf, das so gut war und das vorüber ist! Und überdies gibt es Menschen, an die man kaum mehr dachte und die man plötzlich wiederfindet. Man glaubt, sie zu sehen, zu hören, und das macht einen furchtbaren Eindruck. Später wirst du erfahren, wie es ist.«

Wenn der Baron sie in solch melancholischen Augenblicken überraschte, sagte er leise: »Jeanne, mein Herz, wenn du auf mich hörst, so würdest du deine Briefe, alle deine Briefe verbrennen, die von deiner Mutter, von mir, alle. Wenn man alt ist, gibt es nichts Schrecklicheres, als wieder in der Jugendzeit herumzustöbern.«

Aber Jeanne hob ihre Briefe ebenfalls auf und richtete sich eine »Reliquienschachtel« ein. Obwohl sie so ganz anders war als ihre Mutter, gehorchte sie darin einem ererbten Hang zu gefühlvollen Träumereien.

Nach einigen Tagen mußte der Baron geschäftlich verreisen.

Das Wetter war herrlich. Sanfte, sternenübersäte Nächte folgten auf stille Abende, heitere Abende auf strahlende Tage und die strahlenden Tage auf schimmernde Stunden der Frühe. Mama ging es bald besser, und Jeanne vergaß die Liebesgeschichten Juliens und die Treulosigkeit Gilbertes und war fast uneingeschränkt glücklich. Das ganze Land stand in Blüte und duftete. Und das immer friedliche, weite Meer erglänzte vom Morgen bis zum Abend im Sonnenlicht.

Eines Nachmittags nahm Jeanne Paul auf den Arm und ging mit ihm hinaus auf die Felder. Bald blickte sie auf ihren Sohn, bald auf das blumendurchsprenkelte Gras am Wegrain und überließ sich gerührt einer grenzenlosen Seligkeit. Alle Augenblicke küßte sie ihr Kind und drückte es leidenschaftlich an sich. Dann stieg irgendein würziger Duft von der Erde auf, und sie hatte ein Gefühl unendlichen Wohlseins, in dem sie verging. Sie erträumte sich seine Zukunft. Was würde aus ihm werden? Bald wollte sie, er solle ein großer, berühmter, mächtiger Mann werden. Bald wollte sie lieber, er solle ein bescheidenes Leben führen, stets bei ihr bleiben, ihr zärtlich ergeben sein, die Arme immer nach seiner Mama ausstrecken. Wenn sie ihn mit der egoistischen Liebe des Mutterherzens liebte, wollte sie, daß er ihr Sohn bleibe, einzig und allein ihr Sohn. Aber wenn sie ihn mit der Leidenschaft ihrer Vernunft liebte, dann war es ihr Ehrgeiz, daß er etwas für die Welt bedeuten solle.

Sie setzte sich am Grabenrand nieder und schaute ihn lange an. Ihr war, als habe sie ihn noch nie gesehen. Staunend wurde ihr plötzlich klar, daß dieses kleine Wesen groß werden, mit festen Schritten gehen, bärtige Wangen haben und mit kräftiger Stimme sprechen werde.

Von weitem hörte sie rufen. Sie hob den Kopf. Marius kam herbeigelaufen. Sie dachte, es sei Besuch gekommen, und stand verdrossen über die Störung auf.

Aber der Junge lief, so schnell ihn seine Beine trugen, und sowie er nahe genug herangekommen war, schrie er: »Madame, es geht der Frau Baronin sehr schlecht.«

Es rieselte ihr kalt über den Rücken, und wirren Kopfes eilte sie nach Hause zurück.

Von weitem schon sah sie einen Haufen Menschen unter der

Platane stehen. Sie stürzte hin, und als sich die Gruppe vor ihr geöffnet hatte, sah sie, daß ihre Mutter am Boden lag. Man hatte ihr zwei Kissen unter den Kopf geschoben. Ihr Gesicht war ganz schwarz, die Augen waren geschlossen, und die Brust, die zwanzig Jahre lang gekeucht hatte, hob sich nicht mehr. Die Amme nahm der jungen Frau das Kind aus den Armen und trug es fort.

Verstört fragte Jeanne: »Was ist denn? Wieso ist sie hingefallen? Holt doch den Arzt.« Als sie sich umwandte, sah sie den Pfarrer, den irgend jemand herbeigerufen hatte. Eifrig schob er die Ärmel seiner Soutane hoch und bot seine Hilfe an. Die Kranke wurde mit Essig und Kölnisch Wasser eingerieben, aber ohne Erfolg. »Man müßte sie auskleiden und zu Bett bringen«, sagte der Priester.

Der Pächter Joseph Couillard war da, auch der alte Simon und Ludivine. Mit Abbé Picots Unterstützung wollten sie die Baronin forttragen; aber als sie sie aufhoben, fiel der Kopf hintenüber, und das Kleid, an dem sie sie angefaßt hatten, zerriß, so schwer war es, die mächtige Frau von der Stelle zu bewegen. Jeanne schrie auf vor Entsetzen. Da legten sie den riesigen, schlaffen Körper wieder zu Boden.

Es mußte ein Sessel aus dem Salon geholt werden. Als sie hineingesetzt worden war, konnte sie endlich fortgetragen werden. Schritt für Schritt ging es die Freitreppe, dann die innere Treppe hinauf. Als sie im Schlafzimmer waren, legten sie sie auf das Bett.

Die Köchin brachte es nicht fertig, sie auszuziehen; aber zum Glück war die Witwe Dentu gekommen, ebenso unerwartet wie der Priester, als hätten sie »den Tod gewittert«, wie die Dienstboten sagten.

Joseph Couillard jagte mit verhängten Zügeln los, um den Arzt zu benachrichtigen. Als der Priester aufbrechen und das heilige Öl holen wollte, flüsterte die Pflegerin ihm ins Ohr: »Bemühen Sie sich nicht, Herr Pfarrer; ich verstehe mich darauf, sie ist tot.«

In ihrer Kopflosigkeit flehte Jeanne, man solle ihrer Mutter helfen, ohne daß sie wußte, was man tun oder versuchen, welche Mittel hätten angewandt werden können. Der Priester erteilte für alle Fälle der Kranken die Absolution.

Zwei Stunden lang warteten sie bei dem verfärbten, leblosen

Körper. Jeanne war auf die Knie gesunken und schluchzte, von Angst und Schmerz zerrissen.

Als die Tür sich öffnete und der Arzt erschien, war ihr, als kämen mit ihm Heil, Trost und Hoffnung; sie stürzte auf ihn zu und sagte ihm stammelnd alles, was sie von dem Unfall wußte: »Sie ist wie jeden Tag spazierengegangen... Es ging ihr gut... sogar sehr gut... Zum Mittagessen hat sie Bouillon gegessen und zwei Eier... Auf einmal ist sie hingefallen... ist schwarz geworden, wie Sie sehen... hat sich nicht mehr bewegt... Wir haben alles versucht, um sie wieder zu beleben... alles...« Sie verstummte vor Schreck – die Pflegerin hatte dem Arzt ein Zeichen gegeben, das bedeuten sollte, daß es aus sei, ganz aus. Sie wollte nicht verstehen und fragte angstvoll immer wieder: »Steht es ernst? Glauben Sie, daß es ernst steht?«

Schließlich sagte er: »Ich fürchte, daß es... daß es... vorüber ist. Seien Sie tapfer, ganz tapfer.«

Mit ausgebreiteten Armen warf sich Jeanne über ihre Mutter.

Julien kam nach Hause. Er war bestürzt, sichtlich verärgert; er ließ keinen Schmerzenslaut hören und bezeigte keinen Kummer. Die Sache kam zu unversehens und zu plötzlich, als daß er auf der Stelle eine angemessene Miene hätte aufsetzen können. Leise sagte er: »Ich habe es erwartet, ich habe wohl gesehen, daß es zu Ende ging.« Dann zog er sein Taschentuch heraus, wischte sich die Augen, kniete nieder, bekreuzigte sich, murmelte etwas Unverständliches, stand wieder auf und wollte seiner Frau aufhelfen. Aber sie hielt den Leichnam mit beiden Armen umfangen, und beinahe auf ihm liegend küßte sie ihn. Sie mußte fortgebracht werden; sie war wie von Sinnen.

Nach einer Stunde durfte sie zurückkommen. Alle Hoffnung war erloschen. Der Raum war inzwischen als Sterbezimmer hergerichtet worden. Am Fenster standen Julien und der Priester in leisem Gespräch. Die Witwe Dentu hatte sich's in einem Sessel bequem gemacht. Sie war es gewohnt, Totenwache zu halten, fühlte sich überall wie zu Hause, sobald der Tod eingekehrt war, und schien eingeschlummert zu sein.

Der Abend kam. Der Pfarrer trat zu Jeanne hin, nahm sie bei den Händen, sprach ihr Mut zu, ergoß über dies untröstliche

Herz den Balsam der kirchlichen Tröstungen. Er sprach von der Dahingeschiedenen, rühmte sie in geistlichen Redewendungen, und mit jener nicht wirklich empfundenen Trauer eines Priesters, für den Tote etwas Wohltuendes haben, bot er an, die Nacht über bei der Verstorbenen zu beten.

Aber Jeanne, die immer noch krampfhaft weinte, lehnte das ab. Sie wollte allein sein, ganz allein in dieser Abschiedsnacht. Julien trat heran: »Das ist unmöglich; wir wollen beide hier bleiben.« Unfähig zu sprechen, schüttelte sie den Kopf. Endlich brachte sie hervor: »Es ist meine Mutter, meine Mutter. Ich will allein bei ihr wachen.« Der Arzt flüsterte: »Lassen Sie ihr ihren Willen. Die Pflegerin kann ja im Nebenzimmer bleiben.«

Der Priester und Julien dachten ans Bett und stimmten zu. Dann kniete der Abbé Picot ebenfalls nieder, sprach ein Gebet, stand wieder auf und sagte im Hinausgehen: »Sie war eine Heilige« im selben Ton, in dem er »Dominus vobiscum« zu sagen pflegte.

Die Stimme des Vicomte klang wie gewöhnlich, als er fragte: »Möchtest du etwas essen?« Jeanne antwortete nicht; sie hatte gar nicht gemerkt, daß er zu ihr gesprochen hatte. Er sagte noch: »Es wäre gut, wenn du etwas zur Stärkung zu dir nähmest.« Sie antwortete nur mit verstörter Miene: »Laß sofort Papa holen.« Und er ging hinaus, um einen berittenen Boten nach Rouen zu schicken.

Sie war in eine Art starren Schmerzes versunken, als habe sie auf die letzten Stunden des Alleinseins mit ihrer Mutter gewartet, um sich der steigenden Flut ihres verzweifelten Schmerzes zu überlassen.

Schatten erfüllten das Zimmer und hüllten die Tote in Dunkel ein. Die Witwe Dentu schlich mit leisen Schritten hin und her; mit den lautlosen Bewegungen einer Krankenschwester suchte sie nach unsichtbaren Dingen und stellte sie an ihren Ort. Dann steckte sie zwei Kerzen an und setzte sie behutsam auf den mit einer weißen Serviette bedeckten Nachttisch am Kopfende des Bettes.

Jeanne schien nichts zu sehen, nichts zu fühlen, nichts zu begreifen. Sie wartete nur darauf, allein zu sein. Julien kam wieder herein; er hatte zu Abend gegessen. Und nochmals fragte er: »Willst du nichts zu dir nehmen?« Seine Frau schüttelte den Kopf.

Mit einem mehr resignierten als traurigen Ausdruck setzte er sich hin und wartete schweigend. So saßen sie alle drei, fern voneinander, reglos auf ihren Sesseln.

Die Wärterin schlief immer wieder ein, schnarchte ein wenig und wachte dann plötzlich wieder auf.

Schließlich erhob sich Julien und trat zu Jeanne hin: »Möchtest du jetzt allein bleiben?« In einer unwillkürlichen Gefühlswallung ergriff sie seine Hand: »Ach ja, bitte laß mich allein.«

Er küßte sie auf die Stirn und sagte leise: »Ich sehe von Zeit zu Zeit nach dir.« Dann ging er hinaus, zugleich mit der Witwe Dentu, die ihren Sessel ins Nebenzimmer zog.

Jeanne schloß die Tür, dann machte sie beide Fenster weit auf. Das weiche Streicheln des abendlichen Heudufts wehte ihr voll ins Gesicht. Auf dem Rasen lag das am Tag zuvor gemähte Gras im Mondlicht.

Die sanfte Berührung tat ihr weh; sie empfand sie als Ironie.

Sie kehrte zum Bett zurück, nahm eine der leblosen, kalten Hände und begann, ihre Mutter zu betrachten.

Sie war nicht mehr so gedunsen wie im Augenblick des Anfalls und schien jetzt friedlicher zu schlummern, als sie es je hatte tun können. Im blassen Schimmer der Kerzen, die ein Lufthauch bewegte, wechselten die Schatten auf ihrem Gesicht jeden Augenblick, und es sah aus, als lebe sie noch und habe sich bewegt.

Jeanne betrachtete sie voller Inbrunst, und eine Fülle von Erinnerungen aus den fernsten Zeiten ihrer Kindertage tauchte in ihr auf.

Sie mußte an Mamas Besuche im Sprechzimmer des Klosters denken, an die Art, wie sie ihr eine mit Backwerk gefüllte Tüte hingehalten hatte, an eine Unzahl von Einzelheiten, von kleinen Geschehnissen, an Liebkosungen, Worte, einen bestimmten Tonfall, vertraute Gesten, die Fältchen um ihre Augen, wenn sie lachte, ihr kurzatmiges Aufseufzen, wenn sie sich hingesetzt hatte.

Und so blieb sie in das Anschauen versunken und wiederholte

sich nur immer wieder wie stumpfsinnig: »Sie ist tot«, und das ganze Grauen dieses Wortes wurde ihr deutlich.

Sie – die da lag – Mama – Mütterchen – Mama Adélaïde – war tot? Sie würde sich nie wieder bewegen, nie wieder sprechen, nie wieder lachen, niemals mehr beim Essen Papa gegenübersitzen; sie würde nie wieder sagen: »Guten Morgen, Jeannette.« Sie war tot!

Man würde sie in einen Sarg einnageln, sie begraben, und dann war alles vorbei. Sie war nicht mehr da. War das möglich? Wie? Sie sollte keine Mutter mehr haben? Dies liebe, vertraute Gesicht, das sie wahrgenommen hatte, als sie zum erstenmal die Augen aufschlug, das sie geliebt hatte, seit sie die Arme nach ihr ausstrecken konnte, dies einzige Wesen, in das sich alle Zärtlichkeit ergoß, die Mutter, die dem Herzen wichtiger war als alle anderen Menschen – sie war verschwunden. Es blieben ihr nur noch wenige Stunden, um ihr Gesicht anzusehen, dies regungslose, von keinem Gedanken mehr bewegte Gesicht, und dann nichts, nichts mehr, nur noch die Erinnerung.

In einem Ansturm größter Verzweiflung ließ sie sich auf die Knie fallen. Ihre Hände verkrampften sich in das Leintuch und zerknüllten es, sie preßte den Mund gegen das Bett, und die Decken und Laken erstickten ihren herzzerreißenden Ruf: »O Mama, meine arme Mama, Mama!«

Da fühlte sie, daß sie drauf und dran sei, den Verstand zu verlieren, wie damals in der Nacht ihrer Flucht durch den Schnee. Sie stand auf und lief zum Fenster, um frische Luft zu schöpfen, Luft, die noch nicht mit dieser Toten in Berührung gekommen war.

Der geschnittene Rasen, die Bäume, die Heide, das Meer dort in der Ferne, alles ruhte in stummem Frieden, schlief im zarten Zauber des Mondlichts. Jeanne fühlte, wie diese beruhigende Stille sie durchdrang, und fing langsam an zu weinen.

Dann ging sie wieder an das Bett zurück, setzte sich hin und nahm abermals die Hand der Toten in die ihre, so, als sei Mama krank und sie wache bei ihr.

Ein großer Nachtfalter war vom Kerzenschein herbeigelockt worden. Er taumelte vom einen Ende des Zimmers zum andern und schlug wie ein Ball gegen die Wand. Das Gesumme seines Flugs lenkte Jeanne ab, sie hob den Blick, um ihn zu entdecken. Aber sie sah immer nur seinen auf der weißen Zimmerdecke hin und her irrenden Schatten.

Dann hörte sie ihn nicht mehr. Aber sie vernahm jetzt das leichte Ticken der Stutzuhr und ein anderes leises Geräusch, das wie ein fast unmerkliches Rascheln klang. Es war Mamas Taschenuhr; sie steckte vergessen in dem Kleid, das über einen Stuhl am Fußende des Bettes geworfen worden war. Da war es Jeanne, als bestehe irgendein Zusammenhang zwischen der Toten und jenem Uhrwerk, das nicht innegehalten hatte, und der schneidende Schmerz erwachte aufs neue in ihrem Herzen.

Sie sah auf die Uhr. Es war knapp halb elf, und es ergriff sie eine gräßliche Angst vor der langen Nacht, die sie hier verbringen sollte.

Andere Erinnerungen tauchten auf – Rosalie, Gilberte, die bitteren Enttäuschungen ihres Herzens. Es gab also nichts als Elend, Kummer, Unglück und Tod. Überall war nur Lug und Trug, alles brachte Leid und Tränen. Wo war ein wenig Ruhe und Glück zu finden? In einem anderen Dasein wohl. Wenn die Seele von den Prüfungen der Erde befreit war. Die Seele! Sie begann, über dies unergründliche Geheimnis nachzugrübeln; sie klammerte sich an poetische Vorstellungen, die dann sofort wieder von anderen, nicht weniger verschwommenen Hypothesen umgestürzt wurden. Wo war denn jetzt die Seele ihrer Mutter? Die Seele dieses reglosen, eiskalten Körpers? Sehr weit fort vielleicht. Irgendwo im Weltenraum? Aber wo, wo? Verflogen wie der Duft einer welken Blume? Oder irrte sie wie ein unsichtbarer, seinem Käfig entronnener Vogel umher?

Hatte Gott sie wieder zu sich gerufen? Oder war sie etwa in neue Geschöpfe, in neu aufsprossende Keime eingegangen?

War sie vielleicht ganz nah? In diesem Zimmer, bei diesem leblosen Körper, den sie verlassen hatte? Plötzlich war es Jeanne, als streiche ein Hauch an ihr vorüber, als berühre sie ein Geist. Angst überfiel sie, eine so wilde, so heftige Angst, daß sie sich nicht mehr getraute, sich zu bewegen, zu atmen, sich umzudrehen, um hinter sich zu schauen. Ihr Herz schlug wie bei einem jähen Erschrecken.

Da fing der unsichtbare Nachtfalter wieder an, durchs Zimmer zu kreisen und an die Wände zu prallen. Sie erschauerte vom Scheitel bis zu den Zehen, wurde dann unvermittelt ruhig, als sie das Schwirren des geflügelten Tieres erkannte, stand auf und wandte sich um. Ihr Blick fiel auf den Sekretär mit den Sphinxköpfen, das Möbelstück, in dem die Reliquien lagen.

Da erstand in ihr ein zärtlicher, seltsamer Gedanke: Sie wollte während dieser letzten Nachtwache lesen. Wie ein frommes Buch wollte sie die alten Briefe lesen, die der Toten so teuer gewesen waren. Sie hatte das Gefühl, damit eine heilige, sinnige, von kindlicher Liebe eingegebene Aufgabe zu erfüllen, und daß es Mama in der anderen Welt Freude machen würde.

Es waren alte Briefe ihres Großvaters und ihrer Großmutter, die sie nie gekannt hatte. Sie wollte ihnen über die Leiche der Tochter hinweg die Arme entgegenstrecken, in dieser Todesnacht auf sie zugehen, als ob auch sie trauerten, eine Art geheimnisvoller Kette der Zuneigung bilden, welche die, die schon lange gestorben waren, die, die eben dahingegangen war, und auch sie, die noch auf Erden war, verbinden sollte.

Sie stand auf, klappte die Platte des Sekretärs nieder und nahm aus der unteren Schublade etwa zehn sorgfältig zusammengebundene und nebeneinanderliegende Päckchen von vergilbten Briefen heraus.

Sie legte alle auf das Bett, und zwar, in einer sentimentalen Übersteigerung des Gefühls, zwischen die Arme der Baronin, und fing an zu lesen.

Es war die Art von alten Episteln, wie sie sich in Möbeln finden, die schon lange im Besitz einer Familie sind und die den Duft eines vergangenen Jahrhunderts ausströmen.

Der erste fing an: »Mein Geliebter«, ein anderer: »Meine schöne kleine Enkelin«, dann: »Meine liebe Kleine«, »Mein Liebling«, »Meine geliebte kleine Tochter«, dann: »Mein liebes Kind«, »Meine liebe Adélaïde«, »Meine liebe Tochter«, je nachdem, ob sie an das Kind, das junge Mädchen oder später an die junge Frau gerichtet waren.

Und sie waren erfüllt von leidenschaftlichen und naiven Zärtlichkeiten, von tausend kleinen Intimitäten, von den großen, einfachen Geschehnissen im Leben der Familie, die Gleichgültigen so unwichtig erscheinen: »Vater hat Grippe; Hortense, das Zimmermädchen, hat sich den Finger verbrannt; der Kater ›Croquerat‹ ist gestorben; die Tanne rechts vom Tor ist gefällt worden; Mutter hat auf dem Heimweg von der Kirche ihr Meßbuch verloren, sie meint, es sei ihr gestohlen worden.«

Es war auch von Menschen die Rede, von denen Jeanne nichts wußte; allein sie erinnerte sich dunkel, daß sie früher in ihrer Kindheit ihre Namen hatte nennen hören.

All diese Einzelheiten waren ihr wie Offenbarungen und rührten sie tief. Es war, als sei sie plötzlich in ein vergangenes, geheimes Leben eingetreten – in Mamas Herzenserlebnisse. Sie sah die ruhig daliegende Tote an und begann plötzlich laut zu lesen, ihr vorzulesen, wie um sie zu zerstreuen, zu trösten.

Und der Leichnam schien glücklich zu sein.

Sie warf die Briefe einen nach dem anderen an den Fuß des Bettes und dachte, sie müßten in den Sarg gelegt werden, wie Blumen.

Sie löste die Umschnürung eines weiteren Päckchens. Es war eine andere Handschrift. Der Brief fing an: »Ich kann nicht mehr leben ohne deine Küsse. Ich liebe dich zum Wahnsinnigwerden.«

Verständnislos drehte sie das Blatt um. Die Adresse stimmte: »Frau Baronin Le Perthuis des Vauds.«

Sie öffnete den nächsten Brief: »Komm heute abend, sobald er weggegangen ist. Wir haben eine Stunde Zeit. Ich bete dich an.«

In einem anderen stand: »Ich habe eine Nacht delirierenden, hoffnungslosen Verlangens nach dir verbracht. Ich hielt deinen Leib in den Armen, meine Lippen auf deinem Mund, deine Augen unter meinen Augen. Und dann überfiel mich eine so rasende Wut, daß ich mich aus dem Fenster hätte stürzen können bei dem Gedanken, daß du zu derselben Stunde neben ihm schliefst, daß er dich besaß, wann er wollte...«

Jeanne wurde stutzig, noch begriff sie nicht. Was war das? Wem galten diese Liebesworte? Wer hatte sie ausgesprochen?

Sie las weiter, fand immer neue leidenschaftliche Liebeserklärungen, Verabredungen, Mahnungen zur Vorsicht und dann am Schluß immer die fünf Worte: »Vor allem verbrenne diesen Brief.«

Schließlich öffnete sie ein banales Briefchen, die Annahme einer Einladung zum Essen, aber die Schrift war die gleiche, und es war unterzeichnet: »Paul d'Ennemare.« Das war der Mann, den der Baron, sooft er von ihm sprach, »mein armer alter Paul« nannte und dessen Frau die beste Freundin der Baronin gewesen war.

Da erwachte in Jeanne plötzlich ein Zweifel, der sofort zur Gewißheit wurde: Er war der Geliebte ihrer Mutter gewesen.

Außer sich schleuderte sie mit einem heftigen Stoß die schändlichen Briefe von sich, wie sie ein giftiges Tier von sich geschleudert hätte, wenn es an ihr emporgekrochen wäre, lief zum Fenster und brach in entsetzliches Weinen aus. Dazwischen schrie sie unwillkürlich so heftig auf, daß ihr die Kehle schmerzte. Dann sank sie völlig gebrochen an der Wand nieder; schluchzend verbarg sie ihr Gesicht, damit man ihr Stöhnen nicht hörte, und versank in unauslotbare Verzweiflung.

So wäre es vielleicht die ganze Nacht geblieben, wenn das Geräusch von Schritten im Nebenzimmer sie nicht mit einem Satz hätte aufspringen lassen. Kam etwa ihr Vater? Und alle Briefe lagen auf dem Bett und dem Fußboden! Er brauchte nur einen zu entfalten! Durfte er dies erfahren?

Sie stürzte auf die Papiere zu, ergriff mit beiden Händen all die alten, vergilbten Briefe, die der Großeltern, die des Geliebten, die, die sie noch nicht geöffnet hatte, und die, die noch zusammengebündelt in den Schubladen des Sekretärs lagen, und warf sie alle zusammen in den Kamin. Dann nahm sie eine der auf dem Nachttisch flackernden Kerzen und setzte den Haufen von Briefen in Brand. Eine hohe Flamme züngelte auf und beleuchtete das Zimmer, das Bett und die Leiche mit hellem, tanzendem Schein, in dem sich das starre Profil der Toten und die Linien ihres mächtigen Körpers unter dem Leintuch schwarz und zitternd auf dem weißen Vorhang an der Rückseite des Bettes abzeichneten.

Als nur noch ein Aschenhäufchen hinten im Kamin übriggeblieben war, setzte sie sich wieder ans offene Fenster, als wage sie nicht mehr, in der Nähe der Toten zu bleiben. Und abermals barg sie das Gesicht in den Händen, brach in Schluchzen aus und stöhnte in herzzerreißenden Lauten eine verzweifelte Klage: »O meine arme Mama, meine arme Mama!«

Und es kam ihr ein schrecklicher Einfall: Wie, wenn Mama nun nicht tot wäre, wenn sie nur in einem totenähnlichen Schlaf läge, wenn sie plötzlich aufstünde, spräche? Würde ihre Kindesliebe sich nicht mindern durch das Wissen um das abscheuliche Geheimnis? Könnte sie sie noch mit derselben frommen Ehrfurcht küssen? Würde sie sie mit derselben heiligen Liebe lieben? Nein. Das war nicht möglich. Und dieser Gedanke zerriß ihr das Herz.

Die Nacht schwand hin; die Sterne verblaßten; es kam die kühle Stunde, die dem Tag vorangeht. Der Mond war im Sinken und würde bald im Meer untertauchen, dessen ganze Fläche in seinem Schein perlmuttern schimmerte.

Da überkam Jeanne die Erinnerung an die nach der Ankunft auf Les Peuples am Fenster durchwachte Nacht. Wie war das fern, wie hatte sich alles gewandelt, wie anders erschien ihr die Zukunft!

Und nun überzog sich der Himmel mit einem fröhlichen, verliebten, bezaubernden Rosa. Wie von einer Fata Morgana überrascht beobachtete sie das strahlende Erblühen des Tages und fragte sich, ob es denn wirklich möglich sei, daß es auf dieser Erde, wo solche Morgenröten aufleuchten, kein Glück und keine Freude gebe.

Sie fuhr zusammen, als eine Türe knarrte. Es war Julien. Er fragte: »Nun? Bist du nicht müde?«

Erlöst, nicht mehr allein zu sein, stammelte sie: »Nein.« – »Geh dich jetzt ausruhen«, sagte er. Sie küßte ihre Mutter langsam, mit einem langen, schmerzlichen, herzzerreißenden Kuß. Dann ging sie in ihr Zimmer.

Der Tag verrann mit den traurigen Diensten, die einem Toten erwiesen werden müssen. Am Abend langte der Baron an. Er weinte ausgiebig. Am nächsten Tag fand das Begräbnis statt.

Als sie ein letztes Mal die Lippen auf die kalte Stirn der Toten gedrückt, als sie sie ein letztes Mal zurechtgemacht und gesehen hatte, wie der Sarg geschlossen wurde, zog Jeanne sich zurück. Die Gäste mußten bald da sein.

Als erste kam Gilberte und warf sich der Freundin schluchzend an die Brust.

Durch das Fenster sah man die Wagen am Gittertor umkehren und im Trab davonfahren. Stimmen ertönten in der großen Halle. Schwarzgekleidete Frauen traten eine nach der anderen ins Zimmer, Frauen, die Jeanne nicht kannte. Die Marquise de Coutelier und die Vicomtesse de Briseville küßten Jeanne.

Dann merkte sie, daß Tante Lison leise hinter sie getreten war. Sie schloß sie zärtlich in die Arme, und das alte Fräulein war so betroffen davon, daß ihr ganz schwach wurde.

Julien kam herein, in feierlichem Schwarz, elegant, geschäftig, sehr befriedigt über den großen Andrang. Er sprach leise mit seiner Frau, wollte einen Rat von ihr haben und setzte in vertraulichem Ton hinzu: »Der ganze Adel ist gekommen; es wird sich sehr gut machen.« Dann verbeugte er sich ernst vor den Damen und ging wieder hinaus.

Nur Tante Lison und Gräfin Gilberte blieben bei Jeanne, während die Trauerfeier sich vollzog. Die Gräfin küßte sie immer wieder und sagte dazu: »Mein armes Liebes, mein armes Liebes.«

Als Graf de Fourville zurückkam, um seine Frau abzuholen, weinte er, als habe er die eigene Mutter verloren.

X

Es folgten traurige Tage, jene düsteren Tage, in denen das Haus leer anmutet, weil eine vertraute Gestalt für immer daraus verschwunden ist, Tage, die voller Leid sind, weil man jeden Augenblick auf einen Gegenstand trifft, den die Tote täglich benutzte. Und jedesmal überfällt dann eine Erinnerung das Herz wie ein jäher Schmerz. Hier ist ihr Sessel, ihr Sonnenschirm steht noch in der Halle; ein Glas, das sie benutzte, hat das Mädchen wegzuräumen vergessen. In allen Zimmern liegen solcherlei Dinge umher: ihre Schere, ein Handschuh, ein Buch, dessen Seiten ihre schwerfällig gewordenen Finger verschlissen haben. So bekommen tausend Kleinigkeiten eine schmerzliche Bedeutung, weil sie tausend kleine Einzelheiten wachrufen.

Und die Stimme der Toten verfolgt einen; man glaubt sie zu hören; man möchte irgendwohin fliehen vor dem, was einen in diesem Haus spukhaft verfolgt. Aber man muß bleiben; denn da sind andere, die ebenfalls bleiben und leiden.

Es kam hinzu, daß Jeanne noch zermalmt war von der Entdeckung, die sie gemacht hatte. Der Gedanke daran lastete auf ihr, ihr zerrissenes Herz wollte nicht heilen. Die Einsamkeit, in der sie lebte, war durch dies furchtbare Geheimnis noch tiefer geworden. Mit dem letzten, woran sie geglaubt hatte, war das letzte ihr verbliebene Vertrauen zusammengebrochen.

Vater reiste nach einiger Zeit wieder ab. Es drängte ihn, etwas zu unternehmen, andere Luft zu atmen, der dunklen Verzweiflung zu entrinnen, in der er mehr und mehr unterzusinken drohte.

In dem großen Haus, das schon manchesmal einen seiner Herren hatte verschwinden sehen, begann wieder das ruhige, regelmäßige Leben.

Dann wurde Paul krank. Jeanne verlor beinahe den Verstand; zwölf Tage lang schlief sie nicht und aß fast nichts.

Er genas; aber in ihr blieb der angstvolle Gedanke haften, daß er sterben könne. Was würde sie dann tun? Was sollte aus ihr werden? Leise schlich sich ein vages Verlangen nach einem zweiten Kind in ihr Herz. Bald träumte sie davon, ganz im Bann ihrer alten Sehnsucht, zwei kleine Menschenwesen, einen Jungen und ein Mädchen, um sich zu haben. Es wurde daraus eine Besessenheit.

Aber seit dem Erlebnis mit Rosalie lebte sie von Julien getrennt. Eine neue Annäherung schien in Anbetracht ihrer beider Situation unmöglich zu sein. Julien liebte eine andere, sie wußte es. Schon allein der Gedanke, seine Umarmungen wieder ertragen zu müssen, ließ sie vor Widerwillen erschauern.

Dennoch hätte sie sich dazu bereitgefunden, so sehr quälte sie das Verlangen, wieder Mutter zu werden. Doch sie fragte sich, wie ihre Liebesbeziehungen wieder aufgenommen werden könnten? Lieber wäre sie vor gekränktem Stolz gestorben, als daß sie ihn ihren Wunsch hätte erraten lassen, und er schien gar nicht mehr an sie zu denken.

Vielleicht hätte sie verzichtet. Aber nun fing sie an, jede Nacht von einer Tochter zu träumen. Sie sah sie mit Paul unter der Platane spielen, und manchmal verzehrte sie der Wunsch, aufzustehen und, ohne ein Wort zu sagen, zu ihrem Mann in sein Zimmer zu gehen. Zweimal schlich sie sogar bis an die Tür; dann kehrte sie schnell um, und ihr Herz klopfte vor Scham.

Der Baron war abgereist; Mama war tot, Jeanne hatte jetzt niemanden mehr, den sie um Rat fragen, dem sie ihre innersten Geheimnisse anvertrauen konnte.

Da entschloß sie sich, den Abbé Picot aufzusuchen und ihm unter dem Beichtsiegel ihre Pläne und Schwierigkeiten mitzuteilen.

Als sie hinkam, las er gerade in seinem kleinen Obstgarten das Brevier.

Sie plauderte ein Weilchen von allem Möglichen und stotterte dann errötend: »Herr Abbé, ich möchte beichten.«

Er war überrascht und nahm die Brille ab, um sie besser sehen zu können; dann fing er an zu lachen: »Dabei haben Sie doch sicherlich keine schwere Sünde auf dem Gewissen!«

Sie wurde noch verwirrter und entgegnete: »Nein, aber ich möchte Sie um einen Rat bitten, und es ist mir so... so... so peinlich, davon zu sprechen, daß ich es nicht einfach obenhin tun kann.«

Sogleich wich sein gutmütig-behaglicher Ausdruck, und er wurde ganz Priester: »Gut, mein Kind, ich will Sie im Beichtstuhl anhören; wir wollen hingehen.«

Aber sie hielt ihn zurück, zögerte, empfand plötzlich eine Hemmung, von diesen ein wenig beschämenden Dingen in der weihevollen Stille einer leeren Kirche zu sprechen. »Nein, lieber nicht, Herr Pfarrer... Ich kann... ich kann... Wenn Sie es wollen... kann ich auch hier sagen, was mich herführt. Kommen Sie, wir wollen uns da drüben in Ihr Gartenhäuschen setzen.«

Langsam gingen sie hin. Sie überlegte, wie sie sich ausdrücken, wie sie es anfangen solle. Sie setzten sich.

Dann fing sie wie bei der Beichte an: »Mein Vater...« Darauf stockte sie, wiederholte: »Mein Vater...« und verstummte in größter Verwirrung.

Er hielt die Hände über dem Bauch gefaltet und wartete. Als er ihre Verlegenheit sah, sprach er ihr Mut zu: »Nun, meine Tochter, man möchte meinen, Sie wagten nicht zu sprechen; kommen Sie, fassen Sie Mut.«

Da gab sie sich einen Ruck, wie ein Feigling, der sich blindlings in die Gefahr stürzt: »Mein Vater, ich hätte so gern ein zweites Kind.«

Er antwortete nicht, da er sie nicht verstand.

Stockend und nach Worten suchend erklärte sie ihm die Sache: »Ich stehe jetzt ganz allein im Leben; mein Vater und mein Mann verstehen sich schlecht. Meine Mutter ist tot, und... und...« Erschauernd und ganz leise stieß sie hervor: »Neulich hätte ich fast meinen Sohn verloren! Was wäre dann aus mir geworden?« Sie verstummte.

Der aus der Fassung gebrachte Priester sah sie an: »Bitte kommen Sie jetzt zur Sache.«

Sie wiederholte: »Ich möchte ein zweites Kind haben.«

Er war die derben Scherze der Bauern gewöhnt, die sich nicht vor ihm genierten, schüttelte mit einem spitzbübischen Lächeln den Kopf und sagte: »Mir scheint, daß das nur von Ihnen abhängt.«

Sie sah ihn mit ihren reinen Augen an und stotterte dann verlegen: »Aber... aber... Sie müssen wissen, daß seit... seit der Sache mit dem Mädchen, von der Sie wissen... mit jenem Hausmädchen... Seitdem leben mein Mann und ich... Wir leben völlig getrennt.«

Der Pfarrer war an das geschlechtliche Durcheinander und die würdelosen Sitten auf dem Land gewöhnt und wunderte sich über diese Enthüllung. Dann glaubte er plötzlich, den eigentlichen Wunsch der jungen Frau erraten zu haben. Voller Wohlwollen und Mitgefühl für ihre traurige Lage sah er sie von der Seite an: »Ja, ich verstehe vollauf. Ich verstehe, daß Ihre... Ihre Witwenschaft Sie bedrückt. Sie sind jung und gesund. Kurz und gut, es ist natürlich, nur allzu natürlich.« Die fröhliche Derbheit, wie sie sich häufig bei Landpfarrern findet, gewann die Oberhand; er mußte wieder lächeln und klopfte Jeanne bedachtsam auf die Hand: »Es ist Ihnen ja erlaubt, sogar mehr als erlaubt, durch die Gebote... ›Nur in der Ehe darfst du die Werke des Fleisches tun...‹ Sie sind doch verheiratet, nicht wahr? Da brauchen Sie sich kein Kopfzerbrechen darüber zu machen.«

Diesmal war sie es, die zunächst nicht verstand, was er sagen wollte. Aber sowie sie es begriff, wurde sie feuerrot, tief betroffen, und Tränen traten ihr in die Augen. »O Herr Pfarrer, was sagen Sie da? Was meinen Sie? Ich schwöre Ihnen... ich schwöre Ihnen...« Schluchzen erstickte ihre Stimme.

Er war verdutzt und suchte sie zu trösten: »Ich habe Ihnen nicht weh tun wollen. Ich habe Sie bloß ein bißchen geneckt. Das ist unter ehrlichen Leuten nicht verboten. Aber Sie können auf mich zählen. Ich werde mit Monsieur Julien sprechen.«

Sie wußte nicht, was sie sagen sollte. Gern hätte sie seine Vermittlung abgelehnt, weil sie fürchtete, sie könne ungeschickt sein und gefährlich werden; aber sie wagte es nicht. So stammelte sie nur: »Ich danke Ihnen, Herr Pfarrer« und eilte fort.

Acht Tage gingen vorüber. Sie lebte in unruhevoller Angst.

Eines Abends beim Essen sah Julien sie mit einem eigentümlichen Blick an, und mit einem Lächeln um die Lippen, das sie an ihm kannte, von Stunden her, da er zum Spotten aufgelegt war. Er war sogar in einer kaum spürbar ironischen Weise besonders aufmerksam gegen sie, und als sie später in Mamas großer Allee spazieren gingen, sagte er ihr ganz leise ins Ohr: »Anscheinend sind wir wieder versöhnt!«

Sie gab keine Antwort. Sie beschaute eine gerade jetzt, da das Gras nachgewachsen war, fast unsichtbar gewordene Linie am Boden. Es war die Fußspur der Baronin, die sich verwischte, wie eine Erinnerung sich verwischt. Ihr Herz krampfte sich zusammen, Traurigkeit überflutete sie. Sie fühlte sich wie verloren im Leben, so fern war sie allen Menschen.

Julien fuhr fort: »Ich bin froh darüber. Ich hatte nur Angst, daß es dir unangenehm sein könne.«

Die Sonne ging unter; die Luft war mild. Jeanne wurde bedrängt von dem Verlangen, zu weinen, einem geliebten Menschen ihr Herz auszuschütten, jemanden in die Arme zu schließen und ihm leise all ihr Leid zu klagen. Ein Schluchzen stieg ihr in der Kehle auf. Sie breitete die Arme aus und sank Julien an die Brust.

Und nun weinte sie. Überrascht sah er auf ihr Haar hinunter; das an seiner Brust versteckte Gesicht konnte er nicht sehen. Er dachte, sie liebe ihn noch immer, und drückte einen herablassenden Kuß auf ihre Frisur.

Dann gingen sie wieder ins Haus, ohne zu sprechen. Er folgte ihr auf ihr Zimmer und brachte die Nacht bei ihr zu.

Und sie nahmen ihre Beziehungen wieder auf wie früher. Er benahm sich dabei so, als erfülle er eine ihm nicht unangenehme Pflicht. Sie ertrug es als eine widerwärtige, peinliche Notwendigkeit, fest entschlossen, alles für immer abzubrechen, sowie sie sich wieder schwanger fühlte.

Doch bald bemerkte sie, daß die Umarmungen ihres Mannes anders waren als früher. Sie waren vielleicht raffinierter, aber unvollkommen. Er behandelte sie wie ein vorsichtiger Liebhaber, nicht mehr wie ein Gatte, der unbesorgt sein kann.

Sie wunderte sich, beobachtete ihn und erkannte bald, daß alle seine Liebkosungen aufhörten, ehe sie empfangen haben konnte.

Eines Nachts, Mund an Mund mit ihm, murmelte sie: »Warum gibst du dich mir nicht ganz, wie früher?«

Er fing an zu lachen: »Zum Donnerwetter, weil ich nicht will, daß du ein Kind bekommst.«

Sie zuckte zusammen: »Warum willst du denn keine Kinder mehr?«

Er war ganz starr vor Überraschung: »Was? Was sagst du da? Bist du denn wahnsinnig? Ein zweites Kind? Nein, nein, das wäre ja noch schöner! Es ist schon zu viel, daß eins da ist, das schreit, allen Leuten Arbeit macht und Geld kostet. Ein zweites Kind! Ich danke bestens!«

Sie umfing ihn mit den Armen, küßte ihn, hüllte ihn ein in Liebkosungen und sagte sehr leise: »Oh! Ich bitte dich so sehr! Laß mich doch noch einmal Mutter werden!«

Aber er wurde böse, als habe sie ihn verletzt: »Nein, wahrhaftig, du verlierst den Kopf! Bitte verschone mich mit deinen Dummheiten.«

Sie schwieg und nahm sich vor, ihn durch List zu zwingen, ihr das erträumte Glück zu schenken.

Sie versuchte, die Dauer seiner Umarmungen zu verlängern,

spielte ihm eine trunkene Glut vor, band ihn an sich mit beiden Armen; sie spannten sich in einem Entzücken, das sie gar nicht empfand. Sie versuchte alles Mögliche; aber er blieb immer Herr seiner selbst und vergaß sich kein einziges Mal.

Immer heftiger bohrte der Wunsch nach einem Kind in ihr. Sie wußte nicht mehr, wohin, war bereit, alles zu ertrotzen, alles zu wagen. Und so ging sie wieder zu Abbé Picot.

Er war gerade mit dem Mittagessen fertig. Sein Gesicht war sehr rot, denn nach Tisch hatte er immer Beklemmungen. Als sie eintraf, rief er ihr entgegen: »Nun?« Er wollte wissen, ob seine Vermittlung Erfolg gehabt habe.

Sie war jetzt entschlossen, hatte ihre schamhafte Schüchternheit überwunden und antwortete auf der Stelle: »Mein Mann will kein Kind mehr haben.«

Der Abbé musterte sie; er war ganz Ohr, bereit, mit priesterlicher Neugier diese Bettgeheimnisse zu durchwühlen, die ihm die Beichten amüsanter machten. Er fragte: »Wieso?«

Trotz aller Festigkeit wurde sie wieder verlegen, als sie ihm erklärte: »Er... er weigert sich, mich noch einmal Mutter werden zu lassen.«

Der Abbé verstand; er kannte sich in diesen Dingen aus, und er begann nach genauen, winzigen Einzelheiten zu fragen; es war das Genießertum eines Mannes, der fasten muß.

Dann dachte er einige Augenblicke nach und entwarf ihr mit ruhiger Stimmme, wie wenn er von der gut stehenden Ernte spräche, einen geschickten und genauen Plan, wobei er keinen Punkt ausließ: »Es gibt nur ein Mittel, mein liebes Kind, Sie müssen es dahin bringen, daß er meint, Sie seien schwanger. Dann wird er sich nicht mehr in acht nehmen, und Sie werden es wirklich werden.«

Sie errötete über und über. Aber sie war zu allem entschlossen und drang noch weiter in ihn: »Und... wenn er mir nicht glaubt?«

Der Pfarrer wußte, wie man Menschen leiten und festhalten kann: »Sagen Sie es allen Leuten, Sie erwarteten ein Kind; erzählen Sie es überall, dann wird schließlich auch er daran glauben.« Dann fügte er, wie um sich vor sich selbst dieser Kriegslist wegen zu entschuldigen, hinzu: »Es ist Ihr gutes Recht; die Kirche duldet Beziehungen zwischen Ehegatten nur, wenn sie der Fortpflanzung dienen.«

Sie folgte diesem durchtriebenen Rat, und vierzehn Tage später sagte sie zu Julien, sie glaube schwanger zu sein. Er fuhr auf: »Das ist nicht möglich! Es ist nicht wahr!«

Sie teilte ihm sofort die Gründe für ihren Verdacht mit.

Aber er beruhigte sich rasch. »Ach was! Warte nur ein Weilchen. Du wirst schon sehen.«

Jeden Morgen fragte er: »Na?«

Und stets antwortete sie: »Nein, noch immer nicht. Ich müßte mich sehr irren, wenn ich nicht schwanger bin.«

Nun machte er sich seinerseits Sorgen, war wütend und ebenso verzweifelt. Er wiederholte: »Ich kann es nicht begreifen, nicht die Spur. Wenn ich nur wüßte, wie das hat passieren können! Aufhängen möchte ich mich!«

Nach einem Monat erzählte sie es allen Leuten außer der Gräfin Gilberte. Eine schwer zu definierende zarte Scham hielt sie davon zurück.

Seit die Sorge, sie könne tatsächlich schwanger sein, zum erstenmal in ihm aufgetaucht war, hielt Julien sich ihr fern. Dann fand er sich, wenn auch innerlich tobend, damit ab und erklärte: »Dies Kind kommt wirklich höchst unerwünscht.« Und von da an kam er wieder in Jeannes Schlafzimmer.

Was der Pfarrer vorausgesehen hatte, trat ein: Sie wurde schwanger.

Eine delirierende Freude überschwemmte sie. Jeden Abend schloß sie ihre Tür ab, und in einem Überschwang von Dankbarkeit gelobte sie der nur unbestimmt erahnten Gottheit, zu der sie betete, ewige Keuschheit.

Sie fühlte sich von neuem beinahe glücklich und wunderte sich darüber, wie rasch ihr Schmerz nach dem Tod der Mutter sich gemildert hatte. Sie hatte gemeint, sie werde sich nie darüber trösten können, und nun hatte sich diese brennende Wunde schon nach kaum zwei Monaten geschlossen. Nur eine zärtliche Melancholie war in ihr zurückgeblieben, als habe sich ein Schleier von Wehmut über ihr Leben gebreitet. Ihr war, als könne ihr nun eigentlich nichts mehr geschehen. Ihre Kinder würden heranwachsen und sie lieben. Sie würde ruhig und zufrieden altern und sich um ihren Mann nicht kümmern.

Gegen Ende September machte der Abbé Picot einen feierlichen Besuch in einer neuen Soutane, auf der vorerst nur die Flekken von acht Tagen zu sehen waren. Er stellte seinen Nachfolger, den Abbé Tolbiac, vor. Das war ein ganz junger, hagerer, sehr kleiner Priester, der mit großem Nachdruck sprach und dessen schwarz umränderte, hohle Augen auf eine leidenschaftliche Seele schließen ließen.

Der alte Pfarrer war zum Dechanten in Goderville ernannt worden.

Jeanne war sehr traurig über sein Fortgehen. Die Gestalt des wackeren Mannes war mit allen Erinnerungen aus ihrem Leben als junge Frau verbunden. Er hatte sie getraut, hatte Paul getauft und die Baronin bestattet. Sie konnte sich Étouvent nicht ohne den Abbé Picot vorstellen, wie er mit seinem dicken Bauch an den Bauernhöfen entlangging, und sie mochte ihn, weil er fröhlich und natürlich war.

Trotz der Beförderung schien er nicht froh zu sein. Er sagte: »Es fällt mir schwer, sehr schwer, gnädige Frau. Nun bin ich seit achtzehn Jahren hier. Oh, die Gemeinde bringt nicht viel ein und taugt wenig. Die Männer sind nicht frommer als unbedingt nötig, und die Frauen, wissen Sie, die Frauen betragen sich herzlich schlecht. Die Mädchen kommen erst zur Trauung in die Kirche, wenn sie eine Pilgerfahrt zur Lieben Frau vom dicken Bauch gemacht haben, und die Orangenblüte ist billig hierzulande. Aber das macht nichts, ich habe das Dorf nun mal gern.«

Der neue Pfarrer errötete und gab seine Ungeduld durch allerlei Handbewegungen zu erkennen. Dann sagte er unvermittelt: »Nun ich da bin, muß das alles sich ändern.« Er wirkte in seiner schon abgetragenen, aber sauberen Soutane wie ein jähzorniges, sehr schmächtiges und mageres Kind.

Der Abbé Picot sah ihn von der Seite an, wie er immer tat, wenn er besonders guter Dinge war, und fuhr fort: »Ich sage Ihnen, Abbé, wenn Sie diese Dinge verhindern wollen, müssen Sie Ihre Pfarrkinder an die Kette legen, und selbst das wird nichts helfen.«

Der kleine Priester antwortete in schneidendem Ton: »Das werden wir ja sehen.«

Aber der alte Pfarrer nahm lächelnd eine Prise: »Mit dem Alter werden Sie ruhiger werden, Abbé, und mit der Erfahrung ebenfalls. Sie treiben die letzten Gläubigen aus der Kirche, mehr erreichen Sie nicht. Hierzulande sind die Leute gläubig, aber bokkig. Nehmen Sie sich in acht. Wenn ich ein Mädchen zur Predigt kommen sehe, die mir ein bißchen dick zu sein scheint, so sage ich mir: ›Die bringt mir ein neues Pfarrkind mit‹, und dann versuche ich durchzusetzen, daß sie heiratet. Sehen Sie, Sie können sie nicht daran hindern, Fehltritte zu begehen. Aber Sie können zu dem jungen Mann hingehen und verhindern, daß er die Mutter des Kindes sitzen läßt. Verheiraten Sie sie, Abbé, verheiraten Sie sie, und kümmern Sie sich nicht um das andere.«

Der neue Pfarrer antwortete schroff: »Wir denken verschieden darüber; es ist sinnlos, weiter zu reden.«

Und der Abbé Picot sprach wieder davon, daß er sich nach seinem Dorf zurücksehnen werde, nach dem Meer, das er von den Fenstern des Pfarrhauses aus hatte sehen können, nach den kleinen, kesselförmigen Tälern, wo er sein Brevier zu lesen pflegte und dabei zu den in der Ferne vorüberziehenden Schiffen hingeschaut hatte.

Die beiden Priester verabschiedeten sich. Der Alte küßte Jeanne, die beinahe in Tränen ausgebrochen wäre.

Acht Tage später kam der Abbé Tolbiac wieder. Er sprach von den von ihm eingeführten Reformen, wie ein Fürst es hätte tun können, der die Herrschaft über ein Reich angetreten hat. Dann bat er die Vicomtesse, ja nicht am Sonntag beim Hochamt zu fehlen und an allen Festtagen zu kommunizieren. »Sie und ich«, sagte er, »wir sind die Ersten hier im Dorf. Wir müssen herrschen und immer den andern das gute Beispiel geben. Wir müssen einig sein, um mächtig und angesehen zu sein. Wenn die Kirche und das Schloß einander die Hand reichen, wird die Hütte uns fürchten und uns gehorchen.«

Jeannes Religiosität war rein gefühlsmäßig. Sie hatte jene Art verträumten Glaubens, den jede Frau sich bewahrt, und wenn sie ihre religiösen Pflichten halbwegs erfüllte, so geschah es hauptsächlich aus vom Kloster her beibehaltener Gewohnheit. Aber bei der philosophischen Frondeurhaltung des Barons waren ihre religiösen Überzeugungen längst zusammengebrochen.

Der Abbé Picot war zufrieden gewesen und hatte sie nie gemaßregelt. Aber sein Nachfolger war schleunigst und streng herbeigeeilt, als er sie am Sonntag nicht in der Kirche gesehen hatte.

Sie wollte einen Bruch mit dem Pfarrhaus vermeiden und versprach, was er wollte. Innerlich behielt sie sich aber vor, nur in den ersten Wochen aus Höflichkeit einen gewissen Eifer zu zeigen.

Aber allmählich gewöhnte sie sich an die Kirchgänge und geriet unter den Einfluß dieses schmächtigen, reinen und herrschsüchtigen Abbés. Seine mystische Glut und Begeisterung gefielen ihr. Er wußte die poetisch-religiöse Saite in ihr, die sich in der Seele jeder Frau findet, zum Erklingen zu bringen. Seine schroffe Strenge, seine Verachtung der Welt und ihrer Sinnenlust, sein Abscheu vor einem Versinken in irdische Sorgen, seine Liebe zu Gott, seine scheue jugendliche Unerfahrenheit, seine harte Rede, sein unbeugsamer Wille vermittelten Jeanne eine Vorstellung davon, wie die Märtyrer gewesen sein mochten, und sie, der das Leid die Augen geöffnet hatte, ließ sich von dem starren Fanatismus dieses kindlichen Gottesdieners verführen.

Er führte sie zu Christus dem Tröster, zeigte ihr, wie die frommen Freuden der Religion all ihr Leid mildern würden. Und demütig kniete sie im Beichtstuhl, fühlte sich klein und schwach vor diesem Priester, der aussah, als sei er erst fünfzehn Jahre alt. Aber die Leute aus dem Dorf und der Umgegend haßten ihn bald alle.

Er war von unbeugsamer Strenge gegen sich selber und behandelte die anderen mit schonungsloser Unduldsamkeit. Eins vor allem erregte seinen Zorn und seine Empörung: die Liebe. In seinen Predigten sprach er davon mit wildem Eifer, in harten Ausdrücken, wie es die Geistlichen häufig tun, und schleuderte seinen bäuerlichen Zuhörern donnernd dahinrollende Tiraden gegen die Begehrlichkeit entgegen. Dabei zitterte er vor Wut, stampfte mit dem Fuß auf, wie umspukt von den Bildern, die er in seinen Zornausbrüchen wachgerufen hatte.

Die erwachsenen Burschen und die Mädchen wechselten durch die Kirche hindurch verstohlene Blicke. Die alten Bauern, die über diese Dinge immer gern ihre Scherze machen, sprachen mißbilligend über die Unduldsamkeit des kleinen Pfarrers, wenn sie nach dem Gottesdienst mit dem Sohn im blauen Kittel und der Frau im schwarzen Umhang auf den Hof zurückkehrten. Die ganze Gegend war in Erregung.

Man erzählte einander flüsternd, wie streng er im Beichtstuhl sei, wie harte Bußen er auferlege. Da er sich verbissen weigerte, den Mädchen, die ihre Keuschheit nicht bewahrt hatten, die Absolution zu erteilen, mischte sich bald der Spott darein. Beim Hochamt an den großen Festtagen wurde beim Anblick der jungen Dinger gelacht, die in ihrer Bank sitzen blieben, statt mit den anderen zur Kommunion zu gehen.

Bald fing er an, wie ein Jagdhüter, der hinter Wilderern her ist, den Liebespaaren aufzulauern und ihre Zusammenkünfte zu verhindern. Er verfolgte sie an mondhellen Abenden durch die Gräben, hinter die Scheunen und bis in die Strandhafertuffen, die am Abhang der Küste wuchsen.

Einmal entdeckte er zwei, die auch angesichts seiner nicht voneinander ließen. Sie hielten sich umschlungen, küßten sich und schlenderten so einen kleinen, steinigen Hohlweg hinunter.

Der Abbé schrie: »Wollt ihr wohl Schluß machen, ihr Bauernpack!«

Der Bursche drehte sich um und antwortete: »Kümmern Sie sich um Ihre eigenen Angelegenheiten, Herr Pfarrer; unsere gehen Sie nichts an.«

Da raffte der Pfarrer Steine auf und warf nach ihnen, wie nach Hunden.

Lachend liefen die beiden davon, und am nächsten Sonntag beim Gottesdienst nannte er ihre Namen von der Kanzel herab.

Sämtliche Burschen des Dorfs hörten auf, in die Kirche zu gehen.

Der Pfarrer war jeden Donnerstag zum Abendessen im Schloß und kam auch an anderen Tagen häufig, um sich mit seinem Beichtkind zu unterhalten. Sie war von seiner Begeisterung mitgerissen, diskutierte mit ihm über die übernatürlichen Dinge und handhabte das ganze altehrwürdige, komplizierte Rüstzeug der religiösen Kontroversen.

Sie gingen zusammen in der großen Allee der Baronin auf und ab und sprachen dabei von Christus und seinen Aposteln, von der heiligen Jungfrau und den Kirchenvätern, als hätten sie sie gekannt. Zuweilen blieben sie stehen, um einander tiefgründige Fragen zu stellen, durch die sie in mystische Spekulationen taumelten und sich in poetischen Vorstellungen ergingen, die wie Raketen zum Himmel stiegen; er nahm es dabei genauer und führte seine Beweise, als sei er ein von einer fixen Idee besessener Advokat, der die Quadratur des Zirkels mathematisch beweisen wolle.

Julien behandelte den neuen Pfarrer mit großer Ehrerbietung und sagte unablässig: »Er gefällt mir, dieser Priester. Er macht keine Kompromisse.« Und er beichtete und kommunizierte nach Herzenslust und gab verschwenderisch gute Beispiele.

Er ging jetzt fast täglich zu den Fourvilles, jagte mit dem Ehemann, der gar nicht mehr ohne ihn sein konnte, und ritt trotz Regens und stürmischen Wetters mit der Gräfin. Der Graf sagte: »Die beiden sind ganz wild auf ihre Reiterei; aber es bekommt meiner Frau gut.«

Gegen Mitte November kehrte der Baron zurück. Er hatte sich sehr verändert, war gealtert, erloschen und versunken in eine dunkle Trauer, die völlig von seinem Gemüt Besitz ergriffen hatte. Und es zeigte sich gleich, daß das Gefühl, das ihn mit seiner Tochter verband, stärker geworden war, als habe das Verlangen nach Liebe, Vertrauen und Zärtlichkeit in diesen trüben einsamen Monaten noch zugenommen.

Jeanne vertraute ihm nichts von ihrer neuen Gedankenwelt, ihrer Freundschaft mit dem Abbé Tolbiac und ihren religiösen Gefühlen an. Trotzdem erwachte in ihm beim ersten Kennenlernen eine heftige Abneigung gegen den Priester.

Und als die junge Frau ihn am Abend fragte: »Wie findest du ihn?«, antwortete er: »Dieser Mann ist ja ein Inquisitor! Er ist sicher sehr gefährlich.«

Als ihm dann die Bauern, mit denen er befreundet war, von der Strenge des jungen Priesters erzählten, von seiner Heftigkeit, und wie er die dem Menschen eingeborenen Gesetze und Instinkte verfolgte, da enstand in seinem Herzen ein Haß gegen diesen Mann.

Er gehörte zum Geschlecht jener alten Philosophen, die die Natur anbeteten. Er war gerührt, wenn er zufällig sah, wie zwei Tiere sich vereinigten. Die pantheistische Gottheit, vor der er sich neigte, hatte er aufgerichtet gegen die katholische Konzeption von einem Gott mit gutbürgerlicher Gesinnung, jesuitischem Zorn und tyrannischen Rachegelüsten, einem Gott, der ihm verkleinerte, was er von der schicksalhaften, grenzenlosen, allmächtigen Schöpfung ahnte, einer Schöpfung, die zugleich Leben, Licht, Erde, Denken, Pflanze, Fels, Mensch, Luft, Tier, Stern, Gott und das Insekt umfaßt, die fortzeugt, weil sie Schöpfung ist, stärker als jeder Wille, weiter reichend als jedes logische Denken, die hervorbringt ohne Ziel, ohne Grund und ohne Ende, nach allen Richtungen und in allen Formen, überall in der endlosen Raumesweite, je nach den Gegebenheiten des Zufalls und der Nähe der Sonnen, die die Welten erwärmen.

Die Schöpfung enthielt alle Keime; Denken und Leben entwikkelten sich in ihr wie Blumen und Früchte an den Bäumen.

Darum war für ihn die Fortpflanzung das große, allgemeine Gesetz, der heilige, ehrwürdige, göttliche Akt, in dem sich der dunkle und nie endende Wille der Gottheit erfüllt. Und er ging von Hof zu Hof und begann einen leidenschaftlichen Feldzug gegen den unduldsamen Priester, den Verfolger des Lebens.

Jeanne war verzweifelt; sie betete zum Herrn, bestürmte ihren Vater; aber er antwortete jedesmal: »Solche Leute müssen bekämpft werden; das ist unser Recht und unsere Pflicht. Sie sind unmenschlich.« Er schüttelte das lange weiße Haar und wiederholte: »Unmenschlich sind sie; sie verstehen nichts, nichts, nichts. Sie handeln wie in einem verhängnisvollen Traum, sie sind gegen das Körperliche.« Und er schrie noch einmal: »Gegen das Körperliche«, als schleudere er einen Fluch.

Der Priester witterte wohl den Feind; aber da ihm daran lag, weiter im Schloß und über die junge Frau zu herrschen, wartete er ab. Des Endsieges war er gewiß.

Bald ergriff ihn eine neue fixe Idee: Er hatte zufällig die Liebesbeziehungen zwischen Julien und Gilberte entdeckt und wollte um jeden Preis erreichen, daß sie abgebrochen würden.

Eines Tages suchte er Jeanne auf, und nach einem langen mystischen Gespräch verlangte er von ihr, daß sie gemeinsam mit ihm dem Bösen in ihrer eigenen Familie ein Ende bereite, um zwei gefährdete Seelen zu retten.

Sie verstand ihn nicht und wollte mehr wissen.

Er antwortete: »Die Stunde ist noch nicht gekommen. Ich spreche bald wieder mit Ihnen.« Darauf ging er rasch fort.

Der Winter, ein fauler Winter, wie man auf dem Land sagt, weil er feucht und warm war, neigte sich dem Ende zu.

Einige Tage später kam der Abbé wieder und erging sich in dunklen Andeutungen über eines jener unwürdigen Verhältnisse zwischen Menschen, die über jeden Tadel erhaben sein sollten. Es zieme sich, sagte er, für die, die von diesen Dingen wüßten, sie mit allen Mitteln zu verhindern. Dann wandte er sich den höchsten Dingen zu, nahm schließlich Jeanne bei der Hand und beschwor sie, die Augen aufzumachen, zu verstehen und ihm zu helfen.

Diesmal hatte sie verstanden. Aber sie schwieg, tief erschrokken bei dem Gedanken an alles Schmerzliche, das in ihrem jetzt so ruhigen Haus daraus plötzlich entstehen könnte. Und sie tat, als wisse sie nicht, was der Abbé sagen wolle.

Da zögerte er nicht länger und sprach ganz offen: »Ich habe eine peinliche Aufgabe zu erfüllen, gnädige Frau, aber mir bleibt keine Wahl. Das heilige Amt, dem ich obliege, zwingt mich, Sie nicht länger in Unkenntnis zu lassen über etwas, das Sie verhindern können. Vernehmen Sie also, daß Ihr Mann eine sündhafte Beziehung zur Gräfin de Fourville unterhält.«

Matt und resigniert senkte sie den Kopf.

Der Priester fuhr fort: »Was gedenken Sie jetzt zu tun?«

Da stammelte sie: »Was soll ich Ihrer Meinung nach denn tun, Herr Abbé?«

Er antwortete heftig: »Daß Sie mit Gewalt das Ende dieser sündhaften Leidenschaft erzwingen.«

Sie brach in Tränen aus und sagte verzweifelt: »Aber er hat mich ja schon mit einem Dienstmädchen betrogen, und er hört nicht auf mich. Er liebt mich nicht mehr, er behandelt mich schlecht, sobald ich einen Wunsch äußere, der ihm nicht paßt. Was kann ich denn tun?«

Ohne ihr auf diese Fragen zu antworten, rief der Pfarrer: »Also beugen Sie sich davor! Sie geben es auf! Sie lassen es geschehen! Der Ehebruch haust unter Ihrem Dach, und Sie dulden es! Die Sünde geschieht unter Ihren Augen, und Sie wenden den Blick ab! Sind Sie nicht Gattin, Christin, Mutter?«

»Was soll ich denn tun?« schluchzte sie.

»Alles eher, als diese Schändlichkeit dulden«, antwortete er. »Alles, sage ich Ihnen. Verlassen Sie ihn. Fliehen Sie dies beschmutzte Haus.«

»Aber ich habe kein Geld, Herr Pfarrer«, sagte sie. »Und auch keinen Mut, jetzt in dieser Zeit. Und wie könnte ich ihn verlassen, wenn ich keine Beweise habe? Dazu habe ich nicht das Recht.«

Bebend sprang der Priester auf: »Das rät Ihnen Ihre Feigheit, gnädige Frau! Ich hätte mehr von Ihnen erwartet. Sie sind der Barmherzigkeit Gottes unwürdig!«

Sie fiel vor ihm auf die Knie: »O bitte, lassen Sie mich nicht im Stich, beraten Sie mich!«

Da sagte er kurz und schroff: »Öffnen Sie Monsieur de Fourville die Augen. Es ist seine Sache, dafür zu sorgen, daß diese Beziehung abgebrochen wird.«

Schrecken packte sie bei diesem Vorschlag: »Er würde sie umbringen, Herr Abbé! Und ich würde zur Angeberin! Nein, das nicht, niemals!«

Da hob er in aufwallendem Zorn die Hand, als wollte er sie verfluchen: »Bleiben Sie also in der Schande und der Sünde. Denn Sie sind schuldiger als die beiden. Sie spielen die willfährige Gattin. Ich habe hier nichts mehr zu suchen.« Am ganzen Körper vor Wut zitternd ging er fort.

Außer sich lief sie hinter ihm her; sie war bereit nachzugeben; sie versprach es ihm.

Aber er zitterte noch immer vor Empörung, ging rasch weiter und schwenkte in seiner Wut den blauen Regenschirm, der fast so groß war wie er selber. Er sah Julien am Tor stehen und die Leute beaufsichtigen, die die Bäume beschnitten; da wandte er sich nach links, um durch den Hof der Couillards zu gehen, und wiederholte: »Lassen Sie mich gehen; ich habe Ihnen nichts mehr zu sagen.«

Gerade auf seinem Weg, mitten im Hof, stand eine Gruppe von Kindern beisammen, die vom Haus und die der Nachbarn. Sie drängten sich um die Hütte der Hündin Mirza. Neugierig, stumm und voll gespannter Erwartung sahen sie sich etwas an. Auch der Baron stand mitten unter ihnen und schaute mit auf dem Rücken zusammengelegten Händen interessiert zu. Es wirkte, als sei er der Schullehrer. Aber als er den Priester von weitem kommen sah, ging er weg, weil er eine Begegnung vermeiden, ihn nicht grüßen oder mit ihm sprechen wollte.

Jeanne sagte beschwörend: »Lassen Sie mir ein paar Tage Zeit, Herr Abbé, und kommen Sie dann wieder aufs Schloß. Dann sage ich Ihnen, was ich inzwischen habe tun oder in die Wege leiten können. Dann werden wir weitersehen.«

Sie waren mittlerweile bei der Kindergruppe angelangt, und der Pfarrer ging zu ihnen hin, um zu sehen, was sie interessierte. Es war die Hündin, die gerade beim Werfen war. Vor der Hundehütte krabbelten schon fünf Welpen um die Mutter herum, die auf der Seite lag, große Schmerzen litt und sie zärtlich leckte. Im Augenblick, als der Pfarrer sich niederbeugte, streckte sich das Tier in einem plötzlichen Krampf, und ein sechstes Hündchen erschien. Voller Freude klatschten die kleinen Schlingel in die Hände und riefen: »Noch eins! Noch eins!« Es war für sie wie ein Spiel, ein völlig natürliches Spiel, und es war nichts Unreines dabei. Sie schauten sich diese Geburt an, wie sie beim Fallen der Äpfel hätten zusehen können.

Der Abbé Tolbiac war zuerst ganz starr; dann überfiel ihn hemmungslose Wut. Er schwang seinen großen Regenschirm und fing an, mit aller Kraft dem Häufchen Kinder auf die Köpfe zu schlagen. Die erschrockenen Kleinen machten, daß sie wegkamen. So sah er sich plötzlich der gebärenden Hündin gegenüber, die aufzustehen versuchte. Aber er ließ sie nicht dazu kommen, sich aufzurichten; er hatte völlig den Kopf verloren und fing an, sie fürchterlich zu verprügeln. Sie lag an der Kette; sie konnte nicht davonlaufen, wimmerte entsetzlich und wand sich unter seinen Schlägen. Der Regenschirm zerbrach. Er warf ihn fort und trampelte auf ihr herum, gab ihr wütende Tritte, zermalmte sie. Sie brachte noch ein letztes Junges zur Welt; unter dem Druck seiner wütenden Püffe glitt es hervor. Dann versetzte er ihr mit dem Absatz einen letzten, tödlichen Tritt. Ihr blutender Leib zuckte noch, inmitten der fiependen, blinden, schwerfälligen Neugeborenen, die schon ihre Zitzen suchten.

Jeanne war davongelaufen; aber der Pfarrer fühlte plötzlich, wie jemand ihn am Hals packte; sein Dreispitz wurde ihm mit einer Ohrfeige vom Kopf geschlagen, und der außer sich geratene Baron schleppte ihn bis ans Tor und warf ihn auf die Straße.

Als der Baron sich umdrehte, sah er seine Tochter schluchzend bei den Hündchen knien und sie in ihren Rock aufsammeln. Mit raschen Schritten und fuchtelnd ging er zu ihr und rief ihr zu: »So ist er, so ist er, der Kerl in der Soutane! Sind dir jetzt die Augen aufgegangen?«

Die Pächtersleute kamen herbeigelaufen; alle betrachteten das Tier mit dem zertrampelten Bauch, und Mutter Couillard sagte: »Wie ist das möglich, daß einer sich so gemein benimmt!«

Jeanne hatte die sieben Jungen aufgelesen; sie sagte, sie wolle sie aufziehen.

Es wurde versucht, ihnen Milch zu geben. Drei starben schon am nächsten Tag. Der alte Simon lief überall herum, um eine säugende Hündin aufzutreiben. Er fand keine; aber er brachte eine Katze mit und behauptete, das würde auch gehen. Man tötete noch drei Junge und gab das letzte in die Obhut dieser andersrassigen Amme. Sie nahm sich seiner sofort an und legte sich auf die Seite, damit es an ihr trinken konnte.

Vierzehn Tage später wurde der Hund entwöhnt, damit seine Adoptivmutter nicht ganz von Kräften käme, und Jeanne übernahm es, ihn mit der Flasche zu füttern. Sie hatte ihn Toto genannt. Aber der Baron verlangte und setzte es auch durch, daß er »Massacre« getauft wurde.

Der Pfarrer ließ sich nicht wieder blicken; aber am folgenden Sonntag schleuderte er von der Kanzel herab Beschimpfungen, Verwünschungen und Drohungen gegen das Schloß. Er sagte, man müsse schwärende Wunden mit glühenden Eisen ausbrennen, verfluchte den Baron, der sich darüber amüsierte, und streifte in verschleierten Andeutungen, vorerst noch zurückhaltend, Juliens neues Liebesabenteuer. Der Vicomte war außer sich, bezwang aber seinen Zorn aus Angst vor dem furchtbaren Skandal, der entstehen konnte.

Von nun an verkündete der Pfarrer bei jeder Predigt das Herannahen der Stunde Gottes, das Kommen der Rache, die alle seine Feinde treffen werde.

Julien schrieb dem Erzbischof einen respektvollen, aber energischen Brief. Der Abbé Tolbiac wurde mit Ungnade bedroht. Fortan schwieg er.

Man begegnete ihm jetzt zuweilen auf langen, einsamen Spaziergängen. Er lief mit großen Schritten, und sein Gesicht trug einen schwärmerisch überspannten Ausdruck. Gilberte und Julien sahen ihn häufig bei ihren Ritten, manchmal nur von weitem, als schwarzen Punkt in der Ebene oder am Rand der Steilküste, manchmal beim Brevierlesen in einem engen Tälchen, in das sie eben einbiegen wollten. Dann wendeten sie die Pferde, um nicht an ihm vorbeireiten zu müssen.

Der Frühling war gekommen, und mit ihm ein Aufflammen ihrer Liebe, so daß sie einander täglich in die Arme sanken, bald hier, bald dort, wo immer sie auf ihren Ritten an einen geschützten Ort kamen.

Da das Laub an den Bäumen noch licht und das Gras feucht war und sie nicht, wie im Sommer, in das tiefe Dickicht der Wälder tauchen konnten, wählten sie als sicheres Versteck für ihre Umarmungen meist einen Schäferkarren, der seit dem Herbst verlassen auf der Höhe der Küste bei Vaucotte stand.

Ganz einsam stand er da, auf hohen Rädern, fünfhundert Meter vom Rand des Steilabfalls entfernt, gerade dort, wo ein schroff sich niedersenkendes kleines Tal begann. Da drinnen konnte sie niemand überraschen, denn von dort aus war die ganze Ebene zu überschauen; die Pferde wurden an den Deichseln angebunden und warteten, bis die beiden sich satt und müde geküßt hatten.

Eines Tages jedoch gewahrten sie beim Verlassen ihres Obdachs den Abbé Tolbiac, der fast ganz verborgen zwischen den

Strandhaferbüscheln saß, die am Abhang wuchsen. »Ein andermal müssen wir unsere Pferde in der Schlucht lassen«, sagte Julien, »sie könnten uns sonst verraten.« Und fortan banden sie ihre Tiere in einer mit Gestrüpp bewachsenen Senkung des Tälchens an.

Einmal, als sie zusammen nach La Vrillette zurückkehrten, um dort mit dem Grafen zu Abend zu essen, begegneten sie dem Pfarrer von Étouvent, der gerade aus dem Schloß kam. Er trat zur Seite, um sie vorüberzulassen, und verbeugte sich, ohne aufzublicken.

Unruhe überkam sie; aber bald beschwichtigte sie sich wieder.

Eines Nachmittags zu Anfang des Mai sah Jeanne plötzlich, als sie bei starkem Sturm lesend am Kamin saß, den Grafen de Fourville zu Fuß und so rasch herankommen, daß sie glaubte, es sei ein Unglück geschehen.

Sie ging hinunter und ihm entgegen; und als sie sich ihm gegenüber sah, meinte sie, er sei wahnsinnig geworden. Er war im Jagdrock, hatte eine große Pelzmütze auf, die er sonst nur zu Hause trug, und war so blaß, daß sein roter Schnurrbart, der sonst wenig gegen seine blühende Gesichtsfarbe abstach, aussah wie eine Flamme. Seine Augen rollten verstört und geistesabwesend hierhin und dorthin.

Er blubberte: »Meine Frau ist hier, nicht wahr?«

Jeanne verlor den Kopf und antwortete: »Nein, ich habe sie heute nicht gesehen.«

Da ließ er sich auf einen Stuhl fallen, als ob seine Beine ihn nicht mehr trügen, nahm die Mütze ab und wischte sich mehrmals mechanisch mit dem Taschentuch über die Stirn. Dann stand er mit einem Ruck wieder auf und ging mit ausgestreckten Armen auf die junge Frau zu. Er machte den Mund auf, als wolle er sprechen, ihr ein grimmiges Leid anvertrauen. Dann stockte er, sah sie starr an und sagte, als rede er irre: »Aber er ist ja Ihr Mann... auch Sie...« Und er hastete davon, in Richtung auf das Meer.

Jeanne lief ihm nach, um ihn zurückzuhalten, rief ihm zu, flehentlich. Ihr Herz krampfte sich vor Entsetzen zusammen bei dem Gedanken: Er weiß alles! Was wird er tun? Oh, wenn er sie nur nicht findet!

Aber sie konnte ihn nicht einholen, und er hörte nicht auf sie. Er ging stracks geradeaus, seines Ziels sicher. Er sprang über den Graben, stieg mit Riesenschritten über die Strandhaferbüschel und an die Steilküste.

Jeanne blieb auf der mit Bäumen bepflanzten Böschung stehen und folgte ihm lange mit den Augen. Als er endlich ihren Blicken entschwunden war, ging sie, von Angst gefoltert, wieder ins Haus.

Er hatte sich nach rechts gewandt und zu laufen angefangen. Das hohl gehende Meer rollte seine Wogen. Dicke schwarze Wolken kamen mit rasender Geschwindigkeit angezogen, hetzten vorüber, und gleich kamen andere hinter ihnen hergejagt; und aus jeder ergoß sich ein wütender Regenguß auf die Küste. Der Wind pfiff, stöhnte, fegte über das Gras, drückte die jungen Saaten nieder, riß große weiße Vögel wie Schaumflocken mit sich fort und trieb sie bis tief ins Land hinein.

Hagelkörner, ein Schauer hinter dem andern, peitschten dem Grafen ins Gesicht, durchnäßten ihm Wangen und Schnurrbart, von dem das Wasser herunterrann, füllten ihm die Ohren mit dumpfem Brausen und das Herz mit Aufruhr.

Vor ihm tat sich die tiefe Schlucht des Tals von Vaucotte auf. Weit und breit war nichts zu sehen als ein Schäferkarren bei einem leeren Schafgehege. Zwei Pferde waren an die Deichseln dieser von Rädern getragenen Behausung angebunden. Was gab es bei diesem Sturm zu befürchten?

Als er die Tiere sah, warf sich der Graf auf die Erde und robbte auf Händen und Knien vorwärts. Mit seinem langen, von Schlamm beschmutzten Körper und seiner Pelzmütze sah er aus wie eine Art Ungeheuer. Er kroch bis zu dem einsamen Karren und versteckte sich darunter, damit er durch die Ritzen in den Seitenwänden nicht gesehen werden konnte.

Die Pferde hatten ihn bemerkt und wurden unruhig. Langsam durchschnitt er ihre Zügel mit dem Messer, das er aufgeklappt in der Hand hielt. Ein neuer Sturmstoß erbrauste, und die von den Hagelkörnern gepeitschten Pferde liefen weg. Der Hagel prasselte jetzt auf das geneigte Dach des Schäferkarrens nieder, daß er auf seinen Rädern erzitterte.

Der Graf erhob sich auf die Knie, preßte das Gesicht gegen die untere Türspalte und blickte ins Innere.

Er regte sich nicht mehr, er schien zu warten. Es verging längere Zeit; dann sprang er auf. Er war vom Kopf bis zu den Füßen mit Schlamm bedeckt. Mit einer wahnwitzigen Bewegung stieß er den Riegel vor, der die Tür von außen abschloß, ergriff die Deichseln und fing an, den Karren hin und her zu rütteln, als wollte er ihn in Stücke zerbrechen. Dann spannte er sich davor, beugte in einer verzweifelten Anstrengung seine hohe Gestalt und zog den Karren und die, die darin waren, keuchend und mit der Kraft eines Ochsens zum Steilhang hin.

Sie riefen da drinnen, hämmerten mit den Fäusten gegen die Wand, begriffen nicht, was geschah.

Als er oben am Abhang war, ließ er die leichte Behausung los, und sie rollte den geneigten Hang hinunter.

In immer wilderem Lauf rollte sie weiter, immer schneller, sprang und stolperte wie ein Tier und schlug mit den Deichseln am Boden auf.

Ein alter in einem Graben kauernder Bettler sah sie mit einem Satz über seinen Kopf hinwegrasen und hörte entsetzliche Schreie aus dem Holzkasten hervordringen.

Plötzlich verlor der Karren beim Anprallen ein Rad, legte sich auf die Seite und rollte weiter, wie eine Kugel oder ein von seinen Fundamenten gelöstes Haus vom Gipfel eines Berges herunterkollern würde. So ging es weiter bis zum erhöhten Rand der letzten Schlucht. Dort machte er einen Sprung, beschrieb einen Bogen in der Luft, stürzte in die Tiefe und zerschellte wie ein Ei.

Als der Karren zerschmettert auf dem steinigen Boden lag, stieg der alte Bettler, der ihn hatte vorbeirollen sehen, behutsam durch das Dornengestrüpp hinunter. Aber als vorsichtiger Bauer wagte er nicht, sich dem zerborstenen Karren zu nähern, sondern ging weiter bis zum nächsten Hof und meldete dort den Unfall.

Menschen liefen herbei; die Trümmer wurden weggeräumt; man fand zwei Leichen. Sie waren furchtbar verstümmelt, zermalmt und blutüberströmt. Die Stirn des Mannes war aufgeschlagen, das ganze Gesicht zerquetscht. Der Unterkiefer der Frau hatte sich bei einem Stoß gelöst und hing herab, und die Glieder der Toten waren ganz weich, als seien unter dem Fleisch keine Knochen.

Dennoch wurden sie erkannt, und es gab ein langes Gerede über die Ursache dieses Unglücks.

»Was haben die bloß in der Hütte getrieben?« fragte eine Frau.

Da antwortete der arme Alte, sie hätten sich wohl hineingeflüchtet, um Schutz vor dem Sturm zu finden, und der rasende Wind habe dann wahrscheinlich die Hütte umgestürzt und fortgerissen. Und er fügte hinzu, daß er sich selbst dort habe verstekken wollen. Da habe er die an den Deichseln angebundenen Pferde gesehen und gemerkt, daß der Platz schon besetzt sei. Er fügte zufrieden hinzu: »Sonst wäre ich dabei draufgegangen.«

Eine Stimme fragte: »Wäre das nicht besser gewesen?«

Da geriet der Alte in furchtbaren Zorn: »Warum wäre das besser gewesen? Weil ich arm bin und sie sind reich? Schaut sie an – wo sind sie jetzt?« Zitternd, zerlumpt, triefend von Wasser, schmutzig, mit wirrem Bart und langem, unter dem eingebeulten Hut hervorquellendem Haar stand er da, deutete mit der Spitze seines Hakenstocks auf die beiden Leichen und sagte: »Vor dem da sind wir alle gleich.«

Es waren noch andere Bauern herbeigekommen. Sie schauten mit ängstlichen, verstohlenen, erschrockenen, fühllosen, feigen Seitenblicken zu. Dann wurde beratschlagt, was geschehen solle, und in der Hoffnung auf eine Belohnung wurde beschlossen, die Leichen ins Schloß zu bringen. Zwei Wagen wurden angespannt. Aber da erhob sich abermals eine Schwierigkeit. Die einen wollten die Fuhrwerke nur mit Stroh auslegen; die anderen fanden, es gehöre sich, Matratzen zu nehmen.

Die Frau, die schon einmal gesprochen hatte, rief: »Aber die werden dann ja ganz voll Blut, die Matratzen, und dann müssen sie mit Eau de Javelle sauber gemacht werden.«

Da antwortete ein dicker Bauer mit einem runden munteren Gesicht: »Sie werden sie ja doch bezahlen. Und je mehr die Matratzen wert sind, desto mehr Geld bekommt man dafür.« Dies Argument entschied die Frage.

Die beiden auf hohen, ungefederten Rädern ruhenden Wagen fuhren im Trab davon, der eine nach rechts, der andere nach links, und bei jeder holprigen Stelle in den tiefen Wagenfurchen wurden die irdischen Reste dieser beiden Menschen, die sich geliebt hatten und sich nun nie wieder begegnen würden, gerüttelt und hochgeschleudert.

Als der Graf den Schäferkarren hatte den Abhang hinunterrollen sehen, war er, so schnell ihn seine Beine trugen, durch Regen und Sturm davongerannt. So lief er mehrere Stunden, überquerte Straßen, setzte über Böschungen, bahnte sich den Weg durch Hecken. Und als es dämmerte, war er wieder daheim, ohne zu wissen, wie er hingekommen war.

Verstört erwartete ihn die Dienerschaft und meldete, die Pferde seien ohne Reiter zurückgekommen. Juliens Tier war hinter dem anderen hergelaufen.

Da wankte Monsieur de Fourville und sagte mit stockender Stimme: »Vielleicht ist bei dem entsetzlichen Wetter ein Unglück geschehen. Alle müssen sofort auf die Suche gehen.«

Er selber ging gleich wieder fort. Aber sobald er nicht mehr gesehen werden konnte, versteckte er sich unter einem Brombeerstrauch und spähte von dort aus nach der Straße, auf der die Frau, die er noch immer mit wilder Leidenschaft liebte, tot oder sterbend oder vielleicht verkrüppelt und auf immer entstellt zurückkehren würde. Und bald kam ein kleiner Wagen an ihm vorüber, in dem ein seltsames Etwas lag.

Er hielt vor dem Schloß; dann fuhr er in den Hof ein. Ja, das war sie – sie war es; aber eine furchtbare Angst hielt den Grafen an seinem Platz festgebannt, ein Entsetzen vor dem Wissen, ein Grauen vor der Wahrheit. Er regte sich nicht mehr; er kauerte am Boden wie ein Hase, der beim leisesten Geräusch zusammenzuckt.

Er wartete eine Stunde, vielleicht zwei. Der Wagen kam nicht wieder heraus. Er sagte sich, daß seine Frau vielleicht im Sterben liege, und die Vorstellung, sie zu sehen, ihrem Blick zu begegnen, erfüllte ihn mit solchem Entsetzen, daß er plötzlich Angst bekam, er könne in seinem Versteck entdeckt und gezwungen werden hineinzugehen, um diesem Todeskampf beizuwohnen, und da floh er noch weiter, tief in den Wald hinein. Dann kam ihm der Gedanke, daß vielleicht niemand sie richtig pflege, und er rannte in rasender Hast zurück.

Als er zu Hause ankam, begegnete er dem Gärtner und rief ihm zu: »Nun?« Der Mann wagte nicht zu antworten. Da brüllte der Graf: »Ist sie tot?« und erhielt die gestammelte Antwort: »Ja, Herr Graf.«

Er fühlte sich unendlich erleichtert. Sein tobendes Blut und seine bebenden Glieder wurden plötzlich ruhig, und er ging mit festen Schritten die Stufen seiner großen Freitreppe hinauf.

Der andere Karren war in Les Peuples angelangt. Jeanne sah ihn von weitem, sah die Matratze, ahnte, daß eine Leiche darauf lag, und erriet alles. Es ergriff sie eine solche Erschütterung, daß sie bewußtlos umsank.

Als sie wieder zu sich kam, stützte ihr Vater ihr den Kopf und betupfte ihr die Schläfen mit Essig. Zögernd fragte er: »Weißt du...?«

Sie flüsterte: »Ja, Vater.« Sie wollte aufstehen, aber sie konnte es nicht, denn sie hatte starke Schmerzen.

Noch am selben Abend brachte sie ein totes Kind zur Welt, ein Mädchen.

Sie sah nichts von Juliens Beerdigung; ja, sie wußte nichts davon. Erst nach einem oder zwei Tagen merkte sie, daß Tante Lison wieder da war. In ihren quälenden Fieberträumen versuchte sie sich immer wieder zu erinnern, seit wann, zu welchem Zeitpunkt, unter welchen Umständen das alte Fräulein von Les Peuples abgereist sei. Es gelang ihr nicht, nicht einmal in den Stunden, da sie bei klarem Bewußtsein war. Sie wußte lediglich, daß sie sie nach Mamas Tod gesehen habe.

XI

Drei Monate lang konnte sie ihr Zimmer nicht verlassen. Sie war so blaß und schwach geworden, daß die Leute glaubten und es auch sagten, man müsse sie aufgeben. Dann ging es ihr allmählich besser. Papa und Tante Lison wohnten nun beide auf Les Peuples und ließen sie nicht mehr allein. Von dem jähen Schreck war ein Nervenleiden zurückgeblieben. Beim geringsten Geräusch wurde ihr schwach, und der unbedeutendste Anlaß konnte dazu führen, daß sie in eine tiefe Ohnmacht fiel.

Nie hatte sie sich nach Einzelheiten über Juliens Tod erkundigt. Was hätten sie ihr bedeuten können? Wußte sie nicht schon genug? Alle Menschen glaubten, es sei ein Unglücksfall gewesen. Aber sie ließ sich nicht irremachen und trug das quälende Geheimnis mit sich herum – das Wissen um den Ehebruch, den Eindruck des plötzlichen, schrecklichen Besuchs des Grafen an jenem Unglückstag.

Ihr Gemüt war jetzt erfüllt von rührenden, süßen, wehmütigen Erinnerungen an die kurzen Liebesfreuden, die ihr Mann ihr einst geschenkt hatte. Sie erzitterte jedesmal, wenn irgend etwas unerwartet die Erinnerung an ihn wachrief. Sie sah ihn wieder vor sich, wie er während der Verlobungszeit gewesen war, und auch so, wie sie ihn damals geliebt hatte, in jenen einzigen Stunden, als unter der heißen Sonne Korsikas ihre Leidenschaft aufgeblüht war. All seine Fehler verkleinerten sich, all seine Härten verschwanden, sogar der Schmerz über seine Untreue milderte sich jetzt, nun sich das Grab über ihm geschlossen hatte und alles mehr und mehr in der Ferne entschwand. Ein dunkles Gefühl nachträglicher Dankbarkeit überflutete Jeanne im Gedanken an diesen Mann, der sie in den Armen gehalten hatte. Sie verzieh ihm alles vergangene Leid und gedachte nur noch der glücklichen Augenblicke. So ging die Zeit hin, ein Monat folgte dem anderen und deckte alle ihre Erinnerungen und Leiden mit dem Staub der Vergangenheit zu. Jeanne lebte nur noch für ihren Sohn.

Er wurde der Abgott, der einzige Lebensinhalt der drei Menschen, die ihn umgaben, und er herrschte über sie wie ein Tyrann. Es entstand sogar eine gewisse Eifersucht zwischen seinen drei Sklaven. Jeanne wurde nervös, wenn sie sah, wie herzlich er den Baron küßte, wenn er ihn auf seinen Knien hatte reiten lassen. Und Tante Lison, die von ihm, wie immer von allen Menschen, vernachlässigt wurde, die ihr Herr, der noch kaum sprechen konnte, oft wie ein Dienstmädchen behandelte, weinte manchmal heimlich auf ihrem Zimmer darüber, wie flüchtig im Vergleich zu den Umarmungen, die er seiner Mutter und seinem Großvater vorbehielt, die bedeutungslosen Liebkosungen waren, die sie erbettelte und kaum je erhielt.

So vergingen zwei stille, ereignislose Jahre. Jeanne war unablässig mit ihrem Kind beschäftigt. Im Spätherbst des dritten Jahres beschlossen sie, den Winter bis zum Frühjahr in Rouen zu verbringen, und die ganze Familie siedelte dorthin über. Aber bald nach der Ankunft in dem alten, vernachlässigten, feuchten Haus bekam Paul eine so schwere Bronchitis, daß die Gefahr bestand, es könne eine Rippenfellentzündung daraus werden. In ihrer wahnsinnigen Angst behaupteten seine drei Verwandten, daß ihm die Luft von Les Peuples fehle, und er wurde wieder nach dorthin zurückgebracht, als er geheilt war.

Dann begannen eine Reihe sanft vorüberziehender, eintöniger Jahre.

Alle waren immer um den Kleinen versammelt, bald in seinem Zimmer, bald im großen Salon, bald im Garten. Sein erstes Stammeln, seine drolligen Ausdrücke, jede seiner Bewegungen bildeten den Gegenstand ihres steten Entzückens.

Seine Mutter rief ihn mit dem Kosenamen »Paulet«; er konnte das Wort nicht aussprechen; es klang immer wie »Poulet«, »Hühnchen«, was Anlaß zu unaufhörlichem Gelächter bot. Der Spitzname »Hühnchen« blieb ihm. Nie wurde er anders genannt.

Da er schnell wuchs, war es eine der Lieblingsbeschäftigungen seiner »drei Mütter«, wie der Baron zu sagen pflegte, ihn zu messen.

An der Türverkleidung im Salon war mit dem Federmesser eine Reihe kleiner Striche angebracht worden, an denen sein Wachstum von Monat zu Monat abgelesen werden konnte. Diese Stufenleiter, die »die Hühnerleiter« hieß, wurde von allen höchst wichtig genommen.

Alsdann begann ein neues Wesen eine bedeutende Rolle in der Familie zu spielen. Es war der Hund »Massacre«, den Jeanne, die nur noch für ihren Sohn Sinn hatte, vernachlässigt hatte. Er wurde von Ludivine gefüttert, hauste in einem alten Faß vor dem Pferdestall, blieb sich selbst überlassen und lag immer an der Kette.

Paul bemerkte ihn eines Morgens und fing an zu schreien, weil er ihn küssen wollte. Unter tausend Ängsten wurde er hingebracht. Der Hund begrüßte das Kind freudig, und es weinte laut, als man die beiden wieder trennen wollte. Da wurde Massacre von der Kette gelöst und durfte mit im Haus wohnen.

Er wurde Pauls unzertrennlicher Kamerad zu jeder Tagesstunde. Sie rollten zusammen auf dem Boden herum und schliefen Seite an Seite auf dem Teppich ein. Bald übernachtete Massacre im Bett seines Freundes, der nicht mehr erlaubte, daß der Hund hinausgeschickt wurde. Jeanne war manchmal der Flöhe wegen sehr unglücklich darüber, und Tante Lison nahm es dem Köter übel, daß ein so großer Teil der Liebe des Kleinen ihm gehöre. Sie meinte, daß diese Liebe, die sie selber so sehr ersehnte, ihr von dem Tier gestohlen werde.

In langen Zwischenräumen wechselten sie Besuche mit den Brisevilles und den Couteliers. Nur der Bürgermeister und der Arzt kamen regelmäßig in das einsame alte Schloß. Seit dem Mord an der Hündin und dem Verdacht, den sie seit dem furchtbaren Tod Juliens und der Gräfin gegen den Priester hegte, betrat Jeanne die Kirche nicht mehr. Sie zürnte dem Gott, der solche Diener haben konnte.

Der Abbé Tolbiac verfluchte von Zeit zu Zeit in deutlichen Anspielungen das Schloß, das vom Geist des Bösen heimgesucht sei, vom Geist der ewigen Auflehnung, vom Geist des Irrtums und der Lüge, dem Geist der Sünde, dem Geist der Verderbnis und der Unreinheit. Damit zielte er auf den Baron.

Seine Kirche war übrigens stets so gut wie leer. Wenn er an den Äckern vorüberging, wo die Bauern pflügten, blieben sie nicht stehen, um mit ihm zu sprechen; sie wandten kaum den Kopf, um ihn zu grüßen. Er galt für eine Art Zauberer, weil er einer besessenen Frau den bösen Geist ausgetrieben hatte. Die Leute erzählten sich, er kenne geheimnisvolle Formeln, um Schicksalsschläge abzuwenden, die, wie er behauptete, nichts als ein Schabernack des Teufels seien. Er legte den Kühen, die blaue Milch gaben oder den Schwanz geringelt trugen, die Hand auf, und er brauchte nur einige fremdartige Worte zu sprechen, dann fanden die Leute verlorene Gegenstände wieder.

Sein enger und fanatischer Geist widmete sich voller Leidenschaft allen religiösen Büchern, in denen Geschichten über Erscheinungen des Teufels erzählt waren, über seine Macht, die mannigfache Art, in der sich sein geheimnisvoller Einfluß äußerte, alle Mittel, die ihm zu Gebote standen, und die üblichen Streiche, die seine Schlauheit ihm eingab. Da er sich für besonders berufen hielt, diese dunkle verhängnisvolle Macht zu bekämpfen, hatte er alle Exorzismen auswendig gelernt, die er in den kirchlichen Handbüchern hatte auffinden können.

Unablässig glaubte er zu spüren, wie der Böse im Dunkeln umherschlich, und alle Augenblicke kam ihm der lateinische Satz über die Lippen: Sicut leo rugiens circuit quaerens quem devoret. (Gleich dem brüllenden Löwen geht er um, suchend, wen er verschlinge.)

Allmählich verbreiteten sich Angst und Schrecken vor seinen geheimen Kräften. Sogar seine Mitbrüder, ungebildete Landpriester, für die Beelzebub ein Glaubensartikel ist und die, verwirrt durch die genauen rituellen Vorschriften für den Fall, daß die Macht des Bösen irgendwo zutage tritt, dahin gelangen, Religion und Magie zu verwechseln, betrachteten den Abbé Tolbiac mehr oder weniger als Zauberer. Und sie hatten Respekt vor ihm um der dunklen Macht willen, die sie in ihm vermuteten, als auch wegen der unantastbaren Strenge seiner Lebensführung.

Wenn er Jeanne begegnete, grüßte er sie nicht.

Dieser Zustand ängstigte und betrübte Tante Lison, deren furchtsames, altjüngferliches Gemüt nicht verstehen konnte, daß man nicht in die Kirche ging. Sie war sicherlich fromm, ging wohl auch zur Beichte und zur Kommunion. Aber niemand wußte davon oder versuchte, etwas darüber zu erfahren.

Wenn sie ganz allein, völlig allein mit Paul zusammen war, sprach sie leise mit ihm vom lieben Gott. Er hörte ihr mit halbem

Ohr zu, wenn sie ihm die wunderbaren Geschichten aus den frühesten Zeiten der Welt erzählte.

Aber wenn sie zu ihm sagte, man müsse den lieben Gott sehr, sehr lieb haben, antwortete er manchmal: »Wo ist er denn, Tante?« Dann deutete sie mit dem Finger nach dem Himmel: »Dort oben, Hühnchen, aber man darf nicht davon sprechen.« Sie hatte Angst vor dem Baron.

Aber eines Tages erklärte Hühnchen ihr: »Der liebe Gott ist überall; aber in der Kirche ist er nicht.« Er hatte mit seinem Großvater von den geheimnisvollen Enthüllungen gesprochen, die seine Tante ihm gemacht hatte.

Das Kind wurde zehn Jahre alt. Seine Mutter sah aus, als sei sie vierzig. Er war kräftig, kühn im Erklettern von Bäumen, aber er wußte nicht viel. Sein Unterricht langweilte ihn; er wollte ihn immer gleich abbrechen. Und jedesmal, wenn der Baron ihn etwas länger bei einem Buch zurückhielt, kam Jeanne herein und sagte: »Laß ihn doch jetzt spielen. Er darf nicht überanstrengt werden; er ist doch noch so klein.« Für sie blieb er immer sechs Monate oder ein Jahr alt. Es war, als werde sie sich nicht bewußt, daß er ging, lief und sprach wie ein kleiner Mann. Sie lebte in ständiger Angst, er könne fallen, sich erkälten, zu sehr schwitzen, wenn er sich draußen tummelte, mehr essen, als sein Magen vertrage, oder weniger, als er brauche, um zu wachsen. Als er zwölf Jahre alt war, tauchte eine große Schwierigkeit auf: die Erstkommunion.

Tante Lison kam eines Morgens zu Jeanne und machte ihr Vorstellungen darüber, daß der Kleine nicht länger ohne Religionsunterricht gelassen werden dürfe und daß er seine ersten kirchlichen Pflichten zu erfüllen habe. Sie begründete es nach jeder Richtung, führte tausend Argumente an, vor allem die Meinung der Leute, mit denen sie verkehrten. Die Mutter war verwirrt und unentschlossen; sie zögerte und behauptete, man könne damit noch warten.

Aber als sie einen Monat später die Vicomtesse de Briseville besuchte, fragte jene Dame sie beiläufig: »Ihr Paul wird wohl dies Jahr zur Erstkommunion gehen?«, und Jeanne, die nicht auf die Frage gefaßt gewesen war, antwortete: »Ja.« Dieses schlichte

Wort entschied die Sache für sich, und ohne mit ihrem Vater darüber zu sprechen, bat sie Lise, das Kind zur Katechismusstunde zu begleiten.

Einen Monat lang ging alles gut; aber eines Tages kam Paul mit Halsweh heim. Und am nächsten Tag hustete er. Voller Angst fragte ihn seine Mutter, wo er sich das geholt habe, und erfuhr, daß der Pfarrer ihn hinausgeschickt und daß er bis zum Ende der Stunde an der Kirchentür im Durchzug der Eingangshalle hatte warten müssen, weil er zappelig gewesen war.

Da behielt sie ihn zu Hause und lehrte ihn selber das Abc der Religion. Aber trotz aller flehentlichen Bitten Lisons weigerte sich der Abbé Tolbiac, ihn mit den anderen zur Kommunion zuzulassen, weil er nicht genügend vorbereitet sei.

Das Jahr darauf wiederholte sich dasselbe. Da wurde der Baron wütend und schwor, um ein anständiger Mensch zu werden, brauche das Kind nicht an diese Albernheit, das kindische Symbol der Transsubstantiation, zu glauben. Es wurde beschlossen, daß er als Christ, aber nicht als Katholik erzogen werden solle. Wenn er mündig sei, könne er frei entscheiden, wie er es damit halten wolle.

Als Jeanne einige Zeit darauf die Brisevilles besuchte, wurde der Besuch nicht erwidert. Sie wunderte sich darüber, denn sie wußte, wie peinlich genau es ihre Nachbarn mit der Höflichkeit nahmen. Aber die Marquise de Coutelier teilte ihr, nicht ohne Hochmut, die Ursache dieser Zurückhaltung mit.

Der Stellung ihres Mannes, ihres Adels und ihres bedeutenden Vermögens wegen betrachtete die Marquise sich als eine Art Königin über den normannischen Adel. Sie regierte auch wie eine wirkliche Königin, sprach ihre Meinung unumwunden aus, war liebenswürdig oder zurückweisend, wie es sich gerade fügte, ermahnte, wies zurecht oder äußerte ihren Beifall bei jeder Gelegenheit. Als Jeanne ihr nun ihren Besuch machte, sagte die Dame nach ein paar eisigen Worten in trockenem Ton: »Die Gesellschaft zerfällt in zwei Klassen: die Leute, die an Gott glauben, und die, die es nicht tun. Die einen sind unsere Freunde, sind unseresgleichen, auch wenn sie in noch so bescheidenen Verhältnissen leben; die anderen gehören nicht zu uns.«

Jeanne fühlte, gegen wen sich dieser Angriff richtete, und entgegnete: »Aber kann man denn nicht an Gott glauben, ohne in die Kirche zu gehen?«

Die Marquise antwortete: »Nein; die Gläubigen beten Gott in der Kirche an, wie man die Menschen in ihren Häusern aufsucht.«

Verletzt ergriff Jeanne wieder das Wort: »Gott ist überall. Ich, die ich aus tiefstem Herzen an seine Güte glaube, fühle seine Gegenwart nicht mehr, wenn gewisse Priester sich zwischen ihn und mich stellen.«

Die Marquise erhob sich: »Der Priester trägt das Banner der Kirche. Wer diesem Banner nicht folgt, ist gegen ihn und gegen uns.«

Auch Jeanne war bebend aufgestanden: »Sie glauben an einen Gott, der einer bestimmten Partei angehört. Ich dagegen glaube an den Gott der anständigen Menschen.« Sie grüßte und ging hinaus.

Auch die Bauern unterhielten sich mißbilligend darüber, daß sie Hühnchen nicht zur Erstkommunion hatte gehen lassen. Sie gingen zwar nie zur Messe und kaum je zur Kommunion, oder nur Ostern, wie es die Kirche ausdrücklich befiehlt. Aber mit den Kindern war das etwas anderes. Keiner hätte sich erdreistet, ein Kind außerhalb dieses allgemeinen Gesetzes erziehen zu wollen, denn Religion war eben Religion.

Sie spürte diese Mißbilligung, und ihr Herz empörte sich gegen dergleichen Kompromisse, gegen diese Art, mit dem eigenen Gewissen zu paktieren, gegen diese allgemeine Angst vor allem, gegen die große Feigheit, die auf dem Grund der Herzen ruhte und die sich, wenn sie sich zeigt, mit so vielen ehrenwerten Masken schmückt.

Der Baron hatte Pauls Unterricht übernommen und ließ ihn Latein lernen. Die Mutter legte ihm nur das eine nahe: »Überanstrenge ihn bitte nicht« und strich ängstlich um das Schulzimmer herum, als Papa ihr verboten hatte hereinzukommen, weil sie alle Augenblicke den Unterricht unterbrochen hatte, um zu fragen: »Hast du nicht kalte Füße, Hühnchen?« oder: »Hast du nicht Kopfweh, Hühnchen?« oder, um den Lehrer zum Aufhören zu bewegen: »Du darfst ihn nicht so viel sprechen lassen, es strengt seinen Hals zu sehr an.«

Sobald die Stunden zu Ende waren, kam der Kleine herunter, um mit Mutter und Tante im Garten zu arbeiten. Sie hatten jetzt große Freude am Gartenbau. Im Frühling pflanzten sie zu dritt junge Bäume, säten Samen, deren Aufgehen und Wachsen sie mit Leidenschaft verfolgten, stutzten die Zweige und schnitten Blumen für die Vasen.

Dem Jungen war der Anbau von Salat das Wichtigste. Auf vier großen Beeten im Gemüsegarten zog er mit großer Sorgfalt Kopfsalat, Gartenlattich, Escarole, Endivien, Kresse, alle bekannten Sorten dieser bekömmlichen Blattpflanzen. Er hackte, begoß, jätete, verpflanzte. Seine beiden Mütter halfen ihm dabei, und er ließ sie arbeiten wie Taglöhnerinnen. Obwohl ihre Kleider dabei schmutzig wurden, konnte man sie stundenlang zwischen den Beeten knien sehen. Sie bohrten nachdrücklich mit einem Finger senkrechte Löcher in die Erde, in die die Wurzeln der jungen Pflanzen hineingesenkt wurden.

Hühnchen wurde groß, er war nun fünfzehn Jahre alt, und auf dem Maßstab im Salon war ein Meter achtundfünfzig abzulesen. Aber er war eingeengt zwischen den beiden Frauen und dem liebenswürdigen alten Mann, der einem anderen Jahrhundert angehörte, und blieb geistig ein unwissendes, törichtes Kind.

Eines Abends brachte der Baron endlich das Gespräch auf das Gymnasium. Jeanne fing sofort an zu schluchzen, und Tante Lison verkroch sich erschreckt in einen dunklen Winkel.

»Warum braucht er so viel zu wissen?« antwortete die Mutter. »Wir wollen einen Menschen aus ihm machen, der in der Natur lebt, einen Landedelmann. Er soll das Land bebauen, wie es viele Adlige tun. Er soll in diesem Haus, wo wir vor ihm gelebt haben und wo wir sterben werden, glücklich leben und alt werden. Was kann man sich Besseres wünschen?«

Aber der Baron schüttelte den Kopf: »Was antwortest du ihm, wenn er mit fünfundzwanzig Jahren zu dir kommt und zu dir sagt: ›Ich bin nichts, ich weiß nichts, und du und dein mütterlicher Egoismus sind schuld daran. Ich fühle mich außerstande zu arbeiten, etwas zu werden, und dabei war ich nicht geschaffen für das obskure, bescheidene, sterbenstraurige Leben, zu dem deine kurzsichtige Liebe mich verdammt hat‹?«

Sie weinte noch immer und bat den Sohn inständig: »Nicht wahr, Hühnchen, du wirst mir nie vorwerfen, daß ich dich zu sehr geliebt habe?«

Und der große Junge versprach es überrascht: »Nein, Mama.«

»Schwörst du es mir?«

»Ja, Mama.«

Da sagte der Baron in lautem, festem Ton: »Jeanne, du hast kein Recht, so über dies Leben zu verfügen. Was du da tust, ist feige, ja, beinahe verbrecherisch; du opferst dein Kind deinem persönlichen Glück.«

Hastige Schluchzlaute ausstoßend, barg sie das Gesicht in den Händen und stammelte unter Tränen: »Ich war so unglücklich... so unglücklich! Jetzt bin ich ruhig, weil ich ihn habe, und nun soll er mir genommen werden... Was soll jetzt aus mir werden... so... ganz allein?«

Ihr Vater stand auf, setzte sich neben sie und schloß sie in die Arme: »Bin ich nicht auch noch da, Jeanne?«

Da schlang sie jäh die Arme um seinen Hals, küßte ihn voller Inbrunst und stieß mit noch immer erstickter Stimme hervor, ohne mit den Umarmungen innezuhalten: »Ja, du hast recht... vielleicht... Papa. Was ich wollte, war unsinnig; aber ich habe so viel gelitten. Es ist mir recht, wenn er ins Internat kommt.«

Und auch Hühnchen, der gar nicht recht verstand, was mit ihm geschehen sollte, fing bitterlich zu weinen an.

Seine drei Mütter küßten ihn, trösteten ihn, sprachen ihm Mut zu. Und als sie schlafen gingen, war allen das Herz schwer, und alle schluchzten in ihren Betten, sogar der Baron, der sich bis dahin beherrscht hatte.

Es wurde beschlossen, daß der Junge im Herbst zu Beginn des Schuljahres nach Le Havre aufs Gymnasium geschickt werden solle, und den ganzen Sommer hindurch wurde er mehr denn je verwöhnt.

Seine Mutter jammerte oft beim Gedanken an die Trennung. Sie richtete eine Ausstattung für ihn her, als handle es sich um eine Reise von zehn Jahren, und eines Oktobermorgens, nach einer durchwachten Nacht, stiegen die beiden Frauen und der Baron mit ihm in die Kalesche, und die Pferde setzten sich in Trab.

Schon bei einer früheren Fahrt waren seine Plätze im Schlafsaal und in der Klasse ausgesucht worden. Jeanne, unterstützt von Tante Lison, verbrachte den ganzen Tag damit, Pauls Sachen in die kleine Kommode einzuräumen. Da das Möbel nicht den vierten Teil des Mitgebrachten fassen konnte, suchte sie den Direktor auf und bat um ein zweites. Der Verwalter wurde gerufen; er suchte Jeanne klar zu machen, daß so viel Wäsche und Sachen dem Jungen nur im Weg seien und er sie gar nicht benutzen werde. Unter Berufung auf die Vorschriften weigerte er sich, eine zweite Kommode herauszugeben. Die verzweifelte Mutter beschloß daraufhin, in einem kleinen Hotel in der Nachbarschaft ein Zimmer zu mieten; sie sagte zu dem Besitzer, sowie Hühnchen irgend etwas zu haben wünsche, solle er ihm persönlich alles bringen, was er brauche.

Dann machten sie einen Spaziergang auf die Mole hinaus und sahen die großen Schiffe aus- und einfahren.

Trübe senkte sich der Abend auf die Straße, in der nach und nach die Lichter aufflammten. Sie gingen in ein Restaurant, um zu Abend zu essen. Keiner von ihnen war hungrig, und sie sahen einander mit nassen Augen an, während die Schüsseln an ihnen vorbeidefilierten und fast unberührt wieder verschwanden.

Dann machten sie sich langsam auf den Weg nach der Schule. Von allen Seiten kamen von Verwandten oder Dienern begleitete Kinder aller Größen herbei. Viele weinten. In dem großen, nur schwach erleuchteten Hof war überall Schluchzen zu hören.

Jeanne und Hühnchen lagen einander lange in den Armen. Tante Lison stand ganz vergessen hinter ihnen, das Gesicht im Taschentuch. Aber der Baron, den die Rührung übermannte, brach das Abschiednehmen ab und führte seine Tochter hinweg. Vor dem Tor hielt die Kalesche, sie stiegen alle drei hinein und fuhren durch die Nacht heim nach Les Peuples.

Manchmal erklang im Dunkel ein tiefes Aufschluchzen.

Am nächsten Tag weinte Jeanne vom Morgen bis zum Abend. Am folgenden Tag ließ sie den offenen Wagen anspannen und fuhr nach Le Havre. Hühnchen schien sich schon in die Trennung gefunden zu haben. Zum erstenmal im Leben hatte er Kameraden, und er zappelte ungeduldig auf seinem Stuhl im Sprechzimmer, weil er lieber mit den andern draußen gespielt hätte.

So besuchte Jeanne ihn alle zwei Tage und am Sonntag, wenn er ausgehen durfte. Während der Stunden, zwischen den Pausen, wußte sie nicht, was sie anfangen sollte, und blieb im Sprechzimmer sitzen, weil ihr Kraft und Mut fehlten, sich aus dem Schulgebäude zu entfernen. Der Direktor ließ sie zu sich hinaufbitten und sagte ihr, es sei nicht gut, wenn sie so oft komme. Aber sie ließ seinen Rat unbeachtet.

Schließlich teilte er ihr mit, man werde sich gezwungen sehen, ihren Sohn heimzuschicken, wenn sie fortfahre, ihn am Spielen während der Freizeit zu hindern, und wenn sie ihn dauernd bei der Arbeit störe. Auch der Baron bekam eine kurze Mitteilung gleicher Art. Nun wurde sie auf Les Peuples wie eine Gefangene bewacht; sie wurde nicht mehr aus den Augen gelassen.

Die Ferien erwartete sie jedesmal weit sehnlicher als ihr Kind.

Eine Unruhe quälte ihr Gemüt. Sie fing an, ganze Tage lang in der Gegend herumzuwandern, einzig von dem Hund Massacre begleitet, dumpf vor sich hinbrütend. Manchmal saß sie einen Nachmittag oben auf der Steilküste und schaute aufs Meer hinaus. Manchmal ging sie durch den Wald nach Yport hinunter, machte wieder die alten Wege, die für sie so viele Erinnerungen bargen. Wie weit lag sie zurück, wie weit, die Zeit, in der sie als junges Mädchen, von Träumen berauscht, durch diese selbe Gegend gestreift war.

Bei jedem Wiedersehen mit ihrem Sohn war ihr, als seien sie zehn Jahre lang getrennt gewesen. Von Monat zu Monat wuchs er mehr zum Mann heran, und im gleichen Maß wurde sie eine alternde Frau. Ihr Vater wirkte wie ihr Bruder, und Tante Lison, die mit fünfundzwanzig Jahren verblüht war und seither nicht mehr alterte, sah aus wie ihre ältere Schwester.

Hühnchen arbeitete wenig. In der vierten Klasse blieb er sitzen. In der dritten schaffte er es mit knapper Not, aber auch die zweite Klasse mußte er ein zweites Mal durchmachen, und als er in der obersten saß, war er fast zwanzig.

Er war ein großer blonder Bursche mit einem schon dichten Backenbart und einer Andeutung von Schnurrbart geworden. Er kam jetzt seinerseits jeden Sonntag nach Les Peuples. Da er schon seit langem Reitstunden hatte, mietete er einfach ein Pferd und ritt in zwei Stunden herüber.

Schon vormittags machte Jeanne sich auf, um ihm mit der Tante und ihrem Vater entgegenzugehen. Der Baron ging allmählich immer gebückter, wie ein kleiner Greis, und mit auf dem Rücken gefalteten Händen, als müsse er sich einen Halt geben, um nicht auf die Nase zu fallen.

Ganz langsam gingen sie die Straße entlang, setzten sich manchmal an den Grabenrand und schauten in die Weite, ob der Reiter noch nicht auftauchte. Sobald er als schwarzer Punkt auf der weißen Straßenzeile erschien, winkten die drei mit den Taschentüchern. Dann setzte er das Pferd in Galopp und brauste heran wie ein Wirbelwind. Jeanne und Lison zitterten vor Angst; aber der Großvater war froh erregt und rief: »Bravo!«, mit der Begeisterung eines, der selber alt und gebrechlich ist.

Obwohl Paul seine Mutter um Kopfeslänge überragte, behandelte sie ihn immer noch wie ein kleines Kind. Sie fragte ihn: »Hast du nicht kalte Füße, Hühnchen?« Und wenn er nach dem Mittagessen vor der Freitreppe auf und ab ging und eine Zigarette rauchte, machte sie das Fenster auf und rief ihm zu: »Ich bitte dich, lauf nicht ohne Hut nach draußen, du holst dir einen Schnupfen.«

Abends, wenn er wieder ins Dunkel hinein fortritt, zitterte sie vor Angst. »Reite ja nicht zu schnell, mein Hühnchen; sei vorsichtig, denk an deine arme Mutter; sie wäre verzweifelt, wenn dir etwas zustieße.«

Eines Sonntagmorgens bekam sie einen Brief von Paul, in dem er ihr schrieb, er werde am nächsten Tag nicht kommen, weil Freunde ihn eingeladen hätten, einen Ausflug mit ihnen zu machen.

Den ganzen Sonntag war sie von Angst gefoltert, als drohe ein Unglück; am Donnerstag hielt sie es nicht länger aus und fuhr nach Le Havre.

Er kam ihr verändert vor, ohne daß sie hätte sagen können,

warum. Er schien angeregt; seine Stimme klang männlicher. Und plötzlich sagte er, als handele es sich um etwas ganz Natürliches: »Weißt du, Mama, da du heute hergekommen bist, werde ich am Sonntag nicht nach Les Peuples kommen; wir wollen wieder ausgehen.«

Sie war so tief bestürzt, daß ihr der Atem stockte, als habe er ihr mitgeteilt, er wolle nach Amerika reisen. Als sie sich so weit gefaßt hatte, daß sie wieder sprechen konnte, sagte sie: »O Hühnchen, was hast du nur? Sag mir doch, was geht vor mit dir?«

Er umarmte sie lachend: »Nicht das mindeste, Mama. Ich will mich nur mit meinen Freunden amüsieren; das ist doch ganz natürlich in meinem Alter.«

Sie wußte nicht, was sie darauf antworten sollte. Aber als sie wieder allein im Wagen saß, kamen ihr seltsame Gedanken. Sie hatte ihren Paul, ihr Hühnchen von früher, nicht wiedererkannt. Zum erstenmal wurde sie sich bewußt, daß er groß sei, daß er nicht mehr ihr gehöre, daß er sein eigenes Leben leben werde, ohne sich um die Alten zu kümmern. Ihr war, als sei er über Nacht ein anderer geworden. Wie? Das war ihr Sohn, ihr geliebtes kleines Kind, mit dem sie früher Salat gepflanzt hatte, dieser starke, bärtige junge Mann, der seinen eigenen Willen durchsetzte?

Während der nächsten drei Monate besuchte Paul die Seinen nur selten. Immer drängte es ihn offensichtlich wieder fort; abends suchte er jedesmal eine Stunde herauszuschlagen.

Jeanne sorgte sich; der Baron versuchte sie zu trösten und sagte immer wieder: »Laß ihn in Ruhe; der Junge ist zwanzig Jahre alt.«

Aber eines Morgens erschien ein alter, schlecht angezogener Mann und bat in einem Französisch mit deutschem Akzent, »die Frau Wikomdesse« sprechen zu dürfen. Nach vielen höflichen Verbeugungen zog er eine schäbige Brieftasche hervor und sagte: »Hier habe ich ein Papierchen für Sie.« Er entfaltete ein fettiges Stück Papier und reichte es ihr hin.

Sie las es, las es noch einmal, sah den Juden an, las es wieder und fragte: »Was soll das bedeuten?«

Der Mann erklärte unterwürfig: »Das will ich Ihnen sagen. Ihr

Sohn hatte etwas Geld nötig, und da ich wußte, daß Sie eine gute Mutter sind, habe ich ihm eine kleine Summe, die er brauchte, geliehen.«

Sie erbebte: »Aber warum hat er denn nicht mich darum gebeten?«

Der Jude erklärte ihr umständlich, es handle sich um eine Spielschuld, die am nächsten Tag vor zwölf Uhr habe bezahlt sein müssen; und da Paul noch nicht mündig sei, habe ihm niemand etwas leihen wollen; er jedoch habe ihm diesen »kleinen Liebesdienst« erwiesen, um »seine Ehre zu retten«.

Jeanne wollte den Baron rufen, aber sie war wie gelähmt vor Aufregung und konnte nicht aufstehen. Endlich sagte sie zu dem Wucherer: »Seien Sie bitte so gut zu schellen.«

Er zögerte, fürchtete offenbar, sie wolle eine List gebrauchen, und stotterte: »Wenn ich Sie störe, kann ich ein andermal wiederkommen.« Sie schüttelte den Kopf. Er schellte; dann saßen sie einander stumm gegenüber und warteten.

Der Baron kam und durchschaute die Situation sofort. Der Schuldschein lautete auf fünfzehnhundert Francs. Er bezahlte tausend und sagte zu dem Mann mit einem scharfen Blick: »Lassen Sie sich hier nicht wieder blicken!«

Der Mann dankte, verbeugte sich und verschwand.

Der Großvater und die Mutter fuhren sogleich nach Le Havre. Aber als sie in die Schule kamen, erfuhren sie, daß Paul sich dort seit einem Monat nicht mehr gezeigt hatte. Der Schulleiter hatte vier von Jeanne unterzeichnete Briefe bekommen: Im ersten stand, sein Schüler sei krank; in den anderen folgten weitere Nachrichten über seine Gesundheit. In jedem Brief lag ein ärztliches Zeugnis; alles war natürlich gefälscht. Wie vom Donner gerührt saßen sie da und sahen einander an.

Der Schulleiter war ebenso fassungslos wie sie und begleitete die beiden zum Polizeikommissar. Sie übernachteten im Hotel.

Am nächsten Tag wurde der junge Mann bei einer Dirne aufgestöbert. Sein Großvater und seine Mutter nahmen ihn mit nach Les Peuples; unterwegs wurde kein Wort zwischen ihnen gewechselt. Jeanne weinte in ihr Taschentuch hinein. Paul sah mit gleichgültiger Miene in die Landschaft hinaus.

In den nächsten acht Tagen stellte sich heraus, daß er während der letzten drei Monate fünfzehnhundert Francs Schulden gemacht hatte. Die Gläubiger hatten sich zunächst still verhalten, weil sie wußten, daß er bald mündig sein werde.

Es gab keine Auseinandersetzung. Sie wollten ihn durch Liebe zurückgewinnen. Es wurde ihm das beste Essen gekocht; er wurde verhätschelt und verwöhnt. Es war Frühling. Trotz der Ängste seiner Mutter wurde für ihn in Yport ein Boot gemietet, damit er nach Herzenslust segeln konnte. Aber ein Pferd bekam er nicht; sie hatte Angst, er könne nach Le Havre reiten.

Er tat nicht das mindeste, war gereizt, manchmal grob. Der Baron machte sich Sorgen um seine plötzlich abgebrochene Schulbildung. Jeanne dagegen hatte unsinnige Angst vor einer Trennung, fragte sich aber auch, was mit ihm geschehen solle.

Eines Abends kehrte er nicht zurück. Sie erfuhren, daß er mit zwei Matrosen in seinem Boot ausgefahren sei. Seine verzweifelte Mutter lief mitten in der Nacht mit bloßem Kopf nach Yport.

Am Strand standen ein paar Männer, die auf die Rückkehr des Bootes warteten.

Ein kleines Licht wurde draußen auf dem Meer sichtbar und näherte sich schwankend. Paul war nicht mehr an Bord. Er hatte sich nach Le Havre bringen lassen.

Die Polizei bot alles auf, um ihn zu finden, aber vergebens. Die Dirne, bei der er sich das erste Mal versteckt hatte, war gleichfalls verschwunden, ohne irgendwelche Spuren zu hinterlassen. Ihre Möbel hatte sie verkauft und die Miete bezahlt. Auf Les Peuples wurden in Pauls Zimmer zwei Briefe dieser Person entdeckt, die wahnsinnig in ihn verliebt zu sein schien. Sie schrieb darin von einer Reise nach England und sagte, sie habe sich das nötige Geld dazu verschafft.

Die drei Bewohner des Schlosses lebten in der Hölle seelischer Qualen stumm und bedrückt dahin. Jeannes Haar, das schon grau gewesen war, wurde nun weiß. Sie stellte sich immer wieder die naive Frage, warum das Schicksal sie so hart getroffen habe.

Da erhielt sie einen Brief des Abbés Tolbiac:

»Madame, die Hand Gottes lastet schwer auf Ihnen. Sie haben Ihm Ihr Kind verweigert – nun hat Er es Ihnen genommen und einer Prostituierten hingeworfen. Wollen Sie nicht endlich die Augen aufmachen und die Lehre verstehen, die der Himmel Ihnen erteilt? Die Barmherzigkeit des Herrn ist unendlich. Vielleicht verzeiht Er Ihnen, wenn Sie zurückkehren und die Knie vor Ihm beugen. Ich bin Sein demütiger Diener, ich werde Ihnen das Tor Seines Hauses auftun, wenn Sie anklopfen.«

Sie saß lange mit dem Brief auf dem Schoß. Vielleicht war das, was dieser Priester sagte, wahr. Und die Ungewißheit in religiösen Fragen quälte ihr Gewissen. Konnte Gott rachsüchtig und eifersüchtig sein wie die Menschen? Aber wenn er nicht eifersüchtig wäre, würde niemand ihn fürchten, niemand ihn mehr anbeten. Wahrscheinlich legte er den Menschen gegenüber ihre eigenen Gefühle an den Tag, damit sie ihn besser kennenlernten. Und der feige Zweifel, der die Zaudernden und Gequälten in die Kirche treibt, nistete sich bei ihr ein. Eines Abends lief sie bei hereinbrechender Dunkelheit heimlich ins Pfarrhaus, sank vor dem mageren Abbé in die Knie und bat um die Absolution.

Er versprach ihr eine halbe Vergeltung, denn Gott könne nicht all seine Gnade über ein Haus ausgießen, unter dessen Dach ein Mann wie der Baron lebe. »Sie werde bald die Wirkung der göttlichen Milde spüren«, versicherte er ihr.

Tatsächlich erhielt sie zwei Tage später einen Brief ihres Sohnes, und im Wahn ihrer Leiden betrachtete sie ihn als den Beginn der ihr vom Abbé versprochenen Erleichterung.

»Meine liebe Mama, sorge Dich nicht um mich. Ich bin in London, es geht mir gesundheitlich gut, aber ich brauche dringend Geld. Wir haben keinen Sou mehr, und es gibt Tage, da wir nichts zu essen haben. Die Frau, die mit mir lebt und die ich von ganzer Seele liebe, hat alles ausgegeben, was sie besaß, um bei mir zu sein: fünftausend Francs; und Du wirst verstehen, daß es meine Ehrenpflicht ist, ihr zunächst diese Summe zurückzuerstatten. Es wäre also sehr lieb von Dir, wenn du mir fünfzehntausend Francs aus Papas Erbe vorschießen wolltest, da ich ja bald mündig bin. Du hilfst mir damit aus einer großen Verlegenheit.

Leb wohl, liebe Mama, ich umarme Dich innig, sowie auch Großvater und Tante Lison. Ich hoffe, Dich bald wiederzusehen.

Dein Sohn Vicomte Paul de Lamare.«

Er hatte ihr geschrieben! Also hatte er sie nicht vergessen. Sie machte sich keine Gedanken darüber, daß er um Geld gebeten hatte. Es würde ihm welches geschickt werden, da er keins mehr hatte. Das Geld war ja so gleichgültig! Er hatte ihr geschrieben!

Weinend vor Freude lief sie zum Baron und brachte ihm den Brief. Tante Lison wurde gerufen; sie lasen das Blatt, das von ihm berichtete, Wort für Wort noch einmal durch und besprachen jeden einzelnen Ausdruck darin.

In Jeanne war die tiefste Verzweiflung einem Rausch von Hoffnung gewichen, und sie verteidigte Paul: »Er wird wiederkommen, er kommt wieder, er hat ja geschrieben!«

Der Baron war ruhiger und sagte: »Das ist gleich, er hat uns um dieser Person willen verlassen. Also liebt er sie mehr als uns; er hat ja keinen Augenblick gezaudert.«

Ein jäher furchtbarer Schmerz durckzuckte Jeannes Herz, und zugleich glühte der Haß gegen diese Mätresse, die ihr ihren Sohn stahl, in ihr auf, ein wilder, durch nichts zu beschwichtigender Haß, der Haß einer eifersüchtigen Mutter. Bisher hatte sie ausschließlich an Paul gedacht und sich kaum überlegt, daß ein leichtfertiges Mädchen die Ursache seiner Verfehlungen sei. Aber die Bemerkung des Barons hatte ihr mit einem Schlag das Bild dieser Rivalin heraufbeschworen und ihr deren verhängnisvolle Macht enthüllt. Sie spürte, daß ein erbitterter Kampf zwischen dieser Frau und ihr anbreche, und sie fühlte auch, daß sie ihren Sohn lieber verlieren als mit einer anderen teilen würde.

Und ihre ganze Freude brach zusammen.

Sie schickten fünfzehntausend Francs und bekamen fünf Monate lang keine Nachricht mehr.

Dann erschien ein Bevollmächtigter, um verschiedene Fragen im Zusammenhang mit Juliens Nachlaß mit ihnen zu klären. Jeanne und der Baron legten Rechenschaft darüber ab, ohne sich auf irgendwelche Auseinandersetzungen einzulassen. Sie verzichteten sogar auf die Nutznießung, die der Mutter zustand. Paul kam nach Paris und erhielt hundertzwanzigtausend Francs ausgezahlt. Darauf schrieb er in sechs Monaten vier Briefe, in denen er in knappen Worten berichtete, wie es ihm ging, und die mit kühlen Versicherungen seiner Liebe endeten. »Ich arbeite«, versicherte er, »ich habe eine Stellung an der Börse gefunden. Ich hoffe Euch eines Tages auf Les Peuples zu besuchen und zu umarmen, meine Lieben.«

Von seiner Geliebten sagte er kein Wort. Dies Schweigen bedeutete mehr, als wenn er vier Seiten lang über sie geschrieben hätte. Hinter diesen eisigen Briefen witterte Jeanne die Frau, die unversöhnlich im Hinterhalt lauerte, die ewige Feindin der Mütter, die Dirne.

Die drei Einsamen besprachen, was man tun könne, um Paul zu retten. Und sie fanden nichts. Nach Paris fahren? Wozu?

Der Baron sagte: »Wir müssen abwarten, bis seine Leidenschaft sich erschöpft hat. Er wird von selbst zu uns zurückkommen.«

Ihr Leben war jammervoll.

Jeanne und Lison gingen gemeinsam zur Kirche, sagten aber dem Baron nichts davon.

Es verging längere Zeit ohne Nachrichten; dann versetzte sie eines Tages ein verzweifelter Brief in Schrecken.

»Meine arme Mama, ich bin erledigt; ich kann mir nur noch eine Kugel durch den Kopf schießen, wenn Du mir nicht zu Hilfe kommst. Eine Spekulation, die mit Sicherheit Erfolg versprach, ist mißglückt; ich habe fünfundachtzigtausend Francs Schulden. Wenn ich nicht zahle, bedeutet das Schande, Ruin, die Unmöglichkeit, je wieder etwas zu unternehmen. Ich bin erledigt. Ich wiederhole Dir, eher werde ich mich erschießen als diese Schmach überleben. Vielleicht hätte ich es schon getan, wenn die Frau mir nicht immer wieder Mut zuspräche, von der ich nie spreche und die mein Schicksal ist.

Ich umarme Dich aus tiefstem Herzen, meine liebe Mama, vielleicht zum letztenmal: Leb wohl.

Paul.«

Diesem Brief war ein Bündel mit Papieren beigefügt, aus denen die Einzelheiten der Katastrophe zu ersehen waren.

Der Baron antwortete postwendend, daß ihm geholfen werden solle. Dann fuhr er nach Le Havre, um Auskünfte einzuholen, und nahm Hypotheken auf den Grundbesitz auf, um sich das Geld zu verschaffen; es wurde an Paul geschickt.

Der junge Mann schrieb drei Briefe voll seligen Danks und leidenschaftlicher Zärtlichkeit und sagte, er werde demnächst kommen, um seine Lieben wiederzusehen.

Er kam nicht. So verging ein ganzes Jahr.

Jeanne und der Baron waren im Begriff, nach Paris zu fahren, um ihn aufzusuchen, einen letzten Versuch zu seiner Rettung zu unternehmen, als sie durch ein kurzes Briefchen erfuhren, er sei wieder in London und mit der Gründung einer Dampfschiff-fahrtsgesellschaft unter dem Firmentitel »Paul Delamare und Co.« beschäftigt. Er schrieb: »Das bedeutet für mich sicheren Wohlstand, vielleicht sogar Reichtum. Und ich laufe kein Risiko dabei. Also seht Ihr, wie günstig die Sache für mich ist. Wenn ich Euch wiedersehe, habe ich eine glänzende Stellung im Leben. Heutzutage kann man sich nur als Geschäftsmann aus der Klemme helfen.«

Drei Monate später war die Dampfschiffahrtsgesellschaft bankerott, und der Direktor wurde wegen Unregelmäßigkeiten in der Buchführung gerichtlich verfolgt. Jeanne bekam eine Nervenkrise, die mehrere Stunden dauerte, und mußte sich zu Bett legen.

Abermals fuhr der Baron nach Le Havre, zog Erkundigungen ein, sprach Anwälte, Geschäftsleute, Gerichtsvollzieher, stellte fest, daß das Defizit der Firma Delamare zweihundertfünfunddreißigtausend Francs betrug, und nahm weitere Hypotheken auf seinen und Jeannes Landbesitz auf. Das Schloß Les Peuples und die zwei Bauernhöfe wurden mit hohen Summen belastet.

Eines Abends, als er im Büro eines Anwalts die letzten Formalitäten erledigte, stürzte er von einem Schlaganfall getroffen zu Boden.

Ein reitender Bote überbrachte Jeanne die Nachricht. Als sie ankam, war er schon tot.

Sie ließ ihn nach Les Peuples überführen. Sie war völlig erschöpft, mehr vom Schmerz gelähmt als verzweifelt.

Trotz der inständigen Bitten der beiden Frauen verweigerte der Abbé Tolbiac dem Toten das kirchliche Begräbnis. Bei hereinbrechender Dunkelheit wurde der Baron ohne jede Feier beerdigt.

Paul hörte durch einen der Liquidatoren von dem Ereignis. Er hielt sich noch immer in England versteckt. Er schrieb und entschuldigte sein Nichtkommen damit, daß er das Unglück zu spät erfahren habe. »Übrigens werde ich jetzt, wo Du mir aus der schwierigen Lage geholfen hast, nach Frankreich zurückkehren, meine liebe Mama, und Dich bald in die Arme schließen.« Jeanne lebte in einer so tiefen seelischen Erschöpfung dahin, daß sie nichts mehr zu begreifen schien.

Gegen Ende des Winters bekam die nun achtundsechzigjährige Tante Lison eine Bronchitis, aus der sich eine Lungenentzündung entwickelte. Sie entschlief sanft mit den Worten: »Meine arme kleine Jeanne, ich will den lieben Gott bitten, daß er sich deiner erbarmt.«

Jeanne folgte ihr auf den Friedhof, sah die Erde auf den Sarg fallen. Dann sank sie zu Boden, mit dem Wunsch im Herzen, ebenfalls zu sterben, nicht mehr zu leiden, nicht mehr zu denken. Eine kräftige Bäuerin trug sie auf ihren Armen fort wie ein kleines Kind.

So kehrten sie ins Schloß zurück. Und Jeanne, die die letzten fünf Nächte am Bett des alten Fräuleins verbracht hatte, ließ sich ohne Widerstreben von dieser unbekannten Bäuerin zu Bett bringen, die sich mit sanfter Gewalt um sie bemühte. Von Müdigkeit und Kummer überwältigt, sank sie in einen tiefen Schlaf der Erschöpfung.

Mitten in der Nacht wachte sie auf. Ein Nachtlicht brannte auf dem Kamin. Eine Frau schlief in einem Sessel. Wer war das? Sie wußte es nicht, beugte sich über den Rand ihres Bettes und suchte sie zu erkennen, bei dem zitternden Licht des Dochtes, der in einem mit Öl gefüllten Küchenglas schwamm, die Züge genau zu unterscheiden.

Ihr war, als habe sie dies Gesicht schon einmal gesehen. Aber wann? Wo? Die Frau schlief friedlich, mit gegen die Schulter geneigtem Kopf; ihre Haube war zu Boden gefallen. Sie mochte vierzig oder fünfzig Jahre alt sein. Sie war kräftig, von blühenden Farben, eine eckige, mächtige Gestalt. Ihre breiten Hände hingen zu beiden Seiten des Sessels herunter. Ihr Haar war leicht ergraut. Jeanne sah sie unverwandt an; sie war noch in dem Zustand geistiger Verwirrung, wie er Menschen überkommt, die nach einem großen Unglück aus fiebrigem Schlaf erwacht sind.

Dies Gesicht hatte sie bestimmt schon einmal gesehen! Etwa früher? Oder vor kurzem erst? Sie wußte es nicht; aber die Frage ließ sie nicht los und quälte sie. Leise stand sie auf, um die Schlafende aus größerer Nähe zu betrachten, und ging auf den Zehenspitzen zu ihr hin. Es war die Frau, die sie auf dem Friedhof aufgehoben und dann zu Bett gebracht hatte. Daran erinnerte sie sich noch verworren.

Aber war sie ihr nicht schon früher, zu einer anderen Zeit ihres Lebens, begegnet? Oder war es nur die dunkle Erinnerung an diesen letzten Tag, die ihr den Eindruck erweckte, sie ehedem gekannt zu haben? Und warum war sie hier in ihrem Zimmer? Warum nur?

Die Frau schlug die Augen auf, und als sie Jeanne gewahrte, richtete sie sich rasch auf. Sie waren einander so nahe, daß ihre Brust die Jeannes berührte, und schauten sich an. »Nanu«, schalt die Unbekannte, »Sie sind aufgestanden? Sie holen sich eine Krankheit, so spät in der Nacht. Gehen Sie sofort wieder zu Bett!«

»Wer sind Sie?« fragte Jeanne.

Aber die Frau breitete die Arme aus, hob sie hoch und trug sie mit Männerkraft auf ihr Bett zurück. Sie legte Jeanne sanft auf das Laken nieder, beugte sich über sie und lag fast auf ihr, und plötzlich fing sie fassungslos zu weinen an, küßte ihr Wangen, Haar, Augen, benetzte ihr das Gesicht mit Tränen und stammelte: »Meine arme Herrin, Mam'zelle Jeanne, meine arme Herrin, erkennen Sie mich denn nicht?«

»Rosalie, mein Kind!« rief Jeanne, schlang ihr beide Arme um den Hals, drückte sie an sich und küßte sie. Und so, eng umschlungen, schluchzten sie beide, ließen ihre Tränen ineinanderrinnen, konnten einander nicht lassen.

Rosalie beruhigte sich als erste. »Nun, nun, jetzt müssen Sie brav sein«, sagte sie, »und sich nicht erkälten.« Sie deckte Jeanne zu, brachte das Bett wieder in Ordnung, schob ihrer ehemaligen Herrin das Kissen wieder unter den Kopf.

Geschüttelt von alten Erinnerungen, die in ihrer Seele aufstiegen, schluchzte Jeanne noch immer. Schließlich fragte sie: »Wie bist du denn wieder hergekommen, du gutes Kind?«

»Sollte ich Sie jetzt allein lassen?« antwortete Rosalie.

»Zünde doch ein Licht an«, sagte Jeanne, »damit ich dich sehen kann.« Als der Leuchter auf dem Nachttisch stand, blickten sie einander lange wortlos an. Dann streckte Jeanne ihrem alten Dienstmädchen die Hand hin und flüsterte: »Ich hätte dich niemals wiedererkannt, liebes Kind; du hast dich sehr verändert, weißt du, aber dennoch nicht so sehr wie ich.«

Rosalie musterte die weißhaarige Frau, die jung, schön und blühend gewesen war, als sie sie verlassen hatte, und antwortete: »Es stimmt, Madame Jeanne, Sie haben sich sehr verändert, und Sie hatten allen Grund dazu. Aber Sie müssen auch bedenken, daß wir uns seit vierundzwanzig Jahren nicht gesehen haben.«

Sie schwiegen und sannen abermals nach.

Endlich fragte Jeanne leise: »Bist du wenigstens glücklich gewesen?«

Rosalie fürchtete, an allzu schmerzliche Erinnerungen zu rühren, und stammelte: »Ja... ja... Ich habe mich nicht zu beklagen, ich bin glücklicher gewesen als Sie... ganz sicher. Nur eins hat mir immer am Herzen genagt, daß ich nicht hier geblieben bin...« Dann verstummte sie plötzlich, aus Schreck darüber, daß sie, ohne es zu wollen, dennoch daran gerührt hatte.

Aber Jeanne sagte sanft: »Was willst du, Kind, man tut nicht immer, was man will. Du bist auch Witwe, nicht wahr?« Dann fuhr sie mit vor Angst zitternder Stimme fort: »Hast du noch mehr... noch mehr Kinder?«

»Nein.«

»Und dein... dein Sohn... Was ist aus ihm geworden? Bist du zufrieden mit ihm?«

»Ja. Er ist ein guter Junge; er arbeitet mit aller Kraft. Vor einem halben Jahr hat er sich verheiratet, und jetzt soll er meinen Hof übernehmen. Denn ich bleibe ja jetzt wieder hier bei Ihnen.«

Jeanne erbebte vor tiefer Rührung und sagte leise: »Du gehst also nicht wieder fort von mir, liebes Kind?«

Rosalie antwortete kurz: »Da können Sie sicher sein, daß ich mich so eingerichtet habe.«

Dann sprachen sie eine Weile nicht mehr.

Unwillkürlich verglich Jeanne nochmals, wie ihrer beider Leben sich gestaltet hatte; aber es war keine Bitterkeit in ihrem Herzen, sie trug jetzt die ungerechte Grausamkeit des Schicksals mit Ergebung. »Wie ist dein Mann zu dir gewesen?« fragte sie.

»Oh, er war ein braver Mann und nicht faul; er verstand es, Geld zusammenzubringen. Er ist an der Schwindsucht gestorben.«

Jeanne setzte sich im Bett auf, plötzlich wollte sie alles wissen: »Erzähl mir alles, dein ganzes Leben. Das wird mir heute gut tun.«

Rosalie zog einen Stuhl heran und fing an, von sich zu sprechen, von ihrem Haus, der Welt, in der sie lebte; sie erging sich in winzigen Einzelheiten, wie sie den Bauern wichtig und lieb sind, beschrieb ihren Hof, lachte zuweilen über Längstvergangenes, das ihr die Erinnerung an frohe Stunden wachrief. Allmählich wurde ihre Stimme etwas lauter, wie die einer Frau, die auf ihrem Hof zu befehlen gewohnt ist. Schließlich erklärte sie: »Oh! Ich habe jetzt meinen Platz in der Sonne. Ich brauche mir keine Sorgen zu machen.« Dann wurde sie wieder verlegen und fuhr leiser fort: »Aber das alles verdanke ich Ihnen; und daher will ich auch keinen Lohn. Nein, auf keinen Fall! Und wenn Sie es nicht wollen, gehe ich wieder fort.«

»Aber du bildest dir doch nicht ein, daß du mir umsonst dienen kannst?«

»Doch, allerdings. Geld! Sie sollten mir Geld geben? Aber ich habe ja fast ebenso viel Geld wie Sie! Wissen Sie überhaupt, was Sie noch haben, bei dem Durcheinander von Hypotheken und geliehenem Geld und Zinsen, die nicht bezahlt werden können und die immer höher werden mit jedem Zahltag? Wissen Sie das? Nein, nicht wahr? Ich kann Ihnen sagen, Sie haben keine zehntausend Francs mehr im Jahr. Keine zehntausend, haben Sie verstanden? Aber ich werde Ihnen das alles in Ordnung bringen, und zwar rasch.« Sie hatte wieder angefangen, laut zu sprechen, sie regte sich auf und war wütend, daß niemand sich um diese Zinsen gekümmert hatte, daß Jeanne der Ruin drohte. Und als ein gerührtes Lächeln über das Gesicht ihrer Herrin huschte, rief sie empört: »Da gibt es nichts zu lachen. Wenn man kein Geld mehr hat, ist man nichts Rechtes mehr.«

Jeanne langte von neuem nach ihren Händen und hielt sie fest. Dann sagte sie langsam und ganz im Bann des einen Gedanken, der sie nicht losließ: »Ach ... ich habe nie Glück gehabt. Alles hat sich immer zum Unglück gewendet, in meinem ganzen Leben hat mich das Verhängnis verfolgt.«

Aber Rosalie schüttelte den Kopf: »So was darf man nicht sagen; Sie sind schlecht verheiratet worden, weiter nichts. So sollte man nicht heiraten, ohne seinen Bräutigam richtig zu kennen.«

Und sie sprachen weiter und erzählten einander von ihrem Leben, wie zwei alte Freundinnen.

Als die Sonne aufging, waren sie noch immer nicht fertig.

XII

Schon nach acht Tagen herrschte Rosalie mit unumschränkter Gewalt über Menschen und Dinge im Schloß. Jeanne hatte sich darein geschickt und gehorchte willig. Schwach und mit schleppendem Gang, wie Mama früher, ging sie mit ihrer Dienerin, die sie langsam spazierenführte, sie schalt, mit rauhen und zärtlichen Worten tröstete, sie behandelte wie ein krankes Kind.

Sie sprachen stets von alten Zeiten, Jeanne oft mit tränenerstickter Stimme, Rosalie im gleichmütigen Ton der Bauern, die sich nicht aus der Ruhe bringen lassen. Die alte Dienerin kam mehrfach auf die Frage der unbezahlten Zinsen zu sprechen und und verlangte schließlich die Papiere zu sehen, die Jeanne vor ihr versteckt hatte, weil sie sich ihres Sohnes wegen schämte.

Dann fuhr Rosalie eine Woche lang täglich nach Fécamp, um sich die Sachlage von einem ihr bekannten Notar erklären zu lassen.

Eines Abends hatte sie ihre Herrin zu Bett gebracht und setzte sich zu ihr. »Jetzt, wo Sie im Bett sind«, sagte sie unvermittelt, »wollen wir mal miteinander reden.« Und sie setzte ihr alles auseinander. Wenn alles geregelt war, blieb Jeanne ein Einkommen von etwa sieben- bis achttausend Francs. Mehr nicht.

Jeanne antwortete: »Das läßt sich nicht ändern, liebes Kind. Ich werde schwerlich alt; für mich wird es reichen.«

Aber Rosalie sagte ärgerlich: »Für Sie vielleicht; aber wollen Sie denn Monsieur Paul gar nichts hinterlassen?«

Jeanne durchschauerte es. »Bitte sprich mir nie von ihm. Es schmerzt mich zu sehr, wenn ich an ihn denke.«

»Im Gegenteil, ich will von ihm sprechen. Sie sind nicht tapfer genug, Madame Jeanne. Er macht Dummheiten. Nun, er wird nicht immer welche machen. Er wird heiraten, Kinder haben. Dann muß Geld da sein, um sie groß zu ziehen. Hören Sie jetzt gut zu: Sie müssen Les Peuples verkaufen!«

Jeanne schnellte in ihrem Bett hoch und setzte sich aufrecht: »Les Peuples verkaufen! Was fällt dir ein? Nein, nie und nimmer.«

Aber Rosalie ließ sich nicht irremachen. »Ich sage Ihnen, daß Sie das Schloß verkaufen werden; es muß nämlich sein.« Und sie setzte ihr auseinander, was sie sich ausgerechnet und überlegt hatte.

Wenn Les Peuples und die dazugehörigen Höfe an einen Interessenten, den sie schon aufgetrieben hatte, verkauft wären, blieben ihr vier Höfe von Saint-Léonard, die dann nicht mehr mit Hypotheken belastet wären und ein Einkommen von achttausenddreihundert Francs brächten. Davon müßten jährlich dreizehnhundert Francs für Reparaturen und Unterhalt beiseite gelegt werden; es blieben also siebentausend Francs, von denen fünftausend verbraucht werden könnten. Zweitausend würden zurückgelegt und könnten dann einen Notgroschen für unvorhergesehene Ausgaben bilden.

Sie fügte hinzu: »Alles übrige ist aufgezehrt; es ist nichts mehr da. Und den Schlüssel zu dieser Kasse werde ich dann übernehmen; haben Sie mich verstanden? Und Monsieur Paul, der bekommt nichts mehr, überhaupt nichts mehr. Er würde Ihnen alles bis auf den letzten Sou wegnehmen.«

Jeanne hatte stumm geweint. Jetzt sagte sie leise: »Aber wenn er nun nichts mehr zu essen hat?«

»Dann kann er zu uns kommen und bei uns essen, wenn er Hunger hat. Ein Bett und etwas zu essen wird er immer bei uns finden. Glauben Sie denn, er hätte all diese Dummheiten gemacht, wenn Sie ihm von Anfang an nichts gegeben hätten?«

»Aber er hatte doch Schulden, er wäre entehrt gewesen.«

»Und wenn Sie gar nichts mehr haben – glauben Sie, daß ihn das hindern wird, Schulden zu machen? Sie haben sie bezahlt, gut; aber von jetzt an werden Sie nicht mehr zahlen, das sage ich Ihnen. Und jetzt gute Nacht.« Damit ging sie hinaus.

Jeanne war so verstört bei der Vorstellung, Les Peuples verkaufen zu sollen, fort zu müssen, dies Haus zu verlassen, das so eng zu ihrem ganzen Leben gehörte, daß sie nicht schlafen konnte.

Als Rosalie am nächsten Morgen in ihr Zimmer kam, sagte sie zu ihr: »Mein gutes Kind, ich kann mich nicht entschließen, von hier fortzugehen.«

Die Dienerin wurde ärgerlich: »Und dennoch muß es sein. Bald kommt der Notar mit dem Herrn, der Lust hat, das Schloß zu kaufen. Und wenn Sie es nicht tun, haben Sie in vier Jahren nicht das mindeste mehr.«

Jeanne war völlig zerschmettert. »Ich kann nicht, ich kann nicht«, sagte sie immer wieder.

Eine Stunde später gab ihr der Postbote einen Brief von Paul, der abermals zehntausend Francs haben wollte. Was tun? In ihrer Kopflosigkeit fragte sie Rosalie um Rat; sie antwortete ihr entsetzt: »Habe ich's nicht gesagt? Das wäre was Schönes geworden mit Ihnen beiden, wenn ich nicht wiedergekommen wäre!«

Und Jeanne gab dem Willen ihrer Dienerin nach und antwortete dem jungen Mann: »Mein lieber Sohn, ich kann nichts mehr für Dich tun. Du hast mich ruiniert. Ich sehe mich sogar gezwungen, Les Peuples zu verkaufen. Aber vergiß nicht, daß Du immer ein Obdach bei mir haben wirst, wenn Du einmal Schutz suchen willst bei Deiner alten Mutter, die viel durch Dich gelitten hat. Jeanne.«

Und als der Notar mit Monsieur Jeoffrin, einem ehemaligen Zuckerfabrikanten, kam, empfing sie die beiden persönlich und forderte sie auf, sich alles genau anzusehen.

Einen Monat später unterzeichnete sie den Vertrag über den Verkauf und erwarb gleichzeitig ein kleines bürgerliches Wohnhaus in der Nähe von Goderville, an der Landstraße nach Montivilliers, in dem kleinen Dorf Batteville.

Dann ging sie bis zum Abend ganz allein in trüber Stimmung und mit zerrissenem Herzen in Mamas Allee auf und ab. Schluchzend nahm sie schmerzlichen Abschied von der weiten Fernsicht, von den Bäumen, von der wurmstichigen Bank unter der Platane, von all den Dingen, die ihr so vertraut waren, daß sie das Gefühl hatte, sie seien ihr in Augen und Seele gedrungen, vom Boskett, der Böschung am Rand der Heide, wo sie so oft gesessen hatte, von wo aus sie an jenem schrecklichen Tag, an dem Julien zu Tode gekommen war, den Grafen de Fourville zum Meer hatte laufen sehen, von einer alten Ulme, an der sie so oft gelehnt hatte, von dem ganzen geliebten Park.

Schließlich nahm Rosalie sie beim Arm und zwang sie hineinzugehen.

Ein hochgewachsener junger Bauer von fünfundzwanzig Jahren wartete an der Tür. Er begrüßte sie freundlich, als kenne er sie schon lange. »Guten Tag, Madame Jeanne. Meine Mutter hat gesagt, ich solle kommen und beim Umzug helfen. Ich möchte gern wissen, was Sie mitnehmen wollen, damit ich es so zwischendrein wegschaffen kann, ohne daß die Feldarbeit darunter leidet.«

Er war der Sohn ihres Dienstmädchens, der Sohn Juliens, der Bruder Pauls.

Ihr stockte der Herzschlag, und dennoch hätte sie den Burschen am liebsten gleich umarmt.

Sie sah ihn an, suchte nach einer Ähnlichkeit mit ihrem Mann, ihrem Sohn. Er hatte kräftige Farben, war stark, und sein Haar war blond, seine Augen blau wie die seiner Mutter. Und trotzdem glich er Julien. Worin eigentlich? Wodurch? Sie hätte es nicht sagen können; aber im Gesamt seines Gesichts war etwas von ihm.

Der Bursche fuhr fort: »Sie würden mir einen Gefallen tun, wenn Sie es mir gleich zeigen könnten.«

Aber sie wußte noch nicht, was sie mitnehmen wollte; ihr neues Haus war sehr klein, und sie bat ihn, gegen Ende der Woche wiederzukommen.

Und nun beschäftigte sie sich viel mit ihrem Umzug, der eine traurige Zerstreuung in ihrem stumpfen, hoffnungslosen Leben bildete.

Sie ging von einem Zimmer zum anderen, suchte die Möbel aus, die sie an bestimmte Ereignisse erinnerten, die vertrauten Möbel, die ein Teil unseres Lebens, beinahe unseres Ich sind, die wir seit unserer Jugend kennen und mit denen uns frohe und traurige Erinnerungen, wichtige Augenblicke unserer Vergangenheit verbinden, die die stummen Gefährten lieblicher und düsterer Stunden gewesen, die bei uns verbraucht und alt geworden, deren Bezüge an manchen Stellen geplatzt sind, deren Futter zerrissen ist, deren Gestelle wacklig geworden, deren Farben verblaßt sind.

Sie wählte ein Stück nach dem anderen aus, oft zaudernd und unsicher, als handele es sich um die wichtigsten Entscheidungen. Immer wieder stieß sie die eben gefaßten Entschlüsse um, wog die Vorzüge zweier Sessel gegeneinander ab, wußte nicht, ob sie diesen alten Sekretär oder jenes antike Nähtischchen mitnehmen sollte.

Sie öffnete Schubladen, suchte sich vergangener Dinge zu entsinnen, und wenn sie sich dann gesagt hatte: »Ja, das will ich mitnehmen«, wurde das Möbelstück ins Eßzimmer gebracht.

Sie wollte das ganze Mobiliar ihres Schlafzimmers behalten, ihr Bett, ihre Gobelins, ihre Stutzuhr, alles.

Aus dem Salon nahm sie einige Stühle mit, deren Muster sie seit ihrer frühesten Kindheit besonders gern gehabt hatte: den Fuchs und den Storch, den Fuchs und den Raben, die Grille und die Ameise und den melancholischen Reiher.

Und als sie alle Winkel des Hauses durchstöberte, das sie so bald verlassen sollte, stieg sie eines Tages auch auf den Speicher.

Sie blieb erstaunt stehen: Was für ein Durcheinander von Gegenständen aller Art! Manche waren zerbrochen, manche nur beschmutzt; andere waren da hinaufgebracht worden, ohne daß man wußte, warum: weil man sie nicht mehr mochte, weil sie durch andere ersetzt worden waren. Sie sah tausend Nippsachen wieder, an die sie sich von früher erinnerte und die dann mit einemmal verschwunden gewesen waren, ohne daß sie sich Gedanken darüber gemacht hätte, Kleinigkeiten, die sie in den Händen gehalten hatte, alte, kleine, unbedeutende Sächelchen, die fünfzehn Jahre um sie gewesen waren, die sie jeden Tag gesehen hatte, ohne sich dessen bewußt zu werden. Und plötzlich fand sie sie hier auf diesem Speicher wieder, neben anderen, weit älteren, von denen sie sich aus den ersten Zeiten nach ihrem Einzug noch gut erinnerte, wo sie gestanden, gelegen hatten. Sie alle wurden ihr unversehens wichtig wie Zeugen der Vergangenheit, wiedergefundene Freunde. Sie wirkten auf sie wie Menschen, mit denen man lange verkehrt hat, ohne daß sie sich wirklich offenbart hätten, und die dann eines Abends aus irgendeinem nichtigen Anlaß anfangen, endlos zu reden, von ihrem inneren Leben zu sprechen, von dem man keine Ahnung gehabt hatte.

Mit klopfendem Herzen ging sie von einem zum anderen und sagte sich: »Ach ja, in diese chinesische Tasse habe ich eines Abends, wenige Tage vor meiner Hochzeit, einen Sprung gemacht. – Oh! Da ist Mutters kleine Laterne und der Spazierstock, den Papa zerbrochen hat, als er das vom Regen verquollene Gartentor damit aufmachen wollte.«

Es fanden sich auch viele Sachen, die sie nicht kannte, die keine Erinnerungen in ihr weckten, da sie von ihren Großeltern oder Urgroßeltern stammten, verstaubte Dinge, die wie Verbannte in einer Zeit wirken, die nicht mehr die ihre ist, und die traurig zu sein scheinen über ihre Verlassenheit, um deren Geschichte und Abenteuer niemand mehr weiß, weil niemand mehr die Menschen gesehen hat, die sie ausgewählt, gekauft, besessen, geliebt haben, weil niemand mehr die Hände kennt, die vertraut mit ihnen umgingen, und die Augen, die freudig auf ihnen ruhten.

Jeanne faßte sie an, drehte sie um, ließ den Abdruck ihrer Finger in dem Staub zurück, der sich darauf angesammelt hatte. So stand sie zwischen diesem alten Kram, in dem bleichen Licht, das durch ein paar verglaste Luken im Dach fiel.

Sie untersuchte genau dreibeinige Stühle und überlegte, ob sie sich ihrer nicht erinnern könne, oder eine kupferne Bettpfanne, einen eingedrückten Fußwärmer, die sie wiederzuerkennen glaubte, und einen Haufen ausgedienter Haushaltungsgegenstände.

Dann stellte sie auf einen Haufen, was sie mitnehmen wollte, ging wieder hinunter und schickte Rosalie hinauf, damit sie die Sachen holte. Die Dienerin war empört und weigerte sich, »dieses Dreckzeug« nach unten zu schaffen. Aber Jeanne, die doch gar keinen eigenen Willen mehr besaß, hielt diesmal stand und setzte durch, daß ihr gehorcht wurde.

Eines Morgens kam der junge Bauer Denis Lecoq, Juliens Sohn, mit einem Karren, um den ersten Schub von Möbeln zu holen. Rosalie begleitete ihn, um das Ausladen zu überwachen und die Möbel an dem für sie bestimmten Platz aufzustellen.

Die allein gebliebene Jeanne fing wieder an, durch die Zimmer des Schlosses zu wandern. In schrecklicher Verzweiflung und einem Übermaß des Gefühls küßte sie alles, was sie nicht mitnehmen konnte: die großen weißen Vögel auf den Gobelins im Salon, alte hohe Leuchter, alles, was sie sah. Außer sich vor Kummer, mit strömenden Tränen, ging sie von einem Raum zum anderen. Dann verließ sie das Haus, um dem Meer Lebewohl zu sagen.

Es war gegen Ende September; ein niedriger grauer Himmel lastete auf der Welt. Die traurigen, gelblichen Fluten wogten, so weit das Auge reichte. Lange stand sie auf der Höhe des Steilhangs und wälzte quälende Gedanken im Kopf. Erst bei Anbruch der Dunkelheit kehrte sie ins Haus zurück. An diesem Tag hatte sie so tief gelitten wie in den Zeiten der schwersten Schicksalsschläge.

Rosalie war wieder da und erwartete sie. Sie war begeistert von dem neuen Haus und fand, es sei viel fröhlicher als dieser große Kasten, der nicht einmal an der Straße liege.

Jeanne weinte den ganzen Abend.

Seitdem sie wußten, daß das Schloß verkauft sei, bezeigten die Pächtersleute ihr nur noch das allergeringste Maß an schuldigem Respekt. Untereinander nannten sie sie »die Verrückte«, ohne recht zu wissen, warum; wahrscheinlich, weil ihr plumper Instinkt sie ahnen ließ, daß das Krankhafte in Jeannes Gefühlsleben immer mehr zunahm, wie überspannt ihre Träume waren und welche Unordnung in ihrer armen, vom Unglück durchrüttelten Seele herrschte.

Am Tag vor ihrer Abreise ging sie zufällig in den Pferdestall und erschrak vor einem Knurren. Es war Massacre, an den sie seit Monaten kaum mehr gedacht hatte. Er war blind und lahm, hatte ein bei diesen Tieren seltenes Alter erreicht und lebte immer noch auf seinem Strohlager, von Ludivine, die ihn nicht vergaß, betreut. Sie nahm ihn in die Arme, drückte ihn an sich und trug ihn ins Haus. Er war dick wie ein Faß, konnte sich kaum noch auf den gespreizten Beinen halten und bellte wie die Holzhunde, die man kleinen Kindern schenkt.

Endlich brach der letzte Tag an. Jeanne hatte in Juliens ehemaligem Zimmer geschlafen, weil die Möbel aus dem ihren schon fortgeschafft waren.

Matt und schwer atmend stand sie auf, als habe sie einen langen Weg hinter sich gebracht. Der Wagen mit den Koffern und dem Rest der Möbel stand fertig beladen im Hof. Dahinter, schon angespannt, wartete ein zweirädriger Karren, der Herrin und Dienerin fortbringen sollte.

Der alte Simon und Ludivine sollten bis zur Ankunft des neuen Besitzers allein da bleiben, dann wollten sie zu Verwandten ziehen. Jeanne hatte ihnen eine kleine Rente ausgesetzt; überdies hatten sie Ersparnisse gemacht. Sie waren jetzt sehr alte, untaugliche und geschwätzige Dienstboten. Marius hatte sich verheiratet und war schon seit langem nicht mehr im Haus.

Gegen acht Uhr setzte Regen ein, ein feiner, eisiger, vom Meerwind gepeitschter Regen. Es mußten Decken über den Karren gebreitet werden. Die Blätter fielen schon von den Bäumen.

Auf dem Küchentisch dampften Tassen mit Milchkaffee. Jeanne setzte sich vor die ihre, trank sie in kleinen Schlucken aus, stand auf und sagte: »Wir wollen gehen.« Sie setzte ihren Hut auf, legte ihren Schal um und sagte mit gepreßter Stimme, während Rosalie ihr die Überschuhe anzog: »Weißt du noch, Kind, wie es regnete, als wir von Rouen abfuhren, um hierherzukommen?«

Eine Art Krampf schüttelte sie; sie preßte die Hände auf die Brust und fiel bewußtlos hintenüber. Länger als eine Stunde lag sie wie tot da. Dann öffnete sie die Augen; nochmals überfielen sie die Krämpfe, und sie brach in einen Strom von Tränen aus.

Als sie sich etwas beruhigt hatte, fühlte sie sich so schwach, daß sie nicht aufstehen konnte. Allein Rosalie fürchtete einen neuen Zusammenbruch, wenn die Abfahrt noch weiter hinausgeschoben wurde, und holte ihren Sohn. Sie hoben sie auf, trugen sie fort, legten sie in den Wagen auf die mit Wachstuch bezogene Holzbank. Die alte Dienerin setzte sich zu Jeanne, wickelte ihr die Beine ein, legte ihr einen dicken Mantel um die Schultern, hielt den geöffneten Regenschirm über ihren Kopf und rief: »Schnell, Denis, los!«

Der junge Mann kletterte hinauf, setzte sich neben seine Mutter, aber nur auf einen Schenkel, weil es so eng war, und trieb sein Pferd zu einem schlanken Trab an; die ruckende Gangart schüttelte die beiden Frauen.

Als sie beim Dorf um die Ecke bogen, sahen sie jemanden auf der Landstraße auf und ab gehen. Es war der Abbé Tolbiac, der auszuspähen schien, ob sie tatsächlich abreisten.

Er blieb stehen und ließ den Wagen vorüber. Mit der einen Hand hielt er seine Soutane hoch, aus Angst vor den Pfützen. Seine mageren Beine steckten in schwarzen Strümpfen und endeten in riesigen, schmutzbedeckten Schuhen.

Jeanne senkte die Augen, um seinem Blick nicht zu begegnen. Rosalie, die alles wußte, wurde wütend. »Der große Flegel«, brummelte sie in sich hinein, ergriff dann die Hand des Sohnes und sagte: »Hau ihm doch eine mit der Peitsche 'runter!«

Aber der junge Mann ließ in dem Augenblick, da er an dem Priester vorbeifuhr, das Rad seines mit größter Schnelligkeit fahrenden Karrens in die Wagenfurche rutschen. Eine Dreckwoge bespritzte den Geistlichen von Kopf bis Fuß. Und Rosalie drehte sich strahlend um und drohte ihm mit der Faust, während der Pfarrer sich mit seinem großen Taschentuch abwischte.

Sie waren kaum fünf Minuten gefahren, als Jeanne plötzlich rief: »Wir haben Massacre vergessen!«

Sie mußten halten; Denis stieg ab und lief zurück, um den Hund zu holen, Rosalie hielt so lange die Zügel.

Endlich erschien der junge Mensch wieder. Er trug das unförmig dicke Tier mit dem kahlen Fell auf den Armen und legte es zwischen den Röcken der beiden Frauen nieder.

XIII

Zwei Stunden später hielt der Wagen vor einem kleinen Backsteinhaus. Es stand an der Landstraße, mitten in einem Obstgarten, dessen Birnbäume spindelförmig beschnitten waren.

Vier mit Geißblatt und Klematis bewachsene Lauben bildeten die vier Ecken dieses Gartens. Er war in kleine Gemüsebeete eingeteilt, zwischen denen sich schmale, von Obstbäumen eingefaßte Wege hinzogen.

Eine sehr hohe, dichte Hecke umgab die Besitzung auf allen Seiten; ein Feld trennte sie vom nächsten Bauernhof, und hundert Schritt davor lag eine Schmiede an der Landstraße. Die nächsten anderen Wohnhäuser lagen einen Kilometer weit entfernt.

Vom Haus aus bot sich ein Ausblick auf die flache Gegend von Caux. Überall lagen Höfe verstreut, deren Apfelgärten von vier Doppelreihen hoher Bäume umschlossen waren.

Jeanne wollte sich gleich nach der Ankunft hinlegen. Aber Rosalie erlaubte es nicht, weil sie fürchtete, sie werde wieder in ihr dumpfes Brüten versinken.

Der Schreiner von Goderville war da, um beim Einrichten zu helfen, und sie fingen sofort an, die Möbel, die schon da waren, aufzustellen; inzwischen würde der letzte Wagen ankommen.

Es war eine tüchtige Arbeit, die lange Überlegungen und großes Hinundhergerede erforderte.

Nach einer Stunde erschien der Wagen am Gartentor und mußte im Regen abgeladen werden.

Als der Abend kam, herrschte im Haus ein wildes Durcheinander; überall lagen und standen Sachen aufgestapelt, wie es gerade kam. Jeanne war so erschöpft, daß sie einschlief, kaum daß sie im Bett lag.

An den folgenden Tagen hatte sie keine Zeit, ihren Gefühlen nachzuhängen, so sehr war sie mit Arbeit überhäuft. Sie fand sogar ein gewisse Freude daran, ihre neue Wohnung hübsch zu machen, und der Gedanke, daß ihr Sohn zu ihr zurückkehren werde, verfolgte sie ohne Unterlaß. Die Gobelins aus ihrem ehemaligen Schlafzimmer wurden im Eßzimmer aufgehängt, das zugleich als

Wohnzimmer diente. Mit besonderer Sorgfalt richtete sie das eine der beiden Zimmer im ersten Stock ein; in ihrem Herzen nannte sie es »Hühnchens Zimmer«.

Das zweite nahm sie für sich. Rosalie schlief ganz oben, neben dem Speicher.

Das so liebevoll eingerichtete kleine Haus war reizend, und in der ersten Zeit gefiel es Jeanne dort, obwohl ihr etwas fehlte, ohne daß sie recht wußte, was.

Eines Morgens brachte ihr der Schreiber des Notars in Fécamp dreitausendsechshundert Francs. Es war die Bezahlung für die auf Les Peuples zurückgelassenen und von einem Tapezierer geschätzten Möbel. Sie zitterte vor Freude, als sie dies Geld erhielt. Und als der Mann wieder gegangen war, setzte sie rasch ihren Hut auf; sie wollte so wie möglich nach Goderville gehen, um Paul diese unverhoffte Summe zu schicken.

Aber als sie auf der Landstraße dahineilte, begegnete sie Rosalie, die vom Markt zurückkam. Die Dienerin hatte einen Verdacht, ohne die Wahrheit gleich zu erraten. Als sie sie herausgebracht hatte – denn Jeanne konnte ihr nichts mehr verbergen –, stellte sie ihren Korb auf den Boden und ließ ihrer Wut freien Lauf.

Sie schimpfte mit in die Hüften gestemmten Fäusten. Dann packte sie mit dem rechten Arm ihre Herrin, mit dem linken Arm ihren Korb und machte sich, noch immer zornbebend, auf den Heimweg.

Als sie daheim angekommen waren, verlangte sie, daß das Geld ihr übergeben werde. Jeanne händigte es ihr ein, bis auf sechshundert Francs. Aber diese List wurde von der nun mißtrauisch gewordenen Dienerin schnell durchschaut, und sie mußte alles herausrücken.

Immerhin erlaubte Rosalie schließlich, daß dieser Rest dem jungen Herrn geschickt wurde.

Nach einigen Tagen dankte er: »Du hast mir einen großen Gefallen getan, liebe Mama; wir waren in größter Not.«

Aber Jeanne konnte sich in Batteville nicht eingewöhnen. Ihr war immer, als atme sie nicht mehr wie früher, als sei sie noch einsamer, verlassener, verlorener. Sie ging spazieren, wanderte bis zu dem Weiler Verneuil, kam über Trois-Mares zurück. Wenn sie zurückgekehrt war, stand sie wieder auf, hatte das Verlangen, nochmals das Haus zu verlassen, als habe sie vergessen, gerade dorthin zu gehen, wohin sie eigentlich hätte gehen müssen und wollen.

Und das vollzog sich alle Tage von neuem so, ohne daß ihr die Ursache dieser sonderbaren Unruhe klar geworden wäre. Aber eines Abends kam ihr unwillkürlich ein Satz über die Lippen, der ihr das Geheimnis dieser Bangnis enthüllte. Als sie sich an den Eßtisch setzte, sagte sie: »Ach, wie ich mich danach sehne, das Meer zu sehen!«

Das, was ihr so sehr fehlte, war das Meer, das seit fünfundzwanzig Jahren ihr großer Nachbar gewesen war; das Meer mit seiner Salzluft, seinem Zorn, seiner grollenden Stimme, seinem mächtigen Atem, das Meer, das sie auf Les Peuples jeden Morgen von ihrem Fenster aus gesehen, das sie Tag und Nacht eingeatmet hatte, dessen Nähe sie gespürt, das sie, ohne es zu wissen, hatte lieben lernen wie einen Menschen.

Auch Massacre lebte in ständiger Erregung. Er hatte sich schon am ersten Abend unten im Küchenbüfett häuslich niedergelassen, und es war unmöglich, ihn von dort zu vertreiben. Er lag den ganzen Tag fast unbeweglich da und wälzte sich nur von Zeit zu Zeit mit einem dumpfen Knurren auf die andere Seite.

Aber sobald es dunkelte, stand er auf und schleppte sich, an den Mauern entlangscheuernd, bis zur Gartentür. Wenn er dann die paar Minuten, die er brauchte, draußen geblieben war, kam er zurück, setzte sich vor den noch warmen Herd, und sobald seine beiden Herrinnen schlafen gegangen waren, fing er an zu heulen.

So heulte er die ganze Nacht mit jammervoller und kläglicher Stimme. Manchmal hörte er für eine Stunde auf und fing dann noch verzweifelter wieder an. Er wurde vor dem Haus an einer Tonne angebunden. Da heulte er unter den Fenstern. Weil er krank und dem Tod nahe war, wurde er wieder in die Küche gelassen.

An Schlafen war für Jeanne nicht mehr zu denken. Sie hörte unaufhörlich das alte Tier stöhnen und kratzen. Es versuchte, sich in diesem neuen Haus auszukennen, und hatte wohl verstanden, daß es nicht mehr daheim sei.

Nichts konnte den Hund beruhigen. Den ganzen Tag lag er schlafend da, als hielten seine erloschenen Augen, das Bewußtsein seiner Schwäche ihn davon ab, sich zu bewegen, solange alle anderen lebendigen Wesen in Bewegung waren. Aber sobald es Abend wurde, fing er an, ruhelos herumzulaufen, als wage er nur noch in der Dunkelheit, in der alle Geschöpfe blind sind, zu leben und sich zu regen.

Eines Morgens war er tot. Das war eine große Erleichterung.

Der Winter nahte, und Jeanne versank immer tiefer in eine Verzweiflung, deren sie nicht Herr werden konnte. Es war kein schriller, die Seele verrenkender Schmerz, sondern eine stumpfe, düstere Traurigkeit.

Keinerlei Zerstreuung erweckte sie daraus. Niemand kümmerte sich um sie. Vor ihrer Tür dehnte sich die Landstraße nach rechts und nach links und war fast immer leer. Zuweilen fuhr ein zweirädriger Wagen im Trab an ihrem Gartentor vorüber, der von einem Mann mit rotem Gesicht gelenkt wurde; sein Kittel blähte sich bei der raschen Fahrt im Luftzug auf, so daß er wie ein blauer Ballon aussah. Manchmal war es nur ein langsamer Leiterwagen, oder man sah aus der Ferne zwei Bauersleute auftauchen, einen Mann und eine Frau. Anfangs erschienen sie winzig klein am Horizont, dann wurden sie größer und, wenn sie am Haus vorüber waren, wieder kleiner, schließlich winzig, wie zwei Insekten, hinten, ganz am Ende der weißen Straßenzeile, die sich in weichen Wellenbewegungen dehnte, so weit das Auge reichte.

Als das Gras wieder zu wachsen anfing, kam jeden Morgen ein kleines Mädchen in einem kurzen Rock vorüber. Es führte zwei magere Kühe an einem Strick, die die Straßengräben abgrasten. Abends kam es in derselben schläfrigen Haltung abermals vorbeigeschlendert, ging hinter seinen Kühen her und machte nur alle Minuten einen Schritt.

Jede Nacht träumte Jeanne, sie wohne noch auf Les Peuples.

Sie war wieder fort, wie früher, mit Vater und Mama und manchmal sogar mit Tante Lison. Sie war wieder mit Dingen beschäftigt, die längst vergessen und vorüber waren; sie glaubte

Madame Adélaïde zu stützen, die in ihrer Allee auf und ab ging. Und beim Erwachen weinte sie jedesmal.

Immer dachte sie an Paul und fragte sich: »Was macht er? Wie geht es ihm jetzt? Denkt er manchmal an mich?« Wenn sie langsam in den Hohlwegen zwischen den Bauernhöfen spazieren ging, wälzte sie all diese sie marternden Gedanken im Kopf. Aber vor allem litt sie unter einer unstillbaren Eifersucht auf die unbekannte Frau, die ihr den Sohn geraubt hatte. Einzig dieser Haß hemmte sie, hinderte sie, zu handeln, hinzufahren, ihn zu holen, bis zu ihm vorzudringen. Es war ihr, als sehe sie seine Geliebte an der Tür stehen und sie fragen: »Was haben Sie hier zu suchen?« Ihr Mutterstolz empörte sich gegen die Möglichkeit einer solchen Begegnung. Der hochmütige Stolz einer Frau, die sich immer fleckenlos rein gehalten hatte und nie schwach geworden war, brachte sie immer mehr gegen die erbärmliche Feigheit eines Mannes auf, der der Sklave der schmutzigen Praktiken fleischlicher Liebe war; denn wer ihr verfällt, wird feige bis ins Herz hinein. Die ganze Menschheit erschien ihr unrein, wenn sie an all die im Sinnenleben verborgene Unsauberkeit dachte, an all die erniedrigenden Liebesbezeigungen, an all die geahnten Geheimnisse einer solchen unzertrennlichen Paarung.

So vergingen wiederum ein Frühling und ein Sommer.

Aber als der Herbst mit seinen langen Regengüssen, dem grauen Himmel, den finsteren Wolken einsetzte, übermannte sie ein solcher Lebensüberdruß, daß sie sich entschloß, noch eine große Anstrengung zu machen, um ihr Hühnchen zurückzugewinnen. Die Leidenschaft des jungen Mannes mußte sich doch jetzt erschöpft haben. Sie schrieb ihm einen trostlosen Brief.

»Mein lieber Junge, ich flehe Dich an, kehre zu mir zurück. Bedenke doch, daß ich alt und krank bin und jahrein, jahraus allein mit einem Dienstmädchen lebe. Ich wohne jetzt in einem kleinen Haus an der Landstraße. Es ist recht trübselig. Aber wenn Du da wärest, würde alles anders. Ich habe auf der Welt nur Dich, und ich habe Dich seit sieben Jahren nicht gesehen! Du wirst nie erfahren, wie unglücklich ich gewesen bin und wie alles Glück meines Herzens in Dir geruht hat. Du warst mein Leben, mein Traum, meine einzige Hoffnung, und Du fehlst mir, und Du hast mich verlassen.

Oh! Komm zurück, mein Hühnchen, komm zurück und schließ mich in Deine Arme, komm zurück zu Deiner alten Mutter, die Dir in ihrer Verzweiflung die Arme entgegenstreckt...

Jeanne.«

Nach ein paar Tagen antwortete er.

»Meine liebe Mama, ich würde Dich nur zu gern besuchen, aber ich habe kein bißchen Geld. Schicke mir etwas, dann komme ich. Ich hatte sowieso die Absicht, Dich aufzusuchen, um mit Dir einen Plan zu besprechen, der mir ermöglichen würde zu tun, worum Du mich bittest.

Die Frau, die in den bösen Zeiten, die ich durchmache, meine Gefährtin ist, bezeigt mir gegenüber grenzenlose Selbstlosigkeit und Güte. Ich darf nicht länger zögern, ihre treue Liebe und Hingebung öffentlich anzuerkennen. Sie hat übrigens sehr gute Manieren; das wirst Du zu würdigen wissen. Sie ist sehr gebildet, sie liest viel. Kurzum, Du kannst Dir keine Vorstellung davon machen, was sie mir stets gewesen ist. Es wäre eine Roheit von mir, ihr nicht meine Dankbarkeit zu bezeigen. Ich bitte Dich also um Deine Einwilligung zu unserer Heirat. Du verzeihst mir meine dummen Streiche, und wir wohnen alle zusammen in Deinem neuen Haus.

Wenn Du sie kenntest, würdest Du mir sofort Deine Zustimmung erteilen. Ich versichere Dich, sie ist ein vortrefflicher Mensch und hat etwas sehr Vornehmes. Ich bin mir gewiß, daß Du sie liebhaben wirst. Ich selber könnte nicht mehr ohne sie leben.

Ich erwarte Deine Antwort mit Ungeduld, meine liebe Mama, und wir umarmen Dich von Herzen.

Dein Sohn Vicomte Paul de Lamare.«

Jeanne war wie vom Donner gerührt. Starr blieb sie mit dem Brief auf den Knien sitzen. Sie erzitterte über die Durchtriebenheit dieser Hure, die ihren Sohn immer von ihr ferngehalten, ihm kein einziges Mal erlaubt hatte, zu ihr zu kommen, die ihre Stunde abgewartet hatte, die Stunde, da die alte verzweifelte Mutter dem Wunsch, ihr Kind an sich zu drücken, nicht mehr widerstehen konnte, da sie schwach werden und zu allem ja sagen würde.

Und der heiße Schmerz, daß Paul dies Geschöpf ihr so hartnäckig vorzog, zerriß ihr das Herz. Immer wieder sagte sie: »Er hat mich nicht lieb. Er hat mich nicht lieb.«

Rosalie kam herein.

»Jetzt will er sie heiraten«, stammelte Jeanne.

Das Mädchen fuhr zusammen: »Oh! Das dürfen Sie nicht erlauben. Monsieur Paul wird doch nicht solch eine Nutte von der Straße auflesen.«

Jeanne war niedergeschlagen, aber auch empört und antwortete: »Nein, mein Kind, niemals. Und da er nicht kommen will, werde ich zu ihm hinfahren, und dann werden wir sehen, wer die Stärkere ist.« Sie schrieb sofort an Paul, um ihn wissen zu lassen, daß sie kommen werde. Sie wollte ihn jedoch nicht in der Wohnung sprechen, in der dies Weibsstück war.

Während sie auf seine Antwort wartete, traf sie ihre Reisevorbereitungen. Rosalie machte sich daran, die Wäsche und die sonstigen Sachen ihrer Herrin in einen alten Koffer zu packen. Aber als sie ein Kleid zusammenlegte, ein altes Kleid, wie es auf dem Land getragen wird, rief sie: »Sie haben ja nicht mal was Richtiges anzuziehen! Ich erlaube Ihnen nicht, so zu verreisen. Es müßten sich ja alle schämen, und die Damen in Paris würden Sie für ein Dienstmädchen halten.«

Jeanne ließ ihr den Willen. Und die beiden Frauen fuhren nach Goderville und suchten einen grünkarierten Stoff aus, der der Schneiderin des Städtchens anvertraut wurde. Dann gingen sie zu Maître Roussel, dem Notar, der jedes Jahr für vierzehn Tage nach der Hauptstadt fuhr, und ließen sich von ihm die nötigen Auskünfte geben. Denn Jeanne war seit achtundzwanzig Jahren nicht mehr in Paris gewesen.

Er gab ihnen viele Ratschläge: was man tun müsse, um nicht überfahren zu werden, daß man gut tue, das Geld in das Futter der Kleider einzunähen, um nicht bestohlen zu werden, und daß man nur das Nötigste in der Tasche haben dürfe. Er verbreitete sich lange über Restaurants mit mäßigen Preisen, von denen er zwei oder drei besonders nannte, in die auch Frauen gingen. Und er empfahl das Hôtel de Normandie, nahe am Bahnhof, wo er selbst immer absteige. Man könne sich dort auf ihn berufen.

Schon seit sechs Jahren verkehrte die Eisenbahn, von der überall die Rede war, zwischen Paris und Le Havre. Aber Jeanne war so von ihrem Kummer besessen gewesen, daß sie diese Dampfwagen noch nicht gesehen hatte, die das ganze Land in Aufregung versetzten.

Indessen ließ Paul nichts von sich hören.

Sie wartete acht Tage, vierzehn Tage. Jeden Tag ging sie dem Briefträger auf der Landstraße entgegen und fragte ihn zitternd: »Haben Sie nichts für mich, Papa Malandain?«

Und immer antwortete der Mann mit einer von den Unbilden des Wetters eingerosteten Stimme: »Wieder nichts, gute Dame.«

Sicher erlaubte jene Frau Paul nicht zu antworten!

Da beschloß Jeanne, sofort abzureisen. Sie wollte Rosalie mitnehmen, aber das Mädchen weigerte sich, sie zu begleiten; sie wollte die Reisekosten nicht erhöhen.

Sie erlaubte übrigens ihrer Herrin nicht, mehr als dreihundert Francs mitzunehmen: »Wenn Sie mehr brauchen, können Sie mir schreiben; dann gehe ich zum Notar, damit er es Ihnen schikken läßt. Wenn ich Ihnen mehr gebe, steckt es doch nur Monsieur Paul in die Tasche.«

An einem Dezembermorgen stiegen sie in Denis Lecoqs Wagen; er hatte sie abgeholt, um sie an die Bahn zu bringen, denn bis dahin wollte Rosalie ihre Herrin begleiten.

Erst erkundigten sie sich nach dem Fahrpreis. Als alles besorgt und der Koffer aufgegeben worden war, warteten sie vor den Gleisen, versuchten, sich klarzumachen, wie die Geschichte funktionierte, und waren so sehr mit dieser geheimnisvollen Sache beschäftigt, daß sie an die traurige Veranlassung der Reise gar nicht mehr dachten.

Endlich ertönte ein Pfeifen in der Ferne. Sie wandten den Kopf und sahen eine schwarze Maschine, die immer größer wurde. Sie kam mit furchtbarem Lärm heran und zog eine lange Kette von kleinen, rollenden Häuschen. Ein Bahnbeamter machte eine Tür auf, weinend umarmte und küßte Jeanne Rosalie und stieg in einen der Kästen.

Sehr bewegt rief Rosalie: »Auf Wiedersehen, Madame, gute Reise, auf bald.«

»Auf Wiedersehen, mein Kind.«

Wieder gellte ein Pfiff, und die ganze Wagenkette fing an, erst langsam, dann schneller und schließlich so schnell zu rollen, daß es Jeanne ganz bange wurde.

In ihrem Abteil lehnten zwei Herren in ihren Ecken und schliefen.

Sie sah das Land, die Bäume, die Bauernhöfe, die Dörfer vorüberfliehen. Die Schnelligkeit erschreckte sie; ihr war, als werde sie fortgerissen in eine neue Welt, die nicht mehr die ihre war, nicht mehr die Welt ihrer stillen Jugend und ihres eintönigen Lebens.

Als der Zug in Paris einfuhr, war es Abend geworden.

Ein Gepäckträger ergriff Jeannes Koffer, und sie folgte ihm voller Angst. Sie wurde hin und her gestoßen, wußte nicht, wie sie in der bewegten Menge vorwärts kommen sollte, rannte beinahe hinter dem Mann her, aus Furcht, ihn aus den Augen zu verlieren.

Im Hotelbüro beeilte sie sich zu sagen: »Monsieur Roussel hat mir Ihr Haus empfohlen.«

Die Besitzerin, eine überdicke, ernsthafte Frau, saß an ihrem Schreibtisch und fragte: »Wer ist denn das, Monsieur Roussel?«

Jeanne war erstaunt: »Aber das ist doch der Notar aus Goderville, der jedes Jahr bei Ihnen absteigt.«

Die dicke Frau erklärte: »Kann sein. Ich kenne ihn nicht. Möchten Sie ein Zimmer haben?«

»Ja, bitte.«

Ein Kellner nahm ihr Gepäck und stieg vor ihr her die Treppe hinauf.

Das Herz war ihr schwer. Sie setzte sich an einen kleinen Tisch und bat, man möge ihr Fleischbrühe und gebratenes Hühnchen heraufbringen. Seit Tagesanbruch hatte sie nichts zu sich genommen.

Sie aß in trauriger Stimmung beim Schein einer Kerze und dachte an tausend Dinge, an ihren Aufenthalt in dieser Stadt bei der Rückkehr von der Hochzeitsreise, und wie sich hier in Paris damals die ersten Anzeichen von Juliens wahrem Charakter gezeigt hatten. Aber damals war sie jung, voller Hoffnung und tapfer gewesen. Jetzt fühlte sie sich alt, war verlegen, sogar ängstlich, schwach, und geriet um eines Nichts willen durcheinander. Als sie fertig gegessen hatte, trat sie ans Fenster und schaute auf die menschenüberfüllte Straße hinunter. Sie wäre gern ausgegangen, wagte es aber nicht. Sie fürchtete sich unfehlbar zu verlaufen. Also legte sie sich zu Bett und blies das Licht aus.

Aber der Lärm, das Gefühl, in einer fremden Stadt zu sein, und das Aufregende der Reise hielten sie wach. Stunden vergingen. Allmählich nahmen die Geräusche draußen ab, ohne daß sie hätte einschlafen können; die Ruhe der Großstadt machte sie nervös. Sie war an den stillen, tiefen Schlaf der Felder gewöhnt, in den alles versinkt, Menschen, Tiere und Pflanzen, und jetzt spürte sie rings um sich her ein geheimnisvolles Tun und Treiben. Auf unbegreifliche Weise, als schlüpften sie in die Mauern des Hotels hinein, drangen Stimmen bis zu ihr hin. Zuweilen knarrte eine Diele, eine Tür wurde zugemacht, eine Klingel läutete.

Gegen zwei Uhr, als sie endlich am Einschlummern war, fing plötzlich eine Frau in einem benachbarten Zimmer zu schreien an. Jeanne fuhr im Bett auf. Dann glaubte sie einen Mann lachen zu hören.

Je näher der Tag rückte, desto mehr überwältigte sie der Gedanke an Paul. Und als der Morgen graute, stand sie auf.

Er wohnte in der Rue du Sauvage, auf der Cité-Insel. Sie wollte zu Fuß hingehen, weil Rosalie ihr so sehr ans Herz gelegt hatte, sparsam zu sein. Es war schönes Wetter; die kalte Luft prickelte auf der Haut; eilig liefen die Leute auf den Gehsteigen entlang. Sie ging, so rasch sie konnte, eine Straße hinunter, die ihr genannt worden war und an deren Ende sie erst nach rechts, dann nach links einbiegen sollte; dann werde sie auf einen Platz kommen und könne sich nochmals erkundigen. Sie fand den Platz nicht und fragte in einem Bäckerladen nach, wo ihr anders lautende Anweisungen gegeben wurden. Sie ging weiter, verlief sich, irrte umher, wurde wieder anders beraten und wußte schließlich gar nicht mehr, wo sie war.

Sie war verängstigt und ging ziellos weiter. Gerade wollte sie eine Droschke anrufen, da sah sie die Seine. Nun ging sie die Kais entlang.

Nach etwa einer Stunde kam sie in die Rue du Sauvage, ein dunkles Gäßchen. Vor der Haustür blieb sie stehen, sie war so erschüttert, daß sie keinen Schritt mehr tun konnte.

Hier war er, in diesem Haus, ihr Hühnchen.

Sie fühlte, wie ihr Knie und Hände zitterten. Endlich trat sie ins Haus, ging einen Flur entlang, sah die Loge des Pförtners, streckte ihm ein Geldstück hin und fragte: »Würden Sie so freundlich sein, hinaufzugehen und Monsieur Paul de Lamare zu sagen, daß eine alte Dame, eine Freundin seiner Mutter, ihn hier unten erwartet?«

Der Portier antwortete: »Der wohnt nicht mehr hier.«

Ein Schauer durchrann sie. »Ach! Und wo... wo wohnt er jetzt?« stammelte sie.

»Das weiß ich nicht.«

Sie fühlte sich so schwindlig, daß sie glaubte, sie werde hinfallen. So blieb sie einige Zeit stehen, ohne ein Wort hervorbringen zu können. Mit großer Anstrengung faßte sie sich schließlich und fragte leise: »Seit wann wohnt er denn nicht mehr hier?«

Der Mann gab ihr ausführlich Auskunft: »Seit vierzehn Tagen. Eines Abends sind sie fortgegangen und nicht wiedergekommen. Sie hatten überall in der Nachbarschaft Schulden. Da können Sie sich denken, daß sie keine Adresse hinterlassen haben.«

Feuerstrahlen zuckten vor Jeannes Augen, als würden Gewehre vor ihr abgefeuert. Aber ein Gedanke stützte sie; er gab ihr die Kraft, sich aufrecht zu halten, nach außen hin ruhig und überlegt zu wirken. Sie wollte alles erfahren und ihr Hühnchen wiederfinden. »Hat er denn beim Fortgehen gar nichts gesagt?«

»Nein, nichts. Sie sind einfach auf und davon, damit sie nicht zu zahlen brauchten.«

»Aber er muß doch seine Briefe durch jemanden holen lassen?«

»Das würde er vielleicht tun, aber ich würde sie nicht herausrücken. Außerdem haben sie keine zehn Briefe im Jahr bekommen. Aber einen habe ich ihnen zwei Tage, ehe sie abhauten, hinaufgebracht.«

Das mußte ihr Brief gewesen sein. Rasch sagte sie: »Hören Sie mal zu. Ich bin seine Mutter, und ich bin gekommen, um ihn zu holen. Hier haben Sie zehn Francs. Wenn Sie irgend etwas von ihm hören oder über ihn erfahren, bringen Sie mir Nachricht ins Hôtel de Normandie in der Rue du Havre. Ich werde Sie gut bezahlen.«

»Sie können sich auf mich verlassen«, antwortete er.

Und sie machte, daß sie wegkam.

Abermals ging sie durch die Straßen, ohne auf den Weg zu achten. Sie schritt hastig aus, als gelte es, eine dringende Besorgung zu machen. Sie streifte an den Mauern entlang, Pakete tragende Menschen stießen sie an; sie überquerte Straßen, ohne die Wagen zu sehen, die einherfuhren und deren Kutscher sie beschimpften. Sie stolperte gegen die Stufen der Gehsteige; mit verlorener Seele lief sie einfach geradeaus.

Endlich kam sie zu einem Park. Sie war so müde, daß sie sich auf eine Bank setzte. Dort mußte sie lange sitzen geblieben sein und ohne es zu wissen geweint haben; denn die Vorübergehenden blieben stehen und starrten sie an. Dann merkte sie, daß ihr sehr kalt war. Sie stand auf, um weiterzugehen. Ihre Beine wollten sie kaum noch tragen, so schwach und erschöpft war sie.

Sie wollte in ein Restaurant gehen und sich Fleischbrühe geben lassen; aber sie wagte keines der Lokale zu betreten, weil sie sich schämte und Angst hatte, daß ihr Kummer ihr anzusehen sei. Einen Augenblick blieb sie an der Tür stehen, blickte hinein, sah all die Menschen an den Tischen sitzen und essen und floh verschüchtert weiter. »Ich gehe ins nächste«, sagte sie sich. Aber in das nächste ging sie ebenso wenig hinein.

Schließlich kaufte sie in einer Bäckerei ein Hörnchen und aß es im Weitergehen. Sie war sehr durstig, wußte indessen nicht, wo sie sich etwas zu trinken verschaffen könne, und verzichtete.

Sie ging durch einen Torbogen, gelangte in einen anderen, von Arkaden umgebenen Park und erkannte das Palais Royal.

Da ihr von der Sonne und dem Gehen etwas wärmer geworden war, setzte sie sich wieder für eine oder zwei Stunden.

Eine Menge von Menschen strömte herein, eine elegante Menge, die schwatzte, lächelte, grüßte, eine glückliche Menge von schönen Frauen und reichen Männern, die nur dafür lebten, sich zu schmücken und zu amüsieren.

Jeanne wurde es angst unter all diesen glänzenden Gestalten;

sie stand auf und wollte fortgehen. Aber plötzlich kam ihr der Gedanke, daß sie vielleicht Paul hier begegnen könne. Sie ging mit scheuen, raschen Schritten von einem Ende des Parks bis zum anderen und spähte in die Gesichter der auf und ab gehenden Menschen.

Manche drehten sich um und sahen ihr nach; andere machten einander lachend auf sie aufmerksam. Sie merkte es und machte, daß sie wegkam. Sie dachte wohl, daß man über ihr Aussehen und ihr von Rosalie ausgesuchtes und nach ihren Anweisungen von der Goderviller Schneiderin gemachtes grünkariertes Kleid lache.

Sie wagte nicht einmal mehr, die Vorübergehenden nach dem Weg zu fragen. Dann entschloß sie sich dennoch dazu und fand endlich zu ihrem Hotel zurück.

Den Rest des Tages verbrachte sie, ohne sich von der Stelle zu rühren, auf einem Stuhl am Fußende ihres Bettes. Dann aß sie, wie am Abend zuvor, Suppe und etwas Fleisch und legte sich schlafen. Das alles tat sie ganz mechanisch, rein aus Gewohnheit.

Am nächsten Tag ging sie zur Polizeipräfektur und bat, ihren Sohn ausfindig zu machen. Man konnte ihr nichts versprechen, sagte ihr aber zu, man wolle sich darum bemühen.

Dann strich sie wieder durch die Straßen, immer in der Hoffnung, ihm zu begegnen. Und inmitten dieser bewegten Menge fühlte sie sich verloren und elender als zwischen den menschenleeren Feldern.

Als sie abends ins Hotel zurückkam, wurde ihr gesagt, ein Mann habe im Auftrag von Monsieur Paul nach ihr gefragt und werde am nächsten Tag wiederkommen. Das Blut schoß ihr zum Herzen, und die ganze Nacht tat sie kein Auge zu. Wenn er es wäre? Ja, sicherlich war er es, obwohl sie ihn aus der Beschreibung, die sie sich hatte geben lassen, nicht hatte erkennen können.

Gegen neun Uhr morgens klopfte es an ihre Tür; sie rief: »Herein!« und war im Begriff, mit geöffneten Armen aufzuspringen. Es war ein Unbekannter. Und während er sich entschuldigte, daß er sie gestört habe, und erklärte, was ihn herführe – ein Schuldbetrag Pauls, den sie begleichen solle –, merkte sie, daß sie weinte. Sie wollte nicht, daß der Mann es sehe, und wischte jede aus den Augen hervorquellende Träne mit der Fingerspitze ab.

Der Mann hatte von der Pförtnersfrau in der Rue du Sauvage gehört, daß sie da gewesen sei, und da er den jungen Mann nicht aufstöbern konnte, hatte er sich an die Mutter gewandt. Er hielt ihr ein Papier hin, das sie gedankenlos entgegennahm. Sie las eine Zahl: neunzig Francs, zog ihre Geldtasche hervor und zahlte.

An diesem Tag ging sie nicht aus.

Anderntags erschienen weitere Gläubiger. Sie gab alles, was ihr blieb, und behielt nur zwanzig Francs für sich zurück. Dann schrieb sie an Rosalie und erklärte ihr die Lage.

Sie verbrachte die Tage damit herumzuirren. Sie wartete auf die Antwort ihres Mädchens, wußte nicht, was sie tun, wie sie die dunklen, die endlosen Stunden verbringen sollte. Sie hatte ja niemanden, dem sie ein zärtliches Wort hätte sagen können, niemanden, der ihre Not kannte. Aufs Geratewohl ging sie durch die Straßen und wurde jetzt gequält vom Verlangen, abzureisen, heimzukehren in ihr kleines Haus an der einsamen Landstraße.

Noch vor wenigen Tagen glaubte sie, es dort nicht aushalten zu können, so sehr hatte die Traurigkeit auf ihr gelastet. Jetzt aber wußte sie, daß sie im Gegenteil nur noch dort leben konnte, wo ihre trübseligen Gewohnheiten Wurzel geschlagen hatten.

Eines Abends fand sie endlich einen Brief und zweihundert Francs vor.

Rosalie schrieb:

»Madame Jeanne, kommen Sie schnell zurück, denn ich schicke Ihnen jetzt nichts mehr. Und was Monsieur Paul betrifft, den werde ich selber holen, wenn wir wissen, wo er ist.

Ich grüße Sie. Ihre Dienerin Rosalie.«

Und an einem eisig kalten Morgen, an dem es schneite, reiste Jeanne nach Batteville zurück.

XIV

Fortan ging sie nicht mehr aus, rührte sie sich nicht mehr vom Fleck. Jeden Morgen stand sie um die gleiche Zeit auf, schaute durchs Fenster nach dem Wetter, kam herunter und setzte sich im Eßzimmer an den Kamin.

Dort saß sie ganze Tage lang, reglos, starrte in die Flammen, ließ ihre kläglichen Gedanken schweifen, wie sie wollten, und sah all ihr Leid an sich vorüberziehen. Allmählich füllte sich der kleine Raum mit Dunkelheit. Sie bewegte sich nur, um neues Holz aufs Feuer zu legen.

Dann brachte Rosalie die Lampe und rief: »Los, Madame Jeanne, machen Sie sich ein bißchen Bewegung, sonst haben Sie heute abend wieder keinen Hunger.«

Oft wurde sie von Wahnvorstellungen heimgesucht, oder sie quälte sich mit unwesentlichen Kleinigkeiten herum; die nebensächlichsten Dinge erschienen ihrem kranken Gemüt als ungeheuer wichtig.

Sie lebte eigentlich nur noch in der Vergangenheit, in den alten Zeiten. Die Erinnerung an ihre ersten Jugendjahre, an ihre Hochzeitsreise nach Korsika ließ sie nicht los. Längst vergessene Landschaftsbilder dieser Insel tauchten plötzlich in den Scheiten des Kaminfeuers vor ihr auf. Sie erinnerte sich an jede Einzelheit, an alle kleinen Geschehnisse, alle Gesichter, die ihr dort begegnet waren. Oft sah sie das Gesicht des Führers Jean Ravoli vor sich, und manchmal glaubte sie seine Stimme zu hören.

Dann dachte sie an die schönen Jahre von Pauls Kindheit zurück, als sie ihm helfen mußte, seine Salatsetzlinge zu verpflanzen, als sie neben Tante Lison auf der fetten Erde kniete und als sie sich gegenseitig an Sorgfalt überboten hatten, um dem kleinen Jungen zu gefallen. Welch ein Wettstreit war es gewesen, wessen Geschicklichkeit den jungen Pflanzen zum besten Gedeihen verhelfen, wessen Zucht die größten Erfolge haben würde!

Ganz leise flüsterten ihre Lippen: »Hühnchen, mein Hühnchen«, als spreche sie mit ihm. Bei diesen Worten stockten ihre Grübeleien, und manchmal versuchte sie stundenlang, mit ausgestrecktem Finger die Buchstaben, aus denen es bestand, in die

Luft zu schreiben. Sie saß vor ihrem Feuer und zog sie langsam nach, glaubte sie vor sich zu sehen, meinte dann, sie habe sich geirrt, fing mit vor Müdigkeit zitterndem Arm wieder mit dem H an und bemühte sich, den Kosenamen zu Ende zu zeichnen, und wenn sie fertig war, fing sie wieder von vorn an.

Schließlich konnte sie nicht mehr, brachte alles durcheinander, bildete neue Wörter, regte sich bis zum Wahnsinn auf.

Sie war im Bann aller Schrullen einsamer Menschen. Und über den kleinsten Gegenstand, der nicht am gewohnten Platz stand, konnte sie sich ärgern.

Rosalie zwang sie oft zum Spazierengehen und nahm sie mit auf die Straße hinaus. Aber nach zwanzig Minuten erklärte Jeanne: »Ich kann nicht mehr, mein Kind« und setzte sich an den Grabenrand.

Bald war ihr jede Bewegung verhaßt, und sie blieb morgens so lange wie möglich im Bett.

Seit ihrer Kindheit war es ihr zur unabänderlichen Gewohnheit geworden, mit einem Ruck aufzustehen, sobald sie ihren Milchkaffee getrunken hatte. An diesem Getränk hing sie übrigens in übertriebener Weise, und es wäre ihr schwerer als jede andere Entbehrung gefallen, wenn sie es nicht bekommen hätte. Jeden Morgen wartete sie mit förmlich sinnlicher Ungeduld auf Rosalies Erscheinen, und kaum stand die gefüllte Tasse auf dem Nachttisch, so setzte sie sich auf und trank sie gierig aus. Dann warf sie die Decken zurück und fing an, sich anzuziehen.

Doch jetzt nahm sie allmählich die Gewohnheit an, einige Augenblicke vor sich hinzuträumen, nachdem sie das Schälchen wieder auf den Teller gestellt hatte, und sich dann noch einmal im Bett auszustrecken. Und dieses faule Ausruhen dehnte sich jeden Tag länger aus, bis Rosalie wütend zurückkam und sie fast mit Gewalt ankleidete.

Sie besaß zudem nicht einmal mehr den Anschein eines eigenen Willens, und jedesmal, wenn ihr Dienstmädchen sie um Rat fragte, ihr eine Frage stellte, ihre Meinung wissen wollte, antwortete sie: »Mach es, wie du willst, mein Kind.«

Sie war so überzeugt davon, sie werde unmittelbar von einem hartnäckigen Mißgeschick verfolgt, daß sie fatalistisch wurde wie eine Orientalin. Sie war es so gewohnt, ihre Träume sich verflüchtigen und ihre Hoffnungen zusammenbrechen zu sehen, daß sie nichts mehr zu unternehmen wagte und tagelang zauderte, ehe sie auch nur das Einfachste tat. Denn sie war sicher, daß sie immer den falschen Weg wählen und daß es schlecht ausgehen werde.

Immer wieder sagte sie: »Ich habe mein Leben lang kein Glück gehabt.«

Dann rief Rosalie: »Und was würden Sie sagen, wenn Sie arbeiten müßten ums tägliche Brot, wenn Sie jeden Morgen um sechs Uhr aufstehen müßten, um sich dann als Putzfrau abzurakkern? Es gibt genug Frauen, die das tun müssen; und wenn sie zu alt dazu sind, dann müssen sie Hungers sterben.«

»Aber bedenke doch«, antwortete Jeanne, »daß ich ganz allein bin, daß mein Sohn mich verlassen hat.«

Dann geriet Rosalie in richtige Wut: »Als ob das was zu bedeuten hätte! Und die jungen Leute, die beim Militär sind, und die, die nach Amerika auswandern?« Amerika war für sie ein dunkler Begriff, ein Land, wohin man geht, um zu Vermögen zu gelangen, und von wo man nie zurückkehrt. »Es kommt immer der Augenblick«, fuhr sie fort, »wo man sich trennen muß; denn die Alten und die Jungen sind nicht dazu geschaffen zusammenzubleiben.« Und sie schloß, indem sie aufgebracht sagte: »Was würden Sie erst sagen, wenn er tot wäre?«

Und darauf antwortete Jeanne nichts mehr.

Als die ersten linden Frühlingstage kamen, kehrte ein wenig von ihrer Kraft wieder. Aber sie verwandte dieses Neuerstehen ihres Tätigkeitsdranges nur dazu, sich desto tiefer in ihre düsteren Gedanken zu verbohren.

Als sie eines Morgens auf den Speicher gestiegen war, um etwas zu holen, machte sie zufällig eine mit alten Kalendern gefüllte Kiste auf. Sie waren aufbewahrt worden, wie das bei manchen Leuten auf dem Land üblich ist.

Ihr war, als finde sie ihre vergangenen Jahre selber wieder, und so ergriff sie vor diesem Haufen von viereckigen Kartonstücken eine seltsame, verworrene Erregung.

Sie nahm sie mit hinunter ins Eßzimmer. Es gab Kalender in

allen Formaten, große und kleine. Sie breitete sie in der Reihenfolge der Jahre auf den Tisch aus. Plötzlich fand sie den ersten, den sie damals mit nach Les Peuples gebracht hatte.

Lange schaute sie ihn und die Daten an, die sie am Morgen ihrer Abreise von Rouen, am Tag nach ihrer Entlassung aus dem Kloster, durchgestrichen hatte. Und dann weinte sie. Sie weinte traurige, langsame Tränen, die armseligen Tränen einer alten Frau, die ihr unglückliches Leben auf diesem Tisch vor sich ausgebreitet sah.

Und es kam ihr ein Gedanke, der bald zu einer furchtbaren, unaufhörlichen Plage, einer verbitterten Besessenheit wurde. Sie wollte fast Tag für Tag sich alles wieder zurückrufen, was sie getan hatte.

Sie heftete die vergilbten Kartonstücke eins nach dem anderen an die Wände, auf die Gobelins, und verbrachte viele Stunden vor diesem oder jenem, immer mit der Frage: »Was ist mir in diesem Monat widerfahren?«

Die entscheidenden Daten ihres Lebens hatte sie mit Strichen bezeichnet, und so konnte sie manchmal einen ganzen Monat wiederherstellen, indem sie sich alle kleinen Geschehnisse, die einem wichtigen Ereignis vorangegangen oder gefolgt waren, in Erinnerung rief, sie ordnete und aneinanderreihte.

Dank ihrer hartnäckigen Aufmerksamkeit, der Anstrengung ihres Gedächtnisses und ihres darauf konzentrierten Willens gelang es ihr, die beiden ersten Jahre auf Les Peuples nahezu lückenlos wiederherzustellen. Denn sie konnte die Erinnerungen aus ihrer fernen Jugend merkwürdig leicht und plastisch in sich wachrufen.

Die späteren Jahre dagegen verloren sich wie in einem Nebel, vermischten sich, griffen ineinander über. Manchmal blieb sie endlos lange mit geneigtem Kopf vor einem Kalender stehen und lauschte auf das Einst, ohne auch nur zu wissen, ob diese oder jene Erinnerung sich wirklich auf diesem Stückchen Karton auffinden lassen könne.

Sie wanderte im Zimmer umher, an dessen Wänden diese Tafeln der entschwundenen Tage wie die Bilder der Kreuzwegstationen aufgehängt waren. Dann rückte sie plötzlich vor eine von ihnen einen Stuhl und blieb dort bis zum Abend regungslos und in forschendes Grübeln versunken sitzen.

Dann aber, als alle Säfte unter der heißen Sonne sich neu belebten, als auf den Feldern die junge Saat zu keimen begann, als die Bäume ergrünten und die Apfelbäume in den Gärten wie rosige Kugeln in Blüte standen und die Ebene mit Düften überhauchten, da bemächtigte sich ihrer eine große Erregung.

Sie konnte nicht mehr still sitzen. Sie eilte hin und her, ging zwanzigmal am Tag ins Freie und kam wieder zurück, streifte manchmal weit hinaus an den Bauernhöfen hin und geriet in eine übersteigerte, fieberhafte Sehnsucht.

Der Anblick der weißen, im dichten Gras sich duckenden Margerite, eines Sonnenstrahls, der durch die Blätter brach, einer Wasserlache in einer Wagenrinne, in der sich der blaue Himmel spiegelte, bewegte sie, rührte sie, erschütterte sie, weckte aufs neue alte Gefühle in ihr, und sie waren wie ein fernes Echo der Empfindungen, mit denen sie als junges Mädchen träumend durch das Land gewandert war.

Damals hatte sie zitternd dieselbe Erschütterung gespürt, hatte die Süßigkeit und den verwirrenden Rausch der lauen Tage ausgekostet, in denen sie der Zukunft gewartet hatte. Und nun, da ihr die Zukunft verschlossen war, fand sie das alles wieder. Abermals genoß sie es in ihrem Herzen; aber gleichzeitig litt sie darunter: Die ewige Freude der wiedererwachten Welt drang ihr zwar durch die trocken gewordene Haut ins erkaltete Herz und in die ermattete Seele; aber ihr Zauber fand nur noch abgeschwächten, schmerzlichen Widerhall in ihr.

Es war ihr auch, als habe sich um sie her alles ein wenig verändert. Die Sonne mußte etwas weniger heiß als in ihrer Jugend scheinen, der Himmel etwas weniger blau, das Gras etwas weniger grün sein; und die blasseren und schwächer duftenden Blumen berauschten sie nicht mehr im gleichen Maß.

An manchen Tagen indessen durchdrang sie dennoch ein so wohliges Lebensgefühl, daß sie wieder anfing zu träumen, zu hoffen, zu warten. Denn kann man nicht trotz der grausamen Härte des Schicksals immer von neuem hoffen, wenn es draußen so schön ist?

Sie ging, sie ging stundenlang einfach geradeaus, wie gepeitscht vom Aufruhr ihrer Seele. Und manchmal blieb sie unvermittelt stehen, setzte sich dann an den Straßenrand und grübelte über traurige Dinge nach. Warum war sie nicht geliebt worden wie andere? Warum hatte sie nicht einmal die schlichten Freuden eines ruhigen Daseins durchleben dürfen?

Und manchmal vergaß sie für einen Augenblick, daß sie alt war, daß außer ein paar unheimlichen, einsamen Jahren nichts mehr vor ihr lag, daß sie ihre Bahn durchlaufen hatte. Dann baute sie wie früher, als Sechzehnjährige, Luftschlösser, die ihrem Herzen lieb waren, und erdachte sich ein entzückendes Stückchen Zukunft. Wenn dann das Bewußtsein der harten Wirklichkeit sie wieder überfiel, stand sie auf, mit Schmerzen in allen Gliedern, als sei ein Gewicht auf sie gefallen und habe ihr das Rückgrat gebrochen; dann machte sie sich langsam auf den Heimweg und murmelte vor sich hin: »Ach, ich alte Närrin, ich alte Närrin!«

Rosalie sagte jetzt bei jeder Gelegenheit zu ihr: »Aber halten Sie sich doch ruhig; was haben Sie nur, daß Sie immer in Bewegung sind?«

Und Jeanne antwortete bekümmert: »Weißt du, ich bin wie Massacre in seinen letzten Tagen.«

Eines Morgens kam das Mädchen früher als sonst in ihr Zimmer, stellte die Kaffeetasse auf den Nachttisch und sagte: »Trinken Sie rasch aus, Denis hält vor der Tür und wartet auf uns. Wir fahren nach Les Peuples; ich habe dort zu tun.«

Jeanne war so bestürzt, daß sie fürchtete, ohnmächtig zu werden. Zitternd, völlig durcheinander und einer Ohnmacht nahe vor Aufregung bei dem Gedanken, ihr geliebtes Haus wiederzusehen, zog sie sich an.

Ein strahlender Himmel wölbte sich über der Erde, und das Pferdchen hatte solche Anfälle von Ausgelassenheit, daß es bisweilen in Galopp fiel. Als sie in das Dort Étouvent einfuhren, spürte Jeanne, daß sie nur noch mühsam atmen konnte, so sehr klopfte ihr Herz. Beim Erblicken der Backsteinpfeiler der Einfahrt sagte sie unwillkürlich: »Oh, oh, oh!«, so wie man es angesichts von Dingen tut, die das Herz bis ins Tiefste erschüttern.

Bei Couillards wurde ausgespannt, und während Rosalie und ihr Sohn ihren Geschäften nachgingen, schlugen die Pächtersleute Jeanne vor, sie solle doch einen Gang durch das Schloß machen, da die Besitzer nicht anwesend seien, und gaben ihr die Schlüssel.

Sie ging allein. Als sie von der Seeseite her vor das alte Herrenhaus gelangt war, blieb sie stehen und schaute es an. Äußerlich hatte sich nichts verändert. Auf den dunkel gewordenen Mauern des großen alten Gebäudes lag an diesem Tag der Sonnenschein wie ein Lächeln. Alle Fensterladen waren geschlossen.

Ein Stückchen eines dürren Zweigs fiel ihr aufs Kleid; sie blickte auf. Es war von der Platane gefallen. Sie trat zu dem dikken Baum mit der glatten, blassen Rinde und streichelte ihn wie ein Tier. Ihr Fuß stieß an ein Stück vermoderndes Holz im Gras. Es war der letzte Rest der Bank, die an dem Tag aufgestellt worden war, da Julien seinen ersten Besuch gemacht hatte.

Dann ging sie zur zweiflügeligen Tür der Halle und hatte große Mühe, sie zu öffnen; der dicke, rostige Schlüssel wollte sich nicht drehen lassen. Schließlich gab das Schloß mit einem harten Kreischen der Federn nach, und der Türflügel, der sich ebenfalls nur schwer bewegen ließ, wich endlich ihrem Druck.

Jeanne ging, ja lief beinahe, sofort in ihr Zimmer hinauf. Sie erkannte es kaum wieder, da es jetzt hell tapeziert war. Doch dann öffnete sie das Fenster, und eine tiefe Bewegung durchdrang ihren ganzen Körper, als sie diesen so geliebten Ausblick wiedersah, das Boskett, die Ulmen, die Heide und das von braunen Segeln übersäte Meer; sie sahen aus, als ständen sie in der Ferne ganz still.

Dann streifte sie durch das große, leere Haus. An den Wänden sah sie Flecken, die ihr altvertraut waren. Sie blieb vor einem kleinen Loch im Verputz stehen: Der Baron hatte es gemacht; er hatte sich in Erinnerung an seine Jugendzeit oft damit vergnügt, sich im Vorübergehen an dieser Wand mit seinem Spazierstock im Fechten zu üben.

In Mamas Zimmer fand sie hinter der Tür in einem dunklen Winkel beim Bett eine dünne Nadel mit goldenem Kopf, die sie – das fiel ihr jetzt wieder ein – früher einmal dort in die Wand gesteckt und seither jahrelang gesucht hatte. Niemand hatte sie gefunden. Wie eine unschätzbare Reliquie nahm sie sie an sich und küßte sie.

Sie ging überall hin, erkannte nahezu unsichtbare Spuren an der Wandbespannung der Zimmer, an denen nichts geändert worden war, sah wieder die sonderbaren Fratzen vor sich, die die Phantasie oft aus dem Muster eines Stoffes bildet, auf Marmor, den dunklen Stellen auf einer von der Zeit geschwärzten Zimmerdecke.

Mit lautlosen Schritten ging sie wie über einen Friedhof ganz allein durch das riesige, schweigende Schloß. Hier ruhte ihr ganzes Leben. Sie ging in den Salon hinunter. Dunkel lag er hinter den geschlossenen Fensterläden. Es dauerte eine Weile, bis sie die Dinge darin unterscheiden konnte. Dann gewöhnten sich ihre Augen an die Lichtlosigkeit, und sie erkannte allmählich die hohen Gobelins mit den einherstolzierenden Vögeln. Vor dem Kamin standen noch zwei Sessel, so als habe sich eben erst jemand daraus erhoben. Der Geruch in diesem Raum, ein Geruch, der ihm immer eigen gewesen war, so wie lebendige Wesen ihren eigenen Geruch haben, der unbestimmte und doch wahrnehmbare sanfte Duft alter Zimmer, durchdrang Jeanne, hüllte sie ein in Erinnerungen, stieg ihr zu Kopf wie ein Rausch. Schwer atmend stand sie da, hielt den Blick auf die beiden Sessel gerichtet und atmete diesen Hauch der Vergangenheit. Und aus ihrer krankhaften, andauernden Beschäftigung mit dem Gewesenen entstand jäh eine Halluzination: Sie glaubte ihren Vater und ihre Mutter zu sehen, sie sah sie vor sich, wie sie sie oft gesehen hatte, wie sie sich die Füße am Feuer wärmten.

Entsetzt fuhr sie zurück, stieß mit dem Rücken an den Türrahmen, hielt sich daran fest, um nicht hinzufallen, und starrte noch immer auf die Sessel.

Die Vision war verschwunden.

Ein paar Minuten lang war sie völlig kopflos. Dann faßte sie sich langsam wieder und wollte weglaufen; sie hatte Angst, sie werde wahnsinnig. Zufällig fiel ihr Blick auf die Holzverkleidung, an die sie sich lehnte, und sie sah die »Hühnerleiter«.

All die leichten Zeichen kletterten in unregelmäßigen Zwischenräumen am Anstrich empor. Mit dem Federmesser eingeritzte Zahlen bezeichneten das jeweilige Alter, die Monate und das Wachsen ihres Sohnes. Manchmal stand es in der größeren Schrift des Barons da, bald in ihrer kleineren, bald in der etwas zittrigen Tante Lisons. Und ihr war, als stehe dort das Kind von einstmals mit seinem blonden Haar und stemme seine kleine Stirn gegen die Wand, damit seine Größe gemessen werden könne.

Der Baron hatte gerufen: »Jeanne, er ist in sechs Wochen einen Zentimeter gewachsen!«

Im irren Aufwallen ihrer Liebe bedeckte sie die Stelle mit Küssen.

Aber von draußen her wurde nach ihr gerufen. Es war Rosalies Stimme: »Madame Jeanne, Madame Jeanne, wir warten auf Sie mit dem Mittagessen.«

Sie ging hinaus; sie hatte völlig den Kopf verloren. Sie verstand nichts mehr von dem, was ihr gesagt wurde. Sie aß, was man ihr vorlegte, hörte, daß die andern sprachen, wußte aber nicht, wovon, plauderte wohl auch mit den Bauersleuten, die sich nach ihrer Gesundheit erkundigten, ließ sich küssen, küßte die Backen, die sich ihr boten, und stieg wieder in den Wagen.

Als sie das hohe Dach des Schlosses nicht mehr durch die Bäume gewahren konnte, zerriß ihr ein entsetzlicher Schmerz die Brust. Sie fühlte im Herzen, daß sie kurz zuvor ihrem Haus für immer Lebewohl gesagt hatte.

Sie fuhren zurück nach Batteville.

Als sie gerade in ihr neues Haus eintreten wollte, sah sie unter der Tür etwas Weißes. Es war ein Brief, den der Postbote in ihrer Abwesenheit dorthin geschoben hatte. Sie sah auf der Stelle, daß er von Paul war, und öffnete ihn bebend vor Angst. Er schrieb:

»Meine liebe Mama, ich habe Dir bisher nicht geschrieben, weil ich Dir eine unnötige Reise nach Paris ersparen wollte; ich wollte ja doch immer kommen und Dich besuchen. Jetzt bin ich schwer vom Schicksal geschlagen und in einer sehr schwierigen Lage. Meine Frau hat vor drei Tagen ein kleines Mädchen geboren und liegt im Sterben, und ich habe keinen roten Heller. Ich weiß nicht, was ich mit dem Kind machen soll. Die Portiersfrau zieht es mit der Flasche auf, so gut sie kann; aber ich fürchte, ich werde es verlieren. Könntest Du es nicht zu Dir nehmen? Ich weiß absolut nicht, was tun, und ich habe kein Geld, um es bei einer Amme in Pflege zu geben. Antworte mir postwendend.

Dein Dich liebender Sohn Paul.«

Jeanne ließ sich auf einen Stuhl sinken; es blieb ihr kaum die Kraft, Rosalie zu rufen. Als das Mädchen da war, lasen sie den Brief gemeinsam noch einmal durch und saßen einander dann lange schweigend gegenüber.

Endlich sagte Rosalie: »Ich werde selber hinfahren und die Kleine holen. Da kann man sie nicht lassen.«

Jeanne antwortete: »Fahre, mein Kind.«

Wieder schwiegen sie, dann fuhr das Mädchen fort: »Setzen Sie Ihren Hut auf; wir wollen nach Goderville gehen, zum Notar. Wenn die andere im Sterben liegt, muß Monsieur Paul sie heiraten, der Kleinen wegen, für später.«

Und ohne ein Wort zu erwidern, setzte Jeanne ihren Hut auf. Ein tiefes Glücksgefühl, das sie sich nicht zu gestehen wagte, überwogte ihr Herz, eine perfide Freude, die sie um jeden Preis verbergen wollte, eine jener abscheulichen Freuden, über die man errötet und die man in der geheimnisvollen Tiefe des Gemüts dennoch glühend genießt: Die Geliebte ihres Sohnes mußte sterben.

Der Notar gab dem Mädchen genaue Anweisungen; sie ließ sie sich mehrmals wiederholen. Als sie sicher war, daß sie keinen Irrtum begehen würde, erklärte sie: »Keine Sorge; jetzt übernehme ich die Sache.« Und noch am selben Abend fuhr sie nach Paris.

Jeanne verbrachte zwei Tage in einer solchen geistigen Verwirrtheit, daß sie über nichts nachdenken konnte. Am dritten Morgen erhielt sie eine kurze Nachricht von Rosalie; sie schrieb, sie werde mit dem Abendzug wieder eintreffen. Weiter nichts.

Gegen drei Uhr ließ sie den Wagen eines Nachbarn anspannen und sich nach dem Bahnhof von Beuzeville bringen, wo sie Rosalie erwartete.

Sie stand auf dem Bahnsteig und blickte gespannt auf die gerade Linie der Gleise, die sich weit, weit weg bis zum Horizont hinzogen und einander dabei näherten. Von Zeit zu Zeit sah sie auf die Bahnhofsuhr. Noch zehn Minuten. Noch fünf Minuten. Noch zwei Minuten. Jetzt ist es so weit.

Nichts zeigte sich auf der in die Ferne führenden Strecke. Dann gewahrte sie einen weißen Fleck, eine Rauchwolke, dann darunter einen schwarzen Punkt, der größer, immer größer wurde und sich sehr rasch näherte. Endlich fuhr die plumpe Maschine in langsamerem Tempo schnaufend an Jeanne vorbei, die gierig nach den Türen hinlugte. Mehrere öffneten sich; Leute stiegen aus, Bauern im Kittel, Bäuerinnen mit ihren Körben, Kleinbürger mit weichen Hüten. Endlich erblickte sie Rosalie, die eine Art Wäschepaket im Arm trug.

Sie wollte auf sie zugehen; aber sie fürchtete zu fallen, so weich waren ihr die Knie.

Das Mädchen sah sie, kam mit ihrer gewohnten ruhigen Miene heran und sagte: »Guten Tag, da bin ich wieder, es war gar nicht so einfach.«

»Was ist denn?« stammelte Jeanne.

»Ja, sie ist letzte Nacht gestorben«, antwortete Rosalie. »Sie sind getraut, hier ist die Kleine.« Und sie hielt ihr das Kind hin, von dem nichts zu sehen war, so war es eingebündelt.

Jeanne nahm es ihr mechanisch ab. Sie gingen aus dem Bahnhof hinaus und stiegen in den Wagen.

»Monsieur Paul kommt nach dem Begräbnis«, fuhr Rosalie fort. »Wahrscheinlich morgen um die gleiche Zeit.«

»Paul...«, flüsterte Jeanne; weiter sagte sie nichts.

Die Sonne sank dem Horizont zu und überstrahlte mit ihrem Schein die grünende Ebene, in der hier und dort ein goldener Fleck von blühendem Raps oder blutrotem Mohn aufleuchtete. Unendliche Ruhe schwebte über dem stillen Land, in dem die Säfte keimten. Der Wagen fuhr sehr rasch; der Bauer schnalzte mit der Zunge, um sein Pferd anzutreiben.

Und Jeanne schaute gerade vor sich in die Luft, in den Himmel, den die Schwalben im kreisenden Flug raketenhaft durchschnitten. Und plötzlich spürte sie, wie eine sanfte Wärme, eine lebendige Wärme durch ihre Kleider drang, sich über ihre Beine und ihren Körper verbreitete: Es war die Wärme des kleinen Wesens, das auf ihrem Schoß schlief.

Da überkam sie unendliche Rührung. Sie deckte rasch das Gesicht des Kindes auf, das sie noch nicht gesehen hatte: die Tochter ihres Sohnes. Und als das zarte Geschöpfchen vom grellen Licht getroffen wurde, die blauen Augen öffnete und den Mund bewegte, drückte Jeanne es ungestüm an sich, hob es in ihren Armen hoch und überschüttete es mit Küssen.

Rosalie jedoch, die zufrieden und ein bißchen mürrisch neben ihr saß, gebot ihr Einhalt. »Genug, genug, Madame Jeanne, hören Sie auf, sonst fängt es womöglich an zu brüllen.« Dann sagte sie, sicherlich als Antwort auf einen Gedanken, der ihr gekommen war: »Sehen Sie wohl? Das Leben ist nie so gut und nie so schlimm, wie man meint.«

Stark wie der Tod

Roman

Französischer Titel: Fort comme la Mort
Erstdruck: Revue Illustrée, 15. Februar – 15. Mai 1889
Erste Buchausgabe: Verlag Paul Ollendorff, Paris 1889

Erster Teil

I

Das Licht fiel in das geräumige Atelier durch die Fensteröffnungen an der Decke ein. Sie bildete ein großes Viereck von strahlend blauem Licht, ein helles Loch vor einem unendlich fernen Himmel, den flinke Vögel im Flug durchglitten.

Doch kaum war die fröhliche Himmelshelle in den hohen, schmucklosen, mit Draperien ausgestalteten Raum eingedrungen, als sie auch schon ihre Kraft einbüßte; sie wurde mild, schlief auf den Stoffbespannungen ein, erstarb in den Vorhängen und beleuchtete kaum die dunklen Winkel, in denen nur die Goldrahmen wie Flammen aufstrahlten. Stille und Schlummer schienen dort eingefangen zu sein, die Stille von Künstlerhäusern, in denen die Menschenseele es sich hat schwer werden lassen. Innerhalb dieser Wände, wo der Geist wohnt, wo der Geist sich regt und in heftigen Anstrengungen erschöpft, sieht alles wie von Schlaf übermannt aus, sobald der Geist sich beschwichtigt. Nach solcherlei Kraftanspannungen des Lebens wirken alle Dinge matt und scheinen auszuruhen, die Möbel, die Stoffgehänge, die großen, noch unvollendeten Gestalten auf den Gemälden, als habe die ganze Wohnung die Beschwerden ihres Herrn erlitten und sei mit ihm müde geworden, nachdem sie Tag für Tag an seinem immer aufs neue beginnenden Kampf teilgenommen hatte. Ein von den Teppichen und Sesseln aufgesogener unbestimmter Geruch nach Farben, Terpentin und Tabak, der benommen machte, hing im Raum, und das drückende Schweigen wurde durch kein anderes Geräusch als die lebhaften Kreischrufe und das Vorüberschwirren der Schwalben am offenen Fenster und den anhaltenden, über den Dächern kaum vernehmbaren wirren Lärm von Paris gestört. Nichts bewegte sich als ein bei jedem Zug aus der Zigarette zur Decke aufsteigendes blaues Rauchwölkchen, das Olivier Bertin, auf seinen Diwan gestreckt, langsam zwischen den Lippen emporblies.

Den Blick im fernen Himmel verloren, suchte er nach dem Thema für ein neues Bild. Was sollte er malen? Er wußte es noch nicht. Übrigens war er kein entschlossener und seiner selbst sicherer Künstler, sondern ein unruhiger, dessen undeutliche Inspiration ständig zwischen allen Äußerungsmöglichkeiten der Kunst schwankte. Obwohl reich, berühmt und aller Ehren teilhaftig, war er gegen Ende seines Lebens immer noch ein Mensch, der eigentlich nicht recht weiß, welchem Ideal er nachgegangen ist. Er war Rompreisträger gewesen, er hatte die Tradition verteidigt und wie so viele andere die großen Geschehnisse der Geschichte zu neuem Leben erweckt; dann hatte er seine Malweise dem neuen Geschmack angepaßt und Menschen seiner Zeit gemalt, wenngleich mit klassizistischen Nachklängen. Er war intelligent, begeisterungsfähig, ein hartnäckig Schaffender am wechselvoll schillernden Traum, verliebt in sein künstlerisches Können, von dem er wußte, daß es wunderbar war; und so hatte er sich dank der Schärfe seines Urteils bemerkenswerte Ausdrucksmittel und eine große Geschmeidigkeit des Handwerklichen angeeignet, die zum Teil aus seinem zögernden Schwanken und zum andern aus seinen Versuchen in allen Kunstrichtungen erwachsen war. Vielleicht hatte auch die plötzliche Begeisterung der großen Welt für seine eleganten, vornehmen und tadelfreien Werke seinen Charakter beeinflußt und ihn gehindert, das zu werden, was er unter normalen Umständen geworden wäre. Seit seinem triumphalen Beginn plagte ihn, ohne daß es ihm bewußt wurde, unaufhörlich der Wunsch zu gefallen, ließ ihn heimlich vom eigentlichen Weg abschweifen und verwässerte seine Überzeugungen. Jener Wunsch zu gefallen trat übrigens bei ihm in mannigfachen Formen zutage und hatte viel zu seinem Ruhm beigetragen.

Die Gepflegtheit seiner Umgangsformen, seine Lebensgewohnheiten, die Sorgfalt, die er seiner äußeren Erscheinung widmete, sein bewährter Ruf als ein Mann von Kraft und Gewandtheit, als Florettfechter und Reiter, all diese stadtbekannten Eigenschaften gaben seiner wachsenden Berühmtheit das Geleit. Nach der »Kleopatra«, dem ersten Gemälde, das ihn ehedem berühmt gemacht, hatte sich Paris plötzlich für ihn begeistert, sich seiner bemächtigt und ihn gefeiert, und über Nacht war er einer der glänzenden, weltgewandten Künstler geworden, denen man im Bois de Boulogne begegnet, über die in den Salons gesprochen wird und die das Institut de France schon in ihrer Jugend willkommen heißt. Unter dem Beifall der ganzen Stadt hatte er dort seinen Einzug gehalten.

Auf diese Weise hatte ihn das Glück bis an die Schwelle des Alters begleitet, hatte ihn gehätschelt und liebkost.

Unter dem Einfluß des schönen Tages, den er draußen in voller Pracht spürte, suchte er also ein poetisches Thema. Da er überdies durch seine Zigarette und sein Mittagessen ein wenig benommen war, schaute er in die Luft, träumte und skizzierte flüchtige Bilder in den Azur, anmutige Frauen in einer Allee des Bois oder auf dem Bürgersteig einer Straße, Liebende am Ufer, lauter galante Einfälle, in denen seine schweifenden Gedanken sich gefielen. Die wechselnden Bilder zeichneten sich in der Farbengaukelei seines Auges ungreifbar und zerfließend am Himmel ab, und die Schwalben, die die Raumesweite mit dem endlosen Schwirren abgeschossener Pfeile ritzten, schienen sie auslöschen zu wollen, indem sie alles wie mit Federzügen durchstrichen.

Er fand nichts! Alle flüchtig erschauten Bilder glichen etwas, das er bereits gemalt hatte, all diese Frauen schienen Töchter oder Schwestern jener zu sein, die seine Künstlerlaune bereits zur Welt gebracht hatte; und die noch gestaltlose Furcht, von der er seit einem Jahr geplagt wurde, die Furcht, ausgeleert zu sein, all seine Themen bereits gestaltet und seine Inspiration erschöpft zu haben, verschärfte sich beim prüfenden Überblicken seines

Werks, bei der Ohnmacht, etwas Neues zu erträumen und etwas Unbekanntes zu entdecken. Träge stand er auf, um in seinen Mappen unter den aufgegebenen Entwürfen nach etwas zu suchen, das eine Idee in ihm erweckte.

Immer noch rauchend, begann er die Skizzen, Entwürfe und Zeichnungen durchzublättern, die er in einem großen antiken Schrank verschlossen hielt; bald jedoch widerte ihn dies vergebliche Suchen an, und niedergeschlagen und daher unfähig, einen Gedanken zu fassen, warf er seine Zigarette weg, pfiff einen landläufigen Gassenhauer, bückte sich und hob eine schwere Hantel auf, die unter einem Stuhl lag.

Mit der andern Hand hob er die den Spiegel verhüllende Draperie; er bediente sich seiner, um die Richtigkeit der Stellungen zu prüfen, die Perspektive zu kontrollieren und sich von der Naturtreue zu überzeugen; jetzt trat er unmittelbar davor, begann zu hanteln und beobachtete sich dabei.

In den Ateliers war er seiner Kraft wegen berühmt gewesen, später in der Gesellschaft um seines guten Aussehens willen. Jetzt lastete das Alter auf ihm und machte ihn schwerfällig. Er war zwar groß, breitschultrig und besaß eine breite Brust; doch er hatte einen Bauch bekommen wie ein alter Ringer, obwohl er immer noch jeden Tag focht und fleißig ritt. Der Kopf war bemerkenswert geblieben, noch ebenso schön wie früher, wenn auch auf andere Weise. Das dichte, kurze weiße Haar belebte seine schwarzen Augen unter den dicken grauen Wimpern. Sein starker Bart, der eines alten Soldaten, war beinahe braun geblieben und gab seinem Gesicht einen ungewöhnlichen Ausdruck von Energie und Stolz.

Mit geschlossenen Fersen und hochgerecktem Körper stand er vor dem Spiegel und ließ die beiden schmiedeeisernen Kugeln mit seinen muskulösen Armen alle vorschriftsmäßigen Bewegungen beschreiben, wobei er mit beifälligem Blick der ruhigen, machtvollen Anstrengung folgte.

Plötzlich sah er am Grund der blanken Fläche, die das ganze Atelier spiegelte, wie sich ein Vorgang bewegte und dann ein Frauenkopf erschien, nichts als ein Kopf, der zu ihm hinübersah. Und hinter ihm fragte eine Stimme: »Zu Hause?«

Er antwortete: »Zur Stelle« und wandte sich um. Dann warf er seine Hantel auf den Teppich und lief mit ein wenig erzwungener Behendigkeit zur Tür.

Eine Dame in heller Kleidung trat ein. Nachdem sie einander die Hand gegeben hatten, fragte sie: »Sie haben Gymnastik getrieben?«

»Ja«, erwiderte er, »ich habe mich wie ein Pfau gespreizt und dabei ertappen lassen.«

Sie lachte und sagte: »Es war niemand in der Loge Ihrer Concierge, und da ich weiß, daß Sie um diese Zeit immer allein sind, bin ich hereingekommen, ohne mich anmelden zu lassen.«

Er betrachtete sie. »Wie schön Sie sind! Und wie elegant!«

»Ja, ich habe ein neues Kleid. Finden Sie es hübsch?«

»Reizend, eine wunderbare Zusammenstellung. Ja, man kann getrost behaupten, daß die Menschen heutzutage Sinn für Nuancen haben.« Er ging um sie herum, befühlte den Stoff und änderte mit den Fingerspitzen die Anordnung der Falten – ein Mann, der sich in Dingen der Kleidung auskennt wie ein Schneider, weil er sein Leben lang seinen Künstlerverstand und seine athletischen Muskeln dazu gebraucht hatte, mit dem dünnen Haarpinsel von den wechselnden und reizvollen Moden zu erzählen und die in Samt- und Seiderüstungen oder in schneeige Spitzen eingeschlossenen und gefangenen weiblichen Reize zu enthüllen. Schließlich sagte er: »Etwas Wohlgelungenes. Es steht Ihnen sehr gut.«

Sie ließ sich bewundern, in dem frohen Gefühl, hübsch zu sein und ihm zu gefallen.

Sie war nicht mehr ganz jung, aber noch schön, nicht sehr groß, ein wenig füllig, aber von der auffallenden Frische, die der Haut einer Vierzigjährigen etwas Reifes gibt, und so erinnerte sie an eine jener Rosen, die sich unendlich weit entfalten, bis sie, zu sehr erblüht, sich in einer Stunde entblättern.

Unter ihrem blonden Haar bewahrte sie die muntere, jugendliche Anmut der Pariserinnen, die nicht altern, die eine erstaunliche Lebenskraft und eine unerschöpfliche Widerstandsfähigkeit in sich tragen, zwanzig Jahre hindurch unzerstörbar und triumphierend immer die gleichen bleiben, vor allem auf ihren Körper bedacht sind und haushälterisch mit ihrer Gesundheit umgehen.

Sie hob ihren Schleier und sagte leise: »Nun, bekomme ich keinen Kuß?«

»Ich habe geraucht«, sagte er.

»Puh!« erwiderte sie und spitzte die Lippen. »Dann hilft es eben nichts.«

Und ihre Lippen begegneten einander.

Er nahm ihr den Sonnenschirm ab und half ihr mit den raschen und sicheren Bewegungen, die diese vertraute Hantierung als etwas Gewohntes erkennen ließen, aus dem Jäckchen. Als sie sich auf den Diwan gesetzt hatte, fragte er interessiert: »Und wie geht es Ihrem Gatten?«

»Tadellos. Er hält jetzt wohl gerade eine Rede im Abgeordnetenhaus.«

»Ach! Worüber denn?«

»Sicher über Runkelrüben oder Rüböl, wie immer.«

Ihr Mann, der Graf de Guilleroy, Deputierter des Departements Eure, hatte sich zu einem Spezialisten in allen landwirtschaftlichen Fragen emporgeschwungen.

Da sie in einer Ecke eine Skizze gewahrte, die sie nicht kannte, ging sie durch das Atelier und fragte: »Was ist denn das?«

»Ein angefangenes Pastell, das Porträt der Prinzessin de Pontève.«

»Sie wissen ja«, sagte sie ernst, »daß ich Sie in Ihrem Atelier einschließen werde, wenn Sie wieder anfangen, Frauenporträts zu malen. Ich weiß nur zu gut, wohin solch eine Arbeit führt.«

»Oh!« erwiderte er. »Man malt kein zweites Mal Anys Bildnis.«

»Ich hoffe.«

Als eine Frau, die sich in Kunstdingen auskannte, musterte sie das angefangene Pastell. Sie trat zurück, ging wieder nahe heran, schirmte ihre Augen mit der Hand ab, suchte den Standort, wo das Licht am günstigsten auf die Skizze fiel, und bekundete schließlich ihre Billigung. »Es ist sehr gut. Pastelle gelingen Ihnen vortrefflich.«

»Finden Sie?« murmelte er geschmeichelt.

»Ja, es ist eine zarte Kunst, zu der man viel Fingerspitzengefühl braucht. Das ist nichts für malende Kraftprotzen.«

Seit zwölf Jahren förderte sie seine Neigung zu distinguierter Kunst, bekämpfte seine Rückfälle zur schlichten Wirklichkeit und trieb ihn durch Äußerungen über mondäne Eleganz einem Ideal leidlich gesuchter und gekünstelter Anmut entgegen. »Wie geht es der Prinzessin?« fragte sie.

Er mußte ihr tausenderlei Einzelheiten erzählen, jene genauen Einzelheiten, in denen die eifersüchtige und spitzfindige Neugier der Frauen sich gefällt, indem sie von Bemerkungen über die Kleidung zu Betrachtungen über den Geist wechselt.

Und plötzlich: »Kokettiert sie mit Ihnen?«

Er lachte und schwor, daß dem nicht so sei.

Darauf legte sie beide Hände auf die Schultern des Malers und sah ihn forschend an. Die Eindringlichkeit der stummen Frage ließ die runde Pupille inmitten der blauen, kaum sichtbar mit schwarzen Flecken wie mit Tintenspritzern gesprenkelten Iris beben. Und nochmals fragte sie leise: »Und sie ist wirklich und wahrhaftig nicht kokett?«

»Wirklich und wahrhaftig nicht.«

»Übrigens bin ich ganz unbesorgt«, fügte sie hinzu, »Sie lieben fortan nur noch mich. Für die andern ist es damit aus. Es ist zu spät, mein armer Freund.«

Ihn überflog der leichte, peinliche Schauer, der das Herz gereifter Männer streift, wenn man von ihrem Alter spricht, und er murmelte: »Heute, morgen wie gestern hat es in meinem Leben keine andere gegeben und wird es keine geben, Any.«

Sie langte abermals nach seinem Arm, ging zum Diwan und ließ ihn sich neben sie setzen. »Woran denken Sie?«

»Ich suche ein Thema für ein Bild.«

»Was soll es denn werden?«

»Das weiß ich nicht, deshalb suche ich ja.«

»Was haben Sie in den letzten Tagen getrieben?«

Er mußte ihr von allen Besuchen erzählen, die er empfangen hatte, den Mittags- und Abendgesellschaften, den Unterhaltungen und dem Klatsch. Übrigens interessierten sie sich beide, einer wie der andere, für all diese nichtigen und vertrauten Dinge mondänen Lebens. Die kleinen Rivalitäten, die Liebschaften, um die sie wußten, die tausendmal wiederholten und tausendmal angehörten fertigen Urteile über dieselben Leute, dieselben Begebenheiten und dieselben Meinungen führten ihre Gedanken in dem aufgerührten und ruhelosen Fluß, den man Pariser Leben nennt, mit sich fort und ertränkten sie. Sie kannten alle Welt und waren bei aller Welt bekannt, er als Künstler, dem alle Türen offenstanden, sie als die elegante Frau eines konservativen Abgeordneten; sie waren im Sport der nichtssagenden, liebenswürdigboshaften, fruchtlos-geistreichen und überall bevorzugten feinen französischen Unterhaltung geübt, die allen, deren Zunge sich diesem langweiligen Lästergeschwätz anpaßt, einen besonderen und viel geneideten Ruf einträgt.

»Wann kommen Sie zum Abendessen zu mir?« fragte sie unvermittelt.

»Wann Sie wollen. Sagen Sie, wann es Ihnen paßt.«

»Freitag. Die Herzogin de Mortemain, die beiden Corbelles und Musadieu werden zur Feier der Heimkehr meiner Tochter da sein – sie kommt heute abend. Aber sprechen Sie nicht darüber. Es ist ein Geheimnis.«

»Oh, natürlich nehme ich an. Ich freue mich, wieder einmal mit Annette zusammen zu sein. Seit drei Jahren habe ich sie nicht gesehen.«

»Richtig, ja! Seit drei Jahren!«

Annette war anfangs in Paris bei ihren Eltern erzogen und dann die letzte und leidenschaftliche Liebe ihrer Großmutter, Madame Paradin, geworden, die, fast blind, das ganze Jahr auf dem Besitz ihres Schwiegersohns, Schloß Roncières im Eure, verbrachte. Nach und nach hatte die alte Frau das Kind immer länger bei sich behalten, und da die Guilleroys fast ihr halbes Leben in diesem Bezirk weilten, wohin sie ständig allerlei landwirtschaftliche und Wahlinteressen riefen, hatten sie am Ende die Tochter nur noch gelegentlich mit nach Paris genommen; Annette zog übrigens das freie, abwechslungsreiche Leben auf dem Land dem klösterlichen Leben in der Stadt vor.

Seit drei Jahren war sie kein einziges Mal mehr in der Hauptstadt gewesen; die Gräfin hatte sie von Paris fernhalten wollen, damit vor dem festgesetzten Tag ihres Eintritts in die Gesellschaft keine Neigung irgendwelcher Art in ihr erweckt werde.

Madame de Guilleroy hatte ihr dort zwei mit ausgezeichneten Zeugnissen versehene Erzieherinnen zugeteilt und war häufiger denn je zu Mutter und Tochter gereist. Annettes Aufenthalt im Schloß war im übrigen aus Rücksichtnahme auf die alte Dame beinahe notwendig geworden.

Früher hatte Olivier Bertin jeden Sommer sechs Wochen oder zwei Monate auf Roncières verbracht; aber seit drei Jahren war er seines Rheumatismus wegen in ferne Badeorte gereist; sie hatten seine Liebe zu Paris so aufgefrischt, daß er es jetzt nicht mehr zu verlassen vermochte, wenn er wieder daheim war.

Das junge Mädchen hatte eigentlich erst im Herbst zurückkehren sollen; aber ihr Vater hatte plötzlich einen Heiratsplan für sie im Sinn und sie heimgerufen, damit sie möglichst rasch den Marquis de Farandal kennenlerne, den er ihr als Verlobten bestimmt hatte. Übrigens wurde die beabsichtigte Verbindung streng geheimgehalten, und nur Olivier Bertin war durch Madame de Guilleroy eingeweiht.

»Der Plan Ihres Gatten ist also unumstößlich?« fragte er.

»Ja, ich halte ihn sogar für sehr glücklich.«

Dann sprachen sie über andere Dinge.

Sie kam wieder auf die Malerei zurück und wollte ihn dahinbringen, einen Christus zu malen. Er widersprach und meinte, davon gebe es bereits genug auf der Welt; aber sie behauptete eigensinnig, der Gedanke sei gut, und wurde ungeduldig. »Ach, wenn ich zeichnen könnte, würde ich Ihnen meine Idee vor Augen führen; es müßte etwas sehr Neues und sehr Kühnes werden. Er wird vom Kreuz genommen, und der Mann, der seine Hände losgemacht hat, läßt den Oberkörper herabfallen. Er fällt und stürzt auf die Menge, und die hebt die Arme auf, um ihn aufzufangen und zu halten. Verstehen Sie?«

Ja, er verstand; er fand die Idee sogar originell, aber er neigte mehr zu modernen Themen, und als er die Freundin auf dem Diwan liegen sah, einen Fuß in dem zierlichen Schuh etwas herabhängend, und den erregenden Eindruck der Haut durch den fast durchsichtigen Strumpf wahrnahm, rief er: »Halt, halt, so was muß man malen, das ist das Leben: ein Frauenfuß am Saum eines Kleides! Da kann man alles hineinlegen: Wirklichkeit, Sehnsucht und Poesie! Nichts ist anmutiger als ein Frauenfuß, und dann, welch ein Geheimnis: das verhüllte Bein, dem Blick entzogen und doch unter dem Stoff geahnt!« Er hatte sich auf dem Boden niedergelassen, nahm den Schuh und zog ihn ab; der aus seiner Lederhülle geschlüpfte Fuß bewegte sich wie ein aufgeregtes kleines Tier, das sich über seine plötzliche Freiheit wundert.

Bertin sprach weiter: »Wie fein, wie erlesen und sinnlich, sinnlicher als die Hand! Zeigen Sie Ihre Hand, Any!«

Sie trug lange, bis zum Ellbogen reichende Handschuhe. Sie streifte den einen ab, vom Rand aus, wie eine Schlangenhaut, die man abzieht, wendete ihn und ließ ihn flink niedergleiten. So rasch entblößt zeigte sich der weiße, üppige und runde Arm, der die Empfindungen gänzlicher, gewagter Nacktheit hervorrief.

Dann hielt sie ihm die herabhängende Hand hin. Die Ringe funkelten an den weißen Fingern, und die rosigen, sehr spitzen Nägel glichen verliebten Krallen, die an dem niedlichen Frauenpfötchen hervorsproßten.

Olivier Bertin nahm sanft die Hand und schaute sie bewundernd an. Er bewegte die Finger wie ein Spielzeug aus Fleisch und sagte: »Was für ein drolliges Ding! Was für ein drolliges Ding! Diese hübschen, gescheiten, geschickten kleinen Glieder, die alles machen, was man will: Bücher, Spitzen, Häuser, Pyramiden, Lokomotiven, Backwerk oder Liebkosungen, und die sind noch ihre beste Tätigkeit!« Er zog einen Ring nach dem andern ab, und als der Ehering, ein Goldreif, an der Reihe war, flüsterte er lächelnd: »Das Gesetz. Verneigen wir uns.«

»Biest!« sagte sie ein wenig gekränkt.

In der französischen Vorliebe, einen Hauch Ironie in die ernstesten Gefühle zu mischen, war er von je ein Spötter gewesen, und oftmals hatte er sie betrübt, ohne es zu wollen, ohne die feinen weiblichen Unterscheidungen zu verstehen und die Grenzen der geheiligten Bezirke, wie er es nannte, zu erkennen. Vor allem verdroß es sie, wenn er mit einem Anstrich vertraulicher Prahlerei über ihre schon so lange Zeit währende Beziehung sprach, von der er behauptete, sie sei das schönste Liebesbeispiel des neunzehnten Jahrhunderts. Nach einer Schweigepause fragte sie: »Nehmen Sie Annette und mich mit zur Eröffnung des ›Salon‹?«

»Ich denke doch.«

Dann fragte sie ihn nach den besten Bildern, die dort zu sehen sein würden; die Eröffnung sollte etwa in vierzehn Tagen stattfinden. Und unversehens, vielleicht weil sie sich einer vergessenen Besorgung entsann, sagte sie: »Jetzt geben Sie mir bitte meinen Schuh wieder. Ich muß gehen.«

Er spielte träumerisch mit dem leichten Schuh und drehte ihn gedankenverloren in den Händen. Dann beugte er sich nieder, küßte den Fuß, der an der Luft ein wenig kühl geworden war, zwischen Kleid und Teppich zu schweben schien und sich nicht mehr regte, und bekleidete ihn wieder; Madame de Guilleroy erhob sich und ging zu dem Tisch, auf dem allerlei Papiere herumlagen, offene, alte und erst kürzlich angelangte Briefe, und zwar neben einem Fläschchen mit Malertusche; die schon alte Flüssigkeit war eingetrocknet. Neugierig betrachtete sie alles, berührte die Blätter und hob sie auf, um zu sehen, was darunter lag.

Er trat zu ihr hin und sagte: »Sie bringen noch meine ganze Unordnung durcheinander.«

Ohne zu antworten, fragte sie: »Wer ist der Herr, der Ihre ›Badende‹ kaufen will?«

»Ein Amerikaner; ich kenne ihn nicht.«

»Haben Sie in den Verkauf der ›Straßensängerin‹ eingewilligt?«

»Ja. Zehntausend.«

»Daran haben Sie recht getan. Nettes Bild, wenn auch nicht überwältigend. Adieu, mein Lieber.« Sie hielt ihm die Wange hin, die er mit einem flüchtigen Kuß streifte, und verschwand hinter dem Vorhang; zuvor hatte sie noch leise gesagt: »Freitag, um acht. Nein, Sie sollen mich keinesfalls hinausbegleiten. Das wissen Sie doch. Adieu.«

Als sie gegangen war, steckte er sich erst einmal eine Zigarette an, dann begann er, mit großen Schritten durch sein Atelier zu gehen. Die ganze Geschichte dieser Liebesbeziehung rollte vor ihm ab. Er rief sich längst entschwundene Einzelheiten ins Gedächtnis zurück, suchte sie zusammen, reihte eine an die andere und hatte im Augenblick für nichts Interesse als für diese Jagd nach den Erinnerungen.

Damals, als die Maler den Beifall des Publikums errangen und ein Stadtviertel mit prächtigen Häusern bewohnten, die sie mit ein paar Pinselstrichen erworben hatten, begann er wie ein Stern am Horizont der Kunst in Paris aufzusteigen.

Bertin war nach seiner Rückkehr aus Rom im Jahr 1864 einige Jahre ohne Erfolg und ohne Ruhm geblieben; dann stellte er im Jahr 1868 seine »Kleopatra« aus und wurde innerhalb weniger Tage von der Kritik und dem Publikum in den Himmel gehoben.

1872, nach dem Krieg, nachdem der Tod Henri Regnaults* all seinen Gefährten eine Art Ruhmespiedestal errichtet hatte, wurde Bertin mit seiner »Jokaste«, einem gewagten Thema, unter die Verwegenen eingereiht, obwohl seine gemäßigt originelle Malweise auch bei den Akademikern Anklang fand. 1873 setzte ihn eine erste Medaille außer Konkurrenz mit seiner »Algerischen Jüdin«, die er nach seiner Rückkehr von einer Afrikareise ausstellte; und ein Porträt der Prinzessin von Salia trug ihm 1874 in der eleganten Welt den Ruf des ersten Porträtisten seiner Epoche ein. Von diesem Tag an wurde er vorzugsweise der Maler der Pariserin und der Pariserinnen, der geschickteste und an Einfällen reichste Deuter ihrer Anmut, ihrer Haltung, ihres Wesens. Innerhalb weniger Monate baten alle im Vordergrund stehenden Frauen von Paris um die Gunst, von ihm gemalt zu werden. Er war nicht leicht zu gewinnen und ließ sich sehr teuer bezahlen.

Als er in Mode gekommen war und wie jeder beliebige Weltmann Besuche machte, bemerkte er eines Tages bei der Herzogin de Mortemain eine junge Frau in tiefer Trauer, die gerade ging, als er eintrat, und die ihn bei der Begegnung in der Tür mit einer liebenswürdigen Vision von Anmut und Eleganz blendete.

Als er nach ihrem Namen fragte, erfuhr er, daß sie die Gräfin de Guilleroy, die Frau eines normannischen Gutsbesitzers, eines Landwirts und Deputierten, sei, daß sie um ihren Schwiegervater Trauer trage und daß sie als geistvoll gelte und sehr bewundert und begehrt werde.

* Henri Regnault, geboren 1843 in Paris, die größte Hoffnung der französischen Malerei, fiel im Januar 1871 bei Buzenval, wenige Tage vor der Kapitulation der Stadt. (Anmerkung des Übersetzers)

Noch im Bann dieser Erscheinung, die sein Künstlerauge bezaubert hatte, sagte er sogleich: »Ach, die würde ich gern malen!«

Dieser Satz wurde bereits am nächsten Tag der jungen Frau zugetragen, und am selben Abend noch empfing er ein Briefchen auf blauem, sehr schwach parfümiertem Papier und in einer regelmäßigen, feinen Schrift, die von links nach rechts etwas anstieg.

»Monsieur,

soeben verließ mich die Herzogin de Mortemain; sie hat mir versichert, Sie seien geneigt, mittels meines armseligen Gesichts eins Ihrer Meisterwerke zu gestalten. Ich würde es Ihnen nur allzu gern anvertrauen, wenn ich sicher wäre, daß Sie es nicht nur so hingeredet hätten und etwas in mir sähen, das von Ihnen gemalt und idealisiert werden könnte.

Mit dem Ausdruck besonderer Hochachtung

Anne de Guilleroy.«

Er antwortete mit der Frage, wann er der Gräfin seine Aufwartung machen dürfe, und wurde ohne alle Umstände für den folgenden Montag zum Mittagessen eingeladen.

Sie wohnte im ersten Stock eines großen, luxuriös eingerichteten, modernen Hauses am Boulevard Malesherbes. Nachdem er einen geräumigen Salon mit blauer Seidenbespannung in weißer und goldener Holzeinfassung durchschritten hatte, ließ man den Maler in eine Art Boudoir mit heller, koketter Wandbespannung im Stil des letzten Jahrhunderts eintreten, einer Wandbespannung mit zarten Schattierungen und graziösen Themen im Stil Watteaus; sie schienen von Künstlern, die von der Liebe träumen, entworfen, gezeichnet und ausgeführt worden zu sein.

Er hatte sich gerade gesetzt, als die Gräfin erschien. Sie schritt so leicht, daß er sie nicht durch das Nebenzimmer hatte kommen hören und nun überrascht war, als er sie wahrnahm. Sie reichte ihm ungezwungen die Hand. »Also ist es wahr«, fragte sie, »Sie wollen mein Porträt malen?«

»Ich würde mich sehr freuen.«

Ihr enganliegendes schwarzes Kleid machte sie sehr schlank und lieh ihr etwas ungemein Junges und dabei zugleich Ernstes, das der lächelnde, durch das blonde Haar hell wirkende Kopf

Lügen strafte. Dann trat der Graf ein, an der Hand ein kleines, sechsjähriges Mädchen.

Madame de Guilleroy stellte vor: »Mein Mann.«

Er war ziemlich klein, trug keinen Schnurrbart und hatte hohle Wangen, die durch die Rasur unter der Haut dunkel schimmerten.

Mit seinem langen, nach hinten zurückgekämmten Haar, seinen höflichen Manieren und den beiden tiefen Falten, die, von den Wangen zum Kinn abfallend, um seinen Mund einen Kreis beschrieben und von denen es hieß, die Gewohnheit, in der Öffentlichkeit zu reden, habe sie eingekerbt, glich er ein wenig einem Priester oder Schauspieler.

Er dankte dem Maler mit einer Überfülle von Phrasen, die den Redner verrieten. Schon lange habe es ihn danach verlangt, ein Porträt seiner Frau malen zu lassen, und sicherlich würde er dazu Monsieur Olivier Bertin gewählt haben, wenn er nicht vor einer Ablehnung zurückgescheut wäre, denn er wisse sehr wohl, wie der Meister von Bitten gequält werde.

Es wurde also mit vielen Höflichkeiten von beiden Seiten vereinbart, daß der Graf vom nächsten Tag an die Gräfin ins Atelier führen werde. Allerdings frage er sich im Hinblick auf die tiefe Trauer, die sie trug, ob es nicht besser wäre zu warten; doch der Maler erklärte, daß er den ersten Eindruck darstellen wolle, der ihm zuteil geworden sei, nämlich den ergreifenden Gegensatz zwischen dem lebhaften und zierlichen, leuchtenden Kopf unter dem goldenen Haar und dem ernsten Schwarz der Kleidung.

So kam sie denn am nächsten Morgen mit ihrem Gatten und an den folgenden Tagen mit ihrer Tochter, die vor einen Tisch mit einem Stapel Bilderbücher gesetzt wurde.

Olivier Bertin verhielt sich, seiner Gepflogenheit gemäß, sehr zurückhaltend. Die Frauen von Welt beunruhigten ihn ein wenig, weil er sie kaum kannte. Er hielt sie für gleichzeitig frivol und albern, scheinheilig und gefährlich, leichtfertig und widerspenstig. Mit Frauen der Halbwelt hatte er flüchtige Abenteuer gehabt; er verdankte sie seinem Ruf, seinem unterhaltsamen Geist, seiner eleganten Athletengestalt und seinem energischen braunen Gesicht. Zu ihnen, ihrem freien Benehmen und ihren freien

Reden fühlte er sich hingezogen, da er an die leichten, lustigen und fröhlichen Umgangsformen der Ateliers und des Theaters gewöhnt war, wo er zu verkehren pflegte. In die große Gesellschaft trieb ihn der Ruhm und nicht das Herz; dort fühlte er sich aus Eitelkeit wohl, nahm Glückwünsche und Aufträge entgegen und blähte sich vor den schönen schmeichelnden Damen, ohne ihnen jemals den Hof zu machen. Niemals erlaubte er sich in ihrer Gegenwart gewagte Witze und gepfefferte Ausdrücke; er hielt sie für spröde und wurde für wohlerzogen gehalten. Jedesmal, wenn ihm eine von ihnen saß, hatte er, trotz der Avancen, die sie ihm machte, um ihm zu gefallen, den Klassenunterschied gespürt, der eine intimere Verbindung ausschloß, obwohl die Künstler und die Leute der feinen Gesellschaft miteinander verkehrten. Hinter dem Lächeln und hinter der Bewunderung, die bei den Frauen immer ein wenig erkünstelt sind, spürte er den kaum merklichen inneren Vorbehalt von Menschen, die sich für höhere Wesen halten. Er reagierte darauf mit einem gewissen, plötzlich zutage tretenden Dünkel, einem noch respektvolleren, beinahe hochmütigen Benehmen und, neben der verhohlenen Eitelkeit des Emporkömmlings, der von Prinzen und Prinzessinnen wie ihresgleichen behandelt wurde, mit einem männlichen Stolz, weil er seiner Intelligenz eine Stellung ähnlich jener verdankte, die andere durch ihre Geburt innehatten. Man pflegte etwas überrascht von ihm zu sagen: »Er ist bewundernswert wohlerzogen!« Und diese Überraschung, die ihm schmeichelte, verletzte ihn gleichzeitig, weil sie die Grenzen andeutete.

Der erzwungene und zeremoniöse Ernst des Malers brachte Madame de Guilleroy ein wenig in Verlegenheit, weil sie diesem frostigen, als geistreich geltenden Mann nichts zu sagen wußte.

Nachdem sie ihre kleine Tochter untergebracht hatte, setzte sie sich in einen Sessel nahe der angefangenen Skizze und bemühte sich, den Weisungen des Künstlers folgend, ihrem Gesicht den entsprechenden Ausdruck zu geben.

Gegen die Mitte der vierten Sitzung hörte er plötzlich auf zu malen und fragte: »Was macht Ihnen im Leben am meisten Freude?«

Sie wurde verlegen. »Das weiß ich nicht. Warum fragen Sie danach?«

»Ich brauche einen glücklichen Gedanken in Ihren Augen und habe ihn bis jetzt noch nicht gesehen.«

»Nun, dann versuchen Sie, mich zum Sprechen zu bringen, ich unterhalte mich sehr gern.«

»Sind Sie in guter Stimmung?«

»Sehr.«

»Dann wollen wir uns ein bißchen unterhalten.« Er hatte das in sehr ernstem Ton gesagt; dann begann er wieder zu malen und schlug vorsichtig einige Themen an, weil er nach einem Punkt suchte, in dem sich ihre Interessen begegneten.

Zunächst tauschten sie Bemerkungen über Leute aus, die sie kannten, dann sprachen sie über sich selbst, was ja immer das angenehmste und anziehendste Gesprächsthema ist.

Als sie am nächsten Tag wieder beisammen waren, fühlten sie sich bedeutend behaglicher, und Bertin, der merkte, daß er gefiel und sie erheiterte, begann Einzelheiten aus seinem Künstlerleben zu erzählen und ließ seinen Erinnerungen mit dem ihm eigenen phantasievollen Geist freien Lauf.

Sie war an die Zurückhaltung der Salonliteraten gewöhnt, und so überraschte sie diese ein wenig närrische Laune, so geradezu und mit leisem Spott über die Dinge zu reden, und sogleich antwortete sie ihm mit feinem und beherztem Anstand im selben Ton. Innerhalb von acht Tagen hatte sie ihn durch ihre gute Laune, ihren Freimut und ihre Unbefangenheit besiegt und bezaubert. Er hatte seine Vorurteile gegen die Damen von Welt völlig vergessen und hätte bereitwillig versichert, daß einzig sie Reiz und Munterkeit besäßen. Während er vor seiner Leinwand stand und malte und mit den Bewegungen eines Fechters näher ging oder zurücktrat, ließ er seine geheimen Gedanken laut werden, als kenne er diese hübsche, aus Blond und Schwarz, aus Sonne und Trauer bestehende Frau, die da vor ihm saß, die beim Zuhören lachte und ihm heiter und so lebhaft antwortete, daß sie alle Augenblicke aus ihrer Stellung geriet, schon seit geraumer Zeit.

Bald ging er ein Stückchen von ihr weg, schloß ein Auge und beugte sich vor, um das Zusammenspiel der Eigenheiten seines Modells im ganzen zu entdecken, bald näherte er sich, um die kleinsten Schattierungen, den flüchtigsten Ausdruck ihres Gesichts zu prüfen, um zu erfassen und wiederzugeben, was über die sichtbare Erscheinung hinaus in einem Frauenantlitz liegt, jene Ausströmung der idealen Schönheit, jenen Widerschein von etwas Unbekanntem, den geheimen und gefürchteten Reiz, der jeder so sehr eigen ist, daß gerade diese von dem einen und keinem anderen selbstvergessen geliebt wird.

Eines Nachmittags trat das kleine Mädchen vor die Leinwand und fragte mit tiefem Kinderernst: »Das ist Mama, nicht wahr?«

Geschmeichelt durch dies kindliche Lob der Ähnlichkeit seines Werkes, schloß er sie in die Arme und gab ihr einen Kuß.

An einem anderen Tag, als sie sehr still zu sein schien, wurde plötzlich eine kleine traurige Stimme hörbar: »Mama, ich langweile mich.«

Und durch diese erste Klage wurde der Maler so gerührt, daß er am nächsten Tag ein ganzes Spielzeuglager ins Atelier bringen ließ.

Die genügsame und immer bedächtige kleine Annette staunte und baute alles mit großer Sorgfalt auf, um eins nach dem anderen, wie es ihr gerade einfiel, zur Hand nehmen zu können. Seit diesem Geschenk liebte sie den Maler, wie Kinder lieben, mit jener animalischen und einschmeichelnden Zuneigung, die sie so niedlich und unwiderstehlich macht.

Madame de Guilleroy fand Gefallen an den Sitzungen. Sie war in diesem Winter der Trauer wegen zur Untätigkeit verurteilt, und so trug sie, da ihr der gesellschaftliche Umgang und die Feste fehlten, alle Kümmernisse ihres Lebens in dieses Atelier.

Sie war die Tochter eines sehr reichen und gastfreundlichen Pariser Kaufmanns, der vor einigen Jahren gestorben war, und seiner immer kranken Frau, die die Sorge um ihre Gesundheit sechs von zwölf Monaten im Bett hielt; daher war sie schon sehr jung eine vollkommene Hausfrau geworden, die Gäste zu empfangen, zu lachen und die Leute zu durchschauen verstand, die unterscheiden konnte, was man jedem sagen mußte; hellsichtig und geschmeidig hatte sie sich ohne weiteres ins Leben gefunden. Als ihr der Graf de Guilleroy als Bräutigam präsentiert wurde, erkannte sie sehr bald die Vorteile dieser Heirat und ließ sie als ein intelligentes Mädchen, das sehr wohl weiß, daß man nicht alles haben kann und daß man Gut und Schlecht in jeder Situation gegeneinander abwägen muß, ohne jede Einschränkung gelten.

So war sie denn plötzlich in das gesellschaftliche Leben gestellt worden und überall gern gesehen, weil sie schön und geistreich war; sie sah viele Männer ihr den Hof machen, ohne daß sie auch nur ein einziges Mal die Ruhe ihres Herzens verloren hätte, das so vernünftig war wie ihr Geist.

Dabei war sie kokett, und zwar von einer herausfordernden und zugleich vorsichtigen Koketterie, die sich nie zu weit vorwagte. Die Komplimente gefielen ihr, das erweckte Begehren schmeichelte ihr, obwohl sie es nicht zu bemerken schien, und wenn sie einen ganzen Abend lang den Weihrauch der Huldigungen in einem Salon gespürt hatte, schlief sie gut und wohlig wie eine Frau, die ihre Mission auf Erden erfüllt hat. Dies Dasein, das jetzt seit sieben Jahren andauerte, ohne sie zu ermüden, ohne ihr eintönig vorzukommen, weil sie die unaufhörliche Unruhe der großen Gesellschaft gern hatte, ließ sie dennoch mitunter Sehnsucht nach anderem empfinden. Die Männer ihrer Umgebung, Politiker, Finanzleute oder müßiggängerische Klubangehörige, vertrieben ihr ein wenig die Zeit wie Schauspieler, und sie nahm sie niemals allzu ernst, obwohl sie ihre Funktionen, ihre Stellungen und ihre Titel schätzte.

Der Maler gefiel ihr vor allem um des für sie Neuen willen, das ihm anhaftete. Sie war im Atelier stets guter Dinge, sie lachte von ganzem Herzen, kam sich geistreich vor und wußte ihm Dank für das Vergnügen, das ihr die Sitzungen bereiteten. Auch gefiel er ihr, weil er glänzend aussah, stark und berühmt war; denn keine Frau, was sie auch vorgeben mag, kann gegen körperliche Schönheit und Ruhm gleichgültig bleiben. Sie fühlte sich geschmeichelt, weil sie diesem Kenner aufgefallen war, und war geneigt, das ganz in Ordnung zu finden; sie hatte einen beweglichen und kultivierten Geist in ihm entdeckt, Geschmack, Phantasie, eine wahrhaft bezaubernde Intelligenz und eine farbige Sprechweise, die zu erhellen schien, was sie ausdrückte.

Rasch ergab sich eine Vertrautheit zwischen ihnen, und an dem Händedruck, den sie einander beim Kommen der Gräfin gaben, schienen ihre Herzen jeden Tag ein wenig mehr beteiligt zu sein.

Ohne irgendwelche Berechnung, ohne einen überlegten Entschluß fühlte sie in sich das natürliche Verlangen wachsen, ihn zu fesseln, und dem gab sie nach. Sie hatte nichts vorausgesehen, nichts erwogen; sie wurde nur auf eine reizvollere Weise kokett, wie man es instinktiv einem Mann gegenüber ist, der einem besser gefällt als die anderen; und sie legte in ihr ganzes Verhalten, in ihre Blicke und in ihr Lächeln jenen Vogelleim der Verführung, mit dem die Frau sich umgibt, wenn der Wunsch in ihr erwacht, geliebt zu werden.

Sie sagte ihm schmeichelhafte Dinge, die bedeuteten: »Sie gefallen mir ungemein«, und ließ ihn lange reden, um ihm durch aufmerksames Zuhören zu zeigen, wieviel Teilnahme er ihr einflößte. Er hörte auf zu malen und setzte sich neben sie, und in der Überreizung des Geistes, die das berauschende Gefühl zu gefallen hervorruft, erging er sich, wie der Tag es mit sich brachte, in poetischen, drolligen oder philosophischen Ergüssen.

Sie freute sich, wenn er froh war; wenn er tiefsinnig war, bemühte sie sich, seinen Erörterungen zu folgen, ohne daß es ihr immer gelang; und während sie an etwas anderes dachte, schien sie mit so verständnisvoller Miene zu lauschen und seine Ausführungen so zu genießen, daß er sich beim Anblick der Zuhörerin noch steigerte, bewegt von dem Gedanken, eine zarte, offene und empfängliche Seele entdeckt zu haben, in die der Gedanke wie ein Saatkorn fiel.

Das Porträt machte Fortschritte und versprach sehr gut zu werden, da der Maler jenen Zustand der inneren Anteilnahme erreicht hatte, der unerläßlich ist, um alle Vorzüge seines Modells zu entdecken und sie mit der unerschütterlichen Inbrunst auszudrücken, in der die Inspiration des wahren Künstlers besteht.

Wenn er sich zu ihr hinneigte, jede Regung ihres Gesichts belauernd, alle Färbungen ihres Fleisches, alle Schatten der Haut, jeden Ausdruck und die Durchsichtigkeit ihrer Augen, alle Geheimnisse ihres Gesichts, war er durchtränkt von ihr wie ein voll Wasser gesogener Schwamm, und indem er auf seine Leinwand diese Ausströmung des sinnverwirrenden Reizes übertrug, den sein Blick einfing und der von seinem Kopf wie eine Welle in seinen Pinsel rann, wurde er davon taumelig und berauscht, als habe er Frauenanmut getrunken.

Sie spürte, wie er sich in sie verliebte, fand Gefallen an diesem Spiel, an diesem als immer sicherer erscheinenden Sieg und geriet dabei selber in Hitze.

Etwas Neues gab ihrem Dasein eine neue Würze, erweckte in ihr eine geheimnisvolle Freude. Wenn sie von ihm sprechen hörte, schlug ihr Herz ein wenig rascher, und es gelüstete sie zu sagen – eins dieser Gelüste, die nie über unsere Lippen kommen –: »Er ist verliebt in mich.« Sie freute sich, wenn man sein Talent rühmte, und vielleicht noch mehr, wenn man fand, er sehe sehr gut aus. Wenn sie ganz allein, ohne von Zudringlichen belästigt zu werden, an ihn dachte, dann bildete sie sich wirklich ein, sie habe sich da einen guten Freund erworben, der sich stets mit einem herzlichen Händedruck begnügen werde.

Er dagegen legte oft mitten in der Sitzung plötzlich die Palette auf seinen Schemel, nahm die kleine Annette in die Arme und küßte sie zärtlich auf die Augen oder aufs Haar, wobei er die Mutter ansah, als wolle er sagen: »Ihnen, nicht dem Kind, gelten meine Küsse.«

Dann und wann ließ Madame de Guilleroy übrigens die Tochter zu Hause und kam allein. An solchen Tagen wurde kaum gearbeitet, doch um so mehr gesprochen.

Eines Nachmittags verspätete sie sich. Das Wetter war kalt. Es war gegen Ende Februar. Olivier war zeitig heimgekehrt, wie er es jetzt immer tat, wenn sie kommen sollte, weil er stets hoffte, sie könne sich früher einfinden. Während des Wartens ging er auf und ab, rauchte und fragte sich, verwundert, daß er sich diese Frage seit acht Tagen zum hundertstenmal stellte: »Bin ich denn verliebt?« Er wußte es nicht, weil er es im Grunde noch nie gewesen war. Er hatte sehr hitzige, sogar ziemlich lange Liebeleien gehabt, ohne sie je für Liebe gehalten zu haben. Heute staunte er über das, was er fühlte.

Liebte er sie? Sicherlich begehrte er sie kaum, da er über die Möglichkeit, sie zu besitzen, nicht nachgedacht hatte. Bis jetzt hatte ihn, sobald eine Frau ihm gefiel, sehr bald das Verlangen gepackt, so daß er die Hände nach ihr ausstrecken mußte, wie um eine Frucht zu pflücken, ohne jedoch im Innersten durch ihre Abwesenheit oder ihre Gegenwart beunruhigt zu werden.

Das Verlangen nach dieser Frau hatte ihn kaum gestreift und schien unter einem mächtigeren Gefühl, das noch dunkel und kaum erwacht war, geduckt und verborgen zu lauern. Olivier hatte geglaubt, daß die Liebe mit Träumen, mit poetischen Überspanntheiten beginne. Was er empfand, schien ihm im Gegenteil von einer unerklärlichen, mehr sinnlichen als geistigen Erregung herzurühren. Er war nervös, fahrig und unruhig, wie wir es sind, wenn eine Krankheit in uns keimt. Allerdings war nichts Schmerzhaftes an diesem Fieber des Bluts, das auch seinen Geist ansteckte und aufregte. Er wußte ganz genau, daß dies Übel von Madame de Guilleroy herrührte, von der Erinnerung, die sie ihm hinterließ, und der Erwartung ihres Kommens. Er fühlte sich nicht durch ein Aufwallen seines ganzen Wesens zu ihr hingezogen, fühlte sie jedoch in seinem Innern stets als gegenwärtig, wie wenn sie ihn nie verlassen könne; ging sie, so ließ sie etwas von sich zurück, etwas Kostbares und Unerklärliches. Wie? War das die Liebe? Er klomm jetzt in sein eigenes Herz hinab, um zu sehen und zu verstehen. Er fand sie reizvoll, aber sie entsprach nicht dem Idealtyp der Frau, den seine blinde Hoffnung sich erschaffen hatte. Wer die Liebe herbeiruft, hat eine Vorstellung von den geistigen Eigenschaften und physischen Gaben jener, die ihn bezaubern wird; und obwohl Madame de Guilleroy ihm unendlich gefiel, schien sie ihm nicht jene Frau zu sein.

Aber warum beschäftigte sie ihn so sehr, mehr als die anderen und auf eine andere Art und unablässig?

War er einfach in die gestellte Falle ihrer Koketterie geraten, die er seit langem gewittert und erkannt hatte, und erfuhr er nun im Garn dieser Kunstgriffe den Einfluß der besonderen Bezauberung, die den Frauen der Wunsch zu gefallen verleiht?

Er ging hin und her, setzte sich, stand wieder auf, zündete Zigaretten an und warf sie gleich wieder weg; und alle paar Augenblicke sah er nach dem Zeiger der Uhr, der sich langsam und nahezu unbeweglich der üblichen Stunde näherte.

Schon mehrere Male hatte er geschwankt, ob er nicht mit dem Fingernagel das Glas über den beiden sich drehenden Goldpfeilen aufheben und den großen Zeiger mit dem Finger bis zu der Zahl schieben sollte, der er sich so träge näherte.

Ihm schien, das müsse genügen, damit sich die Tür öffne und die Erwartete, durch diese List getäuscht und herbeigerufen, auftauche. Dann begann er über diese Anwandlung zu lachen.

Schließlich fragte er sich: »Könnte ich ihr Liebhaber werden?« Dieser Gedanke dünkte ihn sonderbar, wenig wahrscheinlich und auch um der Komplikation willen, die dadurch in sein Leben gebracht werden würde, kaum durchführbar.

Dennoch gefiel ihm diese Frau nur allzu sehr, und er kam zu dem Schluß: »Jedenfalls befinde ich mich in einem merkwürdigen Zustand.«

Die Uhr schlug, und der Glockenschlag ließ ihn zusammenfahren, weil er seine Nerven mehr als seine Seele erschütterte. Er erwartete sie mit jener Ungeduld, die sich bei einer Verspätung von Sekunde zu Sekunde steigert. Sie pflegte stets pünktlich zu sein; keine zehn Minuten, und er würde sie eintreten sehen. Als die zehn Minuten vorüber waren, fühlte er sich wie von einem herannahenden Kummer gepeinigt, dann war er ärgerlich, daß sie ihn Zeit verlieren ließ, und dann begriff er plötzlich, daß er leiden würde, wenn sie nicht käme. Was sollte er tun? Er würde warten! – Nein, er wollte ausgehen, damit sie, falls sie zufällig mit großer Verspätung kam, das Atelier leer fand.

Er wollte ausgehen, aber wann? Welche Frist sollte er ihr lassen? War es nicht besser, zu bleiben und ihr durch ein paar höfliche und kühle Worte zu verstehen zu geben, daß er nicht zu denen gehörte, die man unnütz warten lassen kann? Und wenn sie nicht kam? Dann hätte sie doch wohl einen Rohrpostbrief, eine Karte, einen Diener oder einen Boten geschickt! Was sollte er tun, wenn sie nicht kam? Es war ein verlorener Tag, er würde nicht mehr arbeiten können. Dann...? Dann würde er zu ihr gehen und sich erkundigen; denn sehen mußte er sie.

Wahrhaftig, er mußte sie sehen, er hatte ein tiefes, beklemmendes, quälendes Verlangen, sie zu sehen. Was war das? Liebe? Aber er fühlte weder eine übermäßige Erregung des Geistes noch der Sinne noch ein Träumen der Seele, als er feststellte, daß er leiden würde, wenn sie heute nicht käme.

Die Glocke der Haustür hallte im Treppenflur des kleinen Hauses wider, und Olivier Bertin fühlte sich plötzlich ein wenig außer Atem und dann so fröhlich, daß er sich rasch auf dem Absatz um sich selbst drehte und seine Zigarette in die Luft warf.

Sie kam; sie war allein.

Sogleich packte ihn eine ungeheure Verwegenheit. »Wissen Sie, was ich mir überlegte, als ich auf Sie wartete?«

»Nein, das weiß ich nicht.«

»Ich habe überlegt, ob ich nicht etwa in Sie verliebt bin.«

»In mich verliebt? Sie sind ja verrückt!« Aber sie lachte, und ihr Lachen sagte: »Das ist hübsch, das freut mich.« Laut jedoch antwortete sie: »Aber das ist doch nicht Ihr Ernst. Was soll dieser Scherz?«

»Im Gegenteil, es ist mein voller Ernst«, erwiderte er. »Ich beteure Ihnen nicht, daß ich in Sie verliebt sei, aber ich mache mir Gedanken, ob ich nicht auf dem besten Weg bin, mich in Sie zu verlieben.«

»Was veranlaßt Sie zu diesem Einfall?«

»Meine Aufregung, als Sie nicht erschienen, und mein Glück, als Sie kamen.«

Sie setzte sich. »Oh, beunruhigen Sie sich nicht über dergleichen Kleinigkeiten. Solange Sie gut schlafen und mit Appetit essen, besteht keine Gefahr.«

Er begann zu lachen. »Und wenn ich Schlaf und Appetit verliere?«

»Dann benachrichtigen Sie mich.«

»Und dann?«

»Dann werde ich Sie in aller Stille wieder gesund werden lassen.«

»Vielen Dank.«

Und über diese Liebe redeten sie den ganzen Nachmittag in gekünstelten Wendungen einher. An den folgenden Tagen war es nicht anders.

Da sie es als eine geistreiche und bedeutungslose Spielerei gelten ließ, pflegte sie ihn beim Kommen launig zu fragen: »Wie geht es Ihrer Liebe heute?«

Und er erzählte ihr in ernsthaftem und dabei leichtem Ton von allen Fortschritten des Leidens, den unaufhörlich in seinem tiefsten Innern sich vollziehenden Auswirkungen der Leidenschaft, die geboren worden war und wuchs. Er analysierte sich vor ihr und parodierte dabei einen Professor, der eine Vorlesung hält; er legte mit minutiöser Genauigkeit Stunde für Stunde seit der Trennung am Vortag dar; und sie hörte interessiert, ein wenig gerührt, aber auch ein wenig verwirrt, dieser Geschichte zu; sie kam ihr vor wie ein Buch, dessen Heldin sie war. Wenn er in galanten und freimütigen Ausdrücken alle Nöte aufgezählt hatte, deren Beute er war, durchzitterte seine Stimme dann und wann beim Aussprechen eines Wortes oder auch nur bei einer Betonung das Weh seines Herzens.

Und immer fragte sie ihn, bebend vor Neugier, mit an ihm hängendem Blick und lüsternen Ohren nach diesen Dingen, die ein wenig beunruhigend und dennoch so reizvoll anzuhören waren.

Mitunter, wenn er sich ihr näherte, um ihre Stellung zu korrigieren, nahm er ihre Hand und versuchte sie zu küssen.

Mit einer raschen Bewegung riß sie ihre Finger von seinem Lippen und runzelte die Brauen. »Nicht doch, arbeiten Sie lieber!« sagte sie.

Er begab sich wieder an die Arbeit, doch keine fünf Minuten vergingen, und sie stellte ihm abermals eine Frage, um ihn geschickt auf das einzige Thema zurückzuführen, das sie beide beschäftigte.

In ihrem Herzen fühlte sie jetzt Befürchtungen aufsteigen. Sie wollte zwar geliebt werden, aber nicht zu viel. In der Gewißheit, sich nicht hinreißen zu lassen, fürchtete sie, er könne zu weit gehen, und sie werde ihn verlieren, wenn sie gezwungen sein würde, ihn zurückzustoßen, nachdem sie ihn dem Anschein nach ermutigt hatte. Wenn sie indessen auf diese zärtliche und etwas erkünstelte Freundschaft hätte verzichten müssen, auf diese Plauderei, die sich in Bereiche der Liebe ergoß wie der Bach, dessen Sand voller Gold ist, dann hätte sie großen Kummer empfunden, einen Kummer, der einem Schmerz gleichkam.

Verließ sie das Haus, um zum Atelier des Malers zu gehen, so überflutete sie eine lebhafte, warme Freude und machte ihr das

Herz leicht und froh. Wenn sie die Hand auf die Klingel von Oliviers Haus legte, klopfte ihr Herz vor Ungeduld, und einen weicheren Treppenläufer hatten ihre Füße nie betreten.

Aber Bertin wurde düster, leicht nervös, und oft war er gereizt. Er litt unter einer sogleich unterdrückten, aber häufig wiederkehrenden Unruhe.

Als sie eines Tages gerade eingetreten war, setzte er sich, statt zu malen, neben sie und sagte: »Madame, Sie können jetzt nicht mehr übersehen, daß es kein Scherz ist und daß ich Sie wahnsinnig liebe.«

Diese Einleitung beunruhigte sie; sie sah die gefürchtete Entscheidung kommen und versuchte, ihn zurückzuhalten, aber er hörte schon nicht mehr hin. Das Gefühl überwallte sein Herz, und bleich, zitternd und bang mußte sie ihm lauschen. Er sprach lange, ohne eine Zwischenfrage, zärtlich, traurig und mit untröstlicher Schicksalsergebenheit; und sie überließ ihm ihre Hände, die er in den seinen behielt. Er hatte sich auf die Knie geworfen, ohne daß sie dessen gewahr geworden wäre, und mit irrem Blick flehte er sie an, ihm kein Leid anzutun! Was für ein Leid denn? Sie verstand nicht und versuchte nicht zu verstehen; sie war wie betäubt von einem grausamen Schmerz, ihn leiden zu sehen, und dieser Schmerz war beinahe Glück. Plötzlich sah sie Tränen in seinen Augen und wurde so gerührt, daß sie »Oh!« rief und nahe daran war, ihn zu umarmen, wie man weinende Kinder umarmt. Er erwiderte mit sehr weicher Stimme: »Ach, ich leide allzu sehr«, und da fühlte sie sich besiegt von diesem Schmerz und angesteckt von diesen Tränen; die Nerven verließen sie, und sie schluchzte mit bebenden Armen, die sich willig öffnen wollten.

Als sie sich dann von ihm umschlungen und leidenschaftlich auf die Lippen geküßt fühlte, wollte sie schreien, sich wehren, ihn zurückstoßen, aber sogleich erkannte sie, daß es um sie geschehen sei; denn widerstrebend willigte sie ein, im Sichsträuben ergab sie sich, und während sie noch »Nein, nein, ich will nicht!« rief, umarmte sie ihn.

Danach war sie fassungslos und hielt das Gesicht mit den Händen bedeckt, dann stand sie jäh auf, nahm ihren auf den Teppich gefallenen Hut, setzte ihn auf und lief davon, trotz den flehenden Bitten Oliviers, der sie am Kleid zurückzuhalten versuchte.

Sobald sie auf der Straße war, hätte sie sich am liebsten auf einen Bordstein gesetzt, so vernichtet fühlte sie sich, so weich in den Knien. Eine Droschke kam vorüber, sie rief den Kutscher an und befahl ihm: »Fahren Sie langsam, fahren Sie mich spazieren, wohin Sie wollen.« Hastig stieg sie in den Wagen, schloß die Tür, kauerte sich in das Polster und fühlte sich nun allein hinter den hochgezogenen Fenstern, allein, um nachzudenken.

Einige Minuten lang hatte sie nichts im Kopf als das Geräusch der Räder und das Rütteln und Stoßen des Wagens. Mit leeren, blicklosen Augen sah sie auf die Häuser, die Fußgänger, die Insassen von Droschken und die Omnibusse; sie dachte an nichts, als lasse sie sich Zeit, als habe sie sich eine Frist zugestanden, ehe sie wagte, über das Vorgefallene nachzudenken.

Dann sagte sie sich mit ihrem raschen und niemals feigen Urteilsvermögen: »Ja, ich bin eine Verlorene.« Und einige Minuten lang blieb sie im Bann der Gewißheit des nicht wiedergutzumachenden Unheils, still und erschrocken wie ein Mann, der vom Dach gefallen ist und sich nicht bewegt, weil er ahnt, daß er sich die Beine gebrochen hat, und es noch nicht wahrhaben will.

Doch anstatt sich in den Schmerz, dessen sie gewärtig war und dessen Griff sie fürchtete, zu verbohren, blieb ihr Herz am Ende dieser Katastrophe ruhig und unbeirrt; nach diesem Sturz, der ihre Seele betroffen hatte, schlug es langsam und leise und schien an der Bestürzung ihres Innern keinen Teil zu haben. Mit lauter Stimme, wie um es zu hören und sich zu überzeugen, wiederholte sie: »Ja, ich bin eine Verlorene.« Kein Leidensecho in ihrem Körper antwortete auf diese Anklage ihres Gewissens.

Eine Zeitlang ließ sie sich durch die Bewegung der Kutsche wiegen, und dabei überdachte sie sofort die Schlußfolgerungen, die sie aus dieser schrecklichen Situation ziehen mußte. Nein, sie litt nicht. Sie fürchtete sich nachzudenken, das war alles; sie fürchtete sich, zu wissen, zu begreifen und zu überlegen; dagegen schien sie in der dunklen, undurchdringlichen Seelenlage, die der ständige Kampf zwischen unseren Neigungen und unserem Willen in uns schafft, eine unwahrscheinliche Ruhe zu fühlen.

Nach etwa einer halben Stunde dieser seltsamen Ruhe, als sie endlich begriff, daß sich die ersehnte Verzweiflung nicht einstellen werde, schüttelte sie die Betäubung ab und flüsterte: »Wie sonderbar, es tut mir fast gar nicht leid.«

Daraufhin begann sie sich Vorwürfe zu machen. Zorn gegen ihre Verblendung und ihre Schwachheit stieg in ihr auf. Warum hatte sie dies alles nicht geahnt? Warum nicht begriffen, daß die Stunde jenes Kampfes kommen mußte? Daß ihr dieser Mann genug gefiel, um sie widerstandslos zu machen? Und daß durch die rechtlichsten Herzen das Begehren mitunter wie ein Windstoß fährt, der den Willen mit fortreißt?

Aber als sie sich so hart tadelte und verachtete, fragte sie sich auch mit Entsetzen, was nun kommen werde.

Ihr erster Entschluß war, mit dem Maler zu brechen und ihn nie wiederzusehen.

Aber kaum hatte sie diesen Entschluß gefaßt, als auch schon tausend Gründe dawider aufstanden.

Wie sollte sie dieses Zerwürfnis erklären? Was sollte sie ihrem Mann sagen? Würde nicht die vermutete Wahrheit zuerst geflüstert und dann überall verbreitet werden?

War es nicht, um den Schein zu retten, besser, vor Olivier Bertin selbst die heuchlerische Komödie der Gleichgültigkeit und Vergeßlichkeit zu spielen und ihm zu zeigen, daß sie diese Minute aus ihrer Erinnerung und ihrem Leben getilgt habe?

Aber würde sie das können? Würde sie die Verwegenheit aufbringen, so zu scheinen, als erinnere sie sich an nichts, und ihn mit empörter Verwunderung anzublicken, während sie sagte: »Was wollen Sie eigentlich von mir?«, diesen Mann, an dessen rascher und heftiger Erregung sie im Grunde teilgehabt hatte?

Sie überlegte lange und entschied sich dennoch dafür, weil ihr nichts anderes möglich schien.

Sie würde morgen beherzt zu ihm gehen und ihm unverhohlen zu verstehen geben, was sie wollte und was sie von ihm verlangte. Niemals durften ihr ein Wort, eine Andeutung oder ein Blick ihre Schande ins Gedächtnis zurückrufen.

Nachdem er gelitten hatte – denn auch er würde leiden –, würde er als ein wohlerzogener, billig denkender Mann sicherlich ihre Partei ergreifen und in Zukunft das bleiben, was er bislang gewesen war.

Sobald sie diesen neuen Entschluß gefaßt hatte, nannte sie dem Kutscher ihre Adresse und kehrte heim, überwältigt von einer tiefen Ermattung und dem Wunsch, sich niederzulegen, niemand zu sehen, zu schlafen und zu vergessen. Nachdem sie sich in ihrem Zimmer eingeschlossen hatte, blieb sie bis zum Essen träge auf dem Ruhebett liegen, nicht gewillt, ihr Inneres noch länger mit diesem Gedanken zu beunruhigen, in dem so viele Gefahren lauerten.

Pünktlich ging sie hinunter und wunderte sich, daß sie so gefaßt war und ihren Mann mit unverändertem Gesicht erwartete. Er erschien mit ihrer Tochter auf dem Arm; sie reichte ihm die Hand und küßte das Kind, ohne von irgendeiner Bangigkeit durchwogt zu werden.

Monsieur de Guilleroy fragte, was sie den Nachmittag über getan haben.

Sie antwortete gleichgültig, sie habe wie gewöhnlich gesessen.

»Und ist das Porträt schön?« fragte er.

»Es wird herrlich.«

Dann erzählte er von seinen Angelegenheiten, über die er beim Essen zu reden pflegte, von der Sitzung in der Kammer und der Diskussion über den Gesetzentwurf gegen die Lebensmittelfälschungen.

Dies nichtige Gerede, das sie sonst ohne weiteres über sich ergehen ließ, ärgerte sie und ließ sie den etwas vulgären, zu hohlen Phrasen neigenden Mann, der sich für dergleichen Dinge interessierte, aufmerksamer betrachten; indessen lächelte sie während des Zuhörens und antwortete liebenswürdig, sogar nachsichtiger und gefälliger als sonst, auf seine Banalitäten. Während sie ihn ansah, dachte sie: Ich habe ihn betrogen. Er ist mein Mann, und ich habe ihn betrogen. Ist das nicht sonderbar? Nichts kann es mehr ändern, nichts kann es mehr auslöschen! Ich habe die Augen geschlossen. Ich habe einige Minuten lang, nur einige Minuten lang, den Kuß eines Mannes erwidert, und ich bin keine ehrbare Frau mehr. Einige Sekunden in meinem Leben, einige Sekunden, die sich nicht aufheben lassen, haben diesen nicht wiedergutzumachenden, so gewichtigen und so kurzen Vorfall herbeigeführt, ein Verbrechen, das für eine Frau schmählichste Verbrechen, und ich empfinde nicht eine Spur von Verzweiflung. Wenn man es mir gestern gesagt hätte – ich hätte es nicht geglaubt. Wenn man es unumstößlich behauptet hätte – ich hätte sofort an entsetzliche Gewissensbisse gedacht, von denen ich heute zerrissen sein würde. Und ich habe keine, beinahe keine.

Monsieur de Guilleroy ging nach dem Abendessen aus, wie er es fast alle Tage tat.

Sie nahm ihre kleine Tochter auf die Knie und weinte, indem sie sie küßte; sie weinte echte Tränen, Tränen, die ihr das Gewissen, aber nicht das Herz erpreßte.

Aber sie schlief kaum.

In der Finsternis ihres Zimmers quälte sie sich heftiger mit den Gefahren herum, die das Verhalten des Malers ihr bringen konnte, und Angst überkam sie bei dem Gedanken an die morgige Zusammenkunft und all das, was sie ihm ins Gesicht würde sagen müssen.

Sie stand früh auf, blieb den ganzen Vormittag auf dem Ruhebett liegen und versuchte, sich auszumalen, was sie zu befürchten hatte und was sie antworten mußte, um gegen alle Überraschungen gefeit zu sein.

Sie verließ das Haus, um noch unterwegs zu überlegen.

Er erwartete kaum, daß sie kommen werde, und fragte sich seit dem Vortag, was er tun solle, wenn sie ihm wieder gegenüberstand.

Seit sie gegangen war, seit dieser Flucht, der er sich nicht zu widersetzen gewagt hatte, war er allein geblieben und hörte noch, obwohl sie schon weit weg war, das Geräusch ihrer Schritte, ihres Kleides und der wild zugeschlagenen Tür.

Von einer glühenden, tiefen und lebhaften Freude erfüllt, stand er da. Er hatte sie genommen! Es war zwischen ihnen geschehen! War das möglich? Nach der Überraschung über diesen Triumph kostete er ihn aus, und um ihn besser zu genießen, setzte er sich, legte er sich fast auf das Ruhebett, auf dem er sie besessen hatte.

Dort blieb er lange Zeit, erfüllt von dem Gedanken, daß sie

seine Geliebte sei und daß zwischen ihnen, zwischen dieser Frau, nach der er sich so gesehnt hatte, und ihm, innerhalb weniger Augenblicke das rätselhafte Band geknüpft worden war, das zwei Menschenwesen auf geheime Weise verbindet. In seinem noch bebenden Körper bewahrte er die ätzende Erinnerung an den flüchtigen Augenblick, da ihre Lippen einander begegnet waren, da ihre Leiber sich vereinigt und vermählt hatten, um gemeinsam unter dem erhabensten Schauer des Lebens aufzuzucken.

An diesem Abend blieb er daheim; um sich an dem Gedanken zu weiden, ging er, zitternd vor Glück, früh zu Bett.

Kaum war er am nächsten Tag erwacht, als er sich auch schon die Frage stellte: »Was soll ich tun?« Einer Kokotte, einer Schauspielerin hätte er Blumen oder sogar ein Geschenk geschickt; doch angesichts dieser neuen Situation peinigte ihn Ratlosigkeit.

Sicherlich mußte er ihr schreiben... Aber was? Er kritzelte etwas hin, strich es aus, zerriß es und begann zwanzig Briefe, die ihm samt und sonders verletzend, scheußlich und lächerlich vorkamen.

Er hatte in feinfühligen, zauberischen Worten die Dankbarkeit seines Herzens ausdrücken, von überschwenglicher Verliebtheit schreiben und Angebote ewiger Ergebenheit machen wollen; aber um diese leidenschaftlichen, an mannigfachen Nuancen reichen Dinge zu sagen, fand er nur längst bekannte Phrasen und banale, plumpe, kindische Ausdrücke.

Also verzichtete er darauf zu schreiben und beschloß statt dessen, sie zu besuchen, sobald die Stunde für die Sitzung vorüber sei; denn er glaubte nicht, daß sie kommen werde.

So blieb er also in seinem Atelier und begeisterte sich vor dem Bild, wobei ihn das Verlangen kitzelte, die Lippen auf das Gemälde zu drücken, in dem etwas von ihr verharrte, und alle Augenblicke sah er durchs Fenster auf die Straße hinab. Alle von weitem sichtbaren Gestalten verursachten ihm Herzklopfen. Zwanzigmal glaubte er, sie zu erkennen, und wenn die betreffende Frau vorüber war, setzte er sich einen Augenblick, wie von der Enttäuschung übermannt.

Plötzlich sah er sie, zweifelte, nahm sein Opernglas, erkannte sie und mußte sich, fassungslos vor Erregung, niedersetzen, um sie zu erwarten.

Als sie eintrat, stürzte er vor ihr auf die Knie und wollte nach ihren Händen greifen; aber sie zog sie brüsk zurück, und da er, von Angst gepackt und die Augen zu ihr erhoben, zu ihren Füßen verharrte, sagte sie hoheitsvoll zu ihm: »Was treiben Sie da, Monsieur? Ihr Benehmen ist mir unverständlich!«

Er stammelte: »O Madame, ich bitte Sie...«

Sie unterbrach ihn schroff. »Stehen Sie auf, Sie machen sich lächerlich.«

Er erhob sich bestürzt und murmelte: »Was haben Sie? Behandeln Sie mich doch nicht so, ich liebe Sie...«

Darauf teilte sie ihm in einigen raschen, dürren Worten ihren Willen mit und brachte die Situation in Ordnung. »Ich verstehe nicht, was Sie sagen wollen! Sprechen Sie mir nie wieder von Ihrer Liebe, oder ich verlasse dies Atelier und komme nie wieder her. Sollten Sie auch nur ein einziges Mal diese Bedingung für meine Anwesenheit hier vergessen, werden Sie mich nicht wiedersehen.«

Er blickte sie an, verstört ob dieser Härte, die er nicht vorausgesehen hatte; dann begriff er und flüsterte: »Ich gehorche, Madame.«

Sie antwortete: »Gut, das hatte ich von Ihnen erwartet. Jetzt arbeiten Sie; es dauert reichlich lange, bis das Porträt fertig wird.«

So nahm er denn also seine Palette und begann zu malen; aber seine Hand zitterte, und seine getrübten Augen starrten, ohne zu sehen; am liebsten hätte er geweint, so sterbenselend war ihm zumute.

Er versuchte, sich mit ihr zu unterhalten; sie antwortete kaum. Als er ihr eine Schmeichelei über ihren Teint sagen wollte, wies sie ihn rasch und in einem so schneidenden Ton zurück, daß er unvermittelt von einem der Wutanfälle gepackt wurde, die bei Verliebten die Liebe in Haß verwandeln. In seiner Seele und in seinem Körper vollzog sich eine nervöse Erschütterung, so daß er sie plötzlich übergangslos verabscheute. Ja, ja, so war sie, diese Frau! Sie war genau wie die andern, genauso! Warum auch nicht? Sie war falsch, wankelmütig und schwach wie alle. Sie hatte ihn an sich gelockt, durch Dirnenlist verführt und versucht, ihn zu betören, ohne danach etwas zu geben; sie hatte ihn herausgefordert, um sich ihm danach zu verweigern, hatte sich aller Manöver feiger Kokotten bedient, die immer bereit scheinen, sich auszuziehen, solange der Mann, den sie zu etwas wie einem Straßenköter machen, nicht vor Begierde keucht.

Nun, dann war ihr eben nicht zu helfen; er hatte sie besessen, er hatte sie gehabt. Sie konnte ihren Körper mit einem Schwamm abwaschen und ihm unverschämt antworten; aber sie konnte nichts auslöschen, und er, er würde sie vergessen. Wirklich, er hätte eine schöne Dummheit begangen, sich eine Geliebte auf den Hals zu laden, die sein Künstlerleben mit den launischen Zähnen einer hübschen Frau zernagen würde.

Er hatte Lust zu pfeifen, wie er es in Gegenwart seiner Modelle tat; doch da er seine Nervosität wachsen fühlte und eine Dummheit zu begehen fürchtete, kürzte er die Sitzung unter dem Vorwand einer Verabredung ab. Als sie einander zum Abschied die Hand reichten, glaubten sie sich sicherlich einer vom andern weiter entfernt als an dem Tag ihrer ersten Begegnung bei der Herzogin de Mortemain.

Sobald sie gegangen war, nahm er Hut und Mantel und ging hinaus. Eine frostige Sonne an einem blauen nebelverhangenen Himmel warf ihr bleiches, ein wenig trügerisches und trauriges Licht auf die Stadt.

Nachdem er einige Zeit mit raschem, unverdrossenem Schritt umhergewandert war, wobei er die Vorübergehenden angerempelt hatte, um nicht von seinem Kurs abzuweichen, zerbröckelte sein großer Zorn gegen sie in Verzweiflung und Bedauern. Sämtliche ihr gemachten Vorwürfe hatte er sich wiederholt, und nun, während er andere Frauen vorbeigehen sah, mußte er daran denken, wie schön und wie verführerisch sie war. Gleich vielen andern, die es sich nicht eingestehen, hatte er von je auf die unmögliche Begegnung gewartet, die seltene, einmalige, poetische und leidenschaftliche Liebe, deren Traum über unseren Herzen schwebt. Hatte er sie sich nicht entgehen lassen? War nicht sie es, die ihm dies nahezu unmögliche Glück geschenkt hätte? Warum also sollte es nicht Wirklichkeit werden können? Warum also sollte man nicht ergreifen können, was man verfolgte, oder erreichte man immer nur die Bezirke, die diese Jagd nach Trugbildern noch schmerzhafter machten?

Er zürnte der jungen Frau nicht mehr, sondern lediglich dem Leben selbst, nun er darüber nachdachte, warum er ihr denn eigentlich hätte zürnen sollen. Was konnte er ihr denn schließlich vorwerfen? Daß sie liebenswürdig, gut und freundlich zu ihm gewesen war – während sie ihm vorwerfen konnte, er habe sich wie ein Tunichtgut aufgeführt!

Bekümmert kehrte er heim. Er hätte sie um Verzeihung bitten, sich für sie opfern mögen, damit sie vergesse, und er überlegte, was er versuchen könne, um ihr begreiflich zu machen, wie gefügig er ihrem Willen von nun an bis zum Tod sein werde.

Nun jedoch erschien sie am nächsten Tag in Begleitung ihrer Tochter und mit so trübem Lächeln und so kummervollem Gesicht, daß der Maler in ihren armen blauen Augen, die bislang so fröhlich dreingeschaut hatten, alle Pein, alle Gewissensnöte und alle Verzweiflung dieses Frauenherzens zu lesen glaubte. Er fühlte sich von Mitleid durchdrungen, und um sie vergessen zu machen, befleißigte er sich ihr gegenüber in feiner Zurückhaltung der zartesten Zuvorkommenheit. Sie antwortete darauf sanft und gütig in der müden und gebrochenen Haltung einer Frau, die leidet.

Und als er sie so betrachtete und abermals von der aberwitzigen Vorstellung gepackt wurde, sie zu lieben und geliebt zu werden, fragte er sich, warum sie nicht ärgerlich sei, warum sie mit dieser gemeinsamen Erinnerung noch wiederkommen, ihm zuhören und ihm antworten könne.

Seit dem Augenblick, da sie es über sich brachte, ihn wiederzusehen, seine Stimme zu hören und Auge in Auge mit ihm diesen einzigen Gedanken, der sie nicht verließ, ertragen zu können, seitdem hatte dieser Gedanke seine hassenswerte Unerträglichkeit eingebüßt. Wenn eine Frau den Mann, der ihr Gewalt angetan hat, haßt, so kann sie ihm nicht mehr gegenübertreten, ohne daß dieser Haß sich entlädt. Aber noch weniger kann dieser Mann sie gleichgültig lassen. Sie muß ihn verabscheuen oder ihm verzeihen. Und wenn sie verzeiht, dann ist sie nicht weit vom Lieben entfernt.

Indem er langsam weitermalte, durchdachte er dies alles mittels deutlicher, klarer und sicherer kleiner Beweise; er fühlte sich hellsichtig, stark und für den Augenblick als Herr der Ereignisse.

Er brauchte nur klug, geduldig und opferbereit zu sein, dann würde er sie eines Tages wiedergewinnen.

Er verstand sich aufs Warten. Um sie zu beruhigen und wiederzuerobern, wandte er Listen an: unter zur Schau getragenen Gewissensbissen verborgene Zärtlichkeiten, zögernde Aufmerksamkeiten und gleichmütiges Verhalten. In der Gewißheit des nahen Glücks war er gelassen; es machte ihm nichts aus, ob es ihm ein bißchen früher oder später zuteil werden würde. Er empfand sogar ein absonderliches und gesteigertes Vergnügen darin, nichts zu überhasten, sondern sie zu belauern und sich, wenn er sie jeden Tag mit ihrem Kind kommen sah, zu sagen: »Sie hat Angst!«

Er fühlte, daß sich eine langsame, mühevolle Wiederannäherung zwischen ihnen anbahnte und daß in den Blicken der Gräfin etwas Seltsames, Erzwungenes, sanft Schmerzliches auftauchte, der Ruf einer mit sich ringenden Seele, eines Willens, der schwach wird und zu sagen scheint: »Aber zwing mich doch!«

Seine Zurückhaltung hatte sie sicher gemacht; nach einiger Zeit kam sie wieder allein. Fortan behandelte er sie als Freundin, als Kameradin und erzählte ihr wie einem Bruder von seinem Leben, seinen Plänen und seiner Kunst.

Durch diese Ungezwungenheit ließ sie sich verleiten, ergriff mit Freuden die Rolle der Ratgeberin und fühlte sich geschmeichelt, daß er sie vor anderen Frauen auf diese Weise auszeichnete; sie war überzeugt, daß sein Talent durch diese intellektuelle Intimität an Erlesenheit gewinnen werde. Doch dadurch, daß er sie zu Rate zog und sich nachgiebig zeigte, leitete er sie unmerklich von den Aufgaben der Ratgeberin zum heiligen Amt der Muse über. Sie fand es reizvoll, ihren Einfluß auf den großen Mann auf solcherlei Weise zu vergrößern, und war nahezu einverstanden, daß er sie als Künstler liebte, weil sie seine Werke inspirierte.

Eines Abends, nach einer langen Unterhaltung über die Geliebten berühmter Maler, geschah es, daß sie sich in seine Arme gleiten ließ. Diesmal verblieb sie darin, suchte nicht zu entfliehen und erwiderte seine Küsse.

Fortan empfand sie keine Gewissensbisse mehr, sondern einzig das unbestimmte Gefühl einer Rangerniedrigung, und um den Vorwürfen ihrer Vernunft zu begegnen, glaubte sie an ein Verhängnis. Sie wurde zu ihm hingezogen durch ihr Herz, das jungfräulich war, durch ihre Seele, in der niemand wohnte, und ihren Leib, den die langsam wirkende Macht der Liebesbezeigungen besiegte; und so blieb sie allmählich hängen, wie auf Zärtlichkeit erpichte Frauen hängen bleiben, die zum erstenmal lieben.

Bei ihm gedieh dies alles zu einer Krisis glühender, sinnlicher und poetischer Liebe. Mitunter war ihm, als sei er eines Tages mit ausgestreckten Händen davongeflogen und hätte mit weiten Armen den herrlichen Traum umschlungen, der stets hoch über unseren Hoffnungen schwebt.

Er hatte das Porträt der Gräfin beendet, sicherlich das beste, das er jemals gemalt hatte, denn er hatte verstanden, das Unbestimmte, Unaussprechliche zu erfassen und festzuhalten, das kaum je ein Maler enthüllt: den Widerschein, das Geheimnis, den Ausdruck der Seele, der ungreifbar über das Antlitz streift.

Danach gingen dann Monate und Jahre hin und vermochten kaum das Band zu lockern, das die Gräfin de Guilleroy an den Maler Olivier Bertin band. Bei ihm war es nicht mehr der himmelstürmende Überschwang der ersten Zeit, sondern eine beschwichtigte, tiefe Zuneigung, eine Art liebender Freundschaft, die ihm zur Gewohnheit geworden war.

Bei ihr dagegen wuchs unablässig die leidenschaftliche Anhänglichkeit, die eigensinnige Anhänglichkeit, mit der gewisse Frauen sich einem Mann ganz und gar und für immer hingeben. Sie sind ehrlich und anständig im Ehebruch, wie sie in der Ehe hätten sein können, und weihen sich einer einzigen Liebe, von der sie nichts abzubringen vermag. Nicht allein, daß sie ihren Freund lieben; sie *wollen* ihn auch lieben, und da ihre Augen ausschließlich auf ihn gerichtet sind, ist ihr Herz so sehr von dem Gedanken an ihn erfüllt, daß es nichts anderes mehr aufnehmen kann. Sie haben ihr Leben aus freiem Entschluß gefesselt, wie man sich die Hände fesselt, ehe man von einer Brücke herab ins Wasser springt, wenn man weiß, daß man schwimmen kann, und sterben will.

Aber von dem Zeitpunkt an, da sich die Gräfin auf solcherlei Weise hingegeben hatte, wurde sie von Ängsten über Olivier Bertins Beständigkeit heimgesucht. Nichts band ihn als sein männlicher Wille, seine Verliebtheit, seine flüchtige Neigung für eine Frau, die ihm eines Tages begegnete, wie ihm schon so viele andere begegnet waren! Sie hielt ihn, der wie alle Männer ohne Verpflichtungen, ohne feste Gewohnheiten und ohne Gewissensbisse lebte, für so unabhängig und so leicht verführbar! Er sah gut aus, war berühmt und begehrt, hatte das rasch aufflackernde Begehren aller Frauen von Welt mit ihrer hinfälligen Zurückhaltung und alle Betthäschen und Theaterdämchen zur Verfügung, die gegen Leute gleich ihm mit ihrer Gunst überaus verschwenderisch umgehen. Eine von ihnen konnte ihn eines Abends nach dem Souper nicht aus den Augen lassen, ihm gefallen, ihn nehmen und behalten.

Sie lebte somit in steter Bangnis, ihn zu verlieren, und überwachte seine Gepflogenheiten und sein Verhalten; sie geriet außer sich durch ein Wort, sie verging vor Furcht, sobald er eine andere Frau mit bewundernden Blicken bedachte, den Reiz eines Gesichts oder die Anmut eines Gehabens rühmte. Alles, was ihr von seinem Leben unbekannt blieb, ließ sie erbeben, und alles, was sie davon wußte, schuf ihr Angst. Bei jedem Zusammensein setzte sie ihre Erfindungskraft ein und fragte ihn aus, ohne daß er es merkte, um seine Meinung über Leute, die er gesehen, über Häuser, in denen er gespeist, über seine geringsten Eindrücke zu vernehmen. Sobald sie andeutungsweise jemandes Einfluß zu erwittern glaubte, bekämpfte sie ihn mit erstaunlicher Verschlagenheit und mit zahllosen Mitteln.

Wie oft ahnte sie die kurzen, acht oder vierzehn Tage dauernden Liebeleien ohne tiefe Wurzeln voraus, die hin und wieder, wie sie wußte, im Dasein jedes Künstlers von Ruf auftauchen.

Sie besaß sozusagen ein intuitives Witterungsvermögen für die Gefahr; denn noch ehe sie ein neues Begehren in Olivier erwachen spürte, warnte sie etwas Festliches in seinen Augen und in seinem ganzen Gesicht, wie verliebte Gedanken es erzeugen.

Dann begann sie auf der Stelle zu leiden; die Qualen des Zweifels störten ihren Schlummer. Um ihn zu überraschen, besuchte sie ihn unangemeldet, stellte ihm dem Anschein nach unverfängliche Fragen, tastete sein Herz ab und horchte auf seine Gedanken, wie man tastet und horcht, um die verborgene Krankheit eines Menschen zu erkunden.

Und sobald sie allein war, weinte sie, überzeugt davon, daß er ihr diesmal genommen, daß ihr diese Liebe gestohlen werden würde, an der sie festhielt, weil sie sich mit allem Willen, aller Liebeskraft, allen Hoffnungen und Träumen dafür eingesetzt hatte.

Und wenn sie ihn nach dergleichen flüchtigen Trennungen zu sich zurückkommen spürte und wie etwas Verlorenes und Wiedergefundenes aufs neue nehmen und besitzen durfte, dann empfand sie ein stummes, tiefes Glück, das sie mitunter, wenn sie an einer Kirche vorbeiging, hineingehen und sich auf die Knie werfen ließ, um Gott zu danken.

Die Sorge, ihm immer und mehr als eine andere zu gefallen und ihn trotz allen für sich zu behalten, hatte aus ihrem Leben einen unablässigen Wettstreit der Koketterie gemacht. In einem fort hatte sie durch Anmut, Schönheit und Eleganz um ihn gekämpft. Sie wollte, daß man überall, wo er von ihr sprechen hörte, ihren Zauber, ihren Geschmack, ihren Geist und ihre Art, sich zu kleiden, rühmte. Um seinetwillen wollte sie anderen gefallen und sie hinreißen, damit er stolz und eifersüchtig auf sie sei. Und jedesmal, wenn sie ihn eifersüchtig vermeinte, nachdem sie ihn ein wenig hatte leiden lassen, gönnte sie ihm einen Triumph, der seine Liebe belebte, indem er seine Eitelkeit reizte.

Im Wissen, daß ein Mann in der Gesellschaft jeden Tag einer Frau begegnen konnte, deren körperliche Verführung mächtiger sein konnte, weil sie neu war, nahm sie ihre Zuflucht zu andern Mitteln; sie schmeichelte ihm und verwöhnte ihn.

Auf taktvolle Weise überschüttete sie ihn unaufhörlich mit Lob, wiegte ihn mit Ausdrücken der Bewunderung ein und umhüllte ihn mit Schmeicheleien, damit er überall sonst die Freundschaft und sogar die Liebe ein wenig kühl und unvollkommen finde, damit er, wenn andere ihn ebenfalls liebten, zu dem Schluß kam, daß ihn keine so verstehe wie sie.

Sie machte aus ihrem Haus, aus ihren beiden Salons, die er so oft betrat, eine Stätte, zu der sich sein Künstlerstolz ebenso hingezogen fühlte wie sein Mannesherz, diejenige Stätte in Paris, die er am liebsten aufsuchte, weil dort ausnahmslos all seine Begehrlichkeiten gestillt wurden.

Nicht allein, daß sie all seine Neigungen entdecken lernte und sie in ihrem Haus befriedigte, um ihm ein Wohlbehagen zuteil werden zu lassen, das nichts zu ersetzen vermochte, sie verstand sich überdies darauf, neue zu wecken, ihm sinnliche oder geistige Leckerbissen jeder Art zu verschaffen, und gewöhnte ihn an unauffällige Fürsorge, an Liebe, Bewunderung und Schmeichelei! Sie bemühte sich, seine Augen durch Eleganz, seinen Geruchssinn durch Parfüms, sein Ohr durch Komplimente und seinen Mund durch erlesene Speisen zu verführen.

Aber indem sie in Seele und Sinne dieses egoistischen und gefeierten Junggesellen eine Fülle kleiner, tyrannischer Bedürfnisse pflanzte, indem sie die Gewißheit erlangte, daß keine Geliebte so viel Sorgfalt wie sie darauf verwenden würde, sie zu überwachen und zu erhalten, um ihn durch all diese feinen Lebensgenüsse zu fesseln, bekam sie plötzlich Angst, als sie merkte, wie er sich voller Widerwillen von seinem eigenen Heim abwandte, unaufhörlich über sein einsames Leben jammerte und, weil er zu ihr nur mit der von der Gesellschaft erzwungenen Zurückhaltung kommen konnte, häufig in den Klub ging und überall nach Mitteln suchte, um sich seine Einsamkeit weniger fühlbar zu machen; sie fürchtete, daß er womöglich daran dachte zu heiraten.

An manchen Tagen litt sie so sehr an all diesen Aufregungen, daß sie das Alter herbeiwünschte, damit ihre Ängste ein Ende hätten und sie sich in einer abgekühlten, stillen Zuneigung ausruhen könne.

Indessen gingen die Jahre hin, ohne die beiden auseinanderzubringen. Die von ihr zusammengefügte Kette war haltbar, und die Gräfin erneuerte die Glieder, je nachdem sie sich abnutzten. Doch sie war noch immer in Sorge; sie überwachte das Herz des Malers, wie man auf ein Kind aufpaßt, das eine sehr belebte Straße überquert, und nach wie vor fürchtete sie jeden Tag das unbekannte Geschehnis, dessen Drohung stets über uns hängt.

Der Graf hegte keinerlei Verdacht und war ohne Eifersucht; ihm erschien diese innige Freundschaft zwischen seiner Frau und einem berühmten Künstler, der überall mit großer Zuvorkommenheit empfangen wurde, als etwas ganz Natürliches. Und dadurch, daß die beiden Männer einander häufig sahen und sich aneinander gewöhnten, waren sie schließlich gute Freunde geworden.

II

Als Bertin am Freitagabend zu seiner Freundin kam, von der er zu einem kleinen Festessen anläßlich Annette de Guilleroys Heimkehr geladen worden war, fand er in dem kleinen Louis-Quinze-Salon nur Monsieur de Musadieu, der unmittelbar vor ihm gekommen war.

Monsieur de Musadieu war ein alter, geistvoller Herr, der vielleicht ein Mann von Bedeutung hätte werden können und sich nicht darüber hinwegtrösten konnte, daß er es nicht geworden war.

Obwohl ehemaliger Konservator der kaiserlichen Museen, hatte er dennoch Mittel und Wege gefunden, sich unter der Republik zum Leiter der Gemäldegalerien wiederernennen zu lassen, was ihn nicht hinderte, vor allem der Freund von Fürstlichkeiten, von Prinzen, Prinzessinnen und Herzoginnen der europäischen Aristokratie und der geschworene Gönner von Künstlern jeder Art zu sein. Er besaß eine rasche Auffassungsgabe und die Fähigkeit, mit einem flüchtigen Blick alles zu überschauen, war von großer Beredsamkeit, die ihm erlaubte, die belanglosesten Dinge auf eine angenehme Weise zu sagen, von einer Anpassungsfähigkeit, die ihm gestattete, sich in jedem Kreis wohlzufühlen, und überdies verfügte er über die feine Witterung des Diplomaten, so daß er die Leute beim ersten Sehen zu beurteilen vermochte; und so führte er denn seine unnütze und geschwätzige, aber funkelnde und aufgeklärte Betriebsamkeit Tag für Tag und Abend für Abend von Salon zu Salon spazieren.

Er war, so schien es, in allen Sätteln erfahren; er redete über alles mit dem Anschein fesselnder Zuständigkeit und einer Allgemeinverständlichkeit, die ihn bei den Frauen von Welt ungeheuer beliebt machte; er diente ihnen gewissermaßen als ein fliegender Basar gelehrten Wissens. Er wußte tatsächlich viel, ohne je etwas anderes als die unerläßlichsten Bücher gelesen zu haben; aber er stand auf bestem Fuß mit den fünf Akademien, mit allen Wissenschaftlern, allen Schriftstellern und allen Fachgelehrten, denen er mit wachem Unterscheidungsvermögen Gehör schenkte. Die allzu speziellen und für seine Zuhörer unbrauchbaren Ausdrücke wußte er rasch zu vergessen, die übrigen dagegen zu behalten und diesen zusammengestoppelten Kenntnissen eine gefällige, klare und wohlanständige Form zu verleihen, die sie so leicht verständlich machten wie phantastische Geschichten mit wissenschaftlichem Einschlag. Er wirkte wie ein Ideenspeicher, wie eins der riesigen Warenhäuser, in denen man nie seltene Dinge antrifft, dagegen alle sonstigen jeder Art und jeden Ursprungs, von Haushaltsgegenständen bis zu den gängigen Artikeln der unterhaltenden Physik oder der häuslichen Arzneikunst, im Überfluß und zu billigen Preisen.

Die Maler, mit denen er aufgrund seiner Dienststellung in Verbindung stand, machten sich über ihn lustig und fürchteten ihn. Übrigens erwies er sich ihnen gefällig; er sorgte für den Verkauf ihrer Bilder, führte sie in die große Welt ein, stellte sie gern vor, begönnerte sie, machte sie bekannt, schien sich einem geheimnisvollen Werk der Verschmelzung zwischen der guten Gesellschaft und den Künstlern zu weihen und rühmte sich, diese sehr gut zu kennen und mit jener auf vertrautem Fuß zu stehen, mit dem Prinzen von Wales, der sich vorübergehend in Paris aufhielt, zu Mittag zu essen und am selben Abend mit Paul Adelmans, Olivier Bertin und Amaury Maldant zu speisen.

Bertin, der ihn recht gern hatte, fand ihn kurios und nannte ihn: »Die Enzyklopädie, von Jules Verne zusammengestellt und in Eselshaut gebunden!«

Die beiden Männer schüttelten sich die Hände und begannen über die politische Lage zu sprechen, über die Kriegsgerüchte, die Musadieu für beunruhigend hielt, weil Deutschland aus naheliegenden Gründen, die er beredt auseinandersetzte, das größte Interesse habe, Frankreich zu vernichten und diesen seit achtzehn Jahren von Herrn von Bismarck herbeigesehnten Augenblick zu beschleunigen, während Olivier Bertin durch unwiderlegliche Argumente bewies, daß diese Befürchtungen Hirngespinste seien, da Deutschland nicht so irrsinnig sein werde, seine Errungenschaften in einem stets zweifelhaften Abenteuer aufs Spiel zu setzen, und der Kanzler nicht so unklug, in seinen letzten Lebenstagen sein Werk und seinen Ruhm mit einem Schlag in Gefahr zu bringen.

Monsieur de Musadieu schien indessen Dinge zu wissen, die er nicht sagen wollte. Übrigens hatte er im Lauf des Tages einen Minister gesprochen und war am gestrigen Abend mit dem aus Cannes zurückgekehrten Großfürsten Wladimir zusammengetroffen.

Der Künstler verharrte auf seinem Standpunkt und focht mit gelassenem Spott die Kompetenz auch der bestinformierten Leute an. Hinter all diesen Gerüchten würden lediglich einige Börsenmanöver vorbereitet! Allenfalls Herr von Bismarck mochte vielleicht eine feste Meinung darüber haben.

Jetzt trat Monsieur de Guilleroy ein, schüttelte ihnen eifrig die Hände und entschuldigte sich in salbungsvollen Worten, daß er sie allein gelassen habe.

»Und Sie, Herr Abgeordneter«, fragte der Maler, »was halten Sie von den Kriegsgerüchten?«

Monsieur de Guilleroy stürzte sich in eine Rede. Als Mitglied der Kammer wisse er davon mehr als irgend jemand anders, allerdings sei er nicht derselben Ansicht wie die meisten seiner Kollegen. Nein, er glaube nicht an die Wahrscheinlichkeit eines unmittelbar bevorstehenden Konflikts, zumindest nicht, wenn er nicht durch das französische Ungestüm und durch die Prahlereien der sogenannten Patrioten der Liga herausgefordert werde. Er entwarf von Herrn von Bismarck in großen Zügen ein Porträt im Stil Saint-Simons. Man wolle diesen Mann nicht verstehen, weil man anderen stets seine eigene Denkart zuschreibe und sie zu allem fähig glaube, was man selber an ihrer Stelle tun würde. Herr von Bismarck sei kein hinterhältiger, lügnerischer Diplomat, sondern geradezu und rücksichtslos, einer, der immer die Wahrheit laut herausschreie und seine Absichten stets im voraus ankündige. »Ich will den Frieden«, habe er gesagt; das sei wahr, er wolle den Frieden, nichts als den Frieden, und das zeige sich seit achtzehn Jahren auf eine in die Augen fallende Art und Weise in allem, in seinen Rüstungen, seinen Bündnissen, in dem Bund der Völker gegen unser Ungestüm. Monsieur de Guilleroy schloß in tief überzeugtem Ton: »Er ist ein großer Mann, ein sehr großer Mann, der die Ruhe wünscht, jedoch nur an Drohungen und Gewaltmittel glaubt, um sie zu erhalten. Alles in allem, meine Herren, ein großer Barbar.«

»Wer strebt nach dem Ziel, fragt nach den Mitteln nicht viel«, sagte Monsieur de Musadieu. »Ich räume Ihnen gern ein, daß er den Frieden wünscht, wenn Sie mir zugestehen, daß er, um ihn zu erhalten, immer zum Krieg aufgelegt ist. Es ist übrigens eine unbestreitbare, phänomenale Wahrheit, daß in dieser Welt nur für den Frieden Krieg geführt wird.«

Ein Diener meldete: »Die Frau Herzogin de Mortemain.«

In den beiden Flügeln der geöffneten Tür erschien eine große, füllige Dame, die würdevoll eintrat.

Guilleroy stürzte vor, küßte ihre Fingerspitzen und fragte: »Wie befinden Sie sich, Frau Herzogin?«

Die beiden anderen Männer begrüßten sie mit einer gewissen vornehmen Vertraulichkeit, denn die Herzogin hatte ein herzliches, wenn auch etwas barsches Wesen.

Sie war die Witwe des Generals Herzog de Mortemain, Mutter einer einzigen Tochter, die mit dem Prinzen von Salia verheiratet war, Tochter des Marquis de Farandal, von hoher Abkunft und königlich reich; sie empfing in ihrem Stadtpalais in der Rue de Varenne alle Berühmtheiten der ganzen Welt; sie trafen sich bei ihr und machten einander Komplimente. Keine Hoheit kam durch Paris, ohne bei ihr zu speisen, und kein Mann konnte von sich reden machen, ohne daß sie alsbald den Wunsch geäußert hätte, ihn kennenzulernen. Sie mußte ihn bei sich sehen, zum Reden bringen und beurteilen. Das vertrieb ihr die Zeit, brachte Bewegung in ihr Leben und nährte die Flamme hochmütiger und wohlwollender Neugier, die in ihr brannte.

Kaum hatte sie sich gesetzt, als derselbe Diener rief: »Baron und Baronin de Corbelle.« Beide waren jung, der Baron kahl und dick, die Baronin zart, elegant und sehr braun.

Dieses Paar nahm eine besondere Stellung in der französischen Aristokratie ein, und es verdankte sie einzig und allein der peinlich genauen Wahl seines Umgangs. Sie gehörten dem kleinen Adel an, waren nichtig, ohne Geist und wurden in allem, was sie taten, lediglich von einer hemmungslosen Vorliebe für alles Feine, Schickliche und Vornehme angetrieben; dadurch, daß sie nur die fürstlichen Häuser besuchten, daß sie ihre königstreue, fromme und in höchstem Grade korrekte Gesinnung zur Schau trugen, daß sie alles verehrten, was verehrt werden muß, alles verachteten, was verachtet werden muß, und daß sie sich nie in einem Punkt der mondänen Glaubenssätze irrten und nie über eine Kleinigkeit der Etikette schwankten, war es ihnen gelungen, in den Augen der Gesellschaft als die erlesene Blüte der Hautevolee angesehen zu werden. Ihre Meinung bildete eine Art Kodex des Schicklichen, und ihre Anwesenheit in einem Haus gab diesem den wahren Beweis hochachtbaren Ranges.

Die Corbelles waren Verwandte des Grafen de Guilleroy.

»Nun«, fragte die Herzogin verwundert, »und Ihre Frau?«

»Einen Augenblick, einen kleinen Augenblick«, bat der Graf. »Es gibt eine Überraschung, sie wird gleich kommen.«

Als Madame de Guilleroy einen Monat verheiratet gewesen und in die Gesellschaft eingeführt worden war, wurde sie der Herzogin de Mortemain vorgestellt, die sie sofort ins Herz schloß, mit Beschlag belegte und begönnerte.

Seit zwanzig Jahren hatte sich an dieser Freundschaft nichts geändert, und wenn die Herzogin »mein liebes Kind« sagte, vernahm man in ihrer Stimme noch die Rührung ob dieser jäh über sie hereingebrochenen und beharrlichen Schrulle. In ihrem Haus hatte die Begegnung des Malers mit der Gräfin stattgefunden.

Musadieu war zu ihr getreten und fragte: »Haben Frau Herzogin die Ausstellung der Maßlosen gesehen?«

»Nein, was ist das?«

»Ein Kreis neuer Künstler, Impressionisten im Rauschzustand. Es befinden sich darunter zwei sehr starke Begabungen.«

Die große Dame murmelte: »Für die Späße dieser Herren habe ich nichts übrig.«

Sie war autoritär und schroff, ließ kaum eine andere Meinung als ihre eigene gelten, gründete diese einzig und allein auf das Bewußtsein ihrer gesellschaftlichen Stellung und erblickte, ohne sich darüber Rechenschaft zu geben, in den Künstlern und Gelehrten geistige Mietlinge, die von Gott beauftragt sind, die vornehme Welt zu unterhalten oder ihr zu Diensten zu sein; und so fällte sie ihre Urteile nur nach dem Grad der Verwunderung und des unmittelbaren Vergnügens, die ihr der Anblick einer Sache, die Lektüre eines Buches oder der Bericht über eine Entdeckung bereiteten.

Sie war stattlich, stark, schwer, rot, hatte eine laute Stimme und galt als großzügig und überlegen, weil nichts sie aus der Fassung brachte, weil sie alles zu sagen wagte und alle Welt begönnerte; sie entthronte Fürsten durch die Empfänge ihnen zu Ehren und sogar den Allmächtigen durch ihre Spenden an die Geistlichkeit und ihre Gaben an die Kirchen.

Musadieu begann von neuem: »Wissen Frau Herzogin, daß man den Mörder der Marie Lambourg hinter Schloß und Riegel zu haben glaubt?«

Da erwachte ihr Interesse, und sie antwortete: »Nein, erzählen Sie mir davon!«

Und er berichtete die Einzelheiten. Er war hochgewachsen und sehr mager, trug eine weiße Weste und kleine Brillanten als Hemdknöpfe; er sprach ohne Handbewegungen und mit einem korrekten Ausdruck, der ihm erlaubte, die gewagtesten Dinge zu äußern, was seine Spezialität war. Er war sehr kurzsichtig und schien trotz seines Pincenez nie jemanden zu sehen, und wenn er sich setzte, hätte man meinen können, sein Kochengerüst biege sich der Form des Sessels entsprechend. Sein eingeknickter Oberkörper wurde ganz klein und sackte zusammen, als bestehe seine Wirbelsäule aus Gummi; seine übereinandergeschlagenen Beine sahen wie zwei zusammengewickelte Bänder aus, und seine langen Arme, die auf den Sessellehnen lagen, ließen bleiche Hände mit unendlich langen Fingern herabhängen. Sein Haar und sein Schnurrbart waren kunstvoll gefärbt, und die darin geschickt vergessenen weißen Strähnen bildeten den Gegenstand häufiger Spötterei.

Als er der Herzogin gerade auseinandersetzte, der mußmaßliche Mörder habe den Schmuck der ermordeten Prostituierten einem anderen Mädchen von leichten Sitten geschenkt, öffnete sich die Tür des großen Salons abermals ganz weit, und zwei blonde, einander wie zwei Schwestern verschiedenen Alters gleichende Damen in schaumigen Mechelner Spitzen, die eine etwas zu reif, die andere etwas zu jung, die eine etwas zu stark, die andere etwas zu schlank, traten Arm in Arm lächelnd ein.

Alle taten Ausrufe und klatschten Beifall. Keiner außer Olivier Bertin wußte um Annette de Guilleroys Heimkehr, und das Erscheinen des jungen Mädchens an der Seite der Mutter, die aus einiger Entfernung fast ebenso frisch und sogar schöner wirkte, denn in ihrer übervollen Erblühtheit erregte sie immer noch Aufsehen, während das kaum entfaltete Kind erst hübsch zu werden begann, brachte es mit sich, daß sie beide bezaubernd wirkten.

Die Herzogin klatschte entzückt in die Hände und rief: »Mein Gott! Wie entzückend und reizend eine neben der anderen! Sehen Sie nur, Monsieur de Musadieu, wie sie einander ähneln!«

Sie wurden verglichen, und alsbald bildeten sich zwei Meinungen. Nach Musadieu, den Corbelles und dem Grafen de Guilleroy ähnelten sich die Gräfin und ihre Tochter nur im Teint, dem Haar und zumal den Augen, die bei beiden völlig gleich waren, nämlich mit schwarzen Pünktchen gesprenkelt, die wie winzige, auf die blaue Iris gespritzte Tintentropfen aussahen. Aber binnen kurzem, wenn das junge Mädchen zur Frau geworden war, würden sie einander kaum noch ähnlich sehen.

Dagegen waren sie nach Meinung der Herzogin und Olivier Bertins einander völlig ähnlich, und nur der Altersunterschied ließ sie ungleich erscheinen.

Der Maler sagte: »Wie hat sie sich innerhalb dreier Jahre verändert! Ich hätte sie nicht wiedererkannt und würde es nicht mehr wagen, sie zu duzen.«

Die Gräfin begann zu lachen. »Ach, warum nicht gar! Das möchte ich erleben, wenn Sie zu Annette Sie sagen.«

Das junge Mädchen, dessen künftige Mutwilligkeit schon hinter schüchtern-schalkhaften Zügen sichtbar wurde, erwiderte: »Ich jedenfalls könnte es nicht mehr wagen, Monsieur Bertin zu duzen.«

Die Mutter lachte. »Bleib nur bei dieser schlimmen Angewohnheit, ich erlaube es dir. Ihr werdet eure Bekanntschaft bald aufgefrischt haben.«

Aber Annette schüttelte den Kopf. »Nein, nein. Da hätte ich Hemmungen.«

Nachdem die Herzogin sie geküßt hatte, unterzog sie als interessierte Kennerin das junge Mädchen einer Prüfung. »Jetzt, mein Kind, schau mir mal ins Gesicht. Ja, du hast ganz genau denselben Blick wie deine Mutter; in einiger Zeit, wenn du etwas an Fülle gewonnen hast, wirst du nicht übel aussehen. Man muß dich ein wenig herausfüttern, nicht viel, aber ein bißchen; du bist ein Magerchen.«

Die Gräfin rief: »Oh, sagen Sie das nicht.«

»Und warum nicht?«

»Es ist so angenehm, schlank zu sein! Ich selber versuche ja abzumagern.«

Doch Madame de Mortemain wurde ärgerlich und vergaß in ihrem lebhaften Zorn, daß ein junges Mädchen anwesend sei. »Immer dasselbe! Immer diese Haut-und-Knochen-Mode, weil sich die Knochen besser als das Fleisch behängen lassen. Ich gehöre zur Generation der üppigen Frauen! Heute ist die Generation der mageren Frauen dran. Das erinnert mich an die ägyptischen Kühe. Wahrhaftig, ich verstehe die Leute nicht, die so tun, als bewunderten sie eure Gerippe. Zu unserer Zeit wurde mehr verlangt.« Sie verstummte, weil alle lächelten, und fuhr dann fort: »Sieh dir deine Mama an, Kleines, sie wirkt vortrefflich, gerade recht, eifere ihr nach.«

Es wurde ins Eßzimmer hinübergegangen. Als alle Platz genommen hatten, nahm Musadieu die Unterhaltung wieder auf. »Ich sage, die Männer sollten mager sein, weil sie für Arbeiten geschaffen sind, die Gewandtheit und Behendigkeit erfordern und mit einem Bauch unvereinbar sind. Bei den Frauen liegen die Dinge etwas anders. Ist das nicht auch Ihre Meinung, Corbelle?«

Corbelle war ratlos, da die Herzogin dick und seine eigene Frau mehr als schmächtig war! Aber die Baronin kam ihrem Gatten zu Hilfe und erklärte sich entschlossen für Schlankheit. Im vergangenen Jahr habe sie gegen eine beginnende Fülle ankämpfen müssen, deren sie indessen schnell Herr geworden sei.

Madame de Guilleroy fragte: »Erzählen Sie mir doch, wie Sie das angefangen haben.«

Und die Baronin setzte ihr die von allen eleganten Frauen der heutigen Zeit angewandte Methode auseinander. Nicht zum Essen trinken. Nur eine Stunde nach der Mahlzeit dürfe man sich eine Tasse sehr heißen, kochendheißen Tee gestatten. Das wirke bei jedem. Sie führte erstaunliche Beispiele von dick gewordenen Frauen an, die innerhalb dreier Monate schmaler als Messerklingen geworden seien.

Die im höchsten Grade aufgebrachte Herzogin rief: »Mein Gott! Wie dumm, sich so zu quälen! Sie machen sich aus nichts, aber auch aus gar nichts etwas, nicht einmal aus Champagner. Hören Sie, Bertin, Sie sind Künstler, wie denken Sie darüber?«

»Ach, Madame, ich bin Maler, ich drapiere, mir ist es einerlei. Wenn ich Bildhauer wäre, würde ich die Hände ringen.«

»Und was ziehen Sie als Mann vor?«

»Ich? Eine... etwas füllige Eleganz, das, was meine Köchin ein gut im Futter stehendes Huhn nennt. Nicht fett, aber rundlich und zart.«

Der Vergleich rief Gelächter hervor, aber die Gräfin musterte ungläubig ihre Tochter und flüsterte: »Nein, nein, es ist sehr hübsch, schlank zu sein; Frauen, die schlank bleiben, altern nicht.«

Über diesen Punkt erhoben sich abermals unterschiedliche Meinungen, und wiederum teilte sich die Gesellschaft. Alle waren sich jedoch dahingehend einig, daß eine sehr füllige Frau nicht gar zu rasch abnehmen dürfe.

Diese Bemerkung bot Gelegenheit, bekannte Damen der Gesellschaft Revue passieren zu lassen, und gab Anlaß zu neuen Streitereien über ihre Anmut, ihren Geschmack und ihre Schönheit. Musadieu hielt die blonde Marquise de Lochrist für unvergleichlich bezaubernd, während Bertin meinte, der mit ihr rivalisierenden Madame Mandelière mit der niedrigen Stirn, den dunklen Augen und dem ein wenig großen Mund, in dem die Zähne zu leuchten schienen, könne keine das Wasser reichen.

Er hatte sich neben das junge Mädchen gesetzt und wandte sich plötzlich an sie: »Hör gut zu, Nannette. Alles, was wir hier reden, wirst du jede Woche mindestens einmal zu hören bekommen, bis du alt bist. Innerhalb von acht Tagen wirst du auswendig wissen, was man in der Gesellschaft über Politik, Frauen, Theaterstücke und alles übrige denkt. Man braucht bloß die Namen der Leute oder die Titel der Werke von Zeit zu Zeit auszutauschen. Wenn du uns alle unsere Meinung hast darlegen und verteidigen hören, dann brauchst du dir einfach unter denen, die man haben muß, deine eigene auszuwählen, und dann erübrigt es sich für dich, je wieder zu denken, und du kannst dich ausruhen.«

Ohne zu antworten, warf die Kleine ihm einen schelmischen Blick zu, in dem eine junge, wachsame Intelligenz lauerte; sie wurde noch am Gängelband geführt, war aber auf dem Sprung, sich frei zu machen.

Die Herzogin und Musadieu, die mit Gedanken spielten, wie man Ball spielt, ohne zu merken, daß sie einander stets dieselben Bälle zuwarfen, protestierten im Namen des menschlichen Geistes und Tätigkeitsdranges.

Daraufhin bemühte sich Bertin auseinanderzusetzen, wie bedeutungslos, ohne Nährkraft und ohne Tragweite die Intelligenz selbst der bestgebildeten Leute von Welt sei, wie armselig und wie schwach begründet ihre Anschauungen seien und gleichzeitig die Beachtung, die sie allem Geistigen zollten, wie sprunghaft und zweifelhaft ihre Geschmacksrichtungen.

Es hatte ihn einer der Anfälle gerechter Entrüstung gegen das halb Wahre, halb Ausgesprochene gepackt, die zuerst das Verlangen zu reden hervorrufen und dann plötzlich ein klares Urteilsvermögen zum Aufleuchten bringen, das für gewöhnlich durch Wohlwollen verdunkelt wird; er legte dar, wie Leute, deren einzige Beschäftigung im Leben darin besteht, Besuche zu machen und in der Stadt zu Abend zu essen, durch ein unaufhaltsames Verhängnis zu angenehmen und hübschen, aber alltäglichen Geschöpfen würden, die sich irgendwie durch Sorgen, Meinungen und oberflächliche Neigungen antreiben ließen.

Er legte dar, daß nichts an ihnen tief, leidenschaftlich und ernsthaft, daß ihre geistige Entwicklung gleich Null und ihre Gelehrsamkeit nichts als ein simpler Firnis sei und daß sie daher alles in allem Marionetten blieben, die den Anschein erweckten und so täten, als seien sie auserlesene Geschöpfe, was indessen durchaus nicht der Fall sei. Er bewies, daß sie, da die schwächlichen Wurzeln ihrer Instinkte in den Konventionen und nicht im wirklichen Leben steckten, nichts wahrhaft liebten, daß sogar der Luxus ihres Daseins nur eine Befriedigung der Eitelkeit und nicht eines raffinierten körperlichen Verlangens sei, denn man speise bei ihnen schlecht und man trinke schlechte, wenngleich sehr teuer bezahlte Weine. »Sie leben neben allem her«, sagte er, »ohne etwas zu sehen und etwas zu ergründen, neben der Wissenschaft, von der sie keine Ahnung haben, neben der Natur, die sie nicht zu betrachten verstehen, neben dem Glück, weil sie außerstande sind, sich leidenschaftlich über etwas zu freuen, neben der Schönheit der Erde oder der Schönheit der Kunst, von der sie sprechen, ohne sie wahrgenommen zu haben und sogar ohne daran zu glauben, denn sie wissen nichts von dem Rausch, den der Genuß der Freuden des Lebens und des Geistes mit sich bringt. Sie sind außerstande, sich mit etwas so lange zu beschäftigen, bis sie es, und einzig dieses, lieben, und sich für etwas so lange zu interessieren, bis sie durch das Glück des Begreifens erleuchtet werden.«

Der Baron de Corbelle glaubte die gute Gesellschaft verteidigen zu müssen. Er tat es mit haltlosen und leicht widerlegbaren Argumenten, mit Argumenten, die vor der Vernunft wie Schnee am Feuer schmelzen und die alles andere als handgreiflich sind, mit den abgeschmackten und jubelnden Argumenten eines Landgeistlichen, der das Dasein Gottes beweisen möchte. Am Ende verglich er die Herren und Damen der Gesellschaft mit Rennpferden, die im Grunde zu nichts dienten, aber den Ruhm der Pferderasse ausmachten.

Bertin, der vor diesem Gegner in Verlegenheit geriet, bewahrte jetzt ein geringschätziges, höfliches Schweigen. Doch plötzlich ärgerte ihn die Dummheit des Barons, und indem er sich geschickt in Corbelles Rede einschaltete, schilderte er, vom Aufstehen bis zum Schlafengehen, das Leben eines wohlerzogenen Mannes.

Alle diese fein erfaßten Einzelheiten zeichneten ein unwiderstehlich komisches Bild. Man sah den Herrn, nachdem er von seinem Kammerdiener angekleidet worden war, wie er zuerst gegenüber dem Friseur, der ihn rasieren kam, einige allgemeine Ideen äußerte, wie er dann vor Antritt des morgendlichen Spazierritts die Stallknechte über die Gesundheit der Pferde befragte, dann durch die Alleen des Bois trabte, einzig von der Sorge bewegt, zu grüßen und gegrüßt zu werden, dann mit seiner ihm gegenübersitzenden Frau zu Mittag aß, mit ihr ausfuhr, wobei sie diesmal neben ihm saß, und seine Unterhaltung mit ihr darauf beschränkte, die Namen der am Morgen gesehenen Leute aufzuzählen, dann bis zum Abend von Salon zu Salon ging, um seinen Geist im Gespräch mit seinesgleichen zu stählen, schließlich bei einem Fürsten zu Abend aß, wobei über die Lage Europas geredet wurde, und endlich den Abend im Ballettsaal der Oper beschloß, wo seine bescheidenen Ansprüche als Lebemann auf harmlose Weise durch den Anblick einer augenscheinlich zweideutigen Stätte befriedigt wurden.

Das Bild war so treffend, ohne mit seiner Ironie jemand zu verletzen, daß die ganze Tischgesellschaft lachte. Die von der unterdrückten Heiterkeit einer beleibten Dame geschüttelte Herzogin bekam einen Schluckauf. Schließlich sagte sie: »Nein, wirklich, es ist zu komisch, Sie bringen mich um, so muß ich lachen.«

Bertin erwiderte sehr angeregt: »O Madame, in der guten Gesellschaft stirbt man nicht vor Lachen. Man lacht ja kaum. Taktvollerweise besitzt man die Gefälligkeit, so zu tun, als unterhalte man sich, und tut, als lache man. Man ahmt die Grimassen ziemlich gut nach, aber man tut es niemals wirklich. Gehen Sie in die volkstümlichen Theater, dort können Sie erleben, was lachen heißt. Gehen Sie zu den schlichten Bürgersleuten, wenn sie sich amüsieren, dort können Sie es erleben, daß gelacht wird, bis den Leuten die Luft wegbleibt! Gehen Sie in die Kasernenstuben, dort können Sie erleben, wie die Männer vor Lachen beinahe ersticken und sich, die Augen voller Tränen, bei den Witzen eines Spaßmachers auf dem Bett wälzen. Aber in unseren Salons wird nicht gelacht. Ich sage Ihnen, daß man dort den Anschein von allem zu erwecken versteht, selbst den des Lachens.«

Musadieu unterbrach ihn:»Verzeihung, Sie sind sehr streng. Sie selber, mein Lieber, scheinen doch die Gesellschaft, über die Sie sich so trefflich lustig machen, nicht zu verachten.«

Bertin lächelte. »Ich? Ich schwärme dafür.«

»Ja, und?«

»Ich verachte mich ein wenig, als sei ich ein Bastard von zweifelhafter Rasse.«

»Das alles ist nur Pose«, sagte die Herzogin.

Und als er das bestritt, beendete sie die Unterhaltung, indem sie erklärte, alle Künstler möchten den Leuten gern weismachen, der Teufel sei ein Eichhörnchen.

Die Unterhaltung wurde jetzt allgemein, streifte alltäglich und gelassen, freundschaftlich und taktvoll alles nur Erdenkliche, und da sich das Essen dem Ende näherte, rief die Gräfin und wies dabei auf die vor ihr stehenden vollen Gläser: »Da, ich habe nichts getrunken, keinen Tropfen, jetzt werden wir sehen, ob ich abnehme.«

Die aufgebrachte Herzogin wollte sie zwingen, wenigstens einen Schluck Mineralwasser zu trinken, und da sie sich vergeblich bemühte, rief sie aus: »Oh, wie dumm von ihr! Ihre Tochter wird ihr noch den Kopf verdrehen. Ich flehe Sie an, Guilleroy, verhindern Sie, daß Ihre Frau diese Dummheit begeht.«

Der Graf, der eben dabei war, Musadieu das System einer in Amerika erfundenen Dreschmaschine zu erklären, hatte nicht zugehört. »Welche Dummheit denn, Frau Herzogin?«

»Die Dummheit, abnehmen zu wollen.«

Er warf seiner Frau einen wohlwollenden und gleichgültigen Blick zu. »Leider bin ich es nicht gewohnt, ihr zu widersprechen.«

Die Gräfin hatte sich erhoben und den Arm ihres Nachbarn genommen, der Graf bot den seinen der Herzogin, und so gingen sie in den großen Saal hinüber, da das anstoßende Boudoir den Tagesempfängen vorbehalten war.

Der Salon war ein sehr großer und sehr heller Raum. An den vier Wänden erhielten große und schöne Bespannungen von blaßblauer Seide mit altertümlichen Mustern in weiß-goldenen Rahmen durch das Licht der Lampen und des Kronleuchters einen sanften und zugleich lebhaften bleichen Glanz. In der Mitte der Hauptwand schien das von Olivier Bertin gemalte Porträt der Gräfin heimisch zu sein und das Zimmer zu beleben. Es war dort zu Hause und teilte sogar der Luft im Salon das Lächeln der jungen Frau, den Zauber ihres Blickes und den lieblichen Reiz ihres blonden Haars mit. Übrigens war es fast eine Gewohnheit, eine Art Bekundung der Höflichkeit geworden – wie man beim Besuch von Kirchen das Kreuz schlägt –, dem Modell vor dem Werk des Malers jedesmal, wenn man davor stehen blieb, Komplimente zu machen.

Musadieu versäumte es nie. Da seine Meinung als staatsbevollmächtigter Kenner den Wert eines amtlichen Gutachtens hatte, machte er es sich zur Pflicht, häufig mit überzeugenden Worten die Unübertrefflichkeit des Gemäldes zu bestätigen. »Wirklich«, sagte er, »es ist das schönste Porträt unserer Zeit, das ich kenne. Es atmet erstaunlich viel Leben.«

Der Graf de Guilleroy, bei dem durch die Gewohnheit, das Gemälde rühmen zu hören, sich die feste Überzeugung eingewurzelt hatte, er besitze ein Meisterwerk, trat näher, um ihn noch zu überbieten, und ein oder zwei Minuten lang häuften sie alle gebräuchlichen Fachausdrücke, um die augenscheinlichen und vermeintlichen Vorzüge des Bildes zu rühmen.

Aller Augen blickten zur Wand hinauf und schienen verzückt vor Bewunderung, und Olivier Bertin, der an diese Lobreden gewöhnt war und ihnen kaum mehr Beachtung schenkte als Fragen über die Gesundheit, wenn man sich auf der Straße trifft, rückte derweile die Lampe vor das Bild, um es besser zu beleuchten, weil der Diener sie aus Nachlässigkeit ein wenig abseits gestellt hatte.

Dann setzten sich alle, und die Herzogin sagte zu dem Grafen, der sich zu ihr gesellt hatte: »Ich glaube, mein Neffe wird mich abholen und Sie um eine Tasse Tee bitten.«

Seit einiger Zeit waren sie einander in ihren Wünschen begegnet und hatten sie erraten, ohne daß sie sie sich auch nur andeutungsweise anvertraut hätten.

Der Bruder der Herzogin de Mortemain, der Marquis de Farandal, war, nachdem er sich fast völlig durch das Spiel ruiniert hatte, durch einen Sturz vom Pferd gestorben und hatte eine

Witwe und einen Sohn hinterlassen. Mit seinen jetzt achtundzwanzig Jahren war jener junge Mann einer der begehrtesten Anführer Europas beim Kotillon und wurde mitunter nach Wien oder nach London eingeladen, um fürstliche Bälle durch seine Walzerdrehungen zu krönen; und obwohl er fast ohne Vermögen war, blieb er doch dank seiner Stellung, seiner Familie, seinem Namen und seinen beinahe königlichen Anverwandten einer der meistumworbenen und meistbeneideten Männer von Paris.

Dieser zu junge tänzerische und sportliche Ruhm mußte befestigt und nach einer reichen, sehr reichen Heirat der gesellschaftliche Erfolg durch den politischen ersetzt werden. Sobald er Abgeordneter war, würde der Marquis allein durch diese Tatsache zu einer Säule des künftigen Throns werden, zu einem Ratgeber des Königs und einem der Häupter der Partei.

Die Herzogin, die sich gründlich erkundigt hatte, wußte Bescheid über das ungeheure Vermögen des Grafen de Guilleroy, dieses verständigen Geldanhäufers, der in einer einfachen Wohnung hauste, während er als großer Herr in einem der schönsten Pariser Stadtpalais hätte leben können. Sie wußte von seinen stets glücklichen Spekulationen, kannte seine feine Witterung als Finanzmann, seinen Anteil an den einträglichen Geschäften der letzten zehn Jahre, und so war ihr der Gedanke gekommen, ihren Neffen mit der Tochter des normannischen Abgeordneten zu verheiraten, dem diese Vermählung entscheidenden Einfluß in der aristokratischen Gesellschaft um die Fürsten einräumen würde. Guilleroy, der eine reiche Heirat gemacht hatte und durch seine Geschicklichkeit ein hübsches Privatvermögen vervielfacht hatte, hegte jetzt andere ehrgeizige Pläne.

Er glaubte an die Rückkehr des Königs und wollte an diesem Tag imstande sein, aus dem Ereignis auf die vollkommenste Weise Nutzen zu ziehen.

Als einfacher Abgeordneter zählte er nicht viel. Als Schwiegervater des Marquis de Farandal, dessen Ahnen treue und bevorzugte Günstlinge des französischen Königshauses gewesen waren, stieg er in die erste Reihe empor.

Die Freundschaft der Herzogin zu seiner Frau verlieh dieser Verbindung überdies den Charakter einer ungemein kostbaren, innigen Beziehung, und aus Furcht, ein anderes junges Mädchen könne unversehens dem Marquis begegnen und ihm gefallen, hatte er, um die Ereignisse zu beschleunigen, seine Tochter zurückkommen lassen.

Madame de Mortemain ahnte seine Pläne, erriet sie und förderte sie in stillschweigender Mithilfe, und an diesem Tag hatte sie, obwohl sie von der plötzlichen Heimkehr des jungen Mädchens nicht benachrichtigt worden war, ihren Neffen zu den Guilleroys gebeten, um ihn nach und nach daran zu gewöhnen, dies Haus öfters aufzusuchen.

Zum erstenmal sprachen der Graf und die Herzogin in versteckten Worten über ihre Wünsche, und als sie geendet hatten, war ein Ehevertrag geschlossen worden.

Am anderen Ende des Salons wurde gelacht. Monsieur de Musadieu hatte gerade der Baronin de Corbelle vom Empfang einer Negergesandtschaft beim Präsidenten der Republik erzählt, als der Marquis de Farandal gemeldet wurde.

Er erschien in der Tür und blieb stehen. Durch eine rasche, ungezwungene Handbewegung setzte er ein Monokel in sein rechtes Auge, wie um den Salon, den er betrat, besser sehen zu können, und vielleicht auch, um den dort anwesenden Leuten Zeit zu geben, daß sie ihn anblickten und seinen Eintritt beachteten. Dann ließ er durch eine unmerkliche Bewegung der Wange und Braue das Stückchen Glas an einer schwarzen Seidenschnur fallen und näherte sich rasch Madame de Guilleroy, der er mit einer tiefen Verneigung die dargebotene Hand küßte. Ebenso begrüßte er seine Tante und schüttelte darauf den übrigen die Hand, indem er mit eleganter Ungezwungenheit von einem zum andern ging.

Er war ein hochgewachsener junger Herr mit rostrotem Schnurrbart, schon ein wenig kahl, mit einer Offizierstaille und den Manieren eines englischen Sportsmannes. Man empfand bei seinem Anblick, daß er einer der Männer war, deren Glieder geübter sind als ihr Kopf und die sich nur zu solchen Dingen hingezogen fühlen, bei denen sie physische Kraft und Gewandtheit an den Tag legen können. Dennoch besaß er Bildung, denn er hatte mit großer geistiger Anspannung gelernt und lernte noch jeden Tag alles, was ihm später zu wissen nützlich sein konnte: Geschichte, indem er sich wild auf die Daten stürzte und bei den Tatsachen irrte, die Grundkenntnisse der politischen Ökonomie, die für einen Abgeordneten notwendig sind, das Abc der Soziologie zum Gebrauch der führenden Klassen.

Musadieu schätzte ihn und sagte: »Der wird einmal ein Mann von Bedeutung.« Bertin erkannte seine Gewandtheit und seine Lebenskraft an. Sie besuchten denselben Fechtboden, jagten zusammen und begegneten sich zu Pferd in den Alleen des Bois. Es hatte sich zwischen ihnen eine Sympathie des gemeinsamen Geschmacks angebahnt, jene instinktive Freimaurerei, die zwei Männer auf ein Gesprächsthema bringt, das dem einen wie dem andern angenehm ist.

Als der Marquis Annette de Guilleroy vorgestellt wurde, ahnte er jäh die Absichten seiner Tante, und nachdem er sich verneigt hatte, prüfte er sie mit raschem Kennerblick.

Er fand sie hübsch und vor allen Dingen sehr vielversprechend, denn er hatte so viele Kotillontänze angeführt, daß er sich in jungen Mädchen auskannte und die künftige Entwicklung ihrer Schönheit sicher voraussagen konnte, wie ein Fachmann, der einen noch zu jungen Wein kostet.

Er wechselte nur ein paar unbedeutende Worte mit ihr und setzte sich dann in die Nähe der Baronin de Corbelle, um leise mit ihr zu hecheln.

Die Gäste entfernten sich früh, und als alle fort, das Kind zu Bett geschickt worden, die Lampen gelöscht und die Dienstboten oben in ihren Zimmern waren, ging der Graf de Guilleroy in dem nur von zwei Kerzen erhellten Salon auf und ab und hielt die schlaftrunken in einem Sessel sitzende Gräfin noch lange zurück, um über seine Hoffnungen zu sprechen, die zu beachtende Haltung in allen Einzelheiten festzulegen und sich sämtliche Verkettungen der Umstände, Glücksfälle und Vorsichtsmaßnahmen auszumalen.

Es war spät, als er sich, entzückt von dieser Abendgesellschaft, zurückzog und leise sagte: »Ich glaube, es ist jetzt eine abgemachte Sache.«

III

»Wann kommen Sie, lieber Freund? Ich habe Sie seit drei Tagen nicht gesehen, und das erscheint mir sehr lang. Meine Tochter beschäftigt mich viel, aber Sie wissen, daß ich nicht mehr ohne Sie sein kann.«

Der Maler, der, ständig auf der Suche nach einem neuen Thema, mit dem Zeichenstift skizzierte, las das Billett der Gräfin noch einmal und öffnete dann die Schublade eines Schreibtisches, wo er es zu einem Haufen anderer Briefe tat, die dort seit dem Beginn ihrer Liebschaft verschlossen lagen.

Dank der Ungezwungenheit des mondänen Lebens hatten sie sich daran gewöhnt, einander fast jeden Tag zu sehen. Hin und wieder kam sie zu ihm und nahm, ohne ihn in seiner Arbeit zu stören, für eine oder zwei Stunden in dem Sessel Platz, in dem sie ihm einst Modell gesessen hatte. Doch da sie ein bißchen Angst vor Bemerkungen der Dienstboten hatte, zog sie es für ihre täglichen Begegnungen, für das Kleingeld der Liebe, vor, ihn bei sich zu empfangen oder ihn in irgendeinem Salon zu treffen.

Sie bewahrten bei diesen Zusammentreffen, die Monsieur de Guilleroy nach wie vor ganz natürlich erschienen, einige Zurückhaltung.

Mindestens zweimal in der Woche aß der Maler mit irgendwelchen Freunden bei der Gräfin zu Abend; am Montag begrüßte er sie regelmäßig in ihrer Loge in der Oper, und überdies begegneten sie einander in diesem oder jenem Haus, wohin sie der Zufall zur selben Stunde führte. Er wußte, an welchen Abenden sie nicht ausging, und erschien dann, um bei ihr eine Tasse Tee zu trinken und sich in ihrer Nähe heimisch zu fühlen; so zärtlich und geborgen war er in diese reife Liebe gebettet, so gefangen von der Gewohnheit, sie irgendwo zu finden, ein paar Augenblicke in ihrer Gesellschaft zu verbringen, ein paar Worte mit ihr zu wechseln und ein paar Gedanken einzuflechten, daß er, obwohl die lebendige Flamme seiner Liebe sich seit langem beschwichtigt hatte, ein unaufhörliches Verlangen empfand, sie zu sehen.

Der Wunsch nach Familie, einem belebten, bewohnten Haus, nach gemeinsamen Mahlzeiten, Abenden, an denen man ohne

Ermüdung mit einem seit langem bekannten Menschen spricht, der Wunsch nach Kontakt, nach Ellbogennähe und Vertraulichkeit, der in jedem Menschenherzen schlummert und der jeden alten Junggesellen von Tür zu Tür zu seinen Freunden hingeleitet, wo er dann ein wenig von sich zurückläßt, lieh seiner Zuneigung etwas Egoistisches. In diesem Haus, wo er geliebt und verwöhnt wurde, wo er alles fand, konnte er zudem noch ausruhen und seine Einsamkeit hätscheln.

Seit drei Tagen hatte er seine Freunde, die ja die Rückkehr der Tochter sehr beschäftigen mußte, nicht wiedergesehen, und er langweilte sich bereits, er war sogar ein wenig verärgert, daß sie ihn nicht eher hatten rufen lassen, und es bedurfte des Einsatzes einer gewissen Diskretion, daß er nicht darum bat, sie möchten ihn empfangen.

Der Brief der Gräfin ließ ihn aufspringen wie unter einem Peitschenhieb. Es war drei Uhr nachmittags. Er beschloß, sich sofort auf den Weg zu ihr zu machen, um sie noch anzutreffen, ehe sie ausging. Auf ein Klingelzeichen hin erschien der Diener.

»Was für Wetter, Joseph?«

»Sehr schönes.«

»Warm?«

»Ja.«

»Weiße Weste, blaues Jackett, grauer Hut.«

Er kleidete sich immer sehr elegant, doch obwohl er von einem Schneider angezogen wurde, der sich an korrekten Stil hielt, schien allein schon die Art, wie er seine Kleidung trug und wie er ging – den Bauch in eine weiße Weste gezwängt, den steifen grauen Hut ein wenig nach hinten gerückt –, sogleich zu verraten, daß er ein Künstler und Junggeselle sei.

Als er zur Gräfin kam, wurde ihm gesagt, sie mache sich für eine Spazierfahrt im Bois fertig. Er war ungehalten und wartete.

Wie gewöhnlich begann er im Salon auf und ab zu wandern und ging in dem großen, durch Vorhänge verdunkelten Raum von einem Sessel zum andern, von den Fenstern zu den Wänden. Auf den leichten Tischen mit den vergoldeten Füßen lagen allerlei unnütze, hübsche und kostspielige Kleinigkeiten in raffinierter Unordnung: antike, goldziselierte Kästchen, winzige Tabatieren, Elfenbeinstatuetten, nach dem Zeitgeschmack gearbeitete Gegenstände aus mattem Silber, von kunstvoller Nichtigkeit, die den englischen Geschmack offenbarten: ein winziger Küchenherd und darunter eine aus einem Schüsselchen trinkende Katze, ein Zigarettenetui, das einem Brotlaib nachgebildet war, eine Kaffeekanne, die Streichhölzer enthielt, und ein Schmuckkästchen mit dem ganzen Schmuck einer Puppe, Halsketten, Armbändern, Ringen, Broschen und Ohrboutons mit Brillanten, Saphiren, Rubinen und Smaragden, mikroskopische Traumgebilde, die von Goldschmieden im Land Liliput angefertigt zu sein schienen.

Dann und wann berührte er einen Gegenstand, den er zu irgendeinem Geburtstag selber geschenkt hatte, nahm ihn auf, betastete ihn, untersuchte ihn mit geistesabwesender Gleichgültigkeit und stellte ihn dann wieder an seinen Platz zurück.

In einer Ecke lagen ein paar selten aufgeschlagene, aber luxuriös gebundene Bücher auf einem Nippestisch mit nur einem Bein vor einem kleinen, geschweiften Kanapee. Auf demselben Tischchen war überdies die »Revue des Deux Mondes« wahrzunehmen, ein wenig zerknittert, abgegriffen und mit Eselsohren, als sei sie wieder und wieder gelesen worden, außerdem ein paar noch nicht aufgeschnittene Zeitschriften, die »Arts modernes«, die man allein des Preises wegen halten mußte, denn das Abonnement kostete jährlich vierhundert Francs, sowie, mit einem winzigen Schildchen auf dem blauen Umschlag, die »Feuille libre«, in der sich die jüngsten Poeten, die »Matten«, verbreiteten.

Zwischen den Fenstern stand der Schreibtisch der Gräfin, ein zierliches Möbelstück aus dem letzten Jahrhundert, an dem sie Antworten auf eilige Anfragen schrieb, die während der Empfänge an sie gelangt waren. Auch auf jenem Schreibtisch lagen einige Bücher, oft gelesene Bücher, die bezeichnend für Geist und Herz der Frau waren: Musset, »Manon Lescaut« und »Werther«, und, um zu zeigen, daß man auch den komplizierten Gemütsregungen und den Geheimnissen der Psychologie nicht fremd sei: die »Blumen des Bösen«, »Rot und Schwarz«, »Die Frau im achtzehnten Jahrhundert« und »Adolphe«.

Neben den Büchern lag auf einem viereckigen Stück gestickten Samtes, mit dem Glas nach unten, damit die seltene Gold- und Silberarbeit auf der Rückseite bewundert werden könne, ein zauberhafter Handspiegel, ein Meisterwerk der Goldschmiedekunst.

Bertin nahm ihn und beschaute sich darin. Seit ein paar Jahren alterte er entsetzlich, und obwohl er sein Gesicht jetzt eindrucksvoller als früher fand, fingen seine Hängebacken und die Falten der Haut an, ihm Kummer zu machen.

Hinter ihm öffnete sich eine Tür.

»Guten Tag, Monsieur Bertin«, sagte Annette.

»Guten Tag, Kleine, wie geht's?«

»Sehr gut, und Ihnen?«

»Was, du willst mich wirklich nicht duzen?«

»Nein, wirklich nicht, ich habe dabei Hemmungen.«

»Aber hör mal!«

»Ja, ich habe Hemmungen. Sie schüchtern mich ein.«

»Warum denn?«

»Weil... weil Sie nicht jung genug und nicht alt genug sind!«

Der Maler begann zu lachen. »Vor solch einem Grund gebe ich klein bei.«

Plötzlich wurde sie rot bis zu der weißen Haut unterm Haaransatz und sagte ein wenig verwirrt: »Mama hat mich geschickt, damit ich Ihnen sage, daß sie gleich herunterkommen wird, und Sie frage, ob Sie mit uns in den Bois de Boulogne fahren.«

»Gewiß, gern. Seid ihr allein?«

»Nein, mit der Herzogin de Mortemain.«

»Gut, ich fahre mit.«

»Dann erlauben Sie jetzt, daß ich meinen Hut aufsetze?«

»Geh nur, mein Kind!«

Als sie fort war, trat die Gräfin ein, verschleiert und zur Ausfahrt bereit. Sie ergriff seine Hände. »Wir sehen Sie ja gar nicht mehr, Olivier! Was haben Sie getrieben?«

»Ich wollte Sie gegenwärtig nicht stören.«

In die Art, wie sie »Olivier« aussprach, legte sie alle Vorwürfe und ihre ganze Zuneigung.

»Sie sind die beste Frau von der Welt«, sagte er, gerührt durch die Betonung seines Namens.

Als dieser kleine Herzensstreit beendet und beigelegt war, schlug sie wieder einen leichten Plauderton an: »Wir wollen die Herzogin in ihrem Haus abholen und dann eine Fahrt durch den Bois machen. Annette muß all das zu sehen bekommen.«

Der Landauer wartete unter dem Torweg.

Bertin nahm den beiden Damen gegenüber Platz, und unter dem Lärm der stampfenden Pferde, der unterm Torbogen widerhallte, setzte der Wagen sich in Bewegung.

Auf dem großen Boulevard, der bis zur Madeleinekirche hinunterführte, schien die ganze Fröhlichkeit des jungen Frühlings vom Himmel auf die Menschen herabgefallen zu sein.

Die laue Luft und die Sonne liehen den Männern etwas Festliches, den Frauen etwas Liebenswertes, ließen die Gassenbuben und die weißen Bäckerjungen, die ihre Körbe auf die Bänke gestellt hatten, um mit ihren Brüdern, den kleinen Straßenlümmeln, um die Wette zu laufen und zu spielen, tolle Sprünge machen; alle Hunde schienen es eilig zu haben, die Kanarienvögel der Portiersfrau trillerten laut, und nur die alten Gäule vor den Droschken trotteten wie immer, fast zu Boden gedrückt, in ihrem Sterbetrab.

Die Gräfin sagte leise: »Oh, dieser schöne Tag, wie herrlich ist es zu leben!«

Der Maler betrachtete im vollen Tageslicht die Mutter und die Tochter, wie sie da nebeneinandersaßen. Freilich, sie waren verschieden, aber zugleich einander so ähnlich, daß diese die Weiterführung jener zu sein schien, aus demselben Blut, demselben Fleisch geschaffen und beseelt von demselben Leben. Vor allem ihre Augen, jene blauen, mit schwarzen Tüpfelchen gesprenkelten Augen – von einem frischen Blau bei dem jungen Mädchen und ein wenig farblos bei der Mutter –, richteten sich mit demselben Blick auf ihn, wenn er zu ihnen sprach, so daß er gewärtig war, sie dieselben Dinge antworten zu hören. Und als er sie zum Lachen und Plaudern brachte, war er ein wenig überrascht, feststellen zu müssen, daß er zwei sehr verschiedene Frauen vor sich hatte: eine, die gelebt hatte, und eine, die erst leben wollte. Nein, er ahnte nicht, was aus diesem Kind werden würde, wenn sich sein junger Verstand unter dem Einfluß der noch schlummernden Neigungen und Triebe inmitten des ereignisreichen gesellschaftlichen Lebens entfalten würde. Sie war eine hübsche kleine Person, bereit zu Wagnissen und zur Liebe, noch unbekannt und ahnungslos; sie verließ wie ein Schiff den Hafen, wogegen ihre Mutter, nachdem sie ihr Dasein durchlaufen hatte und geliebt worden war, dorthin zurückkehrte.

Es überkam ihn Rührung bei dem Gedanken, daß er es sei, den sie erwählt hatte und jetzt noch bevorzugte, diese noch immer hübsche, in der lauen Luft des Frühlings vom Schwanken des Landauers gewiegte Frau.

Als er ihr einen Blick voller Dankbarkeit zuwarf, erriet sie, was er sagen wollte, und er glaubte eine Erkenntlichkeit im Rascheln ihres Kleides zu spüren.

Auch er sagte jetzt leise: »O ja, was für ein schöner Tag!«

Als die Herzogin in der Rue de Varenne abgeholt worden war, fuhren sie zum Invalidendom, überquerten die Seine und gelangten auf die Avenue des Champs-Élysées, auf der sie mitten im Fluten der Wagen zum Arc de l'Étoile hinauffuhren.

Das junge Mädchen saß jetzt auf dem Rücksitz neben Olivier und sah sich den Wagenstrom mit begierigen und unbefangenen Augen an. Von Zeit zu Zeit, wenn die Herzogin und die Gräfin mit einer knappen Kopfbewegung einen Gruß erwiderten, fragte sie: »Wer ist das?« Er nannte die Namen der Pontaiglins oder der Puicelcis oder der Gräfin de Lochrist oder der schönen Madame Mandelière.

Sie fuhren jetzt die Avenue du Bois de Boulogne entlang, mitten durch den Lärm und das Rollen der Räder. Die etwas weniger eng als am Arc de Triomphe nebeneinander herfahrenden Wagen schienen in einem endlosen Rennen zu liegen. Die Droschken, die schweren Landauer, die eleganten achtfedrigen Wagen fuhren abwechselnd aneinander vorüber und wurden plötzlich von einer mit einem einzigen Traber bespannten, flinken Viktoriachaise überholt; sie trug mit wahnsinniger Schnelligkeit durch diese rollende bürgerliche oder aristokratische Menge aller Klassen, aller Schichten und aller Rangordnungen eine junge, gleichmütige Frau, deren helle, gewagte Robe in die Wagen, die sie streifte, den seltsamen Duft unbekannter Blumen wehte.

»Wer ist diese Dame?« fragte Annette.

»Ich weiß es nicht«, erwiderte Bertin, indessen die Herzogin und die Gräfin ein Lächeln tauschten.

Die Blätter sproßten, die in diesem Pariser Park heimischen Nachtigallen sangen schon in dem jungen Grün, und als sich die ganze Wagenreihe im Schritt dem See näherte, gab es von Wagen zu Wagen ein unaufhörliches Grüßen und Lächeln und einen Austausch liebenswürdiger Worte, wenn die Räder einander berührten. Das Ganze glich jetzt dem Dahingleiten einer Flotte von Booten, in denen sehr ehrbare Damen und Herren saßen. Die Herzogin, deren Kopf sich alle Augenblicke vor gezogenen Hüten oder gesenkten Stirnen neigte, schien eine Parade abzunehmen und sich zu vergegenwärtigen, was sie wußte, was sie dachte und was sie von den Leuten hielt, die an ihr vorüberzogen.

»Da, Kleines, sieh, da ist wieder die schöne Madame Mandelière, die Schönheit der Republik.«

In einem leichten, zierlichen Wagen ließ sich die Schönheit der Republik, anscheinend gleichgültig gegen diesen unbestrittenen Ruhm, mit ihren großen dunklen Augen, ihrer niedrigen Stirn unter einer Flut schwarzen Haars und dem eigenwilligen, ein wenig zu üppigen Mund bewundern.

»Tatsächlich sehr schön«, sagte Bertin.

Die Gräfin hatte es nicht gern, wenn sie ihn andere Frauen rühmen hörte. Sie hob leicht die Schultern und antwortete nichts.

Aber das junge Mädchen, bei dem sofort der Instinkt der Rivalität erwachte, wagte zu sagen: »Das finde ich ganz und gar nicht.«

Der Maler wandte sich ihr zu. »Wie? Du findest sie nicht schön?«

»Nein, sie sieht aus wie in Tinte getunkt.«

Die Herzogin lachte entzückt. »Bravo, mein Kind! Und seit sechs Jahren fällt mindestens die Hälfte der Pariser Männer aus Leidenschaft vor dieser Negerin in Ohnmacht! Ich glaube, sie machen sich über uns lustig. Da, sieh dir lieber die Gräfin de Lochrist an.«

Sie saß mit einem weißen Pudel allein in einem Landauer und grüßte mit einem auf den Lippen eingefrorenen Lächeln herüber, zart wie eine Miniatur, eine Blondine mit braunen Augen, deren feine Züge sich seit fünf oder sechs Jahren nicht verändert hatten und ihren Anhängern ein ständiges Thema der Bewunderung boten.

Aber auch jetzt zeigte Nannette sich nicht begeistert. »Oh«, sagte sie, »sie ist nicht mehr ganz jung.«

Bertin, der sonst in den täglich wiederkehrenden Gesprächen über diese beiden Rivalinnen durchaus nicht für die Gräfin de Lochrist eintrat, ärgerte sich plötzlich über die Unduldsamkeit dieses Backfischs. »Zum Henker«, sagte er, »ob man sie nun mehr oder weniger gern hat, auf alle Fälle ist sie reizend, und ich wünsche dir nur, daß du mal ebenso hübsch wirst wie sie.«

»Lassen Sie sie doch«, unterbrach die Herzogin, »Ihnen fallen die Frauen erst auf, wenn sie die Dreißig überschritten haben. Das Kind hat recht, Sie haben nur für die etwas Verwelkten Lobesworte übrig.«

»Aber erlauben Sie«, rief er, »eine Frau ist erst in späten Jahren wirklich schön, erst, wenn ihr ganzer Ausdruck zum Vorschein kommt.«

Und er legte dar, daß frische Jugendlichkeit lediglich der Firnis der reifenden Schönheit sei; er versuchte zu beweisen, daß Männer von Welt nicht im Irrtum befangen seien, wenn sie jungen Frauen in ihrer ersten Blüte nur wenig Aufmerksamkeit schenken, und daß sie recht hätten, sie erst in der letzten Periode ihrer Entfaltung als »schön« zu preisen.

Die Gräfin fühlte sich geschmeichelt und sagte leise: »Er kommt der Wahrheit nahe, er urteilt als Künstler. Ein junges Gesicht ist sehr hübsch, aber immer ein bißchen banal.«

Und der Maler ließ nicht locker; er deutete an, in welchem Augenblick ein Gesicht, das nach und nach den unbestimmten Reiz der Jugend verliert, seine endgültige Form, seinen Charakter und seinen wesentlichen Ausdruck gewinnt.

Und zu jedem Satz sagte die Gräfin mit einer überzeugten kleinen Kopfbewegung »Ja«; und je mehr er mit der Hitze eines plädierenden Rechtsanwalts, mit der Erregung eines Verdächtigen, der seine Sache vertritt, bekräftigte, um so mehr bewies sie ihm mit Blick und Haltung, wie sehr sie beide verbunden seien und sich gegen eine Gefahr behaupten, sich gegen eine bedrohliche falsche Meinung verteidigen konnten. Annette hörte ihnen kaum zu; sie war vollauf damit beschäftigt, sich alles anzuschauen. Ihr oft zum Lachen neigendes Gesicht war ernst geworden, und übermannt von der Freude über diesen Trubel, war sie verstummt. Die Sonne, die Blätter, die Wagen und das ganze schöne, reiche und fröhliche Leben, all das war einzig und allein für sie da.

Tag für Tag würde sie so ausfahren können, dann auch schon ihrerseits bekannt, gegrüßt und beneidet; und die Männer würden sie sich gegenseitig zeigen und vielleicht von ihr sagen, sie sei schön. Sie suchte diejenigen heraus, die ihr am elegantesten erschienen, Herren und Damen, und fragte nach ihren Namen, ohne sich um etwas anderes als diese zusammengetragenen Silben zu kümmern, die mitunter einen Widerhall der Achtung oder der Bewunderung in ihr erweckten, da sie manche bereits in Zeitungen oder Geschichtsbüchern gelesen hatte. Dies Vorübergleiten von Berühmtheiten war ihr etwas Ungewohntes, und sie konnte nicht einmal recht glauben, daß sie es wirklich seien; ihr schien, als wohne sie einer Theateraufführung bei. Die Droschken flößten ihr eine mit Widerwillen gemischte Geringschätzung ein; sie störten und ärgerten sie, und so sagte sie unvermittelt: »Ich finde, hier dürften nur herrschaftliche Wagen fahren.«

Bertin antwortete: »Ja, und was soll dann aus der Gleichheit, Freiheit und Brüderlichkeit werden?«

Sie schnitt eine Grimasse, als wolle sie sagen: »Die ist für die andern!«, und antwortete: »Es müßte ein Bois für die Droschken eingerichtet werden, zum Beispiel der von Vincennes.«

»Du bist hinter der Zeit zurückgeblieben, liebes Kind; du weißt noch nicht, daß wir mitten in der Demokratie schwimmen. Wenn du übrigens den Bois ganz rein von jeder Beimischung sehen willst, dann komm am Morgen; dann wirst du nur die Blüte, die erlesene Blüte der Gesellschaft vorfinden.«

Und sogleich entwarf er ein Bild, eins der Bilder, die ihm so gut gelangen, vom morgendlichen Bois mit seinen Reitern und Reiterinnen, von jener Gemeinschaft der Auserwählten, in der sich alle Welt bei Namen und Vornamen, nach Verwandtschaft, Titeln,

Vorzügen und Mängeln kannte, als lebten alle im selben Viertel oder in derselben Kleinstadt.

»Kommen Sie häufig morgens her?« fragte sie.

»Sehr häufig; es ist wirklich das Reizendste in ganz Paris.«

»Dann reiten Sie also am Morgen?«

»Gewiß!«

»Und dann, am Nachmittag, machen Sie Besuche?«

»Ja.«

»Und wann arbeiten Sie?

»Aber ich arbeite ja... hin und wieder, und wenn ich eine meinen Neigungen entsprechende Besonderheit gefunden habe. Da ich ein Maler schöner Frauen bin, muß ich sie doch sehen und ihnen fast überallhin folgen.«

Immer noch mit ernster Miene, fragte sie leise: »Zu Fuß und zu Pferd?«

Er warf ihr von der Seite her einen zufriedenen Blick zu, der zu sagen schien: »Sieh mal einer an, schon geistreich; du wirst gut, tatsächlich!«

Ein kalter Luftzug wehte von weither heran, von dem weiten, noch kaum wiedererwachten Land, und der ganze Bois, dieser zierlich gewachsene, fröstelnde, mondäne Bois, erschauerte.

Ein paar Sekunden lang ließ dieser eisige Hauch die spärlichen Blättchen an den Bäumen und die Stoffe auf den Schultern beben. Alle Frauen zogen mit fast der gleichen Bewegung den nach hinten herabgerutschten Umhang über die Arme und den Hals. Und die Pferde begannen vom einen zum anderen Ende der Allee zu traben, als habe sie dieser schneidend wehende Windhauch mit seiner Berührung gepeitscht.

Unter dem silberhellen Geklirr der geschüttelten Kinnketten und einem schrägen roten Platzregen, den das Licht der untergehenden Sonne bildete, kehrten sie rasch heim.

»Wollen Sie jetzt nach Hause?« fragte die Gräfin den Maler, dessen Gewohnheiten sie kannte.

»Nein, ich gehe in den Klub.«

»Dann können wir ja dort vorbeifahren und Sie absetzen.«

»Das wäre reizend, vielen Dank.«

»Und wann laden Sie uns und die Herzogin zum Mittagessen ein?«

»Wann würde es Ihnen passen?«

Dieser im Blickpunkt der Pariserinnen stehende Maler, den seine Bewunderer einen »realistischen Watteau« getauft hatten und den seine Verächter den »Kleider- und Mantelfotografen« nannten, erhielt oft, sei es zum Mittagessen oder zum Abendessen, Besuch von schönen Frauen, deren Züge er nachgeschaffen hatte, und auch von anderen, allen Berühmten, allen Bekannten, die sich auf diesen kleinen Festen im Haus eines Junggesellen gut unterhielten.

»Übermorgen. Übermorgen ist Ihnen doch recht, liebste Herzogin?« fragte Madame de Guilleroy.

»Nur zu gern, reizend von Ihnen! Monsieur Bertin denkt bei seinen Gastereien nie an mich. Daran merkt man, daß ich nicht mehr jung bin.«

Die Gräfin, die gewohnt war, das Haus des Künstlers als ihr eigenes zu betrachten, sagte: »Nur wir vier, die Herzogin, Annette, ich und Sie, nicht mehr, großer Meister?«

»Nur wir«, sagte er beim Aussteigen, »und ich werde Ihnen Krebse auf elsässische Art zubereiten lassen.«

»Oh, Sie werden in Annette Leidenschaften erwecken!«

Er stand vor dem Kutschenschlag, grüßte und trat dann rasch durch die große Tür des Klubhauses in die Halle, warf seinen Mantel und seinen Stock der Kompanie von Lakaien zu, die sich bei seinem Eintreten wie Soldaten beim Eintreten eines Offiziers erhoben hatten, stieg die breite Treppe hinauf, ging an einer zweiten Dienerbrigade in Kniehosen vorbei, stieß eine Tür auf und fühlte sich sogleich aufgekratzt wie ein Jüngling, als er vom Ende des Flurs den fortgesetzten Lärm klirrender Floretts, das Doppelstampfen der Füße und die lauten Rufe hörte: »Berührt. – Für mich. – Gefehlt. – Jetzt Sie. – Berührt. – Genug.«

Im großen Fechtsaal standen, in graues Leinen gekleidet, die Fechter mit ihrer Lederweste, ihren an den Knöcheln zugebundenen Hosen, einer Art Schurz, der über den Bauch fiel, einen Arm mit angewinkelter Hand in der Luft und in der anderen Hand, ungeheuer vergrößert durch den Handschuh, das dünne, geschmeidige Florett; sie fielen aus und traten zurück mit der abrupten Behendigkeit aufgezogener Spielzeuge.

Andere ruhten sich aus und plauderten, noch ein wenig außer Atem, rot, schwitzend und ein Taschentuch in der Hand, um sich Stirn und Hals zu trocknen; und wieder andere saßen auf den Bänken, die sich um den ganzen großen Saal zogen, und sahen den Kämpfenden zu. Liverdy gegen Landa und Taillade, der Fechtmeister des Klubs, gegen den großen Rocdiane.

Bertin lächelte, er war in seinem Element, er schüttelte Hände.

»Ich belege Sie mit Beschlag«, rief ihm der Baron de Baverie zu.

»Einverstanden, mein Lieber.« Und dann ging er in das Ankleidezimmer, um sich umzuziehen.

Seit langer Zeit hatte er sich nicht so behende und lebenskräftig gefühlt, und da er ahnte, daß er einen vortrefflichen Kampf liefern werde, beeilte er sich mit der Ungeduld eines Schuljungen, der spielen möchte. Sobald er vor seinem Gegner stand, griff er ihn mit ungewöhnlicher Kühnheit an, und innerhalb von zehn Minuten hatte er ihn elfmal berührt und so müde gemacht, daß der Baron um Gnade bat. Dann machte er noch einen Gang mit Punisimont und einen mit seinem Kollegen Amaury Maldant.

Die kalte Dusche danach, die seinen dampfenden Körper eisig überströmte, erinnerte ihn an die Bäder, die er genommen, als er zwanzig Jahre alt gewesen war und mitten im Herbst von den Vorortbrücken aus Kopfsprünge in die Seine vollführt hatte, um die braven Bürger zu schrecken.

»Ißt du hier zu Abend?« fragte ihn Maldant.

»Ja.«

»Wir haben einen Tisch mit Liverdy, Rocdiane und Landa. Mach rasch; es ist schon Viertel nach sieben.«

Der Speisesaal war voller Männer und summte und brodelte.

Es waren dort alle Nachtschwärmer von Paris versammelt, Müßiggänger und Fleißige, alle, die nach sieben Uhr abends nicht mehr wußten, was sie anfangen sollten, und die im Klub aßen, um sich dank einer zufälligen Begegnung an etwas oder jemanden zu hängen.

Als sich die fünf Freunde gesetzt hatten, sagte der Bankier Liverdy, ein kräftiger, stämmiger Vierziger, zu Bertin: »Sie waren heute abend wie toll.«

Der Maler antwortete: »Ja, heute könnte ich Erstaunliches tun.«

Die anderen lachten, und der Landschaftsmaler Amaury Maldant – er war ein wenig dünn und kahl und hatte einen grauen Bart –, sagte mit unbeschreiblichem Ausdruck: »Auch in mir steigt im April immer der Saft hoch; dann bringe ich ein paar Blätter hervor, höchstens ein halbes Dutzend, und dann geht alles in Gefühl unter und trägt keine Früchte mehr.«

Der Marquis de Rocdiane und der Graf de Landa bedauerten ihn. Beide waren älter als er, ohne daß ein geübtes Auge ihr Alter hätte schätzen können; sie gehörten dem Klub an und waren Reiter und Fechter; unaufhörliche Körperübungen hatten sie gestählt; und so prahlten sie damit, alles in allem jünger zu sein als die schwächlichen Schlingel der jungen Generation.

Rocdiane, ein Mann von guter Abkunft, war häufig in den Salons anzutreffen, stand jedoch in dem Verdacht, in üble Geldgeschichten aller Art verstrickt zu sein, was nicht weiter erstaunlich sei, wie Bertin meinte, nachdem er sich in allen Spielsälen herumgetrieben, geheiratet, sich von seiner Frau getrennt hatte und von ihr ein Jahresgeld erhielt; als Bevollmächtigter belgischer und portugiesischer Banken trug er auf seinem energischen Don-Quijote-Gesicht die ein wenig befleckte Ehre eines zu allem fähigen Gentleman zur Schau, der sich von Zeit zu Zeit das Blut durch einen Treffer im Duell reinigt.

Der Graf de Landa, ein gutmütiger Riese, stolz auf seine Taille und seine Schultern, konnte sich, obwohl verheiratet und Vater zweier Kinder, nur schwer entschließen, dreimal in der Woche daheim zu Abend zu essen; an den anderen Tagen war er nach den Übungen im Fechtsaal mit seinen Freunden im Klub anzutreffen.

»Der Klub ist eine Familie«, sagte er, »die Familie jener, die noch keine haben, jener, die niemals eine haben werden, und jener, die sich in der eigenen langweilen.«

Die Unterhaltung wechselte, nachdem sie das Kapitel Frauen verlassen hatte, von Anekdoten zu Erinnerungen über und von Erinnerungen zu Aufschneidereien und indiskreten Geständnissen.

Der Marquis de Rocdiane ließ seine Geliebten, Damen der Gesellschaft, deren Namen er niemals verriet, durch deutliche Merkmale mutmaßen, damit sie desto besser erraten werden konnten. Der Bankier Liverdy bezeichnete die seinen durch ihre Vornamen. Er erzählte zum Beispiel: »Ich stand mich damals gut mit der Frau eines Diplomaten. Nun, eines Abends, beim Abschied, sagte ich zu ihr: ›Liebe kleine Marguerite...‹« Er hielt inne, weil alle lachten, und fuhr dann fort: »Ach, da ist mir etwas entschlüpft. Man muß es sich wirklich zur Gewohnheit machen, alle Frauen Sophie zu nennen.«

Olivier Bertin war sehr zurückhaltend und erklärte gewöhnlich, wenn er gefragt wurde: »Ich begnüge mich mit meinen Modellen.«

Alle taten, als glaubten sie ihm, und Landa, ein Schürzenjäger, wie er im Buch steht, geriet in Begeisterung bei dem Gedanken an all die hübschen Bissen, die durch die Straßen wandern, und an all die hübschen Frauenzimmer, die sich für zehn Francs die Stunde vor dem Maler auszogen.

Je mehr Flaschen sie leerten, desto mehr Feuer fingen diese Grauköpfe, wie sie von den jungen Klubmitgliedern genannt wurden; ihre Gesichter röteten sich, und sie wurden von hitzigen Wünschen und gärenden Begierden geschüttelt.

Rocdiane verfiel nach dem Kaffee in noch wahrheitsgetreuere Indiskretionen und vergaß die Damen der Gesellschaft, um die simplen Kokotten zu rühmen. »Paris«, sagte er, ein Glas Kümmel in der Hand, »ist die einzige Stadt, in der ein Mann nicht altert, die einzige, in der er noch mit fünfzig Jahren, vorausgesetzt, daß er bei guter Gesundheit ist und noch erträglich aussieht, jeden Tag eine Range von achtzehn Jahren, hübsch wie ein Engel, für die Liebe findet.«

Landa, der merkte, daß nach den Likören sein Rocdiane wieder ganz der alte wurde, stimmte begeistert zu und zählte die kleinen Mädchen auf, die ihn heute noch anbeteten.

Liverdy jedoch, der skeptischer war und ganz genau zu wissen behauptete, was die Frauen wert seien, brummte: »Ja, das sagen sie Ihnen, daß sie Sie anbeten.«

Landa widersprach: »Sie beweisen es mir, mein Lieber.«

»Solche Beweise zählen nicht.«

»Mir genügen sie.«

Rocdiane rief: »Aber sie glauben es tatsächlich, zum Teufel noch mal! Meinen Sie denn, daß ein hübsches kleines Weibsstück von zwanzig Jahren, das schon seit fünf oder sechs Jahren sein Leben genießt, und zwar in Paris, wo all unsere Schnurrbärte es das Küssen gelehrt und ihm den Geschmack daran verdorben haben, noch einen Mann von Dreißig von einem Mann von Sechzig zu unterscheiden wüßte? Geht mir doch! Was für eine Dummheit! Sie hat zu viele Männer gesehen und zu viele kennengelernt. Ich gehe jede Wette ein, daß sie im Grunde ihres Herzens einen alten Bankier lieber hat, wahrhaftig lieber hat, als ein junges Bürschchen. Weiß sie das, denkt sie darüber nach? Haben die Männer hier ein Alter? Ach, mein Lieber, wir verjüngen uns, wenn wir grau werden, und je grauer wir werden, um so mehr wird uns gesagt, daß man uns liebt, um so mehr wird es uns gezeigt, und um so mehr glaubt man es.«

Sie erhoben sich vom Tisch, hochrot und aufgepeitscht durch den Alkohol, bereit, sich in alle Eroberungen zu stürzen, und begannen nun zu beratschlagen, wie sie den Abend verbringen sollten; Bertin sprach vom Zirkus, Rocdiane vom Hippodrom, Maldant vom Eden und Landa von den Folie-Bergères, als das leise, ferne Geräusch von Geigen, die gestimmt wurden, an ihr Ohr drang.

»Sieh da, heute gibt es Musik im Klub«, sagte Rocdiane.

»Ja«, erwiderte Bertin, »wollen wir nicht noch zehn Minuten bleiben, ehe wir gehen?«

»Los, hin!«

Sie durchschritten einen Salon, das Billardzimmer, einen Spielsaal und kamen dann in eine Art Loge oberhalb der Galerie, auf der die Musiker saßen. Vier Herren saßen in ihre Sessel zurückgelehnt und warteten schon mit gesammeltem Ausdruck, während sich unten, in den Rängen mit den sehr breiten Sesseln, ein paar Dutzend andere sitzend oder stehend unterhielten.

Der Kapellmeister klopfte mit seinem Taktstock ein paarmal an das Pult, und es begann.

Olivier Bertin liebte Musik, wie man Opium liebt. Sie ließ ihn träumen.

Sobald ihn der klingende Strom der Instrumente erfaßte, fühlte er sich von einer Art nervöser Trunkenheit davongetragen, die seinen Körper und seinen Geist auf unglaubhafte Weise in Schwingungen versetzte. Seine von den Melodien berauschte Phantasie erging sich wie närrisch geworden in verlockenden Vorstellungen und angenehmen Gaukelbildern. Mit geschlossenen Augen, übereinandergeschlagenen Beinen und schlaff herabhängenden Armen lauschte er den Tönen und sah vielerlei an seinen Augen und in seinem Innern vorüberziehen.

Das Orchester spielte eine Symphonie von Haydn, und sobald der Maler die Lider gesenkt hatte, sah er wieder den Bois vor sich, das Wagengedränge ringsum und sich gegenüber im Landauer die Gräfin und ihre Tochter. Er hörte ihre Stimme, folgte ihren Worten, spürte die Bewegung des Wagens und atmete die vom Geruch der jungen Blätter erfüllte Luft.

Dreimal redete sein Nachbar ihn an und unterbrach diese Vision, die dreimal wiederkehrte, wie nach einer Seefahrt das Schlingern des Schiffs im Bett wiederkehrt, obwohl dieses sich nicht bewegt.

Dann erlosch die Vision, zerfloß in eine weite Reise mit den beiden Frauen, die immer noch vor ihm saßen, bald in der Eisenbahn, bald an der Tafel ausländischer Hotels. Durch die ganze Musik begleiteten sie ihn so, als hätten sie bei jener Spazierfahrt in der strahlenden Sonne das Bild ihrer Gesichter, in den Grund seiner Augen geprägt, zurückgelassen.

Schweigen; dann verjagte das Geräusch von Sesselrücken und Stimmen diesen Traumnebel, und er gewahrte neben sich seine vier schlummernden Freunde in einfältigen Stellungen des Zuhörens, das in den Schlaf übergegangen war.

Als er sie geweckt hatte, fragte er: »Na, und was tun wir jetzt?«

»Ich«, erwiderte Rocdiane unumwunden, »möchte am liebsten hier noch ein bißchen schlafen.«

»Und ich auch«, sagte Landa.

Bertin erhob sich: »Ich gehe heim, ich bin ein bißchen abgekämpft.« Dabei fühlte er sich sehr angeregt, wollte aber gehen, aus Furcht vor dem Abschluß solcher Abende, den er genauso gut wie den Bakkarattisch im Klub kannte.

Also ging er heim, und nach einer unruhigen Nacht, einer der Nächte, die die Künstler in den als Inspiration bezeichneten Zustand der Gehirntätigkeit versetzen, beschloß er, nicht auszugehen, sondern bis zum Abend zu arbeiten.

Es wurde ein wunderbarer Tag, ein mühelos schöpferischer Tag, da die Idee in die Hände zu fließen und sich von selbst auf der Leinwand darzustellen schien.

Die Türen waren geschlossen, er war in der Stille des gegen alle gesicherten Hauses, in dem freundlichen Frieden des Ateliers von der Welt abgeschieden, und mit klarem Auge, hellsichtigem Geist, übererregt und wachsam kostete er dies Glück aus; denn nur den Künstlern ist es gegeben, ihr Werk leicht und fröhlich zur Welt zu bringen. In diesen Arbeitsstunden existierte für ihn nichts als das Stück Leinwand, auf dem unter den liebevollen Strichen seiner Pinsel ein Bild entstand; und in solchen Überschwängen der Fruchtbarkeit hatte er die seltsame, wohltuende Empfindung des überströmenden Lebens, das berauscht und sich ausbreitet. Am Abend war er erschöpft wie nach einer gesunden Anstrengung und legte sich mit dem angenehmen Gedanken an seine morgige Mittagsgesellschaft zu Bett.

Der Tisch war mit Blumen geschmückt, die Speisenfolge für Madame de Guilleroy, eine verwöhnte Kennerin, sorgfältig zusammengestellt, und trotz energischen, aber kurzen Widerstandes zwang der Maler seine Gäste, Champagner zu trinken.

»Die Kleine wird betrunken!« meinte die Gräfin.

Doch die nachsichtige Herzogin entgegnete: »Mein Gott, einmal muß es ja das erste Mal sein.«

Bei der Rückkehr ins Atelier fühlten sich alle von einer ungezwungenen Fröhlichkeit beschwingt, die einen emporhebt, als hätte sie den Füßen Flügel verliehen.

Die Herzogin und die Gräfin, die an einer Sitzung des Komitees der französischen Mütter teilnehmen wollten, mußten das junge Mädchen heimfahren, ehe sie sich in das Verbandsgebäude begaben; aber Bertin schlug vor, mit ihr einen Spaziergang zu machen und sie über den Boulevard Malesherbes nach Hause zu begleiten; und so gingen die beiden gemeinsam fort.

»Wir wollen den längsten Weg nehmen«, sagte sie.

»Möchtest du im Park Monceau umherschlendern? Da ist es sehr hübsch, wir können uns die Kinder und ihre Ammen anschauen.«

»O ja, sehr gern.«

Sie gingen von der Avenue Velasquez aus durch das monumentale vergoldete Gittertor, das Aushängeschild und der Eingang zu diesem Musterstück eines eleganten Parks, der mitten in Paris, mitten in einem Gürtel fürstlicher Stadtpalais, seine künstlich grünende Anmut entfaltet.

Längs der breiten Parkwege, die sich in kunstvollen Windungen durch die Rasenflächen und das Gesträuch ziehen, sitzen Frauen und Männer auf Eisenstühlen und betrachten die Vorübergehenden, während auf den kleinen, unter dem schattigen Laubwerk eingeschnittenen Pfaden, die sich wie Bäche schlängeln, vor den gleichgültigen Blicken der Ammen und den unruhigen der Mütter, Kinder im Sand wühlen, laufen und Seil springen. Die riesigen Bäume runden sich zu Kuppeln und sehen aus wie aus Blättern bestehende Bauwerke; die mächtigen Kastanienbäume, deren schweres Grün mit roten und weißen Traubenkerzen gefleckt ist, die vornehmen Sykomoren und die dekorativen Platanen mit ihren klüglich gestutzten Kronen schmükken in hinreißenden Perspektiven die weichen, gewellten Rasenflächen.

Es ist warm, Turteltauben gurren im Laub und unterhalten sich nachbarlich von Wipfel zu Wipfel, und die Spatzen baden sich in dem Regenbogen, den die Sonne aus dem feinen Wasserstaub der Rasensprenger erschimmern läßt. Die weißen Statuen auf ihren Sockeln scheinen sich in diesem frischen Grün glücklich zu fühlen. Ein kleiner Knabe aus Marmor zieht aus seinem Fuß einen unauffindbaren Dorn, den er sich wohl eben eingetreten hat, als er Diana nachlief, die dort unten zu dem kleinen, in Gesträuch eingeschlossenen See geflohen ist, wo auch die Ruine eines Tempels Schutz sucht.

Andere Statuen, verliebt und kühl, vor grünen Büschen, tauschen Küsse oder träumen, die Hand auf dem Knie. Ein Wasserfall schäumt und sprudelt über hübsche Felsen. Ein Baum, dessen Stamm wie eine Säule aufragt, ist von Efeu umwunden; ein

Grabmal trägt eine Inschrift. Die im Rasen aufgerichteten Steinsäulen erinnern kaum mehr an die Akropolis als dieser elegante kleine Park an einen Urwald.

Es ist eine kunstvolle, bezaubernde Stätte, wo die Städter in Treibhäusern gezogene Blumen betrachten und, wie man im Theater das Schauspiel des Lebens bewundert, mitten in Paris diese liebenswürdige Nachbildung der schönen Natur bewundern können.

Olivier Bertin suchte seit Jahren fast jeden Tag diesen seinen Lieblingsort auf, um die Pariserinnen in dem ihnen gemäßen Milieu sich bewegen zu sehen. »Es ist ein Park, der für große Toilette gemacht ist«, pflegte er zu sagen; »schlechtgekleidete Leute flößen einem dort Abscheu ein.« Und so schlenderte er stundenlang umher und kannte außer allen Pflanzen sämtliche Spaziergänger, die häufig dort hinkamen.

An Annettes Seite ging er die Wege entlang; sein Blick wurde durch das bunte, abwechslungsreiche Leben abgelenkt, das im Park herrschte.

»Ach, wie lieb!« rief sie.

Sie betrachtete einen kleinen, blondgelockten Jungen, der sie erstaunt und entzückt aus seinen blauen Augen ansah.

Dann nahm sie alle andern Kinder in Augenschein, und das Vergnügen, das sie beim Anblick dieser geputzten lebenden Puppen empfand, machte sie geschwätzig und mitteilsam.

Sie ging mit kleinen Schritten und unterhielt Bertin mit ihren Bemerkungen und Gedanken über die Kleinen, über die Ammen und über die Mütter bestens. Die dicken Kinder entlockten ihr fröhliche Ausrufe, und die blassen erregten ihr Mitleid.

Er hörte ihr zu, mehr angetan von ihr als von den Kindern, doch vergaß er die Malerei nicht und flüsterte vor sich hin: »Das ist köstlich!«, weil ihm einfiel, daß er ein wunderbares Bild malen könne: eine Ecke des Parks mit einer Schar von Ammen, Müttern und Kindern. Warum war ihm das nicht früher eingefallen? – »Hast du diese kleinen Schlingel gern?«

»Schrecklich gern.«

Und als er ihr zusah, wie sie die Kinder beobachtete, merkte er, daß sie Lust hatte, sie hochzuheben, zu küssen und zu befühlen; das war die sinnliche und zärtliche Lust der künftigen Mutter, und er staunte über den geheimen, in diesem Frauenkörper verborgenen Instinkt.

Da sie gesprächig geworden war, fragte er sie über ihre Neigungen aus. Sie gestand ihm mit reizender Unbefangenheit Hoffnungen auf gesellschaftlichen Erfolg und Ruhm ein, äußerte Wünsche nach schönen Pferden, in denen sie sich fast wie ein Roßtäuscher auskannte, denn mit Pferdezucht befaßte sich ein Teil der Pachthöfe in Roncières, und machte sich über den künftigen Verlobten nicht viel mehr Sorge als über eine Wohnung, die man in der Fülle der zur Vermietung freistehenden Stockwerke immer finden würde.

Sie kamen an den See, auf dem zwei Schwäne und sechs Enten sanft dahinzogen; sie waren so sauber und still wie Vögel aus Porzellan; sie schwammen an einer jungen Frau vorüber, die auf einem Stuhl saß, ein offenes Buch auf den Knien hielt und mit traumbefangener Seele vor sich hin schaute.

Sie rührte sich genauso wenig wie eine Wachsfigur. Sie war häßlich, dürftig und wie ein einfaches Mädchen gekleidet, das nicht zu gefallen hofft; vielleicht war sie eine Lehrerin und durch einen Satz oder durch ein Wort, das ihr Herz bezaubert hatte, in den Traum eingegangen. Sicherlich führte sie, dem Drang ihrer eigenen Wünsche folgend, das in dem Buch begonnene Abenteuer weiter fort.

Bertin blieb überrascht stehen. »Wie schön«, sagte er, »sich so zu versenken.«

Sie waren an ihr vorübergegangen. Sie kehrten um und kamen zurück, immer noch ohne von ihr bemerkt zu werden, so gefesselt war sie durch den in die Ferne schweifenden Flug ihrer Gedanken.

Der Maler sagte zu Annette: »Sag mal, Kleines, würde es dich langweilen, mir ein- oder zweimal zu sitzen?«

»O nein, im Gegenteil!«

»Dann sieh dir das Fräulein da, das in einer Traumwelt lustwandelt, gut an.«

»Die dort, auf dem Stuhl?«

»Ja. Du sollst ebenso auf einem Stuhl sitzen, sollst ein Buch auf deinen Knien aufschlagen und dich bemühen, alles so zu machen wie sie. Hast du manchmal mit offenen Augen geträumt?«

»Freilich.«

»Was denn?« Und er versuchte, sie zu einem Geständnis über ihre Wanderungen durch erträumte Gefilde zu bewegen, aber sie wollte nicht mit der Sprache heraus, wich seinen Fragen aus, schaute zu den Enten hin, die nach dem von einer Dame hingeworfenen Stück Brot schwammen, und schien verlegen, als habe er sie an einer sehr empfindlichen Stelle getroffen.

Um das Thema zu wechseln, erzählte sie von ihrem Leben in Roncières und plauderte von ihrer Großmutter, der sie jeden Tag eine geraume Zeit vorgelesen habe und die jetzt sehr allein und sehr traurig sein müsse.

Im Zuhören fühlte sich der Maler fröhlich wie ein Vogel, fröhlich, wie er nie gewesen war. Alles, was sie vorbrachte, all die kleinen, flüchtigen und belanglosen Einzelheiten dieses schlichten Mädchendaseins, erheiterten und interessierten ihn. »Komm, wir wollen uns hinsetzen«, sagte er.

Sie setzten sich in die Nähe des Wassers. Und die beiden Schwäne schwammen vor ihnen in der Hoffnung auf einen Bissen hin und her.

Bertin fühlte in sich Erinnerungen erwachen, jene verschwundenen, in der Vergessenheit ertrunkenen Erinnerungen, die plötzlich, man weiß nicht, warum, wiederkehren. Sie tauchten rasch auf, unterschiedlicher Art und so zahlreich und gleichzeitig, daß ihm war, als rühre eine Hand in der Schale seines Gedächtnisses.

Er versuchte, sich darüber klar zu werden, warum sein vergangenes Leben auf einmal emporsprudelte, wie er es schon einige Male zuvor, doch weniger als heute, empfunden und festgestellt hatte. Es gab stets einen Grund für solcherlei plötzliche Auferstehungen, einen greifbaren und einfachen Grund, häufig einen Geruch oder ein Parfüm. Wie oft hatte ihm der verwehende Duft einer Essenz aus dem Kleid einer vorübergehenden Frau die Erinnerung an ausgelöschte Ereignisse wiedererstehen lassen! Auch am Boden alter Flacons auf dem Toilettentisch hatte er oft Bereiche seines Daseins wiedergefunden; und alle schwebenden Gerüche, die der Straße, der Felder, der Häuser, der Möbel, die lieblichen und die üblen, die warmen Gerüche von Sommerabenden, die kalten von Winterabenden, belebten bei ihm stets aufs neue ferne Erinnerungen, als bewahrten die Gerüche in sich tote Dinge einbalsamiert auf, wie wohlriechende Stoffe die Mumien konservieren.

War es das feuchte Gras, oder waren es die Kastanienblüten, was jetzt das »Früher« wiederauferstehen ließ? Nein. Was also dann? Lag es an seinen Augen, daß er wach geworden war? Was hatte er gesehen? Nichts. Unter den Frauen, denen er begegnet war, hatte ihn vielleicht eine an ein Gesicht von früher erinnert und dadurch, ohne daß er es wiedererkannte, in seinem Herzen alle Glocken der Vergangenheit ertönen lassen.

War es nicht eher ein Ton? Wie oft hatten ein zufällig gehörtes Klavier, eine unbekannte Stimme, sogar eine Drehorgel, die auf irgendeinem Platz ein altmodisches Lied spielte, ihn jäh in die Zeit zurückgeführt, da er zwanzig Jahre alt gewesen war, und ihm die Brust mit längst vergessenen Regungen geschwellt.

Aber der Anruf verharrte und hörte nicht auf, ungreifbar und fast aufreizend. Kam er aus seiner Umgebung, aus seiner Nähe, um auf diese Weise erloschene Empfindungen wiederzubeleben?

»Es wird ein bißchen kühl«, sagte er, »wir wollen weitergehen.«

Sie standen auf und schlenderten weiter.

Er sah auf den Bänken die Armen sitzen, solche, für die das Mieten eines Stuhls eine zu große Ausgabe war.

Auch Annette fielen sie jetzt auf, und sie dachte über ihr Dasein, ihren Beruf nach und verwunderte sich, warum sie, da sie doch so elend aussahen, in diesem schönen öffentlichen Park herumfaulenzten.

Und mehr noch als augenblicks zuvor wurde Olivier auf hingeschwundene Jahre gelenkt. Er hatte das Gefühl, als schwirre eine Fliege an seinen Ohren und erfülle sie mit dem wirren Gesumm längst vergangener Tage.

Das junge Mädchen gewahrte seine Gedankenverlorenheit und fragte: »Was haben Sie? Es ist, als seien Sie traurig.«

Und da erschauerte er bis ins Herz. Wer hatte das gesagt? Sie oder ihre Mutter? Nein, nicht ihre Mutter mit ihrer jetzigen Stimme, sondern mit ihrer Stimme von damals, so verändert, daß er sie gerade noch wiedererkannt hatte. Lächelnd antwortete er: »Es ist nichts, du unterhältst mich sehr gut, du bist sehr nett zu mir, du erinnerst mich an deine Mama.«

Warum war ihm nicht schon früher dies sonderbare Echo der so vertrauten Worte von einst aufgefallen, das jetzt von diesen jungen Lippen kam? »Sprich weiter«, sagte er.

»Worüber?«

»Erzähl mir von deinen Erzieherinnen, und was sie dich gelehrt haben. Hattest du sie gern?«

Sie begann von neuem zu plaudern.

Und er wurde von einer wachsenden Unruhe gepackt; er hörte ihr zu und lauerte und wartete bei den Sätzen dieses seinem Herzen fast fremden Mädchens auf ein Wort, einen Klang, ein Lachen, die seit der Jugend ihrer Mutter in ihrer Kehle verblieben zu sein schienen. Manche Betonungen ließen ihn erschauern vor Verwunderung. Gewiß, zwischen den Worten der beiden fanden sich Verschiedenheiten, bei denen er nicht sofort die Ähnlichkeit bemerkte, die er überhaupt nicht verwechselte; aber dieser Unterschied machte das jähe Auftauchen der mütterlichen Redeweise nur noch erschütternder. Bis jetzt hatte er die Ähnlichkeit ihrer beiden Gesichter mit freundschaftlichem und neugierigem Blick festgestellt, aber jetzt brachte das Geheimnis dieser wieder lebendig gewordenen Stimme die beiden auf eine solche Weise durcheinander, daß er sich mit abgewandtem Kopf, um das junge Mädchen nicht zu sehen, ein paar Augenblicke lang fragte, ob es nicht die Gräfin sei, zwölf Jahre früher, die zu ihm sprach.

Als diese Erinnerung seine Sinne täuschte, wandte er sich ihr zu und verspürte, indem er ihrem Blick begegnete, sogar ein wenig von dem Schwachwerden, in das während der ersten Zeit ihrer Liebschaft der Blick der Mutter ihn versetzt hatte.

Sie waren bereits dreimal durch den ganzen Park gegangen, immer an denselben Leuten, denselben Ammen und denselben Kindern vorüber.

Annette schaute sich jetzt die den Park umstehenden Stadtpalais an und fragte nach den Namen ihrer Bewohner.

Sie wollte alles über alle diese Leute wissen, fragte mit gieriger Neugier, schien ihr Frauengedächtnis mit Auskünften anzufüllen und lauschte mit einem vor brennender Teilnahme leuchtenden Gesicht ebenso mit den Augen wie mit den Ohren.

Doch als sie zu dem Pavillon kamen, der zwischen den beiden Toren zum äußeren Boulevard liegt, merkte Bertin, daß es auf vier Uhr ging. »Oh«, sagte er, »wir müssen zurück.«

Und so kamen sie langsam auf den Boulevard Malesherbes.

Als er sich von dem jungen Mädchen verabschiedet hatte, begab sich der Maler zur Place de la Concorde, um am andern Ufer der Seine einen Besuch zu machen.

Er trällerte vor sich hin, hatte Lust zu laufen und wäre gern über die Bänke gesprungen, so angeregt fühlte er sich. Paris dünkte ihn strahlender und schöner denn je. Entschieden überzieht der Frühling alles mit einem neuen Firnis, dachte er.

Es war für ihn eine der Stunden, in denen der angeregte Geist alles mit größerer Lust begreift, in denen das Auge besser sieht, aufnahmefähiger und hellsichtiger erscheint, da man beim Sehen und Fühlen eine lebendigere Freude empfindet, als habe eine allmächtige Hand alle Farben der Erde aufgefrischt, alle Regungen der Geschöpfe belebt und wie bei einer stehengebliebenen Uhr, die aufgezogen worden ist, unser Empfindungsleben wieder in Tätigkeit gesetzt.

Während sein Blick tausend unterhaltsame Dinge erhaschte, dachte er: Sich sagen zu müssen, daß es Augenblicke gibt, da ich kein Thema zum Malen finde!

Und er fühlte sich innerlich so frei und klar, daß ihm sein ganzes künstlerisches Werk banal vorkam und er eine neue, wahrhaftigere und originellere Art, das Leben auszudrücken, konzipierte. Und plötzlich packte ihn die Lust, heimzukehren und zu arbeiten; er machte kehrt und schloß sich in seinem Atelier ein.

Doch sobald er allein vor dem angefangenen Bild stand, legte sich mit einemmal der Eifer, der ihm eben noch das Blut erhitzt hatte. Er fühlte sich erschöpft, setzte sich auf seinen Diwan und begann vor sich hinzuträumen.

Die glückliche Gleichgültigkeit, in der er lebte, die Unbeschwertheit eines zufriedengestellten Mannes, dessen Wünsche fast sämtlich gestillt worden sind, wich ganz sacht aus seinem Herzen, als fehle ihm etwas. Sein Haus kam ihm leer vor und sein großes Atelier öde. Dann, als er sich umblickte, schien es ihm, als sehe er den Schatten einer Frau vorübergleiten, deren Gegenwart ihm beglückend war. Seit langem lag die Ungeduld des Liebhabers, der das Kommen einer Geliebten erwartet, hinter ihm, und jetzt plötzlich fühlte er, wie weit sie sich von ihm entfernt hatte, und er sehnte sie mit der hilflosen Schwäche eines jungen Mannes herbei.

Er wurde gerührt bei dem Gedanken, wie oft sie einander geliebt hatten, und entdeckte in dieser leeren Wohnung, in die sie so häufig gekommen war, unzählige Erinnerungen an sie, an ihre Bewegungen, ihre Worte und ihre Küsse. Er erinnerte sich gewisser Tage, gewisser Stunden und gewisser Augenblicke; ihm war, als streiften ihre Liebkosungen von damals über ihn hin.

Er stand wieder auf, weil er nicht stillsitzen konnte, und begann auf und ab zu gehen, und abermals fiel ihm ein, daß er trotz dieser Liebschaft, die sein Dasein ausgefüllt hatte, ganz allein sei, immer allein. Nach den langen Arbeitsstunden, wenn er, betäubt durch das Erwachen eines ins Leben zurückkehrenden Menschen, Umschau hielt, sah und spürte er in Reichweite seiner Hand und seiner Stimme nichts als Wände. Er hatte, da er keine Frau in seinem Haus hatte und der, die er liebte, nur mit den Vorsichtsmaßnahmen eines Diebes begegnen konnte, seine Mußestunden an allen öffentlichen Orten verbringen müssen, wo man irgendwelche Mittel zum Totschlagen der Zeit findet und kauft. Er ging in den Klub, er ging in den Zirkus und ins Hippodrom und an bestimmten Tagen in die Oper, er ging fast überallhin, um nicht zu Hause bleiben zu müssen, wo er zweifellos mit Freuden geblieben wäre, wenn er dort mit ihr hätte zusammenleben können.

Früher hatte er in gewissen Stunden zärtlicher Torheit auf grausame Art gelitten, daß er sie nicht nehmen und bei sich behalten konnte; als dann sein Glühen sich minderte, hatte er ihrer beider Getrenntsein und seine Freiheit ohne Empörung hingenommen, und jetzt bedauerte er beides von neuem, als habe er von neuem angefangen, sie zu lieben.

Und dies Wiedererwachen der Liebe überflutete ihn so ungestüm und fast ohne Grund, weil draußen schönes Wetter war und vielleicht weil er eben die verjüngte Stimme jener Frau wiedererkannt hatte. Welcher Geringfügigkeiten bedarf es, um das Herz eines Mannes, eines alternden Mannes, zu erregen, bei dem die Erinnerung zu schmerzlicher Sehnsucht wird!

Wie früher stieg in ihm der Wunsch auf, sie wiederzusehen, und erfaßte seinen Geist und seinen Körper wie ein Fieber, und er begann ein wenig in der Art eines jungen Verliebten an sie zu denken, indem er sie in seinem Herzen übersteigerte und sich selber in sein Gefühl hineinsteigerte, um noch mehr nach ihr zu verlangen; danach entschloß er sich, obwohl er sie am Vormittag gesehen hatte, noch am selben Abend auf eine Tasse Tee zu ihr zu gehen.

Die Stunden dünkten ihn lang, und als er das Haus verließ und zum Boulevard Malesherbes gehen wollte, überkam ihn lebhaft ein Angstgefühl, sie nicht anzutreffen und gezwungen zu sein, auch diesen Abend, wie so viele andere, allein zu verbringen.

Auf seine Frage: »Ist die Frau Gräfin daheim?« antwortete der Diener: »Ja, Monsieur« und bereitete ihm damit eine große Freude.

In strahlendem Ton sagte er: »Schon wieder mal ich«, als er auf der Schwelle des kleinen Salons erschien, wo die beiden Damen unter dem rosa Schirm einer Lampe aus Neusilber, die von einem hohen, sehr dünnen Schaft getragen wurde, handarbeiteten.

Die Gräfin rief: »Ach, Sie sind es! Wie schön!«

»Ja, ich. Ich fühlte mich sehr einsam, und deshalb bin ich gekommen.«

»Wie hübsch!«

»Erwarten Sie jemand?«

»Nein... vielleicht... Ich weiß es nie.«

Er setzte sich und betrachtete mit geringschätziger Miene die graue, grobwollene Strickarbeit, an der sie mit langen Holznadeln eifrig arbeiteten. »Was ist denn das?« fragte er.

»Decken.«

»Für Arme?«

»Ja, natürlich.«

»Wie häßlich sieht das aus.«

»Es hält schön warm.«

»Möglich, aber es ist sehr häßlich, zumal in einer Wohnung im Louis-Quinze-Stil, wo alles und jedes dem Auge schmeichelt. Wenn schon nicht für die Armen, so müßten Sie Ihrer Freunde wegen Ihre Barmherzigkeit etwas eleganter gestalten.«

»Lieber Gott, die Männer!« sagte sie und zuckte dabei mit den Achseln. »Solche Decken werden jetzt überall gearbeitet.«

»Das weiß ich, das weiß ich nur zu gut. Man kann keinen Abendbesuch mehr machen, ohne dieses greuliche graue Gelump auf den hübschesten Kleidern und auf den zierlichsten Möbeln herumliegen zu sehen. In diesem Frühling wird einer geschmacklosen Wohltätigkeit gehuldigt.«

Um selber beurteilen zu können, ob er die Wahrheit spreche, breitete die Gräfin die Strickarbeit, die sie in Händen hatte, auf dem freien Stuhl neben sich aus und stellte dann gleichgültig fest: »Wirklich, es ist sehr häßlich.« Und dann machte sie sich wieder an die Arbeit.

Die beiden Köpfe unter den beiden ganz nahen Lichtquellen waren von einem rosigen Schein übergossen, der zunächst das Haar traf und sich auch über die Gesichter, die Kleider und die sich regenden Hände ausbreitete, und beide blickten mit der flüchtigen und ausdauernden Aufmerksamkeit von Frauen, die an Handarbeiten gewöhnt sind, auf ihre Beschäftigung nieder, der die Augen folgen, ohne daß sich der Geist mit ihnen befaßt.

In den vier Ecken des Zimmers brannten auf altertümlichen Säulen von vergoldetem Holz vier weitere Lampen aus chinesischem Porzellan und tauchten die Wandbespannung in ein sanftes, gleichmäßiges Licht, das durch über die Lampenglocken gestülpte Spitzenschirme gedämpft wurde.

Bertin nahm einen sehr niedrigen Sessel, einen Zwergenstuhl, auf dem er gerade noch sitzen konnte, den er jedoch beim Plaudern mit der Gräfin von je bevorzugt hatte, und saß dort beinahe zu ihren Füßen.

Sie sagte: »Sie haben vorhin mit Nané einen langen Spaziergang durch den Park gemacht.«

»Ja, wir haben geschwatzt wie alte Freunde. Ich habe Ihre Tochter recht gern. Sie ist Ihnen außerordentlich ähnlich. Wenn sie gewisse Sätze spricht, könnte man meinen, Sie hätten Ihre Stimme in ihrem Mund liegen lassen.«

»Das hat mein Mann auch schon ziemlich oft gesagt.«

Er sah ihnen zu, wie sie, vom Licht der Lampen überflutet, arbeiteten, und der Gedanke, der ihn so oft quälte, der ihn den ganzen Tag über gequält hatte, und die Trostlosigkeit seines öden, reglosen, schweigenden und frostigen Hauses, was für Wetter auch immer sein und ob Feuer im Kamin brennen und die Heizung angestellt sein mochte, stimmten ihn trübsinnig, als begreife er zum erstenmal seine Einsamkeit.

Wie gern hätte er der Gatte dieser Frau und nicht ihr Geliebter sein mögen! Früher hatte er den Wunsch verspürt, sie diesem Mann zu entreißen, zu nehmen, sie ihm ganz und gar zu stehlen. Heute beneidete er diesen betrogenen Ehemann, der im steten Einerlei ihres Hauses und in der Nichtigkeit ihrer Beziehungen für immer seinen Platz an ihrer Seite hatte. Während er sie anschaute, fühlte er sein Herz ganz erfüllt von alten, wiederauferstandenen Dingen, die er ihr gern gesagt hätte. Wirklich, er liebte sie noch, heute sogar ein wenig mehr, viel mehr als seit langem; und der Drang, ihr von dieser Verjüngung zu erzählen, über die sie sich sehr freuen würde, ließ ihn wünschen, das junge Mädchen möge so rasch wie möglich zu Bett geschickt werden.

Wie besessen von diesem Verlangen, mit ihr allein zu sein, an ihre Knie heranzurücken, auf die er seinen Kopf legen würde, und ihre Hände zu nehmen, aus denen dann die Armendecke und die Holznadeln gleiten und das Wollknäuel am Ende eines abgewickelten Fadens unter einen Sessel rollen würde, blickte er auf die Uhr, sprach kaum noch und fand, es sei wirklich unrecht, Backfischen anzugewöhnen, daß sie den Abend mit den Erwachsenen verbrachten.

Schritte störten die Stille des benachbarten Salons, und der Diener, dessen Kopf im Türspalt erschien, meldete: »Monsieur de Musadieu.«

Olivier Bertin mußte einen kleinen Wutanfall unterdrücken, und als er die Hand des Museumsdirektors schüttelte, fühlte er große Lust, ihn bei den Schultern zu packen und hinauszuwerfen.

Musadieu strotzte vor Neuigkeiten: Das Ministerium werde gestürzt werden, und es werde von einem Skandal im Zusammenhang mit dem Marquis de Rocdiane gemunkelt. Mit einem Blick auf das junge Mädchen fügte er hinzu: »Davon werde ich später erzählen.«

Die Gräfin blickte zur Uhr auf und stellte fest, daß es bald zehn Uhr war. »Es ist Zeit zum Schlafengehen, mein Kind«, sagte sie zu ihrer Tochter.

Annette legte ohne zu antworten ihre Strickarbeit zusammen, rollte die Wolle auf, küßte ihre Mutter auf die Wangen, reichte den beiden Herren die Hand und entfernte sich so eilig, als gleite sie hinaus, ohne die Luft im Vorübergehen zu bewegen.

Als sie gegangen war, fragte die Gräfin: »Nun, und Ihr Skandal?«

Es wurde behauptet, der Marquis von Rocdiane, der in gütlicher Trennung von seiner Frau lebte, wofür sie ihm ein für ihn nicht ausreichendes Jahresgeld zahlte, habe, um dieses zu verdoppeln, ein sicheres und einzigartiges Mittel gefunden. Die Marquise, die er überwachen ließ, habe sich von ihm in flagranti ertappen lassen und durch eine neue Rente von dem polizeikommissarisch aufgenommenen Protokoll loskaufen müssen.

Die Gräfin lauschte mit begierigem Blick; ihre reglosen Hände hielten die unterbrochene Arbeit auf den Knien fest.

Bertin, den Musadieus Anwesenheit seit dem Fortgehen des jungen Mädchens aufs höchste aufbrachte, ärgerte sich und erklärte mit der Entrüstung eines Mannes, der Bescheid weiß und zu niemand über eine solche Verleumdung hat sprechen wollen, all das sei eine abscheuliche Lüge, eins der schändlichen Gerüchte, das Leute der guten Gesellschaft weder anhören noch je wiederholen dürften. Er stand jetzt vor dem Kamin und war wütend und trug das erregte Gesicht eines Mannes zur Schau, der durchaus geneigt ist, diese Geschichte zu einer persönlichen Frage zu machen.

Rocdiane sei sein Freund, und wenn man ihm in gewissen Fällen seine Leichtfertigkeit vorwerfen könne, so dürfe man ihn doch einer wirklich anrüchigen Tat weder beschuldigen noch auch nur verdächtigen.

Musadieu war überrascht und verlegen, verteidigte sich, nahm zurück und entschuldigte sich. »Erlauben Sie«, sagte er, »ich habe diese Angelegenheit gerade bei der Herzogin de Mortemain gehört.«

Bertin fragte: »Und wer hat Ihnen davon erzählt? Sicherlich doch eine Frau?«

»Nein, durchaus nicht, sondern der Marquis de Farandal.«

Heftig entgegnete der Maler: »Das wundert mich nicht von ihm!«

Ein Schweigen entstand. Die Gräfin begann wieder zu strikken.

Dann sagte Olivier mit ruhiger Stimme: »Ich weiß ganz bestimmt, daß es nicht wahr ist.« Er wußte nichts, weil er zum erstenmal von diesem Abenteuer hatte sprechen hören.

Musadieu bereitete seinen Rückzug vor, da ihm die Situation gefährlich schien, und deutete an, daß er gehen wolle, um noch einen Besuch bei den Corbelles zu machen, als der Graf de Guilleroy vom Essen in der Stadt heimkehrte.

Bertin setzte sich wieder, entmutigt und im Augenblick ohne Hoffnung, daß er sich den Ehemann vom Halse schaffen könnte.

»Wissen Sie eigentlich«, fragte der Graf, »was für ein Riesenskandal heute abend im Umlauf ist?« Da niemand antwortete, fuhr er fort: »Anscheinend hat Rocdiane seine Frau bei strafbarem Umgang überrascht und läßt sich diese Unbedachtsamkeit sehr teuer bezahlen.«

Darauf legte Bertin mit tieftraurigem Gesicht, Kummer in der Stimme und in seiner Bewegung, eine Hand auf Guilleroys Knie und wiederholte ihm in freundschaftlichen und leisen Sätzen, was er eben noch Musadieu gewissermaßen ins Gesicht geschleudert hatte.

Und der Graf, halb überzeugt und verärgert, daß er eine zweifelhafte und vielleicht kompromittierende Sache so leichtfertig wiederholt hatte, entschuldigte sich mit seiner Unwissenheit und seiner Harmlosigkeit. Es würden ja tatsächlich so viele falsche und boshafte Dinge erzählt!

Plötzlich waren sich alle darüber einig: Die Gesellschaft beschuldigt, verdächtigt und verleumdet mit einer bedauerlichen Leichtfertigkeit. Und alle vier schienen wenigstens fünf Minuten lang überzeugt davon, daß all diese Tuscheleien erlogen seien, daß die Frauen niemals die Liebhaber hätten, deren man sie verdächtige, daß die Männer niemals die Schlechtigkeiten begingen, die man ihnen andichte, und daß alles in allem die Oberfläche schlechter sei als der Kern.

Bertin, der, seit Guilleroy gekommen war, nicht mehr auf Musadieu böse war, sagte ihm schmeichelhafte Dinge, brachte ihn auf seine Lieblingsthemen und öffnete die Schleusen seiner Beredsamkeit. Und der Graf schien zufrieden wie jemand, der überall Beruhigung und Herzlichkeit verbreitet.

Zwei Diener, die mit leisen Schritten über die Teppiche kamen, brachten den Teetisch, auf dem das kochende Wasser in einem hübschen, blitzblanken Gerät über der blauen Flamme eines Spirituskochers dampfte.

Die Gräfin stand auf, bereitete das heiße Getränk mit der Behutsamkeit und der Sorgfalt, die wir von den Russen übernommen haben, reichte dann Musadieu eine Tasse, Bertin eine andere und darauf Teller mit Gänseleberpastetensandwiches und kleinem österreichischen und englischen Gebäck.

Der Graf hatte sich dem Rolltisch genähert, auf dem in Reih und Glied Fruchtsäfte, Liköre und Gläser standen, mischte sich einen starken Grog, schlüpfte dann heimlich in das Nebenzimmer und verschwand.

Bertin fand sich also von neuem Musadieu gegenüber, und abermals überkam ihn der Wunsch, diesen Störenfried hinauszuwerfen, der jetzt in Schwung geraten war und hochtrabend daherredete, Anekdoten zum besten gab und Witze in der Ichform erzählte. Und die Augen des Malers hingen beharrlich an der Uhr, deren großer Zeiger immer näher an die Mitternachtsstunde heranrückte. Die Gräfin fing seinen Blick auf, verstand, daß er mit ihr sprechen wolle, und verbreitete mit jener Geschicklichkeit der Frauen von Welt, die es gewohnt sind, durch feine Abschattungen den Ton einer Unterhaltung und die Atmosphäre in einem Salon zu verändern, um ohne ein Wort begreiflich zu machen, ob man bleiben dürfe oder gehen müsse, allein durch ihre Haltung, den Ausdruck ihres Gesichts und die Langeweile in ihren Augen eine Kälte um sich, als sei ein Fenster geöffnet worden.

Musadieu fühlte, wie diese Luftströmung seine Gedanken vereiste, und ohne daß er sich fragte, warum, empfand er plötzlich selber den Wunsch, aufzustehen und zu gehen.

Bertin bewies Lebensart und ahmte seine Bewegung nach. So zogen sich die beiden Männer zusammen zurück und durchschritten die beiden Salons, gefolgt von der Gräfin, die dabei ausschließlich mit dem Maler sprach. Auf der Schwelle des Vorzimmers hielt sie ihn um irgendeiner Erklärung willen zurück, während Musadieu, dem ein Lakai dabei half, seinen Mantel anzog. Da Madame de Guilleroy immer noch mit Bertin sprach, entschloß sich der Museumsdirektor, nachdem er ein paar Sekunden vor der durch einen anderen Diener offengehaltenen Haustür gewartet hatte, allein zu gehen, um nicht neben dem Diener herumzustehen.

Die Tür wurde sacht hinter ihm geschlossen, und die Gräfin sagte mit vollkommener Unbefangenheit zu dem Künstler: »Aber wirklich, warum wollen Sie so schnell gehen? Es ist noch nicht Mitternacht. Bleiben Sie doch noch ein wenig.«

So kehrten sie zusammen in den kleinen Salon zurück.

Sobald sie sich gesetzt hatten, sagte er: »Mein Gott, hat mich dieser Trottel aufgeregt!«

»Und warum?«

»Er hat mir etwas von Ihnen weggenommen.«

»Oh, nicht viel.«

»Möglich, aber er störte mich.«

»Sind Sie eifersüchtig?«

»Man ist nicht eifersüchtig, wenn man einen Mann lästig findet.« Er hatte sich wieder auf seinen kleinen Sessel gesetzt, und nun er ganz dicht neben sie gerückt war, betastete er den Stoff ihres Kleides, während er ihr erzählte, welch ein warmer Hauch an diesem Tag sein Herz getroffen hatte.

Überrascht und entzückt hörte sie ihm zu, legte sacht eine Hand auf sein weißes Haar und streichelte es leise, wie um ihm zu danken.

»Ich möchte so gern in Ihrer unmittelbaren Nähe leben!« sagte er. Er mußte immer an den zu Bett gegangenen Ehemann denken, der zweifellos in einem Nebenzimmer schlief, und sagte: »Einzig die Ehe kann zwei Menschenleben vereinen.«

»Armer, lieber Freund!« flüsterte sie, voller Mitleid mit ihm und auch mit sich.

Er hatte seine Wange an die Knie der Gräfin geschmiegt und sah sie liebevoll mit ein wenig schwermütiger, ein wenig schmerzlicher und weniger brennender Liebe als eben noch an, als er durch ihre Tochter, ihren Gatten und Musadieu von ihr getrennt gewesen war.

Lächelnd und während sie noch immer die leichten Finger über Oliviers Kopf gleiten ließ, sagte sie: »Lieber Gott, wie weiß Sie sind! Ihre letzten schwarzen Haare sind verschwunden.«

»Ach ja, ich weiß, das geht schnell.«

Sie fürchtete, ihn traurig gestimmt zu haben. »Oh«, sagte sie, »grau waren Sie übrigens schon sehr früh. Ich habe Sie immer meliert gekannt.«

»Ja, das stimmt.«

Um völlig den Anhauch von Kummer auszulöschen, den sie heraufbeschworen hatte, beugte sie sich vor, hob seinen Kopf mit den Händen an und drückte auf seine Stirn langsame, zärtliche Küsse, jene langen Küsse, die niemals zu enden scheinen.

Dann schauten sie einander an und suchten im Grund ihrer Augen den Widerschein ihrer Liebe zu erblicken.

»Ich möchte so gern einmal einen ganzen Tag mit Ihnen verbringen«, sagte er, dunkel von einem unerklärlichen Verlangen nach Vertraulichkeit gepeinigt.

Eben noch hatte er geglaubt, das Verschwinden der Menschen, die da gewesen waren, würde genügen, um die seit dem Morgen erwachte Sehnsucht zu verwirklichen, und jetzt, nun er mit seiner Geliebten allein war, nun er auf seiner Stirn die laue Wärme ihrer Hände und durch das Kleid hindurch an seiner Wange die laue Wärme ihres Körpers fühlte, gewahrte er in sich dieselbe Unruhe, dasselbe unbekannte und flüchtige Liebesverlangen.

Und da bildete er sich ein, außerhalb dieses Hauses, vielleicht im Wald, wo sie ganz allein wären und niemand weit und breit, könne die Unruhe seines Herzens befriedigt werden und zur Ruhe kommen.

»Was für ein Kind Sie sind!« antwortete sie. »Wir sehen einander doch fast jeden Tag.«

Er bat sie flehentlich, sich irgendeinen Vorwand auszudenken, damit sie morgen mittag mit ihm essen könne, irgendwo in der Umgegend von Paris, wie sie es früher schon vier- oder fünfmal getan hatten.

Sie wunderte sich über diesen Einfall, der jetzt, nun ihre Tochter heimgekommen war, so schwer zu verwirklichen war.

Indessen wolle sie es versuchen, sobald ihr Mann nach Roncières fahre; aber das werde erst nach der Eröffnung der Ausstellung der Fall sein, die am nächsten Sonntag stattfinden sollte.

»Und wann werde ich Sie inzwischen sehen?« fragte er.

»Morgen abend, bei den Corbelles. Außerdem kommen Sie am Donnerstag um drei Uhr her, wenn Sie frei sind, und am Freitag, glaube ich, essen wir zusammen bei der Herzogin zu Abend.«

»Ja, ganz recht.« Er stand auf. »Adieu.«

»Adieu, lieber Freund.«

Er blieb lieber stehen, ohne sich zum Fortgehen entschließen zu können, weil er fast noch nichts von alledem gesagt hatte, was er ihr hatte sagen wollen, und weil ihm der Kopf nach wie vor voll war von unausgesprochenen Dingen und unklaren Ergüssen, die nicht laut geworden waren. Er nahm ihre Hände und sagte nochmals: »Adieu.«

»Adieu, mein Freund.«

»Ich liebe Sie.«

Sie warf ihm ein Lächeln zu, mit dem eine Frau einem Mann innerhalb einer einzigen Sekunde alles zu zeigen vermag, was sie ihm gegeben hat.

Mit bebendem Herzen wiederholte er zum drittenmal: »Adieu.« Und damit ging er.

IV

Man hätte meinen können, daß sämtliche Pariser Wagen an diesem Tag eine Wallfahrt zum Industriepalast unternähmen. Seit neun Uhr morgens kamen sie durch alle Straßen, alle Avenuen und über alle Brücken zu der Kunstausstellung, wohin die Maler von ganz Paris das ganze mondäne Paris eingeladen hatten, an der Vorbesichtigung der dreitausendvierhundert Bilder teilzunehmen.

Eine Riesenmenge drängte durch die Türen und stieg, die Billdhauerwerke mit Verachtung strafend, sofort zu den Gemäldegalerien hinauf. Schon während sie Stufe um Stufe bewältigten, hoben sie die Augen zu den Bildern auf, die im Treppenhaus dargeboten wurden, wohin man die besondere Kategorie der Vestibülmaler zu hängen pflegt, die Werke von ungewöhnlichen Proportionen oder solche eingesandt hatten, die zuzurückzuweisen man nicht gewagt hatte. In dem viereckigen Saal brodelte eine wimmelnde und geräuschvolle Menge. Die bis zum Abend anwesenden Maler waren an ihrer Geschäftigkeit, dem dröhnenden Klang ihrer Stimmen und ihrem gebieterischen Gehaben zu erkennen. Sie zogen Freunde am Ärmel zu Bildern, auf die sie mit Ausrufen und dem nachdrücklichen Mienenspiel des Kenners hinwiesen. Man sah alle nur erdenklichen: große mit langem Haar, mit weichen grauen oder schwarzen Hüten von unbeschreiblicher Form, breit und rund wie Dächer und mit heruntergebogenen Krempen, die den ganzen Oberkörper des betreffenden Mannes beschatteten. Andere waren klein, ständig in Bewegung, schmächtig oder stämmig, trugen ein seidenes Tuch um den Hals und kurze Jacketts oder waren in sonderbare, für die Klasse der Malbeflissenen bezeichnende Anzüge gekleidet.

Es gab den Clan der Eleganten, der Modenarren, der Boulevardkünstler, den Clan der Akademiker, die korrekt gekleidet und je nach ihrer Auffassung von Eleganz und gutem Ton mit riesigen oder mikroskopisch kleinen roten Rosetten geschmückt waren, und den Clan der bürgerlichen Maler, die von der ganzen, den Vater wie ein Triumphchor umgebenden Familie umringt wurden.

Die der Ehre dieses viereckigen Saals teilhaftig gewordenen Bilder an den vier riesigen Wänden verblüfften schon beim Eintreten durch die Pracht des Kolorits und das Glänzen und Blitzen der Rahmen, durch die Grellheit neuer Farben, die durch den Firnis noch lebhafter wurden und unter dem von oben herabfallenden brutalen Tageslicht geradezu blendeten.

Das Porträt des Präsidenten der Republik hing gegenüber der Tür, während sich an einer anderen Wand ein mit Gold überladener General mit einem Straußenfederhut und roten Tuchhosen befand und gute Nachbarschaft mit völlig nackten Nymphen unter Weidenbäumen und einem Schiff in Seenot hielt, das fast von einer Woge verschlungen wurde. Ein Bischof aus alten Zeiten, der einen Barbarenkönig exkommunizierte, eine von Pestleichen strotzende orientalische Straße und Dantes Gestalt auf dem Weg ins Inferno packten und fesselten den Blick durch eine unwiderstehliche Gewalt des Ausdrucks.

Außerdem sah man in dem riesigen Saal eine Kavallerieattacke, Schützen in einem Wald, Kühe auf einer Weide, zwei adlige Herren des vorigen Jahrhunderts, die sich an einer Straßenecke duellierten, eine Wahnsinnige, die auf einem Eckstein saß, einen Priester, der einen Sterbenden versah, Schnitter, Flüsse, einen Sonnenuntergang, eine Mondscheinlandschaft, Proben mithin von allem, was sich malen läßt, was gemalt wird und was die Maler bis zum Jüngsten Tag malen werden.

Olivier stand in einer Gruppe berühmter Kollegen, Mitglieder der Akademie und der Jury, und tauschte mit ihnen Meinungen aus. Ein Unbehagen bedrückte ihn, eine Unruhe über sein ausgestelltes Werk, das er trotz der eifrigen Glückwünsche als nicht völlig gelungen empfand. Dann stürzte er vor.

In der Eingangstür erschien die Herzogin de Mortemain. »Ist die Gräfin noch nicht hier?« fragte sie.

»Ich habe sie nicht gesehen.«

»Und Monsieur de Musadieu?«

»Ebenso wenig.«

»Er hat mir versprochen, um zehn Uhr oben an der Treppe zu sein, um mich durch die Säle zu führen.«

»Wollen Sie mir erlauben, ihn zu ersetzen, Frau Herzogin?«

»Nein, nein. Ihre Freunde brauchen Sie. Wir sehen uns gleich wieder; ich rechne damit, daß wir zusammen zu Mittag essen.«

Musadieu kam herbeigeeilt. Er war ein paar Minuten bei den Bildhauerwerken aufgehalten worden und entschuldigte sich; er war bereits außer Atem. »Hier, Frau Herzogin, wir fangen hier auf der rechten Seite an«, sagte er.

Sie waren gerade in einem Strudel von Köpfen verschwunden, als die Gräfin de Guilleroy, ihre Tochter am Arm, eintrat und mit den Blicken Olivier Bertin suchte.

Er sah sie, ging auf sie zu und begrüßte sie: »Mein Gott, wie schön Sie beide sind! Wirklich, Annette wird immer hübscher. Innerhalb von acht Tagen hat sie sich völlig verändert.« Er musterte sie mit seinen forschenden Augen. Dann fügte er hinzu: »Die Linien sind weicher, gelöster, der Teint leuchtender. Sie ist schon viel weniger kleines Mädchen und viel mehr Pariserin.« Aber plötzlich kam er auf das große Tagesereignis zurück. »Wir wollen auf der rechten Seite anfangen, dann treffen wir die Herzogin.«

Die Gräfin, in allem, was die Malerei betraf, auf dem laufenden und besorgt wie ein Maler, der selber ausgestellt hat, fragte: »Was sagt das Publikum?«

»Eine schöne Ausstellung. Bemerkenswerter Bonnat, zwei hervorragende Carolus Duran, ein wunderbarer Puvis de Chavannes, ein höchst erstaunlicher und sehr neuartiger Roll, ein ausgezeichneter Gervex und vieles andere, von Béraud, Cazin, Duez, überhaupt eine Menge guter Sachen.«

»Und Sie?« fragte sie.

»Es werden mir Komplimente gemacht, aber ich bin nicht zufrieden.«

»Sie sind nie zufrieden.«

»Doch, manchmal. Aber heute glaube ich wirklich, daß ich recht habe.«

»Warum?«

»Das weiß ich nicht.«

»Lassen Sie uns sehen.«

Als sie zu dem Bild kamen – zwei kleinen Bauernmädchen, die in einem Bach badeten –, stand eine bewundernde Gruppe davor.

Sie freute sich und sagte ganz leise: »Aber das ist doch zauberhaft, es ist ein Juwel. Sie haben nie etwas Besseres gemacht.«

Er drängte sich an sie, weil er sie liebte und für jedes Wort dankbar war, das ein Leiden beschwichtigte, eine Wunde verband. Und blitzschnell durchglitten ihn mancherlei Erwägungen und versuchten ihn zu überzeugen, daß sie recht habe, daß sie mit ihren klugen Pariserinnenaugen richtig sehe. Um seine Befürchtungen zu beschwichtigen, vergaß er, daß er ihr seit zwölf Jahren vorwarf, allzu sehr die Künstlichkeiten, die eleganten Leckerbissen, die zum Ausdruck gebrachten Gefühle, die mit der Mode gehenden falschen Feinheiten zu bewundern und niemals die Kunst, die Kunst an sich, die von Ideen, Tendenzen und gesellschaftlichen Vorurteilen losgelöste Kunst.

Er zog sie weiter, in den nächsten Saal. »Wir wollen uns das übrige ansehen«, sagte er. Und so führte er sie lange, sehr lange von Saal zu Saal und zeigte ihnen die Bilder und erklärte die Themen, glücklich mit ihnen und glücklich durch sie.

Plötzlich fragte die Gräfin: »Wie spät ist es?«

»Halb eins.«

»Oh! Höchste Zeit, zum Essen zu gehen. Die Herzogin wartet bei Ledoyen auf uns und hat mich beauftragt, Sie mitzubringen, falls wir Sie in den Sälen nicht treffen sollten.«

Das Restaurant stand mitten in einer Insel von Bäumen und Sträuchern und schwirrte wie ein zu voller, vibrierender Bienenstock. Ein wirres Summen von Stimmen, Rufen, Gläser- und Tellerklirren flatterte umher und drang aus allen Fenstern und all den großen, geöffneten Türen. Die gedrängt vollen Tische, an denen Leute beim Essen saßen, standen in langen Reihen in den Seitenwegen rechts und links von dem schmalen Durchgang, durch den betäubt und wie närrisch, große Platten mit Fleisch, Fischen oder Früchten balancierend, die Kellner liefen.

Unter der umlaufenden Galerie saßen so viele Männer und Frauen, daß sie wie eine lebendige Teigmasse wirkten. All das lachte, rief, trank und aß, wurde überflutet von einer Fröhlichkeit, die an gewissen Tagen mit der Sonne auf Paris herabfällt.

Ein Kellner führte die Gräfin, Annette und Bertin in den reservierten Salon, wo die Herzogin sie erwartete.

Als sie eintraten, erblickte der Maler neben dessen Tante den Marquis de Farandal, der übereifrig und lächelnd beide Arme ausstreckte, um die Schirme und Mäntel der Gräfin und ihrer Tochter in Empfang zu nehmen. Bertin empfand ein solches Mißfallen, daß er unvermittelt Lust bekam, aufreizende und brutale Dinge zu sagen.

Die Herzogin erklärte das Zusammentreffen mit ihrem Neffen und das Entschwinden Musadieus, der durch den Minister, dem die Künste unterstanden, weggeführt worden sei, und Bertin wurde schwach bei dem Gedanken, daß dieser Geck von einem Marquis Annette heiraten solle, daß er nur ihretwegen gekommen sei, daß er jetzt schon die für sein Bett Auserwählte in ihr sah, und empörte sich, als habe man seine Rechte, geheimnisvolle und geheiligte Rechte, mißachtet und geschändet.

Sobald sie am Tisch Platz genommen hatten, beschäftigte sich der Marquis mit dem jungen Mädchen, neben dem er saß, in der eifrigen Art von Leuten, die ermächtigt sind, den Hof zu machen.

Er hatte neugierige Augen, die den Maler verwegen und forschend anmuteten, ein fast zärtliches und befriedigtes Lächeln, eine vertrauliche und zugleich korrekte Höflichkeit. In seinem Betragen und in seinen Worten zeigte sich bereits etwas Entschiedenes wie die Ankündigung einer baldigen Besitzergreifung.

Die Herzogin und die Gräfin schienen das Benehmen des Bewerbers zu fördern und gutzuheißen und blinzelten einander wie in geheimer Mitwisserschaft zu.

Sobald das Essen beendet war, kehrten sie in die Ausstellung zurück. In den Sälen war ein solches Menschengewimmel, daß es schier undurchdringlich schien. Körperwärme und der muffige Geruch am Leib gealterter Frauenkleider und Männeranzüge mischten sich zu einer widerlichen, schweren Luft. Man betrachtete nicht mehr die Bilder, sondern die Gesichter und die Kleider und suchte außerdem Bekannte; und mitunter gab es ein Geschubse in dieser dichten Menge, sie öffnete sich für einen Augenblick, um die hohe Trittleiter der Lackierer mit ihrem »Achtung, meine Herren, Achtung, meine Damen!« durchzulassen.

Nach fünf Minuten gewahrten die Gräfin und Olivier, daß sie von den anderen getrennt seien. Er wollte sie suchen, aber sie stützte sich auf ihn und sagte: »Ist es nicht ganz gut so? Lassen Sie doch die andern, es ist doch verabredet, daß wir uns um vier Uhr am Büfett treffen, falls wir uns verlieren.«

»Ja, richtig«, erwiderte er.

Aber er verbohrte sich in die Vorstellung, wie der Marquis Annette begleitete und in seiner galanten Geckenhaftigkeit weiter fades Zeug schwatzte.

»Sie lieben mich also immer noch?« flüsterte die Gräfin.

Mit abwesendem Gesicht antwortete er: »Selbstverständlich, gewiß doch.« Und über die Köpfe hinweg suchte er nach Monsieur de Farandals grauem Hut.

Sie spürte, wie zerstreut er war, wollte seine Gedanken zu sich zurücklenken und sagte: »Wenn Sie wüßten, wie sehr mir Ihr diesjähriges Bild gefällt. Es ist Ihr Meisterwerk.«

Er lächelte, vergaß plötzlich die jungen Leute und mußte an seine Sorge von heute morgen denken. »Wirklich? Finden Sie?«

»Ja, es gefällt mir von allen am besten.«

»Es hat mir viel Unbehagen bereitet.«

Mit schmeichelnden Worten ging sie ihm von neuem um den Bart, weil sie seit langer Zeit nur zu gut wußte, daß nichts so viel Macht über einen Künstler hat wie liebevolle, unaufhörliche Schmeichelei.

Gefangen, belebt und aufgeheitert durch diese freundlichen Worte, begann er zu sprechen und sah nichts als sie und hörte nichts als sie in diesem hin und her flutenden Gewühl. Um ihr zu danken, flüsterte er in ihr Ohr: »Ich habe wahnsinnige Lust, Sie zu küssen.«

Ein warmer Schauer durchlief sie, sie hob ihre glänzenden Augen zu ihm und wiederholte ihre Frage: »Sie lieben mich also immer noch?«

Und jetzt antwortete er mit der Betonung, die sie hatte hören wollen und die sie vor wenigen Minuten nicht gehört hatte: »Ja, meine liebe Any, ich liebe Sie.«

»Sie müssen mich abends oft besuchen«, sagte sie. »Jetzt, wo meine Tochter da ist, werde ich nur noch selten ausgehen.«

Seit sie dies unerwartete Wiederaufleben der Liebe in ihm spürte, empfand sie ein großes Glück. Angesichts seines weißen

Haars und der Beschwichtigung durch sein Alter fürchtete sie jetzt weniger, daß er durch eine andere Frau verlockt werde, hatte jedoch entsetzliche Angst, daß er sich aus Furcht vor der Einsamkeit verheiraten könne. Diese schon lange gehegte Angst wuchs unablässig und ließ in ihr unausführbare Pläne entstehen, wie sie ihn möglichst nahe bei sich haben und es vermeiden könne, daß er lange Abende in der frostigen Einsamkeit seines leeren Hauses verbringe. Da sie ihn nicht immer heranziehen und zurückhalten konnte, schlug sie ihm Zerstreuungen vor, schickte ihn ins Theater, trieb ihn in die Gesellschaft, weil es ihr lieber war, ihn unter Frauen als in der Trostlosigkeit seines Hauses zu wissen.

Als Antwort auf ihre geheimen Gedanken sagte sie: »Ach, wenn ich Sie immer um mich haben könnte, wie würde ich Sie verwöhnen! Versprechen Sie mir, sehr oft zu kommen, weil ich kaum mehr ausgehe.«

»Ich verspreche es Ihnen.«

Dicht an ihrem Ohr flüsterte eine Stimme: »Mama.«

Die Gräfin zuckte zusammen und wandte sich um. Annette, die Herzogin und der Marquis kamen auf sie zu.

»Es ist vier Uhr«, sagte die Herzogin, »ich bin sehr müde und möchte am liebsten gehen.«

Die Gräfin antwortete: »Ich möchte ebenfalls gehen, ich kann nicht mehr.«

Sie gelangten zur Innentreppe, die die Galerien mit den aneinandergereihten Skizzen und Aquarellen teilt und den ungeheuren Wintergarten mit den ausgestellten Bildhauerwerken beherrscht.

Vom obersten Treppenabsatz überblickte man von einem Ende zum anderen das riesige Treibhaus, wo überall in den Gängen um Gruppen von grünen Büschen Plastiken aufgestellt waren und hoch über die Menge ragten, die den Boden der Wege wie ein hin und her wogender schwarzer Strom bedeckte. Aus diesem dunklen Teppich von Hüten und Schultern ragten die Marmorbilder und durchbohrten ihn an tausend Stellen; sie wirkten wie von innen erleuchtet, so weiß waren sie.

Als sich Bertin an der Tür von den Frauen verabschiedete,

fragte ihn Madame de Guilleroy ganz leise: »Sie kommen also heute abend?«

»Freilich.« Und dann ging er in die Ausstellung zurück und plauderte mit den Künstlern über die Eindrücke des Tages.

Die Maler und die Bildhauer standen in Gruppen um die Skulpturen oder vor dem Büfett und diskutierten wie jedes Jahr, indem sie die gleichen Gedanken mit den gleichen Argumenten über die fast gleichen Werke verfochten oder angriffen. Olivier, den diese Unterhaltungen für gewöhnlich anregten, weil er rasch und mit verwirrenden Ausfällen zu erwidern wußte und im Ruf eines geistreichen Theoretikers stand, worauf er stolz war, bemühte sich, leidenschaftlich zu werden; aber das, was er aus Gewohnheit antwortete, interessierte ihn nicht mehr als das, was er hörte, und er wäre gern gegangen, um nicht mehr zu hören, nicht mehr zu vernehmen, was er von vornherein wußte und was auf all diese alten Fragen der Kunst, die er in allen ihren Formen kannte, geäußert wurde.

Dennoch hatte er dies alles gern und hatte es auf eine beinahe ausschließliche Weise gern gehabt; doch heute war er durch eine leichte und anhaltende Befangenheit nicht bei der Sache, eine der kleinen Besorgnisse, die uns nicht zu berühren scheinen und die trotzdem da sind, was man auch sagen und was man auch tun möge, die sich in unseren Geist bohren, wie ein unsichtbarer Dorn ins Fleisch dringt.

Er hatte sogar seine Unruhe über seine »Badenden« vergessen, um lediglich an das unangenehme Verhalten des Marquis gegenüber Annette denken zu können. Aber was ging ihn das schließlich an? War er dazu berechtigt? Warum sollte er diese sorgfältig vorbereitete, von vornherein abgemachte und in jeder Hinsicht passende Eheschließung verhindern? Doch keine vernünftige Überlegung vermochte den Eindruck des Unbehagens und des Mißfallens auszulöschen, der ihn überkommen hatte, als er Farandal wie einen Verlobten hatte reden und lächeln und mit seinem Blick das Gesicht des jungen Mädchens liebkosen sehen.

Als er am Abend zu der Gräfin kam und sie allein antraf, mit ihrer Tochter, immer noch mit der Strickerei für die Armen beschäftigt, kostete es ihn große Mühe, sich spöttischer und boshafter Bemerkungen über den Marquis zu enthalten und nicht Annette dessen ganze, unter einer eleganten Außenseite verborgene Alltäglichkeit vor Augen zu führen.

Seit langem schon bewahrte er bei diesen Besuchen nach dem Essen ein etwas schläfriges Schweigen und die nachlässige Haltung eines alten Freundes, der sich nicht mehr geniert. Mit übereinandergeschlagenen Beinen, den Kopf nach hinten zurückgelehnt, hockte er auf seinem Sessel, träumte er beim Sprechen und ruhte in dieser stillen Vertraulichkeit Körper und Geist aus. Doch jetzt erwachte in ihm mit einemmal die Lebendigkeit und Geschäftigkeit von Männern, die sich in Unkosten stürzen, um zu gefallen, die sich unentwegt überlegen, was sie sagen müssen, und die vor gewissen Leuten die glänzendsten oder seltensten Worte suchen, um ihre Gedanken auszuschmücken und besonders anziehend herzurichten. Er ließ das Gespräch sich nicht länger hinschleppen, sondern hielt es aufrecht und belebte es, peitschte es mit seinem Künstlerschwung an und empfand, wenn er bei der Gräfin und ihrer Tochter ein Lächeln hervorgelockt hatte oder sie gerührt sah oder beobachtete, wie sie ihre überraschten Augen auf ihn richteten, oder wenn sie aufhörten zu stricken, um ihm zuzuhören, ein Lustgefühl, einen kleinen Beifallsschauer, der seine Mühe belohnte.

Er kam jetzt immer, wenn er sie allein wußte, und vielleicht hatte er nie zuvor so angenehme Abende verbracht.

Madame de Guilleroy, die bei solcher Pflichttreue ihre ständigen Befürchtungen schwinden fühlte, tat, was in ihren Kräften stand, um ihn an sich zu ziehen und da zu behalten. Sie sagte Einladungen zum Abendessen in der Stadt, Bälle und repräsentative Verpflichtungen ab, um sich beim Ausgehen um drei Uhr die Freude zu gönnen, einen kleinen blauen Umschlag in den Rohrpostbriefkasten zu stecken; er enthielt nur die Worte: »Auf bald.« In der ersten Zeit schickte sie, um ihm möglichst rasch das ersehnte ungestörte Beisammensein zu gewähren, die Tochter zu Bett, sobald es zehn Uhr zu schlagen begann. Dann jedoch, als sie eines Tages bemerkt hatte, wie er sich wunderte und lächelnd fragte, ob Annette nicht wie ein unartiges kleines Kind behandelt werde, gab sie eine Viertelstunde, darauf eine halbe und schließlich eine ganze Stunde zu. Übrigens blieb er nicht mehr sehr lange da, wenn das junge Mädchen gegangen war, als entferne sich mit ihr die Hälfte des Zaubers, der ihn in diesem Salon festhielt. Doch sogleich rückte er den niedrigen kleinen Sessel, den er bevorzugte, in ihre Nähe, ließ sich zu Füßen der Gräfin nieder und lehnte für ein paar Augenblicke mit einer schmeichlerischen Bewegung eine Wange an ihr Knie. Sie gab ihm eine Hand, die er dann in der seinen festhielt, und plötzlich ließ seine fiebrige Erregung nach, er hörte auf zu sprechen und schien sich in einem zärtlichen Schweigen von der Anstrengung, der er sich unterzogen hatte, auszuruhen.

Nach und nach begriff sie mit ihrem weiblichen Witterungsvermögen nur zu gut, daß ihn Annette fast ebenso anzog wie sie selber. Sie war deswegen nicht böse, sondern glücklich, daß er bei ihnen etwas wie eine kleine Familie fand, der sie ihn beraubt hatte, und hielt ihn so viel wie möglich bei ihnen beiden gefangen, indem sie die Mama spielte, damit er sich beinahe für den Vater halten mochte und damit eine neue Variation liebevoller Zuneigung zu dem hinzutrat, was ihn an dies Haus fesselte.

Ihre immer wache, aber seit einiger Zeit von Beunruhigungen erfüllte Gefallsucht wurde lebhafter, da sie wie fast noch kaum spürbare Stiche die unzähligen Angriffe des Alters fühlte. Um ebenso schlank wie Annette zu werden, versagte sie sich weiterhin Getränke, und das wirklich einsetzende Dünnerwerden ihrer Taille lieh ihr die Figur eines jungen Mädchens, so daß man die beiden, sah man sie von hinten, kaum unterscheiden konnte; ihr abgemagertes Gesicht hatte jedoch unter den bösen Folgen zu leiden. Die locker gewordene Haut bekam Falten und wurde etwas gelblich, was die wunderbare Frische des Kindes noch augenfälliger machte. Sie begann, ihr Gesicht zu pflegen und zu behandeln wie eine Schauspielerin, und wenn sie dadurch auch bei Tageslicht eine etwas verdächtig weiße Haut bekam, so erzielte sie bei Lampenbeleuchtung doch jene bezaubernde künstliche Farbe, die gutgeschminkten Frauen einen unvergleichlichen Teint gibt.

Die Feststellung dieses Verfalls und die Anwendung dieser künstlichen Mittel änderten fortan ihre Gewohnheiten. Sie vermied so viel wie möglich Vergleiche mit andern in der strahlenden Sonne und suchte sie statt dessen bei Lampenlicht, das ihr ein vorteilhafteres Aussehen schuf. Wenn sie sich matt, blaß und älter als sonst fühlte, litt sie unter willkommenen Migränen, die sie von Bällen und Theaterbesuchen fernzuhalten vermochten; dagegen triumphierte sie an Tagen, an denen sie sich schön fühlte, und spielte die große Schwester mit der würdevollen Bescheidenheit einer stolzen Mutter. Um immer fast gleich gekleidet zu sein wie die Tochter, ließ sie dieser Toiletten wie für eine junge Frau anfertigen; sie waren ein wenig zu ernst für sie; aber Annette, bei der sich mehr und mehr ein munterer und zum Lachen neigender Charakter offenbarte, trug sie mit sprühender Lebhaftigkeit, und die machte sie noch hübscher. Sie gab sich bereitwillig für die koketten Manöver ihrer Mutter her, stellte mit ihr, rein aus Instinkt, anmutige kleine Szenen dar, verstand im passenden Augenblick zu küssen, zärtlich um die Taille zu fassen und wußte durch eine Bewegung, eine Liebkosung oder einen klug ersonnenen Einfall zu zeigen, wie hübsch sie beide seien und wie sehr sie einander glichen.

Wenn er sie so beisammen sah und ohne Unterlaß miteinander verglich, geschah es Olivier Bertin manchmal, daß er sie beinahe verwechselte. Bisweilen, wenn das junge Mädchen zu ihm sprach und er gerade woanders hinsah, war er gezwungen zu fragen: »Wer hat das eben gesagt?« Oft, wenn sie alle drei allein in dem Salon mit den Louis-Quinze-Wandbespannungen saßen, hatte er seinen Spaß daran, dies Spiel der Verwirrung zu spielen. Er schloß dann die Augen und bat sie, ihm eine nach der anderen die gleiche Frage zu stellen und dann die Reihenfolge zu wechseln, um zu sehen, ob er ihre Stimmen erkenne. Das probierten sie mit so viel Geschicklichkeit beim Herausfinden derselben Betonung, beim Aussprechen derselben Sätze mit demselben Heben und Senken der Stimme, daß er es häufig nicht erriet. Sie hatten es fertiggebracht, sich so ähnlich auszudrücken, daß die Dienstboten »Ja, Madame« zu dem jungen Mädchen sagten und »Ja, Mademoiselle« zur Mutter.

Und weil sie einander aus purem Vergnügen nachäfften und einander ihre Gesten nachmachten, erlangten sie eine solche

Ähnlichkeit im Benehmen und in ihren Bewegungen, daß sogar Monsieur de Guilleroy, wenn er die eine oder die andere im dämmrigen Salon vorübergehen sah, sie alle paar Augenblicke verwechselte und fragte: »Bist du es, Annette, oder ist es deine Mutter?«

Aus dieser natürlichen und gewollten, wirklichen und künstlich geschaffenen Ähnlichkeit hatte sich im Geist und im Herzen des Malers der seltsame Eindruck eines Doppelwesens herausgebildet, eines alten und eines neuen, eines sehr bekannten und eines fast unbekannten, der Eindruck zweier Körper, die einer wie der andere aus demselben Fleisch geschaffen worden waren, der Eindruck einer und derselben Frau, die sich verjüngt hatte und wieder zu dem geworden war, was sie ehedem gewesen. Und so lebte er neben beiden, geteilt zwischen beiden, unruhig und gepeinigt, indem er für die Mutter die wiedererwachte Leidenschaft fühlte und das Mädchen mit einer unklaren Zärtlichkeit umspann.

Zweiter Teil

I

Paris, 20. Juli, 11 Uhr abends

Lieber Freund, meine Mutter ist in Roncières gestorben. Wir fahren gegen Mitternacht. Kommen Sie nicht, denn wir haben niemand benachrichtigt. Fühlen Sie mit mir und denken Sie an mich.

Ihre Any

21. Juli, mittags

Arme, liebe Freundin, ich wäre dennoch gekommen, wenn Sie mich nicht daran gewöhnt hätten, Ihre Wünsche als Befehle zu betrachten. Seit gestern denke ich mit bohrendem Schmerz an Sie. Ich stelle mir die schweigsame Reise vor, die Sie nachts, Ihrer Tochter und Ihrem Mann gegenübersitzend, unternommen haben, in dem dürftig beleuchteten Waggon, der Sie zu Ihrer Toten brachte. Ich habe Sie alle drei unter der öligen Deckenlampe vor mir gesehen, Sie weinend und Annette schluchzend. Ich habe Ihr Eintreffen auf dem Bahnhof vor mir gesehen, die gräßliche Fahrt im Wagen, die Ankunft im Schloß inmitten der Dienerschaft, Ihre Eile auf der Treppe, um in das Zimmer, an das Bett zu gelangen, in dem sie liegt, Ihren ersten Blick auf sie und Ihren Kuß auf das magere, unbewegliche Gesicht. Und ich habe an Ihr Herz gedacht, Ihr armes Herz, das arme Herz, das zur Hälfte mein ist und das zerbricht, das so viel leidet, das Ihnen den Atem benimmt und das auch mir in diesem Augenblick so viele Leiden schafft.

Ich küsse Ihre weinenden Augen in tiefem Mitleid.

Olivier

Roncières, den 24. Juli

Ihr Brief hat mir wohlgetan, lieber Freund, wenn mir überhaupt etwas bei dem entsetzlichen Unglück, das über mich hereingebrochen ist, wohltun konnte. Wir haben sie gestern begraben, und seit ihr armer, lebloser Körper dieses Haus verlassen hat, ist mir, als sei ich ganz allein auf der Welt. Man liebt seine Mutter, fast ohne es zu wissen und ohne es zu fühlen, weil es so natürlich wie das Lebendigsein ist; und bis zum Augenblick der letzten Trennung spürt man nicht, wie tief die Wurzeln dieser Liebe hinabreichen. Keine andere Liebe ist mit dieser zu vergleichen, denn alle anderen sind Begegnung, und diese währt von der Geburt an; alle anderen werden uns später durch die Zufälle unseres Daseins dargebracht, und diese lebt von unserem ersten Tag an in unserem Blut. Und dann, und dann – man hat ja nicht nur die Mutter verloren, sondern unsere Kindheit entschwindet zur Hälfte, weil unser kleines Mädchendasein ebenso ihr gehört hatte wie uns. Sie allein kannte es wie wir, sie wußte eine Menge unbedeutender, uns teurer, weit zurückliegender Dinge, die die ersten leisen Regungen unseres Herzens sind und waren. Zu ihr allein konnte ich noch sagen: »Erinnerst du dich jenes Tages, Mutter, als... Erinnerst du dich der Puppe mit dem Porzellankopf, Mutter, die mir die Großmama geschenkt hat?« Wir raunten einander einen langen, lieblichen Rosenkranz mutwilliger kleiner Erinnerungen zu, die außer mir jetzt niemand mehr auf Erden kennt. Also ist ein Teil meiner selbst gestorben, in dem das kleine Mädchen, das ich früher einmal gewesen bin, noch ganz lebendig war. Jetzt kennt es niemand mehr, niemand erinnert sich der kleinen Anne, ihrer kurzen Röckchen, ihres Lachens und ihres Gesichts.

Und dann kommt in vielleicht nicht allzu ferner Zeit ein Tag, da ich selber scheiden muß und meine liebe Annette auf dieser Welt allein lasse, wie mich Mama heute allein gelassen hat. Wie traurig, hart und grausam ist das alles! Und dennoch denkt man nie daran; man beachtet es nicht, daß der Tod jeden Augenblick einen aus unserer Umgebung nimmt, wie er bald auch uns nehmen wird. Wenn man es beachten würde, wenn man darüber nachdächte, wenn man nicht abgelenkt, froh gestimmt und geblendet würde durch all das, was an unseren Augen vorüberzieht, dann könnte man gar nicht leben, weil uns der Anblick dieses endlosen Sterbens verrückt machen würde.

Ich bin so gebrochen und so verzweifelt, daß ich nicht mehr die Kraft habe, etwas zu tun. Tag und Nacht denke ich an meine arme Mama, die nun, im Sarg eingeschlossen, unter dieser Erde, auf jenem Gräberacker, im Regen begraben liegt und deren altes Gesicht, das ich so liebevoll küßte, jetzt nicht mehr ist als eine entsetzliche Verwesung. Ach, wie furchtbar ist das, mein Freund, wie furchtbar!

Als ich Papa verlor, hatte ich gerade geheiratet, und damals empfand ich all das nicht so wie heute. Ja, bedauern Sie mich, denken Sie an mich und schreiben Sie mir. Ich habe Sie im Augenblick so nötig.

Anne

Paris, den 25. Juli

Arme, liebe Freundin, Ihr Kummer quält mich maßlos. Und ich sehe das Leben nicht mehr in rosigen Farben. Seit Ihrer Abreise komme ich mir verloren und verlassen vor, ohne Halt und ohne Zuflucht. Alles ermüdet, langweilt und ärgert mich. Unaufhörlich denke ich an Sie und unsere Annette, und ich empfinde Sie alle beide als mir so fern, und dabei brauchte ich Sie doch so sehr in meiner Nähe. Merkwürdig, in wie weiter Ferne ich Sie fühle und wie Sie mir fehlen. Niemals, nicht einmal in den Tagen, da ich jung war, waren Sie mir so sehr mein Ein und Alles wie in diesem Augenblick. Ich habe diese Krise seit einiger Zeit vorausgefühlt; sie muß etwas wie ein Sonnenstich im Spätsommer sein. Und was ich empfinde, ist so absonderlich, daß ich es Ihnen erzählen will. Stellen Sie sich vor, daß ich seit Ihrer Abreise nicht mehr spazieren gehen kann. Früher und sogar während der letzten Monate bin ich sehr gern allein durch die Straßen geschlendert und umhergestreift, habe mich durch Menschen und Dinge ablenken lassen und die Freude zu sehen und das Vergnügen, leichten Fußes einherzutrotten, genossen. Ich ging einfach geradeaus, ohne zu wissen, wohin, nur um zu gehen, um zu atmen und zu träumen. Das kann ich jetzt nicht mehr. Sobald ich auf die Straße komme, packt mich eine Angst, eine Furcht, wie die eines Blinden, der seinen Hund losgelassen hat. Ich werde unruhig wie ein Wanderer, der die Wegspur im Wald verloren hat, und ich muß heimgehen. Paris kommt mir leer, scheußlich und beunruhigend vor. Ich frage mich: »Wohin soll ich gehen?«, und ich antworte mir: »Nirgendwohin, ich gehe spazieren.« Ja, aber ich kann nicht mehr, ich kann nicht mehr ziellos umhergehen. Allein schon der Gedanke, einfach so vor mich hin zu gehen, macht mich sterbensmüde und ödet mich an. Also schleppe ich meine Schwermut in den Klub.

Und wissen Sie, warum? Einzig und allein, weil Sie nicht hier sind. Das weiß ich ganz genau. Wenn ich Sie in Paris weiß, gibt es keine unnützen Spaziergänge mehr, weil es sein könnte, daß ich Ihnen in der ersten besten Straße begegnete. Ich kann überall hingehen, weil Sie überall sein können. Und wenn ich Sie nicht sähe, könnte ich wenigstens Annette treffen, Ihr zweites Ich. Sie erfüllen, eine wie die andere, die Straßen mit Hoffnung, mit der Hoffnung, Ihnen zu begegnen, sei es, daß Sie von weitem auf mich zukommen, sei es, daß ich Sie vor mir vermute und hinter Ihnen hergehe. Und dann wird die Stadt für mich reizvoll, und durch die Frauen, deren Haltung der Ihren gleicht, läßt der ganze Trubel in den Straßen mein Herz höher schlagen, nährt meine Erwartung, beschäftigt meine Augen und macht mir geradezu Appetit, Sie zu sehen.

Sie werden mich sehr egoistisch finden, arme, liebe Freundin, mich, der Ihnen von seiner Einsamkeit erzählt wie ein gurrender alter Tauber, während Sie so schmerzliche Tränen weinen. Verzeihen Sie mir, ich bin so sehr daran gewöhnt, von Ihnen verzogen zu werden, daß ich »Hilfe!« schreie, wenn ich Sie nicht mehr nahe bei mir habe.

Ich küsse Ihre Füße, damit Sie Mitleid mit mir haben.

Olivier

Roncières, den 30. Juli

Lieber Freund, Dank für Ihren Brief! Mich verlangt so sehr danach zu wissen, daß Sie mich lieben! Ich habe böse Tage hinter mir. Ich habe wirklich geglaubt, daß der Schmerz auch mich töten werde. Er saß in meiner Brust eingeschlossen wie ein ganzer Block von Leiden, schwoll unaufhörlich weiter an und erstickte und erwürgte mich. Der Arzt, der gerufen wurde, damit er die Nervenanfälle beruhigte, unter denen ich vier- bis fünfmal am Tag litt, hat mir Morphiumspritzen gegeben, und davon bin ich halb verrückt geworden, und die große Hitze, die wir haben, hat mein Befinden noch verschlimmert und mich in einen Zustand der Überreizung versetzt, der an Wahnsinn grenzt. Nach dem großen Gewitter am Freitag bin ich etwas ruhiger geworden. Ich muß Ihnen sagen, daß ich seit dem Tag der Beerdigung überhaupt nicht mehr geweint habe; und dann während des Unwetters, dessen Herannahen mich schon außer mir brachte, fühlte ich, wie mir langsam die Tränen spärlich, dünn und brennend aus den Augen rannen. O diese ersten Tränen, wieviel Schmerz bereiten Sie einem! Sie haben mich zerfetzt wie mit Krallen, und meine Kehle war wie zugeschnürt, so daß ich kaum atmen konnte. Dann kamen die Tränen rascher, wurden größer und lauer. Sie stürzten mir aus den Augen wie eine Quelle, und es waren so viele, so viele, daß mein Taschentuch ganz naß wurde und ich ein anderes nehmen mußte. Und der große Block von Schmerz schien weicher zu werden, zu schmelzen und durch meine Augen wegzufließen.

Seit jenem Augenblick weine ich vom Morgen bis zum Abend, und das rettet mich. Wenn man nicht weinen könnte, würde man schließlich wahnsinnig oder stürbe. Außerdem bin ich sehr allein. Mein Mann macht Fahrten über Land, und ich lege Wert darauf, daß er Annette mitnimmt, um sie ein wenig zu zerstreuen und zu trösten. Sie fahren im Wagen oder reiten acht bis zehn Meilen von Roncières weg, und dann kommt sie rosig vor Jugend trotz ihrer Trauer zu mir zurück; ihre Augen leuchten vor Lebenslust, angeregt durch die Landluft und die schnelle Bewegung, die sie hinter sich hat. Wie schön ist es, in diesem Alter zu sein! Ich denke, daß wir noch zwei oder drei Wochen hier bleiben werden, dann wollen wir trotz der Augusthitze aus dem Grund, den Sie kennen, nach Paris zurückkehren.

Ich sende Ihnen alles, was mir von meinem Herzen bleibt.

Any

Paris, den 4. August

Ich halte es nicht mehr aus, liebe Freundin; Sie müssen wiederkommen, sonst stößt mir wirklich etwas zu. Ich frage mich, ob ich nicht krank bin, einen solchen Widerwillen empfinde ich gegen alles, was ich seit langem mit einer gewissen Freude oder einer gleichgültigen Gelassenheit getan habe. Zudem ist es in Paris so heiß, daß jede Nacht wie ein türkisches Bad von acht oder neun Stunden ist. Ganz benommen durch die Erschöpfung nach diesem Schlummer in einem Schwitzkasten stehe ich auf und gehe ein oder zwei Stunden vor meiner weißen Leinwand spazieren in der Absicht, etwas darauf zu entwerfen. Aber mein Kopf ist völlig leer, nichts ist in meinen Augen, nichts in meiner Hand. Ich bin kein Maler mehr... Dieses vergebliche Bemühen zu arbeiten ist niederschmetternd. Ich lasse Modelle kommen und mir sitzen, und wenn sie mir Stellungen, Bewegungen und Ausdrücke zeigen, die ich bereits bis zum Überdruß gemalt habe, lasse ich sie sich wieder anziehen und schmeiße sie 'raus. Wirklich, ich kann nichts Neues mehr sehen und leide darunter, als sei ich blind geworden. Worauf beruht das? Auf einer Erschöpfung der Augen oder des Hirns, auf Impotenz der künstlerischen Fähigkeit oder einer Lähmung der Sehnerven? Wenn man das wüßte! Mir scheint, als hätte ich aufgehört, das Eckchen des Unerforschten zu enthüllen, das zu erforschen ich doch berufen bin. Ich nehme nichts anderes mehr wahr, als was alle Welt kennt; ich male, was alle schlechten Maler gemalt haben; ich schaue und beobachte nur noch wie ein Stümper. Früher, und das ist noch gar nicht lange her, erschien mir die Zahl der neuen Motive unbegrenzt, und um sie auszuführen, habe ich über eine solche Mannigfaltigkeit der Mittel verfügt, daß mich die Schwierigkeit der Wahl zögern ließ. Nun die Welt der mühelos wahrgenommenen Themen entvölkert wurde, ist mein Forschen ohnmächtig und steril geworden. Die Leute, die vorübergehen, sind jetzt für mich ohne Sinn; ich finde nicht mehr in jedem Menschengeschöpf die Eigentümlichkeit und die Würze, die ich so gern festhielt und sichtbar machte. Dabei glaube ich, daß ich ein sehr hübsches Bild von Ihrer Tochter malen könnte. Liegt das daran, daß sie Ihnen so sehr gleicht, so daß ich Sie beide in meinen Gedanken durcheinanderbringe? Ja, vielleicht.

Nachdem ich mich also abgemüht habe, einen Mann und eine Frau zu skizzieren, die nicht die mindeste Ähnlichkeit mit allen bekannten Modellen haben, entschließe ich mich, irgendwohin zum Mittagessen zu gehen, weil mir einfach der Mut fehlt, mich ganz allein in mein Eßzimmer zu setzen. Der Boulevard Malesherbes sieht aus wie ein Waldweg, der in eine tote Stadt eingesperrt ist. Allen Häusern sieht man die Leere an. Auf der Straße werfen die Sprengwagen Büschel von weißem Regen aus und berieseln das Holzpflaster, über dem ein Geruch nach feuchtem Teer und gewaschenem Pferdestall verdunstet, und wenn man von einem Ende bis zum andern die abfallende Straße vom Park Monceau bis Saint-Augustin hinuntergeht, erblickt man fünf oder sechs schwarze Gestalten, bedeutungslose Passanten, Lieferanten oder Dienstboten. Der Schatten der Platanen breitet um den Fuß der Bäume auf dem kochenden Pflaster einen seltsamen Fleck aus, den man für flüssig halten könnte wie verschüttetes Wasser, das eintrocknet. Die Unbeweglichkeit der Blätter an den Zweigen und ihres grauen Schattens auf dem Asphalt drückt die Erschöpfung der ausgedörrten Stadt aus, der gleich einem auf einer Bank in der Sonne eingeschlafenen Arbeiter dösenden und schwitzenden Stadt. Ja, sie schwitzt, das liederliche Weibsbild, und stinkt schauderhaft aus den Kanalöffnungen, den Keller- und Küchenlöchern, den Rinnsteinen, in denen der Unrat ihrer Straßen fließt. Dann denke ich an die Sommermorgen in Ihrem Garten voll kleiner, ländlicher Blumen, die der Luft einen Honiggeschmack geben. Danach gehe ich dann, bereits angewidert, in ein Restaurant, wo mit niedergeschlagenen Mienen kahle und dickbäuchige Männer mit halboffener Weste und feucht glänzender Stirn beim Essen sitzen. Alle Speisen sind warm: die Melone, unter der das Eis schmilzt, das weiche Brot, das flaue Filet, das aufgewärmte Gemüse, der laufende Käse und die im Schaufenster gereiften Früchte. Und ich gehe angeekelt hinaus und kehre heim und versuche, ob ich nicht bis zur Stunde des Abendessens, das ich im Klub einnehme, ein bißchen schlafen kann.

Im Klub finde ich immer Adelmans, Maldant, Rocdiane, Landa und viele andere vor, die mich langweilen und genauso anöden wie Drehorgeln. Jeder hat sein Lied oder seine Lieder, die ich seit fünfzehn Jahren gehört habe, und sie spielen sie jeden Abend in diesem Klub, der, so scheint es, ein Ort sein sollte, wohin man zu seiner Zerstreuung geht. Ich gehörte lieber einer andern Generation an als derjenigen, deren Augen, Ohren und übersättigten Geist ich habe. Die da machen jeden Tag ihre Eroberungen, rühmen sich ihrer und beglückwünschen sich dazu.

Nachdem ich so oft gegähnt habe, wie es Minuten zwischen acht Uhr und Mitternacht gibt, gehe ich heim, um mich schlafen zu legen, und ziehe mich aus, wobei ich daran denke, daß ich morgen von neuem mit alledem anfangen muß.

Ja, liebste Freundin, ich bin in dem Alter, wo einem Junggesellen das Leben unerträglich wird, weil es für mich unter der Sonne nichts Neues gibt. Ein Junggeselle muß jung, neugierig und hungrig sein. Wenn man von alledem nichts mehr ist, wird es gefährlich, unverheiratet zu bleiben. Du lieber Gott, wie habe ich meine Freiheit geliebt, früher, ehe ich Sie mehr zu lieben begann als sie! Und wie lastet sie heutzutage auf mir! Die Freiheit ist für einen alten Junggesellen wie mich die Leere, die ringsum herrschende Leere, sie ist der Weg des Todes, ohne etwas dazwischen, das verhinderte, daß man das Ende sieht; sie ist die unaufhörlich gestellte Frage: Was soll ich tun? Wen kann ich besuchen, um nicht allein zu sein? Und ich gehe von Freund zu Freund, von Händedruck zu Händedruck und bettele um ein bißchen Freundschaft. Ich sammle Brosamen auf, die zusammen nicht einmal einen Bissen ausmachen.

Sie habe ich zwar, liebe Freundin, aber Sie sind nicht mein. Vielleicht rührt sogar die Bangigkeit, unter der ich leide, von Ihnen her; denn was mir Kummer macht, ist das Verlangen nach Ihrer Nähe, nach Ihrer Gegenwart, nach demselben Dach über unseren Köpfen, denselben Wänden, die unser Dasein umschließen, derselben Teilnahme, die unsere Herzen zusammendrängt, das Bedürfnis nach der Gemeinsamkeit der Hoffnungen, der Verdrießlichkeiten, der Vergnügungen, der Fröhlichkeit, der Trauer und auch der materiellen Dinge. Sie gehören mir, und das heißt, daß ich mir von Zeit zu Zeit ein wenig von Ihnen stehle. Aber ich möchte unablässig dieselbe Luft mit Ihnen atmen, alles mit Ihnen teilen, mich nur der Dinge bedienen, die uns beiden gehören müßten, fühlen, daß alles, wovon ich lebe, Ihnen genauso gehört wie mir: das Glas, aus dem ich trinke, der Sessel, in dem ich mich ausruhe, das Brot, das ich esse, und das Feuer, an dem ich mich wärme.

Leben Sie wohl, und kommen Sie recht bald zurück. Fern von Ihnen leide ich zu sehr.

Olivier

Roncières, den 8. August

Lieber Freund, ich bin krank und so matt, daß Sie mich nicht wiedererkennen würden. Ich glaube, daß ich zu viel geweint habe. Ich muß mich noch ein wenig ausruhen, bevor ich zurückkehre, denn so, wie ich jetzt bin, möchte ich mich Ihnen nicht zeigen. Mein Mann fährt übermorgen nach Paris und wird Ihnen von uns berichten. Er rechnet damit, irgendwo mit Ihnen zu Abend zu essen, und hat mich beauftragt, Sie zu bitten, Sie möchten gegen sieben Uhr auf ihn warten.

Was mich betrifft, so werde ich zu Ihnen zurückkehren, sobald ich mich ein wenig besser fühle, sobald ich nicht mehr aussehe wie eine ausgegrabene Leiche, was sogar mir selbst ein wenig Angst macht. Auch ich habe auf der Welt nur Annette und Sie, und jedem von Euch möchte ich alles geben, was ich nur geben kann, ohne den andern zu bestehlen.

Ich halte Ihnen meine Augen hin, die so viel geweint haben, damit Sie sie küssen.

Anne

Als er diesen Brief erhielt, der die noch hinausgezögerte Rückkehr ankündigte, überkam Olivier Bertin das Verlangen, das maßlose Verlangen, einen Wagen zu nehmen, zum Bahnhof zu fahren und in den Zug nach Roncières zu steigen; dann aber bedachte er, daß Monsieur de Guilleroy morgen zurückkehren werde; also fügte er sich und begann die Ankunft des Gatten mit fast ebenso viel Ungeduld herbeizuwünschen, als sei es die der Frau.

Niemals war ihm Guilleroy so lieb gewesen wie in diesen vierundzwanzig Stunden der Erwartung.

Als er ihn eintreten sah, stürzte er mit ausgestreckten Händen auf ihn zu und rief: »Ach, lieber Freund, wie froh bin ich, daß Sie wieder da sind!«

Auch der Graf schien sehr erfreut, vor allem erfreut, wieder in Paris zu sein, denn während der drei Wochen in der Normandie war das Leben kein Honiglecken gewesen.

Die beiden Männer nahmen auf einem kleinen, zweisitzigen Kanapee Platz, das in einer Ecke des Ateliers unter einem Baldachin von orientalischen Stoffen stand, reichten einander noch einmal mit gerührtem Gesicht die Hände und drückten sie von neuem.

»Und die Gräfin«, fragte Bertin, »wie geht es ihr?«

»Ach, nicht gut. Es hat sie sehr getroffen und sehr mitgenommen, und sie erholt sich allzu langsam. Ich gestehe sogar, daß sie mir einige Sorge macht.«

»Aber warum kommt sie denn nicht heim?«

»Keine Ahnung. Es war mir unmöglich, sie zur Rückkehr zu bewegen.«

»Was treibt sie denn den ganzen Tag?«

»Mein Gott, sie weint, sie denkt an ihre Mutter. Das ist nicht gut für sie. Ich wollte, sie entschlösse sich zu einer Luftveränderung und verließe den Ort, wo es geschehen ist – verstehen Sie?«

»Und Annette?«

»Oh, die ist eine gerade erblühte Blume!«

Olivier lächelte erfreut. »Hat sie sehr darunter gelitten?« fragte er.

»Ja, sehr, sehr; aber, wissen Sie, Leid mit achtzehn Jahren, das hält nicht an.« Nach einem kurzen Schweigen fragte Guilleroy: »Wohin wollen wir essen gehen, mein Lieber? Mich verlangt danach, die Erstarrung abzuschütteln, Lärm zu hören und Trubel zu sehen.«

»Nun, zu dieser Jahreszeit kommt wohl nur das Café des Ambassadeurs in Frage.«

Sie gingen untergehakt in Richtung auf die Champs-Élysées.

Guilleroy bekundete das wache Aufmerken der Pariser, die heimkommen und denen die Stadt nach jeder Abwesenheit verjüngt und von allen nur erdenklichen Überraschungen strotzend erscheint; er fragte den Maler nach tausend Einzelheiten über das, was getan und geredet worden sei, und nach gleichgültigen Antworten, in denen sich die ganze Langeweile seiner Einsamkeit widerspiegelte, sprach Olivier von Roncières und suchte in diesem Mann und dem, was ihn umgab, etwas nahezu Körperliches zu greifen und aufzusammeln, das Leute in uns zurücklassen, die man gerade gesehen hat, eine subtile Ausströmung der Menschenwesen, die man mit sich nimmt, wenn man sie verläßt, die man einige Stunden in sich zurückbehält und die dann in der neuen Luft verfliegt.

Der schwere Himmel eines Sommerabends lastete auf der Stadt und auf der breiten Straße, wo unter dem Blätterdach die flotten Melodien von Platzkonzerten zu hüpfen begannen. Die beiden Männer saßen auf dem Balkon des Café des Ambassadeurs und sahen unter sich die Bänke und die noch leeren Stühle des bis zu der kleinen Bühne hin eingezäunten Gartens; dort entfalteten die Tingeltangelsängerinnen im fahlen Zwielicht elektrischer Lampen und des Tageslichts ihre blendenden Toiletten und den rosigen Teint ihrer Haut. Gerüche nach Gebratenem, Soßen, warmem Essen trieben in dem kaum spürbaren Windhauch, den die Kastanienbäume einander zuwarfen, und als eine Frau vorüberging und, gefolgt von einem Mann in schwarzem Rock, ihren vorbestellten Platz suchte, ließ sie auf ihrem Weg das berauschende, lebhafte Parfüm ihrer Kleider und ihres Körpers zurück.

Guilleroy brummte strahlend: »Ach, hier gefällt es mir viel besser als dort unten!«

»Und ich«, erwiderte Bertin, »wäre weit lieber dort unten als hier.«

»Na, hören Sie mal!«

»Den Teufel auch! Ich finde Paris in diesem Sommer ekelhaft.«

»Ach, mein Lieber, es ist und bleibt nun mal Paris.« Der Abgeordnete schien einen vergnüglichen Tag zu haben, einen der seltenen Tage übermütiger Anwandlungen, an denen die ernsthaftesten Männer Dummheiten begehen. Er sah zu zwei Kokotten hin, die mit drei mageren, übermäßig korrekten jungen Herren an einem benachbarten Tisch speisten, und fragte Olivier hinterhältig über alle bekannten leichten Mädchen aus, deren Namen er Tag für Tag erwähnen hörte. Dann flüsterte er im Ton tiefen Bedauerns: »Sie haben Glück, daß Sie Junggeselle geblieben sind! Sie können so vielerlei tun und sehen!«

Doch der Maler erhob Einspruch, und wie alle, die ein Gedanke quält, vertraute er Guilleroy seine schwermütigen Stimmungen und Einsamkeitsgefühle an. Als er, gedrängt vom Verlangen, sein Herz zu erleichtern, alles gesagt und die Litanei seiner trüben Launen bis zum Ende heruntergebetet und unbefangen erzählt hatte, wie sehr er sich immer die Liebe und unmittelbare Nähe einer bei ihm wohnenden Frau gewünscht, gestand ihm der Graf seinerseits, daß die Ehe ihr Gutes habe. Er geriet in seine parlamentarische Beredsamkeit, hob sein zartes Innenleben hervor und ließ der Gräfin ein großes Lob zuteil werden, dem Olivier ernst und durch häufiges Kopfnicken zustimmte.

Es machte ihn glücklich, von ihr sprechen zu hören, aber er war eifersüchtig auf das trauliche Glück, dessen Guilleroy sich pflichtgemäß rühmte, und so murmelte der Maler schließlich mit aufrichtiger Überzeugung: »Ja, wahrhaftig, Sie haben Glück gehabt!«

Der Abgeordnete gab es geschmeichelt zu, dann sagte er: »Ich sähe es nur zu gern, wenn sie zurückkäme; wirklich, sie macht mir gegenwärtig Sorgen! Sagen Sie, da Sie sich in Paris so langweilen, sollten Sie nach Roncières fahren und sie abholen. Auf Sie würde sie hören; Sie sind ihr bester Freund, während ein Ehemann... wissen Sie...«

Olivier antwortete hocherfreut: »Nichts, was ich lieber täte! Allerdings... glauben Sie, daß es ihr auch recht sein würde, wenn ich so ohne weiteres bei ihr hereinschneite?«

»Aber gewiß doch, fahren Sie getrost, mein Lieber.«

»Dann also einverstanden. Ich fahre morgen mit dem Ein-Uhr-Zug. Soll ich ein Telegramm schicken?«

»Nein, das erledige ich. Ich bereite sie vor, damit Sie am Bahnhof einen Wagen vorfinden.«

Da sie ihr Essen beendet hatten, gingen sie wieder die Boulevards hinauf; aber nach kaum einer halben Stunde verabschiedete sich der Graf plötzlich unter dem Vorwand einer dringenden Verabredung, die er völlig vergessen habe, von dem Maler.

II

Die Gräfin und ihre Tochter, in schwarzen Trauerkleidern, hatten gerade einander gegenüber Platz genommen und wollten in dem geräumigen Speisezimmer von Roncières zu Mittag essen. Die einfältig gemalten Porträts der Ahnen, einer im Harnisch, ein anderer im Knierock, dieser als gepuderter Offizier des Leibregiments, jener als Oberst zur Zeit der Restauration, reihten sich an den Wänden zu einer Kollektion abgeschiedener Guilleroys in alten Rahmen, deren Vergoldung abblätterte. Zwei Diener traten mit leisen Schritten ein, um den beiden schweigenden Frauen aufzuwarten; und die Fliegen schwirrten, eine kleine Wolke taumelnder und summender schwarzer Punkte, um den Kristallüster, der mitten über dem Tisch hing.

»Machen Sie die Fenster auf«, sagte die Gräfin, »es ist hier drinnen ein bißchen kühl.«

Die drei hohen, von der Decke bis zum Fußboden reichenden Fenster, die breit waren wie Türöffnungen, wurden geöffnet. Ein Hauch lauer Luft, der den Geruch von warmem Gras und ferne, ländliche Geräusche mit sich trug, wehte unvermittelt durch diese drei großen Löcher herein und mischte sich mit der ein wenig dumpfigen Luft des Zimmers, das fest zwischen den dicken Mauern des Schlosses eingezwängt schien.

»Ah, das tut wohl«, sagte Annette und atmete in vollen Zügen.

Die Augen der beiden Frauen waren nach draußen gerichtet und blickten in den klaren, ein wenig durch den Mittagsdunst verschleierten blauen Himmel hinauf; die Hitze zitterte in dem Brodem über dem sonnendurchtränkten Boden, dem weiten grünen Rasen im Park mit seinen Bauminseln hier und dort und seinen offenen Ausblicken auf das weite, bis zum Horizont vom goldenen Teppich reifer Erntefelder gelb leuchtende Land.

»Nach dem Essen wollen wir einen langen Spaziergang machen«, sagte die Gräfin. »Wir können zu Fuß bis Berville gehen, am Fluß entlang; auf den Äckern wird es zu heiß sein.«

»Ja, Mama, ich nehme Julio mit; dann kann er Rebhühner aufjagen.«

»Du weißt doch, daß dein Vater es verboten hat.«

»Ach, Papa ist ja in Paris! Es ist so hübsch, Julio verhalten zu sehen. Da, da ist er und ärgert die Kühe. Mein Gott, wie drollig ist er!« Sie schob ihren Stuhl zurück, stand auf und lief an ein Fenster, von wo aus sie rief: »Pack an, Julio, pack an!«

Auf der Wiese ruhten, übersättigt vom Gras, niedergedrückt von der Hitze, auf eine Seite hingelagert und mit dickem Bauch, drei schwere Kühe, die sich unter dem Anprall des Sonnenlichts niedergeworfen hatten. Von einer zur andern hüpfend, ereiferte sich mit Gebell und tollen Luftsprüngen, in fröhlicher Aufregung hitzig und blind, ein schlanker, weiß-roter Jagdspaniel mit langem Behang an den bei jedem Satz fliegenden Ohren, um die drei großen Tiere zum Aufstehen zu bewegen, was sie nicht wollten. Das war sicherlich das Lieblingsspiel des Hundes; er mußte jedesmal von neuem damit anfangen, wenn er die Kühe lang hingestreckt liegen sah. Sie schauten verdrießlich, aber unerschrocken mit ihren großen feuchten Augen zu ihm hin und wandten den Kopf, um ihm mit dem Blick zu folgen.

Annette an ihrem Fenster rief: »Apport, Julio, apport!«

Und der aufgeregte Spaniel faßte sich ein Herz, bellte noch lauter und wagte sich von hinten bis dicht heran, indem er so tat, als wolle er beißen. Die Kühe wurden unruhig, und die nervösen Schauer des Fells, mit denen sie die Fliegen zu verjagen trachteten, wurden häufiger und länger.

Plötzlich wurde der Hund von einem Satz, den er nicht rechtzeitig abstoppen konnte, mitgerissen, landete in vollem Schwung neben einer Kuh und mußte, um nicht gegen sie zu purzeln, über sie hinwegspringen. Das unbeholfene, von diesem Sprung gestreifte Tier bekam Angst, hob zuerst den Kopf und stellte sich dann heftig schnaufend in ganzer Größe auf seine vier Beine. Als sie es stehen sahen, taten die beiden andern es ihm nach, und Julio tanzte triumphierend um sie herum, und Annette beglückwünschte ihn: »Bravo, Julio, bravo!«

»Aber, aber«, sagte die Gräfin, »komm essen, mein Kind.«

Doch das junge Mädchen, das eine Hand als Schirm über die Augen gelegt hatte, verkündete: »Da, der Depeschenbote!«

Auf dem im Weizen und Hafer unsichtbaren Fußpfad schien ein blauer Kittel über die Ähren zu gleiten; in taktfestem Männerschritt näherte er sich dem Schloß.

»Mein Gott!« flüsterte die Gräfin. »Wenn das nur keine schlechte Nachricht ist!«

Sie erschauerte noch immer in dem Entsetzen, das die Nachricht vom Tod eines geliebten Wesens so lange Zeit in uns zurückläßt, wenn ein Telegramm sie uns übermittelt hat. Sie war außerstande, den Verschluß aufzureißen und das kleine blaue Blatt zu entfalten, ohne dabei zu spüren, wie ihre Finger zitterten und ihr Inneres erbebte, und ohne zu glauben, daß ihr aus dem so unendlich zögernd entfalteten Formular ein Schmerz zuteil werden müßte, der ihre Tränen von neuem zum Fließen bringen würde.

Annette dagegen in ihrer jugendlichen Neugier hatte eine Schwäche für alles Unbekannte und Überraschende. Ihr zum erstenmal vom Leben verletztes Herz konnte aus der gefürchteten schwarzen Tasche, die an der Seite des Depeschenboten hing und so viel Aufregung in den Straßen der Städte und den Feldwegen verbreitete, nichts als Freuden erwarten.

Die Gräfin aß nicht mehr, sondern folgte in Gedanken jenem Mann, der als Überbringer von ein paar geschriebenen Worten hierherkam, ein paar Worten, die sie vielleicht wie ein Messerschnitt durch die Kehle verwunden würden. Die Angst vor dem Wissen machte sie atemlos, sie versuchte zu erraten, was diese eilige Nachricht bedeuten könne. Was barg sie? Und von wem stammte sie? Olivier kam ihr in den Sinn. War er krank, vielleicht ebenfalls gestorben?

Die zehn Minuten, die sie warten mußte, dünkten sie unendlich lang; als sie dann die Depesche aufgerissen und den Namen ihres Mannes entziffert hatte, las sie: »Ich teile Dir mit, daß unser

Freund Bertin mit dem Ein-Uhr-Zug nach Roncières fährt. Schick den Phaethon zum Bahnhof. Herzliche Grüße.«

»Nun, Mama?« fragte Annette.

»Olivier Bertin kommt uns besuchen.«

»Ach, wie schön! Und wann?«

»Bald.«

»Um vier?«

»Ja.«

»Oh, das ist fein!«

Aber die Gräfin war blaß geworden; seit einiger Zeit wuchs eine neue Sorge in ihr, und die unvorhergesehene Ankunft des Malers erschien ihr als eine genauso harte Drohung wie alles, was sie sich hatte ausmalen können. »Du holst ihn mit dem Wagen ab«, sagte sie zu ihrer Tochter.

»Und du, Mama, du kommst nicht mit?«

»Nein, ich erwarte euch hier.«

»Warum? Da wird er aber traurig sein.«

»Ich fühle mich nicht ganz wohl.«

»Eben wolltest du noch zu Fuß bis Berville gehen.«

»Ja, aber das Mittagessen ist mir schlecht bekommen.«

»Bis dahin wird dir wieder besser sein.«

»Nein, ich gehe sogar in mein Zimmer hinauf. Sag mir Bescheid, wenn ihr hier seid.«

»Ja, Mama.«

Nachdem sie angeordnet hatte, daß der Phaethon zur bestimmten Stunde angespannt und das Zimmer in Ordnung gebracht werde, ging die Gräfin in ihr Zimmer hinauf und schloß sich ein.

Ihr Leben war bislang nahezu ohne Leiden verlaufen und allein durch Oliviers Liebe abwechslungsreich und von der Sorge, sie sich zu bewahren, durchrüttelt gewesen. Es war ihr gelungen; sie war in diesem Kampf immer siegreich geblieben. Ihr Herz, das sich in Erfolgen und Lobeserhebungen wiegte, war zum fordernden Herzen einer schönen Frau von Welt geworden, der alle Freuden der Erde gebühren, nachdem sie in eine glänzende Heirat eingewilligt hatte, in der die Neigung keine Rolle spielte, nachdem sie sich dann in die Liebe gefügt hatte wie in die Vervollständigung eines glücklichen Daseins und nachdem sie sich, zum größten Teil aus hingerissener Begeisterung, ein wenig aber auch aus frommem Glauben an das Gefühl an sich und als Ausgleich für den alltäglichen Schlendrian des Daseins, zu einer sündigen Liebesbeziehung entschlossen hatte; und in diesem Glück, das ihr zugefallen war, hatte sie sich verschanzt und verbarrikadiert ohne einen anderen Wunsch, als es gegen die Überfälle jedes Tages zu verteidigen. Deshalb hatte sie mit der Gewogenheit einer hübschen Frau in die liebenswerten Geschehnisse eingewilligt, die sich ihr, der wenig auf Abenteuer Erpichten und nur wenig durch neues Verlangen und unbekannte Gelüste Gepeinigten, darboten; sie war vielmehr liebevoll, zäh, vorausblickend, mit der Gegenwart zufrieden und von Natur aus mißtrauisch gegen den nächsten Tag, und so hatte sie es verstanden, die Elemente, die ihr Geschick bestimmten, mit haushälterischer und scharfsichtiger Klugheit zu genießen.

Nach und nach aber, ohne daß sie es sich einzugestehen wagte, hatten sich in ihre Seele unbestimmte Sorgen vor den dahinschwindenden Tagen und dem nahenden Alter eingeschlichen. Das bohrte in ihren Gedanken wie ein leises Prickeln, das nie aufhörte. Doch da sie sehr wohl wußte, daß dieses absinkende Leben ins Bodenlose mündete, daß man nicht mehr innehalten konnte, wenn man mit dem Abgleiten einmal begonnen hatte, und da sie ihrem Instinkt für Gefahr vertraute, schloß sie die Augen und ließ sich treiben, um ihren Traum zu bewahren, um nicht den Schwindel vor dem Abgrund und die Verzweiflung der Ohnmacht zu erfahren.

So lebte sie also lächelnd, mit einer Art erkünsteltem Hochmut, so lange schön zu bleiben, und als Annette in der Frische ihrer achtzehn Jahre neben ihr erschien, war sie, statt unter dieser Nachbarschaft zu leiden, im Gegenteil stolz darauf, im erfahrenen Reiz der Reife diesem im strahlenden Glanz der ersten Jugend entfalteten Mädchen vorgezogen zu werden.

Sie glaubte sich sogar am Beginn einer glücklichen, ruhigen Zeit, als sie der Tod ihrer Mutter bis ins Herz traf. Er zeitigte in den ersten Tagen eine tiefe Verzweiflung, die keinem anderen Gedanken Raum gewährte. Vom Morgen bis zum Abend blieb sie versunken in ihre Trauer und suchte sich an tausend kleine Züge der Toten zu erinnern, an vertraute Worte, ihr Gesicht von früher und an Kleider, die sie einst getragen, als ob sie in der Tiefe ihres Gedächtnisses Reliquien gesammelt und aus der entschwundenen Vergangenheit alle geheimen kleinen Erinnerungen aufgehoben hätte, mit denen sie ihr schmerzliches Nachsinnen nährte. Als sie dann zu einem solchen Grad der Verzweiflung gelangt war, daß sie alle Augenblicke in Nervenkrisen und Ohnmachten fiel, hatte sich die ganze aufgestaute Qual in Tränen ergossen, die Tag und Nacht aus ihren Augen strömten.

Eines Morgens, als ihre Zofe eintrat und die Laden und Vorhänge öffnete, wobei sie fragte: »Wie geht es Madame heute?«, antwortete sie, da sie sich erschöpft und wie zerschlagen vom Weinen fühlte: »Oh, überhaupt nicht. Wirklich, ich kann nicht mehr.«

Die Dienerin hielt das Tablett mit dem Tee in der Hand, betrachtete ihre Herrin und war so gerührt, sie so bleich in den weißen Kissen liegen zu sehen, daß sie traurig und unverstellt stammelte: »Tatsächlich, Madame sieht sehr schlecht aus. Madame sollte sich gut pflegen.«

Der Ton, in dem das gesagt wurde, versetzte dem Herzen der Gräfin einen feinen Nadelstich, und sobald die Zofe gegangen war, stand sie auf und betrachtete ihr Gesicht in dem großen Schrankspiegel.

Bestürzt blieb sie ihrem Abbild gegenüber stehen, entsetzt über die welken Wangen, die roten Augen, die durch einige Leidenstage hervorgerufene Verheerung. Ihr Gesicht, das sie so gut kannte, das sie so oft in so vielen verschiedenen Spiegeln betrachtet hatte, von dem ihr jeder Ausdruck, jede Feinheit und jedes Lächeln vertraut war, dessen Blässe sie schon so viele Male korrigiert und dessen kleine Merkmale der Ermüdung sie beseitigt hatte, indem sie die leichten, nach zu bewegten Tagen in den Augenwinkeln erschienenen Falten glättete, kam ihr plötzlich vor wie das einer anderen Frau, wie ein neues, durch unheilbare Krankheit entstelltes Gesicht.

Um sich besser zu sehen, um besser dies unerwartete Übel festzustellen, trat sie näher heran, bis sie mit der Stirn den Spiegel berührte, so daß ihr Atem einen Beschlag auf dem Glas verbreitete, der das leichenblasse Bild vor ihren Augen verdunkelte und fast auslöschte. So mußte sie denn ein Taschentuch nehmen, um den Hauch ihres Atems wegzuwischen; es durchschauerte sie eine sonderbare Erregung, und sie unterzog sich einer langen, geduldigen Prüfung der Veränderungen in ihrem Gesicht. Mit leichtem Finger spannte sie die Haut der Wangen, glättete die der Stirn, hob das Haar hoch und die Lider an, um das Weiße des Auges zu betrachten. Dann öffnete sie den Mund, inspizierte die ein wenig verfärbten Zähne, in denen Goldplomben funkelten, und betrachtete besorgt das fahle Zahnfleisch und die gelbe Färbung der Haut über den Wangen und an den Schläfen.

Sie lieh der Überprüfung der ersterbenden Schönheit so viel Aufmerksamkeit, daß sie nicht hörte, wie die Tür geöffnet wurde, und sie erschrak bis ins Herz, als ihre Zofe vor ihr stand und sagte: »Madame hat vergessen, ihren Tee zu trinken.«

Verwirrt, überrascht und beschämt wandte die Gräfin sich um, und die Dienerin, die ihre Gedanken erriet, sagte: »Madame hat zu viel geweint, es gibt nichts Schlimmeres als Tränen; die machen die Haut welk. Das kommt, weil sich das Blut in Wasser verwandelt.«

Als die Gräfin traurig hinzufügte: »Es ist auch das Alter«, rief die Zofe: »Aber, aber, so weit ist es noch nicht! Ein paar Tage Ruhe, und es ist nichts mehr davon zu sehen. Aber Madame muß auch spazieren gehen und sich in acht nehmen, daß sie nicht mehr weint.«

Sobald sie angekleidet war, ging die Gräfin in den Park hinunter und zum erstenmal seit dem Tod ihrer Mutter in den kleinen Garten, wo sie früher Blumen gezogen und gepflückt hatte, und dann zum Fluß hinab, wo sie sich bis eine Stunde vor dem Essen am Wasser erging.

Als sie sich ihrem Mann gegenüber und neben ihre Tochter an den Tisch setzte, fragte sie, um herauszubekommen, wie die beiden darüber dachten: »Ich fühle mich heute besser. Ich bin gewiß nicht mehr so blaß.«

Der Graf erwiderte: »Oh, du siehst immer noch ziemlich schlecht aus.«

Ihr Herz krampfte sich zusammen, und der Drang zu weinen feuchtete ihre Augen, weil sie sich schon so sehr an Tränen gewöhnt hatte.

Bis zum Abend, am nächsten Tag und an den folgenden Tagen, sei es, daß sie an ihre Mutter, sei es, daß sie an sich selber dachte, fühlte sie alle Augenblicke ein Schluchzen in der Kehle und in ihren Lidern aufsteigen; doch um die Tränen nicht mehr fließen und ihre Wangen verheeren zu lassen, hielt sie sie zurück und mühte sich mit übermenschlicher Willenskraft ab, ihre Gedanken auf ganz andere Dinge zu lenken, sich zu bezähmen, zu beherrschen, von ihrem Kummer abzurücken und sich dadurch zu trösten und zu zerstreuen und nicht mehr an Trauriges zu denken, damit sie ihre gesunde Hautfarbe wiedererlangte.

Vor allem wollte sie nicht nach Paris zurückkehren und mit Olivier Bertin zusammentreffen, ehe sie wieder sie selber geworden war. Da sie erkannt hatte, daß sie zu mager geworden sei und der Körper von Frauen ihres Alters ein wenig füllig sein müsse, um sich frisch zu erhalten, suchte sie sich durch Gänge auf den Feldwegen und in den nahen Wäldern Appetit zu machen, und obwohl sie erschöpft und ohne Hunger heimkehrte, gab sie sich alle Mühe, viel zu essen.

Der Graf, der abreisen wollte, war ihrem Eigensinn gegenüber verständnislos. Schließlich erklärte er angesichts ihres unbeugsamen Widerstands, daß er allein fahren wolle, und stellte der Gräfin frei zu kommen, wann es ihr paßte.

Am folgenden Tag erhielt sie das Telegramm, das Oliviers Kommen ankündigte.

Ein Verlangen zu fliehen packte sie, solche Angst hatte sie vor seinem ersten Blick. Es wäre ihr lieber gewesen, noch eine oder zwei Wochen zu warten. In einer Woche kann man, wenn man sich pflegt, sein Gesicht völlig verändern, weil selbst die gesunden und jungen Frauen unter der geringsten Einwirkung von einem Tag zum andern nahezu unkenntlich werden. Und der Gedanke, auf freiem Feld im vollen Sonnenschein, dem Augustlicht, neben der jugendlichen Annette vor Olivier zu erscheinen, bereitete ihr solche Unruhe, daß sie sogleich beschloß, nicht zum

Bahnhof zu fahren, sondern ihn im Halbdämmer des Salons zu erwarten.

Sie war in ihr Zimmer hinaufgegangen und überlegte. Heiße Windstöße bewegten dann und wann die Gardinen. Das Zirpen der Grillen erfüllte die Luft. Nie zuvor hatte sie sich so traurig gefühlt. Es war nicht mehr der große, vernichtende Schmerz, der ihr Herz vor der entseelten Leiche der geliebten alten Mama zermalmt, zerrissen und niedergeschmettert hatte. Dieser Schmerz, den sie tagelang für unheilbar gehalten, hatte sich beschwichtigt, bis er nur noch zu einer leidvollen Erinnerung geworden war; doch jetzt fühlte sie sich von einem tiefen Strom der Schwermut, in den sie ganz sacht geglitten war und aus dem sie nicht mehr herausfand, getragen und überflutet.

Sie empfand Lust zu weinen, eine unwiderstehliche Lust – und wollte es dennoch nicht. Jedesmal, wenn sie ihre Lider feucht werden fühlte, wischte sie rasch darüber, stand auf, ging hin und her, blickte in den Park und auf die großen Bäume des Hochwalds, über denen die Krähen im blauen Himmel ihre trägen schwarzen Schwingen ausbreiteten.

Dann schritt sie vor dem Spiegel auf und ab, prüfte sich mit raschem Blick, löschte die Spur einer Träne aus, indem sie mit der Puderquaste den Augenwinkel betupfte, blickte auf die Uhr und suchte zu erraten, an welchem Punkt der Straße er jetzt angelangt sein könne.

Wie alle Frauen, die an einer eingebildeten oder wirklichen Seelennot leiden, klammerte sie sich mit heftiger Liebe an ihn. War er nicht alles für sie, alles, alles und mehr als das Leben, alles, was einem ein Mensch wird, wenn man nur ihn liebt und sich selber alt werden fühlt?

Da hörte sie in der Ferne das Klatschen einer Peitsche, lief ans Fenster und sah den Phaethon, wie er in raschem Trab der beiden Pferde den Rasen umrundete. Olivier saß neben Annette auf dem Rücksitz und schwenkte sein Taschentuch, als er die Gräfin gewahrte, und sie antwortete auf dies Zeichen durch ein Winken mit beiden Händen. Dann ging sie mit vor Glück klopfendem Herzen hinunter, zitternd vor Freude, ihn so nahe zu wissen, mit ihm zu sprechen und ihn zu sehen.

Sie begegneten einander im Vorzimmer an der Tür zum Salon.

Mit unwiderstehlichem Schwung breitete er die Arme aus und sagte mit einer Stimme, in der die Wärme unverstellter Rührung lag: »Ach, arme Gräfin, erlauben Sie, daß ich Sie küsse!«

Sie schloß die Augen, beugte sich vor, drängte sich an ihn und hielt ihm die Wange hin, und als er die Lippen daraufdrückte, flüsterte sie ihm zu: »Ich liebe dich.«

Dann betrachtete Olivier sie, ohne ihre Hände, die er fest in den seinen hielt, loszulassen, und sagte: »Was für ein kummervolles Gesicht!«

Sie fühlte sich einer Ohnmacht nahe.

Er fuhr fort: »Ja, ein bißchen blaß, aber das hat nichts zu bedeuten.«

Um ihm zu danken, stammelte sie: »Ach, lieber Freund, lieber Freund!« und fand keine anderen Worte.

Aber er hatte sich umgewandt; er suchte nach Annette, die verschwunden war, und sagte zusammenhanglos: »Wie seltsam, Ihre Tochter in Trauer zu sehen!«

»Warum?« fragte die Gräfin.

Mit ungewöhnlichem Feuer rief er: »Wie, warum? Aber das ist doch Ihr Bild, das von mir gemalte, mein Bild ist es! Das sind doch Sie, wie Sie mir damals bei der Herzogin begegnet sind! Nicht wahr, Sie erinnern sich an die Tür, an der Sie vor meinen Augen vorübergingen, wie ein Schiff unter den Kanonen einer Festung vorüberfährt. Zum Teufel, als ich die Kleine vorhin auf dem Bahnsteig stehen sah, ganz in Schwarz, mit dem Sonnenstrahlenkranz des Haars um das Gesicht, da stockte mir das Blut. Mir war, als müsse ich weinen. Ich sage Ihnen, es ist zum Verrücktwerden, wenn man Sie so gekannt hat wie ich, wenn man Sie besser beobachtet hat als jemand anders und mehr geliebt als jemand anders und im Bild wiedergegeben hat. Wahrhaftig, ich mußte annehmen, Sie hätten mir Annette einzig und allein an den Zug geschickt, um mir diese Überraschung zu bereiten. Gott im Himmel, wie betroffen war ich! Ich sage Ihnen, es ist zum Verrücktwerden!« Er rief: »Annette, Nané!«

Die Stimme des jungen Mädchens antwortete von draußen, wo sie den Pferden Zucker gab: »Hier bin ich!«

»Komm her!«

Sie kam angelaufen.

»Da, stell dich neben deine Mutter.«

Sie tat es, und er verglich sie beide, und dabei wiederholte er ganz mechanisch, ohne Überzeugung: »Ja, erstaunlich, erstaunlich«, denn Seite an Seite glichen sie einander weniger als vor ihrer Abreise von Paris; das junge Mädchen hatte mit dem schwarzen Kleid einen neuen Ausdruck strahlender Jugend gewonnen; die Mutter dagegen besaß schon seit langem nicht mehr das Leuchten des Haars und der Haut, mit dem sie den Maler damals, bei ihrer beider ersten Begegnung, geblendet und bezaubert hatte.

Dann traten die Gräfin und er in den Salon.

Er schien glänzend aufgelegt zu sein. »War das eine gute Idee von mir hierherzukommen!« sagte er und dann: »Nein, Ihr Mann hat sie für mich gehabt. Er hat mich beauftragt, Sie heimzuholen. Und wissen Sie, was *ich* Ihnen vorschlage? Nein, nicht wahr? Also, ich schlage Ihnen im Gegenteil vor, hier zu bleiben. Bei dieser Hitze ist Paris schauderhaft, das Land dagegen ist köstlich. Mein Gott, wie tut das wohl!«

Der sinkende Abend durchtränkte den Park mit Kühle, ließ die Bäume erschauern und aus der Erde einen kaum sichtbaren Dunst aufsteigen, der einen leichten, durchsichtigen Schleier über den Horizont warf. Die drei Kühe standen mit gesenkten Köpfen und weideten gefräßig, und vier Pfauen ließen sich mit heftigem Flügelschlagen in einer Zeder unter den Fenstern des Schlosses nieder, wo sie gewöhnlich schliefen. In der Ferne bellten Hunde, und durch die ruhige Luft dieses Tagesendes kamen Rufe menschlicher Stimmen, Sätze, die über die Felder von einem Acker zum anderen flogen, und die abgerissenen gutturalen Laute, mit denen das Vieh heimgeführt wird.

Der barhäuptige Maler, dessen Augen glänzten, atmete in vollen Zügen und sagte, als ihn die Gräfin ansah: »Das ist das Glück!«

Sie schmiegte sich an ihn. »Es ist nie von Dauer.«

»Nehmen wir es, wann es kommt.«

Darauf sie, mit einem Lächeln: »Bis jetzt hatten Sie für das Landleben nicht viel übrig.«

»Heute mag ich es, weil Sie hier sind. Wo Sie nicht sind, könnte ich nicht mehr leben. Wenn man jung ist, kann man auch bei räumlicher Trennung verliebt sein, durch Briefe, Gedanken, durch ungetrübte Begeisterung, vielleicht, weil man fühlt, daß das Leben noch vor einem liegt, vielleicht aber auch, weil man mehr Leidenschaft als Verlangen des Herzens in sich trägt; in meinem Alter dagegen ist die Liebe eine kränkliche Angewohnheit geworden, ein Pflaster auf die Seele, die nur noch mit einem Flügel flattert und sich seltener in idealen Vorstellungen bewegt. Das Herz kennt keine Verzückung mehr, nur noch egoistische Forderungen. Und dann habe ich auch nur zu sehr die Empfindung, daß ich keine Zeit mehr zu verlieren habe, um die mir verbleibenden Tage zu genießen.«

»Ach! Alt!« sagte sie und langte nach seiner Hand.

»Freilich, freilich«, entgegnete er. »Ich bin alt. Alles deutet darauf hin: mein Haar, mein verändertes Wesen und die Traurigkeit, die sich immerfort einstellt. Zum Teufel, das ist etwas, das ich bisher nicht gekannt habe: die Traurigkeit! Wenn man mir um die Dreißig gesagt hätte, ich würde eines Tages grundlos traurig, unruhig und mit allem unzufrieden sein, dann hätte ich es nicht geglaubt. Aber gerade das beweist mir, daß auch mein Herz alt wird.«

Sie antwortete aus tiefster Überzeugung: »Oh, aber *ich* habe ein ganz junges Herz. Es hat sich nicht verändert. Doch, es hat sich vielleicht sogar noch verjüngt. Es war zwanzig, und jetzt ist es nur noch sechzehn.«

So unterhielten sie sich noch lange vor dem offenen Fenster, eingegangen in die Seele des Abends, innig beieinander, näher denn je, in einer Stunde der Zärtlichkeit, die dämmrig war wie die Tagesstunde.

Ein Diener trat ein und meldete: »Frau Gräfin, es ist angerichtet.«

»Haben Sie meiner Tochter Bescheid gesagt?« fragte sie.

»Mademoiselle ist schon im Speisezimmer.«

Sie nahmen alle drei am Tisch Platz. Die Laden waren geschlossen, und zwei große Leuchter mit je sechs Kerzen erhellten Annettes Gesicht und ließen ihren Kopf wie mit Goldstaub gepudert erscheinen.

Bertin lächelte und hörte nicht auf, sie zu betrachten. »Gott, wie hübsch sie in Schwarz aussieht!« sagte er. Und indem er die Tochter bewunderte, wandte er sich der Gräfin zu, wie um der Mutter zu danken, daß sie ihm diese Freude bereitet habe.

Als sie in den Salon zurückkehrten, war der Mond über den Parkbäumen aufgegangen. Ihre dunkle Masse sah aus wie eine große Insel und das Land dahinter wie ein unter dem leichten Nebel, der über die Weiten der Felder wogte, verborgenes Meer.

»O Mama, wollen wir nicht spazierengehen?« fragte Annette.

Die Gräfin war einverstanden.

»Ich nehme Julio mit.«

»Tu es, wenn du willst.«

Sie traten ins Freie. Das junge Mädchen ging voran und vergnügte sich mit dem Hund. Als sie an der Rasenfläche vorübergingen, hörten sie das Schnaufen der Kühe; sie waren aufgewacht, als sie ihren Feind witterten, und hoben den Kopf, um ihn zu sehen. Weiter hinten, unter den Bäumen, zerfaserte sich das Mondlicht zwischen den Zweigen in einen Regen feiner Strahlen, die zur Erde glitten, auf den Blättern glänzten und sich auf dem Weg in kleinen Pfützen gelben Lichts ausbreiteten. Annette und Julio liefen und schienen in dieser hellen Nacht beide ein fröhliches, weites Herz zu haben, das seinen Rausch in Luftsprüngen austoben mußte.

In den Lichtungen, wo die Flut des Mondscheins wie in Brunnen herabfiel, tauchte das junge Mädchen wie eine Geistererscheinung auf, und der Maler rief sie zu sich, aufs höchste entzückt über dies dunkle Trugbild mit dem hellen, leuchtenden Gesicht. Als Annette wieder weggelaufen war, nahm er die Hand der Gräfin, drückte sie und suchte sie oft mit den Lippen, wenn sie durch dichteren Schatten kamen, als habe Annettes Anblick die Leidenschaft seines Herzens neu belebt.

Schließlich gelangten sie an den Saum der Felder, von wo aus sie hier und da in der Ferne mit genauer Not die Bäume der Bauernhöfe wahrnehmen konnten. Hinter dem milchigen Dunst, der die Felder überflutete, zog sich der Horizont ins Grenzenlose hin, und das angenehme Schweigen, das lebendige Schweigen der großen, leuchtenden, lauen Raumesweite war erfüllt von unaussprechlicher Hoffnung und unendlicher Erwartung, die solche Sommernächte so wunderbar lieblich machen. Hoch oben im Himmel schwebten ein paar langgezogene, dünne kleine Wolken und sahen aus, als beständen sie aus silbernen Schuppen. Wenn man ein paar Sekunden unbeweglich stehen blieb, hörte man in diesem nächtlichen Frieden ein unablässiges, verworrenes Murmeln des Lebens, tausend schwache Geräusche, deren Harmonie zunächst der Stille ähnelte.

Auf einer nahen Wiese stieß eine Wachtel ihren Doppelruf aus, und Julio raste mit gespitzten Ohren und hastigen Sätzen den beiden Flötentönen des Vogels nach. Annette folgte ihm, ebenso leichtfüßig wie er, hielt den Atem an und duckte sich.

»Ach«, sagte die Gräfin, die jetzt mit dem Maler allein war, »warum vergehen Augenblicke wie dieser so schnell? Man kann nichts festhalten und aufbewahren. Man hat nicht einmal Zeit, richtig zu genießen, wie schön es ist. Dann ist es schon zu Ende.«

Olivier küßte ihre Hand und erwiderte lächelnd: »Ach, heute abend mag ich nicht philosophieren. Ich lebe ganz dieser Stunde.«

»Sie lieben mich nicht, wie ich Sie liebe!« flüsterte sie.

»Aber hören Sie mal...«

Sie unterbrach ihn: »Nein, Sie lieben in mir, wie Sie unmißverständlich vor dem Essen gesagt haben, eine Frau, die befriedigt, wessen Ihr Herz bedarf, die Ihnen niemals Schmerz bereitet und ein wenig Glück in Ihr Leben gebracht hat. Das weiß ich, und ich fühle es. Ja, ich habe das Bewußtsein, ich habe die heiße Freude, Ihnen gut, nützlich und hilfreich zu sein. Sie haben geliebt und lieben noch all das, was Sie an mir angenehm finden, meine Aufmerksamkeiten Ihnen gegenüber, meine Bewunderung, meine Sorge, Ihnen zu gefallen, meine Leidenschaft, das uneingeschränkte Geschenk, das ich Ihnen mit meinem innersten Wesen gemacht habe. Aber nicht mich, mich selber, lieben Sie, verstehen Sie? Das spüre ich, wie man einen kalten Luftzug spürt. Sie lieben in mir tausend Dinge: meine Schönheit, die vergeht, meine Hingabe, die Intelligenz, die mir nachgesagt wird, die Meinung, die man in der Gesellschaft von mir hat, und die, die ich in meinem Herzen von Ihnen habe; aber Ihre Liebe gilt nicht mir selbst, durchaus nicht, verstehen Sie?«

Mit einem kleinen freundschaftlichen Lachen erwiderte er: »Nein, das verstehe ich ganz und gar nicht. Sie machen mir eine Szene mit sehr unerwarteten Vorwürfen.«

»O mein Gott«, rief sie, »ich wollte, ich könnte Ihnen verständlich machen, wie sehr ich Sie liebe! Sehen Sie, ich bemühe mich darum, und es gelingt mir nicht. Wenn ich an Sie denke, und ich denke immer an Sie, fühle ich bis ins Innerste meines Körpers und bis in die letzten Tiefen meiner Seele hinein den unaussprechlichen Wonnerausch, Ihnen anzugehören, und ein unwiderstehliches Verlangen, Ihnen mehr von mir zu geben. Ich möchte mich uneingeschränkt opfern, weil es, wenn man liebt, nichts Schöneres gibt, als zu geben und immer wieder zu geben, alles, alles, sein Leben, sein Inneres, seinen Körper, alles, was man hat, und ganz deutlich zu fühlen, daß man gibt und bereit ist, jede Gefahr auf sich zu nehmen, um noch mehr zu geben. Ich liebe Sie bis zum Lieben meiner Leiden um Sie, bis zum Lieben meiner Unruhe, meiner Pein, meiner Eifersucht und der Qual, die ich empfinde, wenn ich spüre, daß Sie nicht zärtlich zu mir sind. Ich liebe in Ihnen einen, den ich ganz allein entdeckt habe, einen anderen als den, um den die Welt weiß, den man bewundert und kennt, einen, der mir gehört, der sich nicht mehr verändern und nicht altern kann und den ich unbedingt lieben muß; denn ich habe, um ihn zu sehen, Augen, die nichts außer ihm sehen. Aber dergleichen Dinge kann man nicht sagen. Es gibt keine Worte, um sie auszudrücken.«

Er wiederholte sehr leise und mehrmals hintereinander: »Liebe, liebe, liebe Any.«

Julio kam springend und hüpfend zurück, ohne die Wachtel gefunden zu haben, die bei seinem Nahen verstummt war, und Annette folgte ihm, außer Atem vom Laufen. »Ich kann nicht mehr«, rief sie. »Ich muß mich an Ihnen festklammern, Herr Maler!«

Sie stützte sich auf Oliviers freien Arm, und so gingen sie, er zwischen beiden, unter den schwarzen Bäumen zurück. Sie sprachen nicht mehr. Er war von ihnen besessen, von einem weiblichen Fluidum durchdrungen, mit dem ihrer beider körperliche Nähe ihn überwältigte. Er versuchte, sie nicht mehr zu sehen, weil er sie unmittelbar neben sich fühlte, und er schloß sogar die Augen, um sie besser zu spüren. Sie leiteten und führten ihn, und er setzte einfach die Füße voreinander, verliebt in beide, in die an seiner Linken wie in die an seiner Rechten, ohne zu wissen, welche zu seiner Linken und welche zu seiner Rechten, welche die Mutter und welche die Tochter sei. Mit einer unbewußten, raffinierten Sinnlichkeit überließ er sich willig dieser verworrenen Empfindung. Er suchte sie sogar in seinem Herzen zu verschmelzen und sie in seinem Hirn nicht mehr zu unterscheiden und wiegte sein Verlangen im Reizvollen dieser Vertauschung. Bildeten nicht diese Mutter und diese Tochter, die einander so ähnlich waren, nur eine einzige Frau? Und schien nicht die Tochter einzig und allein auf die Erde gekommen zu sein, um seine alte Liebe zu der Mutter zu verjüngen?

Als er beim Betreten des Schlosses die Augen wieder öffnete, schien es ihm, als habe er die köstlichsten Minuten seines Daseins durchlebt und die sonderbarste, unerklärlichste und vollkommenste Gefühlsaufwallung erfahren, die ein Mann auszukosten vermag, wenn ihn die zärtliche Neigung berauscht, die von dem Verführerischen zweier Frauen gleichzeitig herrührt. »Ach, welch wonniger Abend!« sagte er, als er im Licht der Lampen zwischen ihnen stand.

Annette rief: »Ich habe noch keine Lust, schlafen zu gehen; wenn es schönes Wetter bleibt, möchte ich die ganze Nacht spazieren gehen.«

Die Gräfin blickte auf die Uhr: »Oh, es ist schon halb zwölf. Du mußt zu Bett, mein Kind.«

Sie verabschiedeten sich, und jeder ging in sein Zimmer. Nur das junge Mädchen, das keine Lust gehabt hatte, zu Bett zu gehen, schlief sehr rasch ein.

Als am nächsten Morgen die Zofe zur gewohnten Stunde den Tee brachte und, nachdem sie die Vorhänge und die Laden geöffnet hatte, ihre noch schlummernde Herrin betrachtete, sagte sie: »Madame sieht heute schon viel besser aus.«

»Meinen Sie?«

»O ja. Madames Gesicht ist viel ausgeruhter.«

Ohne daß sie sich im Spiegel beschaut hätte, wußte die Gräfin schon, daß dem so sei. Ihr Herz war leicht, sie spürte kaum seinen Schlag und fühlte sich lebendig. Das Blut, das nicht mehr so rasch, heiß und fiebrig wie am Vorabend in ihren Adern rann und durch ihren ganzen Körper Schwäche und Unruhe hatte fließen lassen, verbreitete jetzt ein laues Wohlbehagen und auch eine glückliche Zuversicht.

Als die Dienerin hinausgegangen war, trat sie vor den Spiegel, um sich zu mustern. Sie war ein wenig überrascht, denn sie fühlte sich so wohl, daß sie erwartet hatte, sich in einer einzigen Nacht um mehrere Jahre verjüngt zu haben. Dann begriff sie das Kindische dieser Hoffnung, schaute sich noch eine Weile an und begnügte sich dann mit der Feststellung, daß nur ihre Haut klarer, die Augen weniger müde und die Lippen voller seien als am Tag zuvor. Da ihre Seele froh war, konnte sie nicht traurig darüber sein, und sie lächelte bei dem Gedanken: Ja, in ein paar Tagen bin ich wieder ganz in Ordnung. Ich habe zu viel durchgemacht, als daß ich mich so rasch erholen könnte.

Aber sie blieb lange, sehr lange vor ihrem Toilettentisch sitzen, wo in anmutiger Ordnung auf einem mit Spitzen umsäumten Musselindeckchen, vor einem schönen, geschliffenen Kristallspiegel ausgebreitet, all die kleinen Werkzeuge der Koketterie lagen; sie hatten sämtlich Elfenbeingriffe und trugen die mit einer Krone geschmückten Initialen der Gräfin. Da lagen sie, unzählig, hübsch und mannigfaltig, und sie waren für delikate, geheime Verrichtungen bestimmt, die einen fein und scharf aus Stahl und in sonderbaren Formen wie chirurgische Geräte zum Beseitigen von Kinder-Wehwehs, die andern waren rund und weich und bestanden aus Federn, Flaum oder unbekannten Tierhäuten; sie dienten dazu, auf der zarten Haut das Schmeichlerische duftender Puder und fester oder flüssiger Parfüms zu verteilen.

Lange Zeit handhabte sie alle mit kundigen Fingern, die beruhigend und sanfter als ein Kuß von den Lippen bis zu den Schläfen glitten und die als unvollkommen befundenen Schattierungen ausglichen, die Augen untermalten und die Wimpern bürsteten. Als sie schließlich hinunterging, war sie nahezu überzeugt davon, daß der erste Blick, den er auf sie werfen würde, nicht allzu ungünstig sein konnte. »Wo ist Monsieur Bertin?« fragte sie den Diener, den sie in der Halle traf.

Er antwortete: »Monsieur Bertin ist im Garten und spielt mit Mademoiselle Tennis.«

Sie hörte sie schon von weitem die Punkte ansagen.

Die tiefe Stimme des Malers und die helle des jungen Mädchens verkündeten abwechselnd: Fünfzehn, dreißig, vierzig, vorn, gleich, vorn, Satz.

Der Obstgarten, dessen einer Teil für den Tennisplatz kahlgeschlagen und festgestampft worden war, bestand aus einem großen, mit Apfelbäumen bepflanzten Rasenviereck; es wurde umschlossen durch den Park, den Gemüsegarten und die dem Schloß unterstellten Pachthöfe. Die Böschungen, die ihn an drei Seiten wie die Schutzwehren eines mit Wall und Graben versehenen Lagers begrenzten, trugen Blumen, lange Beete mit ländlichen oder seltenen Blumen aller Art, Rosen in Fülle, Nelken, Heliotrope, Fuchsien, Reseden und noch vielen anderen, die der Luft ein Honigaroma gaben, wie Bertin sagte. Bienen, deren Körbe sich mit ihren Strohkuppeln an der Mauer entlang bis zu den Spalieren des Gemüsegartens reihten, überzogen die blühende Fülle mit ihrem summenden hellen Flug.

Genau in der Mitte des Obstgartens waren ein paar Apfelbäume gefällt worden, um den erforderlichen Raum für die Anlage des Tennisplatzes zu schaffen, und quer durch diesen Raum war ein geteertes Netz gespannt, das ihn in zwei Felder teilte.

Annette war barhäuptig, hatte ihren schwarzen Rock geschürzt und zeigte ihre Knöchel und halb die Waden, wenn sie mit glänzenden Augen und roten Wangen, erschöpft und außer Atem gebracht durch das korrekte, sichere Spiel ihres Gegners, vorsprang, ging, kam und lief, um den Ball noch im Flug zu erhaschen.

Er trug weiße Flanellhosen, in denen ein Hemd vom gleichen Stoff steckte, sowie eine ebenfalls weiße Schirmmütze; mit seinem etwas vorstehenden Bauch erwartete er kaltblütig den Ball, berechnete genau dessen Flug, empfing ihn und schickte ihn zurück, ohne sich zu eilen und ohne zu laufen, mit eleganter Leichtigkeit, leidenschaftlicher Aufmerksamkeit und der professionellen Gewandtheit, die er bei allen Körperübungen bekundete.

Annette bemerkte die Mutter als erste. Sie rief: »Guten Morgen, Mama. Warte eine Minute, bis wir dies Spiel beendet haben.«

Diese sekundenlange Ablenkung gedieh ihr zum Nachteil. Der Ball kam rasch und niedrig, fast rollend auf sie zu und flog über die weiße Linie hinaus.

Bertin rief: »Gewonnen!«; das verdutzte junge Mädchen überhäufte ihn mit Vorwürfen, er habe ihre Unaufmerksamkeit ausgenutzt, und Julio, der abgerichtet war, die aus dem Spielfeld geratenen Bälle wie Rebhühner, die ins Gestrüpp gefallen sind, zu suchen und wiederzufinden, stürzte dem Ball nach, der vor ihm her im Gras kugelte, packte ihn behutsam mit der Schnauze und brachte ihn schwanzwedelnd zurück.

Jetzt begrüßte der Maler die Gräfin, aber da der Wettstreit ihn angeregt hatte und er froh war, sich geschmeidig zu fühlen, verlangte es ihn danach weiterzuspielen, und so warf er auf das um ihn besorgte Gesicht nur einen kurzen, zerstreuten Blick und bat dann: »Sie erlauben doch, liebe Gräfin? Ich habe Angst, mich zu erkälten und eine Neuralgie zu bekommen.«

»O bitte«, sagte sie.

Sie setzte sich in einen Haufen Heu, das am selben Morgen gemäht worden war, um den Spielern freies Feld zu geben, und beobachtete die beiden mit plötzlich ein wenig traurigem Herzen.

Ihre Tochter, die sich ärgerte, daß sie in einem fort verlor, geriet in Hitze und feuerte sich mit Ausrufen des Unwillens oder des Triumphs an; sie sprang mit ungestümen Sätzen von einem Ende ihres Feldes zum anderen, und häufig fielen ihr bei diesen Sprüngen Haarsträhnen herab, die sich über ihre Schultern breiteten. Für ein paar Sekunden nahm sie dann den Schläger zwischen die Knie, griff mit ungeduldigen Bewegungen nach den Strähnen und steckte sie wieder mit den Nadeln im Schwall ihres Haars fest.

Und Bertin rief von weitem der Gräfin zu: »Nicht wahr, ist sie nicht hübsch so und jugendfrisch wie der Tag?«

Ja, sie war jung, sie konnte laufen, sich erhitzen, rot werden, ihr Haar in Unordnung geraten lassen, allem trotzen und alles wagen, weil alles sie verschönte.

Als die beiden sich dann wieder mit Leidenschaft dem Spiel widmeten, überlegte die Gräfin, die immer schwermütiger wurde, daß Olivier dies Ballspiel, die Aufregung des Kindes, dies Vergnügen kleiner Katzen, die hinter Papierkügelchen hertollen, dem linden Zauber vorzog, an diesem warmen Morgen neben ihr zu sitzen und sie, die Liebende, neben sich zu fühlen.

Als in der Ferne die Glocke den ersten Schlag zum Mittagessen läutete, war ihr, als werde sie erlöst und als sei ihr eine Last vom Herzen genommen. Aber als sie, auf seinen Arm gestützt, zum Schloß zurückging, sagte er zu ihr: »Ich habe meinen Spaß gehabt wie ein Junge. Es tut doch ungeheuer gut, jung zu sein oder es wenigstens zu glauben. Ach ja, ach ja, nur darauf kommt es an! Wenn man nicht mehr gern läuft, ist man erledigt!«

Beim Aufstehen vom Tisch schlug die Gräfin, die am Tag zuvor das erste Mal nicht auf dem Friedhof gewesen war, vor, sie sollten zusammen hingehen, und so machten sich alle drei auf den Weg ins Dorf.

Sie mußten durch den Wald gehen, den ein Bach durchschlängelte – er wurde »Laubfrosch« genannt, wohl der kleinen Frösche wegen, mit denen er bevölkert war –, und danach ein Stück über freies Feld, ehe sie an die in eine Gruppe von Häusern hineingebaute Kirche kamen; dort wohnten der Kurzwarenhändler, der Fleischer, der Bäcker, der Weinhändler und ein paar andere bescheidene Kaufleute, bei denen sich die Dörfler versorgten.

Der Spaziergang vollzog sich schweigsam und gesammelt, da der Gedanke an die Tote die Seelen bedrückte. Die beiden Frauen knieten am Grab nieder und beteten lange. Die Gräfin beugte sich vor und verharrte reglos, ein Taschentuch vor den Augen, weil sie Angst hatte, daß sie weinen müsse und ihr die

Tränen über die Wangen rollten. Sie betete, aber nicht, wie sie es bis zum heutigen Tag getan, mit einer Art Beschwörung ihrer Mutter, mit dem verzweifelten Ruf unter den Marmor des Grabes, bis sie in ihrer herzzerreißenden Erschütterung glaubte, die Tote höre sie und lausche ihr, sondern sie stammelte nur inbrünstig die heiligen Worte des Vaterunsers und des Ave-Maria. Heute hätte sie nicht die Kraft und seelische Anspannung aufgebracht, die sie für solch ein schmerzliches Gespräch ohne Antwort mit dem brauchte, was in der Nähe der Grube, die die Überreste des Körpers barg, von dem dahingeschwundenen Wesen vielleicht verblieben war. Andere quälende Gedanken hatten sich in ihr Frauenherz gedrängt, hatten es durchwogt, verletzt und abgelenkt; und ihr heißes Gebet stieg mit unklaren Bitten zum Himmel empor. Sie flehte zu Gott, dem unerbittlichen Gott, der all diese armen Geschöpfe auf die Erde gestreut hat, daß er mit ihr so viel Mitleid haben möge wie mit der, die er zu sich gerufen hatte.

Sie hätte nicht sagen können, um was sie bat, so heimlich und wirr waren ihre Besorgnisse noch; allein sie fühlte, daß sie göttlicher Hilfe, eines übernatürlichen Beistandes gegen nahe Gefahren und unvermeidliche Schmerzen bedurfte.

Annette hatte ebenfalls Gebete gemurmelt und war dann mit geschlossenen Augen in Träumerei versunken, weil sie sich nicht vor ihrer Mutter erheben wollte.

Olivier Bertin betrachtete beide; er meinte, daß er da ein bezauberndes Bild vor sich habe, und bedauerte halbwegs, daß es sich ihm verbiete, eine Skizze zu machen.

Auf dem Heimweg sprachen sie über das menschliche Dasein und rührten leise wieder an die bitteren, poetischen Gedanken einer mürben und verzagten Philosophie, das häufige Gesprächsthema zwischen Männern und Frauen, die das Leben ein wenig verwundet hat und deren Herzen sich vereinigen, indem sie einander ihre Schmerzen anvertrauen.

Annette, die für solche Gedanken noch nicht reif war, lief alle Augenblicke davon, um Blumen am Wegrand zu pflücken.

Doch Olivier verlangte es, sie neben sich zu haben; es machte ihn nervös, sie ständig aufs neue weglaufen zu sehen; er ließ sie keinen Augenblick aus den Augen. Er ärgerte sich, daß sie sich mehr für die Farben der Blumen als für die von ihm gesprochenen Sätze interessierte. Er empfand ein unerklärliches Unbehagen, sie nicht fesseln, sie nicht wie ihre Mutter beherrschen zu können, und er hatte Lust, die Hand auszustrecken, sie zu packen, festzuhalten und ihr zu verbieten, daß sie wieder davonlaufe. Er merkte, sie war zu flink, allzu jung, allzu gleichgültig, allzu frei – frei wie ein Vogel, wie ein junger Hund, der nicht gehorcht und alles andere tut, als zurückzukommen, der Unabhängigkeit in den Adern hat, den niedlichen Freiheitsdrang, den weder Stimme noch Peitsche bis jetzt besiegt haben.

Um sie anzulocken, sprach er von fröhlicheren Dingen und fragte sie mitunter; er versuchte, in ihr den Wunsch, ihm zuzuhören, und ihre weibliche Neugier zu erwecken; doch man hätte meinen können, daß der launische Wind des großen Himmels an diesem Tag wie über die wogenden Ähren durch Annettes Kopf blase und ihre Aufmerksamkeit mit sich nehme und in dem weiten Raum zerstreue; denn kaum hatte sie mit einem nichtssagenden Wort und mit einem zwischen zwei Davonlaufen hingeworfenen, zerstreuten Blick geantwortet, weil Antwort von ihr erwartet wurde, als sie sich auch schon wieder ihren Blumen zuwandte. Er wurde schließlich ganz aufgebracht, fühlte sich wie ausgehöhlt von einer kindischen Ungeduld, und als sie ihre Mutter bat, ihren ersten Blumenstrauß zu tragen, damit sie einen zweiten pflücken könne, erwischte er sie am Ellbogen und klemmte ihren Arm ein, damit sie ihm nicht wieder entwischte. Lachend sträubte sie sich und zerrte mit aller Kraft an ihrem Arm, um wieder davonzulaufen; doch aus einem männlichen Instinkt heraus wandte er nun das Mittel der Schwachen an: Da er ihre Aufmerksamkeit nicht fesseln konnte, erkaufte er sie dadurch, daß er ihre Gefallsucht reizte.

»Sag mir, welche Blume du am liebsten hast«, fragte er, »dann lasse ich dir danach eine Brosche machen.«

Überrascht zögerte sie. »Eine Brosche, wie denn?«

»Aus Steinen von derselben Farbe: aus Rubinen, wenn es Mohn, aus Saphiren, wenn es die Kornblume ist, und mit einem kleinen Blatt aus Smaragden.«

Annettes Gesicht strahlte in der herzlichen Freude auf, die bei Versprechungen und Geschenken die Züge der Frauen belebt. »Die Kornblume«, sagte sie, »die ist so hübsch!«

»Hol eine Kornblume. Wir bestellen die Brosche, sobald wir wieder in Paris sind.«

Jetzt lief sie nicht wieder davon; sie fühlte sich zu ihm hingezogen durch den Gedanken an das Geschenk, das sie schon zu sehen und sich auszumalen versuchte. »Dauert es sehr lange, so etwas anzufertigen?« fragte sie.

Er lachte, weil er fühlte, daß sie gefangen war. »Ich weiß nicht, das hängt von den Schwierigkeiten ab. Wir wollen dem Juwelier sagen, er solle sich beeilen.«

Plötzlich durchzuckte sie eine schmerzliche Erinnerung. »Aber ich kann sie ja doch nicht tragen, weil ich Trauer habe.«

Er hatte seinen Arm unter den des jungen Mädchens geschoben und drückte ihn an sich. »Ach, dann hebst du eben deine Brosche bis zum Ende der Trauerzeit auf; inzwischen kannst du sie dir ja anschauen.«

Wie am Vorabend ging er zwischen ihnen, festgehalten, eingezwängt und gefangen zwischen ihren Schultern, und um zu sehen, wie ihre gleichen, mit schwarzen Körnchen gepunkteten blauen Augen zu ihm aufschauten, sprach er abwechselnd mit ihnen, wobei er den Kopf bald zur einen und bald zur andern wandte. Die Sonne strahlte voll auf sie herab, und er verschmolz jetzt die Gräfin und Annette weniger miteinander; doch mehr und mehr verschmolz er die Tochter mit der wiederauferstandenen Erinnerung an das, was die Mutter ehedem gewesen war. Er fühlte sich gedrängt, eine wie die andere zu küssen, die eine, um auf ihrer Wange und auf ihrem Nacken ein wenig von der rosigen, blonden Frische wiederzufinden, die er einst gekostet hatte und die er heute wunderbarerweise wiedererblickte, die andere, weil er sie immer noch liebte und weil von ihr der mächtige Ruf einer alten Gewohnheit ausging. Er stellte in dieser Stunde sogar fest und verstand, daß sein seit langer Zeit ein wenig müde gewordenes Verlangen und seine Liebe zu ihr beim Anblick ihrer wiederauferstandenen Jugend aufs neue lebendig geworden waren.

Annette lief wieder fort und pflückte Blumen. Olivier rief sie nicht mehr zurück; es war, als hätten die Berührung ihres Arms und die Genugtuung über die geschenkte Freude ihn erleichtert; doch folgte er all ihren Bewegungen mit einem Lustgefühl, wie es uns der Anblick von Geschöpfen oder Dingen zuteil werden läßt, die unsere Augen fesseln und bezaubern. Als sie mit einem großen Strauß wiederkam, atmete er heftiger und suchte unwillkürlich etwas von ihr zu erhaschen, ein wenig von ihrem Atem oder der Wärme ihrer Haut in der Luft, die durch ihre Bewegung aufgerührt wurde. Er betrachtete sie mit Entzücken, wie man die Morgenröte betrachtet, wie man der Musik lauscht, mit einem freudigen Erbeben, wenn sie sich bückte, sich wieder aufrichtete und beide Arme gleichzeitig hob, um ihren Hut zurechtzurücken. Und von Stunde zu Stunde steigerte sie in ihm mehr und mehr die Beschwörung der Vergangenheit! Sie verfügte über ein Lachen, über witzige Einfälle und Bewegungen, die seinem Mund den Geschmack an einst gegebene und empfangene Küsse einflößten; sie machte aus der fernen Vergangenheit, deren deutliche Empfindung er eingebüßt hatte, etwas wie eine geträumte Gegenwart; sie vermengte die Zeitabschnitte, die Daten, die Lebensalter seines Herzens und entfachte erkaltete Regungen aufs neue und vereinte, ohne daß er sich dessen bewußt wurde, gestern und morgen, die Erinnerung mit der Hoffnung.

Indem er sein Gedächtnis durchwühlte, fragte er sich, ob die Gräfin in ihrer vollsten Entfaltung diesen geschmeidigen Zauber eines Zickleins gehabt habe, diesen verwegenen, launischen und unwiderstehlichen Zauber der Anmut eines laufenden und hüpfenden Tieres. Nein, sie war voller erblüht gewesen und weniger ungebärdig. Sie entstammte der Stadt; sie hatte immer in der Stadt gelebt und niemals die Luft der Felder getrunken und im Gras gelegen; sie war schön geworden im Schatten der Mauern und nicht unter der Sonne des Himmels.

Als sie wieder im Schloß waren, begann die Gräfin an ihrem niedrigen kleinen Tisch in der Fensternische Briefe zu schreiben; Annette ging in ihr Zimmer hinauf, und der Maler begab sich wieder nach draußen, um mit langsamen Schritten, eine Zigarre im Mund und die Hände auf dem Rücken verschränkt, auf den gewundenen Parkwegen einherzuschlendern. Aber er entfernte sich nicht so weit, daß er die weiße Fassade oder das spitze Dach des Schlosses aus den Augen verlor. Sobald es hinter den dichten Bäumen oder Sträuchern verschwand, fiel ein Schatten auf sein Herz, als ziehe eine Wolke über die Sonne, und wenn es in den Lücken des Laubgrüns wieder erschien, blieb er ein paar Sekunden stehen, um die beiden Zeilen der hohen Fenster zu betrachten. Dann ging er weiter. Er verspürte in sich einen Aufruhr, war aber froh – froh worüber? Über alles und jedes.

Die Luft erschien ihm an jenem Tag rein und das Leben gut. Er fühlte aufs neue die Unbeschwertheit eines kleinen Jungen in seinem Körper, ein Verlangen, zu laufen und mit den Händen nach den gelben Schmetterlingen zu haschen, die auf und ab über den Rasen flatterten, als seien sie an Gummibändern aufgehängt. Er sang halblaut Melodien aus Opern vor sich hin. Mehrmals wiederholte er die berühmte Gounod-Stelle: »Lasse mich in dein holdes Antlitz schauen« und entdeckte einen tiefzärtlichen Ausdruck darin, den er nie zuvor in solchem Maß gespürt hatte.

Plötzlich fragte er sich, wie es hatte geschehen können, daß er so rasch so völlig anders geworden war. Gestern in Paris noch unzufrieden über alles, angewidert und verärgert, heute ruhig und zufrieden mit allem – man hätte meinen können, ein willfähriger Gott habe seine Seele geändert. Dieser gute Gott dort oben, dachte er, hätte auch gleichzeitig meinen Körper verändern und mich ein wenig verjüngen sollen. Da gewahrte er Julio, der in einem Dickicht jagte. Er rief ihn, und als der Hund seinen seidenweichen Kopf mit dem langen Behang an den Ohren unter seine Hand schmiegte, setzte er sich ins Gras, um ihn besser streicheln zu können, sagte ihm Nettigkeiten, legte ihn über seine Knie; er wurde weich gestimmt durch diese Liebkosung und küßte ihn, wie es Frauen tun, deren Herz bei jeder Gelegenheit von Rührung erfüllt wird.

Nach dem Essen verbrachten sie, statt wie gestern spazieren zu gehen, den ganzen Abend zusammen im Salon.

Unvermittelt sagte die Gräfin: »Trotz alledem werden wir abreisen müssen!«

»Oh, reden Sie noch nicht davon!« rief Olivier. »Solange ich nicht da war, wollten Sie in Roncières bleiben. Dann komme ich, und Sie denken nur noch daran wegzufahren.«

»Aber, lieber Freund«, sagte sie, »wir können doch nicht alle drei ewig hier bleiben.«

»Es handelt sich ja auch gar nicht um ewig, sondern nur um ein paar Tage. Wie oft bin ich ganze Wochen hier bei Ihnen geblieben!«

»Ja, aber unter anderen Begleitumständen, als mein Haus jedermann offenstand.«

Da sagte Annette mit schmeichelnder Stimme: »O Mama, nur noch ein paar Tage, zwei oder drei. Ich lerne bei ihm so gut Tennis spielen. Ich bin wütend, wenn ich verliere, und danach freue ich mich, daß ich Fortschritte mache!«

Am Morgen noch hatte die Gräfin geplant, diesen aus geheimnisvoller Ursache erfolgten Aufenthalt des Freundes bis zum Sonntag auszudehnen, und jetzt wollte sie abreisen, ohne daß sie wußte, warum. Dieser Tag, von dem sie sich so viel Gutes erhofft hatte, ließ in ihrer Seele eine unerklärliche, quälende Traurigkeit zurück, eine grundlose Furcht, die hartnäckig und dunkel wie eine Vorahnung war.

Als sie allein in ihrem Zimmer war, durchforschte sie sich, woher diese neue Anwandlung von Schwermut rühre.

Hatte sie eine der unmerklichen Gemütsbewegungen erlitten, deren Berührung so flüchtig ist, daß das Denkvermögen sich ihrer nicht erinnert, deren Nachschwingen jedoch auf den empfindlichen Saiten des Herzens verharrt? Vielleicht. Welche? Sie gedachte einiger unbekennbarer Widersprüche in den tausend Abschattungen des Gefühls, durch die sie hindurchgegangen war; jede Minute hatte eine andere mit sich gebracht. Sie waren tatsächlich zu bedeutungslos, um solch eine Entmutigung in ihr auszulösen. Ich bin anspruchsvoll, dachte sie. Ich habe nicht das Recht, mich so zu quälen.

Sie öffnete das Fenster, atmete die Nachtluft und blieb mit aufgestützten Ellbogen stehen, die Augen dem Mond zugewandt.

Ein leichtes Geräusch ließ sie den Kopf senken. Olivier schlenderte vor dem Schloß auf und ab. Warum hat er erklärt, er wolle in sein Zimmer gehen, dachte sie, warum hat er mir nicht gesagt, er wolle nochmals ins Freie? Warum hat er mich nicht gebeten, mit ihm zu kommen? Er weiß doch, daß es mich glücklich gemacht hätte. Worüber mag er wohl nachgrübeln?

Der Gedanke, daß er sie bei diesem Spaziergang nicht hatte bei sich haben wollen, daß er es vorzog, allein durch diese schöne Nacht zu wandeln, allein, eine Zigarre im Mund, denn sie sah den roten Punkt glühen, allein, wenn er ihr doch die Freude hätte machen können, sie mitzunehmen! Der Gedanke, daß er sie nicht unaufhörlich brauchte, nicht unaufhörlich nach ihr verlangte, senkte in ihre Seele eine neue, gärende Bitterkeit.

Sie wollte das Fenster schließen, um ihn nicht mehr zu sehen, um sich nicht versucht zu fühlen, nach ihm zu rufen, als er aufblickte und sie gewahrte. »Sieh da, Sie träumen zu den Sternen empor, Gräfin?« rief er.

»Ja, Sie auch, wie ich sehe«, antwortete sie.

»Ach, ich rauche bloß.«

Sie konnte dem Wunsch zu fragen nicht widerstehen: »Warum haben Sie mir nicht gesagt, daß Sie hinausgehen?«

»Ich wollte nur eine Zigarre schmauchen. Übrigens komme ich jetzt gleich wieder hinein.«

»Also dann, gute Nacht.«

»Gute Nacht, Gräfin.«

Sie trat bis zu ihrem niedrigen Sessel zurück, setzte sich und weinte; und als die Zofe, die gerufen worden war, um sie zu Bett zu bringen, ihre roten Augen sah, sagte sie mitleidig: »Ach, Madame wird sich für morgen wieder ein unansehnliches Gesicht holen.«

Die Gräfin schlief schlecht, fiebrig und von Alpträumen geschüttelt. Sobald sie erwacht war, machte sie selber das Fenster auf und zog die Vorhänge zurück, um sich im Spiegel zu betrachten, bevor sie schellte. Sie hatte matte Züge, geschwollene Lider und eine gelbliche Hautfarbe, und der Kummer, den sie empfand, wurde so heftig, daß sie am liebsten Krankheit vorgeschützt hätte, im Bett bis zum Abend unsichtbar geblieben wäre.

Dann jedoch überkam sie unwiderstehlich das Verlangen, abzureisen, sofort abzureisen, mit dem nächsten Zug, und dies helle Land zu verlassen, wo man zu viel sah, wo man im vollen Licht der Felder die unauslöschlichen Strapazen des Kummers und des Lebens wahrnahm. In Paris lebt man im Halbdunkel der Wohnungen, wo die schweren Vorhänge selbst in der Mittagshelle nur sanftes Licht durchlassen. Dort würde sie wieder sie selbst werden, schön, mit der Blässe, die das matte, diskrete Licht erfordert. Dann erschien vor ihren Augen Annettes Antlitz – rot, mit ein wenig wirrem Haar und so frisch, wenn sie Tennis gespielt hatte. Sie durchschaute die unbekannte Unruhe, unter der ihre Seele gelitten hatte. Sie war gewiß nicht eifersüchtig auf die Schönheit der Tochter! Nein, gewiß nicht; aber sie fühlte, sie gestand sich zum erstenmal ein, daß sie sich niemals im vollen Sonnenlicht neben ihr zeigen durfte.

Sie schellte, und bevor sie ihren Tee trank, gab sie Anordnungen für den Aufbruch, schrieb Telegramme, bestellte sogar telegrafisch ihr Abendessen, schloß ihre Rechnungen hier ab, widerrief ihre letzten Anweisungen und regelte alles in weniger als einer Stunde, gepackt von einer fiebrigen, stetig wachsenden Ungeduld.

Als sie hinunterkam, überfielen Annette und Olivier, die schon von dieser Entscheidung erfahren hatten, sie mit überraschten Fragen. Als dann die Gräfin für diese jähe Abreise keinen bestimmten Grund angab, grollten sie ein wenig und trugen ihre Unzufriedenheit bis zu dem Augenblick des Abschieds auf dem Bahnhof in Paris zur Schau.

Die Gräfin reichte dem Maler ihre Hand und fragte: »Wollen Sie heute abend zum Essen kommen?«

Er antwortete mit leichtem Schmollen: »Gewiß, ich komme. Aber was Sie da angestellt haben, ist nicht hübsch. Wir haben uns da draußen alle drei so wohl gefühlt!«

III

Sobald die Gräfin mit ihrer Tochter allein in dem Wagen war, der sie nach Hause fuhr, fühlte sie sich auf einmal ruhig und erleichtert, als habe sie eine fürchterliche Krise überstanden. Sie lächelte den Häusern zu und erkannte voller Freude die ganze Stadt wieder, von der die wahren Pariser vertraute Einzelheiten in ihren Augen und Herzen zu tragen scheinen. Jeder Laden, den sie erblickte, ließ sie schon die folgenden den ganzen Boulevard entlang voraussehen und das Gesicht des so oft hinter seinem Ladentisch flüchtig wahrgenommenen Kaufmanns erraten. Sie fühlte sich entronnen! Wovor? In Sicherheit! Warum? Zuversichtlich! Weswegen?

Als der Wagen unter der Wölbung der Toreinfahrt hielt, stieg sie leichtfüßig aus und floh förmlich in das Dämmerlicht des Treppenhauses, dann in das Dämmerlicht des Salons und dann in das Dämmerlicht ihres Schlafzimmers. Dort blieb sie ein Weilchen stehen, voller Freude, hier und in Sicherheit zu sein, in dem nebligen, ausdruckslosen Pariser Tag, der kaum Licht gibt und ebenso viel erraten wie erkennen läßt, wo man zeigen kann, was einem gefällt, und verbergen, was man will; und die unwillkürliche Erinnerung an das blendende Licht, das auf dem Land geherrscht hatte, verblieb in ihr wie der Nachhall eines nun überstandenen Schmerzes.

Als sie zum Essen hinunterging, küßte ihr gerade eingetretener Mann sie liebevoll und lächelte: »Ja, ja, ich habe es ja gewußt, daß Freund Bertin dich zurückbringen würde. Es war ganz klug von mir, ihn zu schicken.«

Annette antwortete ernst und mit dem besonderen Tonfall, den sie immer anschlug, wenn sie, ohne zu lachen, scherzte: »Oh, es hat ihn viel Mühe gekostet. Mama konnte sich nicht entschließen.«

Die Gräfin sagte gar nichts; sie war ein wenig verwirrt.

Da das Haus noch nicht allen Gästen offenstand, kam an jenem Abend niemand. Den ganzen nächsten Tag brachte Madame de Guilleroy in verschiedenen Läden hin, wo sie aussuchte und bestellte, was sie brauchte. Von ihrer Jugend, fast von ihrer

Kindheit an hatte sie eine Schwäche für das lange Anprobieren vor den Spiegeln der großen Putzmacherinnen gehabt. Seit sie wieder daheim war, freute sie sich bei dem Gedanken an alle Einzelheiten dieser übergenauen Probe in den Kulissen des Pariser Lebens. Sie liebte das Rauschen der Kleider, wenn die Mannequins herbeieilten, sobald sie die Tür öffnete, ihr Lächeln, ihre Angebote, ihre Fragen; und die Schneiderin, die Modistin oder die Korsettfertigerin waren für sie gewichtige Personen, die sie als Künstlerinnen behandelte, wenn sie ihre Meinung darlegte, um einen Rat zu erbitten. Noch mehr jedoch liebte sie es, die geschickten Finger der jungen Mädchen an sich herumhantieren zu fühlen, wenn sie sie auskleideten und dann wieder anzogen und sich langsam vor ihrem anmutigen Spiegelbild drehen und wenden ließen. Der Schauer, wenn die leichten Finger über ihre Haut, ihren Hals oder ihr Haar glitten, war eine der schönsten und zartesten unter den kleinen Köstlichkeiten in ihrem Leben als elegante Frau.

An jenem Tag empfand sie eine gewisse Furcht, wenn sie daran dachte, sich ohne Schleier und Hut vor all diesen strengen Spiegeln bewegen zu müssen. Ihr erster Besuch bei der Modistin beruhigte sie. Die drei Hüte, die sie auswählte, standen ihr entzükkend, daran konnte sie nicht zweifeln, und als die Verkäuferin aus voller Überzeugung zu ihr sagte: »O Frau Gräfin, die Blonden sollten stets Trauerkleidung tragen«, ging sie tief befriedigt davon und trat vertrauensvoll bei den anderen Lieferanten ein.

Dann fand sie ein Billett von der Herzogin vor, die sie hatte besuchen wollen und schrieb, sie werde am Abend wiederkommen, dann schrieb sie Briefe, und dann träumte sie eine Weile vor sich hin und wunderte sich, daß allein die Ortsveränderung das große Unglück, das ihr das Herz zerrissen hatte, in die Vergangenheit, in eine schon so ferne Vergangenheit, entrückt hatte. Sie vermochte sich kaum vorzustellen, daß ihre Rückkehr von Roncières erst am Tag zuvor erfolgt sei, so sehr hatte sich ihr Seelenzustand gebessert, seit sie wieder in Paris war, als habe die kleine Reise ihre Wunden geheilt.

Bertin, der zur Essenszeit kam, rief bei ihrem Anblick: »Sie sehen heute abend blendend aus!«

Und dieser Ausruf überflutete sie mit einer lauen Woge von Glück.

Als sie vom Tisch aufstanden, bot der Graf, der eine Leidenschaft für Billard hatte, Bertin an, mit ihm eine Partie zu spielen, und die beiden Damen begleiteten sie ins Billardzimmer, wo der Kaffee serviert wurde.

Die Männer spielten noch, als die Herzogin gemeldet wurde, und alle gingen wieder in den Salon. Gleichzeitig kamen Madame de Corbelle – mit tränenerstickter Stimme – und ihr Mann. Einige Augenblicke lang hatte es bei dem klagenden Ton der Worte den Anschein, als wollten alle zu weinen anfangen; doch allmählich gingen sie nach einiger Rührung und einigen Fragen zu anderen Dingen über, der Stimmklang hellte sich auf, und sie begannen ganz natürlich zu plaudern, als sei der Schatten des Unglücks, der all diese Menschen im selben Augenblick verdüstert hatte, plötzlich verschwunden.

Da erhob sich Bertin, nahm Annette bei der Hand, führte sie unter das Bild ihrer Mutter in den Lichtstrahl des Reflektors und fragte: »Ist das nicht verblüffend?«

Die Herzogin war so überrascht, daß sie außer sich schien und immer wieder sagte: »Gott, ist denn das möglich? Gott, ist denn das möglich, das ist ja eine Wiederauferstehung! Daß ich das nicht schon beim Kommen gesehen habe! O meine kleine Any, wie ich Sie wiederfinde, die ich Sie damals schon so gut gekannt habe, in Ihrer ersten Trauer als verheiratete Frau, nein, in der zweiten, denn Sie hatten ja schon Ihren Vater verloren! Ach, diese Annette, so in Schwarz, das ist die wieder zur Erde herabgestiegene Mutter. Welch ein Wunder! Ohne dies Bild würde man es gar nicht gemerkt haben! Ihre Tochter gleicht Ihnen in Wirklichkeit sehr, aber noch viel mehr diesem Bild!«

Musadieu erschien, da er von Madame de Guilleroys Rückkehr erfahren hatte und einer der ersten sein wollte, ihr »ergebenst seine schmerzliche Teilnahme« darzubringen.

Er unterbrach seinen Redeschwall, als er das junge Mädchen vor dem Rahmen und vom selben Lichtschein übergossen erblickte, eine lebendige Schwester des Gemäldes.

»Wahrhaftig, das ist eins der erstaunlichsten Dinge, die ich je erlebt habe!« rief er.

Und die Corbelles, deren Meinung sich immer nach der schon gebildeten Meinung richtete, verwunderten sich nun auch aufs höchste mit ein wenig taktvollerem Eifer.

Der Gräfin wurde beklommen zumute. Langsam preßte sich ihr Herz zusammen, als bereiteten die verwunderten Ausrufe all dieser Leute ihr Schmerzen. Stumm schaute sie ihre Tochter neben ihrem Bild an, und eine plötzliche Schwäche befiel sie. Am liebsten hätte sie aufgeschrien: »Aber schweigen Sie doch. Ich weiß ja, daß sie mir ähnlich sieht!«

Bis zum Ende des Abends blieb sie schwermütig; sie hatte aufs neue das Zutrauen eingebüßt, das sie am Abend zuvor wiedergewonnen hatte.

Bertin war in einer Unterhaltung mit ihr begriffen, als der Marquis de Farandal gemeldet wurde. Der Maler stand auf, als er ihn hereinkommen und sich der Hausherrin nähern sah, und schlüpfte hinter seinen Sessel, wobei er murmelte: »Na ja! Jetzt kommt auch noch dieser alberne Esel.« Dann drehte er sich um, ging zur Tür und verschwand.

Nachdem die Gräfin die Beileidsbezeigungen des Ankömmlings entgegengenommen hatte, suchten ihre Augen Olivier, um die Unterhaltung mit ihm, die sie interessiert hatte, wieder aufzunehmen. Da sie ihn nicht bemerkte, fragte sie: »Wie? Ist der große Mann schon gegangen?«

Ihr Gatte antwortete: »Ich glaube, ja; ich habe gerade noch gesehen, wie er sich heimlich empfahl.«

Sie war erstaunt, überlegte ein paar Augenblicke und begann dann mit dem Marquis zu plaudern.

Die vertrauten Freunde zogen sich übrigens aus Takt bald zurück, da sie nur ihnen, so bald nach dem Trauerfall, die Tür spaltbreit aufgetan hatte.

Als die Gräfin im Bett lag, kehrten alle Ängste, die sie auf dem Land gepeinigt hatten, wieder zurück. Sie prägten sich deutlicher aus, und sie empfand sie stärker: Sie fühlte sich gealtert!

An diesem Abend hatte sie zum erstenmal in voller Klarheit erkannt, daß in ihrem Salon, in dem bisher sie allein bewundert, umschmeichelt, gefeiert und geliebt worden war, eine andere, ihre Tochter, ihren Platz eingenommen hatte. Sie hatte es mit einem Schlag begriffen, als sie fühlte, daß alle Huldigungen sich Annette zuwandten. In diesem Königreich, dem Haus einer schönen Frau, in diesem Königreich, in dem sie keine Nebenbuhlerschaft ertragen, aus dem sie mit diskreter, hartnäckiger Sorgfalt jeden gefürchteten Vergleich ausgeschaltet, in das sie ihresgleichen nur eingelassen hatte, um zu versuchen, sie zu ihren Vasallen zu machen, sah sie nur allzu gut ihre Tochter Herrscherin werden. Wie sonderbar war das Sichzusammenkrampfen ihres Herzens gewesen, als sich aller Augen Annette zugewandt hatten, die Bertin an der Hand hielt, neben dem Bild. Sie hatte sich plötzlich ausgelöscht, entmachtet und entthront gefühlt. Alle hatten auf Annette geblickt; keiner hatte mehr einen Blick für sie übrig gehabt! Sie war so daran gewöhnt gewesen, jedesmal, wenn ihr Bild angeschaut wurde, Komplimente und Schmeicheleien zu hören, sie war dieser Lobrede, auf die sie kaum mehr achtete, die sie aber dennoch geschmeichelt empfand, so sicher gewesen, daß dies Ausbleiben, dieser unerwartete Abfall, die plötzlich ausschließlich ihrer Tochter entgegengebrachte Bewunderung sie mehr erschüttert, erstaunt und ergriffen hatten als irgendeine Rivalität bei irgendeiner andern Gelegenheit.

Aber da sie zu den Charakteren gehörte, die in allen Krisen nach dem ersten Schock reagieren, kämpfen und tröstliche Argumente finden, überlegte sie, daß, wenn ihr Töchterchen erst einmal verheiratet sei und nicht mehr unter dem gleichen Dach wie sie lebe, sie auch nicht mehr die unaufhörlichen Vergleiche zu ertragen haben würde, die ihr unter dem Blick ihres Freundes allzu schmerzlich zu werden begannen.

Indessen war die Erschütterung sehr stark gewesen. Sie fühlte sich fiebrig und schlief kaum.

Am Morgen erwachte sie müde und wie zerschlagen, und dann tauchte ein unwiderstehliches Verlangen in ihr auf, getröstet zu werden, Hilfe zu erhalten, jemand um Beistand zu bitten, der sie von all diesen Schmerzen, diesem ganzen seelischen und körperlichen Elend zu heilen vermochte.

Sie fühlte sich in der Tat so angegriffen und so schwach, daß sie erwog, einen Arzt zu Rate zu ziehen. Vielleicht wurde sie wirklich ernsthaft krank, denn es ging nicht mit rechten Dingen zu, daß sie innerhalb weniger Stunden solcherlei aufeinander folgende Phasen von Leiden und Erleichterung durchmachte. Sie ließ also durch einen Rohrpostbrief einen Arzt rufen und wartete auf ihn.

Er kam gegen elf. Er war einer der seriösen Ärzte der guten Gesellschaft, deren Auszeichnungen und Titel ihre Befähigung garantierten, deren Können zumindest dem einfachen Wissen gleichkommt und die vor allen Dingen, wenn sie den Leiden der Frauen zu Leibe rücken wollen, über geschickte Worte verfügen, die sicherer wirken als Medizin. Er trat ein, begrüßte und betrachtete seine Patientin und sagte lächelnd: »Nun, das ist kein schwerer Fall. Mit Augen wie den Ihren ist man nie sehr krank.«

Sie war ihm sogleich für diese ersten Worte dankbar und schilderte ihm ihre Schwächeanfälle, ihre Reizbarkeit, ihre Schwermut, und dann auch, ohne besonderen Nachdruck, ihr beunruhigend schlechtes Aussehen. Nachdem er sie mit aufmerksamem Gesicht angehört hatte, ohne übrigens nach etwas anderem als nach ihrem Appetit zu fragen, wie wenn er sich in der geheimen Natur dieses weiblichen Übels bestens auskenne, horchte er sie ab, untersuchte sie, fuhr mit den Fingerspitzen über ihre Schulter, wog die Arme und hatte sich inzwischen sicherlich seine Meinung gebildet; mit der Findigkeit des Fachmanns, der alle Schleier hebt, hatte er durchschaut, daß sie ihn mehr ihrer Schönheit als ihrer Gesundheit wegen konsultierte, und so sagte er denn: »Ja, wir sind ein wenig blutarm und haben nervöse Störungen. Das ist nicht verwunderlich, da Sie unlängst großen Kummer haben erleiden müssen. Ich stelle Ihnen ein kleines Rezept aus, das alles wieder in Ordnung bringt. Doch vor allem müssen Sie kräftige Speisen essen, Fleischbrühe zu sich nehmen und kein Wasser, sondern Bier trinken. Ich werde Ihnen eine ausgezeichnete Marke sagen. Ermüden Sie sich nicht durch langes Aufbleiben, sondern gehen Sie so häufig spazieren, wie Sie nur können. Schlafen Sie viel und nehmen Sie ein bißchen zu. Das ist alles, was ich Ihnen raten kann, Frau Gräfin und schöne Patientin.«

Sie hatte ihm mit glühender Anteilnahme gelauscht und suchte zu erraten, was sich hinter seinen Worten barg. Seine letzte Äußerung griff sie auf. »Ja, ich bin magerer geworden. Ich war eine Zeitlang ein bißchen zu stark, und vielleicht hat mich die eingehaltene Diät geschwächt.«

»Ganz zweifellos. Es ist ohne weiteres möglich, schlank zu bleiben, wenn man es immer gewesen ist; aber wenn man vorsätzlich abmagert, geschieht es immer auf Kosten von etwas anderem. Das läßt sich glücklicherweise rasch wieder in Ordnung bringen. Leben Sie wohl, Madame.«

Sie fühlte sich bereits besser und munterer, und sie wollte, daß für ihr Mittagessen das empfohlene Bier in der Hauptfiliale besorgt werde, damit sie es noch frischer bekomme.

Sie war gerade mit dem Mittagessen fertig, als Bertin gemeldet wurde. »Da bin ich schon wieder«, sagte er, »schon wieder einmal. Ich möchte Sie etwas fragen. Haben Sie nachher etwas vor?«

»Nein, nichts, warum?«

»Und Annette?«

»Ebenso wenig.«

»Könnten Sie dann gegen vier zu mir kommen?«

»Ja, aber warum denn?«

»Ich skizziere das Gesicht für die ›Träumerei‹, von der ich Ihnen erzählt habe, als ich Sie bat, ob mir Ihre Tochter nicht gelegentlich sitzen könne. Es würde mir eine große Hilfe sein, wenn ich sie heute nur für eine Stunde da hätte. Wollen Sie?«

Die Gräfin zögerte leicht verdrossen, ohne zu wissen, warum. Dann antwortete sie: »Abgemacht, wir sind um vier bei Ihnen.«

»Danke. Sie sind die Liebenswürdigkeit in Person.« Dann ging er, um seine Leinwand vorzubereiten und sein Thema zu studieren, damit er das Modell nicht zu sehr ermüde.

Die Gräfin ging allein und zu Fuß aus, um ihre Einkäufe zu beenden. Sie begab sich in die großen Hauptstraßen, dann ging sie mit langsamen Schritten den Boulevard Malesherbes entlang, weil sie sich plötzlich unsicher auf den Beinen fühlte. Als sie an der Kirche Saint-Augustin vorbeikam, empfand sie plötzlich den Wunsch, hineinzugehen und sich auszuruhen. Sie stieß die gepolsterte Tür auf, seufzte vor Wohlbehagen, als sie die kühle Luft des leeren Kirchenschiffes atmete, nahm einen Stuhl und setzte sich.

Sie war religiös, wie es viele Pariserinnen sind. Sie glaubte an Gott ohne den mindesten Zweifel und konnte sich die Existenz des Universums nicht ohne die Existenz eines Schöpfers vorstellen. Aber während sie wie alle Welt die Attribute der Göttlichkeit mit der Natur der vor ihren Augen liegenden, erschaffenen Materie verband, personifizierte sie ihren Gott nach dem, was sie von seinem Werk wußte, ohne daß sie genaue Vorstellungen gehabt hätte, wer dieser geheimnisvolle Schöpfer im Grund sein mochte.

Sie glaubte fest an ihn, betete ihn theoretisch an und fürchtete ihn auf recht unbestimmte Art, weil sie nach allem Wissen und Gewissen von seinen Absichten und seinem Willen nichts wußte und nur ein sehr begrenztes Vertrauen in die Priester setzte, die sie alle für Bauernsöhne hielt, die sich vom Militärdienst hatten drücken wollen. Ihr Vater, ein Pariser Bürger, hatte ihr nicht grundsätzlich Frömmigkeit aufgedrängt, und so hatte sie die Religion bis zu ihrer Heirat nur lässig praktiziert. Dann regelte die neue Stellung ihre augenscheinlichen Verpflichtungen gegen die Kirche strenger, und sie hatte sich mit Gewissenhaftigkeit diesem leichten Joch gebeugt.

Unter ihrer Schirmherrschaft standen zahlreiche, viel beachtete Kinderkrippen; sie versäumte niemals die Ein-Uhr-Messe am Sonntag und gab um ihrer selbst willen unmittelbare Almosen und um der Gesellschaft willen durch die Vermittlung eines Abbés, des Vikars ihrer Gemeinde.

Sie hatte oft aus Pflicht gebetet, wie der Soldat vor der Tür des Generals auf Wache zieht. Einige Male hatte sie gebetet, weil ihr Herz bekümmert gewesen war, wenn sie Oliviers Vernachlässigung mehr als alles andere gefürchtet hatte. Ohne dann freilich dem Himmel die Ursache ihres Flehens anzuvertrauen und indem sie Gott mit derselben unbefangenen Heuchelei behandelte wie einen Ehemann, hatte sie ihn um Hilfe gebeten. Damals, beim Tod ihres Vaters, und vor kurzem, beim Tod ihrer Mutter, hatte sie heftige und entscheidende Augenblicke der Inbrunst und leidenschaftlichen Bitten durchlebt, des Aufschreiens zu dem, der über uns wacht und uns tröstet.

Und heute, in dieser Kirche, in die sie zufällig eingetreten war, empfand sie ein tiefes Verlangen zu beten, nicht zu beten für jemand oder etwas, sondern für sich selber, so wie sie es schon an jenem Tag am Grab ihrer Mutter getan hatte. Sie bedurfte der

Hilfe von irgendwoher und rief zu Gott, wie sie am selben Morgen einen Arzt gerufen hatte.

Lange blieb sie im Schweigen der Kirche, das nur hin und wieder durch das Geräusch von Schritten gestört wurde, auf den Knien liegen. Dann erwachte plötzlich, als habe eine Uhr in ihrem Herzen geschlagen, ihre Erinnerung, sie zog ihre Taschenuhr hervor, fuhr zusammen, als sie sah, daß es auf vier ging, und ging eilig weg, um ihre Tochter abzuholen, die Olivier gewiß schon erwartete.

Sie fanden den Künstler in seinem Atelier, wie er vor der Leinwand die Haltung seiner »Träumerei« studierte. Er wollte genau das wiedergeben, was er im Park Monceau gesehen hatte, als er dort mit Annette spazieren gegangen war: ein armes Mädchen, das, ein geöffnetes Buch auf den Knien, vor sich hin träumt. Er hatte lange gezögert, ob er sie häßlich oder hübsch gestalten sollte. Häßlich würde sie mehr Charakter haben, mehr Nachdenken und Rührung erwecken und mehr Lebensweisheit enthalten. Hübsch würde sie mehr bezaubern, mehr Reiz ausstrahlen, besser gefallen.

Der Wunsch, eine Skizze nach seiner kleinen Freundin zu machen, brachte ihn zu einem Entschluß. Die »Träumerei« sollte hübsch sein und dadurch eines Tages seinen poetischen Traum verwirklichen, während die Häßliche für alle Zeit und hoffnungslos in den Traum verbannt bleiben mußte.

Sobald die beiden Frauen eingetreten waren, sagte Olivier und rieb sich dabei die Hände: »Ja, Mademoiselle Nané, wir wollen also miteinander arbeiten.«

Die Gräfin schien bekümmert. Sie setzte sich in einen Sessel und sah Olivier, wie er einen Gartenstuhl aus Eisenrohr in das volle Tageslicht rückte. Dann machte er seinen Bücherschrank auf, weil er ein Buch herausnehmen wollte, und fragte nach einigem Zögern: »Was liest Ihre Tochter eigentlich?«

»Mein Gott, was Sie wollen. Geben Sie ihr ein Buch von Victor Hugo.«

»Die ›Legende der Jahrhunderte‹?«

»Meinetwegen.«

Dann sagte er: »Setz dich dorthin, Kleines, und nimm dir diesen Gedichtband vor. Schlag Seite... Seite 336 auf; da findest du ein Gedicht mit dem Titel ›Die armen Leute‹. Nimm es in dich auf, wie man den besten Wein trinkt, ganz langsam, Wort für Wort, und laß dich bezaubern, laß dich rühren. Hör auf das, was dir dein Herz sagt. Dann klapp das Buch zu, blick auf, denk nach und träume... Ich bereite inzwischen mein Arbeitszeug vor.«

Er ging in einen Winkel und drückte die Farben auf die Palette, aber während er auf dem dünnen Brettchen die Bleituben leerte, aus denen winzige Farbschlangen herauskamen, wandte er dann und wann den Kopf und betrachtete das in seine Lektüre versunkene junge Mädchen.

Sein Herz krampfte sich zusammen, seine Finger zitterten, er wußte nicht mehr, was er tat, und verdarb die Mischungen, indem er die Farbhäufchen einfach durcheinandermengte, einen so unwiderstehlichen Stoß versetzte seinem Innern diese Erscheinung, diese Wiederauferstehung nach zwölf Jahren an derselben Stätte.

Sie hatte jetzt aufgehört zu lesen und sah vor sich hin. Er war herzugetreten und gewahrte in ihren Augen zwei klare Tropfen, die sich lösten und ihr über die Wangen rollten. Da durchfuhr ihn eine der Erschütterungen, die einen Mann außer sich bringen, und zu der Gräfin gewandt, sagte er leise: »Mein Gott, wie schön sie ist!«

Aber das fahle, verkrampfte Gesicht Madame de Guilleroys verdutzte ihn. Ihre geweiteten Augen, in denen etwas wie Entsetzen lag, musterten die Tochter und ihn. Voller Besorgnis trat er zu ihr und fragte: »Was ist Ihnen?«

»Ich möchte mit Ihnen sprechen.« Sie stand auf und sagte rasch zu Annette: »Warte eine Minute, mein Kind, ich habe Monsieur Bertin ein paar Worte zu sagen.«

Dann ging sie rasch in den anstoßenden kleinen Wohnraum, in dem er bisweilen seine Besucher warten ließ. Er folgte ihr mit wirrem Kopf und verstand nicht das mindeste.

Sobald sie allein waren, griff sie mit beiden Händen nach ihm und stammelte: »Olivier, Olivier, ich bitte Sie, lassen Sie meine Tochter nicht mehr Modell sitzen!«

Er entgegnete ärgerlich: »Aber warum denn nicht?«

»Warum nicht? Warum nicht? Sie fragen auch noch danach?« erwiderte sie überstürzt. »Fühlen Sie denn tatsächlich nicht, warum nicht? Oh, ich hätte früher darauf kommen müssen, aber ich habe es eben erst gemerkt... Ich kann Ihnen jetzt nichts sagen... nichts... Holen Sie meine Tochter. Sagen Sie ihr, ich fühlte mich leidend, bestellen Sie einen Wagen und kommen Sie in einer Stunde zu mir. Ich werde Sie allein empfangen!«

»Aber was haben Sie denn?«

Sie schien einem Nervenanfall nahe. »Lassen Sie mich. Hier will ich nicht sprechen. Holen Sie meine Tochter und lassen Sie einen Wagen kommen.«

Er mußte gehorchen und ging ins Atelier zurück. Annette hatte sich ahnungslos wieder ans Lesen gemacht und ihr Herz von der Traurigkeit jener poetischen, rührenden Geschichte überfluten lassen.

Olivier sagte zu ihr: »Deine Mutter fühlt sich nicht wohl. Als sie in das kleine Wohnzimmer trat, wäre sie beinahe ohnmächtig geworden. Geh zu ihr. Ich hole Äther.« Er ging hinaus, holte eilends ein Fläschchen aus seinem Schlafzimmer und kam dann wieder.

Er fand sie einander in den Armen liegend und weinend. Die von den »Armen Leuten« erschütterte Annette ließ ihrem Gefühl freien Lauf, und die Gräfin erleichterte sich ein wenig, indem sie ihre Qual mit jenem sanften Kummer und ihre Tränen mit denen ihrer Tochter mischte.

Er wartete eine Weile, wagte nicht, etwas zu sagen, und sah sie nur an, selber von einer unbegreiflichen Trübnis ergriffen. Schließlich fragte er: »Ist Ihnen jetzt besser?«

Die Gräfin antwortete: »Ja, ein bißchen. Es wird schon vorübergehen. Haben Sie nach einem Wagen geschickt?«

»Ja, er muß gleich hier sein.«

»Danke, lieber Freund, es ist nichts. Ich habe in der letzten Zeit zu viel Kummer gehabt.«

»Der Wagen ist da!« meldete bald danach ein Diener.

Und Bertin, voll geheimer Ängste, stützte seine bleiche und noch halb ohnmächtige Freundin, deren Herz er unter der Bluse schlagen hörte, und brachte sie bis zur Tür.

Als er allein war, überlegte er: Was mag sie nur haben? Warum dieser Nervenanfall? Und er begann nachzusinnen, schlich jedoch um die Wahrheit herum und konnte sich nicht dazu entschließen, sie zu entdecken. Schließlich näherte er sich ihr und fragte sich: »Meint sie etwa, ich mache ihrer Tochter den Hof? Nein, das ginge zu weit!« Und indem er mit erklügelten und loyalen Argumenten diese angenommene Ursache widerlegte, entrüstete er sich, daß sie auch nur einen Augenblick lang dieser lauteren, fast väterlichen Zuneigung den Anschein einer Galanterie hatte leihen können. Nach und nach steigerte er sich in eine Verärgerung über die Gräfin hinein, gab nichts zu, wessen sie ihn mit einer solchen Gemeinheit, einer nicht zu bezeichnenden Schändlichkeit zu verdächtigen wagte, und nahm sich vor, ihr kein Wort der Empörung zu ersparen, wenn er ihr nachher antworten würde.

In seiner Ungeduld, sich zu erklären, verließ er bald das Haus und ging zu ihr. Auf dem ganzen Weg bereitete er sich mit wachsender Gereiztheit auf die Beweise und Sätze vor, mit denen er sich rechtfertigen und für einen solchen Verdacht rächen wollte.

Er fand sie auf ihrem Diwan mit einem von Leiden entstellten Gesicht. »Ja«, sagte er trocken, »jetzt erklären Sie mir bitte die sonderbare Szene von vorhin.«

Sie antwortete mit gebrochener Stimme: »Haben Sie denn noch immer nicht verstanden?«

»Ich muß gestehen, nein.«

»Aber Olivier, schauen Sie in Ihr Herz.«

»In mein Herz?«

»Ja, auf den Grund Ihres Herzens.«

»Ich verstehe Sie nicht! Erklären Sie sich bitte deutlicher.«

»Forschen Sie im tiefsten Grund Ihres Herzens, ob Sie dort nicht etwas für Sie und mich Gefährliches finden.«

»Ich sage Ihnen noch einmal: Es ist mir unbegreiflich. Vermutlich existiert da etwas in Ihrer Einbildung, aber in meinem Gewissen finde ich nichts.«

»Ich spreche nicht von Ihrem Gewissen, ich spreche von Ihrem Herzen.«

»Aufs Rätselraten verstehe ich mich nicht. Bitte drücken Sie sich deutlicher aus.«

Da hob sie langsam ihre beiden Hände, ergriff die des Malers, hielt sie fest und sagte, als werde sie durch jedes Wort innerlich zerrissen: »Geben Sie acht, mein Freund, Sie sind drauf und dran, sich in meine Tochter zu verlieben.«

Er zog schroff die Hände zurück und verteidigte sich mit der Lebhaftigkeit eines Schuldlosen, der sich gegen eine schändliche Unterstellung verwahrt; mit fahrigen Bewegungen und wachsender Erregung beschuldigte er sie seinerseits, ihn so verdächtigt zu haben.

Sie ließ ihn lange reden; sie blieb eigensinnig, ungläubig und war sich dessen, was sie gesagt hatte, sicher; dann antwortete sie: »Aber ich verdächtige Sie ja gar nicht. Sie wissen nicht, was in Ihnen vorgeht, wie ich selber es heute morgen noch nicht gewußt habe. Sie behandeln mich, als hätte ich Sie beschuldigt, Sie wollten Annette verführen. O nein, o nein! Ich weiß, wie ganz ohne Falsch Sie sind, wie aller Achtung und allen Vertrauens würdig. Ich bitte Sie nur, ich flehe Sie an, auf dem Grund Ihres Herzens nachzuschauen, ob die Zuneigung, die Sie wider Willen für meine Tochter zu hegen anfangen, nicht etwas anderes ist als nur einfache Freundschaft.«

Er wurde wütend, regte sich immer heftiger auf und begann von neuem seine moralische Sauberkeit zu verteidigen, wie er es schon für sich allein unterwegs auf der Straße getan hatte.

Sie wartete, bis er mit seinem Gerede fertig war, und sagte dann ohne Zorn und ohne in ihrer Überzeugung erschüttert zu sein, aber erschreckend blaß: »Olivier, alles, was Sie mir sagen, weiß ich ganz genau, und ich denke ebenso wie Sie. Aber ich bin überzeugt, daß ich mich nicht täusche. Hören Sie zu, denken Sie nach und begreifen Sie. Meine Tochter gleicht mir zu sehr, sie ist zu sehr das, was ich damals war, da Sie mich zu lieben begannen, als daß Sie sich nicht auch in sie verlieben müßten.«

»Und um dieser dummen Voraussetzung und lächerlichen Schlußfolgerung willen: er liebt mich, meine Tochter gleicht mir, also muß er auch sie lieben, wagen Sie, mir so etwas ins Gesicht zu werfen?« rief er aus. Doch als er sah, wie sich das Gesicht der Gräfin mehr und mehr veränderte, fuhr er sanfter fort: »Meine liebe Any, gerade weil ich Sie in ihr wiederfinde, gefällt mir dies

Mädchen so sehr. Wenn ich sie anschaue, dann liebe ich Sie, und einzig und allein Sie.«

»Gerade deswegen leide ich so sehr und befürchte ich so viel. Sie sind sich noch nicht klar über das, was Sie fühlen. Binnen kurzem werden Sie sich nicht mehr darüber täuschen.«

»Any, ich sage Ihnen, daß Sie wahnsinnig sind.«

»Wollen Sie Beweise?«

»Ja.«

»Sie sind seit drei Jahren trotz meiner inständigen Bitten niemals nach Roncières gekommen. Aber Sie hatten es sehr eilig, als Ihnen vorgeschlagen wurde, uns dort abzuholen.«

»Das ist denn doch! Sie machen mir Vorwürfe, ich hätte Sie dort nicht allein gelassen, als ich Sie nach dem Tod Ihrer Mutter krank wußte!«

»Meinetwegen! Ich bestehe nicht darauf. Aber bedenken Sie dies: Das Verlangen, Annette wiederzusehen, ist so mächtig in Ihnen, daß Sie den heutigen Tag nicht hingehen lassen konnten, ohne mich, unter dem Vorwand, sie solle Ihnen Modell sitzen, zu bitten, ich möge sie zu Ihnen bringen.«

»Und Sie kommen nicht auf den Gedanken, daß Sie es seien, die ich sehen wollte?«

»Jetzt argumentieren Sie gegen sich selber, Sie versuchen sich selber etwas einzureden, aber mich täuschen Sie nicht. Hören Sie weiter. Warum sind Sie vorgestern abend, als der Marquis de Farandal kam, so plötzlich gegangen? Wissen Sie es?«

Er zögerte, höchst überrascht, höchst beunruhigt und durch diese Bemerkung entwaffnet. Dann sagte er langsam: »Aber... ich weiß nicht... Ich war abgespannt... und dann, um offen zu sein, dieser Halbnarr fällt mir auf die Nerven.«

»Seit wann?«

»Schon immer.«

»Verzeihen Sie, ich habe Sie oft sein Lob singen hören. Früher gefiel er Ihnen. Seien Sie mal ganz aufrichtig, Olivier.«

Er überlegte einige Augenblicke und sagte dann, wobei er nach Worten suchte: »Ja, es kann sein, daß die große Liebe, die ich für Sie empfinde, mich auch die Ihren so lieben läßt, daß sie meine Meinung über diesen Tropf ändert, dem dann und wann einmal zu begegnen mir gleichgültig ist, über den ich mich aber ärgern muß, wenn ich ihn fast jeden Tag bei Ihnen sehe.«

»Das Haus meiner Tochter wird nicht das meine sein. Aber das genügt. Ich kenne die Redlichkeit Ihres Herzens. Ich weiß, daß Sie viel über das nachdenken werden, was ich Ihnen gesagt habe. Wenn Sie nachgedacht haben, werden Sie verstehen, daß ich Sie auf eine große Gefahr hingewiesen habe; denn noch ist es Zeit, ihr zu entgehen. Und Sie werden auf der Hut sein. Aber jetzt wollen wir von etwas anderem sprechen.«

Dem widerstrebte er nicht, er fühlte sich unbehaglich, er wußte nicht mehr, was er denken sollte, und es verlangte ihn im Grund danach nachzudenken. Und so verabschiedete er sich nach einer Viertelstunde gleichgültiger Unterhaltung.

IV

Mit langsamen Schritten ging Olivier heim, verstört, als habe er ein schändliches Familiengeheimnis erfahren. Er versuchte, sein Herz auszuloten, Klarheit über sich zu gewinnen, die geheimen Seiten im Buch seines Innern zu lesen, die aneinandergeklebt zu sein schienen und die mitunter nur von einem fremden Finger getrennt und umgeblättert werden konnten. Es stand für ihn unumstößlich fest, daß er nicht in Annette verliebt sei! Die Gräfin, deren argwöhnische Eifersucht sich stets im Alarmzustand befand, hatte die Gefahr von weitem gewittert und sie verkündet, noch ehe sie existierte. Aber konnte diese Gefahr nicht morgen, übermorgen oder in einem Monat tatsächlich bestehen? Auf diese ehrliche Frage versuchte er ehrlich zu antworten. Gewiß, die Kleine erregte seine Liebesinstinkte; aber diese Instinkte sind doch in einem Mann so zahlreich, daß er die gefürchteten nicht mit den harmlosen zu verwechseln brauchte. So liebte er die Tiere, zumal die Katzen, und konnte ihr seidenweiches Fell nicht sehen, ohne von unwiderstehlichem, sinnlichem Drang gepackt zu werden, ihren gebogenen weichen Rücken zu streicheln und ihr mit Elektrizität geladenes Fell zu küssen. Der Reiz, der ihn zu dem jungen Mädchen drängte, ähnelte ein wenig den dunklen, unschuldigen

Wünschen, die am unaufhörlichen und nicht zu beschwichtigenden Vibrieren der menschlichen Nerven teilhaben. Seine Augen als Künstler und als Mann waren bezaubert von ihrer Frische, von ihrem Verlangen nach einem schönen, hellen Leben, von dem in ihr lodernden Feuer der Jugend; und sein von Erinnerungen an seine lange Liebschaft mit der Gräfin erfülltes Herz erfuhr durch die außerordentliche Ähnlichkeit Annettes mit ihrer Mutter den Anruf alter und dann eingeschlafener Gemütsregungen aus dem Beginn ihrer Liebe und war vielleicht ein wenig zusammengezuckt unter dem Eindruck eines Erwachens. Eines Erwachens? Ja! Das war es. Dieser Gedanke gab ihm die Erleuchtung. Er fühlte sich nach Jahren des Schlummers erwacht. Wenn er die Kleine geliebt hätte, ohne es zu ahnen, würde er, wenn er mit ihr zusammen war, die Verjüngung des Wesensgesamts empfunden haben, die einen andern Mann erschafft, sobald sich in ihm die Flamme eines neuen Begehrens entzündet. Nein, dies Kind hatte nur in das alte Feuer geblasen! Nach wie vor liebte er die Mutter, wenn auch um der Tochter, um ihrer eigenen Wiederauferstehung willen sicherlich ein wenig mehr als zuvor. Und diese Feststellung formulierte er in dem beruhigenden Trugschluß: Man liebt nur einmal! Das Herz kann sich bei der Begegnung mit dieser oder jener oft regen, weil jede auf jeden Anziehungskraft ausübt oder abstoßend wirkt. All diese Einflüsse rufen Freundschaft, Launen, Verlangen nach Besitz, lebhafte, aber vorübergehende Aufwallungen hervor, nicht die wahre Liebe. Damit diese Liebe entsteht, müssen zwei Wesen so sehr füreinander geboren sein, in so vielen Punkten aneinander gefesselt werden, durch so viele gleiche Neigungen, durch so viel körperliche und geistige und Charakterverwandtschaft, und sich in so vielen Dingen der ganzen Natur aneinander gebunden fühlen, daß sich daraus ein ganzes Liktorenbündel von Bindungen ergibt. Wenn man liebt, dann handelt es sich alles in allem nicht so sehr um Madame X oder Monsieur Z, sondern um eine Frau oder einen Mann, ein aus der Natur, der großen Zuchtmutter, hervorgegangenes namenloses Geschöpf mit Organen, einer Gestalt, einem Herzen, einem Denkvermögen, um eine Art Allgemeinwesen, das unsere Organe, unsere Augen, unsere Lippen, unser Herz, unseren Verstand, unseren ganzen sinnlichen und geistigen Appetit wie ein Magnet anzieht. Man liebt einen Typ, das heißt in einer einzigen Person die Vereinigung aller menschlichen Vorzüge, die jeder für sich bei den andern verführen können.

Für ihn war die Gräfin de Guilleroy dieser Typ gewesen, und die Dauer ihres Liebesbundes, dessen er nicht überdrüssig geworden war, bewies es ihm auf untrügliche Weise. Annette glich in ihrem Äußeren so sehr dem, was ihre Mutter gewesen war, daß die Augen sich täuschten; also war es nicht erstaunlich, daß sich sein Mannesherz ein wenig betrügen ließ, ohne sich hinreißen zu lassen. Er hatte eine Frau geliebt! Eine andere, ihr fast gleiche Frau war von ihr geboren worden. Er konnte sich wirklich nicht dagegen schützen, daß er auf die zweite einen kleinen, herzlichen Rest der leidenschaftlichen Zuneigung, die er für die erste empfunden hatte, übertrug. Er erblickte darin nichts Schlechtes und keine Gefahr. Nur sein Auge und seine Erinnerungen hatten sich durch diesen Anschein der Wiederauferstehung täuschen lassen; aber sein Instinkt irrte sich nicht, denn er hatte nach dem jungen Mädchen niemals das leiseste quälende Begehren empfunden.

Nun freilich warf ihm die Gräfin vor, er sei auf den Marquis eifersüchtig. Stimmte das? Abermals begann er streng sein Gewissen zu durchforschen und stellte fest, daß er tatsächlich ein wenig eifersüchtig sei. Aber was war daran schließlich verwunderlich? Ist man nicht alle paar Augenblicke auf Männer eifersüchtig, die irgendeiner Frau den Hof machen? Empfindet man nicht auf der Straße, im Restaurant, im Theater eine kleine Feindseligkeit gegen den Herrn, der mit einem hübschen Mädchen am Arm vorübergeht oder hereinkommt? Jeder, der eine Frau besitzt, ist ein Rivale. Er ist ein befriedigtes Männchen, ein Sieger, den die andern Männchen beneiden. Und wenn es normal war, daß er für Annette um seiner Liebe zu ihrer Mutter willen eine etwas übertriebene Zuneigung empfand, war es da – die physiologischen Betrachtungen einmal beiseite gelassen – nicht ganz natürlich, daß er ein wenig instinktiven Haß gegen ihren künftigen Mann in sich erwachen fühlte? Er würde dies häßliche Gefühl ohne Mühe beherrschen können.

Am Grund seines Herzens blieb indessen ein bitterer Bodensatz von Unzufriedenheit gegen sich und gegen die Gräfin zurück. Würden jetzt nicht ihre täglichen Zusammenkünfte durch den Verdacht, den er in ihr spürte, beeinträchtigt werden? Mußte er nicht mit gewissenhafter und ermüdender Aufmerksamkeit all seine Worte und Taten, seine Blicke und die geringste Bewegung in Gegenwart des jungen Mädchens überwachen, weil alles, was er tun oder sagen konnte, bei der Mutter Verdacht erregen mußte? Er kehrte übellaunig heim und begann Zigaretten zu rauchen, und zwar mit der Nervosität eines gereizten Mannes, der zehn Streichhölzer verbraucht, um eine einzige anzuzünden. Vergeblich versuchte er zu arbeiten. Seine Hand, sein Auge und sein Gehirn schienen der Malerei entwöhnt, als hätten sie alles vergessen, als hätten sie diesen Beruf nie gekannt und ausgeübt. Er hatte ein kleines angefangenes Bild vorgenommen, um es zu Ende zu bringen – eine Straßenecke, an der ein Blinder sang –, und blickte es jetzt mit unüberwindlicher Gleichgültigkeit und einer so spürbaren Unfähigkeit fortzufahren an, daß er sich, die Palette in der Hand, davor niedersetzte und das Bild vergaß, während er es mit hartnäckiger, wenn auch dann und wann abschweifender Aufmerksamkeit betrachtete.

Plötzlich begann die Ungeduld über die Zeit, die nicht weiterging, über die Minuten, die nicht enden wollten, mit ihrem unerträglichen Fieber an ihm zu nagen. Was sollte er, da er nicht arbeiten konnte, bis zum Abendessen tun, das er im Klub einzunehmen gedachte? Der Gedanke an die Straße ermüdete ihn von vornherein und erfüllte ihn mit Widerwillen gegen die Fußsteige, die Vorübergehenden, die Wagen und Läden, und die Erwägung, an diesem Tag Besuche zu machen, irgendeinen Besuch bei irgend jemand, rief sogleich einen Haß gegen alle Leute, die er kannte, in ihm hervor.

Was also sollte er tun? Etwa in seinem Atelier umhergehen, von einem Ende zum andern, und jedesmal, wenn er daran vorbeikam, von der Uhr ablesen, um wieviel Sekunden der Zeiger vorgerückt sei? Ach, er kannte dieses Umherwandern zwischen der Tür und der mit Kleinkunstkrimskrams vollgestellten Truhe! In Stunden der Inspiration, des Schwungs, der Begeisterung, der fruchtbaren, ungehinderten Schaffenskraft war dies Hinundhergehen in dem durch die Arbeit aufgeheiterten, belebten, erwärmten großen Raum eine köstliche Erholung; aber in Stunden der schöpferischen Ohnmacht und des Ekels, in elenden Stunden, wo nichts ihm der Mühe einer Anstrengung oder einer Bewegung wert erschien, war dieses Hinundhergehen genauso schauderhaft wie das eines Gefangenen in seiner Zelle. Wenn er wenigstens hätte schlafen können, nur eine Stunde, auf seinem Diwan. Aber er würde ja nicht schlafen, er würde sich aufregen, bis er vor Außersichsein zitterte und bebte. Woher kam nur dieser jähe Anfall schwärzester Laune? Ich werde elend nervös, dachte er, daß ich um einer so unbedeutenden Ursache willen in einen derartigen Zustand gerate.

Dann fiel ihm ein, er könne sich ein Buch vornehmen. Der Band »Legende der Jahrhunderte« war auf dem Eisenstuhl liegen geblieben, wo ihn Annette hingelegt hatte. Er schlug ihn auf, las zwei Seiten Verse und verstand sie nicht. Er hätte sie ebenso wenig verstanden, wenn sie in einer fremden Sprache geschrieben gewesen wären. Er nahm sich schier erbittert zusammen und begann von neuem, stellte indessen immer wieder fest, daß er nicht in ihren Sinn einzudringen vermochte. »Na schön«, sagte er sich, »ich bin anscheinend nicht ganz bei mir.« Dann beruhigte ihn ein plötzlicher Einfall über die beiden Stunden, die er noch bis zum Abendessen hinbringen mußte. Er ließ sich ein Bad anheizen und blieb, lang ausgestreckt und durch das laue Wasser gelöst und erleichtert, bis zu dem Augenblick liegen, da sein Diener das Badelaken brachte und ihn aus seinem Hindämmern erweckte. Darauf begab er sich in den Klub, wo seine üblichen Gefährten versammelt waren. Er wurde mit offenen Armen und freudigen Ausrufen empfangen; er war seit einigen Tagen nicht dort gewesen. »Ich komme von einem Landaufenthalt zurück«, sagte er.

All diese Männer, mit Ausnahme des Landschaftsmalers Maldant, hegten für das Land tiefe Verachtung. Rocdiane und Landa gingen freilich auf die Jagd, aber sie genossen in Feld und Wald nur das Vergnügen, zu beobachten, wie unter ihren Schrotladungen die Fasanen, Wachteln und Rebhühner gleich Federfetzen herabfielen, oder zu sehen, wie die getroffenen kleinen Kaninchen fünf- oder sechsmal hintereinander Purzelbäume schlugen wie Clowns und bei jedem Luftsprung hinten die Blume von weißem Fell zeigten. Abgesehen von diesen Herbst- und Wintervergnügungen, hielten sie das Landleben für sterbenslangweilig. »Süße kleine Frauen sind mir lieber als Zuckererbsen«, pflegte Rocdiane zu sagen.

Das Abendessen verlief wie stets geräuschvoll, heiter und durch Unterhaltungen belebt, die nichts Unvorhergesehenes enthielten. Bertin redete viel, um sich aufzumuntern. Die andern fanden ihn unterhaltsam, aber sobald er seinen Kaffee getrunken hatte und mit dem Bankier Liverdy sechzig Punkte Billard gespielt hatte, verabschiedete er sich und ging langsam von der Madeleine-Kirche zur Rue Taitbout hinunter, trottete dreimal am Vaudeville vorüber und überlegte, ob er hineingehen solle, hätte beinahe eine Droschke zum Hippodrom genommen, wurde dann aber andern Sinnes und schlug die Richtung nach dem Nouveau-Cirque ein, bog dann jedoch ohne Grund, ohne Plan und ohne Vorwand in den Boulevard Malesherbes ein und verlangsamte den Schritt, als er sich der Wohnung der Gräfin de Guilleroy näherte. Vielleicht wird sie es ein bißchen sonderbar finden, wenn ich heute abend schon wieder zu ihr komme, dachte er. Aber er beruhigte sich mit der Erwägung, daß nichts Verwunderliches daran sei, wenn er ein zweites Mal bei ihr vorspreche.

Sie saß allein mit Annette in dem kleinen, nach hinten gelegenen Salon und arbeitete noch immer an der Decke für die Armen. Als er hereinkam, sagte sie nur: »Ach, Sie sind es?«

»Ja, ich war ein bißchen in Sorge, da habe ich nach Ihnen sehen wollen. Wie geht es Ihnen?«

»Danke, recht gut...« Sie wartete ein paar Augenblicke und fügte dann mit absichtlicher Betonung hinzu: »Und Ihnen?«

Er begann ungezwungen zu lachen und antwortete: »Oh, mir, tadellos, tadellos. Ihre Befürchtungen waren völlig grundlos.«

Sie ließ ihre Strickarbeit sinken und schaute mit einem brennenden Blick der Bitte und des Zweifels langsam zu ihm auf.

»Es ist so«, sagte er.

»Um so besser«, antwortete sie mit einem etwas gewaltsamen Lächeln.

Er setzte sich, und zum erstenmal in diesem Haus spürte er, wie ein unwiderstehliches Unbehagen von ihm Besitz ergriff, eine noch vollständigere Gedankenlähmung als jene, die ihn am Tag vor seinem Gemälde überkommen hatte.

Die Gräfin sagte zu ihrer Tochter: »Du kannst weiterspielen, mein Kind, das stört ihn nicht.«

»Was hat sie denn gespielt?« fragte er.

»Sie hat gerade eine Phantasie geübt.«

Annette stand auf und ging an den Flügel. Er folgte ihr mit den Augen, ohne sich dessen bewußt zu werden, so wie er es immer tat, weil er sie schön fand. Da fühlte er den Blick der Mutter auf sich und wandte mit einem Ruck den Kopf, als habe er etwas in der dunklen Ecke des Salons gesucht.

Die Gräfin legte ein kleines goldenes Etui, das sie von ihm geschenkt bekommen hatte, auf ihren Arbeitstisch, öffnete es und bot ihm Zigaretten an: »Rauchen Sie getrost; Sie wissen, daß ich es gern habe, wenn wir allein hier sind.«

Er gehorchte, und der Flügel begann zu erklingen. Es war eine Musik alten Stils, anmutig und leicht und so geartet, daß sie dem Komponisten an einem Frühlingsabend mit sehr sanftem Mondschein eingefallen zu sein schien.

Olivier fragte: »Von wem ist denn das?«

»Von Schumann«, antwortete die Gräfin. »Es ist wenig bekannt und bezaubernd.«

In ihm wuchs das Verlangen, zu Annette hinzusehen, aber er wagte es nicht. Er hätte nur eine kleine Bewegung zu machen brauchen, eine kleine Halsdrehung, denn er nahm von der Seite her die beiden Dochte der brennenden Kerzen wahr, deren Licht auf das Notenblatt fiel, aber er erriet so gut und erkannte so deutlich die lauernde Aufmerksamkeit der Gräfin, daß er sich nicht rührte, vor sich hinschaute und scheinbar interessiert dem grauen Rauchfaden der Zigarette nachsah.

Madame de Guilleroy fragte leise: »Ist das alles, was Sie mir zu sagen haben?«

Er lächelte: »Sie dürfen mir nicht böse sein. Sie wissen, daß Musik mich hypnotisiert, sie trinkt meine Gedanken. Ich werde gleich wieder gesprächig sein.«

»Ich habe vor Mamas Tod etwas für Sie einstudiert«, sagte sie. »Ich habe es Ihnen nie vorgespielt, und Sie sollen es hören, wenn die Kleine fertig ist; Sie werden hören, wie sonderbar es klingt!« Sie besaß eine echte Begabung und ein feines Verständnis für den Gefühlsinhalt der Töne. Das war sogar eine ihrer sichersten und wirksamsten Machtvollkommenheiten über das empfängliche Herz des Malers.

Sobald Annette die »Waldszenen« von Schumann beendet hatte, stand die Gräfin auf und nahm ihren Platz ein, und nun erklang unter ihren Fingern eine seltsame Melodie, eine Melodie, die in allen Passagen von Klagen erfüllt zu sein schien, mannigfachen, wechselnden, unablässigen Klagen, die ein einziger, unaufhörlich wiederkehrender und in die Melodie einfallender Ton unterbrach, abschnitt, hervorhob und zerriß wie ein nie endender, eintöniger, quälender Schrei, ein nicht zu beschwichtigender Ruf aus tiefster Bedrängnis.

Aber Olivier schaute Annette an, die ihm gegenüber Platz genommen hatte, und hörte nichts und begriff nichts. Gedankenlos schaute er sie an, sah sich satt an ihrem Anblick wie an etwas Gewohntem und Gutem, dessen er beraubt werden sollte, und trank sie in vollen Zügen in sich, wie man Wasser trinkt, wenn man sehr durstig ist.

»Nun«, fragte die Gräfin, »ist das nicht schön?«

Er schrak auf und rief: »Wunderbar, herrlich, von wem?«

»Sie wissen es nicht?«

»Nein.«

»Ausgerechnet Sie wissen es nicht?«

»Wirklich nicht.«

»Von Schubert.«

Er sagte mit einer Miene tiefer Überzeugung: »Das wundert mich nicht. Es ist herrlich! Und es wäre sehr, sehr liebenswürdig, wenn Sie es noch einmal spielten.«

Sie begann von neuem, und er wandte den Kopf und betrachtete abermals Annette, hörte jedoch auch auf die Musik, um gleichzeitig zwei Freuden zu genießen.

Als dann Madame de Guilleroy ihren Platz wieder eingenommen hatte, gab er einfach seiner doppelzüngigen Mannesnatur nach und ließ seine Augen nicht länger auf Annettes blondem Profil ruhen, die ihrer Mutter gegenüber auf der anderen Seite der Lampe saß und strickte.

Aber wenn er sie auch nicht ansah, so genoß er doch das Bestrickende ihrer Gegenwart wie die Nähe eines wärmenden Feuers; dabei peinigte ihn das Verlangen, rasche Blicke zu ihr hinübergleiten zu lassen, die sehr rasch wieder zur Gräfin zurückkehren würden; es war wie das Verlangen eines Schuljungen, der sich zum Fenster nach der Straße hin hochreckt, sobald der Lehrer den Rücken kehrt. Er verabschiedete sich bald, weil seine Zunge ebenso gelähmt war wie sein Geist und sein beharrliches Schweigen mißdeutet werden konnte.

Als er auf der Straße war, überkam ihn ein Drang, ziellos umherzuirren, weil jene gehörte Musik lange Zeit in ihm fortklang und ihn in Grübeleien versetzte, die eine erträumte und deutlichere Fortsetzung der Melodien zu sein schienen. Das Thema kehrte wieder, unterbrochen und flüchtig, mit einzelnen, schwindenden Takten, die entrückt wie ein Echo waren, verstummte dann und schien den Gedanken Zeit zu lassen, daß sie dem Motiv einen Sinn liehen und sich auf die Suche nach einer Art harmonischem und zartem Ideal machten. Er wandte sich zur Linken, nach dem äußeren Boulevard, und als er die feenhafte Beleuchtung des Parks Monceau gewahrte, schlug er den unter den elektrischen Monden sich geschwungen hinziehenden Hauptweg ein. Ein Wächter streifte langsamen Schrittes umher; mitunter fuhr eine verspätete Droschke vorbei; ein Mann saß auf einer Bank zu Füßen des Bronzemastes, der eine leuchtende Kugel trug, in einem bläulichen Bad von grellem Licht und las eine Zeitung. Andere Lichtpunkte auf dem Rasen zwischen den Bäumen verbreiteten im Laubdach und über den Rasenflächen ihre kalte, herrische Helligkeit und erfüllten diesen großen Stadtgarten mit bleichem Leben.

Mit hinter dem Rücken verschränkten Händen ging Bertin den Fußweg entlang und gedachte seines Spaziergangs mit Annette durch eben diesen Park, als er auf ihren Lippen die Stimme ihrer Mutter wiedererkannt hatte.

Er ließ sich auf eine Bank sinken, atmete die kühlen Ausdünstungen der besprengten Rasenflächen und fühlte sich von all den leidenschaftlichen Erwartungen erfüllt, die in der Seele von Jünglingen den unzusammenhängenden Entwurf eines endlosen Liebesromans entstehen lassen. Einst hatte er solcherlei Abende durchlebt, Abende der schweifenden Träume, an denen er seine Phantasie in eingebildeten Abenteuern hatte umherirren lassen, und es wunderte ihn, dergleichen Empfindungen, die nicht mehr zu seinem Alter paßten, in sich wiederzufinden.

Aber wie der eigensinnige Ton in der Melodie Schuberts suchten ihn alle Augenblicke der Gedanke an Annette, die Vision ihres unter der Lampe gebeugten Kopfes und der befremdliche Verdacht der Gräfin heim. Unwillkürlich fuhr er fort, sein Herz mit dieser Frage zu bedrängen und die undurchdringlichsten Tiefen zu erforschen, in denen die menschlichen Gefühle keimen, ehe sie geboren werden. Diese hartnäckige Suche regte ihn auf; die ständige Beschäftigung mit dem jungen Mädchen schien seiner Seele einen Weg zu zärtlichen Träumereien zu öffnen; er konnte Annette nicht aus seiner Erinnerung vertreiben; er beschwor sie in seinem Innern herauf, wie er es früher mit der Gräfin getan, wenn sie ihn verlassen und ihm die sonderbare Empfindung ihrer Anwesenheit innerhalb der Wände seines Ateliers zurückgelassen hatte.

Ungeduldig über die Macht seiner Erinnerung, sprang er auf und brummte vor sich hin: »Wie dumm von Any, daß sie mir das gesagt hat. Sie ist schuld daran, wenn ich jetzt immerfort an die Kleine denke.«

Beunruhigt über sich selber, kehrte er heim. Als er zu Bett gegangen war, fühlte er, daß der Schlummer nicht kommen werde, weil in seinen Adern ein Fieber tobte und der Traum in seinem Herzen gor. In seiner Bangnis vor der Schlaflosigkeit, einer die Nerven angreifenden Schlaflosigkeit, die in der Seele Unruhe hervorruft, wollte er es mit einem Buch versuchen. Wie oft hatte ihm eine kurze Lektüre als Narkotikum gedient! Also stand er auf und ging an den Bücherschrank, um ein zum Einschläfern geeignetes Werk auszuwählen; aber der gegen seinen Willen wache Geist sehnte sich nach etwas Herzbewegendem, und so suchte er in den Fächern nach dem Namen eines Schriftstellers, der ihm in seiner Überreiztheit und Erwartung Antwort zu geben vermochte. Balzac, den er liebte, sagte ihm nichts; er überging Hugo, strafte Lamartine, der ihn doch sonst immer rührte, mit Verachtung und langte begierig nach Musset, dem Dichter der ganz jungen Leute. Er griff einen Band heraus und nahm ihn mit, um zu lesen, was er zufällig aufschlug.

Als er sich wieder hingelegt hatte, begann er mit dem Durst eines Trinkers die mühelos fließenden Verse des Inspirierten in sich zu trinken, der wie ein Vogel von der Morgenröte des Daseins sang und, da sein Atem nur für den Morgen ausreichte, von dem rauhen Tag schwieg, jene Verse eines Dichters, der ein vom Leben berauschter Mann gewesen war und seiner Trunkenheit in strahlenden und naiven Liebensfanfaren freien Lauf gelassen hatte, Echo aller jungen, von Sehnsüchten verzehrten Herzen.

Niemals hatte Bertin so sehr den physischen Reiz dieser Gedichte gespürt, die die Sinne erregten und kaum den Geist beschäftigten. Nun er diese vibrierenden Verse vor Augen hatte, fühlte er sich unversehens zwanzig Jahre alt und von Hoffnungen getragen, und in einem jugendlichen Rauschzustand las er den Band fast völlig durch. Es schlug drei, und es wunderte ihn, daß er noch immer nicht den Schlaf gefunden habe. Er stand auf; er wollte das offengebliebene Fenster schließen und das Buch auf den Tisch mitten im Zimmer zurücktragen; doch als ihn die frische Nachtluft streifte, packte ihn ein durch die Kuraufenthalte in Aix nur unzulänglich beschwichtigter Schmerz, der sein Kreuz entlanglief, wie ein Ruf, wie ein Rat zur Vorsicht, und er warf den Dichter mit einer ungeduldigen Bewegung auf den Tisch und brummelte: »Alter Narr!« Dann legte er sich wieder zu Bett und blies das Licht aus.

Am nächsten Tag ging er nicht zur Gräfin und faßte sogar den energischen Entschluß, sie nicht vor Ablauf zweier Tage aufzusuchen. Doch was er auch tat, sei es, daß er zu malen versuchte, sei es, daß er spazieren gehen wollte, sei es, daß er seine Schwermut von Haus zu Haus trug, immer peinigte ihn die unerschöpfliche Beschäftigung mit den beiden Frauen.

Da er sich untersagt hatte, sie zu besuchen, suchte er Erleichterung, indem er an sie dachte, und ließ Geist und Herz sich an der

Erinnerung satt trinken. Es geschah ihm oft, daß er wie in einer Halluzination, die ihn in seiner Einsamkeit umgaukelte, die beiden Gesichter ganz nahe sah, jedes für sich, wie er sie kannte, dann glitt eins ins andere über, sie vereinigten sich, verschmolzen miteinander und bildeten nur noch ein einziges, etwas unklares Gesicht, das nicht mehr das der Mutter und auch nicht ganz das der Tochter war, sondern das einer früher, jetzt und immer hingerissen geliebten Frau.

Dann machte er sich Vorwürfe, sich der schiefen Ebene zermürbender Regungen zu überlassen, die er als mächtig und gefährlich erkannte. Um ihnen zu entgehen, sie zurückzuweisen und sich von dem süßen Traum zu befreien, der ihn in Bann schlug, richtete er seine Gedanken auf alles Erdenkliche, auf alles, was sich überdenken und ergrübeln ließ. Vergebliche Mühe! Alle Wege der Ablenkung, die er einschlug, führten ihn an denselben Punkt zurück, und dort traf er ein junges, zartes Gesicht, das auf der Lauer zu liegen und auf ihn zu warten schien. Es war eine unerklärliche und unausweichliche Besessenheit, der er anheimgegeben war, die ihn umgab und gefangennahm, wie er sich auch drehen und wenden mochte im Versuch, ihr zu entfliehen.

Die Vermischung jener beiden Menschenwesen, die ihn an dem Abend ihres Gangs durch den Park von Roncières so beunruhigt hatte, vollzog sich in seinen Gedanken von neuem, sobald er aufhörte, zu überlegen und seine Vernunft ins Feld zu führen, sondern statt dessen sie heraufbeschwor und sich zu begreifen mühte, welch befremdliche Erregung seine Sinne durchwogte. Er fragte sich: »Hege ich für Annette eine mehr als schickliche Liebe?« Dann durchwühlte er sein Herz und fühlte, wie es vor Liebe zu einer ganz jungen Frau brannte, die sämtliche Züge Annettes trug, aber nicht Annette war. Er beruhigte sich feige, indem er dachte: Nein, ich liebe die Kleine nicht, ich bin nur das Opfer ihrer Ähnlichkeit.

Indessen verblieben die beiden in Roncières verbrachten Tage in seiner Seele wie eine Quelle der Wärme, des Glücks und des Rauschs; und nach und nach kamen ihm die kleinsten Einzelheiten deutlich und noch köstlicher als zu der Stunde selbst wieder in den Sinn. Im Verfolgen des Laufs seiner Erinnerungen sah er den Weg wieder vor sich, den sie bei der Rückkehr vom Friedhof gegangen waren, sah er, wie das junge Mädchen Blumen pflückte, und auf einmal fiel ihm ein, daß er ihr eine Kornblume aus Saphiren versprochen hatte, sobald sie wieder in Paris seien.

All seine Entschlüsse waren dahin, und ohne sich weiter zu sträuben, nahm er seinen Hut und verließ seine Wohnung, nur von dem Gedanken an die Freude erfüllt, die er ihr machen wollte.

Der Diener der Guilleroys antwortete ihm auf seine Frage: »Madame ist ausgegangen, aber das Fräulein ist hier.«

Sein Herz schlug höher. »Sagen Sie ihr, daß ich sie sprechen möchte.« Dann schlich er mit leichten Schritten in den Salon, als fürchte er, jemand könne ihn hören.

Annette erschien sogleich. »Guten Tag, verehrter Meister«, sagte sie gravitätisch.

Er mußte lachen, drückte ihr die Hand und setzte sich neben sie. »Rate mal, warum ich hergekommen bin.«

Sie überlegte ein Weilchen. »Keine Ahnung.«

»Um mit dir und deiner Mutter zu dem Juwelier zu gehen und die Kornblume aus Saphiren zu bestellen, die ich dir in Roncières versprochen habe.«

Das Gesicht des jungen Mädchens strahlte vor Glück. »Oh«, sagte sie, »und nun ist Mama ausgegangen. Aber sie muß bald wiederkommen. Sie warten doch, nicht wahr?«

»Ja, wenn es nicht gar zu lange dauert.«

»Aber hören Sie mal! Mit mir zu lange! Sie behandeln mich wie einen Backfisch.«

»Nein«, sagte er, »weniger, als du glaubst.« Er verspürte im Herzen den Wunsch, zu gefallen, liebenswürdig und geistreich wie in den kecksten Tagen seiner Jugend zu sein; es war ein triebhaftes Verlangen, das alle Fähigkeiten der Verführung übersteigert, den Pfau radschlagen und die Dichter Verse schreiben läßt. Die Sätze kamen ihm hastig und flink auf die Lippen, und er sprach, wie er in seinen besten Stunden zu sprechen verstand.

Die Kleine wurde durch diesen Schwung angeregt; sie antwortete mit aller Bosheit und allem mutwilligen Scharfsinn, die in ihr keimten.

Plötzlich, als er eine Meinung verfocht, rief er: »Aber das habe ich Ihnen doch schon so oft gesagt, und Sie haben mir geantwortet...«

Sie unterbrach ihn mit schallendem Auflachen: »Da, Sie duzen mich nicht mehr! Sie halten mich für Mama.«

Er wurde rot, schwieg und stammelte dann: »Das hat deine Mutter schon hundertmal behauptet.« Seine Beredsamkeit war versiegt, er wußte nichts mehr zu sagen, er hatte jetzt Angst, eine unbegreifliche Angst vor diesem Mädchen.

»Da kommt Mama«, sagte sie.

Sie hatte die Tür zum ersten Salon aufgehen hören, und Olivier, der verlegen war, als sei er bei einer Missetat ertappt worden, erklärte, er habe sich plötzlich an sein Versprechen erinnert und sei nun gekommen, um mit ihnen beiden zum Juwelier zu gehen. »Ich habe einen Wagen unten«, sagte er. »Ich setze mich auf den Behelfssitz.«

Sie fuhren los und traten ein paar Minuten später bei Monatra ein.

Da er sein ganzes Leben in vertraulichem Umgang mit den Frauen hingebracht, sie beobachtet, studiert und geliebt, da er sich immer mit ihnen beschäftigt und ihre Neigungen hatte erforschen und entdecken müssen, da er Toilettentisch, Modefragen und all die kleinen Einzelheiten ihres Privatlebens so gut wie sie selber kannte, war es ihm oft geschehen, daß er gewisse Gemütsregungen mit ihnen teilte; und immer, wenn er einen dieser Läden betrat, in denen die reizvollen köstlichen Hilfsmittel ihrer Schönheit zu kaufen waren, empfand er fast die gleiche Lust daran wie sie. Wie sie interessierte er sich für all diese koketten Nichtigkeiten, mit denen sie sich schmückten; die Stoffe entzückten seine Augen, die Spitzen zogen seine Hände an; die unbedeutendsten eleganten Kleinigkeiten erregten seine Aufmerksamkeit. In den Juwelierläden verspürte er vor den Vitrinen einen Hauch religiöser Ehrfurcht, als seien sie die Heiligtümer üppiger Verführung; und der mit dunklem Tuch bespannte Ladentisch, über den die geschmeidigen Finger des Goldschmieds die Steine mit ihrem reichen Glanz kollern ließen, entlockte ihm eine gewisse Achtung.

Als er die Gräfin und ihre Tochter vor diesem gewichtigen Möbelstück hatte Platz nehmen lassen, auf das beide mit ungezwungener Geste eine Hand legten, setzte er auseinander, was er wolle, und es wurden Blütenmodelle gezeigt.

Dann wurden vor ihnen Saphire ausgebreitet, aus denen vier auszuwählen waren. Das dauerte lange. Die beiden Damen drehten sie mit den Fingerspitzen auf der Tuchfläche, nahmen sie dann behutsam auf, blickten durch die Steine ins Licht und prüften sie mit erfahrener, leidenschaftlicher Aufmerksamkeit. Als die ausgewählten beiseite gelegt waren, mußten drei Smaragde für die Blätter ausgesucht werden, dann ein ganz kleiner Brillant, der in der Mitte wie ein Tautropfen zittern sollte.

Olivier, den die Freude zu schenken berauschte, sagte zur Gräfin: »Würden Sie mir das Vergnügen machen, zwei Ringe auszusuchen?«

»Ich?«

»Ja. Einen für Sie und einen für Annette. Lassen Sie mich Ihnen diese kleinen Geschenke machen als Erinnerung an die beiden in Roncières verbrachten Tage.«

Sie widersprach. Er beharrte. Eine lange Diskussion folgte, ein Streit mit Worten und Argumenten, in dem er schließlich nicht ohne Mühe triumphierte. Es wurden also Ringe gebracht; die einen, die seltensten, lagen für sich allein in einem Döschen, die andern reihenweise in großen viereckigen Kästen, wo sie auf dem Samt die ganze Pracht ihrer Fassungen darboten. Der Maler hatte sich zwischen die beiden Damen gesetzt und griff gleich ihnen mit demselben neugierigen Eifer nach diesem oder jenem Goldring und nahm ihn aus dem schmalen Spalt, in dem er steckte. Er legte sie der Reihe nach vor sich hin auf das Tuch des Ladentisches, wo sie sich zu zwei Gruppen häuften, jener, die beim ersten Blick zurückgewiesen worden waren, und jener, unter denen eine Auswahl getroffen werden sollte.

Bei dieser hübschen Beschäftigung der Wahl und Entscheidung, die fesselnder ist als alle Vergnügungen der Erde, zerstreuend und abwechslungsreich wie ein Schauspiel und zudem erregend, beinahe sinnlich erregend und ein erlesener Genuß für ein Frauenherz, verging die Zeit unmerklich und sacht.

Sie verglichen, wurden lebhafter, und die Wahl der drei Richter fiel nach einigem Zögern auf eine kleine goldene Schlange, die einen schönen Rubin zwischen ihrem winzigen Maul und ihrem gewundenen Schwanz hielt.

Olivier stand strahlend auf. »Ich überlasse Ihnen meinen Wagen«, sagte er. »Ich habe noch Besorgungen zu machen; ich gehe jetzt.«

Aber Annette bat ihre Mutter, bei diesem schönen Wetter zu Fuß heimzugehen. Die Gräfin stimmte zu, und nachdem sie Bertin gedankt hatte, ging sie mit ihrer Tochter durch die Straßen.

Eine Zeitlang wanderten sie schweigend und erfüllt von der köstlichen Freude über die empfangenen Geschenke; dann begannen sie über alle Juwelen zu sprechen, die sie gesehen und in den Händen gehalten hatten. Es war in ihnen etwas wie eine Spiegelung zurückgeblieben, ein leises Klirren und eine Art Fröhlichkeit. Sie gingen rasch durch die Menge, die an Sommerabenden gegen fünf Uhr die Gehwege füllt. Männer drehten sich nach Annette um und murmelten im Vorübergehen undeutliche Worte der Bewunderung. Es war das erste Mal seit dem Trauerfall, seit das Schwarz ihrer Tochter jenes auffallend Strahlende an Schönheit lieh, daß die Gräfin mit ihr durch Paris ging; und der Eindruck dieses Erfolges in den Straßen, der erregten Aufmerksamkeit, der geflüsterten Komplimente und des kleinen Strudels schmeichelhaften Aufgestörtseins, den das Vorüberschreiten einer schönen Frau in einer Schar von Männern hinterläßt, bedrückte sie nach und nach mit derselben schmerzhaften Beklommenheit wie an jenem Abend in ihrem Salon, als die Kleine mit ihrem eigenen Porträt verglichen worden war. Wider Willen spähte sie nach den durch Annette angezogenen Blicken aus und fühlte sie schon von weitem ihr eigenes Gesicht streifen, ohne daran hängen zu bleiben, und sich dann plötzlich dem blonden Gesicht neben ihr zuwenden. Sie erriet und sah in den Augen die raschen, stummen Huldigungen für diese erblühte Jugend, diesen verlockenden Zauber der Frische und dachte: Ich war einmal ebenso schön wie sie, wenn nicht schöner. Plötzlich durchzuckte sie die Erinnerung an Olivier, und wie in Roncières wurde sie von einem gebieterischen Drang zu fliehen gepackt.

Sie wollte sich nicht mehr in dieser Helle fühlen, in diesem Getriebe der Welt, von all diesen Männern gesehen, die sie nicht anblickten. Jene Tage, an denen sie einen Vergleich mit ihrer Tochter gesucht und angeregt hatte, lagen weit zurück und waren dennoch nicht fern. Wer von den Vorübergehenden dachte heute daran, sie beide zu vergleichen? Einem einzigen war es vielleicht in den Sinn gekommen, eben noch, in dem Laden des Goldschmieds. Ihm? O welche Qual! War es möglich, daß er nicht von diesem Vergleich gepeinigt wurde? Gewiß konnte er sie beide nicht beisammen sehen, ohne daran zu denken und ohne sich der Zeit zu erinnern, da sie selber so frisch und so hübsch und seiner Liebe so sicher zu ihm gekommen war!

»Mir ist nicht wohl«, sagte sie, »wir wollen einen Wagen nehmen, mein Kind.«

Annette fragte besorgt: »Was hast du denn, Mama?«

»Es ist weiter nichts; du weißt ja, daß ich seit dem Tod deiner Großmutter oft solche Schwächeanfälle habe!«

V

Fixe Ideen besitzen die nagende Zähigkeit unheilbarer Krankheiten. Wenn sie erst einmal Einlaß in die Seele gefunden haben, verschlingen sie sie und machen sie unfrei, an etwas anderes zu denken, sich für etwas anderes zu interessieren oder Geschmack auch nur am Geringsten zu finden. Was die Gräfin auch tat, zu Hause oder anderswo, allein oder in der Gesellschaft, sie konnte, wenn sie sich Seite an Seite mit ihrer Tochter wußte, nicht mehr die Überlegung zurückweisen, von der sie besessen schien: War es möglich, daß Olivier, der sie beide fast jeden Tag sah, nicht gezwungen war, sie unaufhörlich miteinander zu vergleichen?

Gewiß, er mußte es unwillkürlich, unablässig und seinerseits von jener nicht einmal für einen Augenblick übersehbaren Ähnlichkeit geplagt, die noch durch die erst unlängst angestrebte Nachahmung der Bewegungen und des Tonfalls unterstrichen wurde. Jedesmal, wenn er zu ihr kam, dachte sie sofort an diesen Vergleich, sie las ihn in seinem Blick, erriet ihn und kommentierte ihn in ihrem Herzen und in ihrem Kopf. Dann quälte sie ein stetes Verlangen, sich zu verstecken, zu verschwinden und sich vor ihm nicht mehr an der Seite ihrer Tochter zu zeigen.

Übrigens litt sie in jeder erdenklichen Hinsicht und fühlte sich daheim nicht mehr heimisch. Das Kränkende der Entmachtung, das sie an jenem Abend empfunden hatte, da aller Augen auf die unter ihrem Porträt stehende Annette blickten, unterstrich und steigerte ihre Leiden mitunter nur noch. Sie machte sich unaufhörlich Vorwürfe wegen ihres geheimen Wunsches nach Befreiung, wegen des unüberwindlichen Verlangens, ihre Tochter wie einen hartnäckigen, störenden Gast von dannen gehen zu sehen, und arbeitete daran mit unbewußter Geschicklichkeit und angetrieben von der Begierde, um den Besitz des Mannes, den sie liebte, zu kämpfen.

Da sie Annettes Heirat nicht beschleunigen konnte, da der erst unlängst stattgehabte Trauerfall eine gelinde Verzögerung schuf, bekam sie Angst, eine wirre, heftige Angst, irgendein Ereignis könne den Plan zu Fall bringen, und so suchte sie fast gegen ihren Willen im Herzen des Mädchens Liebe zu dem Marquis zu erwecken.

Die ganze schlaue Diplomatie, die sie seit so langer Zeit angewandt hatte, um sich Olivier zu bewahren, nahm bei ihr eine neue, eine feinere und geheimere Form an, und sie versuchte zu bewerkstelligen, daß die beiden jungen Leute aneinander Gefallen fanden, ohne daß die beiden Männer einander begegneten.

Da der Maler seiner Arbeitsgewohnheiten wegen niemals außerhalb zu Mittag aß und seinen Freunden gewöhnlich nur die Abende schenkte, lud sie den Marquis oft zum Mittagessen ein. Er kam und verbreitete Belebendes um sich wie ein Spazierritt oder ein Morgenwind. Munter redete er von all den mondänen Dingen, die jeden Tag über dem herbstlichen Erwachen des reitenden und in den Alleen des Bois prunkenden Paris zu treiben schienen. Annette machte es Freude, ihm zuzuhören, und sie gewann Geschmack an diesen Tagesgeschehnissen, die er ihr völlig frisch und wie mit Eleganz gefirnißt darbrachte. So entstand zwischen ihnen eine jugendliche Freundschaft, ein herzliches Zugetansein, wie es eine gemeinsame, leidenschaftliche Neigung für

Pferde natürlicherweise erweckt. Wenn er gegangen war, sangen die Gräfin und der Graf auf geschickte Weise sein Lob und sagten über ihn alles Erforderliche, damit das junge Mädchen einsah, daß es nur von ihr allein abhänge, ihn zu heiraten, wenn es ihr gefiel.

Übrigens hatte sie sehr rasch verstanden, und nachdem sie es sich ehrlich überlegt hatte, beschloß sie einfach, diesen hübschen Jungen, der ihr neben anderem die Freude bereitete, daß er so überaus gern jeden Morgen auf einem Vollblutpferd neben ihr galoppierte, zum Ehemann zu nehmen.

Eines Tages waren sie nach einem Händedruck und einem Lächeln, als sei das etwas Selbstverständliches, verlobt, und von der Heirat wurde wie von etwas längst Beschlossenem gesprochen. Fortan begann der Marquis Geschenke zu bringen, und die Herzogin behandelte Annette wie ihre eigene Tochter. So war die ganze Angelegenheit in gemeinsamem Einverständnis und mit Nachdruck in den ruhigen Tagesstunden betrieben worden, da der Marquis, der außerdem viele andere Beschäftigungen, Beziehungen, Abhängigkeiten und Pflichten hatte, selten am Abend kam.

Das war Oliviers Zeit. Er speiste regelmäßig einmal in der Woche abends bei seinen Freunden und erschien überdies weiterhin unangemeldet zu einer Tasse Tee zwischen zehn Uhr und Mitternacht.

Sobald er da war, belauerte ihn die Gräfin; in ihr nagte der Wunsch zu erfahren, was in seinem Herzen vorging. Er konnte sich keinen Blick und keine Bewegung leisten, die sie nicht alsbald deutete, und sie marterte sich mit dem Gedanken: Es ist unmöglich, daß er sie nicht liebt, wenn er uns nebeneinander sieht.

Auch er brachte Geschenke. Keine Woche war vergangen, und schon erschien er mit zwei Päckchen, von denen er eins der Mutter und eins der Tochter gab, und der Gräfin war beim Öffnen der Schächtelchen, die oft kostbare Dinge enthielten, das Herz beklommen. Wie gut kannte sie die Lust zu schenken, die sie als Frau niemals hatte befriedigen können, den Wunsch, etwas mitzubringen, Freude zu bereiten, etwas für jemand zu kaufen und in den Läden gerade die Kleinigkeit aufzustöbern, die vielleicht gefiel.

Solche Anfälle hatte der Maler schon früher gehabt, und sie hatte ihn viele Male mit demselben Lächeln und in derselben Haltung, ein Päckchen in der Hand, hereinkommen sehen. Dann hatte sich diese Angewohnheit gelegt, und jetzt hatte es wieder damit angefangen. Für wen? Sie hatte keinen Zweifel daran! Es geschah nicht ihretwegen!

Er machte einen müden, abgezehrten Eindruck. Sie schloß daraus, daß er litt. Sie verglich sein Eintreten, sein Gesicht und sein Benehmen mit der Haltung des Marquis, den Annettes Reize ebenfalls unruhig zu machen begannen. Es war durchaus nicht dasselbe: Der Marquis de Farandal war verliebt, Olivier Bertin liebte! So glaubte sie wenigstens in ihren Stunden der Qual, während sie in stillen Minuten noch immer hoffte, sich getäuscht zu haben.

Wie oft mußte sie ihn, wenn sie mit ihm allein war, fragen und bitten und anflehen, daß er sprach, alles gestand und ihr nichts verbarg. Ihr wäre es lieber gewesen, zu wissen und in der Gewißheit zu weinen, als unter dem Zweifel zu leiden und in diesem verschlossenen Herzen, in dem sie eine große Liebe wachsen fühlte, nicht lesen zu können.

Sein Herz, an dem sie mehr hing als an ihrem Leben, das sie seit zwölf Jahren mit ihrer Liebe überwacht, angespornt und belebt hatte, dessen sie sich sicher, das sie endgültig und bis ans Ende ihrer Tage erworben, erobert, unterworfen und ihr leidenschaftlich ergeben glaubte, entglitt ihr nun durch ein unbegreifliches, schreckliches, ungeheuerliches Verhängnis. Ja, es hatte sich ihr plötzlich verschlossen und barg dabei ein Geheimnis. Sie konnte nicht mehr mit einem vertraulichen Wort eindringen und ihre Liebe an diesem ihr allein zugänglichen, getreuen Zufluchtsort anhäufen. Was ist eine Liebe, eine rückhaltlose Hingabe wert, wenn einem der, dem man sein ganzes Sein und Leben dargebracht hat, wenn einem alles, was man auf dieser Welt besitzt, plötzlich entgleitet, weil ihm ein anderes Gesicht gefällt und er innerhalb weniger Tage fast ein Fremder wird?

Ein Fremder! Er, Olivier? Er sprach zu ihr wie früher, mit denselben Worten, derselben Stimme und im selben Tonfall. Und dennoch waltete etwas zwischen ihnen, etwas Unerklärliches,

Ungreifbares, Unüberwindliches – beinahe nichts, jenes »beinahe nichts«, das einen Schleier hinwegweht, wenn der Wind sich dreht.

Er entglitt ihr, wie hinweggeweht; er entfernte sich tatsächlich von ihr, jeden Tag ein bißchen mehr, durch all die Blicke, die er auf Annette warf. Er selber versuchte nicht, in seinem Herzen zu lesen. Er fühlte sehr wohl das Gären der Liebe, die unwiderstehliche Anziehungskraft, aber er wollte nicht begreifen, er verließ sich auf die Geschehnisse, auf die unvorhergesehenen Zufälle des Lebens.

Er bekümmerte sich um nichts mehr als um die Abende mit diesen beiden Frauen, die durch ihre Trauer vom gesellschaftlichen Leben ausgeschlossen waren. Da er nur gleichgültige Gesichter bei ihnen sah, am häufigsten die der Corbelles und das Musadieus, glaubte er sich fast allein mit ihnen auf der Welt, und da er fast nie mehr die Herzogin und den Marquis antraf, denen die Vormittage und die Mittagsstunden reserviert waren, wollte er sie vergessen und vermutete, die Heirat sei auf unbestimmte Zeit verschoben.

Annette sprach übrigens in seiner Gegenwart niemals über den Marquis de Farandal. Geschah das aus Zurückhaltung oder vielleicht aus einer geheimen Intuition des Frauenherzens heraus, das Dinge, von denen es nichts weiß, zu ahnen vermag?

Woche folgte auf Woche, ohne daß sich etwas an diesem Leben änderte, und der Herbst war gekommen und hatte um der bedrohlichen politischen Lage willen früher als sonst zum Zusammentritt der Kammer geführt.

Am Tag der Wiedereröffnung sollte der Graf de Guilleroy nach einem Mittagessen in seinem Haus die Herzogin de Mortemain, den Marquis und Annette zur Sitzung des Parlaments mitnehmen. Nur die in ihren ständig wachsenden Kummer vergrabene Gräfin hatte erklärt, sie wolle zu Hause bleiben.

Sie waren vom Tisch aufgestanden, tranken im großen Salon den Kaffee und waren fröhlich. Der Graf war herzlich froh über die Wiederaufnahme der parlamentarischen Arbeit, sein einziges Vergnügen; er redete nahezu geistreich über die gegenwärtige Situation und die Schwierigkeiten der Republik; der unverhohlen verliebte Marquis antwortete ihm eifrig, wobei er Annette ansah, und die Herzogin freute sich darüber, daß ihr Neffe Feuer gefangen hatte, fast ebenso wie über die bedrängte Lage der Regierung. Die Luft im Salon war warm von der ersten Wärmewelle der wieder angezündeten Zentralheizung, von der Wärme der Stoffe, Teppiche und Wände, zwischen denen der Duft aus Luftmangel gewelkter Blumen frühzeitig verfliegt. Es lag in diesem abgeschlossenen Raum, in dem auch der Kaffee sein Aroma verströmte, etwas Freundliches, Gemütliches und Zufriedenes, als die Tür geöffnet wurde und Olivier Bertin hereinkam.

Er blieb dermaßen überrascht auf der Schwelle stehen, daß er einzutreten zögerte, überrascht wie ein betrogener Ehemann, der den Fehltritt seiner Frau mit eigenen Augen sieht. Ein verworrener Zorn und eine solche Erregung würgten ihn, daß er abermals erkannte, wie von Liebe zerfressen sein Herz war. Alles, was ihm verhehlt worden war, und alles, was er vor sich selbst verhehlt hatte, lag jetzt offen zutage, als er den Marquis in diesem Haus als Verlobten sah!

In jäher Fassungslosigkeit durchschaute er alles, was er nicht wissen wollte, und alles, was man ihm nicht zu sagen gewagt hatte. Er fragte sich nicht, warum ihm die ganzen Zurichtungen zu der Heirat verheimlicht worden seien. Er erriet es; und seine hart gewordenen Augen begegneten denen der Gräfin, die errötete. Sie verstanden einander.

Als er sich gesetzt hatte, schwiegen sie alle eine Weile, da sein unerwartetes Kommen den Gedankenschwung gelähmt hatte; dann begann die Herzogin, zu ihm zu sprechen, und er antwortete kurz angebunden mit einer Stimme, die einen fremden Klang hatte und sich verändert zu haben schien.

Er sah diese ihn umsitzenden Leute, die wieder zu reden begannen, und sagte sich: »Sie haben mich getäuscht. Sie sollen es mir bezahlen.« Besonders böse war er auf die Gräfin und auf Annette, deren unschuldige Verstellung er jetzt durchschaute.

Der Graf blickte auf die Uhr und rief: »Oh, oh, es ist Zeit zu gehen!« Dann wandte er sich dem Maler zu: »Wir gehen zur Eröffnung der Parlamentssitzung. Nur meine Frau bleibt hier. Wollen Sie nicht mit uns kommen? Es wäre mir eine große Freude.«

Olivier antwortete trocken: »Nein, danke, Ihre Kammer lockt mich nicht.«

Dann trat Annette mit bemüht fröhlichem Gesicht zu ihm: »Ach, kommen Sie doch mit, verehrter Meister. Sie werden uns gewiß besser unterhalten als die Abgeordneten, davon bin ich überzeugt.«

»Nein, wirklich nicht. Sie werden sich auch ohne mich gut unterhalten.«

Da sie sein Mißvergnügen und seinen Kummer erriet, ließ sie nicht locker, um sich liebenswürdig zu bezeigen. »Doch, kommen Sie mit, Herr Maler. Seien Sie sicher, daß jedenfalls ich Sie nicht entbehren kann.«

Da entschlüpften ihm so rasch ein paar Worte, daß er sie weder zurückhalten noch ihre scharfe Betonung mildern konnte. »Pah! Sie kommen genauso gut ohne mich aus wie alle andern auch.«

Mit ein wenig erstaunter Stimme rief sie: »Da haben wir's! Jetzt fängt er tatsächlich an, mich nicht mehr zu duzen.«

Ihm stieg ein gequältes Lächeln auf die Lippen, ein Lächeln, das den ganzen Schmerz der Seele enthüllte, und er sagte mit einer kleinen Verneigung: »Ich muß mich wohl oder übel daran gewöhnen, heute oder ein andermal.«

»Warum denn?«

»Weil Sie heiraten und weil Ihr Mann, wer es auch sein möge, dazu berechtigt ist, diese meine Duzerei fehl am Platz zu finden.«

Die Gräfin beeilte sich zu sagen: »Einmal muß das wohl erwogen werden. Aber ich hoffe, daß Annette keinen Mann heiratet, der so empfindlich ist, daß er die Vertraulichkeit eines alten Freundes übelnimmt.«

Der Graf rief: »Los, los, wir müssen aufbrechen! Sonst kommen wir womöglich zu spät!«

Alle, die ihn begleiten wollten, waren aufgestanden und gingen nach dem üblichen Händeschütteln und den Küssen, die die Herzogin, die Gräfin und ihre Tochter bei jeder Begegnung und jeder Trennung austauschten.

Sie blieben allein, er und sie, und standen hinter den Portieren der wieder geschlossenen Tür.

»Setzen Sie sich«, sagte sie leise.

Doch er, fast heftig: »Nein, danke, ich will ebenfalls gehen.«

Flehend flüsterte sie: »Oh, warum denn?«

»Weil dies anscheinend nicht meine Stunde ist. Ich bitte Sie um Verzeihung, daß ich unangemeldet erschienen bin.«

»Was haben Sie, Olivier?«

»Nichts, ich bedaure nur, eine eigens geladene, vergnügte Gesellschaft gestört zu haben.«

Sie ergriff seine Hand. »Was wollen Sie damit sagen? Sie wollten ohnehin gerade gehen, weil sie der Eröffnung der Sitzung beiwohnen möchten. Ich hatte die Absicht zu bleiben. Es ist, ganz im Gegenteil, ein wunderbarer Einfall von Ihnen, heute, da ich allein bin, herzukommen.«

Er lachte verächtlich: »Ja, wirklich ein wunderbarer Einfall!«

Sie nahm ihn an beiden Handgelenken, sah ihm tief in die Augen und sagte sehr leise: »Gestehen Sie, daß Sie sie lieben!«

Er machte seine Hände frei; er konnte seine Ungeduld nicht länger beherrschen. »Sie sind ja vollkommen besessen von dieser Idee!«

Sie nahm ihn wieder bei den Armen, krampfte die Finger in seine Ärmel, flehte: »Olivier! Gestehen Sie! Gestehen Sie! Es ist mir lieber zu wissen; ich bin mir gewiß, aber ich möchte es wissen! Wirklich, das ist mir lieber! Oh, Sie begreifen nicht, was aus meinem Leben geworden ist!«

Er zuckte die Achseln. »Was soll *ich* dabei tun? Ist es meine Schuld, wenn Sie den Kopf verlieren?«

Sie hielt ihn fest und zog ihn in den anderen, nach hinten gelegenen Salon, wo sie nicht gehört werden konnten. An ihn geklammert und keuchend, zerrte sie ihn am Stoff seines Jacketts mit. Als sie ihn bis zu dem kleinen runden Diwan geführt hatte, zwang sie ihn, sich niederzulassen, und setzte sich neben ihn. »Olivier, mein Freund, mein einziger Freund, ich bitte Sie, sagen Sie mir, daß Sie sie lieben! Ich weiß es, ich spüre es in allem, was Sie tun, und kann nicht zweifeln; ich gehe daran zugrunde, aber ich will es aus Ihrem Mund erfahren!« Da er sich noch immer sträubte, sank sie zu seinen Füßen auf die Knie. Ihre Stimme klang heiser. »O mein Freund, lieber Freund, mein einziger Freund, ist es denn wahr, daß Sie sie lieben?«

Er versuchte aufzustehen und rief: »Unsinn, Unsinn! Ich schwöre Ihnen, daß es nicht so ist!«

Sie legte ihm die Hand auf den Mund und preßte sie dagegen, um ihn zu schließen, während sie stammelte: »Oh, lügen Sie nicht. Ich leide allzu sehr!« Dann ließ sie den Kopf auf die Knie des Mannes sinken und schluchzte.

Er sah nur ihren Nacken, eine Fülle blonden Haars, unter das sich schon viel weißes mischte, und fühlte sich plötzlich von einem ungeheuren Mitleid, einem ungeheuren Schmerz gepackt. Er griff mit allen Fingern in die schwere Haarmasse, zog sie heftig hoch und sah in zwei von rinnenden Tränen überschwemmte Augen. Und dann drückte er auf diese nassen Augen wieder und wieder seine Lippen und sagte in einem fort: »Any! Any! Meine liebe, liebe Any!«

Da versuchte sie zu lächeln, und mit einer stockenden Stimme wie Kinder, die der Kummer fast erstickt, stieß sie hervor: »O mein Freund, sagen Sie mir nur, daß Sie mich noch ein klein bißchen liebhaben!«

Er begann sie von neuem zu küssen. »Ja, ich liebe Sie, meine liebe Any!«

Sie stand auf, setzte sich wieder neben ihn, nahm seine Hände, sah ihn an und sagte liebevoll: »Wir haben einander schon so lange lieb. So darf es nicht enden!«

Er preßte sie an sich und fragte: »Warum sollte es denn enden?«

»Weil ich alt bin und weil mir Annette zu sehr ähnelt, dem, was ich war, als Sie mich kennenlernten!«

Nun war er es, der ihren schmerzlich verzogenen Mund mit der Hand schloß; dabei sagte er: »Schon wieder! Bitte sprechen Sie nicht mehr davon. Ich schwöre Ihnen, daß Sie sich täuschen!«

Sie wiederholte: »Wenn Sie mich nur noch ein ganz klein wenig liebhaben!«

Und er sagte nochmals: »Ja, ich liebe Sie!«

Dann saßen sie lange Zeit da, ohne zu sprechen, Hand in Hand, tief erschüttert und sehr traurig.

Schließlich unterbrach sie das Schweigen und sagte leise: »Die

Stunden, die zu durchleben mir noch bleiben, werden nicht heiter sein.«

»Ich will mir Mühe geben, sie Ihnen schön zu machen.«

Die Düsternis eines bewölkten Himmels, die um zwei Stunden der Dämmerung voraneilt, breitete sich im Salon aus und begrub die beiden nach und nach unter dem Nebelgrau der Herbstabende.

Die Uhr schlug.

»Wir sind schon so lange hier«, sagte sie. »Es ist besser, Sie gehen jetzt. Es könnte jemand kommen, und wir sind alles andere als ruhig und gefaßt.«

Er stand auf, umschlang sie und küßte sie wie einst auf den halbgeöffneten Mund; dann durchschritten sie wieder, Arm in Arm wie Eheleute, die beiden Salons.

»Adieu, lieber Freund.«

»Adieu, liebe Freundin.«

Und dann sank der Türvorhang hinter ihm!

Er stieg die Treppe hinab, bog nach der Madeleine-Kirche zu ab und ging vor sich hin, ohne zu wissen, was er tun solle, betäubt wie nach einem Schlag, mit schwachen Beinen, und das Herz heiß und zuckend wie ein brennender Fetzen, der in seiner Brust hin- und hergeschüttelt wurde. Zwei oder drei oder vielleicht auch vier Stunden lang ging er nur so vor sich hin in einer Art seelischer Verstumpfung und physischen Ausgelöschtseins, die ihm gerade noch so viel Kraft ließen, daß er einen Fuß vor den andern setzen konnte. Dann kehrte er heim; er wollte nachdenken.

Er liebte also dies kleine Mädchen! Jetzt begriff er alles, was er seit dem Spaziergang mit ihr durch den Park Monceau empfunden, als er aus ihrem Mund den Ruf einer kaum wiedererkannten Stimme aufs neue vernommen hatte, jener Stimme, die einst sein Herz erweckt, und er begriff den langsamen, unwiderstehlichen Wiederbeginn einer nicht gänzlich erloschenen, noch nicht erkalteten Liebe, den er sich so hartnäckig hatte verschweigen wollen.

Was sollte er tun? Und was konnte er denn tun? Wenn sie erst verheiratet war, würde er vermeiden, sie oft zu sehen, das war alles. Bis dahin würde er auch weiterhin in das Haus gehen, damit niemand etwas ahnte, und er würde sein Geheimnis vor aller Welt verbergen.

Er aß daheim zu Abend, was er sonst nie tat. Dann ließ er den großen Ofen in seinem Atelier heizen, denn die Nacht schien eisig zu werden. Er befahl sogar, den Kronleuchter anzuzünden, als fürchte er sich vor den dunklen Ecken, und schloß sich ein. Welch sonderbarer, tiefer und entsetzlich trauriger Aufruhr würgte ihn! Er fühlte ihn in der Kehle, in der Brust, in sämtlichen erschlafften Muskeln ebenso wie in seiner hinfälligen Seele. Die Wände des Zimmers bedrückten ihn; sein ganzes Leben lag darin beschlossen, sein Leben als Künstler und sein Leben als Mann. Jede aufgehängte Studie ließ ihn an einen Erfolg denken; jedes Möbelstück erweckte eine Erinnerung. Aber Erfolge und Erinnerungen gehörten der Vergangenheit an! Sein Leben? Wie kurz, gehaltlos und vollgepfropft erschien es ihm! Er hatte Bilder gemalt, noch mehr Bilder, immer wieder Bilder und eine Frau geliebt. Er erinnerte sich an Abende des Überschwangs nach Liebeszusammenkünften in diesem selben Atelier. Nächtelang war er in einem Fieber, das sein ganzes Wesen erfüllte, auf und ab gegangen. Die Freude der glücklichen Liebe, die Freude über den gesellschaftlichen Erfolg und der einzigartige Rausch des Ruhms hatten ihn unvergleichliche Stunden geheimen Triumphes genießen lassen.

Er hatte eine Frau geliebt, und jene Frau hatte ihn geliebt. Durch sie hatte er die Taufe empfangen, die einem Mann die rätselhafte Welt der Gefühle und Zärtlichkeiten enthüllt. Sie hatte sein Herz fast gewaltsam erschlossen, und jetzt konnte er es nicht wieder versperren. Durch diese Bresche war wider seinen Willen eine andere Liebe eingedrungen. Eine andere oder vielmehr dieselbe, durch ein neues Gesicht überhöhte, derselbe Schößling jener ganzen Kraft, die im Altern die Form des zwanghaften Verlangens zu lieben annimmt. Er liebte also dieses kleine Mädchen! Er brauchte nicht mehr zu kämpfen, zu widerstreben und zu leugnen; er liebte sie mit der Verzweiflung des Wissens, daß er von ihr nicht einmal ein wenig Mitleid erlangen, daß sie niemals etwas von seiner grausamen Qual wissen und einen anderen heiraten würde. Bei diesem unablässig wiederkehrenden Gedanken, den er nicht zu verjagen vermochte, packte ihn das unvernünftige Verlangen, zu heulen wie ein angeketteter Hund, weil er sich genauso ohnmächtig, unterjocht und gefesselt fühlte. Je mehr er nachdachte, desto nervöser wurde er; er ging mit großen Schritten durch den weitläufigen Raum, der hell erleuchtet war wie zu einem Fest. Als er schließlich den Schmerz dieser wiederaufgerissenen Wunde nicht länger ertragen konnte, wollte er versuchen, ihn durch die Erinnerung an seine alte Liebe zu beschwichtigen und in der Beschwörung an die erste große Leidenschaft zu ertränken. Er holte die Kopie, die er damals von dem Porträt der Gräfin für sich gemacht hatte, aus dem Wandschrank hervor, in dem er sie aufbewahrte, stellte sie auf eine Staffelei, setzte sich davor und betrachtete sie. Er versuchte, sie wiederzusehen, sie lebendig wiederzufinden, so, wie er sie ehedem geliebt hatte. Aber stets trat Annette aus der Leinwand hervor. Die Mutter war verschwunden, sie hatte sich verflüchtigt und an ihrer Statt dies andere Gesicht zurückgelassen, das ihr auf so seltsame Weise glich. Es war die Kleine mit ihrem ein wenig helleren Haar, ihrem ein wenig spitzbübischeren Lachen, ihrem ein wenig spöttischeren Ausdruck, und er fühlte nur zu sehr, daß er dem jungen Geschöpf dort mit Leib und Seele gehörte, wie er niemals der andern gehört hatte, ein kenterndes Boot, das den Wogen gehört!

Da stand er auf, und um diese Erscheinung nicht mehr zu sehen, drehte er das Bild um; dann holte er, weil er sich von Trauer durchtränkt fühlte, aus seinem Schlafzimmer die Schreibtischschublade ins Atelier, in der alle Briefe seiner Geliebten ruhten. Sie lagen dort wie in einem Bett, einer über dem andern, und bildeten eine dichte Schicht kleiner, dünner Papierblätter. Er tauchte die Hände in diese ganze von ihnen beiden sprechende Prosa, in dieses Bad ihrer langen Liebesbeziehung. Er blickte auf den engen Brettersarg nieder, in dem diese Masse von Umschlägen begraben lag; sein Name, nur immer wieder sein Name stand darauf. Es fiel ihm ein, daß hier, in dieser Flut vergilbten, mit roten Siegeln verschlossenen Papiers, die Geschichte zweier Herzen erzählt wurde, und er beugte sich darüber und atmete einen staubigen Geruch, den schwermutsvollen Geruch eingeschlossener Briefe.

Er wollte sie wieder lesen; er wühlte am Grunde der Schublade und nahm eine Handvoll der ältesten. Je nachdem er sie öffnete, traten Erinnerungen daraus hervor, deutliche Erinnerungen, die seine Seele aufstörten. Er erkannte darunter viele Briefe, die er wochenlang bei sich getragen hatte, und in den Zügen der kleinen Schrift, die so liebliche Worte sagte, fand er vergessene Gefühle von ehedem wieder. Unversehens geriet ihm ein Spitzentaschentuch unter die Finger. Was war das? Er dachte eine kurze Weile nach; dann fiel es ihm ein. Eines Tages hatte sie bei ihm geschluchzt, weil sie ein wenig eifersüchtig gewesen war, und er hatte ihr das von Tränen durchnäßte Taschentuch gestohlen, um es aufzubewahren.

Ach, diese traurigen Dinge! Diese traurigen Dinge! Die arme Frau!

Vom Boden der Schublade, aus den Tiefen seiner Vergangenheit, stiegen diese Erinnerungen auf wie ein Dunst; ein kaum spürbarer Hauch der versiegten Wirklichkeit war es nur noch. Und dennoch litt er darunter und weinte über diese Briefe, wie man über die Toten weint, weil sie nicht mehr sind.

Doch diese ganze wiederaufgestörte alte Liebe ließ ein junges, neues Aufwallen in ihm gären, einen Saftstrom unwiderstehlicher Zärtlichkeit, der ihm Annettes strahlendes Gesicht ins Gedächtnis zurückrief. Er hatte die Mutter mit der leidenschaftlichen Begeisterung einer freiwilligen Unterwürfigkeit geliebt; dies kleine Mädchen begann er zu lieben wie ein Sklave, wie ein alter, zitternder Sklave, der in Eisen geschlagen wird, die er nicht mehr zerbrechen kann.

Das empfand er in seinem Wesensgrund und war darüber entsetzt.

Er versuchte zu begreifen, wie und warum sie so von ihm hatte Besitz ergreifen können. Er kannte sie so wenig! Sie war noch kaum eine Frau, ihr Herz und ihre Seele schliefen noch den Schlummer der Jugend.

Er dagegen stand jetzt fast am Ende seines Lebens. Wie also hatte dies Kind mit einem Lächeln und ein paar Haarsträhnen von ihm Besitz ergreifen können? Ach, das Lächeln und das Haar dieses blonden kleinen Mädchens erweckten in ihm das Verlangen, auf die Knie zu stürzen und mit der Stirn auf den Boden zu schlagen!

Weiß man denn, weiß man denn je, warum sich ein Frauenantlitz unser plötzlich mit der Kraft eines Giftes bemächtigt? Es scheint, als habe man es mit den Augen getrunken, als sei es unser Geist und unser Fleisch geworden! Man ist davon trunken, man ist davon wie irrsinnig, und man sieht nur noch dies Gesicht und möchte daran sterben!

Und wie leidet man zuweilen unter der wilden, unbegreiflichen Macht, die ein Gesicht über das Herz eines Mannes zu gewinnen vermag!

Olivier Bertin hatte abermals begonnen, auf und ab zu gehen; die Nacht schritt vor; sein Ofen war erloschen. Durch die Fenster drang die draußen herrschende Kälte herein. Da ging er zu Bett, wo er weiter grübelte und bis zum Tagesanbruch litt.

Er stand frühzeitig auf, ohne zu wissen, warum, noch was er tun sollte, nervös und unentschlossen wie eine sich drehende Wetterfahne.

Auf der Suche nach einer geistigen Ablenkung und nach körperlicher Betätigung fiel ihm ein, daß an diesem Tag einige Mitglieder seines Klubs wie jede Woche im »Türkischen Bad« zusammenkamen, wo sie nach der Massage zu Mittag zu essen pflegten. Er zog sich also rasch an, in der Hoffnung, das Schwitzbad und die Dusche würden ihn beruhigen, und verließ sein Haus.

Sobald er den Fuß auf die Straße gesetzt hatte, schlug ihm heftige Kälte entgegen, die erste, erschauernde Kälte des ersten Frosts, der in einer einzigen Nacht die letzten Reste des Sommers zerstört.

Auf die Boulevards fiel ein dichter Regen großer gelber Blätter, die mit einem schmächtigen, trockenen Geräusch herabtaumelten. So weit man sehen konnte, fielen sie von einem bis zum andern Ende der langen Prunkstraße zwischen den Fassaden der Häuser nieder, als seien ihre Stiele mit einer feinen Eisklinge von den Ästen getrennt worden. Die Fahrdämme und Bürgersteige waren schon davon bedeckt und sahen ein paar Stunden lang wie Waldwege bei einsetzendem Winter aus. All diese toten Blätter raschelten unter den Schritten und häuften sich manchmal unter den Windstößen zu leichten Wogen.

Es war einer der Übergangstage vom Ende der einen Jahreszeit zum Beginn der anderen, denen eine besondere Würze oder eine besondere Traurigkeit innewohnt, die Trauer der Todesangst oder die Würze der sich erneuernden Säfte.

Als er die Schwelle des »Türkischen Bades« überschritt, ließ der Gedanke an die Hitze, die seinen Körper nach dem Gang durch die eisige Luft der Straßen durchdringen würde, Oliviers trauriges Herz in einem Schauer der Befriedigung aufzucken.

Er zog sich eilig aus, schlang sich ein leichtes Tuch um die Hüften, das ihm ein Junge hinhielt, und verschwand hinter der gepolsterten, vor ihm geöffneten Tür.

Ein warmer, bedrückender Dunst, der von einem fernen Glutherd zu kommen schien, ließ ihn tief Atem holen, als leide er unter Luftmangel, während er eine maurische, durch orientalische Lampen erleuchtete Galerie entlangging. Dann stürzte ein kraushaariger, nur mit einem Schurz bekleideter Neger mit glänzendem Oberkörper und muskulösen Gliedern herzu und schlug am andern Ende eine Portiere vor ihm zurück, und Bertin trat in das schweigende, fast mystisch anmutende große Rund des erhöhten Schwitzbades wie in einen Tempel. Das Tageslicht fiel oben durch die Kuppel und durch Kleeblätter aus buntem Glas in den riesigen, kreisförmigen und mit Steinplatten belegten Saal, dessen Wände Fayencen mit arabischer Ornamentik bedeckten.

Männer jeden Alters gingen fast nackt mit langsamen, gravitätischen Schritten auf und ab, ohne zu sprechen; andere saßen mit gekreuzten Armen auf Marmorbänken; wieder andere unterhielten sich leise. Die kochende Luft legte sich beim Eintreten auf die Lungen. Dieser schwüle, verzierte runde Raum, in dem die menschlichen Körper erhitzt wurden, wo schwarze Masseure und maurische, die kupferfarbene Beine hatten, umhergingen, hatte etwas Antikes und Geheimnisvolles.

Das erste Gesicht, das der Maler wahrnahm, war das des Grafen Landa. Er spazierte umher wie ein römischer Ringkämpfer, stolz auf seine riesige Brust und seine dicken, darüber gekreuzten Arme. Er war Stammgast in den Schwitzbädern, fühlte sich dort wie ein beifällig begrüßter Schauspieler auf der Bühne und beurteilte als Fachmann die Muskulatur aller Kraftprotzen von Paris.

»Guten Tag, Bertin«, sagte er.

Sie gaben einander die Hand, und Landa fuhr fort: »Schönes Wetter zum Schwitzen, nicht wahr?«

»Ja, wunderbar.«

»Haben Sie Rocdiane gesehen? Er ist dort unten. Ich habe ihn abgeholt, als er gerade beim Aufstehen war. Na, sehen Sie sich nur mal diese Anatomie an!«

Ein kleiner Herr mit einwärts gebogenen Beinen, dünnen Armen und mageren Flanken ging vorüber und rief bei diesen beiden alten Mustern menschlicher Lebenskraft ein Grinsen der Verachtung hervor.

Rocdiane kam auf sie zu, als er den Maler gesehen hatte.

Sie setzten sich auf einen langen Marmortisch und begannen sich zu unterhalten wie in einem Salon. Diener gingen umher und boten Getränke an. Man hörte die Masseure auf nacktes Fleisch klatschen und das jähe Niederrauschen der Duschen. Unaufhörliches Plätschern von Wasser aus allen Ecken dieses großen Amphitheaters erfüllte es mit einem leichten Regengeräusch.

Alle Augenblicke grüßte ein Neuangekommener die drei Freunde oder trat zu ihnen hin, um ihnen die Hand zu drücken. So der dicke Herzog d'Harisson, der kleine Prinz Epilati, der Baron Flach und andere.

Plötzlich sagte Rocdiane: »Da, Farandal!«

Der Marquis kam, die Hände auf den Hüften, mit der Lässigkeit sehr gut gewachsener Männer herein, die nichts in Verlegenheit bringt. Landa murmelte: »Der Bursche sieht tatsächlich aus wie ein Gladiator!«

Rocdiane sagte zu Bertin: »Stimmt es, daß er die Tochter Ihrer Freunde heiratet?«

»Ich glaube, ja«, antwortete der Maler.

Aber angesichts dieses Mannes, in diesem Augenblick und an diesem Ort, durchrüttelte die Frage Oliviers Herz mit einem fürchterlichen Schock der Verzweiflung und Empörung. Das Erschreckende aller vermuteten Tatsachen packte ihn innerhalb einer Sekunde mit solcher Schärfe, daß er einige Augenblicke lang gegen den unvernünftigen Drang ankämpfte, sich auf den Marquis zu stürzen. Dann stand er auf. »Ich bin nicht ganz auf der Höhe«, sagte er. »Ich will jetzt gleich zur Massage gehen.«

Ein Araber ging vorüber.

»Bist du frei, Achmed?«

»Ja, Monsieur Bertin.«

Und er entfernte sich mit hastigen Schritten, um Farandal, der langsam näher kam und die Runde durch das Bad machte, nicht die Hand geben zu müssen.

Kaum eine Viertelstunde blieb er in dem ruhigen, großen Liegesaal, in dem sich rings um eine Grünanlage mit afrikanischen Pflanzen, in deren Mitte ein Springbrunnenstrahl zerstäubte, die einzelnen Zellen mit den Lagern reihten. Ihm war, als werde er verfolgt und bedroht, als werde sich der Marquis zu ihm gesellen und er müsse die Hand ausstrecken und ihn wie einen Freund behandeln, während er den Wunsch hatte, ihn umzubringen.

So befand er sich bald wieder auf dem von abgefallenem Laub bedeckten Boulevard. Es fielen keine Blätter mehr; die letzten waren von einem langen Windstoß abgerissen worden. Ihr rotgelber Teppich erschauerte, bewegte sich und formte unter lebhafteren Stößen des zunehmenden Windes Wellen von einem Gehweg zum anderen.

Plötzlich glitt eine Art Röhren über die Dächer, der wilde Schrei eines aufziehenden Unwetters, und im selben Augenblick warf sich in den Boulevard ein Sturmwind, der von der Madeleine-Kirche zu kommen schien.

Die Blätter, alle abgefallenen Blätter, die ihn zu erwarten schienen, erhoben sich bei seinem Nahen. Sie liefen vor ihm her, häuften sich, wirbelten herum und stiegen in Spiralen bis zu den Giebeln der Häuser empor. Er jagte sie wie eine Herde, eine vom Irrsinn gepackte Herde, die flieht und davonläuft und den Grenzen von Paris, dem freien Himmel der Bannmeile zueilt. Und als die große Wolke von Blättern und Staub über den Höhen des Quartier Malesherbes verschwunden war, lagen die Straßen und Gehwege nackt, sonderbar sauber und reingefegt da.

Bertin überlegte: Was soll aus mir werden? Wohin muß ich gehen? Und er kehrte heim, weil ihm nichts einfiel.

Ein Zeitungskiosk zog seinen Blick auf sich. Er kaufte sieben oder acht Blätter, in der Hoffnung, er werde vielleicht für eine oder zwei Stunden etwas zu lesen finden.

»Ich esse hier«, sagte er beim Nachhausekommen. Dann stieg er in sein Atelier hinauf.

Doch schon als er sich setzte, fühlte er, daß er hier nicht bleiben konnte, weil er in sich von Kopf bis Fuß eine Aufregung spürte wie die eines tollen Tiers.

Die durchflogenen Zeitungen vermochten sein Inneres auch nicht für eine Minute abzulenken, und was er las, blieb in seinen Augen hängen, ohne in sein Bewußtsein zu dringen. Mitten in einem Artikel, den er nicht einmal zu verstehen versuchte, ließ ihn der Name Guilleroy zusammenzucken. Es handelte sich um die Kammersitzung, bei der der Graf einige Sätze gesprochen hatte.

Seine durch dies Wort erweckte Aufmerksamkeit begegnete gleich darauf dem Namen des berühmten Tenors Montrosé, der gegen Ende Dezember eine einzige Vorstellung in der Großen Oper geben sollte. Es werde, so sagte die Zeitung, ein wunderbares musikalisches Ereignis werden; denn der Tenor Montrosé, der Paris vor sechs Jahren verlassen, habe in ganz Europa und in Amerika nie dagewesene Erfolge davongetragen; außerdem sei seine Partnerin die berühmte schwedische Sängerin Helsson, die seit fünf Jahren nicht mehr in Paris aufgetreten sei.

Plötzlich kam Olivier auf den Gedanken, und er schien in den Tiefen seines Herzens geboren worden zu sein, Annette durch die Einladung zu jener Aufführung eine Freude zu bereiten. Dann fiel ihm ein, daß die Trauer der Gräfin diesem Plan im Weg stehen werde, und er suchte nach Möglichkeiten, wie er ihn trotzdem verwirklichen könne. Eine einzige bot sich ihm dar. Er mußte eine Bühnenloge nehmen, wo man fast unsichtbar war, und Annette, wenn die Gräfin trotzdem nicht mitkommen wollte, von ihrem Vater und der Herzogin begleiten lassen. In diesem Fall mußte er die Loge der Herzogin anbieten. Aber dann mußte er auch den Marquis einladen!

Er schwankte und überlegte lange.

Freilich, die Heirat war beschlossen, sogar sicherlich schon festgesetzt. Er erriet die Eile der Freundin, dies zu einem Ende zu bringen; er durchschaute, daß sie die Tochter innerhalb der kürzesten Frist Farandal geben wollte. Er konnte nichts daran ändern. Er konnte dies Entsetzliche weder verhindern noch ändern noch es hinauszögern! Da er es also erdulden mußte, war es da nicht besser, wenn er seine Seele zu beherrschen, seine Leiden zu verbergen und froh zu erscheinen suchte und sich nicht mehr wie eben noch durch eine eifersüchtige Aufwallung hinreißen ließ?

Ja, er wollte den Marquis einladen und dadurch den Argwohn der Gräfin beschwichtigen und sich eine freundschaftlich geöffnete Tür ins Haus des jungen Ehepaars verschaffen.

Gleich nach dem Mittagessen ging er zur Oper, um sich eine hinter dem Vorhang verborgene Loge zu sichern. Sie wurde ihm zugesagt. Darauf eilte er zu den Guilleroys.

Die Gräfin erschien fast auf der Stelle; sie war noch immer sehr bewegt von den Gemütserschütterungen des Vorabends. »Wie nett von Ihnen, daß Sie heute kommen!« sagte sie.

Er stammelte: »Ich bringe Ihnen auch etwas mit.«

»Was denn?«

»Eine Bühnenloge in der Oper für die einzige Vorstellung der Helsson und Montrosés.«

»Ach, wie schade! Ich bin doch in Trauer.«

»Ihre Trauer ist bald vier Monate alt.«

»Nein, ich kann nicht.«

»Und Annette? Denken Sie daran, daß sich solch eine Gelegenheit vielleicht nie wieder bieten wird.«

»Mit wem würde sie hingehen?«

»Mit ihrem Vater und der Herzogin, die ich einladen werde. Außerdem beabsichtige ich, auch dem Marquis einen Platz anzubieten.«

Sie sah ihm tief in die Augen, wobei ihr ein wahnsinniges Verlangen, ihn zu küssen, in die Lippen stieg. Sie traute kaum ihren Ohren und wiederholte: »Dem Marquis?«

»Freilich.«

Und sogleich gab sie ihre Einwilligung zu diesem Vorschlag.

Mit gleichgültiger Miene fragte er: »Haben Sie den Zeitpunkt der Hochzeit schon festgesetzt?«

»Mein Gott, ja, so ungefähr. Wir haben Gründe, sie zu beschleunigen, und zwar um so mehr, als sie schon vor Mamas Tod beschlossen worden war. Sie erinnern sich doch?«

»Ja, durchaus. Und wann soll sie sein?«

»Anfang Januar. Entschuldigen Sie bitte, daß ich sie Ihnen nicht früher angekündigt habe.«

Annette kam herein.

Er fühlte sein Herz wie eine Sprungfeder hüpfen, und alle Zärtlichkeit, die er für sie hegte, wurde plötzlich bitter und erweckte in ihm die sonderbare, leidenschaftliche Abneigung, zu der die Liebe wird, wenn Eifersucht sie geißelt. »Ich habe Ihnen etwas mitgebracht«, sagte er.

»Also sind wir jetzt unumstößlich beim ›Sie‹ angelangt?«

Er machte ein väterliches Gesicht. »Hören Sie, mein Kind. Ich weiß, was sich vorbereitet. Seien Sie also sicher, daß es ohnehin in einiger Zeit unumgänglich wäre. Deshalb lieber gleich als später.«

Sie zuckte mißzufrieden die Achseln, während die Gräfin gedankenverloren schwieg, den Blick in die Ferne gerichtet.

Annette fragte: »Und was haben Sie mir mitgebracht?«

Er sprach von der Aufführung und den Einladungen, die er zu machen gedenke. Sie war entzückt, sprang ihm mit backfischhafter Begeisterung an den Hals und küßte ihn auf beide Wangen.

Er fühlte sich schwach werden und erkannte unter der doppelten leichten Berührung des kleinen Mundes mit dem frischen Atem, daß er nie wieder gesunden werde.

Die Gräfin verzog das Gesicht und sagte zu ihrer Tochter: »Du weißt, daß dein Vater dich erwartet.«

»Ja, Mama, ich gehe.« Sie lief davon und warf ihm dabei noch mit den Fingerspitzen Küsse zu.

Als sie draußen war, fragte Olivier: »Machen die beiden eine Hochzeitsreise?«

»Ja, drei Monate lang.«

Und er flüsterte unwillkürlich: »Ein Glück!«

»Wir nehmen unser altes Leben wieder auf«, sagte die Gräfin.

»Ich hoffe es«, stammelte er.

»Bis dahin dürfen Sie mich aber nicht vernachlässigen.«

»Nein, bestimmt nicht.«

Die Gefühlsaufwallung, die ihn am Vorabend überkommen hatte, als er sie hatte weinen sehen, und der Gedanke, daß er gerade gesagt habe, er wolle auch den Marquis zu der Opernaufführung einladen, ließen in der Gräfin wieder ein wenig Hoffnung erstehen.

Sie war nur von kurzer Dauer. Kaum war eine Woche vergangen, als sie von neuem mit quälender und eifersüchtiger Aufmerksamkeit alle Fortschritte der Qual auf dem Gesicht des Malers verfolgte. Sie konnte sie nicht übersehen, da sie selber all die Schmerzen durchlitt, die sie bei ihm vermutete, und Annettes ständige Anwesenheit rief ihr zu jeder Stunde des Tages die Ohnmacht ihrer Anstrengungen ins Bewußtsein zurück.

Alles drückte sie gleichzeitig nieder, die Jahre und die Trauer. Die lebhafte, erfahrene und erfinderische Koketterie, die sie ihr Leben lang triumphierend um seinetwillen angewendet hatte, war jetzt durch die schwarze, einförmige Trauerkleidung, die ihre Blässe und die Veränderung ihrer Züge noch betonte, ebenso gelähmt, wie sie die blendende Jugend ihres Kindes hervorhob. Es war lange her und schien doch erst gestern gewesen zu sein, daß Annette nach Paris zurückgekehrt und daß sie selber in ihrem Hochmut auf gleiche Kleidung bedacht gewesen war, die ihnen beiden zum Vorteil gereichte. Jetzt packte sie ein wütendes Verlangen, sich diese Trauerkleider, die sie häßlich machten und quälten, vom Leib zu reißen.

Wenn sie sich aller Hilfsquellen der Eleganz hätte bedienen dürfen, wenn sie zartfarbene, mit ihrem Teint harmonierende Stoffe hätte wählen und tragen können, die ihren mit dem Tod ringenden Reizen eine ebenso fesselnde künstliche Macht verliehen wie die lässige Anmut ihrer Tochter, dann hätte sie zweifellos jetzt noch verführerischer als sie zu wirken verstanden.

Sie kannte sich aus in der Wirkung in Fieber versetzender Abendtoiletten und weicher, reizvoller Morgengewänder, des sinnverwirrenden Negligés, das man zum Frühstück mit vertrauten Freunden trägt und das einer Frau bis in den frühen Nachmittag hinein etwas wie einen Hauch des Erwachens zurückläßt, die körperlich fühlbaren Spuren des eben verlassenen Bettes und parfümierten Zimmers!

Aber wen konnte sie in diesem an das Grab gemahnenden Gewand reizen, in dieser Sträflingstracht, die sie ein volles Jahr lang tragen mußte! Ein Jahr! Ein Jahr lang würde sie tatenlos und unterlegen in dies Schwarz eingeschlossen sein wie in ein Gefängnis! Ein Jahr lang würde sie sich Tag für Tag, Stunde für Stunde und Minute für Minute in diesem Trauerkreppfutteral altern fühlen. Was würde in einem Jahr aus ihr geworden sein, wenn sich ihr armer kranker Körper unter den Beklemmungen ihrer Seele weiterhin so veränderte?

Diese Gedanken wichen nicht mehr von ihr, sie vergällten ihr alles, was sie hätte genießen können, verwandelten ihr in Schmerz, was ihr eine Freude hätte sein sollen, und ließen ihr keinen einzigen ungetrübten Genuß, keine Stillung und keine Heiterkeit. Unaufhörlich zitterte sie in der drängenden Not, die Last dieses Elends, das sie zermalmte, abzuschütteln, weil sie ohne diese quälende Plage noch glücklich und heiter gewesen wäre und alles hätte ertragen können! Sie fühlte eine lebendige, gesunde Seele in sich, ein immer noch junges Herz, die Leidenschaft eines Geschöpfes, das erst zu leben beginnt, einen unersättlichen Hunger nach Glück, der sogar noch gieriger als früher war, und ein verzehrendes Bedürfnis zu lieben.

Und nun war es so, daß sich alles Gute, alles Holde, Köstliche und Poetische, das das Dasein verschönt und liebenswert macht, vor ihr zurückzog, weil sie alt geworden war! Es war zu Ende! Dennoch gewahrte sie in sich ihre Gefühle als junges Mädchen und ihre leidenschaftlichen Aufwallungen als junge Frau. Nichts war alt geworden als ihr Körper, ihre armselige Haut, dies Gewand der Knochen; es war nach und nach verschossen und zerfressen wie der Bezug über dem Holz eines Möbelstücks. Die Plage dieses Verfalls hing an ihr und war fast zu einem physischen Leiden geworden. Die fixe Idee machte ihr ihre Haut fühlbar, ließ sie wie Kälte oder Hitze das fortgesetzte und sichtbare Altwerden spüren. Sie glaubte das langsame Fortschreiten der Falten auf ihrer Stirn, das Erschlaffen des Gewebes über den Wangen und am Hals und die Vermehrung der unzähligen Runzeln, die die müde Haut zerknitterten, wie einen unerklärlichen Juckreiz zu empfinden. Wie ein von verzehrender Krankheit befallenes Geschöpf ein ständiges Hautjucken zum Kratzen zwingt, so pflanzten die Wahrnehmung und der Schrecken dieser abscheulichen Kleinarbeit der eilenden Zeit das unwiderstehliche

Verlangen in ihre Seele, sie in Spiegeln festzuhalten. Die Spiegel riefen sie, zogen sie an und zwangen sie, zu kommen und mit starren Augen die untilgbare Abnutzung durch die Jahre zu sehen und wieder zu sehen und unaufhörlich zu erkennen und, wie um sich besser zu überzeugen, mit dem Finger zu berühren. Zuerst war es nur ein dann und wann auftretender Einfall, der ihr jedesmal kam, wenn sie zu Hause oder anderswo die glänzende Oberfläche des gefürchteten Kristalls bemerkte. Sie blieb, wie von einer Hand zu allen Glasflächen gezerrt, mit denen die Kaufleute ihre Fassaden schmücken, auf den Gehwegen stehen, um sich in den Schaufenstern der Läden zu betrachten. Das wurde eine Krankheit, eine Besessenheit. In ihrer Tasche trug sie eine winzige Puderdose aus Elfenbein, nicht größer als eine Walnuß, deren Deckel auf der Innenseite einen kaum sichtbaren Spiegel barg, und oft hielt sie beim Gehen diese Puderdose offen in der Hand und hob sie zu ihren Augen.

Wenn sie sich setzte, um in dem Salon mit den Wandbespannungen zu lesen oder zu schreiben, kehrten ihre Gedanken, die einen Augenblick durch diese neue Beschäftigung abgelenkt worden waren, bald wieder zu ihrer Plage zurück. Sie kämpfte dagegen an, versuchte sich abzulenken, auf andere Gedanken zu kommen und mit ihrer Arbeit fortzufahren. Doch es war vergeblich, die Begierde stachelte und peinigte sie, und bald ließ ihre Hand das Buch oder die Feder fallen und streckte sich in einer unwiderstehlichen Regung nach dem kleinen, altsilbernen Handspiegel aus, der auf dem Schreibtisch lag. Der ovale, ziselierte Rahmen umschloß ihr ganzes Gesicht wie ein Antlitz von einst, ein Bild aus dem letzten Jahrhundert, ein ehemals frisches Pastell, das die Sonne ausgeblichen hat. Wenn sie es dann eine Weile betrachtet hatte, legte sie den Spiegel mit einer müden Handbewegung auf den Schreibtisch zurück und bemühte sich, ihre Arbeit wieder aufzunehmen; aber kaum hatte sie zwei Seiten gelesen oder zwanzig Zeilen geschrieben, so stieg das Verlangen, sich zu betrachten, von neuem unbezwinglich und peinigend in ihr auf, und abermals streckte sie den Arm aus und langte nach dem Spiegel.

Sie handhabte ihn jetzt wie ein erregendes und vertrautes

Kleinkunstwerk, von dem die Hand sich nicht trennen kann; sie bediente sich seiner alle Augenblicke, auch wenn sie ihre Freunde empfing, und wurde dadurch nervös, bis sie den Tränen nahe war und ihn haßte wie ein lebendiges Wesen, während sie ihn zwischen den Fingern drehte.

Eines Tages warf sie ihn, erschöpft durch ihren Kampf gegen dieses Stück Glas, an die Wand, wo er zerbrach und zersplitterte.

Doch einige Zeit später erhielt sie ihn durch ihren Mann, der ihn hatte reparieren lassen, klarer denn je zurück. Sie mußte ihn nehmen, dafür danken und ihn resigniert behalten.

Überdies nahm sie jeden Abend und jeden Morgen, wenn sie eingeschlossen in ihrem Zimmer saß, unwillkürlich von neuem diese geduldige, übergenaue Prüfung des abscheulichen, geräuschlosen Verfalls vor.

War sie zu Bett gegangen, so konnte sie nicht schlafen, zündete eine Kerze an und blieb mit offenen Augen liegen, wobei sie überlegte, daß Schlaflosigkeit und Kummer die schreckliche Arbeit der eilenden Zeit unaufhaltsam beschleunigen. Sie lauschte in das Schweigen der Nacht und hörte das Pendel ihrer Uhr, die mit ihrem Ticktack eintönig und regelmäßig zu flüstern schien: »Dahin, dahin, dahin«, und ihr Herz krampfte sich in einem solchen Schmerz zusammen, daß sie, das Laken vor dem Mund, vor Verzweiflung aufstöhnte.

Früher hatte sie wie jedermann eine klare Vorstellung von den schwindenden Jahren und den Wandlungen gehabt, die sie mit sich bringen. Wie alle Welt, hatte sie jeden Winter, jeden Frühling oder jeden Sommer gesagt und sich eingestanden: »Ich habe mich seit dem letzten Jahr sehr verändert.« Aber da sie noch immer schön war, wenn auch von etwas gewandelter Schönheit, hatte sie sich darüber keine trüben Gedanken gemacht. Heute aber war sie sich plötzlich, statt nach wie vor ruhig den langsamen Weg der Jahreszeiten zu verfolgen, der entsetzlichen Flucht der Augenblicke bewußt geworden und hatte sie erkannt. Sie hatte die jähe Offenbarung der entgleitenden Stunde erlebt, des unmerklichen Verrinnens, das einen verrückt machen kann, wenn man darüber nachgrübelt, und das unendliche Vorüberziehen kleiner, eilfertiger Sekunden, die an Leib und Leben der Menschen nagen.

Nach diesen elenden Nächten fand sie ein wenig Ruhe in langem Dahindämmern, in der lauen Wärme der Bettlaken, wenn ihre Zofe die Vorhänge geöffnet und das morgendliche Feuer angezündet hatte. Müde, benommen, weder wach noch schlafend, verblieb sie in einer Geistesermattung, und diese ließ in ihr eine vom Instinkt und der göttlichen Vorsehung gewollte Hoffnung entstehen, von der bis ans Ende der Tage Herz und Lächeln der Menschen erhellt sind und leben.

Wenn sie ihr Bett verlassen hatte, fühlte sie sich jetzt jeden Morgen von dem drängenden Wunsch beherrscht, zu Gott zu beten, um ein wenig Erleichterung und Trost von ihm zu erlangen.

Dann kniete sie vor einem ihr von Olivier geschenkten großen Christus aus Eichenholz nieder, einem seltenen Stück, das er entdeckt hatte, und flehte mit geschlossenen Lippen und der Stimme der Seele, mit der man zu sich selbst spricht, zu dem göttlichen Märtyrer und sandte ihre schmerzlichen Bitten zu ihm empor. Fast von Sinnen durch das Verlangen, gehört zu werden und Hilfe zu erhalten, und in ihrer höchsten Not einfältig wie alle knienden Gläubigen, vermochte sie nicht daran zu zweifeln, daß er ihr zuhöre, ihrem Ansuchen aufmerksam folge und vielleicht durch ihre Pein gerührt werde. Sie bat ihn nicht, für sie zu tun, was er nie für jemand getan hat: ihr bis zum Tod den Zauber, die Frische und die Anmut zu belassen; sie bat ihn nur um ein wenig Ruhe und Aufschub. Es mußte wohl sein, daß sie alt wurde, genau wie es sein mußte, daß sie starb. Doch warum so schnell? Manche Frauen bleiben so lange schön. Konnte er ihr nicht vergönnen, eine von ihnen zu sein? Wie gütig wäre es von ihm, wenn er, der ebenfalls so viel gelitten hatte, ihr nur noch zwei oder drei Jahre lang eine Spur der Verführungskraft belassen würde, deren sie bedurfte, um zu gefallen!

Sie sprach dies alles niemals aus, sondern seufzte es in der wirren Klage ihres Innern zu ihm empor.

Nachdem sie dann wieder aufgestanden war, setzte sie sich vor ihren Toilettentisch und begann in einer durch die Gedanken wie durch das Gebet gesteigerten Überreizung mit Mitteln wie Puder, Schminke, Stiften, Daunenquasten und Bürsten zu hantieren, die ihr für diesen Tag eine trügerische, hinfällige Schönheit liehen.

VI

Auf dem Boulevard waren zwei Namen in aller Mund: Emma Helsson und Montrosé. Je mehr man sich der Oper näherte, um so öfter hörte man sie wiederholen. Übrigens warfen auch riesige Plakate, die an den Anschlagsäulen klebten, den Vorübergehenden diese Namen in die Augen, und in der Luft des Abends lag das Erregende eines bevorstehenden Ereignisses.

Das plumpe »Académie Nationale de Musique« genannte Gebäude, das wie hingekauert unter dem schwarzen Himmel schien, zeigte dem davor versammelten Publikum seine prachtvolle, weißglänzende Fassade und den marmornen Säulengang seiner Galerie, die unsichtbare elektrische Lampen wie eine Bühnendekoration erleuchteten.

Auf dem Platz leiteten berittene Schutzleute den Verkehr, und unzählige Wagen kamen aus allen Richtungen der Hauptstadt und ließen hinter ihren herabgelassenen Scheiben flüchtig ein sahniges Schäumen heller Stoffe und bleiche Köpfe erkennen.

Die Coupés und Landauer fuhren nacheinander in den dafür bestimmten Bogengängen vor, hielten ein paar Augenblicke und ließen Frauen von Welt unter ihren mit Pelzwerk, Federn und unschätzbar wertvollen Spitzen garnierten Abendumhängen oder die anderen mit ihren köstlichen, göttlich aufgeputzten Leibern aussteigen.

Die ganze berühmte Treppe war ein einziges, feenhaftes Emporsteigen, ein unablässiges Aufwärtsschweben von Damen, die wie Königinnen gekleidet waren, deren Büste und Ohren das Blitzen der Brillanten auffunkeln ließen und deren lange Kleider über die Stufen schleppten.

Der Zuschauerraum füllte sich früh, weil niemand auch nur einen einzigen Ton der beiden weltbekannten Künstler verlieren wollte, und das riesige Amphitheater barg unter dem blendenden elektrischen Licht, das aus dem Kronleuchter niederstrahlte, eine Flutwoge von Leuten, die sich setzten, und ein unaufhörliches Stimmengesumm.

Aus der Bühnenloge, in der die Herzogin, Annette, der Graf, der Marquis, Bertin und Monsieur de Musadieu bereits Platz genommen hatten, war nichts als die Kulissen zu sehen, in denen Männer plauderten, hin und her liefen und schrien: Bühnenarbeiter in Arbeitsblusen, Herren im Frack, Sänger im Kostüm. Doch hinter dem riesigen, noch niederhängenden Vorhang waren das tiefe Brodeln der Menge zu hören und die Anwesenheit vieler sich bewegender, übererregter Menschen zu spüren, deren innerer Aufruhr den Vorhang zu durchdringen schien und sich bis in die Kulissen ausbreitete.

Es sollte »Margarethe« gegeben werden.

Musadieu erzählte Anekdoten über die ersten Aufführungen der Oper im Théâtre Lyrique, über den halben Durchfall, dem dann ein strahlender Triumph gefolgt war, über die Interpreten der Premiere und wie sie jede Nummer gesungen hatten. Annette lauschte, halb zu ihm hingewandt, mit der unersättlichen, jungen Neugier, mit der sie die ganze Welt umfing, und warf ihrem Verlobten, der in einigen Tagen ihr Mann sein würde, dann und wann einen zärtlichen Seitenblick zu. Sie liebte ihn jetzt, wie naive Herzen lieben, das heißt, sie liebte in ihm alle Hoffnungen auf morgen. Der Rausch der ersten Feste des Lebens und der glühende Wunsch, glücklich zu sein, ließen sie vor Frohsinn und Erwartung beben.

Und Olivier, der alles sah, alles wußte, der ohnmächtig und eifersüchtig alle Stadien der heimlichen Liebe bis zum Feuerofen des Leids durchgemacht hatte, wo das Herz wie ein Leib auf glühenden Kohlen zu prasseln scheint, blieb im Hintergrund der Loge stehen und blickte beide an wie ein zum Tod Verurteilter.

Die drei Schläge ertönten, und plötzlich unterbrach das knappe, tonlose Klopfen eines Taktstockes am Pult des Dirigenten alle Bewegungen, das Husten und Murmeln, und dann hoben nach einem kurzen, tiefen Schweigen die ersten Takte der Ouvertüre an, erfüllten den Saal mit dem unsichtbaren, unwiderstehlichen Geheimnis der Musik, die sich in den Körpern ausbreitet, an den Nerven zerrt, die Seelen mit einem fühlbaren, schwärmerischen Fieber erfüllt und in die durchsichtige Luft, die man atmet, eine klingende Flut wirft, der man lauscht.

Olivier setzte sich hinten in die Loge, schmerzlich bewegt, als rührten die Töne an die Wunden seines Herzens.

Doch als sich der Vorhang hob, stand er wieder auf und erblickte in einem Bühnenbild, das das Studierzimmer eines Alchimisten darstellte, den grübelnden Doktor Faust.

Zwanzigmal hatte er diese Oper schon gehört; er kannte sie fast auswendig, und also wandte sich seine Aufmerksamkeit bald von dem Stück ab und dem Zuschauerraum zu. Er sah davon nur einen kleinen Ausschnitt hinter dem Rahmen der Bühne, die seine Loge verbarg, aber jener Ausschnitt erstreckte sich vom Parkett bis zur Stehgalerie und ließ ihn einen Teil des Publikums sehen, unter dem er viele Köpfe wiedererkannte. Die im Parkett Seite an Seite sitzenden Männer mit der weißen Schleife erschienen ihm wie eine Sammlung vertrauter Gesichter aus der Gesellschaft, aus Künstler- und Journalistenkreisen, jenen Kategorien, die nie verfehlen, dort zu sein, wohin alle Welt geht. In den Balkonlogen erkannte er Frauen, nannte ihre Namen und bezeichnete sie für sich. Die Gräfin de Lochrist in einer Proszeniumsloge war wirklich entzückend, und ein wenig weiter hob eine Jungverheiratete, die Marquise d'Ebelin, ihr Lorgnon. »Hübsches Debüt«, sagte sich Bertin. Alle lauschten mit großer Aufmerksamkeit und offensichtlicher Sympathie dem Tenor Montrosé, der sich über sein Leben beklagte.

Olivier dachte: Ein guter Witz! Da ist Faust, der rätselvolle und erhabene Faust, der von dem entsetzlichen Überdruß und der Nichtigkeit des Daseins singt, und die Leute da fragen sich besorgt, ob sich nicht Montrosés Stimme verändert habe. Dann hörte er wie die anderen zu und erlebte hinter den alltäglichen Worten des Textbuchs und über die Musik hinaus, die in den Gründen der Seelen tiefe Erkenntnisse erweckt, eine Offenbarung der Art, wie sich Goethe das Herz des Faust erträumt hatte.

Er hatte die Dichtung früher gelesen und für sehr schön gehalten, ohne besonders davon angerührt worden zu sein; doch jetzt erfühlte er plötzlich ihre unergründliche Tiefe, weil ihm an diesem Abend schien, er selber werde ein Faust.

Annette saß ein wenig über die Logenbrüstung geneigt und war ganz Ohr; aus dem Publikum kam zufriedenes Gemurmel, denn Montrosés Stimme setzte besser an und war voller als früher.

Bertin hatte die Augen geschlossen. Seit einem Monat machte er aus allem, was er sah, allem, was er empfand, und allem, was ihm in seinem Leben zustieß, sofort etwas wie ein Zubehör seiner Leidenschaft. Er warf sich und die Welt seiner fixen Idee zum Fraß hin. Alles, was er an Schönem und Seltenem wahrnahm, allen Zauber, den er sich ersann, bot er im Geist sofort seiner kleinen Freundin dar, und es kam ihm kein Gedanke mehr, der nicht zu seiner Liebe hingeführt hätte.

Jetzt hörte er in seinen Tiefen ein Echo der Klagen Fausts hallen; und es erwachte in ihm die Sehnsucht nach dem Tod, das Verlangen, seinem Kummer und all dem Elend der ausweglosen Liebe gleichfalls ein Ende zu machen. Er schaute zu Annettes feinem Profil hin und sah den Marquis de Farandal, der hinter ihr saß und sie ebenfalls betrachtete. Er fühlte sich alt, am Ende und verloren. Ach, nichts mehr zu erwarten, nichts mehr zu erhoffen, nicht einmal mehr das Recht auf Wünsche zu haben, sich ausgestoßen und vom Leben in den Ruhestand versetzt zu fühlen wie ein überalterter Beamter, dessen Laufbahn beendet ist – welch unerträgliche Marter!

Beifall rauschte auf, Montrosé triumphierte schon. Und Mephisto-Labarrière machte einen Luftsprung.

Olivier, der ihn nie in dieser Rolle gehört hatte, wurde wieder gefesselt. Die Erinnerung an den so dramatischen Bassisten Aubin und an den verführerischen Bariton Faure hatte ihn für einige Augenblicke abgelenkt.

Doch plötzlich rührte ein von Montrosé gesungener Satz mit unwiderstehlicher Gewalt an sein Herz. Faust sagte zu Satan:

»Ein Wunsch mich beseelt,
Der alles vereint.
So höre: die Jugend!«

Und der Tenor erschien in einem Seidenwams, den Degen an der Seite, eine Federkappe auf dem Kopf, elegant, jung und schön in seiner manierierten Sängerhübschheit.

Ein Murmeln erhob sich. Er war sehr gut und gefiel den Frauen. Olivier dagegen empfand einen Schauer der Enttäuschung, denn die herzergreifende Beschwörung von Goethes dramatischem Gedicht entschwand bei dieser Metamorphose. Er hatte jetzt nur noch eine Zauberposse mit hübschen Gesangsstücken und begabten Darstellern vor Augen, deren Stimmen er nicht mehr lauschte. Dieser Mann im Wams, dieser hübsche Bursche mit den Tenorkoloraturen, der seine Schenkel und seine Töne zur Schau stellte, mißfiel ihm. Das war nicht der echte, der unwiderstehliche und unheilvolle Kavalier Faust, jener, der Margarethe verführen sollte.

Er setzte sich, und die Worte, die er eben gehört hatte, fielen ihm wieder ein:

»Ein Wunsch mich beseelt,
Der alles vereint.
So höre: die Jugend!«

Er murmelte sie zwischen den Zähnen, er sang sie schmerzlich in seinem Innern nach und fühlte, die Augen immer auf Annettes blonden Nacken gerichtet, der sich in der viereckigen Öffnung der Loge abhob, die ganze Bitterkeit dieses unerfüllbaren Verlangens.

Doch jetzt hatte Montrosé den ersten Akt mit einer solchen Vollkommenheit beendet, daß die Begeisterung losbrach. Einige Minuten lang rauschte der Lärm des Beifalls, des Fußgetrampels und der Bravorufe wie ein Orkan durch den Saal. In allen Logen sah man die Frauen ihre Handschuhe aneinanderschlagen, während die Männer, die hinter ihnen standen, laut riefen und in die Hände klatschten.

Der Vorhang fiel und hob sich noch zweimal, ohne daß sich die Begeisterung legte. Als er sich dann zum drittenmal gesenkt hatte und das Publikum von der Bühne und den Innenlogen trennte, klatschten die Herzogin und Annette noch eine Weile fort und wurden durch eine bescheidene kleine Verbeugung des Tenors besonders bedankt.

»Oh, er hat uns gesehen«, sagte Annette.

»Welch ein wunderbarer Künstler!« rief die Herzogin.

Und Bertin, der sich vorgebeugt hatte, sah mit einem unklaren

Gefühl von Ärger und Verachtung den bejubelten Sänger sich ein wenig wiegend, mit gespreizten Beinen und die Hand auf die Hüfte gestemmt, in der gespreizten Pose eines Theaterhelden zwischen zwei Kulissen verschwinden.

Sie sprachen über ihn. Seine Erfolge machten ebenso viel Lärm wie sein Talent. Er hatte in allen Hauptstädten gastiert, umringt von der Begeisterung der Frauen, die ihn von vornherein für unwiderstehlich hielten und Herzklopfen bekamen, sobald er auftrat. Er schien sich übrigens, wie behauptet wurde, wenig aus diesem Gefühlstaumel zu machen und gab sich mit den musikalischen Triumphen zufrieden. Musadieu erzählte mit Rücksicht auf Annette in sehr verhüllten Worten vom Leben dieses schönen Sängers, und die Herzogin, die völlig hingerissen war, verstand und billigte alle Dummheiten, die um seinetwillen begangen worden waren, so verführerisch, elegant, vornehm und von so außergewöhnlicher musikalischer Begabung fand sie ihn. Lachend schloß sie: »Wie soll man übrigens solch einer Stimme widerstehen!«

Olivier ärgerte sich und wurde bitter. Er verstand wirklich nicht, wie man Geschmack an einem Komödianten finden könne, an dieser ewig wiederholten Darstellung von Menschentypen, deren keine er je wirklich ist, an dieser illusorischen Personifizierung geträumter Männergestalten, an dieser nächtlichen, geschminkten Marionette, die sämtliche Rollen jeden Abend gleich spielt.

»Sie sind eifersüchtig«, sagte die Herzogin. »Ihr andern, ihr Männer von Welt und Künstler, seid auf alle Bühnenkünstler böse, weil sie mehr Erfolg haben als ihr.« Dann wandte sie sich an Annette: »Sag mal, Kleines, du trittst jetzt ins Leben ein und hast einen unbefangenen Blick, wie findest denn du diesen Tenor?«

Annette antwortete mit überzeugter Miene: »Ich finde ihn wirklich sehr gut.«

Wieder wurde dreimal geklopft zum Beginn des zweiten Aktes, und der Vorhang hob sich vor dem ländlichen Fest.

Der Gesang der Helsson war unübertrefflich. Auch ihre Stimme schien gegen früher voller geworden zu sein, und die Darstellung hatte vollendete Sicherheit. Sie war wirklich die große, herrliche und wunderbare Sängerin geworden, deren Ruf in der Welt dem des Herrn von Bismarck und des Monsieur de Lesseps gleichkam.

Als Faust auf sie zutrat, als er mit seiner hinreißenden Stimme die bezaubernden Worte sang:

»Mein schönes Fräulein, darf ich's wagen,
Meinen Arm und Geleit Euch anzutragen?«

und als die blonde, hübsche, rührende Margarethe ihm antwortete:

»Nein, mein Herr!
Bin weder Fräulein, weder schön,
Kann ungeleitet nach Hause gehn«,

da wurde der ganze Saal von einem Wonneschauer aufgewühlt.

Der Beifall, als sich der Vorhang gesenkt hatte, schwoll zu etwas Ungeheuerlichem, und Annette klatschte so lange, daß Bertin am liebsten nach ihren Händen gegriffen hätte, damit sie aufhöre. Sein Herz wurde von einer neuen Qual gepeinigt. Während der Pause redete er kein Wort, weil er mit seiner zum Haß gediehenen fixen Idee den abscheulichen Sänger, der dies Kind derartig begeisterte, durch die Kulissen und bis in seine Garderobe verfolgte, wo er ihn das Weiß auf den Wangen erneuern sah.

Dann hob sich der Vorhang zur Gartenszene.

Sogleich stellte sich etwas wie ein Liebesfieber ein und breitete sich im Saal aus, denn nie hatte diese Musik, die nur ein Hauch von Küssen zu sein schien, zwei ähnliche Interpreten gefunden. Sie waren nicht mehr zwei berühmte Darsteller, Montrosé und die Helsson, sondern zwei Geschöpfe aus der idealen Welt, kaum zwei Menschenwesen, sondern zwei Stimmen: die unvergängliche Stimme des liebenden Mannes und die unvergängliche Stimme der nachgebenden Frau, und gemeinsam atmeten sie alle Poesie menschlicher Liebe.

Als Faust sang:

»Laß mich in dein holdes Antlitz schauen!«,

enthielten die seinem Mund entquellenden Töne solche Anbetung, Hingerissenheit und solch ein Flehen, daß für einen Augenblick in aller Herzen der Wunsch zu lieben erwachte.

Olivier erinnerte sich, daß er diesen Satz im Park von Roncières unter den Fenstern des Schlosses vor sich hin geflüstert hatte. Bis jetzt hatte er ihn ziemlich nichtssagend gefunden. Und nun kam er ihm auf die Lippen wie ein letzter Schrei der Leidenschaft, wie ein letztes Gebet, die letzte Hoffnung, die letzte Gunst, die er in diesem Leben zu erwarten hatte.

Danach hörte er nicht mehr hin und vernahm nichts mehr. Ein Anfall überschriller Eifersucht zerriß ihn, weil er gesehen hatte, daß Annette ihr Taschentuch an die Augen führte.

Sie weinte! Also erwachte ihr Herz, ihr kleines Frauenherz, das noch von nichts wußte, wallte auf und wurde unruhig. Dort, ganz dicht neben ihm und ohne an ihn zu denken, machte sie die Entdeckung, daß die Liebe ein Menschengeschöpf aus der Fassung zu bringen vermag, und diese Entdeckung, diese Einweihung hatte sie diesem elenden, singenden Komödianten zu verdanken!

Ach, er war dem Marquis de Farandal, diesem Dummkopf, der nichts sah, nichts wußte und nichts verstand, kaum noch böse! Aber wie sehr verabscheute er den Mann in dem enganliegenden Trikot, der diese Mädchenseele erleuchtete!

Er hatte Lust, sich auf sie zu werfen, wie man sich auf jemand wirft, der im nächsten Augenblick von einem Pferd zertreten werden kann, sie am Arm zu packen, sie wegzuführen, wegzuzerren und ihr zu sagen: »Lassen Sie uns gehen! Lassen Sie uns gehen, ich flehe Sie an!«

Wie sie lauschte, und wie sie bebte! Und wie er litt! Er hatte schon ähnlich gelitten, aber nie so grausam. Er dachte daran zurück, weil sich alle Qualen der Eifersucht erneuern wie aufgeplatzte Wunden. In Roncières, als sie vom Friedhof zurückkehrten, hatte er zum erstenmal gefühlt, wie sie ihm entwich und er nichts über sie vermochte, über dies wie ein junges Tier unabhängige Mädchen. Doch dort, als er über sie verstimmt gewesen, weil sie fortgelaufen war, um Blumen zu pflücken, hatte er vor allem ein ungestümes Verlangen empfunden, ihren Eifer zu dämpfen und sich ihr körperliches Nahesein zu bewahren; heute jedoch war es ihre Seele, die ihm unerlangbar entfloh. Ach, diese nagende Gereiztheit, deren er sich bewußt geworden war, wie oft hatte er sie noch empfunden bei all den uneingestandenen kleinen Stößen, die den liebenden Herzen unaufhörlich blaue Flekken beizubringen scheinen. Er erinnerte sich all der schmerzhaften Spuren der geringsten Eifersucht, die ihn überfallen hatte, an die kleinen Hiebe im Lauf der Tage. Jedesmal, wenn sie etwas wahrgenommen, bewundert, geliebt oder gewünscht hatte, war er eifersüchtig gewesen, eifersüchtig in einer kaum spürbaren Art, aber unablässig und auf alles, was Annettes Zeit, Blicke, Aufmerksamkeit, Freude, Erstaunen und Liebe beanspruchte, weil ihm alles ein wenig von ihr nahm. Er war eifersüchtig auf alles gewesen, was sie ohne ihn tat, auf alles, was er nicht wußte, auf ihre Spaziergänge, ihre Lektüre, auf alles, was ihr zu gefallen schien, eifersüchtig auf einen in Afrika heldenhaft verwundeten Offizier, mit dem sich ganz Paris acht Tage lang beschäftigt hatte, auf den Autor eines sehr gelobten Romans, auf einen jungen unbekannten Dichter, den sie nie gesehen, von dem aber Musadieu Verse rezitiert hatte, und schließlich auf alle Männer, die vor ihr gerühmt worden waren, weil man, wenn man eine Frau liebt, nicht ohne Beklemmung in Kauf nehmen kann, daß sie auch nur mit einem Schein von Interesse an jemand anders denkt. Man trägt im Herzen das gebieterische Verlangen, vor ihren Augen ganz allein in der Welt dazustehen. Man möchte, daß sie keinen anderen sieht, kennt oder schätzt. Sobald es auch nur den Anschein hat, als wende sie sich, um jemand zu betrachten oder zu erkennen, stellt man sich hastig ihrem Blick in den Weg, und wenn man ihn nicht abwenden oder völlig auf sich lenken kann, leidet man bis zum tiefsten Seelengrund.

So litt Olivier angesichts dieses Sängers, der in diesem Opernhaus die Liebe zu verbreiten und zu sammeln schien, und er zürnte aller Welt über den Triumph dieses Tenors, er zürnte allen Frauen, die er in ihren Logen begeistert sah, und allen Männern, diesen Tröpfen, die solch einen Gecken vergötterten.

Ein Künstler! Sie nannten ihn einen Künstler, einen großen

Künstler! Und er hatte Erfolg, dieser Hanswurst, dieser Dolmetsch fremder Gedanken, der nie etwas Eigenes erschaffen hatte! Ach, so sah sie aus, die Gerechtigkeit und die Intelligenz der Leute von Welt, dieser ahnungslosen, anmaßenden Laien, für die die Meister der menschlichen Kunst bis zum Tod arbeiteten. Er sah sie Beifall spenden, schreien und sich begeistern, und die alte Feindseligkeit, die schon von je in seinem hochmütigen, stolzen Emporkömmlingsherzen gegoren hatte, schwoll und wurde zum wütenden Zorn gegen diese nur durch ihre Geburt und das Geld allmächtigen Schwachköpfe.

Bis zum Ende der Vorstellung schwieg er, von seinen Gedanken verzehrt, und dann, als der Orkan der Schlußbegeisterung sich beschwichtigt hatte, bot er der Herzogin den Arm, während der Marquis den Annettes nahm. Wieder stiegen sie durch ein Wogen von Herren und Damen, durch eine prächtige, langsame Kaskade nackter Schultern, üppiger Roben und Fräcke die Treppe hinunter. Dann bestiegen die Herzogin, das junge Mädchen, ihr Vater und der Marquis denselben Landauer, und Olivier Bertin blieb mit Musadieu allein auf der Place de l'Opéra zurück.

Plötzlich empfand er etwas wie Freundschaft für diesen Mann, oder vielmehr jene natürliche Zuneigung, die man für einen Landsmann verspürt, dem man in entlegenen Ländern begegnet, denn er kam sich in diesem fremden, gleichgültigen Getümmel verloren vor; mit Musadieu hingegen konnte er doch wenigstens über sie sprechen. Er nahm ihn also am Arm. »Sie wollen sicherlich nicht sofort heim«, sagte er. »Das Wetter ist schön, lassen Sie uns noch ein wenig spazieren gehen.«

Sie schlenderten durch die nächtliche Menge, den kurzen, heftigen Tumult, der um Mitternacht die Boulevards durchtobt, wenn die Theater aus sind, der Madeleine-Kirche entgegen.

Musadieu hatte tausend Dinge im Kopf, alle seine augenblicklichen Gesprächsthemen, die Bertin als sein »Tagesmenü« zu bezeichnen pflegte, und ließ seiner Beredsamkeit über die zwei oder drei für ihn interessanten Gegenstände freien Lauf. Der Maler ließ ihn reden, ohne ihm zuzuhören, während er ihn am Arm hielt, überzeugt, er werde ihn binnen kurzem dahin bringen, daß er über sie spreche, und so schritt er einher, ohne etwas zu sehen und ganz gefangen in seiner Liebe. Er ging, erschöpft durch diesen Anfall von Eifersucht, der ihn wie ein Sturz verletzt hatte, und niedergedrückt durch die Gewißheit, daß es für ihn auf dieser Welt nichts mehr zu tun gebe.

So würde er denn mehr und mehr leiden, ohne noch etwas zu erwarten. Seine Tage würden einer wie der andere leer sein, indessen er von weitem ihrem Leben zuschaute und sah, wie sie glücklich war und geliebt wurde und zweifellos auch selber liebte. Einen Liebhaber? Vielleicht würde sie sich einen Liebhaber nehmen, wie ihre Mutter einen gehabt hatte. Er verspürte in sich zahllose verschiedene, verworrene Quellen des Leidens, ein solches Zuströmen von Unglück und ein so unvermeidliches Herzzerreißen; er fühlte sich so verloren und von diesem Augenblick an in eine unvorstellbare Todesangst versetzt, daß er einfach nicht zu glauben vermochte, jemand könne jemals so tief gelitten haben wie er. Und jäh fiel ihm die Kinderei der Dichter ein, die die unnütze Arbeit des Sisyphus, den körperlichen Durst des Tantalus und das zerfleischte Herz des Prometheus erfanden! Oh! Wenn sie dies vorausgesehen, wenn sie der hoffnungslosen Liebe eines alten Mannes zu einem jungen Mädchen nachgespürt hätten, wie hätten sie die jämmerliche, geheime Mühsal eines Menschenwesens ausgedrückt, das nicht mehr geliebt werden kann, die Qualen des unfruchtbaren Verlangens und, furchtbarer als ein Geierschnabel, ein kleines Gesicht unter blondem Haar, das ein altes Herz zerfleischt!

Musadieu redete noch immer, und Bertin unterbrach ihn und sagte unwillkürlich halblaut unter dem Zwang seiner fixen Idee: »Annette war heute abend reizend.«

»Ja, entzückend...«

Um zu verhindern, daß Musadieu den abgeschnittenen Faden seiner Gedanken wieder aufnahm, sagte der Maler noch: »Sie ist hübscher, als ihre Mutter war.«

Der andere pflichtete geistesabwesend bei und wiederholte mehrere Male: »Ja...ja...ja...«, ohne sich auf diesen neuen Gedanken umstellen zu können.

Olivier gab sich alle Mühe, ihn dort zu halten; er bediente sich einer List, indem er Musadieu mit einer seiner Lieblingsbeschäftigungen zu fesseln versuchte, und sagte: »Sie wird nach ihrer Heirat einen der ersten Salons in Paris führen.«

Das genügte, und der Förderer der Schönen Künste begann als überzeugter Mann von Welt die Stellung, die die Marquise de Farandal in der französischen Gesellschaft einnehmen würde, mit klüglich wägenden Worten abzuschätzen.

Bertin hörte ihm zu und sah Annette in einem großen, lichterstrahlenden Salon von Damen und Herren umgeben. Dieses innerlich erschaute Bild erweckte abermals seine Eifersucht.

Sie gingen den Boulevard Malesherbes entlang. Als sie am Haus der Guilleroys vorüberkamen, blickte der Maler hinauf. Lichter schienen in den Fenstern, hinter den Spalten der Vorhänge, zu schimmern. Ihm kam der Verdacht, die Herzogin und ihr Neffe möchten vielleicht eingeladen worden sein, mit hinaufzukommen und noch eine Tasse Tee zu trinken. Und bei diesem Gedanken schüttelte ihn Wut und ließ ihn grauenhaft leiden.

Nach wie vor drückte er Musadieus Arm und ermunterte ihn zuweilen durch einen Widerspruch gegen seine vorgebrachte Meinung über die künftige junge Marquise. Die banale Stimme, die von ihr sprach, ließ sein erschautes Bild in das die beiden umgebende Dunkel entgaukeln.

Als sie in der Avenue de Villiers vor der Tür des Malers angelangt waren, fragte Bertin: »Kommen Sie noch mit hinauf?«

»Nein, danke. Es ist spät, ich möchte mich schlafen legen.«

»Ach was, kommen Sie doch auf eine halbe Stunde mit, dann können wir noch ein bißchen plaudern.«

»Nein. Wirklich, es ist schon zu spät!«

Der Gedanke, nach den Erschütterungen, die er gerade durchgemacht hatte, allein zu bleiben, erfüllte Oliviers Seele mit Entsetzen. Hier hatte er einen, und den würde er festhalten. »Kommen Sie nur, Sie dürfen sich eine Studie aussuchen; das habe ich Ihnen schon lange anbieten wollen.«

Der andere wußte, daß die Maler nicht immer in Geberlaune sind und daß ihr Gedächtnis im Hinblick auf Versprechungen sehr kurz ist, und also nahm er die Gelegenheit wahr. In seiner Eigenschaft als Inspekteur der Schönen Künste besaß er eine mit

Geschmack und Kennerschaft zusammengestellte Bildersammlung. »Also gut«, sagte er.

Sie gingen hinein.

Der Diener, der geweckt worden war, brachte Grog, und die Unterhaltung schleppte sich eine Zeitlang über Malerei hin. Bertin zeigte Studien und bat Musadieu, die zu nehmen, die ihm am besten gefalle, und Musadieu schwankte, weil ihn das Gaslicht störte und über die Farbtöne täuschte. Schließlich wählte er eine Gruppe kleiner Mädchen, die auf einem Gehweg Seil sprangen; und fast gleich danach wollte er gehen und sein Geschenk mitnehmen.

»Ich kann es bei Ihnen vorbeibringen lassen«, sagte der Maler.

»Nein, ich möchte es lieber gleich heute abend mitnehmen; dann kann ich es vor dem Zubettgehen noch bewundern.«

Nichts konnte ihn länger zurückhalten, und Olivier Bertin fand sich abermals allein in seinem Haus, in diesem Gefängnis seiner Erinnerungen und seines schmerzlichen Aufruhrs.

Als der Diener am nächsten Morgen zu ihm ins Schlafzimmer kam und den Tee und die Zeitungen brachte, sah er seinen Herrn aufrecht im Bett sitzen, und zwar so bleich, daß er es mit der Angst bekam. »Monsieur fühlt sich nicht wohl?« fragte er.

»Halb so schlimm, nur ein bißchen Kopfschmerzen.«

»Soll ich nicht etwas für Monsieur besorgen?«

»Nein. Wie ist das Wetter?«

»Es regnet, Monsieur.«

»Gut. Danke.«

Nachdem der Diener das Teegeschirr wie gewöhnlich auf den kleinen Tisch gestellt und die Zeitungen daneben gelegt hatte, ging er.

Olivier nahm den »Figaro« und schlug ihn auf. Der Leitartikel trug die Überschrift »Moderne Malerei«. Es handelte sich um ein dithyrambisches Lob auf vier oder fünf junge Maler, die mit wirklichen Qualitäten als Koloristen begabt und geschickt genug waren, das um des Effektes willen zu übersteigern, und den Anspruch erhoben, Revolutionäre und geniale Neuerer zu sein.

Wie alle Älteren ärgerte sich Bertin über diese Neuen, ärgerte sich über ihr Scherbengericht und verabscheute ihre Kunsttheorie. Er begann also jenen Artikel schon mit dem aufsteigenden Zorn zu lesen, dem ein geschwächtes Herz leicht verfällt, und gewahrte dann, als er die Augen tiefer senkte, seinen Namen; und die wenigen Worte am Schluß eines Satzes trafen ihn wie ein Faustschlag gegen seine Brust: »Olivier Bertins aus der Mode gekommene Kunst...«

Er war immer empfänglich für Kritik und Lob gewesen, aber letztlich litt er trotz seiner berechtigten Eitelkeit mehr darunter, verrissen, als er genoß, gelobt zu werden, weil er sich über sich selbst nicht im klaren war, was stets sein Schwanken genährt hatte. Früher, zur Zeit seiner Triumphe, waren die Beweihräucherer so zahlreich gewesen, daß sie ihn die Nadelstiche hatten vergessen lassen. Heute dagegen, unter dem unaufhörlichen Nachdrängen neuer Künstler und neuer Bewunderer, wurden die Beifallsbekundungen seltener und die Ablehnungen verletzender. Er fühlte sich in die Schar der alten, begabten Maler eingereiht, die von den jungen nicht mehr als Meister bezeichnet werden, und da er ebenso intelligent wie scharfsichtig war, litt er gegenwärtig unter den geringsten Anspielungen ebenso sehr wie unter direkten Angriffen.

Niemals jedoch hatte eine Verwundung seines Künstlerstolzes ihn so bluten lassen. Atemlos las er den Artikel nochmals, um ihn bis in die kleinsten Nuancen zu begreifen. Sie warfen ihn mit beleidigender Ungeniertheit mit einigen Kollegen in einen Topf, und er stand auf und wiederholte flüsternd jene Worte, die auf seinen Lippen haften geblieben waren: »Olivier Bertins aus der Mode gekommene Kunst.«

Niemals hatten ihn eine ähnliche Betrübnis, eine ähnliche Entmutigung, eine ähnliche Empfindung vom Ende aller Dinge, vom Ende seines physischen und seines geistigen Wesens in eine so verzweifelte Niedergeschlagenheit gestürzt. Bis zwei Uhr blieb er in seinem Sessel vor dem Kamin sitzen, die Beine gegen das Feuer ausgestreckt, und hatte nicht die Kraft, sich zu rühren oder irgend etwas zu tun. Dann erstand in ihm das Verlangen, getröstet zu werden, das Verlangen, Freundeshände zu drücken, in treue Augen zu blicken und durch Freundesworte bedauert, aufgerüttelt und gehätschelt zu werden. Er ging also, wie stets, zu der Gräfin.

Als er eintrat, saß nur Annette im Salon, mit dem Rücken zu ihm hin, und schrieb rasch die Adresse auf einen Brief. Auf dem Tisch neben ihr lag aufgeschlagen der »Figaro«. Bertin erblickte das junge Mädchen und gleichzeitig die Zeitung; er war wie vor den Kopf geschlagen und wagte nicht weiterzugehen. Wenn sie es gelesen hätte!

Sie wandte sich um und sagte geschäftig, eilig, den Kopf voller Frauensorgen: »Ach, guten Tag, Herr Maler. Entschuldigen Sie, wenn ich Sie allein lasse. Ich habe oben die Schneiderin, und ich muß schleunigst zu ihr. Sie verstehen, wenn man heiratet, ist die Schneiderin sehr wichtig. Ich will Ihnen Mama leihen, damit sie mit meinem Künstler plaudert und kluge Reden führt. Wenn ich sie brauche, fordere ich sie in ein paar Minuten wieder von Ihnen zurück.« Und damit ging sie; sie lief sogar ein wenig, um ihre Eile darzutun.

Dieser rasche Abschied, ohne ein liebevolles Wort und ohne einen zärtlichen Blick für ihn, der sie so sehr... so sehr... liebte, machte ihn fassungslos. Sein Blick blieb nochmals am »Figaro« hängen, und er dachte: Sie hat es gelesen! Ich werde verhöhnt, verleugnet. Sie glaubt nicht mehr an mich. Ich gelte für sie nichts mehr.

Er tat zwei Schritte auf die Zeitung zu, wie man auf einen Mann zutritt, den man ohrfeigen will. Dann sagte er sich: »Vielleicht hat sie es doch noch nicht gelesen. Sie hat heute so viel anderes im Kopf. Aber heute abend beim Essen wird in ihrem Dabeisein ganz sicher darüber gesprochen, und das macht ihr dann Lust zum Lesen.« Mit einer jähen, unüberlegten Bewegung hatte er die Nummer an sich gerissen, sie geschlossen, gefaltet und flink wie ein Dieb in seine Tasche geschoben.

Die Gräfin kam herein. Als sie Oliviers fahles, verkrampftes Gesicht sah, spürte sie, daß er den Grenzen seiner Leidensfähigkeit nahe war.

Sie fühlte sich mächtig zu ihm hingezogen, hingezogen mit ihrer armen, ebenfalls zerrissenen Seele, ihrem armen, ebenso gemarterten Körper. Sie legte ihm die Hände auf die Schultern und sagte, den Blick tief in seine Augen gesenkt: »Wie unglücklich müssen Sie sein!«

Diesmal leugnete er nicht mehr und stammelte mit verkrampfter Kehle: »Ja… ja… ja!«

Sie fühlte, daß er weinen werde, und zog ihn in die dunkelste Ecke des Salons zu zwei hinter einem kleinen Wandschirm aus alter Seide stehenden Sesseln. Sie setzten sich hinter diese schöne, bestickte Wand, überdies noch umschleiert durch die graue Dämmerung eines Regentags.

Sie bedauerte ihn tief; sein Schmerz ging ihr nahe, und nochmals sagte sie: »Armer Olivier, wie müssen Sie leiden!«

Er lehnte den weißen Kopf an die Schulter der Freundin. »Mehr, als Sie sich vorstellen können!« sagte er.

Bekümmert flüsterte sie: »Ich habe es gewußt. Ich habe alles gespürt. Ich habe es entstehen und wachsen sehen!«

Als habe sie ihn beschuldigt, antwortete er: »Es ist nicht meine Schuld, Any.«

»Das weiß ich… Ich mache Ihnen ja auch keine Vorwürfe…« Und zärtlich wandte sie sich ihm ein wenig zu und drückte den Mund auf Oliviers Auge, in dem sie eine bittere Träne sah. Sie fuhr zusammen, als habe sie einen Tropfen Verzweiflung getrunken, und wiederholte mehrmals: »Ach, armer Freund… armer Freund… armer, lieber Freund!« Nach einer Weile sagte sie noch: »Es ist die Schuld unserer Herzen, die nicht alt geworden sind. Ich fühle meins noch so lebendig!«

Er versuchte zu sprechen und konnte es nicht, weil ihm jetzt das Schluchzen die Kehle zuschnürte.

Sie hörte das erstickte Würgen in seiner Brust an der ihren. Dann wurde sie wiederum von der egoistischen Todesnot der Liebe gepackt, die seit langem an ihr nagte, und sie sagte in dem herzzerreißenden Tonfall, mit dem man ein schreckliches Unglück feststellt: »Gott! Wie sehr lieben Sie sie!«

Und er gestand noch einmal: »Ja, ich liebe sie!«

Sie sann eine kurze Weile nach und fragte dann: »So haben Sie mich nie geliebt, nicht wahr?«

Er leugnete nichts ab, weil dies eine jener Stunden war, in denen man die volle Wahrheit sagt, und flüsterte: »Nein, damals war ich zu jung!«

Überrascht fragte sie: »Zu jung? Wieso?«

»Weil das Leben schön und liebenswert war. Nur in unserem Alter liebt man so verzweifelt.«

»Gleicht das, was Sie in ihrer Nähe empfinden, dem, was Sie in meiner Nähe empfunden haben?« fragte sie.

»Ja und nein... und dennoch ist es beinahe dasselbe. Ich habe Sie beinahe so geliebt, wie man nur eine Frau überhaupt lieben kann. Annette liebe ich wie Sie, denn sie ist Sie; aber diese Liebe ist zu etwas Unwiderstehlichem, Zerstörendem geworden, zu etwas, das stärker ist als der Tod. Ich bin ihr ausgeliefert wie ein brennendes Haus dem Feuer!«

Sie fühlte ihr Mitleid unter einem Hauch von Eifersucht hinwelken und bemühte sich, ihre Stimme tröstlich klingen zu lassen: »Armer, lieber Freund! In ein paar Tagen ist sie verheiratet und abgereist. Wenn Sie ihr nicht mehr begegnen, werden Sie sicherlich gesunden.«

Er schüttelte den Kopf. »Ich bin verloren, völlig verloren!«

»Das dürfen Sie nicht sagen! Sie werden sie drei Monate lang nicht sehen. Das dürfte genügen. Drei Monate haben Ihnen ja auch genügt, um sie mehr als mich zu lieben, die Sie seit zwölf Jahren kennen.«

Da flehte er sie in seiner unendlichen Not an: »Any, verlassen Sie mich nicht!«

»Wie könnte ich das?«

»Lassen Sie mich nicht allein.«

»Ich besuche Sie, so oft Sie wollen.«

»Nein. Behalten Sie mich hier so oft wie möglich bei sich.«

»Dann wären Sie in ihrer Nähe.«

»Und in Ihrer.«

»Es wäre besser, wenn Sie sie vor ihrer Hochzeit nicht mehr sähen.«

»Ach, Any!«

»Oder wenigstens ganz selten.«

»Darf ich heute abend hier bleiben?«

»Nein, nicht in dem Zustand, in dem Sie sich befinden. Sie müssen sich ablenken, in den Klub oder ins Theater oder irgendwohin gehen, aber nicht hier bleiben.«

»Ich bitte Sie darum.«

»Nein, Olivier, es ist unmöglich. Und außerdem habe ich zum Essen Gäste, deren Anblick Sie noch mehr aufregen würde.«

»Die Herzogin? Und… ihn?«

»Ja.«

»Aber ich habe den gestrigen Abend doch auch mit den beiden verbracht.«

»Sie haben gut reden! Heute sind Sie in einem ganz anderen Zustand.«

»Ich verspreche Ihnen, ruhig zu sein.«

»Nein, es geht nicht.«

»Dann gehe ich also.«

»Warum haben Sie es denn so eilig?«

»Ich möchte spazieren gehen.«

»Das ist es, gehen Sie viel spazieren, bis in die Nacht hinein, laufen Sie sich todmüde, und legen Sie sich dann schlafen!«

Er war aufgestanden. »Adieu, Any.«

»Adieu, lieber Freund. Ich komme morgen früh zu Ihnen. Wollen Sie, daß ich eine große Unvorsichtigkeit begehe wie früher, indem ich sage, ich äße hier zu Mittag, und statt dessen komme ich um Viertel nach eins zum Essen zu Ihnen?«

»Ja, sehr gern. Wie gut Sie sind!«

»Das ist so, weil ich Sie liebe.«

»Auch ich liebe Sie.«

»Ach, sprechen Sie nicht mehr davon.«

»Adieu, Any.«

»Adieu, lieber Freund. Bis morgen.«

»Adieu.« Er küßte wieder und wieder ihre Hände, dann küßte er ihre Schläfen, dann die Mundwinkel. Seine Augen waren jetzt trocken, sein Gesicht entschlossen. Als er hinausgehen wollte, langte er nach ihr, umfing sie mit den Armen und drückte seinen Mund auf ihre Stirn; er schien alle Liebe, die sie für ihn hegte, aus ihr zu trinken und in sich zu atmen. Und dann ging er sehr rasch fort, ohne sich umzuwenden.

Als sie allein war, ließ sie sich in einen Sessel sinken und schluchzte. Sie wäre bis in die Nacht hinein so sitzen geblieben, wenn nicht Annette gekommen wäre und sie gesucht hätte. Um Zeit zum Trocknen ihrer geröteten Augen zu gewinnen, antwortete die Gräfin: »Ich habe nur noch ein paar Zeilen zu schreiben, mein Kind. Geh wieder hinauf, ich komme in einer Sekunde zu dir.« Bis zum Abend mußte sie sich mit der großen Frage der Aussteuer beschäftigen.

Die Herzogin und ihr Neffe speisten im Familienkreis bei den Guilleroys.

Sie waren gerade zu Tisch gegangen und sprachen noch über die Opernaufführung des gestrigen Abends, als der Hausmeister hereinkam und drei riesige Blumensträuße brachte.

Madame de Mortemain fragte erstaunt: »Mein Gott, was ist denn das?«

Annette rief: »Oh, wie schön sie sind! Wer mag uns die geschickt haben?«

Ihre Mutter antwortete: »Sicher Olivier Bertin.« Seit er gegangen war, dachte sie unaufhörlich an ihn. Er war ihr so düster, so tragisch erschienen, so deutlich hatte sie sein auswegloses Unglück vor Augen, so grausam fühlte sie die Rückwirkungen dieses Schmerzes, und so heiß, so zärtlich und vollkommen liebte sie ihn, daß ihr Herz von finsteren Ahnungen zerrissen wurde.

In den drei Sträußen fanden sich tatsächlich drei Visitenkarten des Malers. Auf jede hatte er mit Bleistift den Namen geschrieben, den der Gräfin, den der Herzogin und den Annettes.

Madame de Mortemain fragte: »Ist Ihr Freund Bertin etwa krank? Ich fand, er sah gestern sehr schlecht aus.«

»Ja, er macht mir ein bißchen Sorge, obwohl er über nichts klagt«, antwortete Madame de Guilleroy.

Und ihr Gatte fügte hinzu: »Ach, es geht ihm wie uns, er wird alt. Und er altert gerade jetzt sogar sehr schnell. Übrigens glaube ich, daß Junggesellen ganz plötzlich am Ende sind. Sie brechen jäher zusammen als die anderen. Wirklich, er hat sich sehr verändert.«

Die Gräfin seufzte: »Ach ja.«

Farandal unterbrach sein Getuschel mit Annette und sagte: »Ich habe im ›Figaro‹ einen sehr unangenehmen Artikel über ihn gelesen.«

Jeder Angriff, jede Kritik und jede ungünstige Anspielung auf das Talent ihres Freundes brachten die Gräfin außer sich. »Oh«, sagte sie, »Menschen von Bertins Bedeutung brauchen sich nicht um solche Grobheiten zu kümmern.«

Guilleroy war erstaunt: »Sieh mal einer an, ein unangenehmer Artikel über Olivier? Aber den habe ich ja gar nicht gelesen. Auf welcher Seite?«

Der Marquis gab Auskunft: »Auf der ersten Seite, der Leitartikel mit der Überschrift: ›Moderne Malerei‹.«

Und nun wunderte sich der Abgeordnete nicht mehr. »Ach so, ganz recht. Ich habe ihn nicht gelesen, weil er von Malerei handelt.«

Es wurde gelächelt, weil alle wußten, daß sich Monsieur de Guilleroy für kaum etwas anderes als Politik und Landwirtschaft interessierte.

Dann ging die Unterhaltung auf andere Themen über, bis man sich in den Salon begab, wo der Kaffee getrunken werden sollte. Die Gräfin hörte nicht hin und antwortete kaum; die Sorge, was Olivier wohl tun möge, wich nicht von ihr. Wo mochte er sein? Wo zu Abend gegessen haben? Wohin schleppte er in diesem Augenblick sein unheilbares Herz? Jetzt fühlte sie heißes Bedauern, daß sie ihn gehen lassen und nicht dabehalten hatte, und sie konnte sich ausmalen, wie er nun traurig und verloren, einsam und auf der Flucht vor seinem Kummer durch die Straßen irrte.

Bis die Herzogin und ihr Neffe sich verabschiedeten, sprach sie kaum, weil sie von unklaren, abergläubischen Ängsten gepeinigt wurde; dann ging sie zu Bett, blieb mit offenen Augen im Dunkel liegen und dachte an ihn.

Viel Zeit war verstrichen, als sie vermeinte, die Glocke ihrer Wohnung anschlagen zu hören. Sie fuhr zusammen, richtete sich auf und lauschte. Zum zweitenmal erscholl das vibrierende Schellen der Glocke durch die Nacht.

Sie sprang aus dem Bett und drückte mit aller Kraft auf den Knopf der elektrischen Klingel, um ihre Zofe zu wecken. Dann hastete sie, eine Kerze in der Hand, in die Halle. Sie fragte durch die Tür: »Wer ist da?«

Eine unbekannte Stimme antwortete: »Ich soll einen Brief abgeben.«

»Einen Brief, von wem denn?«

»Von einem Arzt.«

»Was für einem Arzt?«

»Ich weiß nicht, es handelt sich um einen Unfall.«

Sie zögerte nicht mehr, öffnete und sah sich einem Droschkenkutscher mit rundem Hut gegenüber. In der Hand hielt er einen Umschlag, den er ihr hinreichte. Sie las: »Sehr dringend. An den Herrn Grafen de Guilleroy. – Kommen Sie herein«, sagte sie, »setzen Sie sich und warten Sie auf mich.«

Vor dem Schlafzimmer ihres Mannes schlug ihr das Herz so heftig, daß sie ihn nicht rufen konnte. Sie schlug mit dem Metallfuß ihres Leuchters gegen das Holz. Aber der Graf schlief und hörte nichts.

Vor Ungeduld außer sich, bearbeitete sie die Tür mit Fußtritten und hörte schließlich eine schlaftrunkene Stimme fragen: »Wer ist da? Wie spät ist es?«

»Ich bin es«, antwortete sie. »Ich bringe dir einen dringenden Brief, ein Kutscher hat ihn gebracht. Es handelt sich um einen Unfall.«

Hinter seinen Vorhängen hervor stammelte er: »Warte, ich stehe auf. Ich komme gleich.«

Nach einer Minute kam er im Schlafrock heraus. Im selben Augenblick kamen zwei Diener angelaufen, die durch das Läuten aufgewacht waren. Sie waren atemlos und erschrocken, weil sie im Speisezimmer auf einem Stuhl einen Fremden hatten sitzen sehen.

Der Graf hatte den Brief genommen und zwischen den Fingern gedreht; er flüsterte: »Was soll das bedeuten? Keine Ahnung.«

In fieberhafter Erregung stieß sie hervor: »Aber lies ihn doch!«

Er riß den Umschlag auf, entfaltete das Papier, stieß einen Schrei der Bestürzung aus und sah seine Frau mit erschrockenen Augen an.

»Mein Gott, was ist denn?« fragte sie.

Er stammelte; er konnte kaum sprechen, so groß war seine Erregung. »Ach, ein großes Unglück! Ein großes Unglück! Bertin ist unter einen Wagen geraten.«

Sie schrie auf: »Tot?«

»Nein, nein«, sagte er, »sieh selber.«

Sie riß ihm den Brief aus der Hand und las:

»Monsieur,

ein großes Unglück ist geschehen. Unser Freund, der berühmte Maler Monsieur Olivier Bertin, ist von einem Omnibus überfahren worden; ein Rad ist über seinen Körper gegangen. Ich kann mich noch nicht über die möglichen Folgen dieses Unfalls äußern; vielleicht sind sie nicht ernst, aber vielleicht kann sich auch sehr schnell eine verhängnisvolle Wendung ergeben. Monsieur Bertin bittet Sie und die Frau Gräfin de Guilleroy, sogleich zu ihm zu kommen. Ich hoffe, Herr Graf, daß die Frau Gräfin und Sie dem Wunsch unseres gemeinsamen Freundes folgen werden, der möglicherweise morgen nicht mehr am Leben ist.

Dr. de Rivil.«

Die Gräfin sah ihren Mann mit weit aufgerissenen, starren Augen voller Entsetzen an. Dann raffte sie sich plötzlich, wie von einem elektrischen Schlag aufgerüttelt, zu jenem Mut auf, den Frauen mitunter in den entsetzlichsten Stunden bezeigen und der sie tapferer macht als alle andern Geschöpfe. Sie sagte zu ihrer Zofe: »Schnell, ich will mich anziehen!«

Die Dienerin fragte: »Was will Madame denn anziehen?«

»Einerlei. Was Sie wollen. – Jacques«, bat sie dann, »sei in fünf Minuten fertig.« Als sie völlig verstört in ihr Zimmer ging, sah sie den Kutscher, der noch immer wartete, und fragte ihn: »Haben Sie Ihren Wagen da?«

»Ja, Madame.«

»Gut, wir nehmen ihn.« Dann lief sie in ihr Schlafzimmer.

Halb wahnsinnig warf sie sich ihre Kleider über, hakte, band und knöpfte zu, wie es sich gerade traf, dann nahm sie vor dem Spiegel ihr Haar auf, wand es zu einem Knoten und betrachtete, diesmal ohne darüber nachzudenken, ihr bleiches Gesicht und ihre flackernden Augen.

Als sie ihren Mantel über die Schultern geworfen hatte, stürzte sie zum Zimmer ihres Mannes, der noch nicht fertig war. Sie zog ihn mit sich. »Komm doch«, sagte sie, »bedenk, daß er sterben könnte.«

Der bestürzte Graf folgte ihr strauchelnd, tastete mit den Füßen über die dunkle Treppe und versuchte die Stufen zu finden, damit er nicht fiel.

Die Fahrt war kurz und wurde schweigend zurückgelegt. Die Gräfin zitterte so sehr, daß ihr die Zähne aufeinanderschlugen, und durch das Wagenfenster sah sie die vom Regen verhangenen Gaslaternen vorbeigleiten. Die Gehwege schimmerten, der Boulevard war verödet und die Nacht unheilverkündend düster. Als sie ankamen, fanden sie die Tür des Malers offen und die Portierloge hell erleuchtet und leer.

Oben auf der Treppe stand der Arzt Dr. de Rivil, ein kleiner untersetzter, dicker, sehr würdiger und sehr höflicher grauhaariger Herr, und erwartete sie. Er machte eine tiefe Verbeugung vor der Gräfin und reichte dann dem Grafen die Hand.

Keuchend, als habe das Treppensteigen sie völlig außer Atem gebracht, fragte sie ihn: »Wie steht es, Herr Doktor?«

»Tja, ich hoffe, daß es weniger ernst ist, als ich im ersten Augenblick geglaubt habe.«

»Er wird also nicht sterben?« rief sie.

»Nein, wenigstens glaube ich es nicht.«

»Verbürgen Sie sich dafür?«

»Nein. Ich sage nur, daß ich jetzt hoffe, es mit einer abdominalen Kontusion ohne innere Verletzungen zu tun zu haben.«

»Was verstehen Sie unter Verletzungen?«

»Quetschungen.«

»Woher wissen Sie, daß er keine hat?«

»Ich nehme es an.«

»Und wenn er welche hat?«

»Ja, dann wäre es sehr ernst!«

»Könnte er daran sterben?«

»Ja.«

»Sehr schnell?«

»Sehr schnell. Innerhalb einiger Minuten oder sogar einiger Sekunden. Aber beruhigen Sie sich, Madame, ich bin überzeugt, daß er in vierzehn Tagen wieder gesund ist.«

Sie hatte mit angespannter Aufmerksamkeit zugehört, um alles zu erfahren und alles zu begreifen. Dann fragte sie: »Was für Quetschungen könnte er denn haben?«

»Zum Beispiel eine Leberquetschung.«

»Und das wäre sehr gefährlich?«

»Ja... Aber es würde mich wundern, wenn er so etwas hätte. Wir wollen zu ihm gehen. Das wird ihm gut tun; er hat Sie mit großer Ungeduld erwartet.«

Das erste, was sie beim Betreten des Zimmers sah, war ein leichenblasser Kopf auf einem weißen Kissen. Ein paar Kerzen und das Kaminfeuer beleuchteten ihn, zeichneten das Profil und ließen die Schatten hervortreten; und in diesem fahlen Gesicht gewahrte die Gräfin zwei Augen, die sie herankommen sahen.

Ihr ganzer Mut, ihre ganze Energie und ihre ganze Entschlossenheit sanken hin, so sehr glich dies hohle, aufgelöste Gesicht dem eines Sterbenden. Er, den sie kurz zuvor noch bei sich gesehen hatte, war nun dies geworden, dies Gespenst! Sie murmelte zwischen den Lippen: »O mein Gott!« und trat bebend vor Entsetzen zu ihm hin.

Er versuchte zu lächeln, um sie zu beschwichtigen, und seine Grimasse bei diesem Versuch war grauenhaft.

Als sie ganz dicht neben seinem Bett stand, legte sie behutsam beide Hände auf Oliviers Hände, die neben seinem Körper hingestreckt lagen, und stammelte: »O mein armer Freund.«

»Es ist nichts«, sagte er ganz leise, ohne den Kopf zu bewegen.

Bestürzt über die Veränderung, die mit ihm vorgegangen war, betrachtete sie ihn jetzt. Er war so bleich, daß er keinen Tropfen Blut unter der Haut zu haben schien. Seine hohlen Wangen schienen vom Innern des Gesichts aufgesogen worden zu sein, und auch seine Augen waren zurückgetreten, als habe ein Faden sie nach innen gezogen.

Er sah nur zu gut die Angst seiner Freundin und seufzte: »In einem schönen Zustand bin ich.«

Sie starrte ihn noch immer an und fragte: »Wie ist das nur geschehen?«

Das Sprechen kostete ihn große Anstrengung, und sein Gesicht durchliefen manchmal Nervenzuckungen. »Ich habe nicht aufgepaßt... Ich dachte an etwas anderes... an etwas anderes... Ach ja... Und da hat mich ein Omnibus umgestoßen und ist mir über den Bauch gefahren...«

Im Zuhören sah sie den Unfall vor sich und fragte in aufwallender Angst: »Haben Sie geblutet?«

»Nein. Ich bin nur ein bißchen zerschunden... ein bißchen zerquetscht.«

»Wo ist es denn passiert?« fragte sie.

Er antwortete ganz leise: »Das weiß ich nicht mal. Sehr weit weg.«

Der Arzt schob einen Sessel heran; die Gräfin setzte sich.

Der Graf blieb am Fußende des Bettes stehen und stieß mehrmals zwischen den Zähnen hervor: »Ach, armer Freund... armer Freund... Was für ein schreckliches Unglück!« Und er empfand wirklich großen Kummer, weil er Olivier sehr gern hatte.

Die Gräfin fragte nochmals: »Aber wo ist es denn passiert?«

Der Arzt erwiderte: »Ich weiß darüber auch nichts, oder vielmehr, ich verstehe es nicht. Es war bei Les Gobelins, fast außerhalb von Paris. Das wenigstens hat mir der Kutscher versichert, der ihn hergebracht hat; er habe ihn dort, in jenem Viertel, aus einer Apotheke mitgenommen, wohin er um neun Uhr abends gebracht worden sein soll.« Dann beugte er sich zu Olivier nieder: »Stimmt es, daß der Unfall bei Les Gobelins passiert ist?«

Bertin schloß die Augen, wie um sich zu erinnern, und flüsterte dann: »Ich weiß es nicht.«

»Aber wohin sind Sie denn gegangen?«

»Ich erinnere mich nicht mehr. Ich bin so vor mich hin gegangen!«

Ein Stöhnen, das sie nicht zurückhalten konnte, kam von den Lippen der Gräfin. Dann zog sie nach einem erstickten Schluchzen, das ihr für einige Sekunden den Atem benahm, ihr Taschentuch hervor, bedeckte damit ihre Augen und begann heftig zu weinen. Sie wußte, sie ahnte alles! Etwas Unerträgliches, Bedrückendes war ihr schwer aufs Herz gefallen: die Gewissensbisse, Olivier nicht bei sich behalten, ihn fortgejagt, ihn hinaus auf die Straße geworfen zu haben, wo er, trunken vor Kummer, unter die Räder jenes Wagens gekommen war.

Mit der klanglosen Stimme, die er jetzt hatte, sagte er: »Weinen Sie nicht. Es zerreißt mir das Herz.«

Durch eine ungeheure Willensanstrengung gelang es ihr, das

Schluchzen zu unterdrücken; sie nahm das Taschentuch von den Augen und schlug sie groß zu ihm auf, ohne daß sich ein Muskel in ihrem Gesicht regte, über das immer noch langsam die Tränen rannen.

Sie sahen einander an, beide reglos und die Hände auf dem Bettuch vereinigt. Sie sahen einander an und wußten nicht mehr, daß auch noch andere Menschen im Zimmer waren, und ihrer beider Blicke trugen von einem Herzen zum andern eine übermenschliche Empfindung.

Rasch, stumm und furchtbar erstanden zwischen ihnen all ihre Erinnerungen, ihre ebenfalls zermalmte Liebe, all das, was sie gemeinsam gefühlt hatten, und all das, was sie in ihrem Leben vereint und verschmolzen hatte in der Hingerissenheit, mit der sie sich einander anbefohlen hatten.

Sie schauten sich an, und der Wunsch, darüber zu sprechen und die tausenderlei heimlichen und traurigen Dinge zu hören, die sie einander noch zu sagen hatten, stieg ihnen unbezwinglich auf die Lippen. Sie fühlte, daß sie, die in solchen Dingen erfinderische Frau, um jeden Preis die beiden Männer hinter sich entfernen, daß sie sich ein Mittel, eine List ausdenken und einen Einfall haben müsse. Und die Augen immer noch auf Olivier gerichtet, begann sie zu überlegen.

Ihr Mann und der Arzt unterhielten sich leise. Die Frage der Pflege war zu regeln.

Sie wandte den Kopf und fragte den Arzt: »Haben Sie eine Krankenschwester mitgebracht?«

»Nein. Ich möchte lieber einen Assistenzarzt schicken; der kann den Zustand besser überwachen.«

»Schicken Sie beide. Man kann nie zu fürsorglich sein. Können Sie sie noch heute nacht herbringen, da ich nicht annehme, daß Sie bis zum Morgen hier bleiben werden?«

»Wirklich, ich möchte nach Hause. Ich bin seit vier Uhr hier.«

»Aber Sie schicken uns doch von unterwegs die Krankenschwester und den Assistenzarzt?«

»Mitten in der Nacht ist das ziemlich schwierig. Ich will es versuchen.«

»Es muß sein.«

»Vielleicht versprechen sie es, aber ob sie kommen werden?«

»Mein Mann könnte mit Ihnen gehen und sie gutwillig oder mit Gewalt herbringen.«

»Aber Sie können doch nicht einfach allein hier bleiben, Madame.«

»Ich?« rief sie, und es klang wie ein Schrei, wie eine Herausforderung, ein empörter Protest gegen alles, was ihrem Willen widerstehen wollte. Dann legte sie mit der Autorität der Redeweise, auf die es keine Antwort gibt, die Erfordernisse der Situation dar. Noch vor Ablauf einer Stunde müßten der Assistenzarzt und die Krankenschwester da sein, um allem, was etwa geschehen könne, vorzubeugen. Damit sie kämen, sei es nötig, daß jemand sie aus dem Bett hole und herführe. Nur ihr Mann sei dazu imstande. Inzwischen werde sie bei dem Kranken bleiben, sie, deren Pflicht und Recht das sei. Sie erfülle ganz einfach ihre Rolle als Freundin und als Frau. Übrigens wolle sie es so, und niemand werde es ihr ausreden.

Ihre Gründe waren einleuchtend. Man mußte ihnen beipflichten und beschloß, ihnen zu folgen.

Ganz erfüllt von dem Gedanken, daß sie gingen, war sie aufgestanden; sie hatte es eilig, die beiden fern zu wissen und allein zu bleiben. Und um während ihrer Abwesenheit keine Ungeschicklichkeit zu begehen, lauschte sie den Anordnungen des Arztes, suchte sie zu verstehen, alles zu behalten und nichts zu vergessen. Der Diener des Malers, der neben ihr stand, hörte ebenfalls zu, und auch seine Frau, die Köchin, die beim ersten Verbinden Beistand geleistet hatte und hinter ihm stand, deutete durch Kopfnicken an, daß auch sie begriffen habe. Nachdem die Gräfin alle Anordnungen wie eine Lektion wiederholt hatte, drängte sie die beiden Männer zum Gehen, wobei sie zu ihrem Mann sagte: »Komm rasch wieder, das vor allem, komm rasch wieder.«

»Ich nehme Sie in meinem Wagen mit«, sagte der Arzt zu dem Grafen. »Dann sind Sie schneller wieder hier. Sie können in einer Stunde zurück sein.«

Ehe er ging, untersuchte der Arzt noch einmal lange den Verletzten, um sich zu versichern, daß sein Zustand nach wie vor befriedigend sei.

Guilleroy zögerte noch. »Finden Sie es nicht unvorsichtig, was wir da unternehmen?« fragte er.

»Nein, es besteht keine Gefahr. Er braucht nur Ruhe und nochmals Ruhe. Madame de Guilleroy täte gut daran, ihn nicht sprechen zu lassen und so wenig wie möglich mit ihm zu reden.«

Die Gräfin horchte auf und fragte: »Dann darf man also nicht mit ihm sprechen?«

»Keinesfalls, Madame. Nehmen Sie einen Sessel und bleiben Sie bei ihm. Dann fühlt er sich nicht allein, und das tut ihm gut; aber nichts Anstrengendes, nichts Anstrengendes durch Worte und nicht einmal durch Gedanken. Ich komme gegen neun Uhr morgen früh wieder her. Adieu, Madame, meine Verehrung.«

Er ging mit einer tiefen Verbeugung, gefolgt von dem Grafen, der mehrmals sagte: »Ängstige dich nicht, Liebe. In spätestens einer Stunde bin ich zurück; dann kannst du nach Hause fahren.«

Als sie gegangen waren, horchte sie auf das Schließen der Tür unten und dann auf das Räderrollen des Wagens, der die Straße hinabfuhr und sich entfernte.

Der Diener und die Köchin waren im Zimmer geblieben und warteten auf Weisungen.

Die Gräfin beurlaubte sie. »Sie können gehen«, sagte sie, »ich klingle, wenn ich etwas brauche.«

So entfernten auch die beiden sich, und die Gräfin blieb allein bei ihm.

Sie hatte sich wieder ganz dicht an sein Bett gesetzt; legte zu beiden Seiten des geliebten Gesichts die Hände auf das Kissen und beugte sich darüber, um es zu betrachten. Dann fragte sie, so nahe seinem Antlitz, daß sie die Worte auf seine Haut zu hauchen schien: »Sie haben sich also unter den Wagen geworfen?«

Er versuchte noch immer zu lächeln und antwortete: »Nein, der Wagen hat sich über mich geworfen.«

»Das ist nicht wahr, Sie haben es getan.«

»Nein, es war ganz bestimmt der Wagen.«

Nach einigen Augenblicken des Schweigens, Augenblicken, da die Seelen sich in Blicken zu umschlingen schienen, flüsterte sie: »Ach, mein lieber, lieber Olivier! Zu denken, daß ich Sie habe weggehen lassen, daß ich Sie nicht bei mir behalten habe!«

Er antwortete überzeugt: »Es wäre mir dennoch eines Tages zugestoßen.«

Sie sahen einander immer noch an und suchten ihre geheimsten Gedanken zu ergründen.

»Ich glaube nicht, daß ich davonkomme. Ich habe große Schmerzen«, sagte er.

»So viel müssen Sie aushalten?« stammelte sie.

»Ach ja.«

Sie beugte sich ein wenig weiter vor und streifte seine Stirn, dann seine Augen und dann seine Wangen mit leichten, langsamen Küssen, die behutsam waren wie Fürsorglichkeiten. Sie berührte ihn kaum mit dem Saum ihrer Lippen, und es war nur das leichte Geräusch des Atemhauchs zu hören wie bei Kindern, wenn sie küssen. Und das dauerte lange, sehr lange.

Er ließ diesen Regen weicher, winziger Liebkosungen, der ihn zu beruhigen und zu erfrischen schien, denn sein verzerrtes Gesicht zuckte weniger als zuvor, auf sich herabrieseln. Dann fragte er: »Any?«

Sie hörte auf, ihn zu küssen, um ihm zuzuhören. »Was denn?«

»Sie müssen mir etwas versprechen.«

»Ich verspreche Ihnen, was Sie wollen.«

»Wenn ich bis morgen nicht tot bin, schwören Sie mir, daß Sie Annette zu mir bringen, einmal nur, ein einziges Mal. Ich möchte nicht sterben, ohne sie wiedergesehen zu haben ... Bedenken Sie, daß ich ... morgen ... zu dieser Stunde ... vielleicht ... gewiß ... die Augen für immer geschlossen habe ... und daß ich euch nie wiedersehen werde ... Sie nicht ... und Annette nicht ...«

Mit zerrissenem Herzen unterbrach sie ihn: »Ach, schweigen Sie ... Ja, ich verspreche Ihnen, sie herzubringen.«

»Schwören Sie es mir?«

»Ich schwöre es, mein Freund ... Aber schweigen Sie, sprechen Sie nicht mehr. Sie tun mir schrecklich weh damit ... Schweigen Sie.«

Ein rascher Krampf zog über seine Züge; als er vorbei war, sagte er: »Wenn wir nur noch ein paar Augenblicke zusammensein können, wollen wir sie nicht verlieren, wir wollen sie nutzen, um uns Lebewohl zu sagen. Ich habe Sie so sehr geliebt.«

Sie seufzte: »Und ich... Wie sehr liebe ich Sie immer noch!«

Er sagte: »Nur durch Sie habe ich Glück gefunden. Einzig die letzten Tage sind hart gewesen... Das war nicht Ihre Schuld... Ach, meine arme Any... wie traurig das Leben manchmal ist... und wie schwer ist es zu sterben!«

»Seien Sie doch still, Olivier. Ich flehe Sie an...«

Ohne auf sie zu hören, fuhr er fort: »Ich wäre ein so glücklicher Mensch gewesen, wenn Sie nicht Ihre Tochter gehabt hätten...«

»Schweigen Sie... Mein Gott! Schweigen Sie...«

Er schien mehr zu denken als zu sprechen. »Ach, der dieses Dasein erfunden und die Menschen erschaffen hat, der ist sehr blind gewesen oder sehr bösartig...«

»Olivier, ich flehe Sie an... Wenn Sie mich je geliebt haben, dann schweigen Sie jetzt... Sagen Sie nicht mehr solche Dinge.«

Er blickte sie an, wie sie sich über ihn neigte, selber so fahl, daß auch sie wie eine Sterbende aussah, und schwieg.

Sie setzte sich wieder in den Sessel zurück, dicht neben seinem Lager, und nahm seine Hand, die auf dem Bauch ausgestreckt lag. »Jetzt verbiete ich Ihnen zu sprechen«, sagte sie. »Bleiben Sie ganz still liegen und denken Sie an mich, wie ich an Sie denke.«

Abermals begannen sie, einander anzuschauen, unbeweglich, miteinander verbunden durch die brennende Berührung ihrer Hände. Hin und wieder zuckte sie zusammen und drückte die fiebernde Hand, die sie hielt, und er antwortete darauf, indem er ganz wenig die Finger schloß. Und jeder Händedruck sagte dasselbe, beschwor ein Stück der endgültig abgeschlossenen Vergangenheit herauf und ließ in ihrer Erinnerung die bleibenden Gedanken an ihre Liebe aufsteigen. Jeder war eine heimliche Frage, jeder eine geheimnisvolle Antwort, traurige Fragen und traurige Antworten, dies »Denkst du noch daran?« einer alt gewordenen Liebe. Ihre Gedanken durchschweiften bei diesem Zusammensein in der Todesqual, das das letzte sein konnte, alle Jahre ihrer Leidenschaft, und im Zimmer war nichts mehr zu hören als das Knistern des Feuers.

Plötzlich sagte er, wie als fahre er aus einem Traum auf, in jähem Erschrecken: »Ihre Briefe!«

»Wieso? Meine Briefe?« fragte sie.

»Ich hätte sterben können, ohne sie vernichtet zu haben.«

»Ach was, wie unwichtig ist das!« rief sie. »Als ob es sich darum handelte! Mögen sie doch gefunden und gelesen werden! Wie gleichgültig ist mir das!«

»Aber ich will es nicht«, antwortete er. »Stehen Sie auf, Any. Ziehen Sie die unterste Schublade meines Schreibtisches heraus, die große, darin liegen sie alle, alle. Sie müssen sie herausnehmen und ins Feuer werfen.«

Sie rührte sich nicht und blieb in sich zusammengesunken sitzen, als habe er ihr zu irgendeiner Feigheit geraten.

Er wiederholte: »Any, ich flehe Sie an. Wenn Sie es nicht tun, dann quälen Sie mich, dann bringen Sie mich außer mir und machen mich verrückt. Bedenken Sie doch, daß sie irgendeinem Beliebigen in die Hände fallen könnten, einem Notar, einem Diener... oder sogar Ihrem Mann... Das will ich nicht...«

Noch immer zögernd, stand sie auf und sagte mehrmals: »Nein, das ist zu hart, das ist zu grausam. Es kommt mir vor, als verlangten Sie von mir, ich solle unsere Herzen verbrennen.«

Er bat flehentlich, mit angstverzerrtem Gesicht.

Als sie ihn so leiden sah, gab sie nach und ging zum Schreibtisch. Sie zog die Schublade heraus und sah, daß sie bis zum Rand mit einer dicken Schicht übereinandergestapelter Briefe angefüllt war, und auf allen Umschlägen gewahrte sie die beiden Zeilen der Adresse, die sie so oft geschrieben hatte. Sie kannte jene beiden Zeilen – den Namen eines Mannes und den Namen einer Straße –, genauso gut wie ihren eigenen Namen, so gut, wie man die paar Worte, die einem im Leben alle Hoffnung und alles Glück bedeutet haben, nur kennen kann. Sie blickte auf die kleinen viereckigen Umschläge herab, die alles enthielten, was sie von ihrer Liebe hatte sagen, alles, was sie sich hatte entreißen können, um es ihm mit ein wenig Tinte auf diesem weißen Papier darzubringen.

Er hatte versucht, den Kopf auf seinem Kissen zu wenden, um ihr zuzusehen, und sagte jetzt noch einmal: »Verbrennen Sie sie schnell.«

So nahm sie denn zwei Händevoll und hielt sie einige Sekunden lang. Sie dünkten sie so schwer, so schmerzerfüllt, lebendig und zugleich tot, denn so vielerlei Dinge bargen sie in diesem Augenblick, Dinge, die geendet hatten und die so liebenswert, so schön und so traumhaft gewesen waren. Die Seele ihrer Seele, das Herz ihres Herzens, das Innerste ihres liebenden Wesens waren darin enthalten, und sie mußte daran denken, in welchem Rausch sie einige davon hingekritzelt hatte, mit welcher Begeisterung, welcher Lebenstrunkenheit, jemanden zu vergöttern und es ihm zu sagen.

Olivier wiederholte: »Verbrennen Sie sie, verbrennen Sie sie, Any.«

Mit einer einzigen Bewegung ihrer beiden Hände warf sie die beiden Päckchen Papier ins Kaminfeuer, wo sie auseinanderglitten, als sie auf das Holz fielen. Dann nahm sie andere aus der Schreibtischschublade und warf sie darauf, dann wieder andere, mit raschen Gesten, wobei sie sich niederbeugte und rasch wieder aufrichtete, um das entscheidende Tun schneller hinter sich zu bringen.

Als der Kamin voll und die Schublade leer war, blieb sie stehen, wartete und sah der fast erstickten Flamme zu, die diesen Berg Umschläge an den Seiten zu überkriechen begann. Sie griff sie von den Rändern her an, benagte die Ecken, lief über das Papier, erlosch, kam wieder und wuchs. Rings um die ganze weiße Pyramide schlang sich bald ein flackernder Gürtel hellen Feuers, das das Zimmer mit Licht erfüllte, und dieses Licht fiel auch auf die stehende Frau und den liegenden Mann; es war ihre Liebe, die da zu Asche wurde.

Die Gräfin wandte sich um, und in dem hellen Flackerlicht des Feuers trat sie zu ihrem Freund, der vorgebeugt, mit verstörten Augen, am Bettrand lag. »Alles drin?« fragte er.

»Ja, alles.« Doch ehe sie sich wieder zu ihm setzte, warf sie noch einen letzten Blick auf diese Zerstörung und auf den Haufen Papier, der schon zur Hälfte verzehrt war, sich krümmte und schwarz wurde, und sie sah etwas Rotes herabrollen. Man hätte meinen können, es seien Blutstropfen. Sie schienen aus dem Herzen jedes Briefes wie aus einer Wunde zu rinnen, und sie rollten langsam in die Flamme und ließen eine purpurne Spur zurück.

Die Gräfin fühlte in ihrer Seele ein übernatürliches Erschrekken und fuhr zurück, als habe sie einer Ermordung beigewohnt; dann begriff sie und wurde sich plötzlich bewußt, daß sie nur den roten Siegellack hatte schmelzen sehen.

Da wandte sie sich wieder dem Verletzten zu, hob sanft seinen Kopf an und legte ihn behutsam zurück auf die Mitte des Kissens. Aber er hatte sich bewegt, und die Schmerzen wurden stärker. Er keuchte, sein Gesicht war verzerrt, so litt er, und er schien nicht mehr zu wissen, daß sie da sei.

Sie wartete, bis er sich ein wenig beruhigt hatte, bis er seine hartnäckig geschlossenen Augen öffnete, bis er ihr noch etwas sagen könne. Schließlich fragte sie: »So große Schmerzen haben Sie?«

Er antwortete nicht.

Sie beugte sich zu ihm nieder und legte einen Finger auf seine Stirn, um ihn zu zwingen, daß er sie ansah. Und tatsächlich öffnete er die Augen, verstörte, weit aufgerissene Augen.

Entsetzt fragte sie nochmals: »Haben Sie Schmerzen? Olivier! Antworten Sie doch! Soll ich rufen?... Strengen Sie sich an, sagen Sie mir doch irgend etwas!«

Sie glaubte zu hören, daß er stammelte: »Bringen Sie sie her... Sie haben es mir geschworen...« Dann bewegte er sich unter den Decken, der Körper wand, das Gesicht verkrampfte und verzerrte sich.

Sie fragte ein paarmal: »Olivier, mein Gott! Olivier, was haben Sie? Wollen Sie, daß ich jemand rufe?«

Diesmal hatte er sie gehört, denn er antwortete: »Nein... Es ist nichts.«

Es schien tatsächlich, als beruhige er sich, als leide er weniger, als falle er plötzlich in eine Art betäubenden Schlummers. Da sie hoffte, daß er einschlafen werde, setzte sie sich an sein Bett, nahm wieder seine Hand und wartete. Das Kinn auf der Brust, den Mund halb geöffnet und mit hastigen Atemzügen, die seine Kehle zu zerschaben schienen, lag er da und regte sich nicht mehr. Nur seine Finger zuckten noch dann und wann unwillkürlich in einem leichten Schütteln, das die Gräfin bis in die Haarwurzeln spürte, so daß sie zitterte und fast geweint hätte. Es waren nicht mehr die kleinen Willensäußerungen, die statt der ermüdeten Lippen von aller Trauer ihrer Herzen erzählten, es waren unaufhaltsame Krämpfe, die nur von den Qualen des Leibes aussagten.

Jetzt hatte sie Angst, eine entsetzliche Angst und ein wahnsinniges Verlangen, davonzulaufen, zu läuten, zu rufen; aber sie wagte nicht mehr, sich zu regen, um seine Ruhe nicht zu stören.

Das ferne Geräusch von Wagen in den Straßen drang durch die Mauern, und sie horchte, ob nicht das Rollen der Räder vor der Tür anhalte, ob nicht ihr Mann sie befreien und sie endlich diesem unheimlichen Zusammensein entreißen werde.

Als sie versuchte, ihre Hand aus Oliviers Fingern zu lösen, drückte er sie und stieß einen tiefen Seufzer aus! Sie schickte sich darein zu warten, um ihn nicht aufzuregen.

Das Feuer im Kamin erstarb unter der schwarzen Asche der Briefe, zwei Kerzen erloschen, ein Möbelstück knackte.

Alles im Haus war stumm, alles schien tot, außer der großen flämischen Uhr auf der Treppe, die regelmäßig die Stunden schlug, die halben und die viertel, die den Gang der Zeit in die Nacht sang und ihn mit ihren abgestuften Glockentönen begleitete.

Die Gräfin saß reglos da und fühlte in ihrer Seele ein unerträgliches Entsetzen wachsen. Alpdruckbilder suchten sie heim, grauenhafte Gedanken durchschossen sie, und sie glaubte zu spüren, daß Oliviers Finger in ihrer Hand kälter wurden. War das so? Nein, sicherlich nicht! Woher kam ihr plötzlich die Empfindung einer unaussprechlich eisigen Berührung? Außer sich vor Schrecken stand sie auf, um sein Gesicht zu betrachten – er lag still, unzugänglich, leblos und gleichgültig gegen alle Not, zur Ruhe gegangen im ewigen Vergessen.

Honoré de BALZAC
Ausgewählte Werke
Größe und Niedergang des César Birotteau ROMAN
8591
Das Chagrinleder ROMAN
6891
Der Landarzt ROMAN
8513
Die Frau von dreißig Jahren ROMAN
8361
Die Lilie im Tal ROMAN
8529
Eugénie Grandet ROMAN
6900
Glanz und Elend der Kurtisanen ROMAN IN VIER TEILEN
8374
Oberst Chabert und andere Erzählungen
8459
Tante Bette ROMAN
8476
Vater Goriot ROMAN
8396
Verlorene Illusionen ROMAN IN DREI TEILEN
8385
Vetter Pons ROMAN
8494
GOLDMANN

Meisterwerke der WELTLITERATUR in Geschenkausgabe

8672

8673

8674

8675

8676

GOLDMANN

Goldmann Klassiker mit Erläuterungen

Verlangen Sie das Gesamtprogramm beim
Goldmann Verlag
Neumarkter Str. 18
8000 München 80

Friedrich Schiller
Kabale und Liebe
Ein bürgerliches Trauerspiel
7618

Frank Wedekind
Erdgeist – Die Büchse der Pandora
Tragödien
7534

Oscar Wilde
Das Bildnis des Dorian Gray
Roman
7580

Ovid
Metamorphosen
7513

Gottfried Keller
Züricher Novellen
7614

Friedrich Nietzsche
Zur Genealogie der Moral
7556

Giovanni Boccaccio
Das Dekameron
7599

Molière
Tartuffe
7613

G. E. Lessing
Nathan der Weise
7586

Conrad Ferdinand Meyer
Jürg Jenatsch
7563